"两弹一艇"人物谱

——与国家命运结缘的人们 （上卷）

贾基业 编著

中国原子能出版社

图书在版编目（CIP）数据

"两弹一艇"人物谱：与国家命运结缘的人们 / 贾

基业编著. — 北京：中国原子能出版社，2016.7（2025.4重印）

ISBN 978-7-5022-7370-5

Ⅰ.①两… Ⅱ.①贾… Ⅲ.①人物—先进事迹—中国

—现代 Ⅳ.①K820.7

中国版本图书馆CIP数据核字(2016)第145990号

内容简介

　　本书由四编内容（上、下卷）组成，集中体现"两弹一艇"如此庞大而复杂的工程，靠的是举全国之力，大力协同的方略；所写人物并不限于二机部系统，国家各相关部门、企事业单位、大专院校、解放军部队，所有为"两弹一艇"作出贡献的人们，都在遴选之内。第一编，写"科学与技术专家"；第二编，写"组织领导干部"，是党政军中担任具体组织领导的一些重要人物；第三编，写"组织领导机构及主要组成人员"，即组织机构的设置与运作机制中的领导和管理人员；第四编，追寻历史云烟中那些人那些事。全书共收录了近800个人物。

"两弹一艇"人物谱

——与国家命运结缘的人们（上卷）

出版发行	中国原子能出版社(北京市海淀区阜成路43号　100048)
策 划 人	杨志平
责任编辑	刘　岩
技术编辑	冯莲凤
装帧设计	李志超
责任印制	赵　明
印　　刷	北京厚诚则铭印刷科技有限公司
经　　销	全国新华书店
开　　本	787 mm × 1092 mm　　1/16
印　　张	49.375　　　　　字　数　　789千字
版　　次	2016年7月第1版　2025年4月第3次印刷
书　　号	ISBN 978-7-5022-7370-5　　　定　价　　138.00元（全二册）

网址：http://www.aep.com.cn　　　　E-mail: atomep123@126.com

发行电话：010-68452845

很好，照办。要大力协同做好这件工作。

毛泽东

注：1962年11月3日，毛泽东在罗瑞卿上报的《关于加强原子能工业领导问题的报告》上的批示。

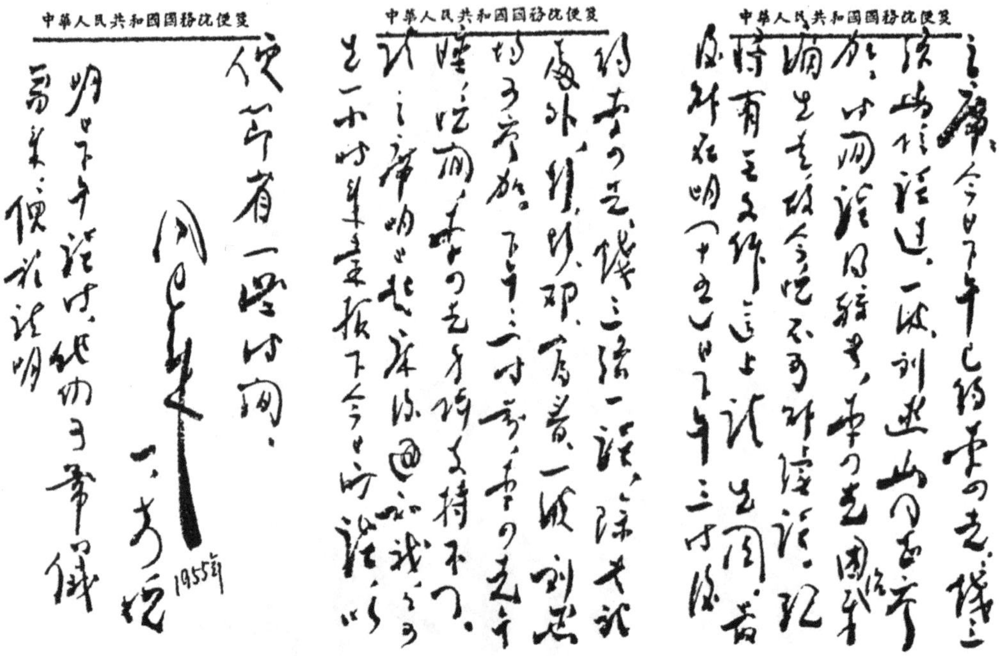

周恩来总理在约见李四光、钱三强谈话后写给毛主席的报告。图为报告手迹。

【报告全文】

主席：今日下午已约李四光、钱三强两位谈过，一波、刘杰两同志参加。时间谈得较长，李四光因治牙痛先走，故今晚不可能续谈。现将有关文件送上请先阅。最好能在明(十五)日下午三时后约李四光、钱三强一谈，除书记处外，彭、彭、邓、富春、一波、刘杰均可参加。下午三时前，李四光午睡。晚间，李四光身体支持不了。请主席明日起床后通知我，我可先一小时来汇报下今日所谈，以便节省一些时间。

明日下午谈时，他们可带仪器来，便于说明。

周恩来

1955年1月14日晚

注：周总理写出报告的第二天，1955年1月15日，毛泽东在中南海主持召开了中共中央书记处扩大会议。出席会议的有刘少奇、周恩来、朱德、陈云、彭德怀、彭真、邓小平、李富春、薄一波等。会议听取了李四光、刘杰、钱三强的汇报，研究了我国发展原子能事业问题。毛泽东强调说："……我们只要有人，又有资源，什么奇迹都可以创造出来"！这是一次对中国核工业具有重大历史意义的会议。此次会议作出了中国要发展核工业的战略决策。

过去也好，今天也好，将来也好，中国必须发展自己的高科技，在世界高科技领域占有一席之地。如果六十年代以来中国没有原子弹、氢弹，没有发射卫星，中国就不能叫有重要影响的大国，就没有现在这样的国际地位。这些东西反映一个民族的能力，也是一个民族、一个国家兴旺发达的标志。

邓小平

1988年10月24日

注：引自邓小平视察北京正负电子对撞机工程时的讲话，见《邓小平文选》(第三卷)。

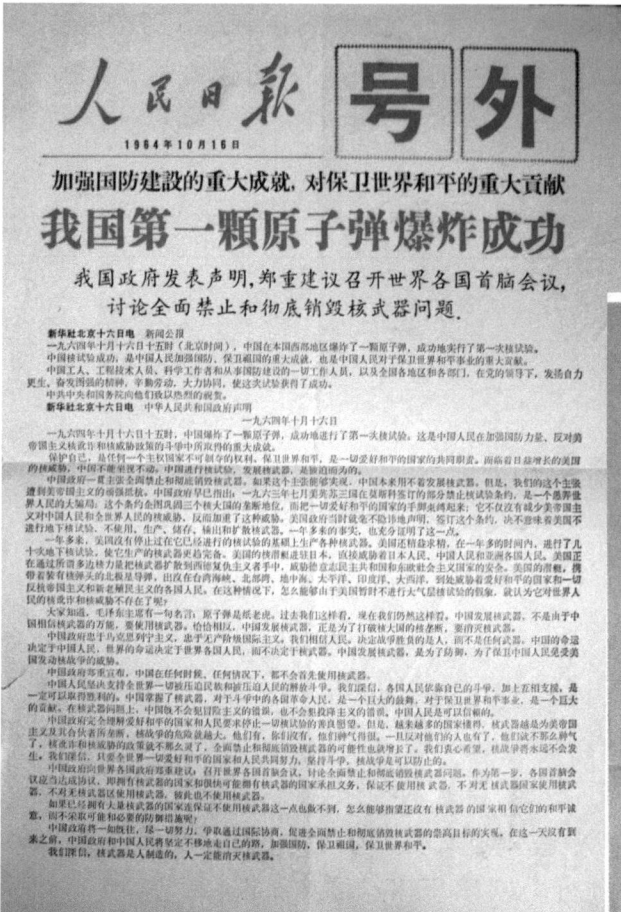

第一颗原子弹爆炸成功,《人民日报》号外

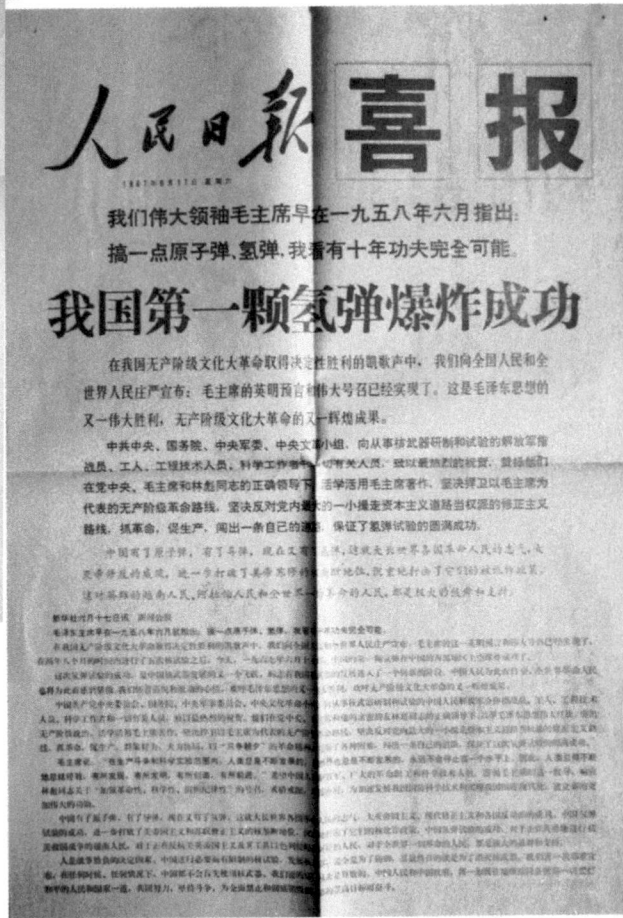

第一颗氢弹爆炸成功,《人民日报》喜报

第一颗原子弹爆炸成功后,人们争抢《人民日报》号外

谨以此书献给
为"两弹一艇"而献身的人们!

中国核工业集团公司

2016年8月

中国核工业集团公司党群工作部组织、指导,

中国核工业报社与中国原子能出版社联合出品。

两弹一艇人物谱

刘杰 百岁

2015年10月题

序言(一)

我国"两弹一艇"事业,包括原子弹、氢弹、潜艇核动力技术的突破与掌握,核科技工业体系的创建与发展,是在中国共产党领导下,成千上万科技人员、工人和党政干部共同奋斗取得的震撼世界的伟大成就。

20世纪50年代初,一批从欧美回国的学有成就、蜚声海外的核科学家聚集于科学院近代物理所。1955年1月,国家决定创建原子能事业,随着事业建设全面展开,一批又一批学术造诣深厚、实践经验丰富的中高级科技专家、新中国送往苏联留学回归的年轻科技人员和众多国内培养的大学生,以及来自全国各地各条生产战线的能工巧匠和年轻工人,还有从解放军部队、政府机关和企事业单位调来的党政领导和管理干部,响应党的号召,服从组织调动,投身于核科技攻关和核工业建设,形成了一支强大的核工业专业队伍。

这支队伍奋战在茫茫戈壁、高寒草原、穷山僻壤,吃苦不叫苦,劳累不喊累,并且长期处于严格保密环境,隐姓埋名,默默耕耘,为"两弹一艇"事业作贡献。他们的姓名、他们的经历、他们的业绩,并不为人知。改革开放以来,有部分功德卓著、贡献巨大的科技专家和主要领导者,以及个别事迹突出的工人,逐渐见诸于公开的新闻报道和文学影视作品中,见诸于获得"两弹一星"功勋奖章和国家最高科学技术奖中,入选"感动中国人物"、《永远的丰

刘杰部长为本书写序

碑》人物和全国劳动模范、全国先进工作者的名单中。但还有更多为"两弹一艇"事业的创建和发展作出过贡献的人，至今仍是无名英雄，鲜为人知。

　　毕业于北京大学技术物理系、在核工业系统工作30多年的贾基业同志，1978年全国科学大会前夕，与我谋面曾谈及核工业的人和事，认为目前宣传核工业成就除写事外，还应多宣传人。虽过往多年，仍不忘初衷，他筹划准备数年，看了几十部工具书和中国核工业报创刊以来的历年合订本（30本），采访资深知情领导，广泛搜集人物资料，费尽心力，历时三年多，动笔编著成就了这本《"两弹一艇"人物谱》，其中有著名的功勋科技专家、两院院士和耳熟能详的主要领导干部，也有不很知名但有贡献的科研院所、高等院校、厂矿企业、建筑安装、试验现场和国家机关的科技人员、教学人员、生产人员、组织管理干部和一线操作工人，共分四编约800多人。这是一件很有意义且功德无量的工作，也是对"两弹一艇"事业历史的尊重，填补了上述公开报道知名者不多的缺憾，让更多直接或间接参与"两弹一艇"事业、为"两弹一艇"事业作过贡献的人，

公之于世,为广大读者所了解和认知。

历史是人民群众创造的。"两弹一艇"事业历史也是成千上万核工业人共同创造的。如今我们回顾我国核工业创建和发展60年的历史,回顾"两弹一艇"研制和创新的历史,所有从事和参与过这一伟大事业的人们,都应该引以为光荣和自豪,而后来者则不要忘记前人创业的艰辛和付出,在新的历史条件下,铭记历史,传承精神,继往开来,创新发展,取得更大的辉煌。

2015年10月

刘杰部长简介

刘杰,生于1915年2月,河北威县人。1931年秋参加革命,1932年加入中国共产党。中共七大正式代表。曾担任中共北平西郊区委书记、市委委员、农委书记;宛平县中心县委书记、晋察冀第三分区地委书记、晋察冀区委副书记;察哈尔省委副书记、书记,北岳区委副书记;豫西区委第二书记兼军区副政委。新中国成立后,历任中共河南省委副书记、中南军政委员会工业部长;中华人民共和国地质部副部长、党组书记;国务院第三办公室副主任;第二机械工业部副部长、部长、党组书记;国防工业办公室副主任、中央专委成员兼专委办公室副主任。"文化大革命"中受到冲击。1978年后,任河南省委常务书记、省长、省人大主任、省委第一书记,中顾委委员。

刘杰是我国核工业的开拓者、奠基人之一。在任第二机械工业部部长期间,我国成功爆炸了第一颗原子弹和第一颗氢弹,为第一艘核潜艇工程打下了技术和物质的基础;基本建成核燃料循环工业体系。他在组织管理方面发挥了重大作用,获2009年颁发的国家首届管理科学特殊贡献奖。

序言(二)

欣喜《"两弹一艇"人物谱》将面世,对于铭记核工业的创业发展史,弘扬事业高于一切、责任重于一切、严细融入一切、进取成就一切的核工业精神,具有重要的现实意义。

"两弹一艇"的研发历程是我国核工业的辉煌篇章。二十世纪五六十年代,在毛泽东、周恩来和聂荣臻等党和国家领导人的正确决策和直接领导下,广大科技人员、管理干部、工人群众和部队战士奋发图强、艰苦奋斗,举全国之力大协同,实现了我国原子能事业从无到有,"两弹一艇"研制成功,核科技和核燃料工业体系基本形成。这是值得核工业人自豪的一部创业史。此书最大的特点是着眼于人,着眼于那些为"两弹一艇"事业做出突出贡献的人们,是一部描绘核工业创业的群英谱和人物丰碑,让我们永远铭记。

刘杰老部长已103岁还提笔为此书作序,让我们深受感动。刘杰同志是我国核工业的主要开拓者和奠基人之一。他既是组织领导者,又是那段历史的亲历和见证者。他的作序,对后人自有一股强烈的鼓舞力量。

该书的编著者贾基业同志,在核工业战线工作30余年,虽已年届耄耋,仍倾力数年编就鸿篇。他为书写那段峥嵘岁月的历史文化作出了贡献,值得我们很好地学习。

习近平总书记在我国核工业创建六十周年时指出:"六十年来,几代核工业人艰苦创业、开拓创新,推动我国核工业从无到有、从小到大,取得了世人瞩目的成就,为国家安全和经济建设作出了突出贡献。核工业是高科技战略产业,是国家安全重要基石。

要坚持安全发展、创新发展,坚持和平利用核能,全面提升核工业的核心竞争力,续写我国核工业新的辉煌篇章"。《"两弹一艇"人物谱》一书旨在贯彻习总书记的指示精神,铭记历史,继往开来,续写核工业新的篇章。目前,我国军工核心能力建设加快推进,核工业已形成了以"华龙一号"自主研发的三代核电技术、快堆技术等先进核能技术为引领,从前端先进地浸技术的铀矿采冶,到先进的铀浓缩、核燃料元件制造,再到乏燃料后处理等科技能力支撑的军民融合的核工业全产业链,当代核工业人一定要发扬先辈们"热爱祖国、无私奉献,自力更生、艰苦奋斗,大力协同、勇于攀登"的精神,为实现"中核梦"、助推"中国梦"而奋斗不息,作出无愧于时代的新贡献!

中国核工业集团公司董事长、党组书记

孙 勤

2016年10月

前 言

　　"两弹一艇"的研制成功,是在毛泽东主席、党中央的亲自决策和指挥下进行的,是在周恩来总理、聂荣臻副总理等老一辈革命家直接组织领导下实施的。我国的原子能事业开创于20世纪50年代初。毛主席、党中央恰当地估计了我国资源条件和科研基础,于1955年1月毅然作出了创建我国原子能事业和研制原子弹的决策,并根据我国的国情和原子能事业的特点,采取了集中力量打歼灭战的方针。在原子弹研制进入决战的关键时刻,毛主席批示"要大力协同做好这件工作",动员全国各有关部门和地方适当集中必要的人力、物力、财力投入原子能事业;同时采取高度集中统一的领导和指挥,成立以周恩来总理为首的中央专门委员会,建立起自上而下举国一致的组织、协调体制,有效地组织领导各有关方面协调一致地工作。这样,在我国经济和科技基础都比较薄弱的情况下,变总体上的劣势为局部上的优势,有力地推动了原子能工业的开创、建设和原子弹、氢弹及核潜艇的研制进程,为中国发展尖端科技事业提供了宝贵的经验。

　　本书是从人力("人物谱")和组织领导及管理体制方面充分体现毛主席、党中央这一伟大的战略思想和决策的。

编者

2016年8月

编者的话

从《永远的丰碑》到《"两弹一艇"人物谱》

祖国。最雄壮的力量。最亮的星。

那些日子,梦萦牵绕,时常寻忆起那段"秘密历程"中的"丰碑"人物。

2005年2月1日起,人民日报、新华社、中央人民广播电台、中央电视台等中央主要媒体和各省区市主要媒体,同时开展《永远的丰碑》大型主体宣传活动,每天同步介绍一位中国共产党80多年历史上的优秀代表人物、革命英烈和劳动模范。在近一年半的时间里,共推出433位"丰碑"人物,其中就有"两弹一星"功勋奖章获得者邓稼先、钱三强、王淦昌、陈芳允,分别在2006年1月4日、7日、8日、19日推出。《永远的丰碑》专栏推出后,立即在社会上引起强烈反响。作为离退休党员支部书记,我和宣传委员随即剪报,日剪不辍,共辑15册,把丰碑人物资料积存下来,供人学习。期间,我写了《观"永远的丰碑"》一文(载于《中国核工业报》,2006年3月8日)。文中说:"《永远的丰碑》弘扬民族之气,凝聚民族之魂,迸发出时代精神的魅力,并源源不断地转化为推进中华民族崛起的动力。"

丰碑永在,精神永存,这是我们民族的传统,而传统是永远的。

我景仰《永远的丰碑》。

感慨之余,心中也滋生出些许缺憾。"搞原子弹的丰碑人物还很多,入选的少了点儿。"我想。许是那段"秘密历程"中的绝大多数精英还不为人所知。

于是,我开始搜集和阅览大量的书报、文献和影像资料,追忆和汇集核工业秘密历程中的丰碑人物。

2012年初,"两弹"的主要组织领导者之一朱光亚被评为2011年度感动中国人物,且荣列榜首。对他的颁奖辞是《人生为一大事来》："他一生就做了一件大事，但却是新中国血脉中激烈奔涌的最雄壮力量。细推物理即是乐，不用浮名伴此生。遥远苍穹，他是最亮的星。"显然，这是说朱光亚一生中搞原子弹这一件大事，却为新中国增添了最雄壮的力量。

"两弹一艇"的研制成功，是全国人民的一件大事，使人民的和平生活有了保障；是年轻的人民共和国的大事，使我国的大国地位得到了保障，并为向强国地位迈进打下基础；也是世界大事，它改变了国际战略格局，增强了保卫和平和促进世界和平发展的力量。

历史是人民群众创造的。"两弹一艇"的研制群星荟萃，宛若繁星；寥廓亮星自有群星配。他们都是历史的丰碑人物。由此，从我的心灵中萌发出一个宏愿、一种灵感，下决心写一部核工业《永远的丰碑》（专集），书名取《"两弹一艇"人物谱》。时间跨度从20世纪50年代初写到参与其中的组织领导者们都已离休或退出第一线，约在80年代初，也就是说，写的是核工业"二机部"时期"两弹一艇"那些人。改革开放以来，虽有部分功勋者、知名人物为人所知，但散见于新闻报道、各类书刊，或有部门、单位各自所集；更多的是在"秘密历程"中虽为"两弹一艇"奉献青春和才智有过贡献，却从未称作"人物"的科技工作者、技术工人和领导干部；他们没有得过大奖，也许有点儿名分，也很少为人所知，有些连应有的名分都没有，还有的在征途中献出了自己的生命，并没有等到奖项与荣誉、鲜花和掌声。

为国为民作出贡献的人，国家和人民不会忘记，历史也不会忘记。

这几年，我完全沉浸于那段秘密历程的峥嵘岁月里，眼前的各种史料似乎都赋予了一种生命，如一个个矗立着的丰碑人物走来，仿佛是在约谈，对我是心灵中的撞击，精神上的升华，不断增强着一种使命感。以"谱"留青史，今人可鉴可效，后人可查可续。续谱正是中华民族的好传统。

国家利益高于一切，为国为民无私奉献，艰苦奋斗，坚韧不拔，乃至牺牲生命。这是中华民族的气节，也是自己的一种信仰，而信仰的力量是巨大的。中华民族是丰碑如林的民族，中华民族的复兴，有了如林丰碑的支撑，就有了用之不竭的力量，就能乘风破浪，克艰攻难，勇往直前。

近年来,中国核工业集团公司领导致力于推动核工业史的书写和编纂工作,并已取得成果。《钱三强与中国原子能事业》《核铸强国梦》《"两弹一艇"那些事》《激情岁月讴歌》等著作问世,受到好评。2015年9月,在核工业系统离退休干部工作会议上,曹述栋副总经理在讲话中,热情赞赏编著《"两弹一艇"人物谱》。编写过程中,社会事业部(老干局)给予支持和具体帮助。《中国核工业报》选登书稿中部分人物,党群工作部主任张昌明闻讯,当面鼓励编者,说:书名好,内容也好,又恰逢核工业创建甲子年纪念。

本书的编纂在中国核工业报社的鼓励、支持下进行。报社总编辑、资深撰稿人杨志平为策划人;刘杰老部长秘书、资深撰稿人李鹰翔为顾问;且有李志超、张普选等多位同仁携手同行。李志超,《中国核工业报》编辑,《"两弹一艇"人物谱》编辑、版式设计。张普选,曾多年作党的宣传组织工作,并有撰稿、编辑的经历和经验,《"两弹一艇"人物谱》打印、审稿、校对。无私提携,真诚相助,一直激励着作者,从2005至2015年,10年求索勤为径;从《永远的丰碑》到《"两弹一艇"人物谱》,几载耕耘终成书。

该书是在中国核工业集团公司党群工作部的组织指导下,由中国核工业报社和中国原子能出版社联合编辑出版。

本书由四编内容(上、下卷)组成,集中体现"两弹一艇"如此庞大而复杂的工程,靠的是举全国之力、大力协同的方略;所写的人物并不限于二机部系统,国家各相关部门、企事业单位、大专院校、解放军部队,所有为"两弹一艇"作出贡献的人们,都在寻忆和遴选之内。第一编,"科学与技术专家",分七个方面写了200多个人物,他们撑起了"两弹一艇"的脊梁。第二编,"组织领导干部",是写党政军中担任具体组织领导的一些重要人物,有首次原子弹装置核爆炸试验总指挥张爱萍;二机部宋任穷、刘杰等30多位部级领导干部;中国科学院党组书记、副院长张劲夫,党组副书记、副院长裴丽生(最大协同单位);新疆国家核试验基地首任司令员张蕴钰,潜艇核动力开发前期正式提出"潜艇核动力装置初步设计(草案)"的组织领导者李毅,核潜艇工程组织领导办公室主任陈右铭等。第三编,"组织领导机构及主要组成人员",是写组织领导机构的设置与运作机制中的领导和管理人员,这在以往或许鲜见。又分五个层次:中央、国务院核工业领导机构及领导人员;二机部机关各部门的司局级干部;二机部所属企事业单位(部分)初期主要负责人;国家首次核试验期间,在试验现场和北京的组织机构及参与其中的主要领导和工作人员；第一艘核潜艇研制前期领导机构及主要组成人员。二、三两编人物众多，是要说明："两弹一艇"这一宏伟事业，并非只是少数功勋者及受到其他表彰的一部分人所为，没有正确的战略决策是干不成的，没有强烈的爱国热情和高度的政治责任感也是干不成的，没有强有力的组织领导和管理更是干不成的。第四编，"在功勋者的背后"，是追寻历史云烟中的那些人那些事，进一步深化本书的主旨思想。四编共写了近800个人物。在所写人物中，姓名出现两次或以上者，均在第一次出现时作人物介绍。其中，在第一编第四、六部分和第三编中，有少数人物，因缺足够资料，只有名单而未作人物介绍。

特别值得一提的是，原党中央顾问委员会委员、百岁寿星刘杰部长为本书题写书名并作序，作者倍感荣幸。刘老是我国核工业的开拓者、奠基人之一，"两弹"的主要组织领导者和亲历者，并为第一艘核潜艇的研制奠定了技术物质基础。因曾与刘老谋面，写《"两弹一艇"人物谱》伊始，就想到作序一事，托李鹰翔同志转达晚辈心愿，刘老遂欣然应允。这令作者受到莫大的鼓舞，心中充满感激和敬重的情怀。

在成书过程中，由于时间、空间及条件所限，参考文献的涵盖面和容量都显不足，对人物的把握可能不够准确、到位，甚至出现纰缪；广泛调研，特别是多找亲历者采访，尤为不够，或许有些该写的人物没有写进去；凡此种种，敬请读者见谅、指教，并将于再版时予以修正和补遗。

2016年6月

目 录

上 卷

第一编 科学与技术专家

汪德熙、张沛霖、陈芳允、陈能宽、金建中、周光召、郝柏林、胡济民、徐光宪、徐冠仁、唐孝威、涂光炽、陶诗言、黄劭显、黄祖洽、黄维垣、黄耀曾、曹本熹、程开甲、谢家麟、戴传曾

(二)中国工程院院士

四、国家级"有突出贡献的中青年专家"称号获得者(以获准年限及原公示名单顺序)

七、其他有重要贡献者（以姓氏笔画为序）

下 卷

第二编 一线主要组织领导干部

第三编 组织领导机构及主要组成人员

1.中央专门委员会

主任:周恩来

委员(15人):国务院7位副总理贺龙、李富春、李先念、薄一波、陆定一、聂荣臻、罗瑞卿,国务院和中央军委有关部门负责人赵尔陆、张爱萍、王鹤寿、刘杰、孙志远、段君毅、高扬。

办公室主任:罗瑞卿,副主任:赵尔陆、张爱萍、刘杰、郑汉涛。

办公室组成人员有:刘柏罗、许淦、赖坚、李光、宋良甫、怀国模、朱科、朱松春、高魁宽、汪祖辉。秘书长由郑汉涛兼任,专职副秘书长是冶金部金属司原司长刘柏罗。

2.国防工业办公室

主任:罗瑞卿

副主任:赵尔陆、孙志远、方强、刘杰、刘西尧。

3.国务院第三办公室:设立专门机构,直接指导建筑技术局、地质部三局和近代物理所的工作。

主任:薄一波

副主任:刘杰

主任:张爱萍

副主任:刘西尧、成钧、朱光亚、朱卿云、毕庆堂、李觉、张震寰、张蕴钰(兼秘书长)、程开甲

委员(姓氏笔画为序):刁筠寿、于清河、王力华、王道建、王淦昌、王义忠、王茹芝、王大珩、邓易非、邓稼先、卜克强、江文、孙超、刘西尧、刘柏罗、刘忠惠、成钧、朱光亚、朱卿云、毕庆堂、乔献捷、任中咸、李觉、李冬、李信、李旭阁、杨焕民、杨荣新、杨任民、杨采、陈觉、陈能宽、张英、张超、张少华、张开帙、张爱萍、张景华、张震寰、张蕴钰、吴际霖、范任水、范志赤、周村、郝苏、胡若暇、郭永怀、恽前程、姚士章、洪杰、徐行、徐赋、高仑、高健民、韩云升、韩济、常勇、贺格非、彭桓武、程开甲、程尚友、董寿萃、曾旭清、顾震潮、葛淑平、谭善和、魏履新

第四编 在功勋者的背后

第一编 科学与技术专家

一、"两弹一星"功勋奖章获得者（以姓氏笔画为序）

1999年9月18日，中共中央、国务院、中央军委在人民大会堂召开表彰大会，对当年为研制"两弹一星"作出突出贡献的23位科技专家授予或追授"两弹一星"功勋奖章。其中，有11人主要因为研制原子弹、氢弹而受到表彰，他们是：于敏、王淦昌、邓稼先、朱光亚、吴自良、陈能宽、周光召、钱三强、郭永怀、彭桓武、程开甲。

于 敏

于敏 Yu Min(1926年8月—)，天津宁河县(原河北宁河县)人。核物理学家，中国工程物理研究院高级科学顾问，中国科学院院士，"两弹一星"功勋奖章获得者，为我国"两弹"(原子弹、氢弹)研制和核试验作出突出贡献。

于敏，1949年在北京大学物理系攻读研究生并兼任助教。他的导师是胡宁教授。1951年1月，新中国组建近代物理研究所(今中国原子能科学研究院)，胡宁把于敏推荐给了所长钱三强，并到近代物理研究所兼职，继续指导于敏的毕业论文。于敏被分在副所长彭桓武领导的原子核理论研究组。通过阅读和调研，于敏把原子核理论大致分成三个层次：实验现象和规律、唯象理论以及理论基础。他在平均场独立粒子运动方面发表了《关于重原子核的壳理论》《关于原子核独立粒子结构的力学基础》等论文。1959年暑假，近代物理研究所核理论小组和北大物理系核理论组在成都举办原子核理论暑期培训班，由于敏和北大杨立铭教授担任主讲，各讲一半。后来出版社将他们的讲稿编成《原子核理论讲义》一书。该书成为我国第一部原子核理论专著。钱三强充分肯定于敏在核物理理论方面的工作，说"于敏的工作填补了我国原子核理论的空白"。丹麦物理学家、诺贝尔物理学奖获得者玻尔称赞于敏"出类拔萃"。1965年，于敏调入二机部第九研究院，历任理论部副主任，理论研究所副所长、所长，九院副院长、科技委副主任、高级科学顾问等职。1980年当选为中国科学院学部委员(院士)。

对氢弹的研制和核武器理论的研究作出的贡献

1961年1月，于敏接受氢弹理论探索的任务；1964年10月，我国第一颗原子弹爆炸成功后，于敏又接手氢弹研制任务。在氢弹研制中，他组织领导攻关小组发现了实现

氢弹自持热核燃烧的关键,1965年底,探索到一种新的制造氢弹的理论方案,找到了突破氢弹设计、制造难题的技术途径,进而提出了从原理、材料到构型完整的氢弹物理设计方案,带领科研队伍完成了核装置的理论设计,并定型为我国第一代核武器。

1967年6月17日,中国第一颗氢弹试验成功。

对实现核武器化及其发展作出的贡献

于敏是我国核武器理论研究和设计的主要组织者和领导者之一。

他在基础研究中,解决了热核武器物理中一系列基础问题,为核武器基础理论作出开创性的工作。在内爆动力学方面,揭示了武器核反应内爆过程的运动规律;在辐射输运及辐射流体力学方面,对辐射与物质的相互作用,辐射波与冲击波的传播规律等问题进行了深入研究;在数值计算方法及数理方程方面,建立了反映武器中极其复杂的运动规律的偏微分方程组及其近似计算方法。这些核武器理论的科学研究,从多个角度揭示了核武器动作过程的内在规律,为我国氢弹的爆炸成功、我国第一代核武器的设计定型、第二代核武器的研制,奠定了理论基础。

20世纪80年代初,于敏被任命为核工业部九院副院长兼北京九所所长,全面负责领导和实现核武器小型化即第二代核武器的任务。于敏主持研究并带领大家解决了一系列的关键问题,突破了小型化中的初级原理和次级原理,选择了正确的技术途径,为其研制奠定了基础。

于敏和邓稼先提出了"加快核试验进程"的建议,提前规划了我国核试验的部署,为我国争取了宝贵的10年热核试验的时间,做完了必须做好的热试验。该建议为提升我国核试验的水平,推动核武器装备部队并形成战斗力发挥了极其重要的前瞻性作用,保障了我国作为核大国的地位。

奖项与荣誉

1.1955年,由于他在近代物理所原子核理论物理方面取得的进展,被授予"全国青年社会主义建设积极分子"称号。

2.1982年获国家自然科学奖一等奖(第四获奖人)。

3.1985年、1987年和1989年,各获一项国家科技进步奖特等奖。

4.1985年获核工业部劳动模范称号。

5.1985年获全国"五一劳动奖章"。

6.1987年获"全国劳动模范"称号。

7.1994年获香港"求是基金会杰出科学家"奖。

8.1996年获光华科技奖特等奖。

9.1999年9月18日,在人民大会堂由中共中央、国务院和中央军委隆重召开的表彰大会上,于敏与其他22位功勋卓著的科学家被授予"两弹一星"功勋奖章。他作为获奖代表在大会上发言。这是我国科技界的至高荣誉。

10.获2014年"感动中国"人物(排首位)。"感动中国"是中央电视台年终重头节目之一,自2002年举办。

11.2015年1月9日,在人民大会堂由中共中央、国务院隆重举行国家科学技术奖励大会。89岁的于敏获得2014年度国家最高科学技术奖。他是本年度该奖项的唯一获得者。

12.2015年10月13日,于敏获得第五届全国敬业奉献模范荣誉称号。

延伸阅读

原子弹、氢弹、中子弹三代核武器的诸多关键技术

核裂变发现不久,第二次世界大战全面爆发,在这种特殊背景下,核技术被率先用来研制核武器;而核裂变能(起初称原子能),首先被用来制造原子弹。制造原子弹必须突破的诸多关键问题主要有:可裂变材料的选取和制备(分离);核部件与非核部件的加工;材料相容性研究及结构工程设计;以及弄清原子弹爆炸后瞬间复杂的物理过程、各种物理量随时空变化的规律。1945年,美国成功研制原子弹,并在日本广岛和长崎两次投掷,造成了巨大的伤亡。氢弹的能量则主要由核聚变能提供;核聚变效能是氢弹的物理基础。但是,制造氢弹又必须在制成原子弹的基础上继续解决诸多关键问题,主要有:必要的热核材料(如氘和氚或锂等)的制备;如何利用原子弹爆炸的能量产生高温、高压来点燃聚变材料,并使之自持燃烧;要利用适当的材料和科学合理的构形实现热核爆炸等。我国在原子弹成功研制几年后,氢弹也研制成功。研制中子弹是试图将核武器的中子辐射效应充分发挥,而又把冲击波控制得很小,主要是对人造成杀伤。这是一种突出核爆炸的中子辐射效应而抑制其他破坏效应的技术。中子弹的研制成功,即是第三代核武器的问世。

王淦昌

王淦昌 Wang Gan Chang（1907年5月—1998年12月），江苏常熟支塘镇人。物理学家，核物理学家，中国科学院资深院士，"两弹一星"功勋奖章获得者。他是我国核科学的奠基人和开拓者之一，为我国"两弹"（原子弹、氢弹）研制和核试验作出突出贡献。

王淦昌，1925年考入清华大学，1930年赴德国做研究生。1934年学成回国，长期从事物理学研究工作。1934年4月—1936年，山东大学教授。1936年—1952年，在浙江大学任教，先后任物理系教授、系主任。1950年4月，到新成立的中国科学院近代物理研究所任研究员，1951年被任命为副所长。1955年应聘为中国科学院学部委员（院士）。1956年秋，到杜布纳联合原子核研究所担任高级研究员，是该所首任学术委员会中国三名委员之一（另两人为赵忠尧、胡宁），并被推举担任该所1959—1960年期间副所长。1960年3月，调入北京核武器研究所工作，任副所长。1964年2月，任核武器研究院副院长。1979年12月10日，加入中国共产党。粉碎"四人帮"后，王淦昌历任二机部九院副院长、二机部副部长兼原子能研究所（现中国原子能科学研究院）所长，中国科学技术协会副主席，中国核学会首任理事长，中国核物理学会理事长；曾任《原子核物理》主编、《核仪器与核方法》编委等。他是九三学社中央名誉主席，第三~六届全国人大常委会委员。

科学成就

王淦昌是中国实验原子核物理、宇宙射线及基本粒子物理研究的开拓者和奠基人之一。

1.1930—1934年，在德国留学期间，他曾提出用云雾室做探测器研究γ辐射的本性。1935年度诺贝尔奖获得者查德威克的实验证明了王淦昌想法的正确性。

2.1940年，王淦昌提出了验证中微子存在的方案。翌年，他提出并实现用轻（氢）

原子核K电子俘获方法验证中微子存在。

3.1942—1947年间,他在国内外学术刊物上发表9篇论文,其中关于"中子与反质子"等研究是开创性的成果。

4.1950—1996年间,他开始主持宇宙线方面的研究,从设计建造磁云室和中国第一个高山宇宙线实验室等基础工作做起,研究了中性介子的衰变,从宇宙线中获取奇异粒子并对其寿命进行有效测量。他领导建立的宇宙线实验站及其开创性的工作,使我国宇宙线研究进入国际先进行列。

5.1956年秋,王淦昌到苏联杜布纳联合原子核研究所领导一个研究小组的工作。1959年底,王淦昌等研究人员确证并发现了第一个荷电的反超子(反西格马负超子)。

6.1964年,王淦昌又提出用激光打靶实现核聚变的科学设想,是世界上激光惯性约束核聚变理论和研究的创始人之一,使我国在这一领域的科研工作走在当时世界各国的前列。

7.1984年,王淦昌领导开辟了氟化氢准分子激光惯性约束聚变研究的新领域。同年9月,他以国家科委核聚变专业组组长的身份提出"关于将受控核聚变能源开发列入国家长远规划重大项目的建议"。

8.1986年1月,党中央领导会见了王淦昌等核专家,座谈我国核工业与和平利用核能的问题,王淦昌的建议引起了重视。

为"两弹"研制和实现武器化作出的贡献

王淦昌是中国核物理的开拓者和奠基人之一。1950年5月,成立了从事核科学研究工作的中国科学院近代物理研究所(原子能所前身,现中国原子能科学研究院)。这是新中国第一个核科学研究机构,开展理论物理、原子核物理、宇宙线、放射化学等方面的研究,重点是原子核物理方面的研究工作。1951年2月,钱三强任所长,王淦昌、彭桓武任副所长。

王淦昌是中国必须依靠自己的力量开创原子能工业研制原子弹的首要人选。从1960年4月起,王淦昌更名为王京,开始了研制原子弹、氢弹的工作。17年,他走过的足迹令人敬佩。

王淦昌从原子能所调入北京核武器研制所任副所长,成为研制核武器的科学组织者和领导者之一。他是科学家中年龄最大的一位。九所设置了4个技术委员会,王淦昌是其中冷试验委员会的主任委员,副主任委员是陈能宽,委员邓稼先、钱晋、周光召、李嘉尧、何文钊。他领导这个组全面负责原子弹炸药装置和引爆装置的研制与试验。一项历史性的业绩是,从1960年4月—1963年3月,在长城脚下进行核武器研制的爆轰试验。通过爆轰试验,研制成功了核武器炸药元件;摸清了原子弹的内爆规律,积累了核武器工程的科研管理经验;造就了第一代核武器研制的科技队伍。三年的过渡性爆轰试验,诞生了第一颗原子弹的雏形。主要技术领导是王淦昌、陈能宽、朱光亚等,王淦昌主要抓炸药方面的工作。无论在工地搅拌炸药的过程中,还是在探索脉冲中子测量技术的试验中,他都经常出现在工地现场。

之后,王淦昌转战到青海二二一厂研制基地。第一颗原子弹的研制工作也进入总攻阶段。年近花甲的王淦昌是青海草原上最年长的科学家,他参加了第一颗原子弹试验前的"草原大会战"。1963年11月20日,缩小尺寸的整体模拟出中子试验取得成功,综合验证了原子弹理论设计,从试验角度认识了引爆出中子的聚合爆轰物理全过程。这次缩小尺寸比例的出中子试验标志着原子弹研制的新突破。在举行的庆贺宴会上,刘西尧专门赞扬了王淦昌放弃基础理论研究来从事核武器事业。1964年3月,二机部九院成立。李觉任院长,吴际霖、王淦昌、彭桓武、郭永怀、朱光亚任副院长。同年6月6日,二二一厂进行了全尺寸整体爆轰模拟实验。已任副院长的王淦昌又参与组织这次试验。从此,原子弹的原理和试验两个方面都过关了,就准备做国家(到新疆戈壁滩国家试验场)核试验了。

1964年7月,九院组织222人的第九作业队进驻新疆国家核试验场区。8月20日,第一颗原子弹试验装置及备品备件全部加工、装配、验收完毕,陆续运往试验场地。25日至30日,核试验场区进行单项和综合演习。10月8日,王淦昌与郭永怀、彭桓武、邓稼先等人赶赴试验场区,进行最后的调试验收;这几位专家都是首次国家核试验委员会委员。他们和其他科技人员、技术工人同住帐篷、同一起吃饭。技术问题就由这些技术专家们负责处理。保障核试验成功的关键之一,是正式试验之前的联试要成功,要进行多次联试,王淦昌、彭桓武等都在现场指挥。10月16日,王淦昌在现场指挥部,和总指挥张爱萍在一起。核爆准时响了以后,周总理在电话上反复问是不是真正的核爆炸；王淦昌根据科学观察，他告诉张爱萍说："是核爆炸。"

王淦昌转战长城脚下、青海草原、新疆戈壁滩这三个"战区"，经历了理论设计、过渡性爆轰实验、总攻草原会战、国家核试验等第一颗原子弹研制的全过程。

在17年中，王淦昌也为氢弹的研制并试验成功作出重要贡献。氢弹原理试验就是在王淦昌和胡仁宇等人的组织指导下进行的，原理试验是一次极为重要的核试验。从1966年3月起，理论设计和测试两方面的人员，根据试验目的，拟定了测试项目、测试方案，并利用实验室的条件，进行模拟准备和作出妥善安排。由试验、设计、生产、装配和理论等人员组成的试验队，于1966年11月底奔赴核试验基地，于12月28日进行了氢弹原理试验，并获得圆满成功。这次试验在中国热核武器的发展史上，有着非常重要的意义。

随着研制工作的进展，我国核试验由大气层逐步转入地下进行。1967年10月，王淦昌和西北核技术研究所所长程开甲主持召开了首次地下核试验讨论会，并对测试项目和工程进度作出安排。1969年9月，成功进行了首次地下核试验。1975年和1976年又进行了两次地下核试验。在这三次地下核试验中，王淦昌都参加了组织领导。

1978年，王淦昌又回到了阔别多年的原子能所（中国原子能科学研究院），担任二机部副部长兼原子能研究所所长。他对中国科技事业的贡献步入了一段新的辉煌历程。在他的指导下，原子能所开始了核聚变研究。早在1964年，他就曾提出用高功率打靶实现惯性约束核聚变的设想。他继续致力于这方面的工作。1984年9月10日，王淦昌以国家科委核聚变专业组组长的身份向国家科委提出"关于将受控核聚变能源开发列入国家长远规划重大项目的建议"。1978年国庆前后，他与人联名上书中央，提出发展我国核电的建议。1984年3月，他在出席日本原子能工业讨论会第17届年会时作了题为《中国核能的发展与国际合作的报告》。1986年1月2日，党中央领导接见了王淦昌等核专家，座谈我国核工业与和平利用核能的问题，王淦昌的建议引起了重视。1986年4月，在第六届全国人大第四次会议上，王淦昌又提出《对立足国内，积极发展我国仪器制造工业的建议》。1986年3月，面对世界高技术蓬勃发展，国际竞争日趋激烈的严峻挑战，王淦昌和王大珩、陈芳允、杨嘉墀四位科学家针对美国提出的"战略防御倡议"，西欧的"尤里卡"计划，联名向中央提出"关于跟踪研究外国战略性高技术发展的建议"。由此，国务院发出"高技术发展计划纲要"的通知，并启动"高技术研究发

展计划"。因这个计划是在1986年3月提出并批准的,故命名为"863"计划。

奖项与荣誉

1.1940年,王淦昌提出了探测中微子的实验方法。他写了《关于探测中微子的一个建议》,此文于1942年3月发表在美国《物理评论》上。之后,美国科学家阿伦用王淦昌的方法取得了结果《一个中微子存在的实验证据》。1946年王淦昌因提出探测中微子的方法获中华文化基金会范旭东奖。美国学者因精确完成中微子存在的实验获得了诺贝尔物理奖。

2.1982年获得奖项:

(1)因在联合原子核研究所工作期间,他领导的小组,确证发现了反西格马负超子,他和参加这项研究工作的中国科学工作者丁大钊、王祝翔获得国家自然科学奖一等奖。

(2)原子弹研制中的爆轰实验,以"聚合爆轰波人工热核反应研究"获得国家自然科学奖一等奖。奖状上的名单为:王淦昌、陈能宽、张兴钤、方正知、陈常宜、任益民、经福谦、张寿齐、陶祖聪、章冠人。

3.1985年,由于在第一颗原子弹和第一颗氢弹研制中作出突出贡献,获得两项国家科技进步奖特等奖。

4.1994年,王淦昌获1994年度何梁何利基金科学与技术成就奖。这是该基金于1994年3月成立以来的首届奖项。获得科学与技术成就奖的共4人,还有钱学森、黄汲清、王大珩,另有20人获科学技术进步奖。评奖时对王淦昌在"两弹"研制方面的评价是,"他为中国原子弹、氢弹的研制立下了不朽的功勋。"

5.1999年9月18日,在中华人民共和国成立50周年之际,党中央、国务院、中央军委隆重表彰为中国"两弹一星"事业作出贡献的23位科学技术专家。其中追授王淦昌"两弹一星"功勋奖章。

6.2005年,人民日报、新华社、中央人民广播电台、中央电视台等中央主要媒体同时开展《永远的丰碑》大型主题宣传活动,从2月1日起,每天同步介绍一位中国共产党80多年历史上的优秀代表人物、革命先烈和劳动模范。2006年1月6日,上述媒体和一些地方媒体同时介绍王淦昌,称他为"我国核科学的奠基人和开拓者之一","我国核武器研制的主要奠基人之一"。

7.在中国原子能科学研究院主楼北面翠柏林中,建有王淦昌雕塑,是为了纪念他卓越的科学贡献及缅怀他在原子能院工作的岁月。

8.在南华大学(原中南工学院)建有王淦昌雕塑。王淦昌曾兼任过中南工学院顾问,并多次到该院指导核科学技术学科的建设工作。

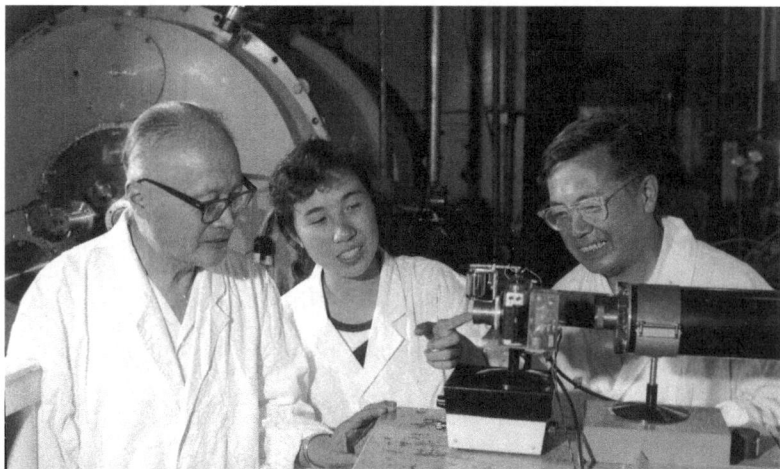

王淦昌在试验室
指导科研工作

延伸阅读　　范旭东奖

范旭东 Fan Xu Dong(1883—1945年),湖南湘阴县人,杰出的中国化工实业家,重化学工业的奠基人,被称作"中国民族化学工业之父"。

新中国成立初期,毛泽东曾在一次重要会议上强调:"我们搞社会主义建设,不能忘记四个人,搞钢铁不能忘记张之洞,搞化工不能忘记范旭东,搞纺织不能忘记张謇,搞交通不能忘记卢作孚。"毛泽东提到的四个人中,范旭东的事业最为艰难,也最具开创性,因为在他之前,化学工业在中国完全没有基础,范旭东是拓荒者。

范旭东于1945年10月4日逝世,终年62岁。当时正在重庆与国民党谈判的毛泽东为他题写了"工业先导,功在中华"的挽联。周恩来代表毛泽东亲往南园吊唁。参加追悼会的有吴蕴初、侯德榜、阎幼甫、郭沫若、沈钧儒、章乃器、胡厥文等著名人士。郭沫若的挽联是:"老有所终,壮有所用,幼有所长;天不能死,地不能埋,世不能语"。胡厥文的挽联是:"建国方新,忍看工业有心人溘然长逝;隐忧未已,何图生产实行者弗竟全功"。

在南京市旭东中学,校内有旭东文化广场和一尊范旭东先生的半身雕像。为纪念范旭东先生,设"范旭东先生纪念荣誉奖章"及奖金。

邓稼先

邓稼先 Deng Jia Xian（1924年6月—1986年7月），安徽怀宁县人。核物理学家，中国科学院院士，"两弹一星"功勋奖章获得者。他为我国"两弹"的研制和核试验作出突出贡献。

邓稼先，出生于一个书香门第之家，其父邓以蛰（1892—1973年），是现代美学家、美术史家、教育家，曾任清华、北大哲学教授。邓稼先1935年考入北平志成中学，与比他高两班、又是清华大学院内邻居的杨振宁结为最好的朋友。邓稼先在校园中深受爱国救亡运动的影响，1937年北平沦陷后秘密参加抗日聚会。他于1941年考入西南联合大学物理系，1945年抗日战争胜利时从西南联大毕业，在昆明参加了共产党的外围组织"民青"，投身于争取民主、反对国民党卖国独裁的斗争。翌年，他回到北平，受聘担任了北京大学物理系助教，并在学生运动中担任了北大教职工联合会主席。1947年，他通过了赴美研究生考试，于1948年秋进入美国印第安纳州的普渡大学研究生院。1950年8月，他在美国获得博士学位9天后，便毅然回国。同年10月，邓稼先来到中国科学院近代物理研究所任研究员。此后的8年间，他进行了中国原子核理论的研究，为日后投身我国核武器研制事业打下良好的基础。1954年，邓稼先加入了中国共产党。历任核武器研究所理论部主任、副所长、所长，核工业部第九研究院副院长（1972年起）、院长（1979年起）。1980年当选为中国科学院学部委员（院士），1982年，当选为中国共产党第十二届中央委员会委员。1986年6月，中央军委主席签署命令，任命邓稼先为国防科工委科技委副主任。

为两弹研制和实现核武器化作出的贡献

1958年秋，由钱三强推荐，邓稼先奉调二机部北京核武器研究所，走上了核武器研制的重要岗位。他任所理论部主任后，挑选了一批大学生，查找资料，研究和准备原子弹模型。1959年6月，苏联政府终止了原有协议，中共中央下决心自己动手，搞出原子弹、氢弹。邓稼先担任了原子弹的理论设计负责人，他对研究计算作出部署，自己带头攻关。1964年10月16日，中国成功爆炸的第一颗原子弹，是由邓稼先最后签字确定了设计方案。他还率领研究人员在试验后迅速进入爆炸现场采样，以证实试验效果。

第一颗原子弹理论设计完成后，北京核武器研究所在副所长朱光亚、彭桓武指导下，即开始探索氢弹理论问题。理论部主任邓稼先和副主任周光召组织有关专家和研究人员，制定出研究计划和理论设计方案。他又同于敏等投入了对氢弹的研究，终于制成了氢弹，并于原子弹爆炸成功后的两年零八个月试验成功。

1984年，邓稼先指挥中国第二代新式核武器试验成功。这是他一生中最后一次指挥核试验，此时距第一颗原子弹爆炸已过去20年；距他奉调核武器研究所26年。对于核武器的战略部署和发展问题，邓稼先在病危中和于敏共同提出了"加快核试验进程的建议"，为我国争取了宝贵的10年核试验时间。

奖项与荣誉

1.1982年获国家自然科学奖一等奖。

2.1984年被评为国家级有突出贡献的中青年专家。

3.1985年，两获国家科学技术进步奖特等奖。一项是因"原子弹的突破和武器化"；一项是因"氢弹的突破和武器化"。

4.1986年7月16日，被国务院授予全国"五一"劳动奖章。7月17日，获全国劳动模范称号。时任国务院副总理李鹏、全国总工会书记罗干、国防科工委科技委主任朱光亚等前往解放军总医院，向邓稼先颁发全国劳动模范证书和奖章。这是"七五"期间国务院授予的第一个全国劳动模范称号和授出的第一枚全国劳动模范奖章。

5.1987年、1989年，两获国家科技进步奖特等奖。

6.1994年获香港求是基金"杰出科学家奖"。

7.1999年9月18日，在中华人民共和国成立50周年之际，党中央、国务院、中央军委隆重表彰为中国"两弹一星"事业作出贡献的23位科学技术专家，追授邓稼先"两弹一星功勋奖章"。

8.2005年,人民日报、新华社、中央人民广播电台、中央电视台等中央主要媒体同时开展《永远的丰碑》大型主题宣传活动,从2月1日起,每天同步介绍一位中国共产党80多年历史上的优秀代表人物,革命先烈和劳动模范。邓稼先两上《永远的丰碑》:分别于5月7日庆祝"五一"国际劳动节期间,介绍"全国劳动模范邓稼先",2006年1月3日,介绍"两弹元勋"邓稼先。

9.2008年,邓稼先被评为"中国十大传播科技优秀人物"(中国科学技术协会组织评选)。

10.2009年9月10日,在中华人民共和国成立60周年之际,中共中央宣传部、中央组织部等11个部门联合组织的"100位为新中国成立作出突出贡献的英雄模范人物和100位新中国成立以来感动中国人物"(简称"双百"人物)评选活动中,邓稼先被评为"100位新中国成立以来感动中国人物"。

邓稼先(右二)、郭永怀(左一)等在核试验场罗布泊考察地形

延伸阅读　　　　中华世纪坛的"中华文化名人"肖像雕塑群

中华世纪坛的主体建筑,地下两层,地上三层,高39米,直径85米,由静止的回廊和旋转的坛面组成。回廊馆内有青铜铸造的40尊"中华文化名人"肖像雕塑,有老子、孔子、司马迁、司马光、蔡元培、孙子、马寅初、管仲、邓稼先、张衡、沈括、徐霞客、李四光、贾思勰、李时珍、林巧稚、祖冲之、华罗庚、詹载育、蔡伦、毕升、黄道婆、李冰、詹天佑、梁思成、屈原、李白、杜甫、李清照、关汉卿、曹雪芹、鲁迅、茅盾、郭沫若、吴道子、齐白石、徐悲鸿、王羲之、冼星海、梅兰芳。

朱光亚

朱光亚 Zhu Guang Ya（1924年12月—2011年2月），籍贯湖北汉阳，生于湖北宜昌。核物理学家，中国科学院院士，中国工程院院士（首批），"两弹一星"功勋奖章获得者。他对我国"两弹"的研制和实现核武器化作出突出贡献。

朱光亚，1941—1942年在西迁至重庆的国立中央大学（现南京大学）物理系学习。1942—1945年在西南联合大学学习。1946—1950年入美国密执安大学研究生院物理系原子核物理专业研究生，并获博士学位。1950年回国。

朱光亚历任二机部核武器研究所副所长，核武器研究院副院长，国防科委副主任，国防科工委科技委副主任、主任，解放军总装备部科技委主任，先后当选为中国核学会第一、二届理事会副理事长，中国科学技术协会第三届全国委员会副主席，第四届全国委员会主席、名誉主席；中国工程院首任院长、主席团名誉主席。1956年加入中国共产党，曾当选为中国共产党第十届候补中央委员，第十一~十四届中央委员。他是第三~五届全国人民代表大会代表，中国人民政治协商会议第八、九届全国委员会副主席。1980年当选为中国科学院学部委员（院士）。1994年当选为中国工程院首批院士。

对两弹研制的贡献主要体现在：

培养核事业人才

在东北人民大学任教时，主讲力学、热学、原子物理等，几年之内，该校物理系跻身于全国高校物理系的先进行列，培养了一批物理学人才。1955年，党中央作出发展原子能工业的战略决策，朱光亚与胡济民、虞福春、卢鹤绂等筹建北京大学物理研究室（后改名为原子能系、技术物理系），加快培养核科技人才，这是国家加快发展原子能事业的五项措施之一。1956年，朱光亚又参与筹建近代物理研究所，培养我国第一批原

子能专业人才。这批人后来成为中国核事业发展的骨干力量。

科技论文、规划、重要文件

1.朱光亚的核科技著作,代表作品有《原子能和原子武器》《原子弹的突破和武器化》。

2.朱光亚参与苏联援建的核反应堆的建设和启动工作,于1958年9月,完成并发表了《研究性重水反应堆物理参数的测定》。

3.1962年9月,二机部刘杰部长与李觉、吴际霖、朱光亚等研究后,向中央提出了《关于自力更生建设原子能工业情况的报告》,提出两年内进行我国第一颗原子弹装置爆炸试验的"两年规划"。根据领导和专家集体讨论的意见,由朱光亚主持拟制了《原子弹装置科研、设计、制造与试验计划纲要及必须解决的关键问题》和《原子弹装置国家试验项目与准备工作的初步建议及原子弹装置塔上爆炸试验大纲》。这两份至关重要的文件对当时很快突破原子弹技术起了非常重要的作用,被誉为"两个纲领性文件"。

4.1962年10月,他起草了一个重要文件《关于迅速组织核试验基地所属研究所并安排国家试验各项准备工作的建议》。

5.1963年5月,他主持起草了《第一期试验大纲草案》(即原子弹装置核爆炸大纲),详细提出了试验测试的主要项目、技术保障、测试场地布局、试验规模等内容。

6.1963年7月,遵照周总理的指示,组织研究并写出了《停止核试验是一个大骗局》(提纲),后来成为新华社发表美苏英三国关于部分禁止核试验条约的编者按语《坚决反对危害世界人民利益和世界和平事业的大骗局》的重要参考。

7.1964年3月,作为核武器研究院的副院长,朱光亚组织制订了《1964年科研工作计划纲要》,详细布置了原子弹的研制和工作计划。

8.1964年6月12日,朱光亚组织起草《596装置国家试验大纲》,对核装置运输、总装与质量检验、引控系统调试、测试项目等各个环节提出了要求。

9.1965年2月,参与如何加快氢弹研制的研究,并代二机部起草了向中央专委《关于加快核武器发展问题的报告》。

10.1965年8月,朱光亚组织起草了《关于突破氢弹技术关键问题上的工作安排》,

对必须重点解决的理论方案和热核材料制备的两个关键问题,尤其是氢弹原理的突破,作了统筹安排部署。

11.1965年12月,朱光亚代二机部起草了上报中央专委的《关于核武器科研生产两年规划的请示》,并列席周总理主持的中央专委会议,汇报有关技术关键问题。

组织领导与科技攻关

1.1956年9月,朱光亚调任中国科学院物理研究所中子物理研究室副主任,从事中子物理和反应堆物理研究,并参与筹建近代物理研究室的工作。

2.1958年,朱光亚被调到二机部原子能研究所任二室(物理实验室)副主任,参与由原苏联援建的研究反应堆的建设和启动工作,并从事中子物理和反应堆物理研究。随后,他参与领导设计、建成了轻水零功率装置并开展堆物理实验,跨出了中国自行设计、建造核反应堆的第一步。

3.1959年7月,朱光亚被任命为"负责原子弹设计最后产品的科学技术领导人"——核武器研究所副所长。他参加领导与指导了研制任务的分解,确定应该研究的主要科学问题和关键技术,选择解决的技术途径,设立课题并制定重要攻关课题的实施方案,等等。由于他善于在综合各方面(理论、实验、工程及当时的实际条件)的情况和意见基础上作出正确的科学判断,使这些课题能在较短时间内得以解决。由于朱光亚精通业务技术,又善于组织领导,他不仅与各方面的专家和谐合作,也能与党政领导干部密切沟通,使各项工作有效协同地运转起来。

4.1960年8月,苏联政府撤回专家,我国核武器研制工作走上了完全自力更生的发展道路。经中央批准,王淦昌、彭桓武、郭永怀、程开甲等著名科学家奉调担任核武器研究所的技术领导,还选调了陈能宽、周光召等一批科技骨干。朱光亚与李觉、吴际霖等一起组织调整了研究所的科研机构,全面开展理论物理、爆轰物理、中子物理、放射化学、自动控制等科研工作。科学专家与骨干形成了研究工作的骨干力量。在原子弹研制的关键时刻,朱光亚出任4个技术委员会之一的中子点火委员会副主任委员,同主任委员彭桓武、委员何泽慧等一起指导了几种不同点火中子源的研制与选择,还协同冷试验委员会研究确定点火中子综合可靠性的检验方法等关键问题的攻关。

5.1963年3月,朱光亚参与组织确定了中国第一颗原子弹理论设计方案。朱光亚

与李觉、吴际霖等组织在北京的科研生产人员迅速汇集到西北基地,形成了研制中国第一颗原子弹的总攻局面。4月2日,二机部领导和朱光亚等78位科学家受到毛泽东、周恩来、邓小平等党和国家领导人的接见。5月,朱光亚协同程开甲起草了《第一期试验大纲草案》(即原子弹装置核爆炸试验大纲)。8月,朱光亚与刘杰等领导参加了青海研制基地冷试验专题研讨会。朱光亚几乎每天都要了解各方面工作的进展情况,在他和李觉、吴际霖、王淦昌、陈能宽、邓稼先、周光召等的组织领导下,于11月20日成功进行了缩比尺寸全球聚合爆轰试验。至此,原子弹研制的关键技术只剩下等待足够的核材料和临界试验了。

6.1964年2月,二机部决定撤销九局,在核武器研究所基础上成立核武器研究院,李觉任院长,吴际霖、郭英全、王淦昌、彭桓武、郭永怀、朱光亚、程开甲等9人任副院长。朱光亚仍然协助李觉、吴际霖统管科技工作。他详细布置了原子弹研制和试验工作计划。4月11日,中央专委决定首次核爆炸试验采用塔爆方式。4月18日—5月4日,朱光亚与李觉、吴际霖等一起从青海研制基地赴新疆罗布泊核试验地实地勘察空运、陆运和试验现场的保障条件的各个工作的细节,提出了周密的技术措施。6月6日,朱光亚在青海基地与其他同志一起组织进行了全尺寸全球聚合爆轰试验,取得完全成功。这预示着原子弹装置爆炸已成功在望。在现场视察指导工作的张爱萍副总参谋长即兴赋诗一首《贺我国第一颗原子弹冷试验成功——赠朱光亚和九院全体同志》。6月12日,朱光亚组织起草完成的《596装置国家试验大纲》,对核装置运输、总装与质量检查、引控系统调试、测试项目等各个环节提出要求,第一次核爆炸试验全面转入现场实施阶段。10月8日成立国家首次核试验委员会,张爱萍任主任委员,朱光亚等9人任副主任委员。朱光亚等在现场亲自指导技术人员进行原子弹装置装配和检验。14日晚,经张爱萍、刘西尧、张震寰、张蕴钰、李觉、朱光亚等签字后,我国第一颗原子弹装置被吊上铁塔。10月16日下午3时,威力为2.3万吨梯恩梯当量的我国第一颗原子弹爆炸成功。

7.1965年5月30日,作为原子弹研制部门的负责人、科学家代表之一,受到周恩来总理等中央领导的接见和宴请。

8.1965年10—12月,同王淦昌、彭桓武、邓稼先等组织理论部反复论证于敏等探索形成的氢弹原理和模型方案,逐步完善原子弹引爆氢弹的理论方案,并于1966年12月28日实现氢弹原理试验成功。

9.1967年4月,起草《关于1967年核武器研制与试验工作安排意见的报告》,并于5月9日参加周总理主持的中央专委第18次会议,讨论氢弹空投试验的准备工作。6月17日我国第一颗氢弹空爆试验成功。

10.1967年10月底,朱光亚、王淦昌、程开甲、邓稼先等讨论了首次地下核试验的目的、试验项目、工程要求等,地下核试验工作全面展开。1969年9月19日,中央专委批准朱光亚等7人组成首次地下核试验领导小组。9月23日,朱光亚、王淦昌、程开甲、彭桓武等在现场指挥试验,取得了圆满成功。1975年10月和1976年10月,朱光亚参与组织领导了我国第二、三次地下平洞核试验。1978年10月,又成功组织首次地下竖井核试验。

朱光亚始终处于我国核武器发展中科技决策的高层。在核武器技术发展的每一个重要关键时刻,无论是发展方向的抉择和决策,还是核武器研制和核武器试验关键技术问题的决策,他都发挥了主导作用,作出卓越贡献。

奖项与荣誉

1.1985年,论文《原子弹的突破和武器化》获国家科学技术进步奖特等奖。

2.1988年,论文《我国核武器大气层核试验的总体设计和组织实施》获国家科学技术进步奖一等奖。

3.获1996年度何梁何利基金科学与技术成就奖。

4.1996年,由朱光亚主持军内外200多名专家参加撰写的《2000年中国国防科学技术发展战略研究》获全军科技进步奖一等奖。

5.1999年9月18日,在人民大会堂由中共中央、国务院、中央军委隆重召开表彰大会,朱光亚与其他22位功勋卓著的科学家被授予"两弹一星功勋奖章"。

6.2002年5月获南京大学"世纪校友学术成就金质奖章"。

7.2004年12月,国际编号10388号小行星正式命名为"朱光亚星"。

8.2008年获第七届光华工程科技奖成就奖。

9.2012年2月3日晚,中央电视台播出《感动中国2011年度颁奖盛典》,朱光亚被评为"感动中国2011年度人物"。他的颁奖辞是《人生为一大事来》:"他一生就做了一件事,但却是新中国血脉中,激烈奔涌的最雄壮力量。细推物理即是乐,不用浮名伴此生。遥远苍穹,他是最亮的星。"

"感动中国人物"是中央电视台年终重头节目之一,自2002年举办,每年评选一次"感动中国"十大人物和一至几个集体,并以电视直播颁奖。

延伸阅读

光华工程科技奖

光华工程科技奖是1996年经国家科技奖励办公室批准,并于2002年再次获科技部批准的一项社会力量科技奖项,设"成就奖""工程奖""青年奖",用以表彰那些在工程科学领域作出重要贡献和成就的人。这也是我国社会力量设立的中国工程界的最高奖项。该奖由原全国政协副主席、"两院"院士朱光亚先生,台湾实业家陈由豪先生,杜俊元先生和尹衍木梁先生共同捐资,由中国工程院负责评奖的具体工作。该奖每两年评选一次,每次产生的一名"光华成就奖"得主将获得100万元人民币奖金。"工程奖",每人奖金15万元;"青年奖",每人奖金10万元。

1964年10月16日,我国第一颗原子弹爆炸成功以后,(从左至右)张爱萍、朱光亚、刘西尧、李觉、吴际霖欢迎参试人员凯旋归来

吴自良

吴自良 Wu Zi Liang（1917年12月—2008年5月），浙江浦江县人。材料科学家，物理冶金专家，中国科学院院士，"两弹一星"功勋奖章获得者，为我国"两弹"（原子弹、氢弹）研制和核试验作出突出贡献。

吴自良，1939年毕业于西北学院航空工程系，被分配到云南垒允中央飞机制造厂设计科任设计员。1942年工厂遭日机轰炸后解散，撤退到昆明，他任中央机器厂副工程师。1943年他自费赴美留学，在美国匹兹堡卡内基理工学院（今卡内基梅隆大学）冶金系读研究生，师从物理冶金学家巴瑞特和物理学家莫洛柯夫斯基。1948年完成题为《片状铝单晶中滑移机制和内耗的关系》的学位论文，获理学博士学位，并继续在卡内基理工学院金属研究所作博士后。1949年应聘到锡腊丘斯大学材料系任副研究员，主持"软钢中阻尼和疲劳"的研究。1950年冬，他取道香港回国，任北方交通大学唐山工学院（唐山交通大学）冶金系教授。1951年夏，他应聘为中国科学院工学实验馆（今中国科学院上海冶金研究所）研究员，负责物理冶金科研方面的工作，先后担任物理冶金研究室主任、副所长、所学术委员会主任、学位评定委员会主任。中国金属学会第一、二、三届理事。1980年他当选为中国科学院学部委员（院士）。

研制成功分离膜，为研制原子弹作出贡献

要造原子弹，就必须首先得到足够浓度的铀–235，而扩散分离膜是扩散机的关键部件，是铀–235生产中最机密、最关键的部分。当时，只有美国、法国和苏联掌握制造分离膜的技术，但这些国家均把"分离膜技术"列为绝密，严防扩散。苏联专家撤走后，钱三强组织力量进行了分离膜的探索。原子能所铀同位素分离气体扩散研究室，成立了分离膜研制小组。1960年夏，钱三强到中科院冶金所，向副所长吴自良布置研制分离膜元件的任务。随后,北京原子能所、复旦大学、沈阳金属所、冶金部钢铁研究院和中科院上海冶金所等60多名专家和科技骨干会聚上海冶金所,组成了分离膜攻关集体,名为第十研究室,由吴自良兼任室主任。他带领这个集体经过3年多的艰苦探索和反复试验,终于在1963年底甲种分离膜研制成功。几乎同时,钱皋韵、吴征铠等攻关的乙种分离膜也获成功。1964年,第一代分离膜(甲乙两种)通过鉴定,投入使用并保证扩散厂生产的需要,确保第一颗原子弹成功爆炸。分离膜的研制成功,使中国成为美、苏、法之后第四个能够生产分离膜的国家,也为我国核燃料生产奠定了基础。

其他科学技术成就

吴自良长期致力于国家经济建设和国防建设所急需的关键实用材料的研制,以及有关材料科学的基础研究,涉及金属、半导体和氧化物超导体等多个方面。

1.1954年,他领导完成了中央军委下达的抗美援朝前方需要的特种电阻丝研制任务。

2.50年代,用国内富产元素锰、铝等代替短缺的铬,研制苏联40X低合金钢的代用钢取得成功,对建立中国合金钢系统起了开创作用,被誉为是建立中国合金钢系的典范。

3.70年代,提出和指导了大规模集成电路用硅材料品质因素的研究,取得积极成果。

4.晚年,投入到高温超导氧化物中氧的扩散行为等的研究,指导课题组的工作,为学科建设和培养创新人才作出突出贡献。

奖项与荣誉

1.50年代,因对建立中国合金钢系起的开创作用,获1956年国家首次颁发的国家自然科学奖三等奖。

2.吴自良、邹世昌、金大康等8人因甲种分离膜研制成功,1985年获国家发明奖一等奖。

3.1999年9月18日,在人民大会堂由中共中央、国务院、中央军委召开的表彰大会上,吴自良与其他22位功勋卓著的科学家被授予"两弹一星"功勋奖章。

吴自良在实验室

陈能宽

陈能宽 Chen Neng Kuan（1923年4月28日—2016年5月27日），湖南慈利县人。核科学家，爆轰物理专家，金属物理专家，核材料与工程专家，中国科学院院士，"两弹一星"功勋奖章获得者，为我国"两弹"（原子弹、氢弹）研制和核试验作出突出贡献。

陈能宽，1946年毕业于唐山交通大学矿冶系，1947年赴美国耶鲁大学留学。1948年获物理冶金学硕士学位，1950年获物理冶金学博士学位。在美期间，他经常与进步同学取得联系，1949年他被选为留美科学工作者协会第一届干事、留美科协学术小组联络人和耶鲁区会负责人。他为动员留美人员回国做了大量工作。他于1955年11月回国。1956年任中国科学院应用物理所、金属所研究员。1960年6月奉调二机部北京核武器研究所。历任核武器研究所实验部主任、九院副院长（1964年2月成立二机部九院）、院科技委主任，二机部科技委副主任，国家高技术研究发展计划国防领域的首届首席科学家，国家自然科学基金委员会委员，国防科工委科技委兼职副主任、名誉顾问，中国工程物理研究院高级科学顾问。1980年当选为中国科学院学部委员（院士），1996年当选为中国科学院主席团成员。

他是第三、四届全国人大代表，第五～八届全国政协委员。

对"两弹"研制和战略核武器发展的贡献

陈能宽在中国原子弹、氢弹的研制工作中，领导和组织爆轰物理、特殊材料冶金、实验核物理等学科领域的研究工作，并多次在技术上参与领导和组织了国家核试验，为中国战略武器的研制和发展作出突出贡献。

1.陈能宽长期从事金属物理和物理冶金的基础研究，在多种金属单晶体形变、再结晶以及核材料在高温高压下的行为方面，解决了一系列有实际应用价值的理论和实验

问题,对中国材料科学的发展作出重要贡献,这为他参与领导和组织"两弹"的研制工作奠定了坚实的科学基础。

2.陈能宽率领一支年轻的攻关队伍,在化工技术、聚合爆轰设计技术、"增压"技术、材料状态方程和相应实验测试技术等多方面取得了重大突破。经过上千次实验,发现了原子弹爆炸原理,为成功设计和发展核爆炸装置奠定了实验基础。

3.在原子弹研制的关键时刻,设立了产品设计、中子点火、冷试验、场外试验4个技术委员会。从1963年始,陈能宽担任实验部主任和冷试验技术委员会副主任。在他的领导下,相继取得了原子弹核试验必不可少的成果。1964年2月,陈能宽被任命为九院副院长。

4.陈能宽及时投入了氢弹的研制攻关工作。他是我国"氢弹突破及武器化"项目的主要完成者之一。

5.1984年11月,参与组织地下核试验,掌握中子弹原理。

6."两弹"研制成功后,陈能宽作为主管核武器研制的副院长,他把注意力集中在核武器的"安全、可靠、小型、轻量"等方向上,在开展新一代起爆方式、不同相态特种材料的充分利用、"外套"与"内容物"的适配性和相容性研究等方面,作出重要贡献。其中一项重要的工作是,1966年我国核导弹试验成功后,按照周总理的指示,要找出一种"替代"办法,不携带原子弹弹头,即不用真的核爆炸,也能严格考核核装置在飞行环境下的各项性能。陈能宽等承担了这一任务。由于早在设计第一颗原子弹初期,陈能宽与王淦昌等有一项"聚合爆轰波人工热核反应研究"的物理成果,这项成果就包括一种可能性,即通过非活性材料的爆轰,来制定换上活性材料后能应实施正常的核爆炸。陈能宽在这项研究成果的基础上,与龙文光、俞大光等人,历经长期攻关,终于掌握了周总理期待的"替代"方法。20世纪70—80年代,中国核导弹从近程、中程一直延伸到洲际,都用这种新方法获取试验的定型数据。

7.从80年代后期,陈能宽倾心于对具有战略性、长远性和影响全局的国防科学技术的研究,并作出重要贡献。他曾担任战略核武器等两项重要课题的项目负责人,亲自起草和提交的两个课题的书面报告,提出十分有价值的并多数被采纳的重要见解。

8.陈能宽参加了中国跟踪世界高科技发展的"863"计划的前期论证、综合分析和评估,以及计划中部分领域的起草、制订和实施工作。1987年4月,他出任"863"计划激光领域的首任首席科学家,并为此作出贡献。

奖项与荣誉

1.1960年4月—1963年3月,陈能宽组织领导进行的核武器研制爆轰试验,1982年,以"聚合爆轰波人工热核反应研究"为项目名称,获得国家自然科学奖一等奖。在获奖10人名单中,陈能宽列第二位。此项目1984年又获国家发明奖二等奖。

2.1985年,由于他是"原子弹突破与武器化""氢弹突破与武器化"两个项目的主要完成者之一,从1985年经国家评审后,先后荣获三次国家科技进步奖特等奖。1986年,他同邓稼先一起,作为国家科技进步奖特等奖的领奖代表,登上人民大会堂主席台,接受国家的奖励。

3.获1996年度何梁何利基金科学与技术进步奖技术科学奖。

4.1999年9月18日,在人民大会堂由中共中央、国务院、中央军委隆重召开表彰大会,陈能宽与其他22位功勋卓著的科学家被授予"两弹一星"功勋奖章。

5.2001年3月,获国家"863—410主题突出贡献先进个人"荣誉证书。

陈能宽在作学术报告

延伸阅读(一)

国家科学技术奖

国家科学技术奖共设立了五个奖项:国家最高科学技术奖、国家自然科学奖、国家

技术发明奖、国家科学技术进步奖和中华人民共和国国家科学技术合作奖。国家科技奖励委员会负责国家科学技术奖励的宏观管理和指导,下设五个评审委员会,分别负责各国家科学技术奖的评审工作,向奖励委员会提出获奖人选、奖励种类及等级的建议。

1. 国家最高科学技术奖创立于2000年。该奖授予在科学发现、技术发明、促进科学技术进步等方面取得重大突破,或者在科学技术发展中有卓越建树,在科学技术创新、科学技术成果转化和高技术产业化中创造巨大经济效益、社会效益的科学技术工作者。该奖每年评选一次,由中共中央、国务院隆重举行国家科学技术奖励大会。首先由党和国家最高领导人向国家最高科学技术奖获得者颁奖。随后,由党和国家领导人向获得国家自然科学奖、国家技术发明奖、国家科学技术进步奖和中华人民共和国国际科学技术合作奖的代表颁奖。

2. 国家自然科学奖,即中华人民共和国国家自然科学奖。此奖授予在数学、物理学、化学、天文学、地球科学、生命科学等基础研究和信息、材料、工程技术等领域的应用基础研究中,阐明自然现象、特征和规律、作出重大科学发现的中国公民。此奖项不授予组织。

3. 技术发明奖,授予运用科学技术知识作出产品、工艺、材料及其系统等重大技术发明的中国公民。该奖项每年评选一次,设一、二、三、四共四等奖(并另设特等奖),授予发明证书、奖章和奖金。

4. 国家科学技术进步奖,授予在技术研究、技术开发、技术创新、推广应用先进科学技术成果、促进高新技术产业化,以及完成重大科学技术工程、计划等过程中作出创造性贡献的中国公民和组织。该奖项每年奖励项目总数不超过400项,分为特等奖、一等奖和二等奖共三个等级。

5. 中华人民共和国国家科学技术合作奖(略)。

延伸阅读(二)

历年国家最高科学技术奖获得者(2000—2014年),见P149页。

周光召

周光召 Zhou Guang Zhao（1929年5月—），湖南宁乡人。科学家，核物理学家，中国科学院院士，他是世界公认的赝矢量流部分守恒定理的奠基人之一。"两弹一星"功勋奖章获得者，为我国"两弹"（原子弹、氢弹）研制和核试验作出突出贡献。

周光召，1951年清华大学物理系毕业后即转入北京大学研究院，师从于著名物理学家彭桓武教授，进行基本粒子物理的研究。1954年北京大学理论物理研究生毕业后留校任教。1957年春，被国家遴选派赴苏联莫斯科杜布纳联合原子核研究所从事高能物理、粒子物理等方面的基础研究工作，任中级研究员。1961年2月回国，5月调入二机部北京核武器研究所任理论部第一副主任，进行有关核理论的研究。至1979年，他先后任九院理论研究所副所长、所长，二机部九局总工程师。1979年8月，任中国科学院理论物理研究所研究员。1980年，当选为中国科学院学部委员（院士），9月，应邀去美国弗吉尼亚大学和加州大学任客座教授。1981年9月，赴西欧原子核研究中心任研究员；他是20世纪60年代以后被邀请的第一位中国物理学家。1982年9月回国，先后任中科院理论物理所副所长、所长。1984年4月任中科院副院长，1987年1月任中科院院长、党组书记。曾任中国物理学会副理事长、"陈嘉庚基金会"理事长。1988年10月，兼任国务院学位委员会副主任委员。1991年5月当选为第四届中国科协副主席，翌年4月当选为中科院学部主席团执行主席，1996年5月—2006年5月当选为第五、六届中国科协主席。2006年5月被授予中国科协名誉主席。

周光召1952年加入中国共产党，是中共第十二届中央候补委员、中央委员，第十三~十五届中央委员。

1998年3月—2003年3月，任第九届全国人大常委会副委员长。

对"两弹"研制和实现核武器化的贡献

周光召于1957年春去苏联莫斯科杜布纳联合原子核研究所从事研究工作。1960年,当他听说苏联毁约停援,撤走专家,立即与在杜布纳联合原子核研究所一起工作的同志联名写信,要求回国参加核武器的研制。他于1961年2月奉召回国后,调入二机部北京核武器研究所任理论部第一副主任,从事"两弹"研制中核理论的研究。他领导的小组完成了原子弹力学设计的计算工作,还曾"核"证了原子弹设计的理论计算。事情的经过是,苏联专家曾向我方介绍过原子弹数学模型的大致情况,苏联单方面毁约后不再提供教学模型。为了全面掌握原子弹的设计技术,核武器研究所决定,凭苏联专家曾经提供的信息,先把苏联的教学模型(以钚为核材料)算对了,再独立自主地设计出自己的原子弹模型(当时我国还没有钚,只能用铀-235)。于是,理论部组织科研人员进行计算,计算工作开始阶段进展顺利,但算到数学模型的一个关键位置的重要物理量上,算出的结果与苏联专家提供的数据不同。他们边讨论边调整方案,这样的轮次计算先后进行了9次,花了近半年的时间,但所得结果都一样。最后,大家怀疑苏联专家的数据错了。最终周光召根据热力学的基本定律,判断苏联专家的数据错了,他的计算得出正确的数据,解决了令人困扰难解的关键数据问题。他从建立严格科研程序、培养科研人员出发,做了大量的组织工作,为我国第一颗原子弹、第一颗氢弹的研制成功作出重要贡献。

在此后的十多年中,对我国战略核武器的设计、定型,以及核武器的预研、科学试验等,都有重要贡献。他参与领导了爆炸物理、辐射流体力学、高温高压物理、二维流体力学、中子物理等多个领域的研究工作,取得了许多具有实际价值的成果,为战略核武器的理论设计奠定了基础,为实现核武器化作出重要贡献。

其他科学成就与贡献

1. 在苏联杜布纳联合原子核研究所工作期间,在国外杂志上发表了33篇论文,在《中国科学》等杂志上发表了12篇论文。其中有不少研究成果引起国际物理学界的普遍重视,并给予很高的评价,有些成果达到了当时世界先进水平。如"关于赝矢量流和重介子与介子的轻子衰变"这篇论文,是最早讨论赝矢量流部分守恒定理的文章之一。他所推导出的赝矢量流部分守恒定理,直接促进了流代数理论的建立,并对弱相互作用理论的一个重要推进。所以,他是世界公认的赝矢量流部分守恒定理的奠基人之一。

2. 在我国"两弹"研制成功及此后战略核武器的预研、设计、定型等工作都取得重大进展后,周光召的科学工作主要转入了对粒子物理理论的研究,有许多科研成果引起了国内外学者的普遍重视。例如:对"量子场论的大范围拓扑性质及其与反常的联系的研究",就属重大科研成果。

奖项与荣誉

1.在苏联莫斯科杜布纳联合原子核研究所工作期间,因发表多篇有价值的科研论文和取得多项科技成果,两次获研究所的科研奖金。

2.1982年,因对我国原子弹研制的贡献,周光召和彭桓武、邓稼先等8位同志共同荣获国家自然科学奖一等奖。

3.在"两弹"研制成功后,周光召重返理论物理研究领域,在基本粒子和统计物理等方面取得很多成果。于1982年9月,再获国家自然科学奖一等奖。

4.因对"两弹"研制的贡献和在粒子物理领域等方面的科研工作,1985年获两项国家科技进步奖特等奖。

5.1987年,他以"量子场论大范围性质的研究"成果获中科院重大科技成果奖一等奖。

6.1994年3月,被意大利政府授予"意大利共和国爵士勋章"。

7.1994年8月,获香港"求是基金会杰出科学家奖"。

8.1995年10月29日,以他的名字命名的"湖南周光召科学技术基金会"在长沙成立。

9.1996年3月,由中科院紫金山天文台观测发现的、国际编号为3462号小行星,被命名为"周光召星"。

10.1999年9月18日,在人民大会堂由中共中央、国务院、中央军委隆重召开的表彰大会上,周光召与其他22位功勋卓著的科学家被授予"两弹一星功勋奖章"。

11.在周光召生平中,当选为"外籍院士"、获博士学位的数量最多:

1985年7月,被第三世界科学院选为外籍院士。

1987年4月,被授予纽约市立大学荣誉博士学位,被美国科学院选为外籍院士。

1988年11月,被捷克斯洛伐克科学院选为外籍院士;12月,被苏联科学院选为外籍院士。

1989年10月,被保加利亚科学院选为外籍院士。

1990年10月,被欧洲科学院选为外籍院士。

1991年12月,被蒙古科学院选为外籍院士。

1994年10月,被罗马尼亚科学院选为外籍院士;11月被聘为俄罗斯科学院外籍院士。

1995年1月被香港大学授予科学名誉博士学位。

1998年12月获香港浸会大学荣誉理学博士学位。

他的名誉职位也较多:中国科学技术大学名誉校长、湖南大学名誉校长、中南大学名誉校长、中国科协名誉主席。

从20世纪80年代初,他开始被国外同行视为中国理论物理学界的代表人物。他应邀到美国讲学时,著名高能物理学家、美国物理学会主席马夏克教授专门为他举办了"以弱相互作用"为题的学术会议,这对中国科学家是第一次。1981年9月,他赴西欧原子核研究中心任研究员,这也是该中心邀请的第一位物理学家。1993年8月,他当选为国际纯粹与应用物理联合会副主席。

周光召(右二)在苏联杜布纳联合核子所与王淦昌(右一)、胡宁(中)、赵忠尧(左一)及外国专家讨论问题

钱三强

钱三强 Qian San Qiang（1913年10月—1992年6月），浙江湖州人。核物理学家，中国科学院院士，中国原子能科学事业的创始人和开拓者。与钱学森、钱伟长被周恩来总理合称为"三钱"。"两弹一星"功勋奖章获得者，为我国"两弹"（原子弹、氢弹）研制和核试验作出突出贡献。

钱三强，1932年毕业于北京大学预科，考入清华大学物理系。何泽慧同年考入清华大学物理系，他俩是同班同学。1936年，两人毕业于清华大学，何泽慧的毕业论文为全班最高分：90分；钱三强的论文分数仅次于何泽慧，排名第二。毕业后，钱三强经吴有训教授推荐，到北平研究院物理研究所任助理研究员（所长为著名物理学家严济慈）。1937年9月，在严济慈的引荐下，到巴黎大学镭学研究所居里研究室攻读博士学位，导师是伊莱纳·约里奥·居里夫人。1940年，他以论文《α粒子与质子的碰撞》获博士学位。何泽慧毕业后则去了德国，在柏林高等工业大学技术物理系学习弹道学。1940年，她以一篇《一种新的精确简便测量子弹飞行速度的方法》的论文，获得博士学位。二战爆发后，德国与外界的交流中断，直到1943年，德法之间才可以通信。他俩从此开始书信来往。

1946年，何泽慧来到巴黎，两人举行了婚礼。1948年夏，钱三强与何泽慧抱着刚满六个月的女儿回国。

钱三强回国后，历任清华大学物理系教授，中国科学院近代物理研究所（后为原子能研究所）副所长、所长，中科院学术秘书处秘书长，二机部副部长，中科院副院长兼浙江大学校长，中国科协副主席、名誉主席，中国物理学会副理事长、理事长，中国核学会名誉理事长，中科院特邀顾问。曾任第七届全国政协常委。1955年被聘为中国科学院学部委员（院士）。

参与谋划我国原子能事业的创建

1955年1月15日,毛泽东主持中共中央书记处扩大会议,作出了创建我国原子能事业的战略决策。会议一开始,毛主席就对李四光和钱三强说:"今天,我们这些人当小学生,就发展原子能有关问题,请你们来上一课。"在李四光讲了铀矿资源方面的问题后,钱三强介绍了世界核科学发展的简史,和我国近几年在核科学研究与人才培养方面所做的工作,并且回答了关于反应堆、原子弹一般原理等问题。他还将铀矿石标本(由刘杰带到会上)用探测铀矿石的探测器,向中央领导人作操作表演。钱三强的汇报、讲解,成为中央一致作出战略决策的一个重要的知识支撑。

继这次会议之后,当年4月,钱三强参加由刘杰率领的中国政府代表团,前往苏联进行核科学合作的谈判,与苏联政府签署了引进试验反应堆和回旋加速器的协议。回国后,5月7日,由刘杰和他两人署名上报中央、国务院的报告中,就"一堆一器"建设选址、培养科学技术人才、加强科学技术研究、筹划原子能工业建设的协作、组织机构和领导力量等一系列问题,提出具体建议。之后,钱三强又参与起草《关于我国制定原子能事业计划的一些意见》(同年12月修订成《关于1956至1967年发展原子能事业计划大纲(草案)》)。以上"报告"和"计划大纲",实际构成了发展我国原子能事业的初始的蓝图。

1956年3月20日,苏联等11个国家在莫斯科举行关于成立联合原子核研究所问题的国际会议。26日,刘杰代表中国在11国《关于成立联合原子核研究所的决定》上签字。联合所的所址在莫斯科的杜布纳,故称杜布纳联合原子核研究所。该所设立成员国全权代表会、学术委员会和财政委员会。我国政府的首任全权代表是钱三强。首任学术委员会中国委员是著名核物理学家赵忠尧、王淦昌和胡宁。王淦昌还被推举担任该所1959年至1960年期间的副所长。我国先后派赴联合所工作的科学工作者共130多人。

推荐和招揽人才,为我国原子能事业发展汇集科技知识力量

1950年5月19日,中国科学院近代物理研究所(后更名为中国科学院物理研究所)成立。1951年2月,钱三强继吴有训之后任该所所长。他四处奔波,积极招揽人才。请来王淦昌、彭桓武担任副所长。一年之后,陆续来所的已达30多人,有从国外回国来所的赵忠尧、杨澄中、杨承宗、金星南、邓稼先、朱洪元、戴传增等,有从国内邀请来的一批年轻的物理工作者,如黄祖洽、于敏、陆祖荫等。到1955年底,从建所初期的10几个科研人员已增加到90多人,又一批回国科学家梅镇岳、张文裕、王承书、郑林生等到近代物理所工作,使该所成为我国核科技人才的聚集中心。

二机部成立后,遴选科学技术方面的人才,主要依靠和听取钱三强的推荐和介绍。1958年,组建北京九所(核武器研究所)时,钱三强推荐了邓稼先到该所任理论部主任。之后又先后推荐朱光亚、王淦昌、彭桓武、郭永怀到该所任副所长(所长李觉),加强了核武器研制的技术力量。

被钱三强推荐过的人还有:王方定、王承书、吴征铠、钱皋韵、刘允斌、金星南、张沛霖、陈国珍、程开甲、忻贤杰、陆祖荫和吕敏等人。他在核武器研制的各个关键时刻,推荐了一些政治和业务素质都特别优秀的专家学者,到关键岗位承担关键性工作,对我国原子能工作的创建与发展,特别是对"两弹"研制发挥了重要作用。在"两弹一星功勋奖章"获得者中,在核工业系统的,多是由钱三强推荐或招揽来的人才。二机部部长刘杰特别强调指出:"钱三强推荐人才,使我们拥有一支强有力的科技骨干队伍,这是钱三强对我国核事业创建与发展最出彩的重大贡献。"

组织科技协作,领导攻克难关,为核武器研制倾注心血

1. 钱三强在担任原子能研究所(前身近代物理研究所)所长期间,领导建成中国第一个重水型原子反应堆和第一台回旋加速器,使我国的堆物理、堆工程技术、放射性同位素制备、高能加速器技术、受控热核聚变等尖端科研都开展了起来。

2. 在推荐人才的同时,他还协助北京大学、清华大学、中国科学技术大学建立起技术物理系(原子核物理系),为中国核科学和原子能工业培养和造就人才。1956年,他率领40多名科学工作者到苏联实习考察。

3. 钱三强协同何泽慧亲自指导点火中子源的研制工作。在中子点火委员会委员的指导下,王方定小组在一个简陋的工棚里,经过了几百次试验,终于在1962年底研制出符合第一颗原子弹要求的中子源装料,点火中子源研制成功。

4. 钱三强亲自指导重要攻关项目扩散分离膜的研制。1960年7月20日,他找到钱皋韵,并亲自选择了14人组成了代号为"真空阀门"的攻关小组。他还亲自到上海冶金

所向吴自良布置了研制扩散分离膜的任务。经过3年多的艰苦探索和反复试验,1963年底,终于研制成功了分离膜。

5. 早在1960年12月,在研制原子弹的同时,由刘杰提议,钱三强主持并宏观组织领导,在原子能所成立了"中子物理领导小组",有黄祖洽、于敏等理论研究人员,开始做些热核材料性能和热核反应机理的基础研究,氢弹的理论探索工作先行一步。1965年1月,原子能所先期进行氢弹研究探索的科研人员调到核武器所,集中力量从原理、结构、材料等多方面广泛研究,加快了氢弹研制的进程。

二机部首任部长宋任穷对钱三强的评价:"他(钱三强)在我国原子能事业的创建与发展中,有独特的贡献。"

奖项与荣誉

1.1999年9月18日,在人民大会堂由中共中央、国务院、中央军委隆重召开表彰大会,钱三强与其他22位功勋卓著的科学家被授予"两弹一星"功勋奖章。

2.2003年9月10日,中国科学院国家天文台发出《小行星命名证书》,将1998年10月16日发现的一颗小行星(国际永久编号为25240)正式命名为"钱三强小行星"。

3.2005年,人民日报、新华社、中央人民广播电台、中央电视台等中央主要媒体同时开展《永远的丰碑》大型主题宣传活动,从2月1日起,每天同步介绍一位中国共产党80多年历史上的优秀代表人物、革命先烈和劳动模范,历时一年之久。2006年1月5日,中央媒体和一些地方媒体同时介绍"中国原子能事业的奠基人"钱三强。

4.2008年,钱三强被评为"中国十大传播科技优秀人物"。

5.在原子能科学研究院主楼北面翠柏林中,有钱三强雕塑与王淦昌雕塑并立,是为了纪念钱三强教授的科学贡献及缅怀他在原子能院工作的岁月。

延伸阅读

居里夫人

玛丽·居里是法籍波兰人,物理学家,化学家。居里夫人一家两代人都对放射性元素的研究作出卓越贡献。玛丽·居里同她的丈夫皮埃尔·居里由于发现了天然放射线和对铀的研究,同亨利·贝克勒尔共同获得1903年度诺贝尔化学奖。1914年,玛丽·居里因发现钋、镭等放射性元素并分离出镭，又获本年度诺贝尔化学奖，居里夫人被称为"镭之母"。居里夫人的长女伊莱纳·居里及女婿弗雷德里克·约里奥·居里因合成放射性元素，即发现人工放射性，并证实了自然界存在着单独的正电子，获得1935年度诺贝尔化学奖。

居里夫妇把具有自动发出射线性能的元素称为放射性元素，并把发出射线的这种特性称作"放射性"。居里夫人把自己的一生献给了这一新的科学领域，并取得了辉煌的成就。

钱三强1937年到法国巴黎大学镭学研究所居里研究室攻读博士学位，导师是伊莱纳·居里和弗雷德里克·约里奥·居里。他们是第二代居里夫妇。何泽慧与钱三强结婚后，同在巴黎大学居里实验室工作。1947年初，他们发现并证实了铀三分裂、四分裂现象，在国际上引起巨大轰动，称赞"中国的居里夫人发现了原子核新分裂法"。同年，钱三强被提升为法国科学院中心的研究导师，获物理学奖。

1948年春，钱三强离开巴黎回国前在约里奥-居里夫妇住所小花园内与两位老师合影留念

郭永怀

郭永怀 Guo Yong Huai（1909年4月—1968年12月），山东荣成人。力学家，应用数学家，空气动力学家，中国科学院院士，我国近代力学事业的奠基人之一。"两弹一星"功勋奖章获得者，为我国"两弹"（原子弹、氢弹）研制和核试验作出突出贡献。

郭永怀，1935年北京大学物理系毕业后留校任教兼做研究工作，曾和吴大猷等一起研究过湍流理论。1938年，辗转到昆明西南联合大学半工半读，研究过湍流理论。1940年9月到加拿大多伦多大学，他仅用半年时间就完成了《可压缩粘性流体在直管中的流动》的论文，并获得硕士学位。1941年5月，他到当时国际空气动力学的研究中心——美国加州理工学院古根海姆航空实验室，在航空大师卡门教授的指导下工作，以《跨声速流动的不连续性》这项重大研究成果，于1945年获博士学位并留校任研究员。1946年到康奈尔大学航空研究院参加业务领导工作，历任副教授、教授。1956年10月，郭永怀与妻子李佩和女儿历经周折从美国回到祖国，立即参加了制订"国家科学技术发展十二年规划"，他担任力学专业组副组长。1957年当选为中国科学院学部委员（院士）。1958年任中国科学院力学研究所常务副所长、中国科学技术大学化学物理系主任。1960年起，兼任二机部北京核武器研究所副所长、副院长等职。1964年，任中国航空学会副理事长。1967年，任国防科委空气动力学研究院筹备组副组长。

一位对"两弹一星"都作出重大贡献的科学家

郭永怀在我国原子弹、氢弹的研制中是4个技术委员会之一场外试验委员会的主任委员（副主任委员程开甲），领导和组织爆轰力学、高压物态方程、空气动力学、飞行力学、结构力学和武器环境实验科学等研究工作，解决了一系列重大问题，如原子弹的结构设计、环境试验、飞行试验等。在战略核武器的发展研制中，他负责动力项目研究,为核武器的真正武器化作出贡献。1966年10月27日,我国第一颗装有核弹头的地—地导弹飞行爆炸成功。1967年6月17日,我国第一颗氢弹空爆成功。

郭永怀是一位对我国原子弹、氢弹和卫星的研制均作出巨大贡献的科学家。早在1957年11月4日苏联发射第一颗人造卫星起,他就参加了中国科学院星际航行座谈会,大力倡导我国发展航天事业,并就许多技术问题,如运载工具、推进剂、姿态控制、气动力、气动热等提出许多重要见解和主张。在随后一次重要座谈会上,他作了"宇宙飞船的回地问题"的中心发言。1956年,当研制人造卫星提到议事日程上时,郭永怀参加了负责卫星本体设计的人造卫星研究的领导工作,和钱学森一起为该院规划了蓝图,为以后空气动力学研究发展中心的建设奠定了基础。

为了"两弹一星",郭永怀迁往海拔3000米以上的青海基地后,需要频繁往来于北京和基地之间。1968年12月5日,他在青海基地发现一个重要数据,急于回北京研究和汇报。飞机飞临北京机场降落时发生坠落事故,他不幸遇难。

奖项与荣誉

1.1968年12月25日,在郭永怀因飞机失事而遇难20天后,国家民政部授予郭永怀烈士称号,以表彰他的爱国献身精神和对"两弹一星"的功绩。钱学森说:"一个全世界知名的优秀力学专家离开了人世。"

2.在国家空气动力中心大院的松林山上建有郭永怀纪念亭,刻有张爱萍将军书写的三个大字——"永怀亭"。

3.1985年,因对发展核武器和航空航天事业的科学功绩,郭永怀被授予国家科学技术进步奖特等奖。

4.1999年9月18日,在人民大会堂由中共中央、国务院、中央军委隆重召开的表彰大会上,郭永怀是被表彰的23人之一,他被追授予"两弹一星"功勋奖章。

5.2003年,在中国科学技术大学45周年校庆之际。郭永怀所得的"两弹一星"功勋奖章由他的夫人李佩捐赠该校校史馆永久珍藏。郭永怀是中国科技大学的主要创建人之一,并于该校1958年诞生伊始亲任化学物理系主任,至1968年因公牺牲。为了纪念郭永怀的科学伟绩,该校在化学楼前建立了郭永怀塑像。

6.为了纪念郭永怀,中国科学技术大学历时五年,倾力编辑大型媒体音乐剧《爱在天际》(郁百杨编剧、导演,宋怀强教授主演)。该剧于2012年12月15日在科大首演,之后曾到多地巡演。

彭桓武

彭桓武 Peng Huan Wu（1915年10月—2007年2月），生于吉林长春，原籍湖北麻城。著名理论物理学家，中国科学院资深院士，"两弹一星"功勋奖章获得者，为我国"两弹"（原子弹、氢弹）研制和核试验作出突出贡献。

彭桓武，1935年毕业于清华大学物理系。1940年获英国爱丁堡大学哲学博士学位，1945年获该校理学博士学位。曾任皇家爱尔兰科学院院士。1947年回国后，先后担任过云南大学、清华大学、北京大学教授。新中国成立之初，彭桓武参与创办中国科学院近代物理研究所。1955年应聘为中国科学院学部委员（院士）。历任中科院近代物理所研究员、副所长，二机部九院副院长，中科院高能物理所副所长，中科院理论物理所所长等职务。他是第一、二、三届全国人大代表，第五届全国政协委员。曾被选为中国物理学会和中国核学会的名誉理事。

对"两弹"研制和核试验的贡献

1.他是中科院近代物理所的创建人之一。新中国成立之初，他和钱三强、何泽慧等人共同筹建近代物理研究所。到1955年，由钱三强任所长、彭桓武任副所长之一的近代物理所，科研人员已扩大到150人，这是新中国第一支核物理研究队伍。他在原子能科学领域做了许多开创性工作；还领导和开辟了低能原子核物理、核反应堆物理等重要学科领域。

2.20世纪50年代初，彭桓武就参与和领导中国原子能物理和原子弹、氢弹以及战略核武器的理论研究和设计。他在理论研究设计及冷热试验的结合上作出具体贡献。他还在中子物理、辐射流体力学、凝聚态物理、爆轰物理等多个学科领域取得重要成果。他培养了第一批反应堆理论与反应堆计算人才，培养了包括周光召、黄祖洽等在内的一大批原子能科学研究的中坚力量。

(1)1952年10月—1955年6月,彭桓武在北京大学物理系和1954年由教育部在青岛举办的讲习班上,讲授量子力学,并将量子力学应用于原子核物理的研究和应用。

(2)1953年—1955年,彭桓武在中科院物理所理论物理室主持一个核理论的讨论班,集体学习和讨论核物理中的理论问题。

(3)1956年上半年,他和黄祖洽合作,在中科院物理所举办了为期一年的反应堆理论训练班,为新中国培养了第一代反应堆理论研究人员。

(4)1956年10月—1957年5月,在北京大学原子能系(技术物理系)开设反应堆理论与核工原理两门课程,为新中国的原子能事业培养大批青年力量。

(5)50年代末和60年代初,他和金星南合作,在原子能所组建了一支计算教学队伍。他作为二机部核临界安全小组的第一任组长,亲自参与并带领全组解决了核燃料生产和加工过程中所遇到的一系列临界安全问题。

(6)在核武器研制方面,他完成了原子弹反应过程中的粗估计算,划分了反应过程的各个阶段,提出了决定各阶段反应过程特性的主要物理量,对掌握原子弹反应的基本规律与物理图像,以及探索氢弹理论设计原理,都起了重要的作用。

(7)1960年8月,苏联政府撤回专家,我国核武器研制工作走上了完全自力更生的发展道路。经中央批准,王淦昌、彭桓武、郭永怀、程开甲等奉调担任核武器研究所的技术领导。

(8)在原子弹研制的关键时刻,核武器研究所设立了产品设计、中子点火、冷试验、场外试验4个技术委员会。彭桓武任中子点火委员会主任。

(9)1964年2月,在核武器研究所的基础上成立了核武器研究院,7月,核武器研究院组成以李觉、朱光亚为首的第九作业队,并由吴际霖、王淦昌、彭桓武、郭永怀、陈能宽、邓稼先等专家组成技术领导核心。

(10)1969年9月19日,中央专委批准成立了首次地下核试验领导小组,彭桓武是7名成员之一。9月23日,朱光亚、王淦昌、程开甲、彭桓武等在现场指挥试验,取得了圆满成功。这是我国首次进行地下平洞核试验。

(11)从1963年9月完成首颗原子弹理论设计后,在朱光亚、彭桓武的安排下,邓稼

先、周光召等领导的理论部组织力量,开始对氢弹理论的研究。

(12)1965年2月,在朱光亚、彭桓武的指导下,组织制定了加速突破氢弹技术的科研工作大纲,并把目标设定为先进的能配导弹的热核弹头。1965年底,于敏带领的部分科技人员探索到一种新的制造氢弹的理论方案,朱光亚、彭桓武、邓稼先等多次组织专家反复论证,逐步完善了这个方案。

奖项与荣誉

1.1938年秋,彭桓武考取庚子赔款赴英国留学,至1947年回国。9年间,他先后两度在爱登堡和都柏林两地从事理论物理研究,取得丰硕成果,赢得声誉。1940年,他在爱丁堡大学理论物理系,随著名物理学家玻恩做研究生时,以固体理论方面的论文《电子的量子理论对金属的力学及热学性质之应用》获哲学博士学位。1945年,他以场论方面的论文《量子场论的发散困难及辐射反作用的严格论述》获科学博士后学位。由于他对场的量子力学和统计力学的一系列探索工作,与导师玻恩共同获得爱丁堡皇家学会的麦克杜加耳—布列兹班奖。1948年被选为皇家爱尔兰科学院院士。

2.1982年,由于他对原子弹、氢弹设计原理中的物理力学数学理论问题取得突出成果,作出重要贡献,他领衔和其他同事一起获得国家自然科学奖一等奖。1985年获得两次国家科技进步奖特等奖。

3.获1995年度何梁何利基金科学与技术成就奖。本年度荣获此项奖的共4人,还有著名理论物理学家黄昆,著名化学家、教育家唐敖庆,著名大气科学家叶笃正。

4.1999年9月18日,在人民大会堂由中共中央、国务院、中央军委隆重召开的表彰大会上,彭桓武与其他22位功勋卓著的科学家被授予"两弹一星"功勋奖章。

5.国家天文台向国际小行星中心申请,将编号48798的小行星正式命名为"彭桓武星"。

彭桓武(左)、周光召(中)、宋任穷在一起

程开甲

程开甲 Cheng Kai Jia（1918年8月— ），江苏苏州市吴江区人。理论物理学家，核武器技术专家，中国科学院院士，"两弹一星"功勋奖章获得者。中国核试验科学技术的创建者和领路人之一，为我国"两弹"（原子弹、氢弹）研制和核试验作出突出贡献。

程开甲，1941年毕业于浙江大学物理系。1946年赴英国爱丁堡大学留学、工作，1948年获博士学位后，任英国皇家化学工业研究所研究员。1950年回国，历任浙江大学物理系副教授，南京大学物理系教授、副主任，二机部核武器研究所副所长，核武器研究院副院长，国防科工委中国核试验基地研究所副所长、所长，基地副司令员，国防科工委科技委常委、顾问，解放军总装备部科技委顾问。1980年当选为中国科学院学部委员（院士）。1956年加入九三学社。

对"两弹"研制和战略核武器发展研制的贡献

程开甲是我国第一颗原子弹研制的开拓者之一，也是我国核武器试验的开创者之一。他是国内估算出原子弹爆炸弹心温度和压力的"第一人"。他创建了核试验研究所，成功设计和主持了我国首次原子弹、氢弹、导弹核武器和增强型原子弹等不同方式的几十次核试验。他是核试验总体技术的设计者，创立了我国自己的系统核爆炸及其效应理论。

1.在原子弹作用机制的研究中，程开甲分管状态方程理论研究和爆轰物理研究两大项工作，他都出色地完成了任务，作出重要贡献。他通过对高压状态方程和化爆试验的研究，在国内第一个计算出原子弹爆炸时弹心的温度和压力，为核武器爆炸威力的设计提供重要依据；在原子弹内爆机理研究中，他解决了起爆冲击聚焦的设计问题，为弹体结构设计与加工精密度提供依据。

2.在核试验的历程中,程开甲是中国指挥核试验次数最多的科学家。他从1963年第一次踏进罗布泊到1985年,一直生活和工作在核试验基地,在20多年中主持决策、直接从事核试验。对于第一颗原子弹采取何种方式爆炸的问题,他提出用铁塔来实施,以后再采用空爆的方式,他设计的中国第一个具有创造性和准确性的核试验方案,确保了首次核试验任务的圆满完成。1966年12月,首次氢弹原理性试验成功,他采纳塔基若干米半径范围地面用水泥加固的办法,减少尘土卷入,效果很好。1967年6月,第一颗空投氢弹试验成功,他提出改变飞机的飞行方向,保证了投弹飞机的安全。1969年9月,首次平洞地下核试验成功,他设计的回填堵塞方案确保了试验工程安全。1978年10月,首次竖井地下核试验采用他的方案获得成功。总之,程开甲成功地设计和主持包括首次原子弹,氢弹,导弹核武器,平洞、竖井和增强型原子弹在内的30多次试验,为中国核武器的研究和核试验事业,倾注了全部心血和智慧。他被人们称为"核司令"。

3.在核试验的测试工作中,程开甲是测试技术的总体负责人。他负责搞测试的总体规划,包括测试手段、测试技术、资料、仪器准备、测试安全等,这些都建立在可靠的数据基础上,做到"一次试验,全面收效","保响、保测量、保安全、保取样"等等。为了测试第一颗原子弹核爆炸的性质、当量等参数,当时布放了1700多台测量仪器。在原子弹起爆的瞬间,自动控制系统启动了全部测量仪器并进行全程测量,做到记录数据准确、完整。程开甲根据压力测量仪器记录的数据,准确推算出核爆炸的巨大当量,证明了第一次核爆炸的成功。

奖项与荣誉

1.1945年,在英国学者李约瑟先生的推荐下,程开甲获得英国文化委员会的奖学金。于1946年8月赴英国爱丁堡大学留学,成为物理学大师波恩教授的学生。程开甲在浙江大学学习和任教期间,就在科研和学术上取得令人瞩目的成绩。例如:他在研究相对论和基本粒子时,发表了《用等价原理计算水星近日点移动》的论文;他在量子力学和相对论的基础上导出物理学权威狄拉克提出的狄拉克方程,并完成《对自由粒子的狄拉克方程的推导》,发表于剑桥大学的剑桥哲学杂志。1944年,他完成了题为《弱相互作用需要205个质子质量的介子》的论文,由李约瑟亲自修改。李约瑟称浙江大学为"东方剑桥"。

2.20世纪50年代获江苏省教学先进工作者荣誉称号。程开甲1950年8月由英国回到浙江大学物理系。1952年全国高等学校院系调整时被调到南京大学物理系任教，直至1960年调二机部，他在江苏省任教近10年。他长期从事理论物理的教学与研究，全身心地投入该校金属物理教研室的筹建和金属物理专业的建设，编写金属物理和固体物理等教材，并亲自授课，举办讲习班。他竭力倡导把当时物理学的新成果、新方法应用于固体物理。1959年出版了我国第一本《固体物理学》专著。该书对中国固体物理的教学与科研起到重要作用，也是他学术上的代表作之一。1958年，程开甲与施士元一起创建了南京大学核物理教研室，接着又创建了江苏省原子能研究所。从1956年起，程开甲参加了国家《一九五六——一九六七年科学技术发展远景规划纲要（草案）》的制定。1960—1962年，程开甲仍兼任南京大学教授，为该校核物理专业的建立和发展做了大量工作。

3.1978年获全国科学大会重大贡献先进工作者称号和国防科工委科技标兵荣誉称号。程开甲从1960年调二机部开始参与"两弹"研制。1962年夏，程开甲调国防科委，任国防科委核试验基地研究所副所长、所长，1977年任基地副司令员兼研究所所长。1984年以后，先后任国防科工委科技委常委、顾问，国家超导专家委员会顾问。

4.历年来获国家科技进步奖特等奖1项（1985年）、一等奖2项、二等奖1项、三等奖1项；国家发明奖二等、四等奖各1项。

程开甲在核试验现场

5.1999年9月18日，在人民大会堂由中共中央、国务院、中央军委隆重召开表彰大会上，程开甲与其他22位功勋卓著的科学家被授予"两弹一星"功勋奖章。

6.2014年，荣获2013年度国家最高科学技术奖。

二、核潜艇工程总设计师、副总设计师

我国核潜艇工程是从1958年6月起步的。1979年9月，国防科委、国防工办任命彭士禄为核潜艇工程总设计师，黄纬禄、赵仁恺、黄旭华为副总设计师。1983年3月，黄旭华接任核潜艇工程总设计师，彭士禄改任顾问。2000年，张金麟接任黄旭华为第三任总设计师。

上述任命源于这几位科技领导骨干在几十年奋斗中为核潜艇工程开发、建造所作出的杰出贡献；更是为了核潜艇工程持续进展的技术抓总和协调。

几位总设计师合影，左起赵仁恺、彭士禄、黄旭华、黄纬禄

彭士禄

彭士禄 Peng Shi Lu（1925年1月—　），生于广东海丰县。核动力专家。中国工程院首批院士。他是中国核动力领域的开拓者和奠基者之一，核潜艇研制首任总设计师。

彭士禄，1949年被派到哈尔滨工业大学学习，后转到大连大学（大连工学院）应用化工系学习，1951年被选派留学苏联，先在喀山化工学院化工机械系学习，1955年又被转到莫斯科化工机械学院学习，1956年以全优成绩毕业，获优秀化工机械工程师证书。时值陈赓将军访苏，要挑选少数学生攻读核动力专业，彭士禄被选中，又到莫斯科动力学院进修核动力专业2年。1958年4月他以优异成绩学成回国，被分配到原子能研究所工作。

1961年，彭士禄任中国科学院原子能研究所核动力研究室副主任，并受郭沫若聘请兼任中国科学技术大学近代物理系副教授。1963年，任六机部七院（中国舰船研究设计院）十五所（核动力研究所）副总工程师；1965年转到二机部二院二部任副总工程师；1967年6月—1971年6月任核潜艇陆上模式堆基地副总工程师；1971年6月—1973年5月任六机部七一九所（核潜艇总体设计研究所）副所长兼总工程师；1973年起任六机部七院副院长，随后任六机部副部长兼总工程师，国防科委核潜艇第一任总设计师。

1983年2月，彭士禄被任命为水电部副部长兼总工程师，兼任广东大亚湾核电站总指挥，还兼任国防科工委核潜艇技术顾问。核电工作归核工业部管理后，1986年4月，彭士禄调到核工业部任总工程师兼科技委第二主任、秦山二期核电站董事长。曾任中国核工业总公司科技顾问、中国核学会名誉理事长、中国核动力学会理事长、海军核安全委员会主任委员。他一直担任《核动力工程》杂志的主编。

彭士禄是中共十一、十二、十三大代表，中共十二大候补中央委员。他还是第四届

和第八届全国人大代表、八届全国人大常委会委员、人大环保与资源委员会委员。

对我国核潜艇研制的贡献

中国核潜艇的研制成功举世瞩目。彭士禄既是组织领导者、重大技术问题的决策者,又是研究设计的直接参与者和带头人,为核潜艇的研制成功作出了突出贡献。

核动力是核潜艇最关键的核心技术。在彭士禄主持下,他与韩铎、蒋宾森、沈俊雄等讲授了反应堆物理计算、热工水力计算、自动控制、计量防护、核动力装置等课程,在一年多的时间内,自力更生地解决了许多技术难题,并培养出一批精通核动力专业的人才,加快了研制核潜艇的进度。

在核潜艇设计初期,为了保证设计的质量和进度,彭士禄亲自建立了静态和动态主参数计算法,将算出的100多个数据分配给各专业,然后再反馈回来给予最后确定。如反应堆的工作压力,他论证了可选取的压力范围,否定了原先选取的200大气压,确定了合理的压力值。同样确定了堆芯的几何尺寸,核燃料元件的数量,反应堆温升、流量,主蒸汽发生器的传热面积、主泵的惯性量及控制棒的落棒速度等静、动态参数,使核动力装置的参数建立在合理的基础上。

在诸多设备中,反应堆是最关键的设备,而反应堆最核心的部件是核燃料组件及其控制棒的组合形成。在各种方案的比较中,彭士禄所构思的方案被选中。这一关键技术的解决,极大地加快了反应堆的设计和制造进度。他还主持了控制棒驱动机构的造型、堆芯方案的设计、主热交换器、稳压器等关键设备的选型和设计。尤其对主泵的设计,他力主采用耐高温高压全密封泵方案,经过联合设计与攻关,研制出了具有60年代末期世界先进水平的全密封泵,填补了国内的空白。

为了确保核潜艇研制一次性成功,彭士禄力主建造陆上模式堆,作1:1的全模拟实验,待陆上模式堆运行成功之后,彭士禄随即率领121名科技人员赶赴核潜艇建造厂,参加首艇的调试和试航。在试航过程中,他又突出地解决了两个技术的关键点:核动力装置在海上没有外电源的情况下成功地进行冷起动;当主蒸汽系统的调压阀失灵时,通过迅速改变控制方式,使反应堆能提供合理的蒸汽参数,保证核动力装置安全稳定地运行。

在核潜艇批量生产的过程中,彭士禄作为总设计师,他及时解决了许多跨部门的设备制造厂出现的许多技术问题,如高压容器设备、星光导航仪、惯性导航仪、鱼雷装备等,使各类设备按时出厂,保证了各条艇能按时交付海军使用。

对我国核电站研制和建设的贡献

彭士禄担任大亚湾核电站筹建总负责人、总指挥期间,他主持了大亚湾核电站的前期工作及与外商的技术经济谈判。他亲自计算了核电站的主参数,对大亚湾核电站进行了经济计算,提出了进度、投资、质量三大控制的重要性和措施。强调核电站时间价值观念的重要性,指出工程进度推迟一天将损失100万美元,工程推迟一年投资将增加3.5亿美元。他于1983年上任后,1984年就向中央有关部门写出了"关于广东核电站经济效益的汇报提纲",促进了大亚湾核电站早日建成投产。

他于80年代末至90年代初担任秦山二期核电站董事长期间,具体领导了60万千瓦压水堆核电站建设的前期工作。他亲自计算了主参数,提出设备选型,并进行技术经济分析,对投资、上网电价、回报率、还贷期限、净利润收入等给出了定量数据。他主持完成了初步设计。

奖项与荣誉

1.因在我国核潜艇研制中作出突出贡献,1978年获全国科学大会奖,并被评为全国先进工作者。

2.1985年,以"核潜艇的研究设计"项目,获国家科学技术进步奖特等奖,他是第一主要完成人,荣获第一号特等奖证书。

3.1986年,被写进世界名人录。

4.1988年,国防科工委为表彰全军各兵种40多名优秀总设计师,颁发了"为国防科技事业作出了突出贡献"的荣誉状,彭士禄获"核潜艇总设计师工作中为国防科技事业作出了突出贡献"的荣誉奖状。

5.获1996年度何梁何利基金科学与技术进步奖技术科学奖。

彭士禄(中)在检查指导工作。左一为秦山一期核电厂第一任厂长于洪福。

延伸阅读(一)

我国第一座核潜艇陆上模式堆研制成功、第一艘核潜艇建成使用和第一代核潜艇的研制历程

美国和苏联先后与1954年和1957年拥有了核潜艇。1958年,聂荣臻元帅向中央提出,中国也要研制核潜艇。这一提议得到毛泽东主席和周恩来总理的支持。1959年10月,毛泽东发出号召:"核潜艇,一万年也要搞出来!"很快,先驱们开始了核潜艇核动力装置和主要设备的前期开发。我国第一座压水型核反应堆的诸多关键技术,如:堆芯结构、控制棒驱动机构,以及物理、热工等设计有了重大突破后,拿出了核动力堆的设计草案。1965年8月,中央专委决定建设核潜艇陆上模式堆。1967年起,由彭士禄组织建造1:1潜艇核动力陆上模式堆装置。核潜艇研制、生产中的许多重大技术问题,如惯性导航、水声、装备、造水装置等都由他拍板决定。1970年8月30日,核潜艇陆上模式堆达到满功率运行,彭士禄用专线电话向周恩来总理报告了这一喜讯。同年12月26日,中国核潜艇胜利下水,1971年7月1日,中国首次在潜艇上实现了核发电。1974年8月1日,中国第一艘鱼雷攻击型核潜艇航行试验成功,正式编入海军部队,该艇由中央军委命名为"长征1号"。1975年8月,第一代鱼雷攻击型核潜艇完成了设备和总体定型。

在成功研制鱼雷攻击型核潜艇的基础上,我国加快了弹道导弹核潜艇的研制。1981年4月,中国第一艘弹道导弹核潜艇交付海军。1984年、1985年多次在核潜艇上进行潜地导弹水下初期发射试验。1988年,鱼雷核潜艇进行了水下深潜试验、水下高速航行试验和大深度发射鱼雷试验。这些试验证实了中国自己制造的核潜艇跑得远、潜得深、打得准,从而结束了第一代弹道核潜艇的全部试验任务。

延伸阅读(二)

现代化潜艇两大法宝——核动力与静音

二战后,潜艇出色的隐蔽性令苏美两个超级大国不约而同将其视为重要的战略核武器运载工具。但要让潜艇承担起这个重任,就必须大幅度提高潜艇的水下巡航能力和时间,于是,核动力潜艇应运而生。

1954年1月21日,美国海军建造的世界上第一艘核动力潜艇"鹦鹉螺号"下水。这个名字源自法国科幻小说家凡尔纳的名著《海底两万里》中的那艘著名潜艇。

核潜艇，顾名思义就是装有核动力装置的潜艇。目前，世界上多数现役核潜艇采用的都是压水式核反应堆。这种核反应堆通过可控核裂变反应产生高温，加热循环水，产生热蒸汽，推动汽轮机运转，为潜艇提供动力和维持艇上各种设施运作的电能。从理论上说，核潜艇具有无限的续航能力。

除了核动力装置，现代潜艇的另一大发展方向就是静音。由于海水的物理特性，航行在大洋中的潜艇很难被雷达之类的电磁波侦测设备发现。而声波在海水中传播距离，可远达数十至数千海里，因此侦测深海潜艇最有效的手段就是使用以回声定位为工作原理的声呐。潜艇要保持自身的隐蔽性就必须降低噪声，实现"声隐身"。

要设法降低潜艇的噪声，在潜艇的设计阶段就要进行完整的声学设计和建造工艺评估，机械设备(尤其是振动较大的设备)应相对集中布置，以便统一进行声学处理，还要采用吸声材料防止噪声外传等等。费吉尼亚级攻击核潜艇，是美国海军为应对冷战后的国际局势而设计的一种先进核潜艇。据说其最新改进型号的工作噪声已经低于海洋背景噪声，实现了真正意义上的"声隐身"。

延伸阅读(三)

彭士禄的父亲是老一辈革命家彭湃(1896—1929年)。彭湃1912年参加社会主义青年团，1924年加入中国共产党，创建了海陆丰苏维埃政权和东江革命根据地。牺牲前他曾任中共中央政治局委员、中共中央农委主任等职。彭士禄的母亲蔡素屏(1897—1928年)，1926年加入中国共产党，随彭湃发动和组织海陆丰农民运动，曾任海丰县妇女协会第三届执行委员会委员。彭士禄的祖母周凤，支持彭湃和海陆丰农民革命运动，她的儿子、孙子中有6个是革命烈士。

彭士禄3岁时母亲牺牲，4岁时父亲又牺牲。为了躲避国民党反动派的搜捕，他在近20年内先后辗转被送到革命群众、红军、爱国民主人士、地下党人家里寄养。1940年，周恩来派副官龙飞虎和贺怡(贺子珍的妹妹，曾任中共江西省委组织部长)带领彭士禄和一些烈士子弟一起离开广东，经桂林等地到达重庆。在重庆办事处，彭士禄第一次见到了周恩来、邓颖超。之后到达延安。1943年，蔡畅经组织部将他派到延安自然科学院学习。1945年8月1日经陈勇岷(女)和陈锦华介绍，加入中国共产党。

黄纬禄

黄纬禄 Huang Wei Lu（1916年12月—2011年11月），安徽芜湖人。火箭与导弹控制技术专家，中国科学院院士，"两弹一星"功勋奖章获得者。他是中国核潜艇研制副总设计师、中国潜地导弹总设计师。

黄纬禄，1940年毕业于重庆中央大学（1949年改为南京大学）电机工程系。1943年赴英国实习，1947年在英国伦敦大学帝国学院获硕士学位。新中国成立后，在上海电工研究所任研究员。1952年10月，调北京任解放军通信兵部电子科学研究院研究员。1957年12月，转入国防部五院二分院，先后任设计部主任、总工程师，担任几种液体弹道导弹型号副总设计师兼控制系统主任工程师，解决了许多重大技术问题。1964年七机部成立后，历任研究所所长、总体设计部主任，第一、二研究院副院长，七机部总工程师，航天工业部、航天总公司高级技术顾问。1991年当选为中国科学院学部委员（院士）。他是中国共产党十三大代表，第六、七届全国人大代表。

为我国核潜艇发射技术以及导弹与航天技术的贡献

黄纬禄从事潜艇发射的固体弹导式导弹的研制，1970年月，七机部一院任命黄纬禄为潜地导弹总设计师。他率领同事们共同完成了总体方案、技术路线和攻关项目，突破了水下冷发射、出水大姿态控制技术、摇摆条件下的调平与瞄准技术、多功能机动发射车、组件小型化和射击诸元实时计算等关键问题，研制成功中国第一代潜地和地地机动固体弹道式导弹，使中国成为第四个能从潜艇发射弹道式导弹的国家，并为第二代弹道式导弹实现固体化奠定了技术基础。

黄纬禄长期从事导弹式武器系统研制工作，他成功地领导我国第一枚潜地固体战略导弹的研制，为我国固体战略导弹研制提供了理论根据，探索出我国固体火箭的研制规律,填补了我国导弹与航天技术的空白。

1979年9月,国防科委国防工办任命黄纬禄为核潜艇工程副总设计师。

1981年4月31日,导弹核潜艇研制成功并下水。1982年10月12日,由黄海向东海预定海域发射"巨浪一号"运载火箭获得成功。这表明,我国在核武器技术上又有了新的飞跃,实现了战略导弹从液体到固体的过渡,极大地提高了我国战略核武器的水存能力、机动能力和打击能力。

奖项与荣誉

1."巨浪一号"固体潜地战略武器和潜艇水下发射成功,获1985年国家科技进步奖特等奖,在获奖名单中黄纬禄排名第一。

2.曾先后获"北京市科学技术先进工作者""北京市劳动模范""七机部劳动模范"称号。

3.曾获"全国优秀科技工作者""全国五一劳动奖章""全国先进工作者"称号。

4.获香港求是基金"杰出科学家奖"。

5.1999年9月18日,在人民大会堂由中共中央、国务院、中央军委隆重召开的表彰大会上,黄纬禄与其他22位功勋卓著的科学家被授予"两弹一星"功勋奖章。这是我国科技界的至高荣誉。

6.2012年被追授为"全国创先争优优秀共产党员"。

1982年10月12日,中国核潜艇水下发射潜地导弹飞行试验成功

赵仁恺

赵仁恺 Zhao Ren Kai (1923年2月—2010年7月)，生于江苏南京市。核动力工程专家，中国科学院院士，中国工程院院士。他是潜艇核动力开发设计的主要技术负责人，核潜艇研制副总设计师。

赵仁恺，1946年毕业于重庆国立中央大学机械工程系，随校迁回南京，进入南京永利宁厂设计科工作。1953年他被调到北京化工部化工设计院工作。1956年夏由化工设计院调到刚刚组建的核工业系统（当时称建筑技术局），被分配到中国科学院物理研究所（后为中国原子能科学研究所），参加由前苏联援建的重水堆的建设。到1958年初，苏联援建的重水堆顺利建成调试。这时国家已决策要搞原子弹，要搞军用钚的生产堆，就抽调赵仁恺去苏联和苏方联合设计石墨生产堆。在苏联撤走专家后，赵仁恺又回来参加完成石墨生产堆的建设全过程。这为他之后从事核反应堆工程研究设计打下基础。历任中国核工业总公司中国核动力研究院副院长兼总工程师、国防科工委潜艇核动力总设计师、中国核工业总公司科技委副主任、中国核安全局专家委员会副主席、海军核安全专家委员会副主任、国家高科技发展计划（"863"计划）能源领域第二届专家委员会首席科学家。1991年当选为中国科学院学部委员（院士），1994年当选为中国工程院院士。

为军用生产堆和潜艇核动力装置设计作出的贡献

1958年秋，赵仁恺接到紧急调令，奉命担任潜艇核动力装置设计组组长。在头三年的艰苦开创时期，赵仁恺和设计组全体同志经过大量的调研分析、研究计算、方案论证、筛选试验，完成了初步设计草案。

1961年秋，前苏联撤走专家，为了集中力量先搞出原子弹，核潜艇的研制工作暂缓。于是,赵仁恺又被调回继续从事军用生产堆的研究设计和建设,直至军用生产堆基本建成。赵仁恺作为主要技术负责人之一,组织全体同志,进行了360余项攻关研究,完成了反应堆的设计、科研试验和设备仪表的研制工作。后来生产堆调试、运行、生产实践证明,由我国自己补齐配套的军用生产堆的研究设计是成功的,较好地完成了这项重大的国防任务。

1964年我国原子弹爆炸成功后,1965年核潜艇的研制工作再度上马,赵仁恺又被调回继续进行潜艇核动力的研制。1966年,赵仁恺带着队伍去建设陆上模式堆。1970年5月核潜艇陆上模式堆进入调试阶段,至7月26日,核动力装置陆上模式堆的两台发电机组发电并网,我国首次实现核能发电。8月30日核动力装置达到满功率运行。中国核潜艇终于有了自己的心脏。陆上模式堆建成之后,又经过近10年的运行,培训了运行人员,完成了数百项试验,取得了全寿期内各种运行工况下的全部数据。这些数据是为指导海上服役艇运行的可靠依据,也是为核动力装置进一步研究发展的重要反馈信息和基础。

1970年以后,潜艇核动力装置工作重点由内陆转向海洋,为核潜艇装备海军和在海上进行各项性能试验,直到最后全部完成深潜、全速、发射等各项试验。

1970年,赵仁恺还领导组织了新一代潜艇核动力装置的研制,不断向国际先进水平攀登。中国是世界上第五个自主研制拥有核潜艇的国家,赵仁恺为此奋斗了30多年,付出了他的全部心血。

1979年9月,赵仁恺被任命为核潜艇工程副总设计师。

奖项与荣誉

1.曾获国家科学技术进步奖特等奖、一等奖、三等奖各一项。

2.获1997年度何梁何利基金科学与技术进步奖技术科学奖。

赵仁凯与核动力专家孙玉发,黄士鉴,张森如,陈炳德

黄旭华

黄旭华 Huang Xu Hua（1926年3月— ），生于广东海丰县，祖籍广东揭阳县新寮村（客家人）。舰艇工程专家，中国工程院院士。黄旭华长期从事舰船研制工作，是研制我国第一代核潜艇的创始人之一，第二任总设计师。

黄旭华，1949年毕业于上海交通大学造船系，先后从事过民用船舶和战斗舰艇的研究设计工作。1954年被选送参加苏联援助中国常规潜艇的转让制造和仿制工作。1958年起，他被调参加我国核潜艇工程的探索和研制。历任核潜艇总体研究室、核潜艇动力研究所和核潜艇总体研究设计所等单位副总工程师、副所长、所长、名誉所长等职。曾任中国船舶工业总公司科技委委员、湖北省科学技术协会和武汉市科学技术协会常委。1994年5月当选为中国工程院首批院士。

为我国核潜艇事业作出的贡献

黄旭华是研制我国第一代鱼雷核潜艇和弹道导弹核潜艇的创始人之一。他主持过这两种核潜艇从方案论证、研究设计、施工建造到试验、航行各阶段的技术工作，并开拓了我国核潜艇的研制领域。他的主要科学成就有：

1.组织技术人员研究提出全艇主要配套设备项目和艇的战术技术性能指标与总体方案。

2.决策采用适合水下高速航行的水滴型艇体和周围壳舵、艉水平舵相结合的操舵方式，成功地解决水下高、低速航行时的稳定性和机动性。

3.牵头推导出艇体直径比常规动力潜艇大约一倍，特别是导弹舱特大直径和双排大开孔等耐压艇体结构的设计计算方法。

4.在研制两艇全过程中，作为核潜艇工程第二任总设计师、试验指挥部首区副总指挥,成功地参与协调处理好核动力一、二回路和电力系统及全艇诸系统之间及它们和总体之间的协调关系,做到匹配协调、整体优化,并在现场及时处理许多重大技术问题。

5.他参加了核潜艇极限深度深潜、水下满功率全速航行和大深度发射鱼雷三项深水试验,为保证深水试验顺利进行作出贡献。他成为世界上核潜艇总设计师亲自下水做深潜试验的第一人。

1979年9月,黄旭华被任命为核潜艇工程副总设计师,1983年接任为总设计师。

奖项与荣誉

1.1978年获全国科学大会特等奖。

2.1982年获国防科工委二等奖。

3.因参与完成我国第一代核潜艇研制,获1985年国家科学技术进步奖特等奖。

4.1986年中国船舶工业总公司授予黄旭华劳动模范称号。

5.因亲自下水参加深潜试验成功,中国船舶工业总公司给予嘉奖,给予黄旭华个人一等功。

6.1994年获中国船舶工业总公司科学技术进步奖特等奖。

7.获1995年度何梁何利基金科学与技术进步奖技术科学奖。

8.因参与导弹核潜艇研制成功,获1996年国家科学技术进步奖特等奖。

9.中央电视台2013年度感动中国十大人物之一。

黄旭华在感动中国十大人物颁奖大会上

张金麟

张金麟 Zhang Jin Lin（1936年—　），河北滦南县人。船舶总体和动力专家，中国工程院院士。中国核潜艇第三任总设计师。

张金麟，1960年毕业于哈尔滨工业大学热力涡轮机专业。毕业后分配到海军科研部"09"研究室。在我国第一代核潜艇研制期间，先后担任核潜艇总体研究设计所研究室主任，副总工程师，副所长、所长，研究员级高级工程师。1995年，任"第二代"某型号核潜艇的总设计师，承担整个核潜艇的研究设计。2000年，他继第二任核潜艇总设计师黄旭华之后，被任命为第三任我国核潜艇总设计师。2007年当选为中国工程院院士。

主要成就与贡献

张金麟从事的第一项工作就是研究探索建造中国核潜艇。在第一代核潜艇研制期间，他直接参加了核潜艇核动力装置的两次满功率试验：一次是陆上模式堆的首次满功率，一次是核潜艇水下高速航行时的首次满功率试验。满功率是核动力装置堆芯核能释放的顶点。第一次"满功率"试验开始于20世纪60年代末，张金麟已成为科研工程队伍中的主要骨干。他参与了核潜艇陆上模式反应堆的设计、建设、调试运行全过程，主持建立了压水反应堆一回路试验室，完成了核潜艇动力装置压力安全系统热工理论和试验研究，打下了该系统设计基础，并验证了压水堆的运行方式，为制定我国首座核潜艇陆上模式堆运行程序和运行方式做好了准备。1970年7月，陆上模式堆安装完毕后开始提升功率，并向发电机供汽发电，这是我国首次用核能发电。此时，张金麟已是运行试验指挥组成员。反应堆的功率水平从低功率按九步提升，并向设计满功率的指标冲刺，终于到达"顶峰"。张金麟参加的第二次"满功率"试验是在核潜艇上，1988年，核潜艇进行深水全速航行试验任务，他成功地主持了这次核动力装置水下满功率试验。

张金麟参与了我国两代核潜艇的研制。他见证了中国核潜艇从无到有、从研制第一代核潜艇到研制第二代核潜艇的全过程。在进行第一代核潜艇研制期间,他先后担任核潜艇总体研究设计所研究室主任,副总工程师,副所长、所长,研究员级高级工程师等。从70年代起,张金麟在参加"第一代"的同时,参加并负责"第二代"的前期研究工作,他参与领导了我国首台船舶核动力装置训练模拟器的研制,为海军核动力装置的操纵训练填补了空白。1995年,在"第一代"全部建成并形成规模战斗力后,他被任命为"第二代"某型号的总设计师,承担整个核潜艇的研究设计。2000年,他继第二任核潜艇总设计师黄旭华之后,被任命为第三任我国核潜艇总设计师。他把中国核潜艇的技术指标提高了一大步;改进核动力装置以确保核安全性;解决了新型导弹发射的关键问题;采用先进的武器系统提高了综合作战能力,并提高了其隐蔽性能。

奖项与荣誉

1.在第一代核潜艇研制期间,他参与了核潜艇陆上模式堆的设计、建设、调试运行全过程,主持建立了压水反应堆一回路试验室,完成了核潜艇核动力装置压力安全系统热工程和试验研究,建立了该系统设计基础,并验证了压水堆的运行方式,为制定陆上模式堆运行程序和运行方式做好了准备。他因此获1978年全国科学大会奖。

2.在第一代核潜艇研制期间,因在第二代"满功率"试验中所做的工作,被中国船舶工业总公司荣记二等功。

3.1989年,获国家科技进步奖二等奖。

4.1993年,获中国船舶工业总公司特等奖。

5.1996年,获国家科技进步奖特等奖。

6.2007年,获国家高技术武器装备发展建设工程重大贡献奖和金质奖章。

张金麟在实验室

三、中国科学院院士、中国工程院院士称号获得者

院士是我国科学家的最高荣誉。

"中国科学院院士"是国家设立的科学技术方面的最高学术称号，为终身荣誉。不过在1994年前，并不称院士，而是称为"中国科学院学部委员"。中国科学院学部成立于1955年。中国科学院学部的最高组织形式是院士大会。

"中国工程院院士"则是国家设立的工程科学技术方面的最高学术称号，亦为终身荣誉。1992年4月，我国著名工程专家张光斗、王大珩、师昌绪、张维、侯祥麟、李薰、张沛霖等人，综观国内外科技发展的现状和趋势，联名发出《关于早日建立中国工程与技术科学院的建议》。1994年，中国工程院正式组建，并设立"中国工程院院士"称号。1995年后亦每两年增选一次院士。

此处介绍的是当年为"两弹一艇"研制作出过贡献的"两院"院士。主要有两部分人，一是全身投入"两弹一艇"事业的，并因此当选院士；二是以其他行业为主，但以"协同"为重，对"两弹一艇"研制作出过贡献的。

（一）中国科学院院士（以应聘或当选年限、同年按姓氏笔画为序）

1955年：王大珩、王淦昌（见前）、李薰、李四光、吴有训、张青莲、胡宁、赵忠尧、侯祥麟、钱三强（见前）、钱学森、彭桓武（见前）。

1957年：张文裕、郭永怀（见前）。

1980年：于敏（见前）、王世真、王守武、王守觉、王承书、邓稼先（见前）、卢鹤绂、朱壬葆、朱光亚（见前）、朱洪元、李林、李正武、杨澄中、肖伦、吴自良（见前）、吴征铠、何泽慧、何炳林、何祚庥、汪家鼎、汪德熙、张沛霖、陈芳允、陈能宽（见前）、金建中、周光召（见前）、郝柏林、胡济民、徐光宪、徐冠仁、唐孝威、涂光炽、陶诗言、黄劭显、黄祖洽、黄维垣、黄耀曾、曹本熹、程开甲（见前）、谢家麟、戴传曾。

1991年：丁大钊、王方定、方守贤、吕敏、刘广钧、刘元方、孙家栋、李德平、杨福愉、余国琮、陆婉珍、陆熙炎、张兴钤、欧阳予、周毓麟、经福谦、赵仁恺（见前）、胡仁宇、侯洵、姜圣阶、袁权、夏培肃、黄纬禄（见前）、黄胜年、谢光选。

1993年：王乃彦、王大中、宋家树、梁思礼、梁敬魁。

1995年：王占国、贺贤土、徐晓白、魏宝文。

1997年：张焕乔、袁承业。

1999年：王世绩、张宗烨。

2001年：马祖光、陈达、陈式刚、郭柏灵、葛昌纯。

（二）中国工程院院士（以当选年度、同年按姓氏笔画为序）

1994年（首批）：马福邦、王大珩（见前）、朱光亚（见前）、李恒德、金怡濂、赵仁恺（见前）、侯祥麟（见前）、钱学森（见前）、钱皋韵、黄旭华（见前）、彭士禄（见前）。

1995年：毛用泽、叶铭汉、朱永𣸶、朱建士、阮可强、杨裕生、周永茂、胡思得、俞大光、钱绍钧、程天民。

1997年：乔登江、杜祥琬、赵伊君、潘自强。

1999年：孙玉发、李幼平、武胜、彭先觉。

2001年：林俊德、徐志磊、傅依备。

2003年：叶奇蓁、孙承纬、孟执中、董海山。

2005年：张信威。

2007年：张金麟（见前）。

2009年：于俊崇。

附：新中国放射化学开拓者、奠基人之一杨承宗。

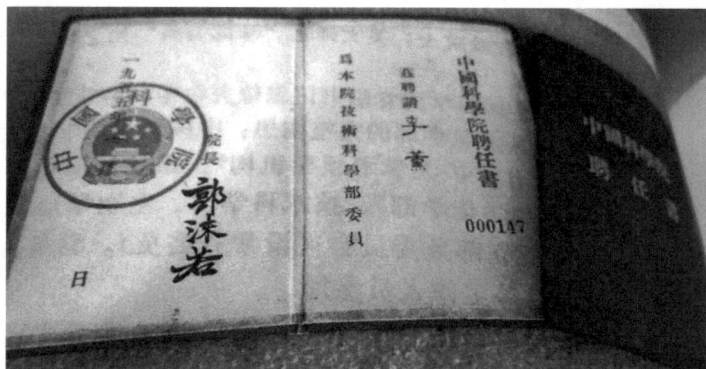

1955年中国科学院学部委员聘任书

王大珩

王大珩 Wang Da Heng (1915年2月—2011年7月)，生于日本东京，祖籍江苏吴县（今苏州市）。光学家，中国科学院院士、中国工程院院士，国际宇航院院士。他是中国近代光学工程的重要学术奠基人、开拓者和组织领导者。"两弹一星"功勋奖章获得者。

王大珩，1929年就读于青岛礼贤中学。1936年毕业于清华大学物理系。1938年考取留英公费生，赴英国伦敦帝国理工学院攻读应用化学，1941年转入雪菲儿大学，在世界著名玻璃学家特纳教授指导下进行有关光学玻璃的研究。在英国学习和工作期间，正是第二次世界大战期间，光学仪器在战争中的作用，受到交战各国的重视，光学玻璃的制造技术是保密的。王大珩是英国最早研究稀土光学玻璃的两人之一。他发展了γ—棱镜精密折射率测定装置，获英国科学仪器协会第一届青年仪器发展奖。后来他在国内把γ—棱镜折光仪进一步研制推广。王大珩于1948年回国。

1952年，中国科学院仪器馆在长春成立，1956年改名为长春光学精密仪器研究所，王大珩任馆长、所长。光学玻璃是仪器馆成立初期的重要科研成果。1958年，长春光机所以研制高精光学仪器的"八大件"而闻名全国科技界。它们是：一秒精度大地测量经纬仪、一微米精度万能工具显微镜、大型石英摄谱仪、中型电子显微镜、中子晶体谱仪、地形测量用多臂航摄投影仪、红外夜视仪以及系列有色光学玻璃。1961年，他们又制成了中国第一台激光器。之后，又制成了中国第一台大型光测设备和许多国防光学仪器，为建立国防光学工程奠定了坚实的基础。

王大珩历任中国科学院长春光学精密机械研究所所长，中科院长春分院院长，中科院技术科学部主任，中科院空间科学技术中心主任；解放军总装备部科学技术委员会顾问；长春光学精密机械学院院长，哈尔滨科学技术大学校长；中国科学技术协会副主席,北京市科学技术协会主席,中国光学学会理事长,中国仪器仪表学会理事长,中国计量测试学会理事长,中国高技术产业化研究会理事长,大连大学物理与光电学院院长等职。他曾先后当选为第三—六届全国人大代表;第三、七届全国政协委员。

为第一颗原子弹研制和核试验作出的贡献

在"两弹"研制中,中国科学院的一些研究所承担了一些重要任务,其中长春光机所在王大珩的主导下,作出了重大贡献。

1.积极支持并决定由该所副所长龚祖同带一批科技人员到西安光机分所,主要为二机部的核武器研制服务。因为二机部的几个重要单位,如兰州铀浓缩厂、酒泉原子能联合企业、青海核武器研制基地等分布在西北一带。龚祖同也是应用光学专家,在长春光学仪器馆成立初期,在王大珩的指导下,以龚祖同为首研制成功中国第一批光学玻璃。

2.他在倡导建立国防光学工程过程中,为我国核试验中光学科技作出重要贡献。从60年代开始,王大珩和他领导的长春光机所转向以国防光学技术及工程研究为主攻方向(国防光学工程)。王大珩最早在国内领导大气光学和目标光学特性的研究,在太阳模拟器和空间侦查照相机的研制中提出了先进的技术方案等,先后在红外微光夜视、核爆与靶场光测设备、高空与空间侦查摄影、空间光学测试等取得了多项用于核试验的科技成果。王大珩赴第一次核试验现场,与相关人员一起工作,他指导改装了高速摄影机用于火球发光的动态观测,取得了很好的效果。

奖项与荣誉

1.因在中国国防光学工程科研中所作出的贡献,1979年获全国劳动模范称号。

2.1985年,因领导研制出多种型号的靶场光测设备,以"现代国防试验中的动态光学观测及测量技术"获国家科学技术进步奖特等奖。王大珩在获奖者中排名第一。

3.获1994年度(首届)何梁何利基金科学与技术成就奖。

4.1999年9月18日,在人民大会堂由中共中央、国务院、中央军委隆重召开表彰大会,王大珩与其他22位功勋卓著的科学家被授予"两弹一星"功勋奖章。

5.2001年获国家"863计划"特殊贡献先进个人称号。

李　薰

　　李薰 Li Xun（1913年11月—1983年3月），生于湖南邵阳（今邵东县）。物理冶金学专家、科学研究管理专家，中国科学院院士。他创建了中国科学院金属研究所，坚持科学研究面向经济建设，并为国防工业服务。

　　李薰，1932年高中毕业，因成绩优异被保送湖南大学工学院矿冶工程系学习。1937年湖南省举行公费留学考试，李薰名列榜首，同年8月入英国雪菲尔德大学冶金学院深造。1938年他获布伦顿奖章和奖金；1940年取得哲学博士学位。随后留校负责指导部分研究工作，培养出不少冶金学家。1950年，雪菲尔德大学授予李薰冶金学博士学位。在英国，该校是唯一以冶金学博士命名其高级博士学位的学府，李薰是中国唯一获此殊荣的学者。新中国成立后，中国科学院院长致信亲邀李薰回国筹建冶金所，李薰欣然允诺，并邀集在英的张沛霖、张作梅、庄育智、方柄、柯俊等共商回国建所事宜，他于1951年8月回国。

　　李薰于1955年应聘为中国科学院学部委员（院士）。历任中国科学院金属研究所研究员、所长、名誉所长；中国科学院沈阳分院院长兼党委副书记；中国科学院副院长、党组成员、主席团成员、技术科学部主任；他是中国科学技术协会第二届全国委员会委员；创立中国金属学会的发起人之一，并任学会第二、三届副理事长，《金属学报》主编。曾当选为全国人大第二～五届代表和九三学社中央委员会常委。

　　为"两弹一艇"研制作出的贡献

　　1956年，国家编制十二年自然科学远景发展规划纲要，李薰主持冶金科学技术部分。其后，国家科委选任他为冶金组和冶金新材料组的副组长，历时20余年。

　　50年代末，李薰审时度势，引导金属研究所从服务于钢铁工业为主转变为主要发展新材料、新技术和相应的新的测试方法。他迅速组织力量,建成高温合金、难熔金属、金属陶瓷、铀冶金、二氧化铀陶瓷核材料、热解石墨等研究室,增强研究高强度钢和合金钢的人力,在较短的时间内,成绩显著。他受国家科委的委托,主持全国高温物理性能测试工作,并在金属研究所建成基地,为开发新材料,提供设计依据和仲裁事故原因,起了重要作用。国家从冶金所调张沛霖到二机部任生产局冶金总工程师,参与组织指挥第一颗原子弹的研制,李薰积极支持。他和金属研究所为中国成功爆炸第一颗原子弹、建成第一艘核潜艇等,作出了重要贡献。

李薰除由他创办的金属研究所为国防工业服务和培养人才外,还积极支持组建新的研究院所。例如:他将其选矿研究室和分析化学室的大部分迁至长沙合建成中国科学院矿冶研究所;核材料研究部分调往成都新建西南反应堆工程研究设计院。

奖项与荣誉

1.因在金属研究所建立测定钢中氢、氧和非金属夹杂物的技术培训和检验工作,并结合改进钢的质量,获1956年中国科学院自然科学奖三等奖。

2.沈阳金属研究所是中国科学院成立后新建的第一个大型研究所,李薰主持该所工作30年,取得突出成绩,曾受到周恩来总理等领导人的重视和称赞。1978年,英国金属学会访华团在中国参观后,认为沈阳金属研究所是中国冶金研究方面的高点。

3.1986年,设立《金属学报》纪念李薰奖金基金,用以定期颁发冶金优秀论文奖、优秀审稿人奖和优秀编辑奖,以激励不断提高冶金科学技术水平。

1972年8月,李薰在实验室

李四光

李四光 Li Si Guang（1889年10月—1971年4月），蒙古族，湖北黄冈人。地质力学家，教育家，他是我国现代地球科学和地质工作的奠基人、开拓者。中国科学院院士。

李四光，1904年被派到日本留学，1910年学成回国。武昌起义后，他被委任为湖北军政府理财部参议，后又当选为实业部部长。之后，李四光再次离开祖国，到英国伯明翰大学学习。1918年，获得硕士学位的李四光决意回国效力。从1920年起，李四光担任北京大学地质系教授、系主任，1928年又到南京担任中央研究院地质研究所所长，后当选为中国地质学会会长。他数次赴欧美讲学、参加学术会议和考察地质构造。1949年秋，新中国成立在即，正在国外的李四光被邀请担任政协委员。得到这个消息后，他立即做好了回国准备。他与夫人许淑彬于1949年12月秘密回国。

回到新中国怀抱的李四光被委以重任，先后担任了地质部部长、中国科学院副院长、中科院古生物研究所所长、全国科协主席、全国政协副主席等职。1955年，应聘为中国科学院学部委员(院士)。1958年8月，任中科院原子能委员会主任。他是中国地质大学第一任校长。当选为第一届全国政协委员，第二、三、四届全国政协副主席；第一、二、三届全国人大代表；中国共产党第九届中央委员。1970年8月，任国务院科教组组长。1958年6月，李四光被苏联科学院授予外籍院士。

寻找和勘察铀矿资源，为"两弹"研制和我国原子能工业的开启作出贡献

李四光首创地质力学理论，他与其他地质专家共同努力，相继找到钨、铬、铀、金刚石及其他稀有金属矿。发现铀矿后，作为地质部部长，他与国务院第三办公室副主任兼地质部副部长刘杰向毛泽东主席、周恩来总理等中央领导汇报了我国铀矿发现情况。1954年4月，根据中央决定，成立普查委员会第二办公室(简称普委二办)，负责筹备铀矿地质勘查工作。1955年1月,地质部三局成立,雷荣天任局长(三局并入二机部后,任副部长),主管铀矿地质勘查工作(原普委二办撤销)。

1955年1月14日,周总理同李四光和钱三强谈话,详细地询问了我国核科学研究人员、设备和铀矿地质资源的情况,并认真、细致地了解核反应堆、原子弹的原理和发展核能科技所需要的条件。周总理告诉他们,中央就要研究发展原子能事业的问题,届时请他们带上铀矿石和简单的探测仪器,进行汇报和操作表演。

1955年1月15日,毛主席在中南海主持召开了中共中央书记处扩大会议。会议听取了李四光、刘杰、钱三强的汇报,研究了我国发展原子能事业问题。汇报人员将铀矿石标本和探测器带到会上,作了操作表演。这是一次对中国核工业具有重大历史意义的会议。它作出中国要发展原子能工业的战略决策,标志着中国核工业建设的开端。同年3月,毛主席在中国共产党全国代表会议上讲话时指出,中国进入了"开始要钻原子能这样的历史的新时期"。

奖项与荣誉

1.毛泽东主席一向重视发展中国科学技术工作,十分关心、关怀对从旧社会过来的,积极参加社会主义建设的科学家。1964年2月6日,毛主席请竺可桢、钱学森、李四光到中南海他的卧室亲切交谈。他们就天文、地质等尖端科学问题进行长谈。毛主席殷切希望他们为攻克尖端科学技术、赶超世界先进水平贡献自己的才能。

2.1959年5月29日,经苏联科学院主席团评选,授予李四光"卡尔宾斯基金质奖章"。同年,苏联地质界对李四光的出色工作和在中国创建地质科学的经验,作出总结。克鲁泡特金教授在《自然》杂志上撰文,介绍了李四光在地质科学上的成就。

3.2009年10月,李四光入选蒙古族十大杰出科学家。

4.2009年10月4日,中科院和国家天文台将137039号小行星命名为"李四光星"。

5.北京西四十字街口中国地质博物馆旁,建有李四光雕像。

6.入选《永远的丰碑》人物。李四光于2016年1月6日宣传播出。

7.入选北京中华世纪坛"中华文化名人"肖像雕塑群。

吴有训

吴有训 Wu You Xun（1897年4月—1977年11月），江西高安人。物理学家、教育家，中国科学院院士，中国近代物理学奠基人。

吴有训，1916年考入南京高等师范学校理化部，受教于刚从美国哈佛大学归国的胡刚复。胡刚复曾从事X射线研究。吴有训在胡刚复的指导下，对X射线有了基本了解，为后来的发展打下了良好基础。1920年毕业后，以优异成绩考取了江西官费留学，1922年1月赴美入芝加哥大学。入学第二年，A.H.康普顿由圣路易的华盛顿大学转到芝加哥大学任教。这时，康普顿发现以自己的名字命名的康普顿效应。吴有训正好在康普顿作出这一重大发现之后接受康普顿的指导，他做的博士论文，题目就叫"康普顿效应"，于1925年通过答辩，获得芝加哥大学哲学博士学位。1926年回国后，吴有训先回到江西参与江西大学的筹备工作，1927年8月受南京第四中山大学（后改名为中央大学）之聘任物理系副教授兼系主任。翌年，清华大学理学院院长叶企孙邀请他到清华大学任物理学教授。他一方面认真讲授近代物理学，一方面积极倡导组织并参加近代物理学的科研工作，并创建了国内第一个近代物理实验室。1934年，吴有训接替叶企孙任清华大学物理系主任，1937年又接替叶企孙任清华大学理学院院长。在叶企孙和吴有训的先后主持下，清华大学物理系成了闻名中外的培养物理学人才和科学研究的基地。从这里走出的毕业生就有：核物理学家钱三强、王淦昌，光学专家王大珩、龚祖同，固体物理学家陆学善、葛庭燧，力学专家林家翘、钱伟长，理论物理学家王竹溪、彭桓武，地理物理学家赵九章，电子学家陈芳允，海洋物理学家赫崇本。吴有训是中国物理学会的创始人之一。1932年，中国物理学会在清华大学成立，吴有训当选为秘书；在中国物理学会第五届年会上当选为会长，以后又多次当选为会长或理事长。

新中国成立后，吴有训出任华东军政委员会委员兼教育部长，同时担任上海交通大学校务委员会主任。1950年，他赴北京任中国科学院近代物理研究所所长。同年12月，中央人民政府任命吴有训为中国科学院副院长。1955年，吴有训被聘为中国科学院学部委员（院士）。1958年，中国科学技术学会成立，吴有训当选为副主席。

1949年，吴有训作为无党派民主人士的代表出席第一届中国人民政治协商会议，后被选为第二届全国政协委员、第三届全国政协常委；他还是第一～四届全国人大代表，第二～四届全国人大常委。

为我国科学事业和原子能工业开创时期作出的贡献

早在20世纪二三十年代，就陆续有一批赴西欧、北美求学的中国青年，在世界著名的物理学家和核科学家的直接指导下，在核科学领域接受了严格的训练，并开始了实验和理论的研究工作，作出了显著成绩。如吴有训、赵忠尧、钱三强、王淦昌、彭桓武等人。1950年5月19日，成立了从事核科学研究工作的中国科学院近代物理所，这是新中国第一个核科学研究机构。政务院任命吴有训为首任所长，钱三强为副所长。吴有训为建所、聘用科学工作者等，做了开创性的工作。同年12月，吴有训奉调为中国科学院副院长（近代物理所由钱三强继任所长、王淦昌、彭桓武任副所长），继续分管数理化、核科学方面的工作。为使全国都来关心和重视原子能事业的建设，中国科学院按照周恩来总理的指示，很快成立了以吴有训副院长为首的"原子能知识普及讲座委员会"。近代物理所钱三强等20多位科学工作者和高等学校的教授们组成了宣讲团，到北京和全国各地宣讲原子能的科普知识，并出版了《原子能通俗讲话》等。1958年8月，在北京召开了第一次全国原子能和平利用座谈会，研究推广同位素应用工作。会后，在中国科学院原子核委员会下设立了同位素应用委员会，负责同位素应用技术的规划与组织。办事机构设在原子能所，该所同位素应用研究室作为技术指导中心。这一时期，同位素及其他核技术的应用的组织和管理机构、研究单位很快组建了几十个，并很快展开工作。同一时期还就人员培训做了大量工作，为全国各地培训人员近千名。

丹麦玻尔研究所是国际著名的研究机构，也是最早接收新中国研究人员的西方研究机构。在中科院副院长吴有训等人的推动下，1961年该所邀请当时在苏联原子核研究所工作的我国青年物理学者冼鼎昌到该所工作。1962年10月，该所领导人、世界著

名物理学家尼·玻尔的儿子奥·玻尔应邀访问我国,在中科院原子能所做了学术讲演,并同该所签订了学术交流协议。之后,我国青年物理学者杨福家、卓益忠等5人陆续到该所工作。玻尔研究所为培养中国的核物理工作者提供了有益的帮助。

吴有训长期担任中国科学院副院长,并兼数理化部主任,作为国务院科学规划委员会委员,1956年主持制定了数理化等基础学科"12年科学远景规划"。1963年又参与制定了新的"10年科技规划"。他一贯注重基础理论的研究,关心一些新兴学科的发展。他从事教育工作50余年,为我国培养了几代物理学和核科技工作者。他的一些学生为"两弹"研制作出了重大贡献,如:钱三强、郭永怀、王淦昌、彭桓武、何泽慧、朱光亚、邓稼先、梅镇岳、郑林生、金星南、胡宁等。

奖项与荣誉

1.吴有训对近代物理学的重要贡献,主要是全面地验证了康普顿效应,并将康普顿效应的理论向前推进了一步。所谓康普顿效应,就是波长极短的电磁波(例如γ射线或X射线)经散射物散射后波长变长的现象。这一现象的发现,对波粒二象性的认识和量子理论的发展有重要意义。但是,康普顿最初发表的论文只涉及散射物质(石墨),尽管已经获得明确的数据,但终究只限于某一特殊条件,难以令人信服。为了证明这一效应的普遍性,吴有训在康普顿的指导下,做了7种物质的X射线散射曲线,证明只要散射角相同,不同物质散射的效果都一样。吴有训不仅以"康普顿效应"为题做博士论文,还与康普顿于1924年联名发表《经轻元素散射后的钼Ka射线的波长》一文。之后,他继续这个问题的研究。1925年,他在《康普顿效应与三次X辐射》一文中,再次证明康普顿效应的客观存在。同年10月,他还写成《康普顿效应中变线与不变线间的能量分布》一文。吴有训以科研事实为依据和多篇论文,无可置疑地证实了康普顿效应,发展和丰富了康普顿的工作。

康普顿于1927年荣获诺贝尔物理学奖。康普顿在与他人合著的《X射线的理论与实验》一书中,对吴有训的工作给予了很高的评价。全书共有19处引用了吴有训的成果。特别是吴有训的一张受15种元素散射的X射线光谱图,康普顿将其与自己在1923年得到的石墨散射的X射线光谱图并列,作为当时证明其理论的主要依据。吴有训的这张X射线光谱图在后来的几十年中被人们广泛引用。

吴有训回国后,继续进行近代物理学的科研工作。10年内,他从理论上探讨X射线的气体散射,先后在国内外发表了10余篇论文。他的工作被严济慈誉为"开了我国物理学研究的先河"。

2.2000年,中国物理学会为纪念胡刚复等五位物理学界前辈,设立了胡刚复、饶毓泰、叶企孙、吴有训、王淦昌物理学奖。

延伸阅读

"胡刚复、饶毓泰、叶企孙、吴有训、王淦昌物理学奖"中几位物理学界前辈

胡刚复 Hu Gang Fu（1892年3月—1966年2月）,江苏无锡人。著名物理学家、教育家,中国近代物理学奠基人之一。1962年当选为中国物理学会名誉理事。

胡刚复,1909年首届公费留学生,入美国哈佛大学学习并攻读博士,1918年获物理博士学位。他主要从事X射线的研究,对X射线学的发展作出了重要贡献,也成为第一个与放射性打交道的中国人。1913—1914年曾从事镭的提取纯化和应用研究。他取得博士学位后即回国。一直从事教育和研究工作。最早在南京高等师范学堂（1920年改为东南大学,后改为南京大学）,建立了国内第一个物理实验室,并任南京大学物理系首任主任。1932年兼任北平研究院镭学研究所特邀研究员。先后在东南大学、交通大学、厦门大学、中山大学、浙江大学、天津大学、南开大学等校任教授,在上海私立大同大学任校长。抗日战争期间,作为浙大理学院院长,胡刚复协助校长竺可桢西迁国立浙江大学,并将浙大理学院办成当时国内最好的学院之一。他先后教授过的学生中有:吴有训、严济慈、赵忠尧、施汝为、钱昌照、余瑞璜等一批杰出的物理学家。

1987年,中国物理学会设立了"胡刚复物理奖"。

饶毓泰 Rao Yu Tai（1891年12月—1968年10月）,江西临川钟岭人。著名物理学家、教育家,中国近代物理学奠基人之一。

胡刚复

叶企孙

饶毓泰

中央研究院第一届院士，中国科学院第一批院士。他被誉为"中国物理学界泰斗"。

饶毓泰，1913年考取江西省公费留学，赴美国芝加哥大学攻读物理学，1917年获物理学硕士学位。随即又考入普利斯顿研究生院，受教于世界著名物理学家康普顿教授，1921年获硕士学位，1922年获哲学博士学位。他在美国权威杂志《物理评论》上发表论文《水银蒸气的低压弧光和它对荧光的影响》。论文回答了当时一个世界性难题"在小于最小电离电动势的电压下，产生电离所需要的能量问题"。这是当时气体导电研究的一项新成就，在物理学界产生了较大的影响。

1922年8月，饶毓泰返回祖国，即参与南开大学物理系的创建，任教授兼系主任，直至1929年8月。

1929年，饶毓泰赴德国莱比锡大学波茨坦天文物理实验室进修，从事原子光谱线的斯塔克效应的研究。他完成的论文《论铷和铯的基本线系的二次斯塔克效应》，丰富了当时新兴的量子力学的成果。

1932年，饶毓泰回国应聘北平研究院物理研究所研究员。次年调入北京大学，任物理系教授、系主任，自1935年起兼任理学院院长。抗日战争时期，任西南联合大学物理系教授、系主任。他和联大许多有名的教授，如叶企孙、吴有训、赵忠尧、周培源、吴大猷、王竹溪、张文裕、郑华炽、霍秉权等人齐心协力，精心培育了不少优秀人才，如杨振宁、黄昆、张守廉、邓稼先、李政道等。

1944年，饶毓泰再次自费赴美，与人合作进行分子光谱的研究，测定了光谱的退编速度，获得了含同位素气体分子的转动光谱和分子内部运动的重要信息。

1947年，饶毓泰回国继续担任北京理学院院长兼物理系主任，并开设多门课程。他在原子、分子光谱研究中取得的丰硕成果，奠定了他在学术界中的崇高地位，人们把他和叶企孙、吴有训、严济慈并称为中国物理学界的"四大名旦"。

1948年3月，饶毓泰当选为中央研究院第一届院士。北平解放前夕，国民党政府特派飞机接饶毓泰去台湾，他断然予以拒绝，坚决留在北平，终于迎来了1949年1月31日北平和平解放。1949—1951年，他继任北大理学院院长兼物理系主任、校务委员，他为中青年教师和外校进修教师开设了《原子光谱》《气体导电基本过程》《光的相干性理论》《塞曼斯效应与共振辐射》《荧光辐射的强度与偏振》《光磁双共振》等反映世界最新科技发展课程。他先后当选为第二、三届全国政协委员、第四届全国政协常委。1955年6月,中国科学院学部成立大会之际,饶毓泰被聘为中国科学院学部委员(院士)。

"文化大革命"中惨遭打击和迫害,1968年10月16日含冤自尽。1978年平反昭雪。

1984年,北大物理系根据他生前的遗愿及其弟侄的要求,将他生前留下的5万元积蓄设立"饶毓泰奖学金"。

2000年,中国物理学会为纪念胡刚复等五位物理学界前辈,设立了胡刚复、饶毓泰、叶企孙、吴有训、王淦昌物理学奖。其中,饶毓泰物理奖授予光学、声学、原子和分子物理方面有突出成就的物理学家。

叶企孙 Ye Qi Sun (1898年7月—1977年1月),上海人。著名物理学家、教育家,中国科学院院士。他是中国物理学界的一代宗师,中国科学史事业的开拓者。

叶企孙,1918年毕业于清华学校,即考入美国芝加哥大学物理系,获学士学位后转哈佛大学,获博士学位。1924年回国后,历任东南大学(1949年更名为南京大学)副教授、清华大学教授、物理系系主任和理学院院长。他是清华百年历史上的四大哲人之一(另三位是潘光旦、陈寅恪、梅贻琦)。他是中国物理学会的创始人之一;曾任中国物理学会第一、二届副会长,1936年起任会长。

叶企孙在物理学上的科研成就,一是用X射线精确地测定普朗克常数h,得出当时用X射线测定h值的最高精确度。1921年他和导师布里奇曼合著专业论文《用射线方法重新测定普朗克常数》,闻名于国际科学界。他的导师布里奇曼后来获诺贝尔物理奖。二是开创性地研究了流体静压力对铁磁性金属的磁导率的影响。这是20世纪20年代在物质铁磁性方面的一项重要研究工作,受到世界科学界的重视。

1928年,叶企孙聘吴有训到清华物理系任教,后又举荐吴接任系主任、理学院院长。叶企孙的学生中走出了两院院士79人,其中有杨振宁、李政道、钱伟长、陈省身、王淦昌、彭桓武、林家翘、戴振铎、华罗庚等。1948年,美国编百年来科学大事记,清华物理学系学生彭桓武、王淦昌名列其中。杨振宁、李政道获1956年诺贝尔物理奖(获奖时二人为中国国籍)。"两弹一星"23名元勋中,王淦昌、赵九章、彭桓武、钱三强、王大珩、陈芳允、屠守锷、邓稼先、朱光亚、程开甲、钱骥、于敏、周光召等13人都是叶企孙或吴有训的学生。

1949年9月,叶企孙出席了第一届中国人民政治协商会议。他是第一~三届全国人大代表。

张青莲

张青莲 Zhang Qing Lian（1908年7月—2006年12月），生于江苏常熟。无机化学家，同位素化学家，中国科学院院士。他从事同位素化学研究60余年，是我国无机化学学科奠基人之一、我国稳定同位素学科的奠基人和开拓者。

张青莲，1930年获上海光华理学学士学位，1934年毕业于清华大学研究生院，1936年获德国柏林大学博士学位。他在瑞典皇家学院物理化学所做博士后研究一年。之后，任中央研究院上海化学研究所副研究员、光华大学教授。1939年任西南联合大学教授，1946年任清华大学教授，1952年任北京大学教授。1955年任中国科学院学术秘书，参加化学机构的组建工作。1978年任北京大学化学系主任，努力完成了系的重建。他是首任中国质谱学会理事长。1955年应聘为中国科学院学部委员（院士）。

从1935年起，张青莲对新发现的重水进行系统研究。当时知道重水的凝固点和沸点都高于轻水，而他首先观察到重水的临界温度反而低于轻水的。这一反常现象促使他深入探索，在测量重水的蒸汽压至230℃时，观察到在225℃有一个转折点，由小于轻水蒸汽压转为大于后者，他遂之做出"轻水—重水的密度—温度"状态图，明确地解释了这种反常现象。继续进行一系列研究后，他与人合作提出了轻重水体在地球上分布的理论，主要基于蒸发作用，并以水的"海洋—天上云—地面水—江河—海洋"循环为标志。这一理论开创了一种新的学科——同位素地质学。

对重水和同位素的研究，为原子能工业发展的贡献

张青莲于1937年回国后，继续研究重水，取得丰硕的成果。比较突出的成就有重水自凝固点至沸点全温程的密度表，发表在英国《自然》杂志上（1949年）；重水在25℃时的7位有效数字的密度值；双温交换法生产重水条件下氘的总分配常数。20世纪60

年代初,他任重水工厂的专家和锂同位素分离工厂的技术顾问,为原子能工业所需重水,以及锂同位素的分离,作出重要贡献。

张青莲著有《从事同位素化学研究五十年》及《又十年》(化学通报1985、1996)。

奖项与荣誉

1.1937年回国后,因在重水研究中取得丰硕成果,1943年获国民政府教育部学术二等奖。

2.1960年,因他对新中国国防现代化作出重要贡献,化工部授予他全国国防化学先进工作者称号,中国核学会授予他荣誉理事称号。

3.获1998年度何梁何利基金科学与技术进步奖化学奖。

延伸阅读

何梁何利基金奖

何梁何利基金于1994年3月30日以信托形式在香港成立,以奖励取得杰出成就的中国科技工作者。基金设"科学与技术成就奖"和"科学与技术进步奖",后增设"科学与技术创新奖",每年评奖一次。制定有《何梁何利基金评选章程》。何梁何利基金捐款人为何善衡、梁銶琚(何梁),何添、利国伟(何利)。何梁何利基金设信托委员会,依照信托契约全权负责基金的经营和奖励事宜。何梁何利基金信托人由惠永正、羊子林、韦钰、欧肇基、杨振宁等5人组成。

何善衡先生,1899年出生,广东番禺市人。1993年获广州市荣誉市民及番禺市荣誉市民称号。

梁銶琚先生,1903年出生,广东顺德人。1994年4月国务院总理李鹏为梁氏题词"热心公益,发展教育"。

何添先生,1933年出生。1988年获广州市荣誉市民称号,1993年获番禺市荣誉市民称号。

利国伟先生,1993年获广州市及江门市荣誉市民称号。

胡　宁

胡宁 Hu Ning (1916年2月—1997年12月),江苏宿迁人。理论物理学家,中国科学院院士。他长期从事理论物理教学工作。他建立起一些主要的理论物理研究机构,传授现代物理学理论方法,培养出一批理论物理学家。

胡宁,1934年考取浙江大学物理系,翌年,转到清华大学物理系学习;抗日战争爆发后,又随校迁徙至西南联合大学,1938年毕业,并留校任教。1941年,胡宁考取清华大学第五届赴美留学公费生,赴美国加利福尼亚理工学院深造。1943年取得博士学位。之后,胡宁先后到美国普林斯顿高等研究院、爱尔兰都柏林高等研究院、丹麦哥本哈根大学理论物理研究所、美国康奈尔大学原子核研究所、美国威斯康辛大学和渥太华加拿大国家研究院等地,在理论物理学的许多方面进行研究。

胡宁于1950年底回到国内,其后一直担任北京大学物理系教授,1983年兼任北京大学理论物理研究所所长。从1952年起,陆续担任中国科学院理论物理研究所和近代物理研究所的研究员,并兼任近代物理所四室副主任。

胡宁早年致力于流体力学中湍流理论的研究,课题是在不同条件下湍流区域中的速度和温度的分布。20世纪40—50年代,对介子的核力理论和广义相对论、S矩阵理论、量子电动力学和粒子理论、高能多粒子产生理论和强相互作用理论等做了深入研究,取得多项重要成果。20世纪60年代中期,他与他人共同领导建立和发展了强子内部结构的层子模型理论工作,并对有关问题做了系统研究,取得一系列成果。他还对高能物理实验中发现的大量新强子和新现象做了分析并对强子结构和强相互作用的动力机理做了探讨。1955年被选聘为中国科学院学部委员(院士)。

在我国原子能工业开创中对培养理论物理人才的贡献

中国的核科学的研究,是在新中国成立后才真正展开。1950年5月19日,成立了中国科学院近代物理所,是新中国第一个核科学研究机构。它很快地开展理论物理、原子核物理、宇宙线、放射化学等方面的研究工作。在理论物理方面,在彭桓武、朱洪元的指导下,逐步开展起原子核物理和粒子物理理论的研究工作。当时,近代物理所理论研究组和北京大学物理系有密切的协作关系,胡宁教授是近代物理所的研究员,并兼任四室副主任,他指导于敏的研究工作。1955年于敏发表了《关于铅-208附近一些原子核能级》文章,填补了国内核理论研究空白。彭桓武在北京大学指导周光召的研究工作。之后,于敏、周光召二人都在我国核武器研制工作中作出了重大贡献。

胡宁长期从事理论物理教学工作。他对于把现代物理学理论方法在国内传授,在国内建立起一些主要的理论物理研究机构,培养自己的理论物理学家,倾注了很大的热情。他的关于理论物理学方法的一些论述为学术界所重视。他的专著《场的量子理论》和教科书《电动力学》,是他对这两门理论的系统解释。

1956年,莫斯科杜布纳联合原子核研究所成立。王淦昌、胡宁、朱洪元、张文裕等著名科学家和我国成批的中青年科学技术工作者先后参加该所的工作。他们主要来自二机部,也有的来自几个大学、中国科学院和地方的研究机构,共130多人。胡宁从1956年建所开始,至1959年,供职于该所,并担任所学术委员(由每一成员国派3名科学家组成)和理论研究组组长。他为该所的发展和培养中青年人才方面都作出了贡献。

奖项与荣誉

1964—1966年,由朱洪元、胡宁、何祚庥、戴本元为代表40余人提出的强子结构的"层子模型"理论,1982年获得国家自然科学奖二等奖。引自《当代中国的核工业》。

1946年赴英国参加纪念牛顿诞辰300周年会议(左起胡济民、梅镇岳、胡宁、彭桓武、周培源、何泽慧、钱三强、吴大猷)

赵忠尧

赵忠尧 Zhao Zhong Yao（1902年6月—1998年5月），生于浙江诸暨。核物理学家，中国科学院院士。他是我国原子核物理、中子物理、加速器和宇宙线研究的先驱者和奠基人之一。曾任中国科学院原子能研究所副所长，中国科学院高能物理所研究员、副所长，中国科学技术大学教授、近代物理系主任，中国核学会名誉理事长，中国物理学会副理事长。自1954年第一届全国人民代表大会起一直担任全国人大代表；并当选为第三、四、五、六届全国人大常务委员会委员。

赵忠尧，1925年从南京东南大学毕业后在清华大学任教。1927年赴美国加州理工学院深造，师从诺贝尔奖获得者密立根教授，1930年获得哲学博士学位。1931年他回国后任清华大学物理系教授，在我国首次开设核物理课程，并主持建立我国第一个核物理实验室，开展了"硬γ射线与原子核相互作用"和"中子的共振吸收"等方面的研究工作。1937年抗日战争爆发，赵忠尧先后到云南大学、西南联大和中央大学任教。

抗战胜利后，1946年他受当时政府的委派赴比基尼群岛参观美国的原子弹实验。之后又在美国麻省理工学院、加州理工学院等处进行核物理和宇宙线方面的研究。在完成科研项目的同时，他注重掌握有关加速器制造的技术资料和零件参数，对加速器的操作台和零部件进行了深入研究，迅速掌握了加速器的设计和制造细节。这期间他花费了巨大精力在美国设计、订购静电加速器的各种零部件，购买了一些探测器和电子仪器，他为此前后用了两年时间。

新中国成立后，赵忠尧毅然回国。1950年8月29日，他登上了美国"威尔逊总统号"。同船的还有邓稼先、涂光炽、罗时钧、沈善炯、鲍立奎等100多位留美学者。当轮船途经日本横滨时，美军武装人员冲上船，将赵忠尧押进了美军在日本的巢鸭军事监狱。被一起关押的还有罗时钧和沈善炯。赵忠尧向美方提出强烈抗议。中国掀起了谴责美国政府暴行、营救赵忠尧等人的巨大浪潮。国务院总理兼外交部长周恩来为此发表了声明,钱三强也联合一批著名科学家发起了声援赵忠尧的活动。钱三强还请他的老师、世界保卫和平委员会主席约里奥·居里出面,呼吁全世界爱好和平的正义人士谴责美国政府的无理行径。由于世界舆论高度关注,美国政府只得将赵忠尧放行。1950年11月底,赵忠尧回到了新中国。

早期的一项重要科学成就

1927年赵忠尧在美国加州理工学院深造时,密立根教授给他布置的博士论文题目是《硬伽马射线通过物质时的吸收系数》。赵忠尧的科学发现就是从这个问题开始的。经过一年多的实验研究,当赵忠尧将测量的结果与克莱因—仁科公式作比较时,却发现硬伽马射线只有在轻元素上的散射符合这个公式,而当硬伽马射线通过重元素,比如铝时,所测得的吸收系数比公式的结果大了约40%。1930年5月,赵忠尧的这篇论文发表在美国的《国家科学院院报》上。

吸收系数的测量结束后,赵忠尧要进一步研究硬伽马射线与物质的相互作用机制,观测重元素对硬伽马射线的散射现象。赵忠尧的这个实验结果首次发现:伴随着硬伽马射线在重元素的反常吸收,还存在着一种特殊辐射。他不仅测得了这种特殊射线的能量大约等于一个电子的质量,而且还测出它的角分布大致为各向同性。这表明人类历史上第一次观察到了正反物质的湮没现象。赵忠尧把这个结果撰写成第二篇论文《硬伽马射线的散射》,于1930年10月发表在美国的《物理评论》杂志上。

赵忠尧的这些研究成果是正电子发现的前导。可以说,他是第一个观察到正反物质湮没的人,也是物理学史上第一个发现了反物质的物理学家。两年后,他的同学安德逊发现了正电子。1936年,为了表彰正电子的发现这一重要成就,瑞典皇家科学院把诺贝尔物理奖授予了1932年在云雾室中观测到正电子径迹的安德逊。

世人应该看到,赵忠尧是这一重要科学成就的先驱者。前诺贝尔物理学奖委员会主任爱克思朋在1937年撰写的一篇文章中指出,赵忠尧"是最早发现硬伽马射线反常吸收者之一,赵忠尧在世界物理学家心中是实实在在的诺贝尔奖得主!"

为开创我国原子核科学事业作出的贡献

1.他把在美国购买、加工好的静电加速器部件、宇宙线研究用的多板云雾室和一批核物理实验器材带回祖国,十分宝贵,与杨承宗、杨澄中分别在法国、英国购买的器材,都成为近代物理所开创时期的实验研究工作所依靠的重要科研器材。

2.在赵忠尧的领导下,以他从国外带回的静电加速器部件为基础,先后于1955年和1958年建成了我国最早的能量为70万伏和200万电子伏高气压型的质子静电加速器,开创了我国粒子加速器的技术研究工作,为我国核物理、加速器和真空技术的研究打下了基础。

3.积极参加原子能知识的普及和宣传。党中央作出开创我国原子能事业和研制原子弹的决策后,国务院总理周恩来指导要做好舆论宣传的先行工作,造成一个全国人民关心原子能事业的氛围。中科院很快成立了以吴有训副院长为首的"原子能知识普及讲座委员会"。近代物理所钱三强等20多位科学工作者、高等学校的教授们组成了宣传团。赵忠尧积极参加这项活动,出版了他与何泽慧、杨承宗主编的《原子能的原理和应用》一书。

4.忠诚教育事业,为我国培养出一批知名的物理学家和核事业的骨干力量。20世纪三四十年代,赵忠尧先后在清华大学、云南大学、西南联大和中央大学等很多知名大学担任教授,与他的老师叶企孙等一起,培养了一批后来为我国的原子能事业作出重要贡献的人,如王淦昌、彭桓武、钱三强、邓稼先、朱光亚、周光召、程开甲、唐孝威等,都曾受教于他。

50年代后期,赵忠尧为中国科技大学创办近代物理系,他还亲自讲授《原子核反应》专业课,他在开辟新的科学领域和培养核科技人才方面作出贡献。

奖项与荣誉

获1995年度何梁何利基金科学与技术进步奖物理学奖。赵忠尧当即决定将何梁何利奖的奖金全部捐赠出来,设立"赵忠尧奖基金",以奖励清华大学、中国科学技术大学、东南大学、北京大学和云南大学物理系的优秀学生;后全部集中到中国科学技术大学。

侯祥麟

侯祥麟 Hou Xiang Lin (1912年4月—2008年12月)，广东揭西人，中国化学工程学家，燃料化工专家。曾研制并及时提供原子弹所需的各种润滑材料，为"两弹"研制作出贡献。中国科学院院士、中国工程院院士。

侯祥麟，1935年毕业于燕京大学化学系。任上海中央研究院化学所研究实习员，重庆西南运输处炼油厂副工程师，云南光华化学公司精制部主任，重庆兵工署炼油厂正工程师等职。1945年赴美国留学，在卡内基理工学院当研究生，获该院化学工程博士学位。1949年任麻省理工学院燃料研究室副研究员。1950年回国，历任清华大学教授，中国科学院大连石油研究所研究员，石油工业部技术司副司长，石油化工研究院副院长、院长，石油工业部副部长，国务院学位委员会委员，国家科委发明评选委员会委员。1955年应聘为中国科学院学部委员（院士），1994年当选为首届中国工程院院士。中国科学院第一届主席团成员，中国石油学会第一、二届理事长。中共十二大代表，第五——七届全国政协常委。

主要成就与贡献

1959年，国家科委下达研制用于核工业的三种特殊润滑油任务，要求能耐元素氟的腐蚀。时任石油科学研究院副院长的侯祥麟，调集八个研究室的精兵强将组织攻关。首先根据二机部提供的样品，组织分析专家从解剖样品入手，搞清了耐氟润滑油化学组成和结构。然后侯祥麟和院副总工程师林风及科技人员陆婉珍（先后任七室、一室主任）、卢成锹、高清岚等一起探讨，确定了技术路线、产品配方、添加剂和试验方案。1960年初，攻关研究和试制展开。侯祥麟每天亲临现场指挥攻关。到1962年底

终于研制出了全氟碳油及其他品种润滑油、润滑脂。接着,组织工业生产的设计、工程建设和投入生产。

1962年初,为了使全氟碳化油及其他品种润滑油、润滑脂投入生产,在侯祥麟的建议和促进下,石油科学研究院组建了专门研制和生产军用特种润滑材料的六二一厂和一坪化工厂。此时,另一路研究队伍——中科院有机化学所新的氟油研制也取得了成功。国家科委和国家计委决定利用该所的中间工厂扩大规模,生产出发展核工业的各种氟油产品。两厂的建成和投入批量生产,完全满足了二机部研制原子弹的需要。

奖项与荣誉

全氟碳化油及其他品种润滑油、润滑脂新技术获国家发明奖。

1999年在侯祥麟石油加工科学技术奖(博士生奖)颁奖大会上,
侯祥麟(左一)为获奖者颁奖

钱学森

钱学森 Qian Xue Sen（1911年12月—2009年10月），浙江杭州人。力学和系统科学家，中国科学院院士，中国工程院院士。"两弹一星"功勋奖章获得者。

钱学森，1929年考入上海交通大学机械工程系；1935年秋入美国麻省理工学院航空工程系学习，1936年夏获硕士学位；遂转入美国加州理工学院航空系，攻读博士学位，于1939年夏获航空及数学博士；并留校做研究工作，先后任航空系讲师、副教授。1946年转入麻省理工学院任航空系副教授，1947年任空气动力学副教授。钱学森在这段时间还曾担任美国空军和海军科学技术咨询工作。

钱学森于1955年回到祖国，先后任中国科学院力学研究所所长，国防部第五研究院院长，第七机械工业部副部长，国防科委副主任，国防科工委科技委副主任，中国科协主席、名誉主席等职。他是第六～八届全国政协副主席。

钱学森是中国近代力学和系统工程理论与应用研究的奠基人和倡导者。他参与部署并成功地组织了中国第一枚近程导弹、中近程导弹的制造和飞行试验，以及用中近程导弹运载原子弹的飞行试验；在中国最早研究了星际航行理论的可行性，为中国第一颗人造卫星的研制解决了许多关键技术问题。他为中国火箭、导弹和航天事业的创建与发展作出卓越贡献。他不仅在空气动力学、航空工程、喷气推进、工程控制论、物理力学等技术领域做了许多开创性的工作，还在更广阔的学术领域从事研究工作，对运筹学、系统工程、系统科学、现代科学技术体系理论、人体科学、思维科学、地理科学等，均作出开创性的工作。

为我国开创和发展原子能事业作出贡献

1.响应国家关于发展原子能事业的战略部署，积极为"两弹"研制推荐杰出人才

1958年7月,二机部决定筹建北京核武器研究所。钱三强先后举荐朱光亚、王淦昌、彭桓武到该所任副所长,之后他又请钱学森推荐郭永怀于1960年5月到该所任副所长,加强了核武器研制的技术领导力量。推荐郭永怀,充分体现了钱学森"祖国高于一切"的全局观和他宽阔的胸怀。郭永怀和钱学森是亲密的同事和朋友。他们都是著名力学家、应用数学家、空气动力学家,成为我国近代力学事业的奠基人。郭永怀于1956年10月从美国回到祖国。1958年任中国科学院力学研究所常务副所长(所长为钱学森)。钱学森与郭永怀早年就有合作,在应用力学方面,他们最早在跨声速流动问题中引入上下临界马赫数的概念。根据他们的共同研究指出,真正有实际意义的是上临界马赫数,而不是以前大家所注意的下临界马赫数,这是一个重大发现。此时,钱学森向钱三强推荐的是他身边最得力的第一人。郭永怀在原子弹、氢弹的研制中领导和组织爆轰力学、高压物态方程、空气动力学、飞行力学、结构力学和武器环境实验科学等研究工作。他是一位对我国原子弹、氢弹和卫星的研制均作出巨大贡献的科学家。

2.为用导弹运载原子弹,实现"两弹结合"作出贡献

1956年2月,回国不久的钱学森提出了我国"国防航空工业"的组织草案、发展计划和具体步骤。他受命组建我国第一个火箭、导弹研究院——国防部第五研究院。从此,他开始了作为新中国火箭、导弹和航天事业技术领导人的长期经历。1960年11月5日,钱学森作为试验委员会副主任,在我国酒泉发射场成功地组织了我国制造的第一枚近程导弹的飞行试验,这是我国军事装备上一个重要的转折点。1964年6月29日,我国第一个自行设计的中近程导弹飞行试验获得成功。同年10月27日,钱学森协助聂荣臻元帅,在酒泉发射场直接领导了用中近程导弹运载原子弹的"两弹结合"(核弹和导弹)飞行试验获得成功;导弹飞行正常,原子弹在预定的距离和高度实现核爆炸。这次史无前例的试验标志着中国开始有了用于自卫的导弹核武器,进一步增强了我国的科技实力特别是国防实力,加强了我国在国际舞台上的重要地位。

奖项与荣誉

1.1957年获中国科学院自然科学奖一等奖。

2.1979年获美国加州理工学院"杰出校友奖"。

3.1985年获国家科技进步奖特等奖。

4.1989年被国际理工研究所授予"世界级科学与工程名人"和"国际理工研究所名誉成员"称号。

5.1991年被国务院、中央军委授予"国家杰出贡献科学家"荣誉称号和一级英雄模范奖章。

6.获1994年度何梁何利基金科学与技术成就奖。

7.1999年9月18日,在人民大会堂由中共中央、国务院、中央军委隆重召开表彰大会,钱学森与其他22位功勋卓著的科学家被授予"两弹一星"功勋奖章。

1966年10月27日,聂荣臻(前中)、钱学森(前排左三)、张震寰(前排左二)、李觉(前排右三)等在核试验现场留影

张文裕

张文裕 Zhang Wen Yu（1910年1月—1992年11月），生于福建惠安。高能物理学家，中国科学院院士。他是国际知名科学家，早年就参加了"全美中国科学家协会"的筹建，后来又担任了协会执行主席。新中国成立后，他积极准备回国。1956年他与夫人王承书克服重重困难，带着6岁的儿子回到了祖国。

张文裕，1931年毕业于燕京大学。1938年获英国剑桥大学哲学博士学位。回国后，先后在四川大学、西南联合大学任教。他讲授的原子核物理课程得到学生的好评。1943年赴美国继续从事核物理研究和教学。他在普林斯顿大学工作了7年，期间有两项重要科研成果，一是与S·罗森布鲁姆教授合作建造了一台α粒子能谱仪，并测量了几种放射性元素的α粒子能谱；二是进行M子与核子相互作用的研究，在研究中发现了μ介原子，从而开创了研究物质结构的一个新领域，即奇异原子物理学。它可以用μ介原子产生的辐射来研究核的结构。1950—1956年，张文裕转到美国普度大学工作，指导研究生研究宇宙线引起的高能核作用，并利用高能加速器进行粒子物理以及核物理方面的研究。

回国以后，张文裕任中国科学院物理研究所（今为中国原子能科学研究院）研究员、宇宙线研究室副主任，1964—1973年任副所长兼宇宙线研究室主任。1957年12月受委派去瑞典斯德哥尔摩参加杨振宇、李政道的诺尔贝奖受奖仪式。1958年去瑞士日内瓦参加第九届国际高能物理会议。1973年调任中国科学院高能物理研究所第一任所长。也是中国高能物理学会的第一任理事长。1979年中美签订高能物理合作协议，他担任第一、二届中美高能物理会议中方主席。他长期担任中国物理学会理事、常务理事、名誉理事,还是中国核学会的名誉理事。曾任《中国科学》主编、《科学通报》副主编。1957年应聘为中国科学院学部委员(院士)。他是第二至六届全国人民代表大会代表,第四至六届全国人民代表大会常委。他于1978年5月12日加入中国共产党。

在我国原子能工业初创时期的工作和贡献

1950—1957年,从国外归来并先后到近代物理所工作的科学家有20多人。近代物理所开展理论物理、原子核物理、宇宙线、放射化学等方面的研究工作,重点是原子核物理方面的研究。这些科学家和已在国内的核科学家一起,是我国核科学各个领域的带头人,为我国原子能工业的开创和发展作出了贡献。高能物理学家张文裕就是其中之一。1956年,张文裕回国以后,为了较全面、完整地研究高能宇宙线粒子引起的高能核作用,他提议在云南高山站增建一台大云室组,并用他从国外带回建造云室用的高级平面玻璃和一些实验工具,建成包括三个云室的一个大云室组,中间一个设有磁场。它是当时国际规模最大的云室组。大云室建成后,发现了一个可能10倍于质子质量的重粒子,并在此项工作中培养了一批宇宙线研究人才。

1961年,张文裕受我国政府委托,前往莫斯科杜布纳联合核子研究所接替王淦昌教授的工作,担任该研究所的中国组长,并领导一个联合研究组,负责组织和领导我国在该所工作的科学家。他们研究高能中子在丙烷泡室中产生的各种基本粒子的产生截面、衰变形式和寿命,以及与其他粒子的相互作用等。张文裕把当时已知的重子共振态归纳成核子和超子的激发态,提出了一个重子能级跃进图,并根据这个想法对 A_0 超子和核子散射过程进行了研究,得到了 $A_0(P)$ 弹性散射的总截面和角分布。这个成果在当时来之不易。1964年张文裕从苏联回国以后,一直致力于发展我国高能物理事业,为北京正负电子对撞机的建设及高能实验物理工作打下了良好基础。

张文裕一贯主张自然科学发展的基础是实践。物理学是一门实验科学。他在物理学的教学和科研中,始终重视和强调科学实验,包括对实验方法的研究、实验仪器的设计和制作,以至实验技能的训练。他认为,"科学实验是科学理论的源泉,是自然科学的根本。"

奖项与荣誉

1.张文裕最主要的学术成就是 μ 介原子的发现。它开创了研究物质结构的一个新

领域,即奇特原子物理学;可以用μ介原子产生的辐射来研究核的结构。

2.张文裕在国际学术界的威望较高,多次担任国际高能物理会议的顾问委员会、组织委员会委员;1978年起担任美国《粒子加速器》学报顾问委员会委员。

1977年,邓小平接见欧洲原子核中心代表团(左二张文裕)

1980年,广州会议合影(右起胡宁、彭桓武、李政道、钱三强、周培源、杨振宁、张文裕、朱洪元)

王世真

王世真 Wang Shi Zheng (1916年3月—2016年5月),生于日本千叶,原籍福建福州人。生物化学家,核医学家,中国科学院院士,中国核医学事业的创始人。他在实验核医学与临床核医学的结合方面的研究,如放射免疫显像、稳核素的临床应用等,推动了基础核医学和临床核医学的发展。

王世真,1937年毕业于清华大学生物科学与技术化学系。1948年和1949年在美国衣阿华大学分别获化学硕士、博士学位。后在衣阿华大学放射性研究所任副研究员。回国后,历任中国协和医科大学教授,中国医学科学院首都核医学中心主任,放射医学研究所副所长、名誉所长,核医学国家重点实验室学术委员会主任等职。1980年当选为中国科学院学部委员(院士)。

立足核医学,为原子能工业的开创和发展作出贡献

为使全国都来关心和重视原子能事业的建设,1954年底和1955年上半年,周恩来指示,要做好舆论宣传的先行工作,要让特别是领导干部懂得原子能的科学知识和应用。王世真响应中央和国务院的号召,与二机部的同志们一起在宣传和普及原子能和平利用的科普知识的活动中发挥了积极作用,并迅速成为在原子能医用同位素和核医学方面的带头人。

我国核医学始于1956年。核医学可分为临床核医学和基础核医学。前者以诊断和治疗为主要内容;后者以研究正常的和病态的生命现象为主要内容。1956年,王世真创办了中国第一个同位素应用训练班,第一批核医学骨干从这里走向全国。1959年,中国医学科学院成立了放射医学研究所,王世真为同位素室主任(后为副所长)。

他组织和领导创建了同位素标记化合物合成、液闪测量、放免分析、医用液化分析、稳定核素医学应用、放免显像等技术。他领导的研究室先后合成了近200种放射性药物及生物医学所需的示踪剂,其中不少属创新产品,为同位素推广应用创造了必要条件。他还用氚标记数种中药有效成分及质谱谱分析,研究药物动力学及代谢,为应用核技术研究中医药开辟了一条新途径。他还提出在实验核医学领域内以稳定核素作为示踪原子进行生物医学及药学研究。1973年,他受卫生部委托又主持"同位素新技术经验交流学习班",为全国各地培养了大批核医学学科带头人;他为国家培养了第一批放射性标记化合物工作者。特别是他在中国医学科学院放射医学研究所任标记化合物研究室主任期间,从1959年—1979年共计合成、生产了总计多达100多种的标记化合物,极大地促进了中国许多基础与临床学科科研工作的进展。

奖项与荣誉

1.1973年王世真主办的"同位素新技术经验交流学习班",其教材《同位素技术及其在生物医学中的应用》获1978年全国科学大会成果奖。

2.早在20世纪50年代,王世真留美期间就标记合成了 ^{14}C ——天门冬氨酸、^{14}C ——甲状腺素等许多新的标记化合物。这些标记化合物也是世界上最早一批放射性标记化合物之一。他于1952年研创出 ^{14}C 标记的甲状腺素,这个化合物的制备后来被作为国家级文献保存在美国文件研究所(ADI)。

王世真与国家核安全局
同事探讨问题

王守武

王守武 Wang Shou Wu（1919年3月—2014年7月），江苏苏州人，半导体器件物理学家、微电子学家。中国半导体科学技术的开拓者与奠基人之一。中国科学院院士。

王守武，1941年毕业于上海同济大学，1945年赴美留学，1949年获美普渡大学博士学位，1956年回国。王守武先后任中国科学院应用物理研究所半导体研究室主任，中国科学院半导体研究所副所长，中国科学院109厂厂长，中国科学院微电子中心名誉主任等职。1956年王守武应邀参加了"全国十二年科学技术发展远景规划"讨论会。在所确定的57项重大科技项目中，半导体科学技术的发展被列为四大紧急措施之一。为了落实这项紧急任务，中央有关部门决定由黄昆、谢希德和王守武等知名学者，抓紧从培养人才和从事开拓性研究工作两个方面做工作。王守武毅然中断了其他科研项目，全身心投入到半导体的研究之中。他在应用物理所举办了半导体培训班，并组建了中国第一个半导体研究室，担任了室主任。

研制和发展计算机所需半导体器件，为"两弹"任务提供技术支撑

研制第一颗原子弹、第一颗氢弹所用计算机是中国科学院提供的。从最初的电子管机，如104机，就开始为核武器研究服务，称为第一代计算机。第二代计算机就是晶体管的。王守武为此所做的主要工作是：

1. 他与吴锡九共同组织领导，集中了二机部有关研究所、南京大学、武汉大学等单位的40余名科技工作者，开始了半导体锗材料与锗晶体管的研究工作。设计制造了中国第一台单晶炉，1957年底研制成功了中国第一批锗合金晶体管。1958年8月，领导计算机器件组工作的王守觉（王守武之弟）从苏联学习归来，引来了半导体"合金"加

"扩散"的双重工艺,加速了中国第一批锗高频合金扩散晶体管的研制。

2.在王守武和有关同志的组织领导下,1958年创建了中国最早的生产晶体管的工厂——中国科学院109厂。他们迅速开展了锗高频晶体管的批量生产,到1959年底,为研制109乙型计算机的计算机技术研究所,提供了12个品种、14万5千多只锗高频合金扩散晶体管,完成了该机所需的半导体器件的生产任务,为"两弹"任务提供了技术支撑。

奖项与荣誉

1.1979年、1981年两次获中国科学院科研成果奖一等奖。

2.1979年获全国劳动模范称号。

3.1985年、1990年两次获中国科学院科技进步奖二等奖。

4.1987年获国家科技进步奖二等奖。

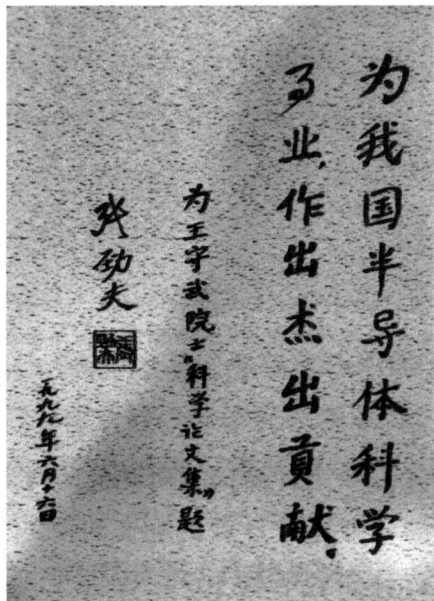

张劲夫为王守武院士科学论文集题词

王守觉

王守觉 Wang Shou Jue（1925年6月— ），生于上海，原籍江苏苏州。半导体电子学和计算机专家，中国科学院院士。他长期从事半导体晶体管和计算机的研制开发事业。

王守觉，1942年通过自学考入西南联合大学与同济大学，先入西南联大电讯专修科肄业，后入同济大学机电系。在校期间，他获得了全校仅两名的学习优秀奖学金。1949年毕业后入北平研究院上海镭学研究所工作，从事氧化亚铜固态整流器的研究。1950年中国科学院成立，该所改为中科院应用物理所。1956年任中科院物理所半导体室副研究员并派赴苏联科学院进修，1958年回国。1960年成立中科院半导体研究所，王守觉历任室主任（1960—1966年），副所长（1977—1982年）、所长（1983—1985年）等职。他是我国第一批博士生导师。曾多年担任国务院学位委员会学科评议组和国家科技进步奖学科评议组成员；还曾任中国电子学会副理事长、《电子学报》编委会主任、中国计算机学会多值与模糊逻辑委员会名誉主任、中国计算机学会CAD与图形学委员会名誉主任、北京电子学会副理事长。1980年当选为中国科学院学部委员（院士）。

立足计算机事业，为"两弹"研制作出贡献

1.1958年王守觉从苏联进修回国后，在苏联两年工作的基础上，很快研制成功合金扩散锗高频晶体管，使我国晶体管工作频率由原来的2兆赫提高到200兆赫，并组建109厂生产，随之为当时原子能工业的急需研制出首台晶体管化高速计算机——1092机的半导体器件。

2.1961年，王守觉任半导体所器件研究室主任后，组织全室人员集中研制硅平面器件，并正式承担了国防部门所需要的五种硅平面器件的研制任务。于1963年底全部

完成任务,为我国在"两弹"研制中发挥重要作用的计算机——109丙机提供了器件基础。

3.在硅平面器件工艺基础上,王守觉于1965年4月研制成我国最早的4种固体组件,每个固体组件内含有20多个元器件,为"两弹"的研制使用微型计算机打下了基础。

奖项与荣誉

1.1963年底完成的国防部门5种硅平面器件,被评为全国工业新产品一等奖和1964年国家发明奖。

2.1971年研制成我国最早的积木式图形发生器,并随后发展了计算机及制版软件,于1974年实现了大规模集成电路的计算机辅助自动制版技术,获1978年全国科学大会奖。

3.1978年,王守觉在国际上最先发表了一种集成高速模糊逻辑电路DYL,并研究了它在精确信号线路与系统中的应用。他作为项目成果第一完成人获中科院自然科学奖一等奖1项、二等奖2项、三等奖1项;国家发明奖三等奖1项。

4.1996年,因在国民经济第一个五年计划中的出色表现,被评为全国劳动模范。

5.在半导体神经网络技术及其应用方面的工作,王守觉作为第一完成人,获2001年北京市科技进步奖一等奖。

6.获2001年度何梁何利基金科学与技术进步奖技术科学奖。

延伸阅读

王氏家族兄弟姐妹

王守觉出身于书香门第,他的祖先王鏊生于明代,科举曾连中三元。老家苏州东山镇陆巷古村有为王鏊修的古牌楼仍安在。王家是当地望族。王守觉这一代兄妹六人,他是"小六"。

大哥王守敬,历任美国麻省理工学院教授、浙江大学教授,是中国机械工业的创始人之一;

二哥王守融,历任南开大学、天津大学教授,是著名的精密机械仪器专家;

大姐王淑贞,是上海妇产医院创始人,有"南王(淑贞)北林(巧稚)"之称;

二姐王明贞,物理学家,她对统计物理学,尤其是玻耳兹曼方程和布朗运动有深入系统的研究,她首次独立地从福克—普朗克方程和克雷默方程中推导出自由粒子和简单谐振子的布朗运动,她曾是清华大学的第一位女教授。

王守武、王守觉兄弟同为中国科学院院士、全国劳动模范。

左起:王守武、王守觉、王明贞

王承书

王承书 Wang Cheng Shu（1912年6月—1994年6月），女，湖北武昌人，生于上海。气体动力学和铀同位素分离专家，中国科学院院士。她从事铀同位素分离工作，并为我国铀同位素分离的理论研究奠定了基础。

王承书，1930年考上燕京大学物理系。这个系当年只招收了13个学生，而王承书是唯一的女性。又经过逐年淘汰，1934年仅毕业了4名学生，王承书名列榜首，她获得了金钥匙奖。她继而又用两年的时间攻读研究生，并获硕士学位，后留校任教。1939年，王承书的未婚夫张文裕从英国学成回国，在西南联大任教授。王承书来到昆明，和张文裕完婚。此时，王承书对出国深造、立志成才依然有着强烈的向往。1941年美国巴尔博奖学金基金会接受了王承书的申请，同年8月，29岁的王承书孤身一人赴美国密执安大学攻读博士学位。1944年通过博士论文答辩，后又从事两年博士后工作，曾任密执安大学副研究员和研究员，两度在普林斯顿高级研究所工作。在美国期间，乌伦贝克教授是她的导师与合作者。乌伦贝克是电子自旋的发现者之一，后来成为理论物理学方面的权威。王承书主要从事气体分子运动论的研究，她发表或与导师合作完成了多篇有关稀薄气体运动力学方面的重要论文，当时处于这一领域的世界前沿。1948年，她发表的《稀薄气体运输现象》的论文，纠正了查普曼—考林的力学经典著作《非均匀气体的数学理论》第一版中关于伯纳特结果的错误。事后该书作者在第二版中做了更正。王承书的这一研究成果对当时从事高空物理和气体动力学研究是极有价值的。她与导师合写的论文《在稀薄气体中的运输过程》在纽约美国物理学会上被列为特约报告。她与导师完成论文《多原子气体的热传导和黏性》，第一个发现玻尔兹曼方程的本征值理论，提出适用于多原子气体的推广的玻尔兹曼方程。1952年，王承书写出论文《论声音在单原子气体中的传播》,第一个证明麦克斯韦气体线性化的玻尔兹曼微分积分算符的本征函数就是索南多项式,并求出它的本征值的谱。王承书的研究,受到了学术界的重视。

在王承书赴美留学的第三年,张文裕来到美国,到普林斯顿做研究工作。1950年,他们有了一个男孩儿。新中国诞生后,他们就有回国的强烈愿望,但美国政府作出规定:凡是学理工农医的科学家都不允许回国。这种状况直到5年后,终于有了转机,1954年,经过周恩来总理在日内瓦会议上的努力,中美就中国科学家回国问题达成了协议。王承书知道这一消息的当天,就和张文裕商量,写了举家回国的申请。王承书即开始做回国的准备。她将书籍整理登记,按投递标准6磅一包打成小包裹,分别从几个邮局,将书寄到北京。一年的时间,300多包邮包从美国回到了自己的祖国。这都是极其宝贵的资料。此后一段时间,他们经过多种盘查、刁难和阻挠后,于1956年回到祖国。

王承书回国后,起初安排在中国科学院物理研究所理论研究室工作,兼北京大学物理系教授。1958年中科院原子能所(1950年5月成立的中国科学院近代物理研究所,1953年10月改名为中国科学院物理研究所,1958年7月又改名为中国科学院原子能研究所)决定筹建热核聚变研究室,王承书被调往该室从事理论工作,任室副主任,是该室的第一位科技领导人。1959年建立了第一个热核装置——"小龙"装置。这是一个用绝热压缩加热、磁镜场约束的脉冲式实验装置,是进行受控核聚变研究的基本工具。同年,她与钱皋韵被派往苏联实习3个月。他们以卓有成效的研究工作,得到了苏联专家的敬重,在他们即将回国时,送了一些书。在回国的火车上,王承书翻译了其中《雷伍德计划》一书。该书成为我国热核聚变研究的基础教材之一。王承书带领着一支理论队伍,经过两年的奋斗,为我国后来受控热核聚变的持续研究奠定了坚实的基础。在王承书之后,钱皋韵、李正武先后担任这个研究室的技术领导。到1965年,二机部以原子能所受控热核聚变研究室、东北技术物理所的核聚变研究力量为主,并集中了兰州近代物理所、水利电力部电力科学院等单位的部分研究人员,在四川乐山成立了西南物理研究所,李正武为所长。应该说,王承书是我国热核聚变理论研究的开拓者。她先后担任过中国原子能研究所铀同位素分离研究室副主任、华北605所副所

长、二机部理化工程研究院革命委员会副主任、核工业部科学技术局总工程师、部科学技术委员会常委等职。1980年后,曾任中国核学会第一、二届常务理事,同位素分离学会第一届理事长和第二届名誉理事长,兼任清华大学工程物理系教授和大连工学院物理系教授。

铀同位素分离理论研究和对"两弹"研制的贡献

20世纪60年代初,苏联撤走专家,中国第一个铀同位素分离气体扩散工厂(兰州铀浓缩厂)面临严峻的形势。王承书以国家利益为重,毅然接受自己从未搞过的铀同位素分离工作,开始了她后半生一种伟大的事业。

1.担任原子能所铀同位素分离研究室副主任。从培训和建立第一代浓缩铀的科研和技术人员队伍做起,由王承书牵头,开办理论培训班,用约一年的时间,系统地学习级联理论、分离理论、铀同位素分离的流体力学等气体扩散的理论知识,培养了我国铀浓缩事业的第一批理论骨干。

2.做好级联的研究、计算和审定,为扩散厂"分批启动,一次投产成功"的方案提供理论和技术的支持。1962年11月,扩散厂主辅工程全部配套安装完毕。按二机部提出的"两年规划",扩散厂必须提前生产出高浓缩铀产品。为此,提出了把全部机组分9批启动,5批出产品的新方案。这样,对级联的研究、计算和审定,就成了工厂启动的关键。上千台机器,以接力赛的方式联结起来,分批启动,不能有疏漏和误差。在王承书的指导下,成立了一个级联小组,往返于工厂与北京之间,理论结合实际,进行大量计算。当时我国仅有一台每秒15万次电子计算机刚刚启用。为检验结果的准确度,王承书还要用机械计算机作验证。每台机器要从0.7%的浓度算到99%的浓度,这是多么大的计算量。他们写的论著或论文有,王承书、钱皋韵《净化级联的计算和试验》(1962年);王承书、俞沛增、段存华等《504厂级联9批启动方案计算》(1963年);王承书《级联双股流的控制问题》(1964年1月)。他们计算出了机器分批启动、方案转换及机器旁联等过程中,级联内各种铀–235丰度随时间变化的曲线。王承书等人在工厂启动后,还要实地不断地核对理论曲线和实测数据。1963年底,第5批启动,这是拿产品的关键时刻,王承书就在厂房,他们看到的是,实测结果同理论计算很好地吻合,精料端丰度达到预期值。

1964年1月14日，扩散厂高浓缩铀-235产品质量全部达到要求标准，一次投产成功。他们为提前完成供给我国第一颗原子弹的装料计划作出了贡献。二机部的贺电称"这是我部事业发展的一个重要里程碑，为我部事业的成功创造了必要的条件。"毛主席在二机部给党中央的报告上批示："已阅，很好。"

3.王承书是在铀同位素分离气体扩散法、气体离心法和激光分离法等方面都做过工作且都有贡献的科学家。

扩散厂投产、第一颗原子弹爆炸成功后，我国继续发展气体扩散技术。王承书等在提高级联效率方面继续做了大量工作。20世纪70年代末，我国自己研制的新型扩散机为国内核燃料生产提供了重要装备。王承书曾担任研制大型扩散机总设计师的重任。这个时期她与别人合作的论著有，王承书、段存华、黄更生等《扩散级联经济性的分析研究》（1976年）；王承书、段存华《浓缩铀的生产与发展》（1980年2月）。

气体离心法分离铀同位素技术被称为第二代商用浓缩铀技术。激光法分离铀同位素是利用同位素元素吸收波长不同这一原理来分离的，离心法和激光法都列入"七五"国家重点科技项目。王承书是离心和激光分离铀同位素两个专家组的组长。她率先从头学起，组织技术骨干奋斗十多年，并经多方努力，离心法走向工业应用。

4. 从1964年4月起，中央决定自行设计、研制大型扩散机，王承书任总设计师。二机部决定，在原子能所扩散实验室的基础上，成立了二机部理化工程研究院，其中一项任务就是负责新型扩散机的研究设计工作。王承书亲自参加物理参数的选择工作。1966年4月，国务院国防工办召开的"新型扩散机设计审查会"，审定批准了新型扩散机的研制方案。之后，扩散机的研制经历了较长时间，到1979年12月，在机械工业部、二机部联合召开的"新型扩散机定型会议"上，通过了扩散厂运行验证和国家级鉴定。这种新型扩散机的研制是由全国13个省市100多个单位共同协作完成的。新型扩散机的研制，为国内核燃料生产提供了重要装备，也把扩散厂技术推进到一个新的高度。

王承书从1956年回国算起，为了党和国家，为了我国原子能科学事业，奋斗了38年，践行了"要把自己的全部智慧和力量奉献给祖国"的诺言。她生活节俭，穿着朴素。她在原子能院工作20余年，长年过着集体生活，吃在大食堂，每天步行上下班。连着生活区和办公区的那条路，有七里之遥，早起晚归，那颀长孱弱的身躯迈着稍有蹒

珊的步履;若遇风雨,撑起一把伞,酷似雨幕中的一棵树。20世纪五六十年代,每月工资280多元,她用200元交党费,还要抽出部分资助学术活动和有困难的人。1992年,张文裕去世前,他俩商定,将张文裕一生积蓄10万元全部捐给了"希望工程",成为当时国内个人捐献款额最大的一笔。不久,在西藏日喀则地区萨迦县,建起了一所文裕小学。他们不为儿子留遗产。王承书在临终时立下遗嘱:不要办任何形式的丧事,遗体不必火化,捐献给医学研究或教学单位;把她多年积累的科技图书资料,全部捐赠给核工业理化工程研究院;多年的积蓄主要是交最后一次党费和继续捐献"希望工程"。

奖项与荣誉

1.1959年10月,王承书作为特邀代表参加了全国群英会。当年,她正在担任组织指导原子能研究所热核聚变研究室,这是对她回国后几年工作的褒奖,也是一次难忘的荣誉。

2.我国自行设计、制造大型扩散机,王承书接受了总设计师的重任,多年攻关,20世纪70年代后期,研制定型。于1978年全国科学大会获多项奖,同时获国防科委科技进步奖特等奖。

延伸阅读

1959年全国群英会

1959年10月26日至11月8日,全国工业、交通运输、基本建设、财贸方面社会主义建设先进集体和先进生产者代表大会在北京人民大会堂召开。这是人民大会堂建成后第一次召开这样盛大的会议。这次大会也称全国群英会,是新中国成立十年来最为隆重、最为盛大的劳动模范表彰大会,出席大会的代表和特邀代表6577人。周恩来总理亲自在人民大会堂宴会厅宴请了全体代表,每个代表团都由一位部长作陪。王承书作为特邀代表参加了这次群英会,并从思想政治上受到很大的鼓舞。在1960年原子能所召开的党代会上,她又作为特约代表参加会议。她在发言中庄严地提出了入党申请。那年她48岁。

卢鹤绂

卢鹤绂 Lu He Fu（1914年6月—1997年2月），山东掖县人。核物理学家，中国科学院院士。卢鹤绂长期从事理论物理和核物理方面的教学和研究。他为我国的核物理事业和培养我国第一代原子科学技术骨干作出重要贡献；在科研生涯中取得重大成就。

卢鹤绂，1932年考入燕京大学理学院物理系。1936年大学毕业，同年赴美国明尼苏达大学研究院深造，专攻近代物理和原子物理。20世纪30年代原子物理学是美国科学研究的热点，那时质谱学还处于创始时期，质谱仪必须自己设计装置。1937年卢鹤绂制成了一台180度聚焦型质谱仪，研究热盐离子源的发射性能。他在带状薄钛片上电焊小白金盘，将含锂矿石粉末置于盘上，用电流通过钛片加热，使矿来释放锂离子。在用质谱仪测量锂-7及锂-6离子释放量的比值时，发现此值在不同时刻不尽相同，从而发现了热离子发射的同位素效应。他使用时间积分法，在世界上第一次精确地测得锂-7及锂-6的天然丰度比为12：29；从而解决了世界上前人从未准确测定的问题。卢鹤绂测定的数值被选定为同位素表上的准确值，被国际同位素表沿用了50多年，一直到1990年美国核素表还引用的仍是这一测定值。1939年，卢鹤绂获明尼苏达大学硕士学位。他提出扇状磁场对入射的带电离子有聚焦作用的普适原理，发明新型60度聚焦高强度质谱仪，用以大规模分离微克量级的硼-10、硼-11，并制备同位素靶。由此解决了制造原子弹需用铀-235的难题。1941年，卢鹤绂获哲学博士学位后，放弃在美国优越的科研条件和舒适的生活，毅然回到祖国。

卢鹤绂回国后，先后任中山大学、广西大学、浙江大学、复旦大学、北京大学等校教授，任中国科学院上海原子核研究所副所长兼第一研究室主任，上海物理学会理事长、

名誉理事长,中国物理学会永久会员、理事兼物理学名词委员会副主任,国家科委物理学专业组成员,《原子核物理》副主编。曾任美国物理学会会员,美国西格玛赛科学荣誉会员等职。卢鹤绂1958年加入九三学社,任九三学社第六、七、八届中央委员。1955年被聘为中科院学部委员(院士)。

为我国核物理事业和培养原子科学人才作出贡献

卢鹤绂在1942年就曾预言大规模利用原子能的可能性,随后他提出一种估算原子弹及原子堆临界大小的简易方法。1950年他提出了最早期的原子核壳模型。1951年他提出了流体动力学弛豫压缩基本方程。1954年他发表了用费米气统计模型估算铀-235核裂变发出的中子数,扩充了爱因斯坦的化学弛豫学说。

1955年1月,党中央作出发展我国原子能事业的决策。此时,卢鹤绂已在复旦大学任教数年,先后任复旦大学教授和分子物理教研组、理论物理研究组、原子物理研究组主任,校务委员会副主任。由于原子能事业迅速发展的需要,1955年夏,卢鹤绂奉调北京大学,与胡济民、虞福春、朱光亚一起,负责筹建物理研究室并担任教学。60年代初,卢鹤绂对受控热核反应进行研究,提出了快脉冲、慢脉冲和稳态的三大分类法。他主编了《受控热核反应》一书,总结了1960年以前国内外在此领域的理论研究及实践探索方面的成果。这是我国第一本有关热核反应的专著。卢鹤绂长期担任复旦大学核化学工程专业博士生的指导教授。他为培养我国第一代原子科学技术骨干作出了重要贡献。

奖项与荣誉

1.1942年,卢鹤绂预言大规模利用原子能的可能性,并提出一种估算原子弹及原子堆临界大小的简易方法,因此被国外称为"世界上第一位公开揭露原子弹秘密的人"。

2.1951年,卢鹤绂提出的流体动力学弛豫压缩基本方程,被美国著名理论物理学家马卡姆等人命名为"卢鹤绂不可逆性方程"。

3.1954年,卢鹤绂发表用费米气统计模型估算铀-235核裂变发出的中子数,扩充了爱因斯坦的化学弛豫学说。

4.1977年,卢鹤绂被评为上海市先进科技工作者。

5.1988年,中国科学院授予卢鹤绂从事科学工作50年荣誉奖状。

6.1993年,英国剑桥国际传记中心授予卢鹤绂"20世纪成就奖";美国传记研究院授予卢鹤绂"国际承认奖",先后载入英国剑桥传记中心的《国际传记辞典》和美国传记研究院的《世界五千人物》。

7.1995年,卢鹤绂检验了马赫理论的正确性,被美国《伽利略电动力学》主编认为是向爱因斯坦挑战的新方法。

8.1997年,卢鹤绂在上海逝世后,美国休斯顿为他立铜像,并创办了卢鹤绂科学实验室。

延伸阅读

卢鹤绂教学与科学研究(成就)年表

1936年,毕业于燕京大学(现北京大学),同年赴美国明尼苏达大学研究院深造,专攻近代物理和原子物理。

1937年,他进行一项热盐离子源发射性能的研究,利用自己动手设计制造的一台180度聚焦型质谱仪,在测量锂7及锂6离子释放量的比值时,发现此值在不同时刻不尽相同,从而发现了"热盐离子发射的同位素效应"。他又用自己发明的"时间积分法"在世界上第一次精确地测得了锂7和锂6的天然丰度比为12:29。美国《明尼阿波利斯日报》在头版刊发了题为《中国人在称原子重量》,并配发了卢鹤绂正在做实验的照片。

1939年,当时正值铀-235核裂变的发现震惊了全世界物理界之际,如何用特大的质谱仪长时间积累出足够数量的铀-235,是需要解决的一个难题。卢鹤绂提出了扇状磁场对入射带电粒子有聚焦作用的普适原理,并据此设计制造出一台新型60度聚焦的高强度质谱仪。

1941年,以题为《新型高强度质谱仪及在分离硼同位素上的应用》的论文获得哲学博士学位。同年回国,先后被中山大学理学院、广西大学理工学院、浙江大学理学院等学校聘为教授。

1942年,预言大规模利用原子能的可能性,随后就提出一种估算原子弹及原子堆临界大小的简易方法。因此被国外称为"世界上第一位公开揭露原子弹秘密的人"。

1945年,提出"估算铀-235原子弹和费米型原子弹的临界体积的简易方法",引起国际上物理学界的强烈反响,再次被称为"第一个公开揭露原子弹秘密的人"。

1947年,《美国物理月刊》发表了他的《关于原子弹的物理学》一文。

1950年,发表了《容变黏滞性之唯象理论》一文,提出了容变黏滞性理论,并首次推出容变弛豫方程,同时对经典流体动力学方程(纳威尔—托克斯方程)进行了修改和扩充。国际上称之为"卢鹤绂不可逆方程"。他还在美国权威刊物《物理学评论》上发表了《论核模型》一文。同年,他在浙江大学任教,开辟了分子物理领域的研究方向。

1951年,陆续发表了《从声现象研究体积黏滞性和压缩性》《容变黏滞性与声之速度与吸收》《可压缩流体之散逸函数》等几篇论文,引起国防学术界的重视,弛豫压缩基本方程被誉为"卢鹤绂不可逆性方程"。在此期间,他继续进行原子核结构的研究。

1952年,卢鹤绂被调到上海复旦大学讲授热力学及统计物理学。

1953年,在诺贝尔奖获得者雪格瑞主编的《实验核物理》一书中,认为是卢鹤绂首先发现了"热盐离子发射的同位素效应"。

1954年,发表了用费米气统计模型估算铀235核裂变发出的中子数,扩充了爱因斯坦的化学弛豫学说。

1955年夏,卢鹤绂调到北京大学新办的物理研究室(后来发展为原子能系、技术物理系)工作,给从全国选调来的高材生讲课,为我国原子能工业初创时期培养国内大学生第一批人才。

1957年,完成讲课任务后重回复旦大学,被任命为原子核物理教研室主任,参与原子能系的筹建,并积极参加了创建上海核研究所的工作,担任该所副所长兼一室主任。

1979年,受美国斯瓦尔斯大学校长的邀请,作为1979—1980年度康涅尔访问教授,又应巴丁教授及其他学者邀请去伊利诺大学等多个大学和研究机构访问讲学,至1981年夏。邀请方对卢鹤绂的学术水平给予了很高评价。

1993年,被英国剑桥国际传记中心授予"20世纪成就奖",载入该中心的《国际传记辞典》;被美国传记研究院授予"国际承认奖",载入该院的《世界五千人物》。

1995年,检验了马赫理论的正确性,被美国《伽利略电动力学》主编认为是向爱因斯坦挑战的新方法。

朱壬葆

朱壬葆 Zhu Ren Bao（1909年2月—1987年10月），浙江金华人。生物学家，中国科学院院士。他按照中央军委的指示，在1964年我国第一颗原子弹爆炸前，研制成功了我国第一代预防放射病的新药。

朱壬葆，1932年从浙江大学生理学系毕业后从事教学工作。1936年秋，朱壬葆考取公费留学赴英深造，在爱丁堡大学研究内分泌生理学。他在获得博士学位时，已经在生理学的内分泌研究方面取得显著成绩。回国后，朱壬葆继续研究内分泌生理，主攻性激素与性器官之间的关系，以及甲状腺在垂体与性腺系统中的调节作用。他所取得的研究成果被写入生理学专著中。1951年，朱壬葆参加了军事医学科学院生理学系的筹建工作。他领导开展了既有理论意义又有实际应用价值的研究工作。为解决空军飞行学员初练飞行技术时出现的神经官能症，主持研究了空胃运动和消化性运动的神经机制，澄清了胃运动失常在神经官能症中成为突出症状的原因。朱壬葆1980年当选为中国科学院学部委员（院士）。

为原子弹爆炸试验研制抗放射药物作出贡献

为迎接1964年我国爆炸第一颗原子弹作好准备，中央军委指示，军事医学科学院无论如何也要在1964年前研制成功我国第一代抗放射药物。军事医学科学院党委决定由朱壬葆领衔研制我国第一代抗放射性药。于是，20世纪60年代，朱壬葆主要精力放在了抗放射性药物的研究上，并探讨有效抗放药物的作用机理，获得了大量和系统的实验资料。期间，朱壬葆几乎昼夜都在实验室里带领课题组的同志们"攻关"。朱壬葆带领的课题组终于如期在1964年我国第一颗原子弹爆炸前，研制成功了我国第一代预防放射病的新药，为保证部队和参试人员执行特殊任务的需要作出重要贡献。

朱壬葆还是国内造血干细胞实验研究的创始人。他牵头组建专门实验室,与其他同志一起开展了大量工作,发表了造血干细胞专题论文20余篇。他们在国内外首次成功地培养和繁殖了胎肝造血干细胞,证明了经体外培养和繁殖的造血干细胞具有正常的生物学性能,并且用这些造血干细胞成功地治愈了重度急性骨髓型放射病。

奖项与荣誉

由于为原子弹爆炸试验研制成功预防放射病的新药,1986年5月,朱壬葆代表军事医学科学院在人民大会堂接受国家科技进步奖特等奖。

毛主席在接见某会议代表时,与朱壬葆握手

朱洪元

朱洪元 Zhu Hong Yuan（1917年2月—1992年11月），生于江苏宜兴县。理论物理学家，中国科学院院士。他长期从事粒子物理和核物理方面的研究，取得重要成果，并为培养中国的理论物理人才作出贡献。

朱洪元，1938年毕业于同济工学院机械工程系。1939—1944年，先后任昆明第50兵工厂技术员、同济大学助教、昆明无线电厂技术员等职。1945年赴英国曼彻斯特大学物理系学习，1948年获哲学博士学位，之后任该校物理系帝国化学工业科学基金会研究员。1950年回国后任中国科学院近代物理研究所（1953年10月改称中科院物理研究所）研究员，1957年任中科院物理研究所（1958年7月改称中科院原子能研究所）研究员、理论研究室主任，并兼任北京大学教授。1959年至1961年，在苏联杜布纳联合核子研究所任高级研究员。1973年以后，历任高能物理研究所研究员、理论物理研究室主任，副所长、所学术委员会主任，中国科学技术大学近代物理系主任等职。1980年当选为中国科学院学部委员（院士）。

在我国原子能工业初创时期的工作和贡献

1950—1957年，从国外归来并先后到近代物理研究所工作的科学家有20多人。近代物理所开展理论物理、原子核物理、宇宙线、放射化学等方面的研究工作，重点是原子核物理方面的研究。这些科学家和已在国内的核科学家一起是我国核科学各个领域的带头人，为我国原子能工业的开创和发展作出了贡献。理论物理学家朱洪元就是其中之一。

朱洪元回国后即为建立中国的原子核理论及基本粒子队伍进行调研和培养人才。1957年，他在北京大学讲授"量子场论"，次年，在青岛的"量子场论讲习班"上，为

全国各地来的青年科研者讲授"量子场论",所写的讲义后来整理成书出版,成为中国几代粒子物理学者的教科书及参考书。在理论物理方面,在彭桓武、朱洪元的指导下,进行了长达两年多的调查研究工作,摸清了当代核物理理论和实验研究的趋势,并逐步开展了原子核物理和粒子物理理论的研究工作。期间,培养了一批核科技人才。如于敏、周光召二人都在我国核武器研制工作中作出了重大贡献;1960年后,从原子能所等单位的一部分同志转入了核武器研制和原子能工业建设的有关理论计算的具体工作,并作出了重要贡献。

朱洪元回国后继续从事粒子物理和核物理方面的研究,发表了由于中子跃迁而产生的电多极辐射内转换的论文。1958年领导理论物理小组进行介子和超子的衰变过程的研究,取得重要成果。1959—1961年,他在苏联杜布纳核子研究所任高级研究员期间,利用色散关系对π介子之间及π介子与核子之间的低能源相互作用进行研究,取得重要成果。

1961年从联合核子研究所回国后,朱洪元从事包括光子、电子、中子和原子核在内的高温、高密度系统的输运过程、反应过程和流体力学过程的研究取得多项重要成果。这是中国在此领域研究工作的开端。

20世纪60年代中期,朱洪元和胡宁共同领导一些学者与国际上同时提出并系统研究了层子模型理论,开辟了强子内部结构理论研究的新领域。他在推进北京正负电子对撞机研制方面做了大量工作;在方案的论证和制定的过程中起了重要作用。

奖项与荣誉

1.1964—1966年,由朱洪元、胡宁、何祚庥、戴元本为代表40余人提出的强子结构的"层子模型"理论,1982年获得国家自然科学奖二等奖。

2.在钱三强、朱洪元建议下,1977年创办的《高能物理及核物理》学术期刊,朱洪元担任第一任主编。该期刊后来长期为反映中国在这两个科学领域中的科学成就、交流各地的研究成果的主要刊物。

3.朱洪元在英国曼彻斯特大学物理系期间,布莱克特教授领导了一个宇宙线小组。1947年,有科学家在地下室的云雾室中发现了一些难于解释的粒子的径迹。对此,朱洪元最早指出衰变前粒子的质量的下限为电子质量的900倍。这些粒子,后来被列为奇异粒子。奇异粒子的发现是粒子物理学中的一个里程碑。

李 林

李林 Li Lin（1923年10月—2002年5月），女，蒙古族，生于北京，籍贯湖北黄冈，著名地质力学家李四光的女儿，物理学家，中国科学院院士。李林参加了我国第一个反应堆的实验、第一颗原子弹引爆材料工作的实验、第一艘核潜艇材料工作的实验。

李林，1944年毕业于广西大学机械系。毕业后，到成都航空研究院工作，任机械组的助理员。两年后，李林赴其父李四光曾经留过学的伯明翰大学深造，学习金属物理科专业。1948年，李林的《高纯铝的蠕变》论文通过答辩，获英国伯明翰大学物理冶金硕士学位。经科托尔博士推荐到剑桥大学冶金系实验室做实验员。李林以其出色的工作，申请到了英国金属学会的奖学金，于1949年到剑桥大学攻读博士学位，学习金相学和电子显微镜学。她在纳丁教授的指导下，运用透射显微镜，观察、研究金属材料的显微镜结构。1950年，她带着《电子显微镜科学》的论文参加了在巴黎举行的第二届国际电子显微镜学会议。1951年11月，李林在以博士论文《低碳钢的时效硬化》答辩的第二天，便踏上回国的途径。

回国后，李林到中国科学院上海冶金所工作。1958年—1964年在原子能所工作，从事原子反应堆材料的辐照实验，任六室副主任。1964年，她从原子能所调入194所，参与08、09工程（核潜艇）的研制工作。1973年起，李林先后到中国科学院高能物理研究所、中国科学院物理所九室，从事超导研究，任超导室主任，研究员。她曾任中国电子显微镜学会理事，中国核学会理事，中国核材料学会副理事长；全国青联第二届副主席，全国妇联执委、常委。她是第三和五、六、七、八届全国政协委员。1980年当选为中国科学院学部委员（院士）。

为原子弹、核潜艇研制作出的贡献

1958—1964年,李林在原子能研究所工作期间,从事大量原子反应堆材料辐照操作与元件的辐照实验,参加了第一颗原子弹引爆材料工作的实验。放射性强,技术要求高,工作很艰辛,李林坚持到实验和生产第一线。

1964年调入194所后,参与了核潜艇动力堆的研制,主要工作是对其核心部位的金属铀和二氧化铀的腐蚀性进行热室考验分析,研制新型材料和特殊元件,指导和参与各种元件的生产和检查工作,最后进行组装和技术把关。

奖项与荣誉

1.在中国科学院上海冶金所工作期间,李林从事球墨铸铁、微量硼替代低合金结构钢中的铝合金、包头铁矿的耐火材料腐蚀等问题的研究,为国家建设起了一定的作用。1956年获中国科学院自然科学奖三等奖,1981年获国家自然科学奖三等奖。

2.曾获上海市"三八红旗手"光荣称号。

3.在中国科学院物理研究所工作期间,李林从事超导研究。1987年,李林和她的研究组在国内首次采用溅射方法制备出高临界温度钇钡铜氧超导薄膜;1991年,又用原位直流磁控溅射法制备出多层超导薄膜。因此,1991年,"钇系氧化物超导薄膜"获中国科学院科技进步奖一等奖,研究组被评为"七五"攻关先进集体。1992年,该成果获国家科技进步奖一等奖。

李四光夫妇(后排)与新婚的李林和女婿邹承
鲁合影(1948年)

李正武

李正武 Li Zheng Wu（1916年11月—2013年7月），浙江东阳人。核物理学家、等离子体物理学家，中国科学院院士。他长期从事核物理、等离子体物理和受控核聚变等方面的研究。

李正武，先后在杭州高中和金华中学完成了高中学业。毕业时，浙江举行全省应届毕业生会考，他取得第一名。接着他以第一名的成绩考取了浙江大学，同时，又以第一名的成绩考入清华大学。在清华大学学习期间，他因学习成绩突出而年年都获得奖学金。1938年，他毕业于清华大学（西南联大）物理系后，曾在贵阳气象所当了一年多技师，后在江苏医学院、复旦大学、上海交通大学任助教、讲师、副教授。1946年，年仅30岁的上海交通大学副教授李正武考取了当时教育部留美公费生。1947年进入美国加州理工学院物理系攻读博士学位。1951年，他以博士学位论文《轻核反应的实验研究》顺利通过答辩，获得博士学位。毕业后，李正武和同是博士学位的夫人孙湘一起在该校凯洛格（核物理）实验室从事研究工作。1955年，李正武夫妇回到国内。

李正武回国后被安排到中国科学院近代物理所（现中国原子能科学研究院）工作，曾任一室副主任，十一室、十四室主任。1965年，二机部在四川乐山成立了西南物理研究所，李正武任所长；后任核工业西南物理研究院（原西南物理研究所）研究员、名誉院长。曾任核工业部科学技术委员会委员、中国核学会核聚变与等离子体物理学会理事长、国际原子能机构国际核聚变研究理事会首届中国成员等职。他创办了《核聚变与等离子体物理》期刊，任主编。1980年当选为中国科学院学部委员（院士），他是第四、五、六、七届全国政协委员。

为我国原子能工业的开创和发展作出的贡献

1950—1957年，从国外归来并先后到近代物理所工作的科学家有20多人。近代

物理所开展理论物理、原子核物理、宇宙线、放射化学等方面的研究工作,重点是原子核物理方面的研究。这些科学家和已在国内的核科学家一起,是我国核科学各领域的带头人,为我国原子能工业的开创和发展作出了贡献。核物理学家李正武就是其中之一。他是中国磁约束核聚变奠基人之一,核聚变与等离子体学会创始人。

李正武1955年回国后,协助中国原子核物理研究的先驱者赵忠尧从事质子、电子静电加速器研制工作。在他和王淦昌、力一的主持下,进行了能量为1千兆电子伏的中能加速器的理论研究和物理设计,并开展了一些预研工作。他还研制完成了中国第一台250万电子伏特的高压质子静电加速器和第一台70万电子伏特的电子静电加速器。同时,积极倡议在我国开展受控核聚变与等离子体物理方面的研究,这一倡议被列入1956年制定的全国12年科学规划。1958年起,我国开始了磁约束核聚变研究。当时在原子能所成立了受控核聚变研究室,王承书、钱皋韵、李正武等人先后担任了该室的领导工作。李正武组织领导了绝热压缩小型磁镜装置的研究工作和小型仿星器装置的后期筹建工作。在此期间,他还在东北503所倡议建造稳态"多用磁笼"装置。1965年,二机部以原子能所受控热核反应研究室、东北技术物理所的核聚变研究力量为主,并集中了兰州近代物理所、水利电力部电力科学院等单位的部分研究人员,在四川乐山成立了西南物理研究所,李正武任所长。之后,他倡议、领导研制了一系列的实验装置,并积极投入"中国环流器一号"的设计、研制工作。

李正武长期从事核物理、等离子体物理和受控热核聚变等方面的研究,为原子能科学技术的发展和人才的培养作出了贡献。学术论文著作有《爱因斯坦常数的精密测定》《带电粒子活化分析》《轻原子核质量》《中国的聚变研究》《中国环流器一号初步实验报告》和《我国受控核聚变的里程碑》等。

奖项与荣誉

1.20世纪70年代初,他在中国率先提出了聚变裂变共生堆的概念;他从哲学的高度,研究了等离子体的总体性质,提出了托卡马克等离子体的品质参数空间的概念。他在1986年国际原子能机构技术委员会会议上作了特邀报告。

2.20世纪80年代初期他指导研制成功受控核聚变实验装置"中国环流器一号"。1987年获国家科技进步奖一等奖。

3.其事迹分别载入《中国科苑英华录——新中国之部》和《中国专家人名辞典》中。

杨澄中

杨澄中 Yang Cheng Zhong（1913年4月—1987年12月），生于江苏常州市。物理学家，中国科学院院士，他是中国原子能科学事业的开拓者之一。

杨澄中，1937年毕业于南京中央大学物理系，后在重庆中央大学物理系任助教、讲师。1945年赴英国莱士特大学物理系做研究生，1946年到英国利物浦大学物理系做研究生，兼任助理讲师。1950年获利物浦大学哲学博士学位。1951年，中华人民共和国成立不久，为了报效祖国，他毅然辞去了该校聘任，携妻女回国，献身于祖国的原子能科学事业。他是新中国成立之初由国外回到祖国的科学家之一。他领导建成中国自制的第一台质子静电加速器和高压倍加速器；领导建成1.5米回旋加速器和第一台大型分离扇重离子回旋加速器系统，领导完成一批重要的热核材料轻核数据的测量任务；领导开创了中国重离子反应试验研究。他创建了兰州中国科学院近代物理研究所。杨澄中为中国的原子核物理、加速器技术和原子能科学事业作出了卓越的贡献，并培养了一大批人才。1981年当选为中国科学院学部委员（院士），并任常务委员和数理化学部核学科组组长。他曾任中国核物理学会第一、二届理事长，中国物理学会常务理事，甘肃省科协副主席，甘肃省物理学会理事长等职。他是全国人大第二、三、五、六届代表。

科学成就和对中国原子核科学事业的贡献

1.杨澄中是世界上最早研究轻核削裂反应的少数人之一。20世纪30年代后期，玻尔提出了原子核反应的复合核模型，成功地解释了许多核反应现象，对分析核反应工作起了决定性作用。而在其后的研究发现，在低能区轻核反应中，核反应不经过复合核阶段，而是入射粒子与靶核中的少数核子通过直接相互作用来完成，轻核削裂反应

是其最典型的例子。杨澄中在利物浦大学读研究生期间，及时抓住这一重要现象，他在霍尔特教授的指导下，用自制的微分电离试验室开展了一系列的反应实验研究，得到了轻核削裂反应机制的证据。1950年，他以"原子核削裂反应"为题的论文获得哲学博士学位。

2.1949年春北京刚解放时，科研工作缺乏仪器设备的情况十分严重。在外汇十分困难的情况下，政府专门批给钱三强一笔外汇，请他设法购买核仪器设备。钱三强托人把这笔外汇的一部分带给法国物理学家约里奥—居里教授。在他的帮助下，由当时在法国的杨承宗和在英国的杨澄中，购买了一些器材和图书携带回国。当时，由赵忠尧（把在美国购买、加工好的静电加速器部件和一批核物理实验器材运回国）、杨承宗、杨澄中等人从国外带回的这批器材十分宝贵，成为近代物理所开创时期的实验研究工作所依靠的重要科研器材。

3.回国后，杨澄中立即参加了创建中国第一个原子能科学机构（中国科学院近代物理研究所）的工作，任副研究员和物理组副组长，开始了中国原子能科学事业的艰苦创业。1952年，兼任核电子学小组组长。在赵忠尧和杨澄中的指导下，1955年，中国第一台大气型700kV静电加速器在北京建成。在杨澄中的领导和指导下，研制成功中国第一批原子核物理实验研究用闪烁探测器的碘化钾等闪烁体和第一批核电子学仪器。1957年由杨澄中设计并负责建造的中国第一台400kV高压倍加器在北京建成。这些都为中国开展原子核物理实验研究创造了技术条件。

4.1957年，杨澄中率领一批青年科技人员，离开北京到兰州，创建中国核科学事业后方研究基地—中国科学院兰州物理研究室，开始了新的艰苦创业。1963年，兰州物理室与回旋加速器研究室合并，成立了中国科学院兰州近代物理研究所。杨澄中历任副所长、所长、名誉所长。在他的领导下，近代物理所坚持"以重离子物理基础研究为主，积极开展核技术应用"的方针，数十年不断发展壮大，从建所初期三四十人发展到近千人、拥有包括中国第一台大型重离子加速器在内的6台各种加速器装置的重离子物理研究中心，取得数百项研究成果。1958年底，开始筹建的从苏联进口的1.5米直径的回旋加速器，到1960年末，由于苏联政府撤走专家、带走设计图纸和资料，并停止供应未到货的设备，给整个工程的继续带来了极大困难。杨澄中带领全体工程技术人员,发扬自力更生、奋发图强的精神,使1.5米回旋加速器于1963年5月安装调试出来,正式投入运行。这是当时中国最长的回旋加速器。杨澄中数十年如一日,为中国的原子核物理、加速器技术和原子能科学事业培养了一大批人才,为中国原子核物理和原子能科学事业作出重要贡献。他是中国原子核科学事业的开拓者之一。

奖项与荣誉

1987年12月28日,杨澄中在兰州逝世。甘肃省委、省政府作出决定,在甘肃省科学宫为他建造塑像,让中国原子能科学事业的开拓者之一——杨澄中的形象和事迹永远激励后人。

杨澄中在讲述科研问题

肖 伦

肖伦 Xiao Lun (1911年12月—2000年11月),生于四川省郫县。放射化学家,放射性同位素专家,中国科学院院士。他长期从事放射性同位素的研究、开发、生产和应用。

肖伦,1939年毕业于清华大学化学系,获学士学位。1946年以第二名考取自费留美,1947年入伊里诺大学,攻读放射化学,获硕士学位。1949年入选美国荣誉化学会会员,被授予金钥匙。1951年选为美国科学研究会会员,同年获伊利诺大学博士学位,继任伊利诺大学物理系副研究员,卫生物理学家。1952年任美国矿物局物理化学家,从事保健物理、物理化学研究。1955年回国。曾任北京大学教授,中国原子能科学研究院研究员,中国核工业总公司科技委高级顾问,中国同位素学会理事长、名誉理事长,《同位素》杂志主编,《核技术》杂志顾问,南京核技术研究中心专家组高级顾问,国家同位素工程技术研究中心工技委名誉主席。他是第五届全国人大代表。1980年当选为中国科学院学部委员(院士)。1997年当选为美国纽约科学院院士。

科学成就和对"两弹一艇"研制的贡献

1.20世纪40年代末,肖伦的博士论文,题为"以射线导生的新放射性",他用γ射线从W(钨)中打出一个中子或质子,发现了三个新的同位素^{185}Wm、^{183}Ta和^{185}Ta。历经半个多世纪的考验,其原子序数、质量数、辐射等都无误,在同位素表中的分类属a类。对人工放射性同位素,肖伦的发现,在当时是世界领先的。

2.肖伦在利伊诺大学物理系时,曾从^{202}Hg(r,p)得到^{201}Au,并以乙酸戊脂萃取出^{201}Au,并测量出半衰期及辐射能量,可谓中国的第一个"炼金师"。他在美国矿物局从事研究,在用放射性示踪剂做化学研究时,曾发现聚氧乙烯测离子型洗涤剂的胶束在水溶液中带阳电。

肖伦在美国享誉化学界,被载入美国《科学家》人名辞典。

3.1955年,北京大学为原子能事业开办技术物理系,首次在中国大学讲授"放射化学引论"。肖伦兼任北京大学教授,开设"放射化学引论"讲座,培养了国内大批放射化学人才及放化在医学、农业、工业及环境等方面的应用专家。

1956年,肖伦调到中国科学院物理研究所,负责组建和领导同位素制备组。1957年他带领同位素制备组成员赴苏联考察实习两个多月。回国后,他立即组织指导我国堆照同位素的制备工作。1958年,在重水实验反应堆中成功试制出33种放射性核素,开创了我国生产、应用放射性核素的新纪元。

4.1960—1966年,肖伦任研究所第十六研究室主任,领导和参与了"两弹一艇"核材料、放射源的研制和第一颗东方红卫星热源部分的研制。

肖伦回国时,带回一些氘氚化锂作为氢弹原料的反应过程的资料。1962年肖伦接受指导了两个绝密任务,其中之一是测定原子弹临界质量所需的特种放射源,他们提前完成了任务。二机部副部长钱三强接见任务组全体同志时说:"国家不会忘记你们的。"肖伦指导的另一个任务是氚的制备工艺研究。氚是搞氢弹的原料,肖伦他们先以古典的热扩散法解决了从锂靶中提取出的低丰度氚的浓缩问题,同时发展了氚的热置换法,与法国后来透露出来的浓缩法相似。氚的制备工艺完成后,提供给有关工厂生产。

5.肖伦是我国同位素事业的奠基人、开拓者,主持、指导同位素工作40余年,在应用方面,20世纪70年代,肖伦就对微量元素在中草药、人体中的分布与作用,通过高灵敏度的活化分析核技术进行研究。先后开展了黄芪、人参、西洋参、羚羊角、犀牛角等名贵药材中元素含量的测定,得出黄芪的药效与硒无关的结论;依据羚羊角、犀牛角等含锌量高的特点,提出锌对人体健康的重要意义。这在当时国内是超前的,后来许多医院都把测锌含量作为人体健康检查项目之一。肖伦与秦俊法合作,就30种中药中的补药及非补药的微量元素进行活化分析,以非线性映照法作出图表,将补药与非补药分为两个区域。

1995年,肖伦与张蕴辉、张其欣合作,首次以神经网络法应用于人的指甲的活化分

析,证明其可用来区别食道癌患者与非患者,年近八旬的他,仍亲自担任"河北食道癌高发地区人群指甲微量元素含量研究"这一国家自然科学基金课题负责人,并取得好的成果。

肖伦敏锐地看到同位素在医学应用中的发展前景。在他的倡议和指导下,原子能院先后开展了多肽类肿瘤受体显像剂、治疗剂以及中枢神经系统受体显像剂的研究,为癌症及神经系统疾病的诊断和治疗提供了新的途径。他为我国核医学的发展作出了贡献。

奖项与荣誉

1.肖伦负责攻关的"河北食道癌高发地区人群指甲微量元素含量研究",因出色完成任务,被评为1995年全国十大科学成就之一。

2.1987年以后,肖伦先后赴美国、英国、奥地利、法国、澳大利亚等多国访问,屡任国际技术程序委员、分会主席。1994年瑞典皇家科学院诺贝尔化学委员会聘请他为1995年诺贝尔化学奖提名。1995年他任第一届国际同位素会议总主席。1997年任亚太放射化学研讨会国际顾问。

3.获1997年度何梁何利基金科学与技术进步奖化学奖。

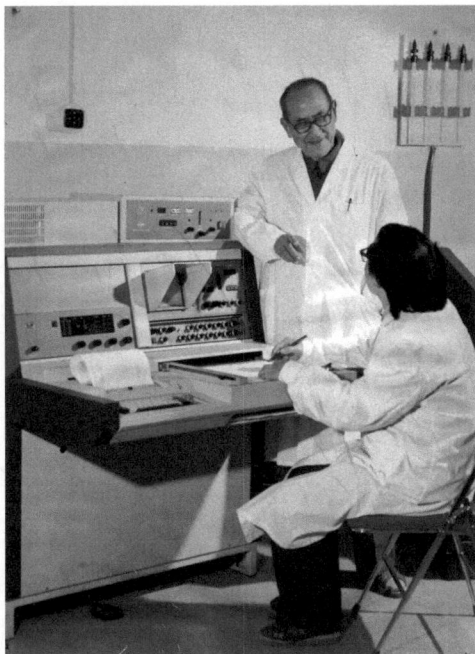

肖伦在核磁共振谱仪
旁指导工作

吴征铠

吴征铠 Wu Zheng Kai (1913年8月—2007年6月)，生于上海，祖籍安徽歙县。物理化学家，放射化学家和化学教育家，我国铀扩散浓缩事业、放射化学、分子光谱学的奠基者之一，中国科学院院士。

吴征铠，1934年毕业于金陵大学化学系。1936年他考取了中英庚款公费留学英国，成为剑桥大学物理化学研究所第一个中国研究生。1939年回国在湖南大学任教，1940年受聘于浙江大学任教授。1952年全国高等学校进行院系调整，浙江大学化学系与上海复旦大学、交通大学等6所大学的化学系合并，吴征铠担任了新成立的复旦大学化学系主任，兼物理化学教研室主任。他担任系主任历时8年，为复旦大学化学系的教学和科学研究打下了良好的基础。1959年以后，为了发展中国原子能科学技术和培养有关专门人才，吴钲铠负责筹建复旦大学原子能系，任系主任和党总支书记，他开始铀同位素分离技术的研究。1960年奉调二机部和中国科学院原子能研究所(后划归二机部)，担任气体扩散法分离铀同位素研究的领导工作。他是二机部扩散浓缩总工程师、中国核学会第一届常务理事、中国核工业集团公司科技委高级顾问、中国化学会第二十届常务理事。1980年当选为中国科学院化学学部委员(院士)。1963年当选为第三届全国人大代表，1978—1992年当选为第五、六、七届全国政协委员。

早期科学研究及成就

1.在20世纪30年代，吴征铠在英国剑桥大学留学期间，在物理化学研究所选择了用红外和拉曼光谱技术研究分子光谱的方向。这是光谱学的一个新兴领域。经过3年的勤奋工作，于1938年发表了"四氯化碳振动光谱中的同位素效应"的论文，对四氯化碳分子拉曼光谱的精细结构进行了细致的测定。同年，还发表了铀酰化合物红外和拉

曼光谱的研究论文,提出铀铣离子(UO_2^{+2})可以看做是具有等腰三角形结构的三原子分子。这是对铀铣离子振动光谱的先驱性研究。当时他从事铀化合物的分子光谱测定的年代,人们还不知道铀对原子能利用中的地位和作用。他的论文和研究成果曾被以后研究工作和不少的专门著作所引用。了解那段历史,有利于我们更好地评价他在"两弹"研制中所做的工作。他再次同铀打交道的时候,是在20年之后,他已是明确地为了发展中国的原子能事业,积极地投入"两弹"的研制伟业。

2.吴征铠在剑桥大学留学期间,曾在液氮温度条件下测定了固态氯化氢分子的红外和拉曼光谱,通过比较液态和固态条件下该分子在光谱上的差异,对弄清在固态分子中是否发生量子化转动具有十分重要的意义。他还测定了磷化氢(PH_3)、磷化氘(PD_3)和砷化氢(ASH_3)分子的红外光谱,对了解这些分子具有类氨(NH_3)分子结构会起重要作用。这种对光谱工作的执著,对他后来的学术工作产生了重大的影响。到了50年代中期,待国内科研条件稍有好转,他就积极协助中国科学院有机化学研究所建立红外光谱实验室,并在复旦大学化学系购置了红外光谱仪,开始进行红外和拉曼光谱研究,并为中国培养了年轻一代的分子光谱专家。在二机部工作十分繁忙和紧张的时期,他仍长期订阅有关分子光谱的学术刊物,关注国际上分子光谱研究的最新发展。从80年代开始,他钻研将激光技术用于分子光谱的研究,指导研究生采用调谐染料激光器进行相干反斯托克斯拉曼光谱的研究,在国内率先建立了低温基体隔离傅里叶红外光谱,并成功地用于激光化学反应的研究。他还积极开展振动激发态分子的光谱和光化学研究,积极支持创办《光谱和光化学》杂志,多次组织国际光谱学术会议和率学术代表团出访,促进了国际学术交流。他被公认为中国分子光谱领域重要的开拓者之一。

在"两弹"研制和核武器试验中对铀同位素分离等技术研究的贡献

1.为了建立和发展我国浓缩铀事业,二机部于20世纪60年代初在北京原子能研究所建成了一个铀同位素分离气体扩散实验室,并抽调和任用吴征铠、王承书、钱皋韵等科学家,加强实验室工作。这个实验室为我国培养了第一代浓缩铀的科研和生产技术人员,为同位素分离理论和工艺试验研究做了许多工作,为我国浓缩铀事业的发展打下良好的基础。

2.六氟化铀是铀浓缩厂使用的生产原料,它是由二氧化铀经两次氟化而获得的。

苏联政府停止向我国提供六氟化铀生产技术援助后，二机部在原子能所建立了一套代号为"615乙"的六氟化铀简法试验装置，以钱三强、吴征铠、汪德熙为技术指导，由黄昌庆小组具体负责，设计出了第一套简法生产工艺。这台装置虽然生产出了少量合格的六氟化铀产品，但无法连续生产。吴征铠认为这台装置的主要毛病是冷凝器容易被堵塞，他提出了改进冷凝器内接触面的意见。经改进的冷凝器安装在六氟化铀生产装置上性能良好。此后，在曹本熹的领导下，建立了"615丙"的六氟化铀生产试验装置，经过对"615乙""615丙"试验装置两年多的试验研究和试生产，进一步完善了生产六氟化铀的工艺流程，为我国第一座气体扩散厂提供了合格的六氟化铀原料。

3.参加论证扩散厂提前生产出高浓缩铀的方案。全部苏联专家撤走后，兰州铀浓缩扩散厂的建设，完全靠自力更生进行。1962年11月，扩散厂主辅工程全部配套安装完毕，成批机组的启动即将进行。这时二机部提出的力争在1964年进行第一颗原子弹爆炸试验的"两年规划"，已经中央批准。要求扩散厂提前生产出高浓缩铀产品。对此，扩散厂经多次计算修改，最后提出把全部机组分9批启动、5批出产品的方案，能提前半年出产品。由二机部核燃料局局长白文治和专家吴征铠、王承书、钱皋韵等人组成的技术论证小组，到厂听汇报。经论证认为该方案基本合理，并很快得到二机部的批准。到1964年1月，拿到产品浓度、产品质量全部达到部颁标准的浓缩铀，为"两年规划"的实现，争取了极为宝贵的时间。

4.曾任国产扩散机鉴定委员会副主任。兰州铀浓缩工厂所用扩散机，起初也是从苏联引进，但控制设备、备品、备件等供货不全。苏联专家撤走后，组织研制扩散机和分离膜等主要部件，是当时面临的第一任务。扩散机是气体扩散法分离铀同位素的另一重要部件，由多个厂家共同研制。1964年9月，成立了由王新民任主任委员，吴征铠、王子仪任副主任委员，任耐、芦荣光、陈正琛、吴梓培等13人任委员的扩散机鉴定委员会。从同年冬开始，试制的几种扩散机通过鉴定后，转入批量生产。

5.指导分离膜的研制工作。分离膜是气体扩散法分离铀同位素的核心部件，其功能是把六氟化铀中的铀-235和铀-238分离开来，取铀-235做核燃料。我国先后成功研制出多种分离膜。最早是原子能研究所铀同位素分离气体扩散实验室成立了以钱皋韵为组长的研究小组进行攻关。期间，吴征铠提出采用气体化学分解反应制备超细

金属粉末,因为分离膜是粉末冶金产品,需要用超细和均匀的金属粉末作为原料。吴征铠提出了制备这种金属粉末的办法。试验证明是正确的。1965年,国产甲型分离膜研制成功。

奖项与荣誉

1.中国第一代分离膜,是多人联合攻关的结果,它为浓缩铀气体扩散厂的稳定生产解决了关键的核心部件,吴征铠参与组织并指导这项工作。这项研究成果获1978年全国科学大会"科学技术重大贡献奖"。

2.第二代分离膜,吴征铠指导的"乙种分离膜的制造技术"于1985年获国家发明奖一等奖。

3.获1998年度何梁何利基金科学与技术进步奖技术科学奖。

延伸阅读

吴氏家族中的三位院士:吴征铠之兄吴征鉴、之弟吴征镒

吴征鉴 Wu Zheng Jian (1909年7月—1982年9月),祖籍安徽歙县,生于天津。著名医学寄生虫病学家,医学昆虫学家。毕生致力于人体寄生虫病的防治研究,确定了中华白蛉是我国黑热病的主要传播媒介,并提出综合防治措施,为我国基本消灭黑热病作出重大贡献。他证明了中华按蚊和微小按蚊分别是我国南京地区和广大南方地区疟疾的主要传播媒介,为这些地区防疟打下基础。他还长期潜心医学科研组织管理和人才培养。曾任中国医学科学院副院长。

吴征镒 Wu Zheng Yi(1916年6月—2013年6月),祖籍安徽歙县,生于江西。著名的具有国际声誉的植物学家,植物区系研究的权威学者。从事植物科学研究60余年,专长植物分类地理学和药用植物学。中国科学院昆明植物所研究员、名誉所长。1955年应聘为中国科学院学部委员(院士)。获2007年度国家最高科学技术奖。

何泽慧

何泽慧 He Ze Hui（1914年3月—2011年6月），女，生于江苏苏州，祖籍山西灵石县。核物理学家，中国科学院院士。

何泽慧，1932年考入清华大学物理系，1936年毕业，同年得到山西省资助，到德国柏林高等工业大学技术物理系攻读博士学位，选择实验弹道学为专业方向。1940年以论文《一种新的精确简便测量子弹飞行速度的方法》获得博士学位。第二次世界大战爆发后，何泽慧滞留于德国。1940年进柏林西门子工厂和弱电流实验室参加磁性材料的研究工作。期间，她寄住在著名原子光谱学家F.帕邢家里，与老教授结下了深厚的友谊。1943年，帕邢把她推荐给当时被公认为德国最优秀的实验物理学家W.博特领导的海德堡威廉皇家学院核物理研究所。何泽慧利用磁云室研究锰-52的正电子谱时，首先观测到了正负电子性碰撞现象。这项成果在国际学术会议上报告后，为英国《自然》杂志所报道，称之为"科学珍闻"。

1946年，何泽慧来到巴黎，和大学时的同学钱三强结婚，并开始共同的科学生涯。他们一起在约里奥·居里夫妇领导的法兰西学院原子核化学实验室及居里试验室工作，合作发现了铀核裂变的新方式——三分裂和四分裂现象。这项发现正式公布后，在国际科学界引起很大反响。约里奥·居里在1947年世界科学工作者协会上称这是"第二次世界大战以后物理学方面的一项有意义的工作"。在此期间，何泽慧还曾利用核乳胶技术进行了钍的裂变碎片总动能的测量以及铋、铝、金、铂、钨的快中子裂变截面上限的测量，并发表了论文。

1948年夏，何泽慧与钱三强携带刚满半岁的长女回国。她曾任中国科学院原子能研究所（中国原子能科学研究院）和中国科学院高能物理研究所副所长。1980年当选

为中国科学院学部委员(院士)。

为"两弹"研制和发展原子能事业作出的贡献

新中国诞生后不久,何泽慧便全身心地投入了中科院近代物理研究所(1953年改称为物理研究所)的创建工作。为了建立我国自己的核试验技术基础,她选择了制备原子核乳胶的研究课题。由她具体领导的工作小组,经过几年的努力,1955年,她和陆祖荫、孙汉城合作研制成了对质子灵敏的核乳胶,达到当时国际先进水平。1957年,她又和同事一起研制成了对电子灵敏的核乳胶。由她创建的核乳胶小组数十年里坚持制备各种型号的核乳胶,为我国原子核及其他科学技术的发展作出了不可磨灭的历史贡献。

1955年1月15日,毛泽东亲自主持召开了有关发展原子能事业的中央书记处扩大会议,应邀出席会议的钱三强,用何泽慧设计制造的一台小型探测仪做了现场探测铀矿的演示。这次会议以后,我国便全面展开了研制中国第一颗原子弹的工作。

在全国范围内开展原子能科普宣传活动。何泽慧和赵忠尧、杨承宗合作撰写了《原子能的原理和应用》一书,并亲自去基层单位作科普讲座。

1956年夏,何泽慧协同钱三强领导开展中子物理与裂变物理实验的准备工作。1958年,我国第一个反应堆和回旋加速器建成后,她先后担任中子物理研究室主任和所物理研究部业务领导人,在她的精心部署和领导下,在反应堆和加速器上建立了各类实验装置,陆续进行了中子物理和裂变物理领域多方面的研究,完成了一系列基础核数据测量,并培养了一批具有基础科学研究素质的人才。

在原子弹研制的关键时刻,成立了四个技术委员会(产品设计、中子点火、冷试验、场外试验)。何泽慧是中子点火委员会的委员(主任委员彭桓武,副主任委员朱光亚)。他们指导了几种不同点火中子源的研制与选择,并协同冷试验委员会研究确定点火中子综合可靠性的检验方法。

1960年,在研制原子弹期间,钱三强就专门组织一批人成立了氢核理论组,为氢弹的研制打下基础。其中就有何泽慧。

1965年初,核武器研究所在氢弹研制过程中,急需氚和锂反应截面的数据。2月13日,刘西尧副部长将氚和锂-6反应截面的测量任务下达给原子能所。这项技术难度大、时间紧的任务,由副所长何泽慧任业务指导,加速开展工作,将全所4台加速器和3台多道分析器集中管理,不到半年时间即完成了任务。这项工作澄清了国外数据的分歧,为我国氢弹研制方案的选择起了重要作用。接着又对氘—氘、氘—氚反应截面,氘—锂(包括锂-6及锂-7)相互作用各反应道和中子锂-6的反应截面以及出射中子能谱在内的轻核反应数据进行了比较系统的测量,为核武器研制提供了成套的可靠数据。

20世纪70年代后期,何泽慧调到中科院高能物理研究所,主要从事空间科学方面的工作。发展了科学高空气球的研制,在西藏建立了高山宇宙线观察站。在高能天体物理、宇宙线物理和超高能核物理等领域,取得重要成果。

奖项与荣誉

1.因研制成对质子灵敏的核乳胶,获1956年度国家自然科学奖三等奖。这是首次国家自然科学奖。

2.获1997年度何梁何利基金科学与技术进步奖物理学奖。

1973年,钱三强与何泽慧共同撰写和讨论《原子能发现史话》

何炳林

何炳林 He Bing Lin（1918—2007年），生于广东番禺县。高分子化学家、化学教育家和化工专家，南开大学教授，中国科学院院士。他是中国的离子交换树脂工业的开创者，发明了大孔离子交换树脂，并对其结构与性能进行了系统研究。

何炳林，1943年毕业于西南联合大学，并在该校化学系读研究生兼助教，又到南开大学任教。1947年赴美留学，1952年获美国印第安纳大学博士学位。由于当时正值抗美援朝期间，美政府不准中国理工科留学生回国，他只好在美国的纳尔哥化学公司工作4年，先研究农药及用于水处理的药物，后又改为研究离子交换树脂。他的才干和优异成绩受到公司的重视，先是提为副研究员，两年后便升为高级研究员。优越的生活条件和美国政府的禁令都没能阻止他回国的信念。何炳林把平时搜集的大量科技资料化整为零，分期分批地寄给国内的亲友。他还买了一些回国后工作急需的仪器和化学试剂，于1956年回到祖国。

何炳林回国后就来到他的母校南开大学任教，历任化学系主任、高分子化学研究所所长。1958他建立了高分子教研室，并兼任室主任。曾兼任中国化学会常务理事、高分子学科委员会副主任，中国生物材料与人工器官学会副理事长，国家自然科学基金委员会化学组评审委员，青岛大学第一任校长等。曾担任《中国科学》编委、《高等学校化学学报》副主编、《高分子科学》副主编。1980年当选中国科学院学部委员（院士）、化学部副主任。

在高分子化学方面的成就和对"两弹"研制的贡献

何炳林回国后，一直坚持反应性高分子的基础和应用研究，此外也做除草剂之类的农药研究。当他考虑到新中国必将发展原子能事业,并得知美国把与此相关的离子交换树脂列为战略物资,于是他将研究方向转为离子交换树脂。当时强碱阴离子交换树脂重要用途之一是从贫铀矿中提取分离铀,他考虑到国家的需要,特别将该树脂定为重点研究对象,不到一年即获得成功,被在二机部工作的苏联专家认为是优质产品。1958年国家资助南开大学建立了南开大学化工厂,所得产品首先提供国防工业部门使用,为我国原子能事业的发展和第一颗原子弹的诞生和爆炸成功作出重要贡献。此后,不少离子交换树脂生产厂家到南开大学学习,带动和发展了我国的离子交换树脂工业。

1958年,何炳林从物理结构和化学合成研究离子交换树脂时,首先发现苯乙烯、二乙烯苯共聚合时,加入一定量的惰性有机溶剂即可获得多毛细孔树脂。1959年至1968年间又发现在线型聚苯乙烯存在下,使苯乙烯、二乙烯苯共聚合,也得到上述多孔的树脂,只是孔的体积更大。这类树脂的结构和性能与凝胶树脂有很大的区别,是第二代的离子交换树脂,具有许多超过凝胶树脂的优良性能,如机械性能好、交换速度快、溶胀率低、抗有机物污染性能强,无论在极性和非极性有机溶剂中均可使用。此发现当时处于世界领先水平。

何炳林在几十年的高分子化学教学和科研中,又取得了很多成果,并为国家培养了一大批高分子专业,以及生化的、微生物的、化工的、环境科学的、医学的人才(600余名本科生、100余名硕士生、60余名博士生、15名博士后)。主要著作是主编《离子交换与吸附》一书。

奖项与荣誉

1.1959年被评为天津市劳动模范。

2.1958年、1959年,毛泽东、周恩来先后来到南开大学视察何炳林的实验室和化工厂车间,对他的开拓奉献精神和杰出贡献给予高度评价。周总理与他长谈了半个多小时。

3.获国家及部、省、市级科技成果奖约20余项,如:1965年"除草一号"获国家科委一等奖,"离子交换树脂"获三等奖;1978年"六项离子交换树脂"获全国科学大会奖;1982年"树脂催化茨烯水合法制樟脑"获天津市一等奖;1982—1993年间获5项国家教

委科技进步奖二等奖；1986年"提取甜叶菊新工艺"获布鲁塞尔世界博览会铜牌奖；1987年"大孔离子交换树脂及新型吸附树脂的合成、结构、性能与应用的研究"获国家自然科学奖二等奖。

4.1988年获国防科工委"献身国防科学技术事业"荣誉奖。

5.1989年获国家教委"建立教学与科研、生产三结合的教学新体系"优秀教学成果奖一等奖。

6.曾获杜邦科技创新奖、日本高分子学会国际奖。

7.获全国劳动模范称号。

8.获1997年度何梁何利基金科学与技术进步奖技术科学奖。

毛主席视察南开大学时，高度评价何炳林的科研工作

何祚庥

何祚庥 He Zuo Xiu（1927年8月— ），生于上海，籍贯安徽望江，祖籍江苏扬州。粒子物理、理论物理学家，中国科学院院士。

何祚庥，1945年考进上海交通大学化学系。两年后他转入清华大学物理系。一年后，从清华大学毕业的他分配到中央宣传部理论教育处工作，不久，调至中宣部新成立的科学处。当时一些中国社会科学界有名望的人士赵沨、秦川、胡绳、于光远等任处长、副处长。分管科学处的副部长是胡乔木。何祚庥很珍惜那段时光，他系统而深入地学习了马列主义。1956年底，何祚庥奉调中科院物理所，在原子能理论物理研究室工作，受到著名理论物理学家彭桓武教授的指导。1959年，何祚庥赴苏联莫斯科，在杜布纳联合原子核研究所学习与研究。1960年，何祚庥奉调回国。

为氢弹理论设计作出的贡献

何祚庥回国后，参加原子弹、氢弹理论研究工作。在原子能所轻核理论攻关小组，他与于敏、黄祖洽密切配合，共同探索实现氢弹原理突破的途径；他们对氢弹可能爆炸和点火的机理进行了多方面的探索，尤其从氢弹理论的最基础部分，对流体力学和辐射的作用，深入研究，建立了物理模型，并推导出流体力学与中子扩散、光辐射等耦合的简化方程组。这套方程组后来在物理研究中发挥了重要作用。

1969年，何祚庥与方守贤、陈森玉等人合作倡议用在 GeV 能量的质子轰击，^{238}U，^{232}Th 靶上大量产生的中子，制造核燃料；倡议发展 ^{232}Th，^{238}U 核燃料循环技术，提出发展新核燃料循环的"质子、强流，直线，超导"的八字方针，以开拓新的技术路线。

何祚庥主要从事粒子物理及各种应用性问题研究，并取得多项重要成果。例如：1966年，在我国粒子物理学家共同合作推进的层子模型研究中，何祚庥作为组织者和

推动者之一,起过重要作用;他和黄涛、张肇西等合作建立了一个复合粒子量子场论的新体系;他和庆承瑞等人合作从事中微子、重中微子等非加速器物理问题的研究,他的有关中微子的质量问题的论文在国际物理学界得到好评。

奖项与荣誉

1.他参与研究的层子模型的理论,1982年获国家自然科学奖二等奖。

2.何祚庥在社会科学的研究上也获硕果,他在哲学、政治、经济等方面先后发表300多篇科学论文。他是北京大学哲学系教授、博士生导师。

3.他勇于揭露和反对"伪科学",社会影响很大,被称为反"伪科学"的领军人物之一。

何祚庥院士在"核安全与社会协调发展"高峰学术论坛上发言

汪家鼎

汪家鼎 Wang Jia Ding（1919年10月— ），生于重庆。化学工程专家，清华大学工程物理系教授，中国科学院院士。

汪家鼎，于1934—1937年在北京辅仁中学读高中，后考入重庆大学化工系，1938年转入昆明西南联大化工系。当时的西南联大集北大、清华和南开大学的著名教授于一堂。汪家鼎受教于多位名师，在科学知识方面打下了很好的基础，在工程技术方面受到了严格的训练。他1941年毕业并留校任助教。1944年到美国麻省理工学院化工系学习流态化技术。当时流态化技术尚处于萌芽时期，汪家鼎在他的硕士论文中将此项技术用于"褐煤的低温干馏"，取得了出色的研究成果，因此于1945年6月获得化学工程硕士学位，留校任研究助理，继续进行流态化技术的研究。

1945年8月抗日战争取得胜利，汪家鼎决定离美回国工作。他于1946年初回国后历任西南联大化工系专任讲师、重庆大学化工系副教授，1947年秋任南开大学化工系副教授，1950年晋升教授。1952年院系调整，他到天津大学化工系任教授兼系副主任。期间，他以教学为主，讲授过化工原理、工业化学、化工热力学、传热原理、化工数学等十余门课程。

1957年调入清华大学，汪家鼎从此转入新的工作领域。他在新成立的工程物理系承担筹建一批核化工专业的任务。当时中国的原子能工业还刚刚起步。他在此奋斗了近半个世纪。1991年被任命为国家重点化学工程联合实验室主任。1993年当选为国际溶剂萃取会议（常设）委员。曾兼任中国化工学会副理事长、中国核学会常务理事、国家自然科学基金委员会委员、《化工学报》编辑委员会主任等职。1980年当选为中国科学院学部委员（院士）。

科学成就和对"两弹"研制、发展战略核武器的贡献

1.清华大学于1955年末新成立了工程物理系。1957年,汪家鼎调入清华大学工程物理系,承担筹建一批核化工专业任务。国家有计划地从理工科大学选拔学完基础课的高年级学生,到北大、清华转学核专业。这一领域的教育是从头开始的。汪家鼎他们设立的"人工放射性元素"专业是培养核燃料后处理专门人才的。汪家鼎领导编写教材,组织研究课题,和学生教学相长,很快培育了一批核化工专门人才。

2.汪家鼎是我国首先提出研究"萃取法"并付诸实施的学者之一。利用"溶剂萃取法"从辐射后的燃料元件中提取钚是20世纪50年代出现的新方法,在国外已经取代了40年代的"沉淀法"。1958—1966年,汪家鼎参加并领导了"萃取法核燃料后处理工艺和设备的研究和开发"项目。他们研究了萃取分离铀—钚—裂变元素,纯化钚工艺全流程的各个步骤和环节;研制了适用于强辐照和遥控的主体设备"抽压脉冲液流搅拌混合澄清槽",提出了扩大设计的方法;完成了几个不同建筑面积的"热"室设计图纸。这一工作持续了6年,研究成果为1964年国家决策放弃"沉淀法"而采用"萃取法"提供了技术基础。

3.1964—1966年,汪家鼎参加并领导了"热"室建设,完成元件溶解取得合格钚-239产品的全流程"热"试验,为我国第一座后处理工厂建设提供了可靠的设计基础和运行依据。1965年9月,汪家鼎等随二机部核化工总工程师兼设计院副院长曹本熹和院设计总工程师柯友之,到酒泉原子能联合企业工地,讨论按"萃取法"建厂的原则并决定重大问题。10月,编制了工程设计任务书;11月,二机部办公会议原则同意设计院的方案;12月下旬,设计院完成了铀/钚分离厂房的初步设计。据统计,采用"萃取法"建厂与原"沉淀法"设计比较,大幅度节约了工程总投资,不锈钢材用量减少3/4,运行费用可节约一半,使我国核后处理工艺一举达到60年代国际先进水平。

4.20世纪70年代后期,汪家鼎指导开展柱型萃取设备内液液两相传递现象的研究,总结了萃取设备优化设计的规模和放大方法,创造了新型高效萃取设备,取得了多项研究成果,有的成果成功用于多种装置的工业实践,取得了重大的经济效益和社会效益。

5.在新工艺方面,汪家鼎领导完成了"综合萃取法处理工业含酚废水新工艺研究"，突破了传统的单一萃取操作不能达到废水排放标准的局限，并付诸工业实践，具有重大的工业效益和经济效益，达到国际先进水平。

奖项与荣誉

1.因参加并领导"萃取法核燃料后处理工艺和设备的研究和开发"项目，对"两弹"研制和发展核武器的贡献，获1978年全国科学大会奖"重大科技成果奖"，并于1988年获"献身国防科技事业荣誉证书"。

2.因指导开展"柱型萃取设备内液液两相传递现象的研究"所取得的多项成果，分别于1987年和1996年两次获得国家教委科技进步奖二等奖。

3.因在萃取新工艺的工作成果，获1992年度国家科技进步奖二等奖。并被评为国家科技成果重点推广项目。

4.1994年获"国家重点实验室先进工作者"称号及"金牛奖"。

5.获1997年度何梁何利基金科学与技术进步奖技术科学奖。

1996年7月，新疆马兰核试验基地关闭前，科学家在"爆心"纪念碑前留影。左起钱皋韵、汪家鼎、杨承宗、汪德熙、陈佳洱、何泽慧、梁思礼等。

汪德熙

汪德熙 Wang De Xi (1913年9月—2006年8月),江苏灌云县人。高分子化学家,核化学化工专家,中国原子能科学研究院教授,中国科学院院士。

汪德熙,1935年毕业于清华大学化学系,继续读研究生两年。1938年,在北京中国大学化学系、西南联合大学化学系任教,在八路军冀中军区供给部从事化工技术工作。1941年赴美国麻省理工学院化工系读研究生,1946年获科学博士学位。1947年回国,在南开大学任教,1952—1960年任天津大学化工系系主任。1956年,他被邀请参加全国十二年科学技术发展远景规划的制定工作,主持《稀有金属》《钛冶金》两个专题规划的编写,受到有关方面的赞赏和重视。1960年调第二机械工业部,历任中国原子能研究所副所长,中国原子能科学研究院副院长、院科技委主任,核工业部研究生部主任,中国核学会第一、二届常务理事和第三届理事长,中国核工业集团公司科技委高级顾问。他是第三届全国人大代表。1980年当选为中国科学院学部委员(院士),

在高分子化学研究方面的优秀成果

他研制成功用邻苯三酚和糖醛合成热固性塑料和不饱和聚酯,并用来制成玻璃钢小汽车壳体,取得了国际首创性成果。

对"两弹"研制和战略核武器发展作出的贡献

在"两弹"攻关中,由于核化学化工研究的需要,汪德熙、吴征铠、曹本熹、姜圣阶、陈国珍等被选调二机部,他们都作出了很大的贡献。

汪德熙参与领导和组织了一系列科研项目,如核燃料后处理萃取工艺、原子弹引爆装置的制备、核试验用钋–210及其各种放射源的研制、氚的提取生产工艺、核试验当量的燃耗测定、核产品中的铀和钚及杂质的分析鉴定方法的研究等,他主张废弃原沉淀法生产军用钚–239的工艺路线,改用萃取法,并做了大量工作,发挥了重要作用。1964年4月,二机部决定:对是否改用萃取法,成立一个专门小组,由汪德熙任组长,叶德灿、柯友之任副组长,负责组织研究,尽快提出报告。汪德熙一行在北京并到上海、衡阳等地的科研单位和水法冶炼厂考察萃取设备及有关问题,调查的结论是:在我国,萃取的技术可以解决,而且在经济上将优于沉淀法,在报告中建议将原设计的大厂工艺改为萃取法。1964年12月,在有关科研技术人员反复调研论证的基础上,二机部决定用沉淀法设计的中间实验工厂停建,加速萃取法的研究、设计工作。此举使后处理厂节省投资3.6亿元,而且可以连续操作。汪德熙是我国独立完成的核燃料后处理萃取法流程和轻同位素流程研究的主要组织领导者之一。

汪德熙著有《化学在国民经济中的作用》《轻水堆核燃料循环中的若干化学问题》《同位素分离与核科学技术》《核化学工程》以及《汪德熙文集》。

奖项与荣誉

1.汪德熙组织领导的"辐射核燃料后处理的萃取工艺"科研项目获1978年全国科学大会奖。

2.汪德熙参与组织领导了核武器引爆装置、点火中子源的研制任务以及多次核试验爆炸当量的测定任务,按时提供了测量数据。其研制和测量成果获1978年全国科

汪德熙指导研究生

学大会奖和国家发明奖。

3.1990年获全国"五一"劳动奖章。

4.获1999年度何梁何利基金科学与技术进步奖化学奖。

延伸阅读

汪氏四兄弟

汪德熙在兄弟中排行第三,大哥汪德耀、二哥汪德昭、四弟汪德宣。

汪德耀(1903年2月—2000年10月),生物细胞学家。早年赴法国勤工俭学,回国后曾任厦门大学校长、教授。1919年"五四"运动爆发,当时北京师范大学附属中学的学生会主席为赵世炎,副主席为汪德耀,他们发动和带领学生参加运动。

汪德昭(1905年12月—1998年12月),生于江苏灌云县。1923年考入北京师范大学预科。1928年被该校校长张贻惠破格聘为物理系助教。1933年赴欧洲,在比利时布鲁塞尔大学学习一年。翌年10月,到法国巴黎大学郎之万实验室攻读研究生。1940年获巴黎大学国家科学博士学位。1938—1956年,汪德昭一直在法国国家科学研究中心任副研究员、研究员、研究指导主任。他在大小离子平衡态研究方面取得出色成果,被誉为"郎之万—汪德昭—布里加理论"。在新中国成立前后,他曾经接触进步力量,1950年在法国出现的第一面中华人民共和国的国旗,就是在他的组织领导下升起的。他于1956年12月回国,任中国科学院原子能研究所研究员兼室主任,并兼任科学院器材局局长,后出任中国科学院电子学研究所研究员兼副所长,开始筹建中国国防水声学的研究工作。他最突出的贡献是从无到有地开拓了中华人民共和国的国防水声事业,把中国科学院声学研究所建设成为享有国际声誉的研究所。他根据中国海域的实际情况,制定了我国水声学"由近及远、由浅入深"的研究发展战略,培养了一大批水声学研究人才。1981年,他同他的学生尚尔昌合作著成《水声学》。这是我国水声学的第一本专著。汪德昭1981年获法国声学学会授予的最高荣誉奖章银质奖章,1983年获法国巴黎市政府颁发的荣誉奖章,1991年获法国总统授予的法兰西军官级荣誉军团勋章。他1957年被聘为中国科学院学部委员(院士)。

汪德宣,早年学习生物学,后经商。

张沛霖

张沛霖 Zhang Pei Lin (1917 年 12 月—2005 年 9 月),山西平定人。物理冶金学家,他是中国科学院金属研究所创始人之一,我国核燃料事业的主要奠基者之一。中国科学院院士。

张沛霖,1940 年毕业于国立西北工学院矿冶系冶金组,即到云南钢铁厂从事炼铁工作。他利用业余时间刻苦攻读,于 1944 年考取第八届中英庚款公费留学,1945 年他赴英国谢菲尔德大学冶金学院深造,研究钢的冷加工和氢在钢中的行为。1949 年初获得博士学位,并获得该校冶金研究布仑吞(Brunton)奖章和奖金,随即在该学院从事研究工作。他于 1951 年春回国,奉召参加中国科学院金属研究所的筹建工作,任研究员。他是中国科学院金属研究所创始人中回国最早的一位。1956 年,他创办了《金属学报》杂志,并逐渐成为国内外较有声望的学术刊物。他参加了我国 12 年科学规划的制订工作。1958 年,金属研究所转向发展新材料、新技术,他参与了这个重要的战略决策,并具体领导了核材料的研究工作。1959 年任金属研究所副所长。1963 年初,张沛霖调二机部,任二机部冶金方面总工程师、核燃料局总工程师,并兼金属研究所副所长,密切了部与所的联系和协作。张沛霖近 30 余年,从事核燃料冶金,核材料方面的研究与技术工作,在各种类型反应堆的燃料元件,以及铀的冶金和加工方面,领导和解决了一系列关键性重大技术问题。他是中国核学会第一、二届常务理事,中国核材料学会第一~三届理事长,中国核工业集团公司科技委高级顾问。

为"两弹"研制和战略核武器核材料作出的贡献

早在中科院金属研究所的发展转向后,所里的主要工作就直接服务于国防建设。1958 年,二机部副部长兼中国科学院副秘书长钱三强商请金属研究所研究铀冶金和核

材料,于是金属所成立了两个研究室,张沛霖从此致力于核材料科学的研究和发展。他是我国铀、钍冶金和核燃料元件等科学技术的开拓者和学科带头人之一。

张沛霖在原子弹、氢弹核材料的研制中有过多方面的贡献。例如:原子弹的核心部件铀-235制件的研制工作在他的技术指导下,实现了有特色的铸造工艺,得到了均匀致密的铸造部件,满足了当时试验的需要,并开辟了以后此项工作的途径。

张沛霖在组织、指导生产堆燃料元件的技术攻关中,开展了有关铀化工还原、粗金属精炼、金属轧制与热处理、元件芯体加工和密封包装的全面研究和验证工作,对元件的机械物理性能做了比较全面的测试,终于掌握了一套比较完整的生产工艺,确定了生产堆元件的质量标准,拿出了供考验用的合格元件。他还组织、指导了对生产堆铀元件棒的制造工艺的改革,1964年5月至11月间,元件厂完成了粗金属铀的精练、铸锭工艺的研究,作了铀芯棒轧制热处理的准备,安装了轧机和测量了气压加热炉的温度。他组织测定了各种轧制状态下的织构分布,以及不同淬化条件下的残留织构分布等,预计了在堆内辐照的行为,确定了新的轧制—淬火的组合工艺。

对高通量工程试验堆燃料元件的制造工艺,难度很大,需要研究开发的问题很多。此项工作由张沛霖组织和指导。我国采用薄型多层套管元件,每层套管都由铝—铀合金燃料与内外包壳共挤压而成,其中难题之一是确定燃料管坯的制备工艺路线。他确定采用离心铸造铝—铀合金管坯的方法,结果证明,这种离心铸造工艺,既可缩短工艺流程,又可节省投资,使我国研究型反应堆的燃料元件技术跻身世界先进行列。

为研制开发核潜艇的燃料元件作出贡献

1958年8月,中共中央决定研制核潜艇,北京原子能研究所即开始对核潜艇动力堆燃料元件进行探索研究。60年代初期,中科院金属研究所组织专门研究室,开展元件芯块工艺的研究。包头核燃料元件厂研究室成立后,与金属研究所合作进行攻关,于1966年初研制出符合技术标准的考验元件。1967年8月,建立核潜艇动力堆元件生产车间,于1970年先后研制生产出陆上模式堆和核潜艇堆使用的核燃料元件。在这个过程中,张沛霖组织金属研究所进行氧化铀的烧结和锆合金的电子束的焊接,并亲自参加和指导。当燃料元件的全部研制工艺转入工厂投产时,他又在现场指导,并参加其中关键项目的试验,严把质量关。

为核电站建设投入核燃料元件的研制工作

我国核电站燃料元件生产线于1975年开始建设,由于核电站的工作进展缓慢,元件生产线的建设曾于1979年底暂缓。1982年11月,国家决定在浙江省海盐县秦山兴建我国第一座30万千瓦的核电站。元件生产线的建设于1983年1月恢复,并扩大了原定的生产规模。在张沛霖的积极支持和领导下,在国内开展了燃料组件的研究、试验试制和堆内辐照考验等工作,以自己科研成果为主,并引进必要的国外先进设备,建成了新的生产线。至1990年夏,完成了秦山核电站第一炉燃料组件的全部生产任务。

奖项与荣誉

1.1985年获国家科技进步奖特等奖、国家发明奖二等奖和国防科技进步奖特等奖。

2.获1998年度何梁何利基金科学与技术进步奖技术科学奖。此次评奖所报张沛霖的"主要科技成就及贡献"是:"长期从事材料科学研究工作,是我国铀钚冶金和核燃料元件等核材料科学技术的开拓者和学科带头人之一。参与创建中科院金属研究所并培养了大批科技人才;参加并组织领导开发成功原子弹核心部件制造技术,实现军用钚生产堆燃料元件技术突破,独立自主研制成功潜艇核动力堆元件并达到世界先进水平;指导完成秦山核电站燃料元件的研制和生产,质量上乘。为我国国防现代化和核电发展作出重大贡献。曾获国家科技进步奖特等奖、国家发明奖二等奖和国防科技进步奖特等奖。"

中科院金属研究所所长卢柯给张沛霖院士颁发李薰成就奖

陈芳允

陈芳允 Chen Fang Yun (1916年4月—2000年4月)，浙江台州黄岩人。无线电电子学家、空间系统工程专家，中国卫星测量、控制技术的奠基人之一。中国科学院院士，"两弹一星"功勋奖章获得者。

陈芳允，1934年考入清华大学物理系，1938年在昆明西南联合大学毕业，留校任教。1945年赴英国科索无线电厂研究室从事电视和船用雷达研究。1948回国后，先后在上海国立中央研究院生理生化研究所，中国科学院物理研究所、电子学研究所，国防科工委第26基地、测量通信总体研究所工作。1984年任中国科技大学和国防科技大学教授。当选为中国宇航学会第一届副理事长，1985年当选为国际宇航科学院院士，1990年被推选为国防宇航联合会副主席。他是第四届全国政协委员和第五届全国人大代表。

对第一颗原子弹研制的贡献

1.1952年，陈芳允从上海调到北京负责电子学研究所的筹建工作。1953年，钱三强提出电子学对于原子研究非常必要，建议将电子学所筹建处并入钱三强领导的中科院近代物理所，并在该所同时发展电子学的基础研究。这时，陈芳允转向原子射线检测的电子线路工作。

2.1960年，陈芳允参加论证并提出了原子弹试验用的多道脉冲鉴别器的试制方案，三年后，他与徐建平等研制出了原子弹爆炸测试用的多道脉冲分析器，交原子弹试验场使用。

科学成就

陈芳允长期从事无线电电子学及电子和空间系统工程的科学研究和开发工作，并取得多项成果：

1.早在英国曼彻斯特工厂雷达研究室工作期间，参加了英国早期海用雷达的研制和船上试验工作。

2.1948年5月从英国回到上海，在上海工作的几年间，陈芳允为神经生理学研究完成了一套电子仪器（包括电刺激器、直流放大器及显示设备等），这是国内在生物电子学方面研制的第一套设备。

3.1952年，陈芳允从上海调到北京负责电子学研究所的筹建工作。他提出并指导研制出国际上第一台实用型毫微秒脉冲取样示波器。

4.1957年，前苏联发射的世界第一颗人造地球卫星上天，陈芳允对卫星进行了无线电多普勒频率测量，和天文台一起，计算出了卫星的轨道参数，成为天文台人卫站对人造卫星无线电观测的基础，并成为后来我国发射人造卫星所采用的跟踪测轨的主要技术。

5.1958年，陈芳允提出并完成纳秒（即毫微秒）级窄脉冲采样示波器的研制，并把采样示波器做成可以携带使用的仪器，这在国际上是首创。

6.1964年，他和李力田等研制出飞机用抗干扰雷达，投产后大量装备我国歼击机。

7.1965年，中国开始研制人造卫星，陈芳允担任卫星测量、控制的总体技术负责人，制定了我国第一颗人造卫星——"东方红1号"的测控方案。这个方案以多普勒测量为主，并在卫星入轨点附近的地面观测站设置雷达和光学设备加以双重保证（双保险）。他亲自参加了设备研制和台站建设工作。与此同时，他还参加了我国回收型遥感卫星的测控系统方案的设计和建设，在第一颗人造卫星发射成功（1970年4月24日）后，还为我国十几颗遥感卫星的回收创造了不败的纪录。

8.1970年，他针对通信卫星的测控要求，提出并与有关人员于1980年设计完成了新的微波统一系统，成为支持我国通信卫星上天的主要设备。

9.1988年，陈芳允利用频率分配的方法，解决航天测量船上众多设备之间的电磁兼容问题，使各种设备得以同时工作而互不干扰，在我国向太平洋发射运载火箭试验中得到验证。

10.1992年，陈芳允在世界空间大会上宣读了他和我国地球科学家共同撰写的《地球环境观测小卫星群系统与国际合作》的论文，在国际上首先提出对地球环境观测的小卫星系统。该系统可以缩短对世界各地的观测重复周期为每天两次。这对于地球环境的动态观测,特别是对自然灾害和环境的监测十分有利,受到国际上众多专家的重视。

11.陈芳允著有《无线电子学的新发展》《卫星测控手册》等,发表学术论文30多篇。1986年,他和王大珩、王淦昌、杨嘉墀等四位院士联合向中央写出《关于跟踪研究外国战略性高技术发展的建议》,促成了我国发展高技术的"863"计划。

奖项与荣誉

1.1985年,荣获国家科技进步奖特等奖两项。一项是因在第一颗人造地球卫星研制工作中,陈芳允担任卫星测量总体技术负责人,所作的重大贡献;一项是他于1970年提出并和同事们于1980年完成了微波统一测控系统,成为支持我国通信卫星上天的主要设备,他是主要获奖者之一。

2.1988年,因航天测量船上电磁兼容问题的解决,获国家科技进步奖一等奖。

3.曾获国防科工委先进工作者标兵称号。

4.获1996年度何梁何利基金科学与技术进步奖技术科学奖。

5.1999年9月18日,在人民大会堂由中共中央、国务院、中央军委隆重召开的表彰大会上,陈芳允与其他22位功勋卓著的科学家被授予"两弹一星"功勋奖章。

6.2005年2月1日起,人民日报、新华社、中央人民广播电台、中央电视台等中央主要媒体和各省市区主要媒体同时开展《永远的丰碑》大型主题宣传活动,每天同步介绍一位中国共产党历史上的优秀代表人物、革命英烈和劳动模范。陈芳允的介绍于2006年1月18日推出,称为"著名无线电电子专家"。

总装备部政委李继耐(右)上将到医院看望病中的陈芳允。这是陈芳允最后一张照片

金建中

金建中 Jin Jian Zhong (1919年7月—1989年10月),生于北京,原籍安徽黟县。真空科学家、物理学家,他是中国真空科学的创始人与开拓者,中国科学院院士。

金建中,1944年毕业于北京大学,1946年在辅仁大学研究生院毕业。毕业后在北洋大学物理系、清华大学物理系任教。1950年—1956年在中国科学院近代物理研究所工作。1956年近代物理所成立了由杨澄中为主任,金建中、王树芬、邹恩九、张恩厚、叶龙飞等人参加的兰州物理研究室。该室于1957年迁往兰州,后来发展为中国科学院兰州近代物理研究所。从1962年2月起,金建中历任兰州物理研究所副所长、所长、研究员,博士研究生导师。曾任航天工业部总工程师、科技委员会委员。他是中国物理学会理事、中国真空学会第一届理事长、第九届国际真空科学技术及应用协会委员。他曾负责组织国家科委真空测试基础工作,并定期开展学术活动。1966年主编《真空技术》杂志,1973年主编《真空设计手册》,1979年主编《真空科学与技术》杂志。他1951年加入中国民主促进会。他是第五届全国人大代表,甘肃省政协第二、三、四、五、六届常委,甘肃省物理学会名誉理事长。1980年当选为中国科学院学部委员(院士)。

对谱仪、加速器研制及其他科学技术工作的贡献

在近代物理所工作期间,他负责研制了水平先进的自动立体照相云雾室;负责研制出接近当时国际水平的电磁双聚焦核反应粒子能谱仪等多种核物理仪器;研制成功了多种抽速的金属高真空油扩散泵。他在中国第一台1兆伏质子静电加速器、第一台2兆伏高气压质子静电加速器的加速管及真空系统的研制中作出了突出贡献。

金建中是中国真空科学的创始人与开拓者。他为推动我国真空科学技术发展起了重要的促进作用,在创建与发展中国真空技术研究机构等方面作出了重要贡献。

奖项与荣誉

金建中负责完成国家重点科研项目40L金属超高真空系统及新型双向磁聚焦高灵敏探漏仪等,达到国际先进水平。金建中被誉为中国真空科学的创始人与开拓者。

1956年近代物理所成立了由杨澄中为主任,金建中、王树芬、邬恩九、张恩厚、叶龙飞等人参加的兰州物理研究室。图为1959年兰州物理研究室核物理研究组全体人员合影。1962年2月起,金建中历任兰州物理研究所副所长、所长。

郝柏林

郝柏林 Hao Bo Lin（1934年6月— ），生于北京。理论物理学家，中国科学院理论物理研究员，他曾担任与氢弹外围课题有关的理论任务。中国科学院院士。

郝柏林，1954年到苏联乌克兰哈尔科夫工程经济学院学习矿山工业管理，1956年转到哈尔科夫国立大学物理数学系，1959年获优秀学士证书。其论文《金属在红外波段表面光学性质》，后发表于中国《物理学报》。在这项研究中他使用电子计算机做数值计算，从此与计算机结下不解之缘。1959—1961年在中国科学院物理研究所新成立的理论研究室任研究实习员。1961年10月他被再次派往苏联莫斯科大学物理系和苏联科学院物理研究所做研究生。1963年暑期回国，留在中科院物理所理论室任助理研究员，后任该室副主任。曾任中国科学院理论物理研究所副所长、所长。1980年当选为中国科学院学部委员（院士）。1995年，当选为第三世界科学院院士。

承担氢弹外围课题任务，为国防事业作出贡献

20世纪60年代初，郝柏林承担了与氢弹研制外围课题有关的理论任务，他教会任务组成员使用计算机，并使这项国防任务走上正轨，他们在我国首次完成固体能带结构的数值计算，为氢弹研制作出重要贡献。

1969年10月19日，周恩来总理布置天线小型化战备研究任务（简称"1019任务"）后，郝柏林在任务组工作近4年，由他执笔写成4篇总结和"专题报告"。这一时期，郝柏林在物理所组织了一支小的队伍，开展理论研究并在科技人员中推广应用电子计算机。1974年他举办为期一周、面向全国的讲习班，培养我国第一批计算机操作系统人才。他撰写了面向科技人员的电子计算机语言教科书。这是他编著的第一部书，前后三次出版。

奖项与荣誉

郝柏林主要从事理论物理、非线性科学和理论生命科学研究，在固体电子能谱和声子能谱、金属红外性质、高分子半导体理论、统计物理、无线理论、地震分析、混沌动力学和符号动力学等领域取得多项重要成果。

1. 1978年国家恢复科学技术职称之初，郝柏林即被破格从助理研究员提升为研究员；1980年又成为当时最年轻的中国科学院学部委员（院士）之一。

2. "套磁介质天线的研究"获1978年中科院重大成果奖。

3. "三维晶格统计模型的封闭近似解"获1987年中科院科技进步奖二等奖。

4. 《漫谈物理学和计算机》一书获1990年中国物理学会第一届优秀科普书刊编著奖。

5. "实用符号动力学的研究"获1992年中科院自然科学奖一等奖和1993年国家自然科学奖二等奖；《实用符号动力学》一书获1995年国家新闻出版署第7届全国优秀科技图书奖二等奖。

6. "强迫布鲁塞尔振子的分岔与混沌"获1997年国防科工委科技进步奖二等奖。

7. "统一描述平衡和非平衡系统的格林函数理论研究"获1999年中科院自然科学奖一等奖和2000年国家自然科学奖二等奖。

8. 获2001年度何梁何利基金科学与技术进步奖物理学奖。

中国科学院理论物理研究所第九届学术委员会全体会议，前排右六为郝柏林

胡济民

胡济民 Hu Ji Min（1919年1月—1998年9月），江苏如皋人。核物理学家、核科学家、教育家。主要从事核理论、重离子核物理、等离子体物理等方面的教学与研究工作。中国科学院院士。

胡济民，1937年秋考入浙江大学化学系，二年级时从化学系转到物理系，1942年大学毕业后留校任物理系助教。1943年到重庆的交通大学任助教。1945年他以优异的成绩获得英国文化委员会资助去英国留学。胡济民先在伯明翰大学学习，导师奥里芬特是参加美国原子弹研究的科学家之一，刚从美国回英。但因专业关系胡济民要求转学，奥里芬特支持胡的转学要求，并介绍给他的好友、伦敦大学的莫赛教授去做研究生。胡济民在莫赛教授指导下用唯象的方法研究核力。由于他在核子间相互作用力的理论研究取得开创性成果，1948年获伦敦大学哲学博士学位。

胡济民于1949年9月回国，是新中国成立后第一批从海外归来的学子。应聘到浙江大学物理系任副教授，不久被任命为该校副教务长。1955年，被选调到北京大学任教。

对创建发展核工业的贡献

1.在北京大学任物理研究室主任、技术物理系主任的30余年，为国家培养了三千多名优秀的核科学和核技术方面的人才。他们中的大多数都是我国核科技战线上的中坚力量和骨干，以适应"两弹"研制、创建核武器的需求。其中不少人成为著名的专家、教授、院士、英雄模范人物。

1955年初，党中央决定创建核工业，发展核武器，在北京大学建立我国第一个培养核科技人才的教学基地——北京大学物理研究室。教育部专设核教育领导小组，由副部长黄松龄负责，中国科学院钱三强协助。调浙江大学副教授胡济民、东北人民大学教授

朱光亚、北京大学教授虞福春、上海复旦大学卢鹤绂负责筹建北京大学物理研究室（1958年改名为原子能系，后又改为技术物理系）。研究室于1955年7月正式成立，教育部任命胡济民为室主任，虞福春为副主任。胡济民担任首任技术物理系主任直至1986年。他还应聘在原子能研究所兼职（1956—1998年），协助开辟核学科领域和培训技术干部。胡济民先生几十年如一日，辛勤耕耘在教学第一线。他既主讲普通物理、理论力学、量子力学等基础课，也讲授原子核物理、原子核理论、等离子体物理等专业课。他曾为全校新开设的公共选修课"人类生存发展与核科学"讲授了第一堂课。他主编出版的《原子核理论》一、二卷，已成为我国核理论教学必备教材和科技工作者的重要参考书。他的另外两部专著《原子核的宏观模型》和《核裂变物理学》也为我国核科技留下了宝贵的财富。经过长期艰苦努力，把北京大学技术物理系建设成了我国核科学与核技术教学、科研的重要基地。

2.胡济民先生为解决核科学领域的许多重大问题进行了长期不懈的研究，在原子核力、原子核结构、重离子核物理、裂变物理以及等离子体物理等学科领域，都取得了重大成果。20世纪70年代，正当重离子核物理成为核科学研究前沿课题时，他从理论上探索合成超重核的可能性，并提出了重离子核反应要经过中间阶段的"准复合模型"。他很关心、支持我国核数据编评和核数据库的建立工作，并亲自领导和参加裂变核数据计算和裂变机制的研究，他首创的多维裂变布朗运动模型取得重要成果。80年代，他在比较分析已有核模型基础上，提出了新的原子核宏观模型，并应用于研究原子核的性质取得了新的进展。90年代他在高自旋超型变态研究领域，发展了原子核的振动与转动模型，为核结构研究作出新的贡献。

1980年，他当选为中国科学院学部委员（院士），后又兼任中科院数理学部常务委员、数理学部副主任。1982—1986年，连任两届中国核物理学会理事长，并兼任第一届全国核物理专业教材委员会主任和中国大百科全书物理卷核物理分卷编审，国家学位委员会科学评议组和国家自然科学基金评议组成员等职。在他古稀之年，还兼任北京大学重离子物理研究所、兰州重离子加速器国家实验室和北京串列加速器核物理国家实验室的学术委员会主任等职，继续为我国核科技事业贡献力量。

奖项与荣誉

他的专著《原子核理论》第一版获核工业部优秀教材特等奖和全国优秀教材国家优秀奖；修订版又获教育部和国家级两项科技进步奖。

徐光宪

徐光宪 Xu Guang Xian（1920年11月—2015年4月），浙江绍兴人。化学家，教育家，北京大学教授，曾任技术物理系教授兼核燃料教研室主任。中国科学院院士。

徐光宪，1940年考入上海交通大学化学系，大学四年中一直保持班里第一名的好成绩。1947年自费赴美国圣路易斯的华盛顿大学化工系读研究生，一个学期后，以特别优异的成绩获得哥伦比亚大学助教奖学金，同时攻读博士学位，主修量子化学。他在哥伦比亚大学学习和工作不到三年时间，于1951年3月获得博士学位。1951年5月，假借华侨归国探亲的名义，携夫人高小霞乘船回到祖国。回国后一直在北京大学任教至今。先后担任化学系副教授、教授、博士生导师，技术物理系副主任兼核燃料教研室主任，化学系无机化学教研室主任，稀土材料化学及应用国家重点实验室学术委员会主任等；曾任《中国稀土学报》主编，《中国科学》副主编，《科学通报》、《高等学校化学学报》主编，中国化学会理事长，国家自然科学基金会化学科学部主任等多项职务。1991年被选为亚洲化学联合会主席、中国科学家协会会长。1952年9月，加入中国民主同盟，1983年11月，加入中国共产党。他是第三届全国人大代表，第五、六、七、八届全国政协委员。1980年当选为中国科学院学部委员（院士）。

科学成就和对"两弹"研制的贡献

1.徐光宪在教学与科研方面成绩显著。他的科研领域涵盖物理化学和无机化学，在量子化学、化学键理论、配位化学、萃取化学等方面都有重要贡献。他提出了核燃料的协同萃取体系的新分类法；提出了溶液络合物的平衡理论；提出共价新概念及其量子化学定义，论证铍的共价为6，镍的共价为8；揭示了稳定化合物的成键规律，为合成新型功能化合物提供了理论依据，亲自协助设计并合成20多种新型多核稀土化合

物;在国际上首先提出微乳萃取新概念,开辟了应用界面化学理论研究萃取过程的新途径;在国际上首次提出串级萃取理论和计算最优化工艺参数的理论公式及其计算机程序,并建立了多个稀土分离新工艺流程。

2.1956年起,徐光宪担任北京大学原子能系(后更名为技术物理系)副主任兼核燃料化学教研室主任期间,开设多门课程,并开展铀同位素235与238的分离和核燃料萃取化学研究,提出萃取体系和核燃料的协同萃取体系的分类法,对核燃料铀和钚的萃取机理和萃取体系进行了大量研究,为我国第一个核燃料后处理铀、钚分离厂采用先进的萃取法流程,摒弃苏联提供的沉淀法流程提供了参考数据。注重科研理论与实际相结合,他曾去湖南参加重铀酸铵的研制与生产。1964年8月,他参加了二机部在青岛召开的会议,这是决定建设一期工程(中间试验厂)采用沉淀法而二期工程就要采取萃取法的重要会议。与会专家、科学家一致赞同放弃苏联提供的沉淀法,以我国自行研究的先进的萃取法建设西北核燃料后处理厂,分解提炼钚-239为核武器提供新的核燃料,徐光宪的学术成果和他的主张对这一重要的决定起了重要作用。

3.70年代后期徐光宪调回北京大学化学系,任无机化学教研室主任,从事稀土萃取分离的研究。他曾8次去内蒙古包头稀土厂进行试验。在大量实验的基础上,针对稀土原料含有十个以上组分的复杂情况,他在国内外首次提出稀土串级萃取理论和计算最优化工艺参数的理论公式及计算机程序,实现不必经过小试和中试,"一步放大"到生产,建立多个稀土分离新工艺流程,推广应用后获巨大经济效益,使我国稀土分离工艺达到国际先进水平。1972年,徐光宪和他的同事接到国家任务,要分离稀土元素中性质最相近的孪生兄弟镨和钕。经过多年的努力,他所创立并不断改进的稀土串级萃取理论及其工艺,使得高纯度稀土产品的生产成本下降了四分之三,让中国生产的单一高纯度稀土产品长期占到世界9成以上。徐光宪看到过度开采(稀土)造成严重的资源流失、环境破坏,在2005年、2006年,他联合14位院士两次上书时任国务院总理温家宝,呼吁保护内蒙古白云鄂博地区宝贵的稀土和钍资源。温家宝很快作出批复,要求限制稀土产量。徐光宪为我国稀土事业作出巨大贡献。

4.徐光宪就他的研究和学术工作,先后在国内外学术刊物上发表论文400多篇,专著8本,其中和黎乐民等合作编著的《量子化学》上、中、下三卷及《量子化学题解》,一直是国内外量子化学方面最详尽的研究生教材。

奖项与荣誉

1.20世纪50年代初,徐光宪与卢嘉锡、唐敖庆、吴征铠三位先生一起两次参加高等教育部在全国举办的"物质结构"教学讨论班,于1959年出版《物质结构》一书,发行20余万册。1988年获国家优秀教材特等奖。

2.从50年代起,徐光宪按他提出的溶液络合物的平衡理论,改进和提高极谱法测定络合物稳定常数的精密度,测定了大量络合物的稳定常数,为国际手册所采用。

3.获多项省部级奖励。

4.在化学键理论方面,徐光宪因研究数十种稀土化合物的电子结构和成键规律,协助设计并合成20几种新型多核稀土化合物,1987年获国家自然科学奖二等奖、三等奖;国家教委一等奖。

5.因从事稀土萃取分离的研究工作所取得的成就,还曾获国家科技进步奖(1991年获三等奖,1998年获二等奖)。

6.获1994年度何梁何利基金科学与技术进步奖化学奖。

7.获2005年度何梁何利基金科学与技术成就奖。

8.获2008年度国家最高科学技术奖。

徐光宪和弟子们在实验室

延伸阅读

历年国家最高科学技术奖获得者(2000—2014 年):

截至 2016 年 1 月 8 日,共有 25 位杰出科学工作者获得国家最高科学技术奖。

2000 年度

吴文俊(1919 年 5 月—),数学家,中国科学院院士;

袁隆平(1930 年 9 月—),杂交水稻之父,中国工程院院士。

2001 年度

黄昆(1919 年 9 月—2005 年 7 月),物理学家,中国科学院院士;

王选(1937 年 2 月—2006 年 2 月),汉字激光照排系统创始人,中国科学院院士、中国工程院院士。

2002 年度

金怡濂(1929 年 9 月—),高性能计算机领域专家,中国工程院院士。

2003 年度

刘东生(1917 年 11 月—2008 年 3 月),地球环境科学家,中国科学院院士;

王永志(1932 年 11 月—),航天技术专家,中国工程院院士。

2004 年度

最高奖得主空缺。

2005 年度

叶笃正(1916 年 2 月—2013 年 10 月),气象学家,中国科学院院士;

吴孟超(1922 年 8 月—),肝脏外科专家,中国科学院院士。

2006 年度

李振声(1931 年 2 月—),遗传学家,小麦远缘杂交的奠基人,中国科学院院士。

2007 年度

闵恩泽(1924 年 2 月—),石油化工催化剂专家,中国科学院院士、中国工程院院士;

吴征镒(1916 年 6 月—2013 年 6 月),植物学家,中国科学院院士。

2008 年度

王忠诚（1925年12月—2012年9月），神经外科专家，中国工程院院士；

徐光宪（1920年11月— ），化学家，中国科学院院士。

2009年度

谷超豪（1926年5月—2012年6月），数学家，中国科学院院士；

孙家栋（1929年4月— ），运载火箭与卫星技术专家，中国科学院院士，"两弹一星功勋奖章"获得者。

2010年度

师昌绪（1920年11月— ），金属学及材料科学家，中国科学院院士、中国工程院院士；

王振义（1924年11月— ），内科血液学专家，中国工程院院士。

2011年度

吴良镛（1922年5月— ），建筑与城市规划学家，中国科学院院士、中国工程院院士；

谢家麟（1920年8月— ），加速器物理学家，中国科学院院士。

2012年度

郑哲敏（1924年10月— ），力学家，爆炸力学家，中国科学院院士、中国工程院院士；

王小谟（1938年11月— ），雷达工程专家，中国工程院院士。

2013年度

张存浩（1928年2月— ），物理化学家，中国科学院院士、第三世界科学院院士；

程开甲（1918年8月— ），核武器技术专家，中国科学院院士，"两弹一星功勋奖章"获得者。

2014年度

于敏（1926年8月— ），核物理学家，中国科学院院士，"两弹一星功勋奖章"获得者。

2015年度

最高奖得主空缺。

徐冠仁

徐冠仁 Xu Guan Ren（1914年3月—2004年2月），江苏南通县人。著名核农学家，中国核农学的创始人，中国科学院院士。他开创了我国原子能农业应用事业，又拉动了原子能事业的开创和发展。

徐冠仁，1934年毕业于中央大学农艺系。1950年获美国明尼苏达大学博士学位。曾任美国明尼苏达大学农学及植物遗传系研究员。回国后，历任中国农业科学院原子能利用研究所研究员、副所长、所长、名誉所长，兼任北京农业大学教授、农业物理气象系主任，中国科学院遗传研究所研究员，中国科学院生物学部副主任、代主任，中国科学院等离子物理研究所顾问，中国原子能农学会理事长、名誉理事长。曾任《原子能农业应用》《核农学报》主编。1980年当选为中国科学院学部委员（院士）。

立足核农学，为我国原子能农业应用作出贡献

为使全国都来关心和重视原子能事业的建设，1954年底和1955年上半年，周恩来指示，要做好舆论宣传的先行工作，要让特别是领导干部懂得原子能的科学知识和应用。徐冠仁响应中央和国务院的号召，与二机部的同志们一起在宣传和普及原子能和平利用的科普知识的活动中发挥了积极作用，并迅速成为在原子能农业应用系统的带头人。

原子能农业应用即同位素技术的应用。主要包括同位素示踪技术和同位素辐射技术的应用。我国同位素技术在农业上的应用始于1956年。1956年9月6日，徐冠仁在北京起草了一个建议："在中国农业科学院建立原子能农业应用实验室"。这个建议得到了党和国家有关部门和领导的重视，很快就决定由他负责筹建中国农业科学院原子能利用研究室。当时,国际上原子能和平利用刚刚起步,在我国这一领域还是空白。1957年9月,中国农业科学院成立了"原子能利用研究室",后发展为研究所,徐冠仁为主任(后为副所长、所长)。从此,边建设边培养人才、边开展工作,先后举办了5期原子能农业应用培训班,培养出300多名专业技术骨干。同时,徐冠仁积极开展与加强我国原子能农业应用研究与国际的学术交流。在他的倡导下,1979年3月成立了中国原子能农学会,创办了《原子能农业应用》期刊。后扩展为《核农学报》《核农学通报》两个学术刊物。

奖项与荣誉

1.徐冠仁曾获自然科学论文奖。在美期间研究了玉米杂种优势的产生与表达,并提出了新的观点,采用热中子和射线处理小麦并得到抗秆锈病突变种,为当时抗病育种指出新途径,受到国际上的重视。在国内,他利用小麦单缺体改组遗传结构及利用辐射诱发遗传变异的理论和研究方法,推动全国杂种优势利用、辐射育种及染色体工程的发展。

2.徐冠仁的事迹载入《原子能科学家名录》。

中国原子能农学会第四次代表大会留影。前排左起为与会的原子核科技界的前辈王淦昌、徐冠仁、张爱萍、朱光亚,后排右起陈子元、温贤芳、王传英

唐孝威

唐孝威 Tang Xiao Wei（1931年10月— ），生于江苏无锡，祖籍江苏太仓。核物理及高能物理学家，先后在北京核武器研究所和中国科学院高能物理研究所工作，曾负责原子弹所需的核测试及探测器的研制工作。中国科学院院士。

唐孝威，1949年秋毕业于上海南洋模范中学，考入北京清华大学。1952年毕业后分配到中国科学院近代物理研究所从事核探测工作。1958年赴苏联杜布纳联合原子核研究所从事高能物理研究，1960年4月回国，到北京核武器研究所负责原子弹所需的核测试及探测器的研制工作，历任研究员、室主任。后任中国科学院高能物理研究所研究员，中国科学院科学技术委员会副主任，浙江大学教授、博士生导师，北京大学、中国科学技术大学等兼职教授，上海原子核研究所兼职研究员等。1980年当选为中国科学院学部委员（院士）。曾任中国和平统一促进会理事。他是中国共产党第十二、十三次全国代表大会代表。

为"两弹"研制和核试验作出的贡献

1.要在炸药爆炸条件下测量单次脉冲中子束，这是研制原子弹的关键技术。唐孝威和几位新毕业的大学生组成实验小组，先是到原子能研究所，在回旋加速器上开展中子实验，研究测量单次脉冲中子束的强度和产生时间的方法，并研制成了多种测量脉冲中子束的探测器。到1961年他们基本上掌握了定量测量脉冲中子束的技术。然后，就到工地进行爆轰试验，以掌握在爆炸条件下测量单次脉冲中子束的技术，与唐孝威在同一组里的还有徐海珊、杨时礼、陈涵德等同志。

2.1963年上半年，唐孝威和他的助手们奔赴青海核武器试验基地。1963年11月，基地进行了缩小尺寸的整体模型爆轰试验。这是一次对理论设计和一系列实验结果都进行综合验证的关键性试验。试验结果达到了预期目的。这次试验的成功,解决了研制原子弹的关键技术问题,为原子弹设计和核爆炸试验打下了可靠的基础。唐孝威他们完成了测量单次脉冲中子束的任务,证实了中子点火装置是成功的。王淦昌先生给予高度评价:"唐孝威的中子点火测试工作给我印象极深,就是因为这种实验的难度很大。"1964年6月,又进行了一次全尺寸爆轰模拟试验,取得成功,为第一颗原子弹爆炸奠定了基础。

3.我国第一颗原子弹爆炸试验是采取塔爆方式,唐孝威他们从青海奔赴新疆核试验场区。他们登上塔顶,在原子弹旁边安装测试仪器,再在铁塔附近掩体里安装测试仪器。在爆炸试验中,唐孝威要通过各种核辐射数据,对核弹内部复杂的核反应过程进行测量和诊断,唐孝威因此被称为"两弹诊断的学术带头人"。

4. 唐孝威他们接着又投入到突破氢弹技术的实验中去。当时,他担任主任的核测试研究室已拥有科技人员上百人。1966年12月23日,在一次氢弹原理实验的核爆炸瞬间,唐孝威就守在实验记录系统旁,当场速报出关键性的实验数据,成为现场判断和证实我国氢弹原理成功的第一人。

奖项与荣誉

1.1965年5月30日,周恩来、邓小平等中央领导同志在北京人民大会堂亲切接见原子弹研制和爆炸成功有功人员代表。唐孝威等受到了接见和宴请。

2.1979年被评为全国劳动模范。

3.国家科委授予国家级有突出贡献的中青年专家称号。

4.主编的《粒子物理实验方法》获1983年全国优秀科技图书一等奖。

5.唐孝威在德国汉堡同步加速器研究中心工作期间,丁肇中采纳了唐孝威的建议,对大型探测器中的一个核心部件——电磁量能器(有缺陷)重新修改设计。此后,在实验中,他们得到的第一批数据就揭开了胶子之谜。这一消息很快在全世界传开,新华社发布了重要消息:"丁肇中教授领导的小组在实验上证实胶子存在,我国唐孝威等20多位科学工作者参加这项实验研究工作。这一重要发现,对于加深人类对物质微观结构的认识具有重大意义。"

6.1997年,周发勤教授撰写的《唐孝威科学实验四十年》(中国科学技术大学出版社,国家自然科学基金资助项目),书中对他40多年来在国防科研、基础研究和应用研究的前沿、始终坚持在实验第一线进行实验的科学生涯和成就作了翔实生动的叙述。

涂光炽

涂光炽 Tu Guang Chi（1920年2月—2007年7月），生于北京。地质学家，20世纪60年代，他从事花岗岩类有关矿床及铀矿地质研究，首次提出了我国相当多的铀矿床系改造成矿作用的新见解。曾任中国科学院地理化学所副所长、所长。中国科学院院士。

涂光炽，1944年毕业于昆明西南联合大学地质系。1949年在美国明尼苏达大学获博士学位。1949—1950年任美国宾夕法尼亚州立大学研究助理。1950—1951年在清华大学任副教授，首先在我国开设了地球化学课程。1951—1954年在苏联莫斯科大学进修。1955—1966年在中国科学院地质研究所任副研究员、研究员，副所长（1960年起）。自1966年起，历任中国科学院地球化学所副所长、所长、名誉所长。1980年当选为中国科学院学部委员（院士），是中国科学院学部主席团成员、地学部主任。他还是俄罗斯科学院院士、第三世界科学院院士、美国地质学会终生荣誉会员（1987年起）。他曾任中国矿物岩石地球化学学会名誉理事长，并兼任北京大学、南京大学、浙江大学、中国科技大学、中国地质大学教授，是《中国科学》《科学通报》副主编，中英文《地球化学》《矿物学报》主编，曾任国务院学位委员会委员、国务院奖励委员会委员。他是第五、六届全国人大代表。

在我国铀矿地质研究工作中的贡献

涂光炽在20世纪60年代的铀矿地质工作中，首次提出了我国相当多的铀矿床系改造成矿作用的新见解。他认为，从中国多数铀矿地质实际情况出发，很难用矿床学传统的成矿理论，即沉淀成岩成矿、岩浆和岩浆热液成矿、变质成矿这三种模式去解释铀矿床形成机制。于是，他提出了第四种成矿机制，即改造成矿作用。这种成矿机制比较合理地解释了成岩成矿的较大时差及铀矿可产生不同时代花岗岩中等问题。之后,他还正式提出将矿床成因分类的三分法改为四分法。中国晚期地质历史中较频繁而剧烈的地壳活动增加了改造成矿作用的重要性。涂光炽的这一见解得到不少矿床学家的支持和共识,并引用到他们自己的工作中去。

在铀矿地质研究中,基于对中国地质背景及演化的分析,他提出了某些在国外十分重要的矿床类型在中国被发现的可能性十分局限的意见,如在南非、加拿大占世界铀储量及产量很大份额的古砾岩型铀矿类型在我国的具体地质环境中是难以形成的。因而,不宜在我国提出寻找这一重要铀矿类型的要求。他的这一认识已被新中国成立后的找矿实践所验证并被我国广大铀矿地质工作者所接受。

20世纪六七十年代,涂光炽组织并领导了地球化学研究所华南花岗岩类研究工作。他和他的同事们的工作侧重于地球化学方面。1979年出版了《华南花岗岩类的地球化学》专著,系统地阐述和总结了闻名于世的华南花岗岩类物质组成、岩石化学、类型划分、微量元素和同位素地球化学,形成时代及成矿作用等。

涂光炽与我国铀矿工作者有广泛的联系,他曾担任铀矿地质学会顾问。

在其他地质学及找矿方面,涂光炽提出了富碱侵入岩带的概念及其地质意义引起同行的极大关注。他根据我国地质发育特点,制定了金矿、铀矿、富铁矿、铝锌矿等的类型划分方案并探讨了对中国有利及远景欠佳类型和找矿对策;提出了超大型矿床的分类、矿化物质的选择性、我国超大型金属矿床的时空分布规律,以及成矿因素。他还多次强调指出,煤、石油、天然气、金属矿床、非金属矿床、盐类矿床等在形成机制中的有机联系,要有意识地组织这方面的研究有可能使成矿有新的突破。

奖项与荣誉

1.1979年出版的《华南花岗岩类的地球化学》专著,1982年获国家自然科学奖二等奖。涂光炽为第一作者。

2.80年代的研究成果及其专著《中国层控矿床地球化学》(三卷),1987年获国家自然科学奖一等奖。涂光炽为第一作者。

3.从1987年开始,涂光炽投身于金矿地质研究,因在这方面的贡献,获国家黄金总局一等奖。涂光炽排名第一。

4.获1995年度何梁何利基金科学与技术进步奖地球科学奖。

陶诗言

陶诗言 Tao Shi Yan (1919年8月—2012年12月)，浙江嘉兴人。天气学家、动力气象学家，中国科学院院士。中国科学院大气物理研究所研究员。他长期从事大气环流和天气动力学研究工作。20世纪60年代初，为我国原子弹和导弹试验提供了准确的气象保障，为此作出重要贡献。

陶诗言，1938年考入重庆中央大学水利系，翌年转入地理系气象专业。1942年毕业并获理学学士，留校任教。1944年，他到重庆北碚气象研究所，在气象专家赵九章的指导下开始气象科学研究。他多年在中国科学院大气物理研究所任研究员，一直从事大气环流和天气动力学的研究，为中国气象预报业务的建立和发展作出重要贡献。他曾是中国气象学会理事长、名誉理事长，联合国世界气象组织全球计划科学技术委员会委员，全国政协委员会第五~七届委员。1980年当选为中国科学院学部委员（院士）。

为"两弹"研制提供气象保障，作出贡献

1950年底，中央军委气象局与中国科学院地球物理研究所合作成立了"联合天气分析和预报中心"。顾震潮与陶诗言分别被任命为该"预报中心"的主任和副主任。60年代初，中国开展了核弹、导弹等国防尖端科学技术的研究工作。国防气象保障预报工作是一项十分艰巨的任务，张爱萍将军亲自点将，由陶诗言与顾震潮负责"两弹"实验现场的气象保障工作。1964—1967年，他们多次到试验基地工作，顺利地完成了国防试验的气象保障任务，为"两弹"试验和实现"两弹结合"作出贡献，他们还为部队培养了大批天气预报专家。

奖项与荣誉

1.为"两弹"实验提供气象保障工作,1965年5月荣立一次二等功(见左图),1966年荣立大功一次(见右图)。部队颁发的立功喜报两次送到陶诗言家中。

2.1981年—1985年,陶诗言作为项目负责人,与国家气象局的专家合作,研究利用卫星云图分析预报台风的移动、强度变化及灾害性天气出现的分析预报方法,提出了一个分析预报的程序。这项研究成果在1985年获国家科学技术进步奖三等奖。

3.1987年获国家自然科学奖一等奖。

4.1994年获中国科学院自然科学奖一等奖。

5.1996年获何梁何利基金科学与技术进步奖大气物理学奖。

黄劭显

黄劭显 Huang Shao Xian（1914年7月—1989年8月），生于山东即墨。地质学家，铀矿地质专家，我国铀矿地质事业的创建人之一。中国科学院院士。

黄劭显，1934年考入北京大学地质系，并加入了中共地下党；1940年毕业于西南联合大学地质系。曾任云南大学助教，中央地质调查所技士、技正。新中国成立后，历任地质部西北地质局工程师兼六二一队副队长，中南三〇九地质大队副总地质师，二机部地质局副总地质师，北京铀地质研究所副所长、科学技术委员会主任、高级工程师，中国核学会第一届理事。1980年当选为中国科学院学部委员（院士）。

为我国地质铀矿事业的贡献

黄劭显从事地质工作40多年，在中国首次发现铬铁矿，填补了中国该矿种的空白，同时为中国普查与勘探铬铁矿培养了人才。他三次到贺兰山区做区域地质调查，在没有地形图的情况下，步测做了1/20万的地质图。

1955年，黄劭显调到二机部，开始从事铀矿地质普查勘探工作。他是我国铀矿地质事业的创建人之一。在他参与组织和领导下，在20世纪50年代在国内发现若干铀铁矿基础上，又在国内首先突破花岗岩型和碳硅泥型两种铀矿类型，找到很多铀矿，提交了首批铀工业储量，建立了首批铀矿山。黄劭显在铀矿成矿方面提出了一系列新看法，对发展铀矿成矿理论、铀矿普查找矿和为我国第一颗原子弹爆炸作出重要贡献。

20世纪80年代后，黄劭显为铀矿地质科研管理作出了重要贡献。他是铀矿地质领域的首位中科院院士、首位研究生导师；参与创办了《铀矿地质》《放射性地质》等学术刊物并担任主编；是《中国矿床》一书第五章"中国铀矿床"的主编。

奖项与荣誉

黄劭显组织和参加了铀矿地质科研规划的制定和多项课题的研究工作，多项科研成果获国家项目成果奖。

黄祖洽

黄祖洽 Huang Zu Qia（1924年10月—2014年9月），出生于湖南长沙市。理论物理学家，先后在近代物理所(原子能研究所)、北京核武器研究所、北京师范大学工作。他主要从事核理论、中子理论、反应堆理论、输运理论及非线性动力学等方面的研究，是中国核武器理论研究和设计的主要学术带头人之一，积极参加和指导了中国"两弹"理论的研究工作。中国科学院院士。

黄祖洽，1950年于清华大学物理系研究生毕业后，任中国科学院近代物理研究所助理研究员。1955年10月起，黄祖洽参加钱三强、冯麟率领的科技工作者实习团赴苏联学习核反应堆、加速器的原理和操纵及其仪器制造和使用。1956年—1965年1月，任原子能所副研究员、研究员。1965年1月，调入二机部核武器研究所(九所)任研究员。1980年以后，任北京师范大学低能物理研究所教授、所长、名誉所长。1980年当选为中国科学院学部委员（院士）。

科学技术成就和对"两弹"研制的贡献

1.我国核反应堆理论和设计的开创者和奠基者之一。

(1)我国反应堆技术研究始于1956年下半年。当时，中科院物理所举办了为期一年的反应堆理论训练班，由彭桓武和黄祖洽任教，学员近20人，为我国培养了第一代反应堆理论研究人员。

(2)对我国第一座重水反应堆作了理论计算并纠正了苏联专家设计的临界大小数据。1955年底—1956年中，黄祖洽参加了接受前苏联援助我国重水反应堆的理论设计。他结合反应堆结构复杂的实际情况，仔细计算了这个反应堆中非均匀栅格的中子增殖性能、中子在慢化和扩散过程中和栅格相互作用的特征、反应堆应有的临界大小，

以及运行中反应堆的组成可能出现的各种变化。他发现,结果和苏联提供的设计中所给出的临界尺寸数据不同。经双方讨论后,苏方承认原设计中的数据可能是错误的。以后在该反应堆启动的临界实验中,黄祖洽的理论计算结果得到了证实。1960年初,在德累斯顿国际反应堆会议上,黄祖洽的学术报告阐述了为我国第一个重水反应堆的启动和运行所做的大量理论研究和计算工作。

(3)黄祖洽组织领导了多种类型反应堆的理论探索,培养了我国第一代反应堆理论人才。他先后参与和组织了铀水堆(用于核潜艇)、石墨堆(用于核燃料生产)、元件堆(用于试验元件)的研究和初步理论设计,为这些反应堆的建造做了先驱性、开创性的工作。

2.对原子弹、氢弹研制作出的贡献。

1960年是我国自力更生建设核工业的关键时刻。当时,王淦昌、彭桓武、朱光亚、邓稼先、程开甲、周光召、于敏、黄祖洽等一批优秀人才直接参加了核武器的研制工作,并取得显著的成就(见《当代中国核工业》一书中"'两弹'攻关中的任务"一节)。

为了加速核武器的研制,在核武器研究所(九所)集中力量研制原子弹的同时,按照领导指示,在原子能所成立了一个由黄祖洽带领十来个年轻人所组成的"轻核理论小组",来承担氢弹的预研工作,不久,何祚庥、于敏也先后来到这个组。大家从各个角度分头探索思考,又在一起讨论突破氢弹的途径。黄祖洽对氢弹的原理及结构进行了多方面的探索和研究。

1961年底,为了加强原子弹研制和氢弹预研的联系,黄祖洽被安排用一年半的时间到核武器所兼职工作。他一方面参加了原子弹研制中所需的"状态方程",探索中子源部件结构的设计,另一方面还继续参加氢弹的预研。黄祖洽是我国早期唯一同时在研制氢弹和原子弹的专家。

在核武器研究所下设的4个技术委员会(产品设计、冷试验、场外实验和中子点火)中,黄祖洽是中子点火委员会的委员,其主任委员是彭桓武,副主任委员是朱光亚。

1965年5月,原子能所的"轻核理论小组"被合并到核武器研究所,以集中力量攻克氢弹。黄祖洽、于敏等小组的大部分人正式调到该所。大家在原有对原子弹研制和氢弹预研的基础上,共同探索实现氢弹的途径。在原子弹、氢弹设计原理中理论问题的研究方面,黄祖洽是物理问题研究的主要负责人之一。

在氢弹爆炸成功后,黄祖洽又参与领导多种型号核试验装置和第一代核武器的理论研究设计工作。从1950年分配到近代物理研究所到1980年调离核武器研究所,黄祖洽一直站在原子能科学前沿,为我国原子能事业和"两弹"研制及战略核武器的发展立下了不朽功勋。

3.论文和著作。

论文:

(1)《研究性重水反应堆的物理计算》(1959年(3))

(2)《关于高温高压热核反应系统中的中子输运方程》(1961年)

(3)《轻核反应装置中轻核的能谱和有关的问题》(1962年)

(4)《铀水系统安全质量的简易估算法》(1965年)

(5)《原子弹氢弹设计原理中的物理力学数学理论问题》(主要作者)

(6)《中子和稀薄气体的非平衡输运和弛豫过程》(第一作者)

著作(图书):

(1)《热中子核反应堆理论》

(2)《核反应堆动力学基础》

奖项与荣誉

1.《原子弹、氢弹设计原理中的物理力学数学理论问题》,1982年获国家自然科学奖一等奖。

2.《核反应堆动力学基础》一书,获1983年全国优秀科技图书二等奖。

3.《中子和稀薄气体的非平衡输运和弛豫过程》一书,1991年获国家教委科技进步奖一等奖。

4.1995年获国家教委科技进步奖二等奖。

5.获1996年度何梁何利基金科学与技术进步奖物理学奖。

黄维垣

黄维垣 Huang Wei Yuan（1921年12月— ），生于福建莆田市。有机化学家。早年从事甾体化学和天然产物化学的研究。应国防建设的需要,20世纪50年代末转向有机氟化学和含氟材料的研究。中国科学院上海有机化学研究所副研究员、研究员。中国科学院院士。

黄维垣,1943年7月毕业于福建协和大学化学系,获理学士学位,留校任教。1947年4月—1949年9月,在广州岭南大学化学系学习,获理学硕士学位。1950年2月—1955年6月,赴美国哈佛大学化学系深造,先后获有机化学哲学博士和博士后研究员。1955年9月起,到中国科学院上海有机化学研究所工作,历任副研究员、研究员,副所长、所长。1984年7月,任中国科学院上海分院副院长。1985年9月当选为国际纯粹与应用化学联合会理事。1986年任中国化学学会理事长。1988年被聘为国务院学位委员会成员。1980年当选为中国科学院学部委员（院士）。

转向有机氟化学和含氟材料的研究,为铀浓缩作出贡献

黄维垣回国初期,继续从事甾体化学和天然产物化学的研究。1958年应国防建设需要,他转向有机氟化学和含氟材料的研究,其中一项重要任务,就是为铀浓缩工业生产研制所急需的氟油。铀浓缩过程中必须使用耐高温的新型润滑油。因传统润滑油都是油脂类化合物,在此高温下易燃烧、分解,浓缩铀所需要的是既有润滑作用,又能在使用过程中不会燃烧的润滑剂。这项技术攻关任务以上海有机化学研究所为主,由黄维垣和他的同事们承担。他们选择了含氟有机化合物,因为氟与碳等元素结合生成的许多化合物具有性质稳定、耐高温、抗腐蚀和不易燃烧等特点。当时,氟化学研究在中国尚属空白,他们从基本原料做起,开始建立起各种氟化手段,包括电解制氟及电解氟化的装置等。经刻苦攻关终于研制成功了当时急需的含氟油脂和氟塑料、氟橡胶，以解军工之需。

奖项与荣誉

1."全氟润滑油"获国家发明证书，"全氟聚氨脂"和"聚全氟苯"获国防科工委科技成果奖三等奖(2项)。

2.获中国科学院科技进步奖一等奖1项；二等奖2项；三等奖2项。

3.1994年获何梁何利基金科学与技术进步奖化学科学奖。

4.1997年获陈嘉庚科学奖化学科学奖。

黄维垣在实验室指导科研

延伸阅读

陈嘉庚科学奖

以著名华侨领袖陈嘉庚名字命名的陈嘉庚科学奖，前身为1988年设立的陈嘉庚奖。2003年，陈嘉庚科学奖基金会正式注册成立，设立陈嘉庚科学奖，2010年设立陈嘉庚青年科学奖。陈嘉庚科学奖、陈嘉庚青年科学奖每两年评选颁奖一次，前者奖励近期在中国做出重大原创性科学技术成就，后者奖励在中国独立做出重要原创性科学技术成就，年龄40周岁以下的青年科技人才。

黄耀曾

黄耀曾 Huang Yao Zang（1912年11月—2002年12月），出生于江苏南通市。化学家，中国科学院上海有机化学研究所研究员，他长期从事有机化学的研究，完成了核武器试制中急需的高爆速塑料粘结炸药的研制。中国科学院院士。

黄耀曾，1934年毕业于南京中央大学化学系，获理学学士学位。毕业后随著名化学家庄长恭教授到中央研究院化学研究所工作，主要从事有关多环化合物的甾体化合物的全合成研究。1939—1946年，在上海医学院生物化学系任教并作研究工作，1946年重返中央研究院化学所任副研究员。1949年后任中国科学院上海有机化学研究所研究员，1960—1984年任该所副所长。1980年当选为中国科学院学部委员（院士），并任化学部常委、副主任，同时兼任上海有机化学研究所学术委员会副主任。1981年任《有机化学》杂志第一任主编，《化学学报》编委，以及国际性刊物《无机和金属有机的合成和反应》《杂原子化学》顾问编委等职。还被聘为中国科学技术大学化学系副主任，南京大学、上海科技大学、华东师范大学兼职教授，华东理工大学的名誉教授。1983年受聘为美国诺特丹大学访问教授。1985年应香港中文大学聘请讲学。

为"两弹"研制作出的贡献

黄耀曾的主要研究领域是有机合成化学，涉及多环化合物化学、抗菌素化学、氟化学。20世纪50年代末，他从事国防研究，与其他合作者投入氟塑、聚四氟乙烯、F46、元素氟氟化的研制、氟表面活性剂、新型炸药等的研究工作，完成了核武器试制中急需的高爆速塑料粘结炸药的研制，并组织批量生产，为我国原子弹、氢弹爆炸成功作出重要贡献。

奖项与荣誉

1.1978年获全国科学大会奖。

2.1982年获国家自然科学奖三等奖。

3.1985年获国家科学技术进步奖一等奖。

4.1988年获国防科委颁发的"献身国防科技事业"荣誉证章。

5.1991年获中国科学院自然科学奖一等奖。

6.1992年获国家创造发明奖二等奖。

7.1993年获国家自然科学奖二等奖。

8.1994年获第三世界科学院化学奖。

9.1995年获"上海万国科技基金"首批"科技奖"。

10.获1997年度何梁何利基金科学与技术进步奖化学奖。

晚年的黄耀曾

曹本熹

曹本熹 Cao Ben Xi（1915年2月—1983年12月），上海人。化学工程专家、核化工专家、教育家，在"两弹"研制中，他参与和领导了铀、钸、锂、氘、氚的研制和生产。中国科学院院士。

曹本熹，1938年毕业于国立清华大学化学系（最后一年在西南联大），1943年赴英国伦敦大学帝国学院化工系读研究生，1946年6月毕业，获博士学位。同年10月回国，受邀为清华大学创办化学工程系，先后任清华大学化工系副教授、副系主任兼代理系主任。1948年升任教授，正式担任系主任职务。1952年，他参与筹建北京石油学院，任教务长、副院长。1963年调入第二机械工业部任二局副局长兼总工程师。1980年当选为中国科学院学部委员（院士）。他还曾担任核工业部科技委副主任、中国核学会常务理事等职。曹本熹从1964—1983年，担任第三～五届全国人大代表，历时19年。

为"两弹"研制和战略核武器发展的贡献

在核工业的二十年中，曹本熹出色地领导了铀、钸、锂、氘、氚的试制和生产，为"两弹"研制和核武器的生产作出重要贡献。他的工作主要集中在：铀和浓缩铀的转化、热核聚变材料生产、核燃料后处理和放射性废物处理等核化工生产、重大试验、工程建设及运行的领导工作；在核化工首套大、中型化工试验、生产装置投产试运行期间，他都亲临现场指导。他善于组织各方面的力量，集中广大技术人员和工人的智慧，去攻克一个个技术难关，为确保核燃料化工生产装置的顺利投产，稳定运行，按期拿出国家急需的合格军工产品，以及在某些生产技术上赶超世界水平，付出了极大的心血和艰苦的劳动，为我国核燃料化工生产作出了重大的贡献。

他领导解决了将流化床技术用于由二氧化铀制四氟化铀的技术问题，解决了对苏联原有湿法生产四氟化铀工艺改革的试验,从而研制成功了将二氧化铀氟化为四氟化铀、将四氟化铀氟化为六氟化铀、再将六氟化铀还原为四氟化铀的三个流态化,使我国铀化工工艺达到当时的世界先进水平。

在革除汞的工艺,应用萃取交换法富集锂-6的新工艺研制中,他参加领导了富集交换的试验,并指导中型及大生产线的投产,采取多种措施,使产品达到高纯度要求,减少了汞的危害,为氢弹研制提供了合乎要求的热核材料,并满足了以后试验改进对热核材料的需求。

在后处理研究、试验以及后处理厂的建设和投产中,他作为负责全面工作的技术负责人,在将沉淀法改为萃取法的重大流程的决策中发挥了重要作用,对解决萃取污物、萃取剂、稀释剂的研究也有突出贡献。他也参加领导了对第一套生产线和部分第二套生产线的设计,一次投产成功,工艺流程钚和铀的回收率和产品的质量都达到国际水平。

奖项与荣誉

1.在后处理研究、试验以及后处理厂的建设中,曹本熹是技术负责人,在将沉淀法改为萃取法的流程决策中起了重要作用,使后处理工艺提高到当时的国际水平,而且带来了巨大的经济效益。因此,获1978年全国科学大会重大科技成果奖。

2.在氢氟化工艺流程革新工作中,对工艺流程、设备和技术等方面,进行了一系列改进,提高了四氟化铀转化率,而且能连续稳定运行,达到了当时国际上流化床氢氟化的先进水平。这一成果于1982年获国防科工委重大科技进步奖三等奖,随后又获部科技成果奖二等奖。

3.1985年经国家审定,曹本熹作为"氢弹突破及武器化"项目的主要完成者之一,获"国家科技进步奖特等奖"。这个项目的主要完成者为:于敏、陈能宽、彭桓武、周光召、曹本熹、俞大光、张兴钤。

4.曹本熹1948年创建清华大学化工系,并为首任系主任。为了表示对他的怀念,由化工系1950年毕业的学生联名倡议,并得到1951年、1952年、1953年各届校友的积极响应,集资在清华大学化学工程系馆的门厅内建起了一尊曹本熹铜像,于1996年50周年系庆之际落成。

谢家麟

谢家麟 Xie Jia Lin (1920年8月—2016年2月),生于哈尔滨,祖籍河北武清县。加速器物理学家,先后在原子能研究所和中国科学院高能物理研究所工作,他是我国粒子加速器事业的开创者和奠基人之一。中国科学院院士。

为我国加速器事业作出的贡献

谢家麟,1943年毕业于燕京大学物理系。1948年获美国加州理工大学硕士学位,1951年获美国斯坦福大学博士学位。他曾在美国芝加哥领导建成世界能量最高的医用电子直线加速器,并开拓了高能电子束治癌的全新领域。于1955年8月回到国内,在中国科学院原子能研究所工作,从事可向高能发展的直线加速器及大功率速调管等的研制。要做这样的加速器,必须先做出世界上脉冲功率最高的速调管来产生微波;做出性能指标超过当时工业部门产品几十倍的调制器,来做速调管的电源;做出调制器的关键部件、脉冲变压器、脉冲变压器铁芯的绕制镀膜机,等等。谢家麟和他的同事们发扬无私奉献、百折不挠的精神,自力更生、艰苦奋斗了8年,终于在1964年建成了我国第一台可向高能发展的电子直线加速器,投入使用。他还领导建成了国内第一台电子回旋加速器。他的开创性的工作为我国加速器事业和原子能工业的初始发展奠定了人才和技术基础。谢家麟曾任原子能所一室副主任、十一室主任。于1973年调入中科院高能物理研究所。

谢家麟在20世纪80年代领导了北京正负电子对撞机工程的设计、研制和建造;90年代初领导建成了北京自由电子激光装置。著有《对撞机工作原理和北京正负电子对撞机》。

1980年当选为中国科学院学部委员(院士)。

奖项与荣誉

1.他领导研制的我国脉冲功率最大的速调管、我国最早的一台可向高能发展的电子直线加速器和国内第一台电子回旋加速器,均获1978年全国科学大会奖。

2.1981—1986年,他负责北京正负电子对撞机的设计与建造(后任工程经理)。1990年获得国家科技进步奖特等奖,在获奖人员中他排名第一。他为此还获得侨界十佳奖。

3.他组织开展自由电子激光的研究,于1993年建成亚洲第一台红外自由电子激光装置,说明我国在这个领域已进入国际先进行列,获1994年中国科学院科技进步奖特等奖和国家科技进步奖二等奖,在获奖人员中他排名第一。此科技成果还被评为1994年国内十大科技新闻之一。

4.因对实验物理的贡献,1995年他获得中国物理学会第四届胡刚复物理奖。

5.获1995年度何梁何利基金科学与技术进步奖物理学奖。

6.获2011年度国家最高科学技术奖。

7.2016年1月,在钓鱼台国宾馆举行的"科学家小行星命名仪式"上,国际天文学联合会将一颗小行星命名为"谢家麟星"。

谢家麟和研究加速器的学生在一起

戴传曾

戴传曾 Dai Chuan Zeng (1921年12月—1990年11月)，浙江宁波人。核物理学家，实验核物理、反应堆物理学家，他长期从事实验核物理、反应堆物理、反应堆工程和核电安全方面的分析研究并获重要成就。中国科学院院士。

戴传曾，1938年考入西南联合大学数学系，二年级时转入物理系。当时有吴有训、周培源、叶企孙、王竹溪等教授在该系任教。1942年毕业后，先后在西南联大与清华大学任助教。1946年，中英"庚子赔款"官费留学，在全国八大城市报考，有400人参加物理专业考试，戴传曾以考中第一名的资格被录取到英国留学。他到英国利物浦大学，在卡文迪许实验室，师从查德威克教授（中子的发现者）。在那里，他利用回旋加速器进行了多种(d,n)反应角度分布的研究，这是国际上研究削裂反应获得自旋宇称测定的首批成果之一。他还研究了核乳胶的收缩因子及射程修正。1951年完成了《利用核乳胶进行的一些核反应的研究》的博士论文，获得了博士学位。当年年底，他就启程回国，进入中国科学院近代物理研究所（现中国原子能科学研究院）工作。历任院（所）副研究员、研究员，堆工所副所长、所长；中国原子能科学研究院第四任院长、名誉院长。曾任国家核安全专家委员会副主任，核环境专家委员会副主任，中国核学会常务理事，核动力学会常委副理事长，中国计量学会名誉理事长；国务院学位委员会委员兼原子能评论组组长。他是第六、七届全国政协委员。1980年当选中国科学院学部委员（院士）。

科学成就与对"两弹一艇"研制作出的贡献

戴传曾于20世纪50—70年代，主持研制并创造了"五个第一"：第一台中子晶体谱仪、第一台中子衍射仪、第一座快中子零功率反应堆、第一批中子嬗变掺磷单晶硅、第一台微型反应堆。

1.回国后的第一件工作就是解决核探测技术；建立和发展各种核物理和放射化学的实验技术。戴传曾是核探测器组组长。他和组内的同志白手起家，制成了我国卤素盖格计数管，并建立了生产工艺，推广到华东电子管厂批量生产。他们还制成了强流管，并研制成手携式检测仪表，及时为我国防化兵提供了装备，解决了抗美援朝前线的急需，也为我国粒子探测技术打下了基础。到50年代末期，核探测技术这一领域的工作已经全面展开。

2.1957年，为了发展我国的中子探测技术，在杨承宗的支持下，利用北京协和医院废弃的500毫克镭源，提取氡气，和他从英国带回的铍粉，制成氡—铍中子源，成为在反应堆和加速器未建成前开展中子研究的唯一中子源；制成性能良好的三氟化硼中子计数管，并投入了批量生产，为我国铀地质勘探、中子物理实验、"两弹"研制和核试验提供了必不可少的测量手段。后来的宏观中子物理实验和原子弹爆炸试验的测量，用的就是这种计数管。

3.为了开展中子能谱研究，他与同事们一起研制出我国第一台"东风一号"中子晶体谱仪，提供了一批有用的核数据。他们还研制出我国第一台中子衍射谱仪，其精度与分辨率达到了当时国际先进水平。

在反应堆、加速器旁建立了几台中子晶体谱仪和飞行时间谱仪后，由何泽慧、朱光亚、戴传曾指导，开展了核物理实验研究。在重水反应堆上进行了中子物理实验；在回旋加速器上除中子物理实验外，还开展了(d,p)极化等核反应研究；在质子静电加速器上开展了轻核反应研究。1959年兰州近代物理所高压倍加速器建成后，又及时在高压倍加速器上开展了快中子和轻核反应实验工作。这些工作为60年代"两弹"过技术关作了技术储备。

4.1959年，戴传曾和同事们利用重水反应堆热柱建立了大面积裂变中子谱的屏蔽实验装置，进行了不同组合系统的宏观中子衰减性能研究，为核潜艇工程屏蔽设计提供了可靠的数据。

5.戴传曾和同事们研制成功了离子源和接收器等关键部件，为在我国建造大型电磁稳定同位素分离器和开展稳定同位素分离与分析做了大量工作。这一工作是氢弹装料工作的基础，为我国核试验提供了急需的数据。

6.1964年,戴传曾被任命为建造生产堆的科学顾问,他转而主要从事反应堆工程和核技术应用的研究。所做的主要工作是:确定了高通量堆的用途、规模、堆型及堆物理方案;完成了核潜艇元件的辐照检验任务;参加了我国第一个大型材料热室的工艺、施工设计,为我国材料辐照实验研究创造了条件。

7.我国实行改革开放后,戴传曾做的主要工作:

利用反应堆对单晶硅进行中子嬗变掺杂的研究,取得中国自己的第一批利用中子嬗变掺磷的单晶硅,并用于可控硅和大功率整流器的生产,取得了良好的经济效益。

他倡议在我国建造既安全又经济、用途又广的微型中子源反应堆。他作了物理方案论证,于1984年3月建成了这种微型堆,并推广到商业。

他积极开展核电安全的分析研究,组织人力翻译国际原子能机构有关核电安全的规程,写出了适合我国的《核电安全基本准则》。为了秦山核电厂的安全,开展了事故分析研究工作,提出了对事故的预防和处理的建议。他对核电安全的研究取得了一些在国际上有影响的成果。

奖项与荣誉

1.因建立了我国卤素盖格计数管的生产工艺,并用于批量生产,1956年获中国科学院自然科学奖三等奖。

2.因取得中子嬗变掺磷的单晶硅,并用于可控硅和大功率整流器的生产,获核工业部科技进步奖二等奖。

3.因建成微型中子源反应堆,获国家科技进步奖一等奖。

4.1985年,被邀请担任国际原子能机构、国际核安全咨询顾问组首任成员。

原子能院四任院长钱三强、王淦昌、孙祖训、戴传曾(左一)

丁大钊

丁大钊 Ding Da Zhuo（1935年1月—2004年1月），江苏苏州人。核物理学家。从1960年底开始，他负责轻核反应实验小组，也曾为我国氢弹的研制进行早期预研。中国科学院院士。

丁大钊，1955年毕业于上海复旦大学物理系，同年10月到中国科学院物理研究所工作。1956年9月，丁大钊被派赴苏联实习，在杜布纳联合原子核研究所四年中，丁大钊有幸成为王淦昌先生的学生，是他在科学研究工作中成长较快、得益最多的时期，为他以后的科研工作打下了一个良好的基础。

1960年9月，因中苏关系破裂，在粒子物理研究中崭露头角的丁大钊，坚决辞去苏方实验室领导人要他留下工作、获取学位的邀请，和周光召等人一起回国。1960年10月返回原子能研究所，在中子物理研究室进行核物理研究，任助理研究员、研究组组长、副研究员、研究室主任、物理部副主任、研究员、博士生导师、院科学技术委员会副主任。1991年当选为中国科学院学部委员（院士）。1990—1995年兼任中国科学院高能物理研究所北京正负电子对撞机国家实验室副主任，负责开拓同步辐射应用并参与高性能同步辐射光源的建设。他是国家重大科学工程项目上海光源建设的最早建议人之一。1999年任中国原子能科学研究院北京串列加速器核物理国家实验室主任、中国核工业集团公司科学技术委员会高级顾问，负责开展的"加速器驱动洁净核能系统的物理和技术基础"项目被列入国家"973"计划项目，并担任该项目首席科学家。他致力于此项工作至2004年1月14日因病辞世。

科学成就和对氢弹研制作出的贡献

1.在苏联联合原子核研究所工作期间，丁大钊参加了王淦昌领导的寻找新粒子和

研究高能核作用下次级粒子产生特性的实验组。1959年底,这个组发现了一个新的反粒子,一个被确定的带电超子的反粒子—反西格玛负超子。这是人类第一次发现荷电超子的反粒子,从而扩展了人们对于微观世界中粒子—反粒子对称性的认识。这一世界级的科学成就是原子核联合所在100亿电子伏质子同步稳相加速器上最重要的科学发现,也是我国科学家在基本粒子研究中作出的最重要的贡献。1960年3月,人民日报和真理报都在第1版上发表了消息。丁大钊在此发现中所做的工作是,提出并发展了一种确定径迹气泡密度,进而鉴别粒子的方法,为鉴定与分析反西格玛负超子事例解决了关键性问题。相关论文于1960年3月发表在苏联的《实验与理论物理》杂志上,并于同年7月全文译载在我国《物理学报》上。

2.丁大钊为首的轻核反应组为氢弹研制作出重要贡献。

我国成功爆炸第一颗原子弹后,突破氢弹的技术就迫切地提上了议事日程。其实,早在四年前的1960年底,原子能所就在"氢字号"方面先走了一步,抽调几十人分成若干专题组开展工作。当时成立了"中子物理领导小组",组成以黄祖洽(1962年以后改为于敏)为主的轻核理论组,着手对氢弹中各种物理过程、氢弹作用原理和可能结构进行重点探索。与轻核理论组同时成立的有以丁大钊为主的轻核反应组,以适应氢弹原理研究的需要。他们在系统调研轻核装置中重要的核反应过程的基础上,编写了我国第一份有关数据的编评报告《轻核反应研究》。他们对轻核反应截面数据进行调研,并开始做了一些轻核反应测量和实验方法、实验技术方面的准备,为我国第一颗氢弹研究提供了基础数据。

1965年10月,丁大钊和他的轻核反应组开始一个新课题的探索——一种拟用在现场检测氘—氚反应的方法在原理上是否可行。他们根据当时的条件,确定在高压倍加器及低能静电加速器上系统开展氘—锂系统及中子—锂系统的核反应截面测量。其作法是在这两台设备上建立了束流引出、靶室等系统,研制了几种高效坪响应中子探测器;建立了测定中子注量率的伴随粒子方法,开发了利用含锂闪烁玻璃进行中子在锂同位素上造氚反应截面测量的方法等。有关实验结果对氢弹的技术途径的定向发挥了作用。

3.20世纪70年代,根据核装置研究与测试进步发展,以及核能开发的需要,丁大钊参与了中子核数据系统的创建。他负责开拓中子核反应γ射线产生截面及γ谱学的测量研究。他先后在高压倍加器和串列加速器上建设了实验终端。到70年代末,他利用高分辨率锗探测器获得了一批14MeV快中子核反应产生的γ射线谱,这是我国第一批在束高分辨率γ射线谱。

4.20世纪80年代,丁大钊参与中国原子能科学研究院北京串列加速器核物理国家实验室的建设,并具体负责实验区的建设。他根据该实验室的主要研究方向,来规划实验终端布局及主要实验设备的配置,确定数据获取系统的配备及建设,组织并协调工程及工艺的实施,组织论证及确定第一批研究课题。该实验室于1986年建成后,在中子核数据测量、核结构及核反应研究、核技术及核方法应用等诸方面都发挥了无可替代的作用,是我国核科学基础研究和应用基础研究的主要基地。

奖项与荣誉

1.因在1959年底发现反西格玛负超子,1982年,王淦昌、王祝翔和丁大钊获国家自然科学奖一等奖。

2.在1980—1996年,因一系列研究成果,例如:通过测量核反应γ射线来研究核能级的性质,丁大钊研究组经过两三年的努力,建立了两套具有不同性能的研究快中子核反应γ射线能谱的测量装置,在这两套设备上完成了几个研究课题,作出了开创性的工作,多次获国防科工委重大成果奖和核工业部科技进步奖二、三等奖。

3.1984年被批准为国家级有突出贡献中青年科技专家。

4.获2001年度何梁何利基金科学与技术进步奖物理学奖。

丁大钊院士在实验室

王方定

王方定 Wang Fang Ding (1928年12月—)，祖籍四川自贡，生于辽宁沈阳。核化学家。他负责并成功研制出中国第一颗原子弹引爆中子源；参与创建了一整套放射化学诊断法，广范应用并亲自参加核试验中多种项目的测量。中国科学院院士。

王方定，1953年毕业于四川化工学院化学工程系，分配到中国科学院近代物理所工作，参加从国产矿石中提取铀及铀化学的研究。他在放射化学专家杨承宗的指导下，从事几种国产铀矿石的分析，研究了用萃取法从国产二号铀矿石中提取铀的工艺，并建立了中国第一套实验室规模用于提取铀的脉冲柱萃取装置。在近代物理所的工作经历，为他后来原子能科学事业的发展打下了良好的基础。曾任中国原子能研究院科技委主任、中国核工业总公司科技委顾问、中国核学会中国核化学与放射化学分会理事长。1991年当选为中国科学院学部委员（院士）。他是第八届全国政协委员。

为研制我国第一颗原子弹和多次核试验作出的贡献

王方定从1958年开始从事核武器研制中的放射化学工作。当时，钱三强（原子能所所长）亲自找他谈话，派他参加原子弹的研究，并征求他个人的意见，他毫不犹豫地表示坚决服从组织决定。

1.为第一颗原子弹研制了中子源，引发原子弹链式核反应的中子源材料，用于核武器的点火部件。

1959年底，以王方定为组长的铀钚化学研究室铀化学工艺组，担负了研制中子源原料的任务。经过多次实验，王方定终于发现了成功的关键。于1962年底，他和他的小组研制出了符合核武器要求的中子源材料。随之，工艺组和所内几家联合攻关，所实验工厂的精密加工组按要求加工出高精度的包装外壳，金属物理研究室攻克了包装中一系列的技术难关，解决了中子源的包装问题，中子物理研究室中子衍射组用稍加改装后的中子衍射仪，完成了每批中子源的最终检验任务，他们取得了完全成功。

2.参加创建了核试验的放射化学诊断方法，并多次用于实践。

1964年，由于工作需要，王方定奔赴核试验基地，参加并组织了多次核试验参数的测试。对原子弹、氢弹试验，他分别建立了几种不同原理的放射化学测试法，并提供了可靠数据。他测量了 ^{235}U、^{239}Pu、^6Li、^3H 等在爆炸中的贡献，算出裂变当量和聚变当量，测量了爆炸中总的中子数、裂变或聚变当量；测量了 Np、Pu、Am、Cm 等核素产额，了解核反应结果；建立了快速气体取样系统和快速测量方法，最快报告出地下试验结果。在核试验的放化领域中，他作出重大贡献。

从事放射化学的基础研究，获得多项研究成果

20世纪70年代末，他转向放射化学的基础研究，先后组织了许多科研项目，在乏燃料后处理、裂变化学、人工元素化学方面开展了研究工作，取得了多项成果，80年代开展了多价态裂变产物化学状态和自发裂变电荷分布的研究，如 ^{252}Cf 自发裂变产生的中等奉命裂变产物的化学状态及分累计产额等。后来又从事核燃料后处理中长寿命裂变产物元素的化学及工艺研究，如对锝的氧化—还原反应的研究。

50多年核放射化学工作，王方定积累了大量宝贵的文献资料，一本本小册子、一张张卡片，记录着成百上千的数据。

奖项与荣誉

1.以第一发明人获国家发明奖二等奖和三等奖各1项；以主要参加者名义获国家发明奖三等奖和四等奖各1项；获全国科学大会奖3项；获核工业部科技进步奖三等奖1项；获国防科学技术奖一等奖1项。

2.1985年获核工业部劳动模范称号。

3.1990年获全国"五一"劳动奖章。

4.他在任院科技委主任期间，和院共青团共同建议原子能院每年"五四"举办青年学术报告会，并建立院青年科学基金。此建议得到院和广大青年科研人员的支持，一直践行至今。

5.1990年，王方定参加团中央组织的"奋斗者足迹报告团"，在全国各地作了几十场报告，他为祖国和人民的事业几十年无私奉献的精神和经历，感动了所有在场的人，受到广大青年的欢迎。

方守贤

方守贤 Fang Shou Xian（1932年10月— ）生于上海。高能加速器物理学家，中国科学院院士。先后在原子能所和中科院高能物理所从事科技工作。

方守贤，1955年复旦大学物理系毕业。毕业后分配到中国科学院原子能研究所工作，1957—1960年先后在苏联列别捷夫研究所和联合核子研究所实习和工作。1960年回国并回原子能所工作。1986年任北京正负电子对撞机经理、中科院高能物理所副所长。1988—1992年任高能物理所所长。后任北京正负电子对撞机国家实验室主任、中国核学会理事、粒子加速器学会理事长。曾任国际未来加速器委员会委员、韩国浦项同步辐射光源国际科学咨询委员会成员、日本理化所同步辐射光源国际科学咨询委员会成员。

主要成就与贡献

1960—1964年，方守贤对当时国际上新型的等时性回旋加速器进行了设计及研究，首先发现了这类加速器中存在着一种由于自由振荡而引起的对等时性的破坏，指出由于没有考虑到这一效应而导致的严重错误。他还带领有关同志，对等时性回旋加速器做了较系统的理论研究，研究水平在当时处于国际领先地位。

1964—1965年，由于苏联专家的撤退，给当时苏联援助的同位素分离器的安装及调试带来了一定的困难。方守贤带领有关同志对同位素分离器的设计理论进行了系统的研究，该工作不仅对分离器的安装、调试起指导作用，而且指出了当时设计中的不足之处，为后来的改进打下基础。

在几十年的科研实验中，方守贤取得了多项成果。1982—1983年在西欧联合核子研究中心工作，参加新型强流反质子积累环设计，负责聚焦结构设计，发展了一种适合于小中型环形加速器的消色散方法。1983—1986年参加北京正负电子对撞机储存环设计,对其理论设计做了必要的改进。1986—1992年全面领导对撞机工程建设、运行及改进,按期完成投入运行,整机性能在国际同能区的机器中占领先地位。在长期从事强流质子加速器、同步辐射光源、散裂中子源及质子治疗等前沿领域研究,亦有丰硕成果。

奖项与荣誉

1.因首先发现当时国际上新型的等时性回旋加速器中存在着一种由于自由振荡而引起的对等时性的破坏,于1984年获国家自然科学奖四等奖。

2.因对北京正负电子对撞机的建设、运行及设计改进,于1990年获国家科技进步奖特等奖。

3.获1997年度何梁何利基金科学与技术进步奖物理学奖。

左起:钱绍韵、方守贤、吕敏、王乃彦

吕 敏

吕敏 Lv Min（1931年4月— ），生于江苏丹阳县。核物理学家，他曾多次参加我国核试验，在核试验的物理诊断领域中长期从事系统的、开创性的工作。中国科学院院士。

吕敏，1952年从浙江大学物理系毕业，分配到中国科学院近代物理所从事宇宙线基本粒子的实验研究。1959年赴苏联联合核子研究所工作。1962年回国后被调到国防科委，参加我国核武器试验工作，在新疆国防科委核试验基地工作20多年，主要从事核试验的物理诊断测量工作。曾担任基地研究所副所长、基地科技委主任。

1987年吕敏调回北京，在国防科工委系统工程研究所任研究员。从事抗辐射加固技术和军备控制的科学技术等研究工作。1988年起担任抗辐射加固技术专业组组长。1990年起当选为中国核学会副理事长。1991年当选为中国科学院学部委员（院士）。

为提高核试验物理诊断水平，发展核武器事业作出的贡献

1961年中苏关系破裂，苏联政府撤走全部在华专家，中止援助中国发展原子弹的协议。吕敏和其他几位同志一起向国内领导表示愿意放弃基础科学研究，回国参加我国发展核武器事业。

1962年回国后，吕敏被调到国防科委，参加核试验基地研究所的筹建工作，并开始第一次核试验的准备。

在第一次核试验中，吕敏负责核链式反应动力学参数的测量。这个参数直接反映核武器的反应过程，是检验武器性能的重要参数，是武器试验中必须得到的参数。他提出了测量的物理方案，他和室里的同志们，制订一切可行的方案，研制出一套快速射线探测器和快速记录示波器，一套模拟标定源，然后再建立起一套完整的测试系统。

他们为我国第一颗原子弹试验成功提供了第一组核裂变链式反应动力学数据。

继核爆炸链式反应动力学参数研究获得成功后,吕敏带领他的同伴们又开始新的技术攻关,在此后的几十次核试验中,提供了大量的链式反应动力学重要的实测数据。期间,他先后提出多项实施物理诊断测量项目及测量的基本物理方案,如:用飞行时间方法测量中子能谱从而获得聚变反应温度;通过针孔照相获得聚变反应区的形状和尺寸;利用电子对反应产生的正电子测量聚变反应的高能γ射线;利用光纤阵列测量空间不同位置的温度参数等等。这些工作吕敏指导年轻同志们并取得成功。

为了适应核试验转入地下的需要,吕敏带领伙伴们进行多测试项目的竖井方式地下核试验研究。他提出了采用多测量项目钢架组合的核试验方案,使竖井核试验中能够顺利地同时进行多项目物理测量,为每次地下核试验都获得丰富的数据创造了条件,使核试验水平大大提高。

吕敏从事核技术研究的几十年里,获得了近30项研究成果。

奖项与荣誉

1.为我国第一颗原子弹试验成功提供了第一组核裂变链式反应动力学数据,吕敏荣立个人二等功,研究组荣立集体二等功,该项目获国家科技进步奖二等奖。

2.吕敏带领科技人员进行多测试项目的竖井方式地下核试验研究,其研究成果获国家科技进步奖二等奖。

3.吕敏从事核试验物理诊断研究几十年,作出重要贡献,先后共获得国家科技进步奖二等奖5项、特等奖1项;荣立二等功2次。

4.1978年全国科学大会获先进科技工作者奖。

5.20世纪50年代,吕敏在王淦昌、张文裕、肖健先生指导下,利用宇宙线研究奇异粒子和高能核作用,先后两次到云南东北山区海拔3200米的"落雪"高山实验室工作,持续约两年,收集高能核作用和奇异粒子的事例。获得了几万对云雾室照片,带回北京进行判读、分析。研究成果发表在《中国科学》《物理学报》等刊物上。这项研究工作是当年国内唯一有条件进行的基本粒子实验工作。后来与其他同志的工作一起获得1987年国家自然科学奖三等奖。

6.获1999年度何梁何利基金科学与技术进步奖技术科学奖。

刘广钧

刘广钧 Liu Guang Jun（1929年7月—　），生于天津一个回民家庭。扩散法与离心法铀同位素分离专家，他是我国铀同位素分离专业的创始人之一，是该领域理论和技术研究的学术带头人和开拓者。中国科学院院士。

刘广钧，1952年清华大学物理系毕业后留校任教。1956—1958年，受清华大学党委书记何东昌指派，赴苏联莫斯科动力学院同位素分离专业进修。回国后任清华大学工程物理系教研组主任。1963年1月，抽调到二机部，历任兰州铀浓缩厂副总工程师、中央实验室主任、总工程师兼副厂长。后任核工业理化工程研究院总工程师、科技委主任、高级顾问。兼任清华大学工程物理系教授、博士生导师。曾为美国罗彻斯特大学客座教授。他有多项社会任职，曾是天津市第五届科协副主席，天津市学位委员会第一、二届委员，国防科工委第一届专家咨询委员会委员，中国核学会第一至第五届理事，铀同位素分离学会第一、二届副理事长，第三届理事长，中国科学院技术科学部第九届常委，第十届副主任。《核科学与工程》编委。他是第八、九届全国政协委员。他1991年当选为中国科学院学部委员（院士）。

对"两弹"研制和核武器化作出的贡献

刘广钧在兰州铀浓缩厂期间，与王承书、吴征铠、钱皋韵、张沛霖等专家密切配合，按照分工从生产厂总工艺师角度进行理论计算和实验工作，参与并组织采取了多项技术革新措施，特别是在技术改造和提高级联效率的措施上作出正确决策，使级联结构更加合理，级联效率相应提高，生产能力和经济效益双丰收。

1982年8月，刘广钧调任核工业理化工程研究院总工程师，负责铀同位素分离科研工作。他组织各个环节的科研和技术攻关，解决了多项技术难题，使铀同位素分离技术上了新台阶。

在铀同位素分离理论方面，他撰写了《扩散级联最佳运行条件的三种判断》的论文，讨论了级联中各种参数改变时对产量、成本和利润的影响，推导出最佳工作条件的公式。他撰写的《讨论扩散级联深度变化的一种物理方法——轻分子输运量方法》的论文，阐明了扩散级联内部浓度干扰的传播规律。这两篇论文对工厂运行和铀浓缩都有实际的重要的意义。

刘广钧在培养专业人才方面也倾注心血，成果丰硕。早在1958年，他在清华大学工程物理系参与筹建了我国高等学校中第一个铀同位素分离专业，是第一任铀同位素分离教研室主任。连续为五届学生讲授同位素分离课程。他先后主编过《同位素分离》、《扩散级联水利学》等教材，并以主审审定了四部专业教材。在铀浓缩厂和研究院工作期间，作为研究生导师，培养出博士、硕士30余名。

奖项与荣誉

1.在铀浓缩厂，因技术改造和革新，提高级联效率上的贡献，获1985年国家科技进步奖一等奖，他排名首位；他组织研制的不同丰度浓缩铀系列产品获国家银质奖。

2.在离心分离同位素技术方面的成果和贡献，获1987年国家科技进步奖二等奖，他排名首位。

刘广钧院士指导研究生

刘元方

刘元方 Liu Yuan Fang (1931年2月—)，浙江镇海人。核化学与放射化学家，曾任北京大学技术物理系教授，后为北京大学化学与分子工程学院教授。中国科学院院士。

刘元方，1948—1949年在上海沪江大学学习，后转入北京燕京大学化学系，曾任燕京大学学生会主席。1952年毕业后，留在新北京大学任教，曾经当过北京大学工会党组成员兼组织部部长，并给当时的工会主席季羡林先生当助手。在几十年的教学和科研中取得多项成就，是新中国培养的第一代放射化学家。改革开放以后，曾任中国核学会和中国化学会的核化学与放射化学委员会主任委员（1990—1997年），国际纯粹与应用化学联合会（WPAC）的放射化学与核技术委员会主席（1993—1995年），国际《放射化学报》顾问、编委（1992年始）。1991年当选为中国科学院学部委员（院士）。

主要成就与贡献

1.从1952年起，刘元方扎根化学领域的高等教育，注重培养科研团队，为创建我国第一个放射化学专业作出了杰出的贡献。在胡济民、虞福春的组织领导下，他积极参与早在1955年举办的大学生"核科技培训班"。这是新中国成立后，我国培养的第一批青年核科技骨干力量，他们在我国原子能工业的初建和"两弹"的研制中发挥了重要作用。

2.在我国原子能工业初创伊始，1955年刘元方就较早开展了热原子化学的研究。铀在天然矿石中以三种同位素共生的方式存在（铀-238、铀-235和极少量的铀-234），其中只有铀-235的浓度达到40%左右才可以被用来制造核武器，所以，必须对天然铀矿进行同位素浓缩。当时在扩散法试验成功的同时，必须尽快研究并采用离心法，超高速离心法制备浓缩铀耗电少、单元的分离系数高,并可以实现分散生产。同时期,我国在超高速离心机浓缩铀领域还完全是个空白。刘元方勇敢地投入研制超高速气体离心机领域。他与几位高级技工师付以及大学毕业生攻坚克难,终于制成了我国第一台每分钟5万转的浓缩铀-235的超高速气体离心机。这个重要突破,促进了我国超高速离心机浓缩铀事业的开展。当时,核工业部、清华大学等单位对此很关注,前来考察交流。离心机浓缩铀在国防上极其重要,也十分敏感。后来,在《刘元方文集》中收录的第一篇论文即《北大—Ⅱ号超高速气体离心机》。

3.刘元方从事核化学、放射化学及相关领域的研究几十年,取得了许多开拓性和创造性的成果。他立足自己放射化学的专长,在重离子核反应、贵金属提炼、生物无机化学、核药物、生物-加速质谱学以及纳米物质的生物效应等领域多有建树。著有《放射化学》《核化学与放射化学》《刘元方文集》等。

奖项与荣誉

1.因研制成功第一台超高速气体离心机,1962年刘元方被共青团中央和中共北京市委授予"全国社会主义建设青年积极分子"光荣称号。

2.在放射化学领域,刘元方在国际上亦享有盛誉。1993年至1995年他被选为国际纯粹与应用化学联合会(IUPAC)的放射化学与核技术委员会主席。他是在该组织中第一位担任主席的中国化学家。

3.2013年9月10日,刘元方被授予"蔡元培奖"。该奖是北京大学教师最高荣誉奖,被公认为北大教师"终身成就奖"。这是第三次颁奖。季羡林、侯仁之等曾在前两届"蔡元培奖"评选中获奖。

4.刘元方被誉为"燕园耆宿"之一。在2013年、2014年系列报道中,10位"燕园耆宿"为:考古文博学院宿白教授、医学部彭瑞骢教授、北京大学第六医院沈渔邨教授、城市与环境学院王恩涌教授、化学与分子工程学院刘元方教授、信息科学技术学院杨芙清教授、法学院罗豪才教授、物理学院陈佳洱教授、工学院黄琳教授、药学院张礼和教授。

孙家栋

孙家栋 Sun Jia Dong（1929年4月—　），生于辽宁省复县。火箭和卫星技术专家，他参加领导中国第一个自行设计的中近程战略导弹的总体设计工作，于1964年6月导弹发射试验成功，同年10月27日，用中近程导弹运载原子弹的飞行试验获得成功。中国科学院院士。

孙家栋，1950年毕业于哈尔滨工业大学预科，1951年8月被选送到苏联留学，在茹科夫斯基空军工程学院攻读飞机设计，1958年以优异成绩毕业回国。1958—1967年，孙家栋参加了中国战略导弹初创阶段的工作，主要从事导弹总体设计。他先后任国防部第五研究院第一分院第一设计部总体研究室主任、第一设计部副主任。1964年任中国第一枚自行设计的中程战略导弹的总体设计室主任。1967年7月，中国著名科学家钱学森推荐并经聂荣臻元帅批准调孙家栋参加中国人造卫星研制工作，负责组建空间飞行器总体设计部，并参加领导组建中国空间技术研究院。他先后担任空间飞行器总体设计部负责人，中国空间技术研究院副院长、院长。他参加和领导了中国第一颗人造卫星——"东方红一号"和返回式遥感卫星的研制工作。1977年，他被任命为中国第一颗地球静止轨道试验通信卫星总设计师。1986年，他任"东方红三号"通信广播卫星航天工程总设计师，1987年任"风云二号"静止轨道气象卫星和地球资源卫星工程总设计师。

1980年，孙家栋任七机部总工程师，1982年任航天部科技委副主任。1985年10月和1988年5月，他先后被国务院任命为航天部副部长和航空航天部副部长。1989年3月25日任航空航天部科技委主任。他曾任中国宇航学会第一届、第二届理事会副理事长。1985年他首批被选为国际宇航科学院院士。1991年当选为中国科学院学部委员

（院士）。

领导研制中近程导弹，为实现"两弹结合"作出贡献

孙家栋的科学技术活动和贡献主要在战略导弹、人造卫星和航天工程方面。1960年他参加领导中国第一个自行设计的中近程战略导弹的总体设计工作，担任总体设计室主任，负责提出导弹总体设计方案。1962年3月导弹第一次飞行试验失败。之后，他参加领导导弹总体设计方案的审查工作，找到了飞行试验失败的主要原因，又领导修改了导弹总体设计，终于在1964年6月29日，我国第一个自行设计的中近程导弹飞行试验取得圆满成功。1966年10月27日，由钱学森直接领导，用中近程导弹载原子弹的"两弹结合"（原子弹与导弹）飞行试验取得成功。这标志着中国开始有了用于自卫的导弹核武器。

奖项与荣誉

1.他参加领导了中国第一颗人造卫星——"东方红一号"的研制。1970年4月20日，"东方红一号"卫星发射成功。从此中国成为世界上第五个独立研制和发射人造卫星的国家。此项成果获1986年国家科学技术进步奖特等奖，孙家栋是主要获奖者。

2.1968年4月，孙家栋担任中国第一颗返回式遥感卫星技术总负责人。1975年11月26日，第一颗返回式遥感卫星发射成功。从此中国成为世界上第三个掌握卫星返回技术的国家。在1978年全国科学大会上，孙家栋介绍了中国返回式卫星的研制工作，受到大会表彰。此项成果获1986年国家科技进步奖特等奖，孙家栋是主要获奖者。

3.1984年孙家栋首批被评为有突出贡献的国家级中青年科学家。

4.获1996年度何梁何利基金科学与技术进步奖技术科学奖。

5.1999年9月18日，在人民大会堂由中共中央、国务院、中央军委隆重召开表彰大会上，孙家栋与其他22位功勋卓著的科学家被授予"两弹一星"功勋奖章。

6.获2009年度国家科学技术最高奖。

李德平

李德平 Li De Ping（1926年11月— ），生于北京，籍贯江苏兴华。辐射防护及安全学家，李德平是我国辐射防护领域的主要开拓者和奠基人之一，我国辐射探测技术的主要开拓者之一，国际著名防护专家。中国科学院院士。

李德平，1948年毕业于清华大学物理系，留校从事教育工作。1951年到中国科学院近代物理所（后为原子能研究所）从事辐射探测器研究；1958年初，他开始从事辐射防护工作。历任实习研究员、助理研究员、副研究员、十三室和技术安全室副主任。1964年10月，李德平调二机部（太原）第七研究所（现中国辐射防护研究院）工作，先后任研究室副主任、副所长，副院长、院长、名誉院长，曾任中国核工业总公司科技委高级顾问、中国核学会常务理事、国家核安全专家委员会副主任、国家环保局顾问与核环境专家委员会副主任委员。从1985年起连任三届国际放射防护委员会主委员会委员；1987年，任联合国原子辐射与效应委员会中国副代表、代表；1988年，任国际原子能机构国际核安全咨询组成员，成为国际上著名的辐射防护专家。他1991年当选为中国科学院学部委员（院士）。他是第六届全国政协委员。

在辐射防护工作方面为"两弹"研制和核事业发展作出的贡献

在近代物理所（原子能所）工作期间，1951年，他与戴传曾合作研制了我国卤素管和强流管及稳压管，并对其放电机制进行了深入的研究，有所创新，达到当时国际水平。他参与研制的计数管很快推广到工厂批量生产，为地质勘探、物理实验和放化测量等工作提供了测量手段。1958年初，李德平开始从事辐射防护工作，在他的领导和参与下，完成了原子能研究所重水反应堆运行前的环境放射性本底调查，这是我国核设施第一次环境放射性本底测量；完成了设计、试制和安装调试零功率反应堆剂量监测系统,这是我国自行设计研制并投入运行的第一套剂量监测系统;初步建立了原子能研究所个人剂量、现场监测和环境监测体系。他还对原子能研究所辐射探测器和放射性活度测量项目进行了指导,建立起我国的放射性计量工作。所有这些辐射防护方面的工作都为"两弹"研制和核事业的发展打下了良好的基础。

调到二机部第七研究所之后,他在制订辐射防护研究计划、坚持辐射防护研究的正确方向等方面做了大量工作。

改革开放后,李德平为建立和加强中国辐射防护界和国际社会的联系与交流作出了重要贡献。1986年,李德平担任了与国际原子能机构合作项目"中国辐射防护近代化"的主要负责人,对推动我国辐射防护工作起到了重要作用。

李德平担任《辐射防护》杂志主编20多年。由李德平担任主编的大型工具书《辐射防护手册》(20世纪80年代出版),至今仍然是我国辐射防护工作的重要参考资料。

奖项与荣誉

1.1956年,因"卤素管和强流管的制备及其放电机制的研究",李德平和戴传曾共同获得中国科学院自然科学奖三等奖。

2.李德平在辐射防护方面的成就得到了国际辐射防护界的认同,成为国际著名的辐射防护专家。

李德平院士1984年11月陪同IAEA辐射防护调查组在临时实验室

杨福愉

杨福愉 Yang Fu Yu（1927年10月— ），生于上海，原籍浙江镇海。生物化学家，从事核防护和核医学工作，他曾赴核爆炸现场参加核爆对生物效应的研究。中国科学院院士。

杨福愉，1950年毕业于浙江大学化学系。毕业后进中国科学院实验生物所，在著名生物学家贝时璋领导下进行糠虾柄激素的分离、纯化及其作用机理的研究。1956年赴苏联莫斯科大学生物系动物生化教研室深造，1960年获生物学哲学博士学位。回国后分配在中国科学院生物物理所工作。历任副研究员、研究员、副所长。曾任"生物大分子国家重点实验室"学术委员会主任，中国科学技术大学研究生院、武汉大学生命科学院兼职教授；还曾任中国生化学会理事、常务理事、秘书长、副理事长，中国科协委员；生物大分子、分子生物学、生物膜及膜工程、医学分子生物学等8个国家重点实验室、开发实验室的学术委员会委员。他曾任《生物物理学报》主编，以及《生物化学和分子生物学报》、《实验生物学报》等10种国内外学术期刊编委。1991年当选为中国科学院学部委员（院士）。

为核防护和核医疗作出的贡献

1965年他曾赴核爆炸现场参加核爆对生物效应的研究。之后又接受慢性放射病诊断指标的研究任务，为了解决长期接触小剂量的放射性厂矿工人及有关医务人员的保健问题，他主持并参与长期承受小剂量^{60}Co对猕猴血液生化变化的研究，历时10年左右。实验结果为检测慢性放射损伤提供了具有重要参考价值的科学资料。

奖项与荣誉

1.曾先后获国家自然科学奖，中国科学院自然科学奖、科技进步奖，卫生部科技进步奖，国家教委科技进步奖等多项奖励。

2.获1998年度何梁何利基金科学与技术进步奖生命科学奖。

余国琮

余国琮 Yu Guo Cong（1922年11月—），出生于广东广州市，原籍广东省台山县。化学工程专家，长期从事蒸馏学科的科研技术工作，曾以分离重水为重点进行化工分离。中国科学院院士。

余国琮，1934年秋在香港考区考入西南联合大学化工系，1943年毕业，获工学学士学位，并到重庆中央工业试验所任助理工程师。次年赴美国密执安大学研究生院就读，1945年底获科学硕士学位，后转入匹兹堡大学攻读，1947年秋获哲学博士学位，留在该校化工系任教，并继续进行科研工作，期间进行了化工热力学及蒸馏理论的研究。1950年8月他以到香港探亲为名，毅然返回祖国。回国后，应北方交通大学校长茅以升的邀请，到该校唐山工学院化工系任教授并兼任主任。1952年夏全国院系调整时，他和唐山工学院化工系一起转到天津大学。在天津大学，余国琮担任化工热力学、化工设计等课程的教学，同时负责建立"化工机器与设备"专业，并在国内开拓大型蒸馏设备模拟的研究。60年代初，是国家重点项目"蒸馏过程及设备"的负责人。1983年，经教育部批准，在天津大学成立化学工程研究所，担任所长，重点进行化工分离方面的探索，在他领导下使蒸馏学科各方面的研究有了很大发展，从而成为国内蒸馏学科的重要研究基地。1991年，以他多年来建立的科研队伍为基础，国家计委在天津大学建立了化学工程联合国家重点实验室（蒸馏实验室），向国内外开放。1998年又建立了精馏技术国家工程研究中心。是联合化学工程国家重点实验室（蒸馏实验室）及精馏技术国家工程研究中心的学术领导人，为提高我国蒸馏技术作出了重大贡献。1991年当选为中国科学院学部委员（院士）。曾任天津大学教授、化工学院名誉院长、化学工程研究所名誉所长、中国化工学会荣誉理事。主编《化学工程辞典》《化学工程手册》等专

著及多种教材。他是全国政协第七届委员,第八、九届常委,曾任天津市政协副主席。

以分离重水为重点,为解决原子反应堆的重水急需作出的贡献

20世纪50年代末,由于当时我国急需解决原子反应堆的重水供应,正在开拓大型蒸馏设备模拟研究的余国琮,按照中央和国家关于发展原子能事业的战略决策,服从国家需要,同时进行了以分离重水为重点的稳定同位素研究。60年代初,他参加国家组织的重水攻关小组,为主要技术负责人之一。他胜利地完成了规划中的重水科研任务,得到有关方面的表扬。他还在天津大学创立了稳定同位素分离专门化机构,为我国培养了当时急需的首批重水生产人才。

奖项与荣誉

1.以分离重水为重点的稳定同位素分离研究成果,获1978年全国科学大会奖。

2.因在蒸馏技术方面的多项成果,有技术专利3项,先后获国家科技进步奖二等奖、三等奖,国家教委科技进步奖一等奖、二等奖等多次奖励。

3.获全国"五一"劳动奖章。

4.获全国优秀科技工作者称号。

5.获天津市特等劳动模范称号。

6.获1998年度何梁何利基金科学与技术进步奖技术科学奖。

重水堆高温高压
回路系统

陆婉珍

陆婉珍 Lu Wan Zhen (1924年9月—2015年11月)，女，生于天津塘沽，原籍上海川沙，著名分析化学与石油化学家。1962年12月参与研制的氟油通过测试，以服务军用油品和炼油新技术。1991年当选中国科学院院士。

陆婉珍，1946年重庆中央大学化工系毕业，获学士学位。1949年获美国依利诺大学获硕士学位，1951年获美国俄亥俄大学化学博士学位，1952—1953年在美国西北大学从事博士后工作。她积极响应祖国的号召，于1956年回国工作，在石油工业部炼制研究所（现石油化工研究院）历任分析室主任、副总工程师、总工程师、院高级顾问。1984—1989年任中国石油学会常务理事。1985年起任博士生导师。曾任《石油炼制》《石油学报》《色谱》《分析化学》等学术期刊的编委。

主要成就与贡献

1959年底，为配合中国原子弹、导弹和新型喷气飞机的研制，国家科委和石油工业部向石油科学研究院下达了研制用于核工业耐元素氟腐蚀的润滑油试制任务，这种润滑油称为氟油。

从铀矿中分离、浓缩铀最通用的技术是气体扩散法或离心法，而六氟化铀气体是浓缩过程中的中间体。由于六氟化铀与大多数有机化合物起氟化反应，化学腐蚀性很强，所以使用的润滑油必须具有优异的化学惰性、高的热稳定性和不燃性。这就是氟油，它具有高度的化学稳定性，适合在高温、耐腐蚀性、氟化性强的环境下做润滑材料。

石油科学研究院炼油部分由八个研究室组成，陆婉珍先后任七室（油品分析）主任和一室（原油评价、油品分析）主任，主任工程师。陆婉珍建立的先进的化学和物理分

析仪器和测试方法派上了用场。在陆婉珍的指导下,沈志鸿等分析技术人员终于搞清了氟油的成分和结构。这种氟油的分子结构中不含氢原子,只含碳和氟两种元素,是全氟碳型的氟油。

在氟油的试制和生产过程中,需要对合成的中间体进行分析。陆婉珍基于掌握的光谱基本理论知识,提出采用红外光谱作为中间控制分析方法。由于碳氟化学键和碳氢化学键有较大的差异,其红外特征吸收谱带会出现在不同的位置。于是,基于红外光谱建立起了专用的反应过程控制分析方法,并迅速应用到氟油的研制和生产过程中,发挥了积极作用。

1962年底,石油科学研究院终于合成了合格的氟油,经测试,19项指标全部合格。1964年投入批量生产,为确保原子弹研制成功作出贡献。

陆婉珍丈夫闵恩泽(1924年2月—2016年3月),四川成都人,石油化工催化剂专家,1946年毕业于重庆中央大学化学工程系,1951年获美国俄亥俄州立大学博士学位。1955年回国后,先后担任石油化工研究院研究室主任、总工程师、副院长、首席总工程师、高级顾问等职。1980年当选中国科学院院士(学部委员),1993年当选第三世界科学院院士,1994年当选为中国工程院院士。1994年获首届何梁何利基金科学与技术进步奖,获2007年国家最高科学技术奖,被评为2007年度感动中国人物,2011年获首届"创新方法成就奖"。2011年5月,第30991小行星永久命名为"闵恩泽星"。闵恩泽是我国炼油催化应用科学的奠基者,石油化工技术自主创新的先行者,绿色化学的开拓者,被誉为"中国催化剂之父"。

奖项与荣誉

1.1983、1990年两次被授予全国"三八"红旗手称号。

2.1984年9月,当选为全国妇联第五届执委。

陆熙炎

陆熙炎 Lu Xi Yan（1928年8月—　），生于江苏苏州市。有机化学家，他从事萃取剂P-204工业合成方法研究，中国科学院院士。为我国铀矿冶研究与生产作出重要贡献。

陆熙炎，1946年在南京金陵大学化学系学习，1947年转入浙江大学化学系，1951年毕业，同年到中国科学院上海有机化学研究所工作，在著名有机化学家汪猷领导下从事链霉素分离及化学的研究。历任研究实习员、助理研究员、副研究员、研究员，1984年成为博士生导师。他曾任北京大学、浙江大学兼职教授，《中国化学》杂志主编。

陆熙炎20世纪50年代从事链霉素的研究，在国内首先从发酵液分离纯化制得盐酸链霉素氯化钙复盐结晶；在国际上首先半合成了双氢链糖，为链霉素的结构提供了证明。60年代初参加了牛胰岛素A链全合成的早期工作，完成了A链十六肽的合成。70年代末开始从事金属有机化学的研究，他发现了一些有学术意义和应用前景的反应，如氧转移反应；低价过渡金属和烯丙基—氧键的反应；烯丙基碳—磷键的形成；钯催化下双官能团试剂的成环反应等。90年代以来，研究以炔烃衍生物为原料的合成反应。炔烃的异构化反应，在国际上是由陆熙炎小组首先发表的。他们发现在过渡金属氢化物的催化下，不论是贫电子炔烃还是富电子炔烃三键均可异构化。

陆熙炎是"八五"重大项目"金属有机化合物的反应化学"的主持人。在项目验收时获得特优的评价。1991年当选为中国科学院学部委员（院士）。

从事萃取剂工业合成为核燃料后处理作出贡献

20世纪60年代初，正在从事链霉素研究并参加了牛胰岛素A链全合成的早期工作的陆熙炎，按照中央和国家关于发展原子能事业的战略决策，服从国家需要，从事萃

取剂P-204工业合成方法研究,1965年经常下厂参加P-204的扩试,并亲赴铀矿参加劳动,使该项工作很快获得成功。他还研制成功光学仪器防霉剂SF-561。

原子能工业后处理由沉淀法改为萃取法后在提取军用钚回收天然铀的工艺中,陆熙炎研制特殊萃取剂P-204发挥了重要作用。

奖项与荣誉

1.萃取剂P-204工业合成,获1982年国家自然科学奖二等奖,陆熙炎是获奖人之一。

2.光学仪器防霉剂研制成功,获国家发明奖二等奖,陆熙炎是获奖人之一。

3.从事金属有机化学的研究,"八五"重大项目"金属有机化合物的反应化学",获1992年中国科学院自然科学奖一等奖,陆熙炎是项目主持人。

4.从烃酸烯丙脂的分子内成环反应方面,对金属有机化合物的基元反应进行了研究,并发展了金属有机化学。陆熙炎小组获1997年中国科学院自然科学奖一等奖、1999年国家自然科学奖二等奖。

5.获1999年度何梁何利基金科学与技术进步奖化学奖。

张兴钤

张兴钤 Zhang Xing Qian (1921年10月—)，河北武邑人。材料科学与工程专家，他曾参与组织领导核材料、爆轰物理、核测试等方面的实验研究。中国科学院院士。

张兴钤，1942年武汉大学矿冶系毕业。1942—1946年，先后在四川綦江电化冶炼厂、鞍山钢铁公司任副工程师。后赴美留学，1949年获美国科士理工学院物理冶金硕士学位。1952年获美国麻省理工学院物理冶金博士学位。1955年回国后，先被分配到北京钢铁学院（现北京科技大学）任教，任金属物理教研室主任、教授。1963年作为科技骨干调入二机部，历任西北核武器研制基地实验部副主任、主任，基地副总工程师，二二一厂副厂长兼总工程师，二机部军工局总工程师。1991年起，任中国工程物理研究院科技委委员、研究员。曾任中国核学会核材料分会副理事长。1991年当选为中国科学院学部委员（院士）。

科技成就和对"两弹"研制及发展战略核武器的贡献

1.张兴钤在美国做研究工作期间，建立了在位观察蠕变和测量技术，系统地研究了多晶纯铝及其二元单相合金在蠕变过程中的形变和断裂机构，尤其是细致研究了晶粒间界的行为。通过实验获得了晶粒沿其晶界滑移的明确证据。他首先提出晶界裂纹形成和传播模型，以及断裂面形成的机理，揭示了晶粒间界的行为，对金属的塑性、断裂和强度的关系，给出了恰当的解释。这对于发展高温合金具有重要的指导意义。他有多篇论文发表在英、美著名学术杂志上。他所做的蠕变研究是金属蠕变理论的奠基性工作，受到同行重视并被广泛应用。

2.他在北京钢铁学院任教期间，与柯俊教授等同事们一起创设了新中国第一个金属物理专业，并任室主任，为国家培养了一大批该领域的教学和科研骨干。他与人合

作编写的《金属和合金的力学性质》，是当时国内唯一的阐述金属和合金力学性质的教材。

3.1963年，张兴钤被调到西北核武器研制基地。他参与组织领导核材料、爆轰物理、核测试等方面的实验研究。他曾多次参与组织检验核装置设计性能的测试工作。为了便于核装置生产、装配和检验理论设计允许公差，他提出并参加了模拟装置放松公差试验，从而使装置的尺寸公差有了更大的自由度；他支持修改原铀部件成型工艺路线，由于果断决策采用新的工艺路线，为早日投产争取了时间；他指导研究核部件在储存中的腐蚀与保护等研究工作取得了重要进展。在组织攻关中，他注意发挥中青年科技人员的作用，培养锻炼了一支高水平的科技攻关队伍。在参战"596"（第一颗原子弹的代号）的过程中，他带领的实验部先后成功组织了缩小尺寸、全尺寸等多次爆轰物理试验，为解决引爆弹设计中的关键问题和确定引爆弹的理论设计方案提供了重要的技术数据。

4.张兴钤关注工程材料学的学科与核军备控制中的科学问题，并重视与其相关的基础研究，多次应邀作工程材料科学研究的学术报告。1997年，在美国斯坦福大学召开的国际裂变材料保护研讨会上，张兴钤作为中国代表，向世界各地的核材料专家作了《中国核材料控制的实施》报告，阐述了中国政府对核裁军和核材料控制的立场及所采取的措施，引起与会代表的重视。

奖项与荣誉

1.1965年5月，周恩来总理在人民大会堂接见第一颗原子弹有功人员代表，张兴钤作为基地副总工程师、实验部负责人，受到周总理等国家领导人的接见。

2.1985年，经国家评审，我国"氢弹突破及武器化"项目获国家科技进步奖特等奖。这个项目的主要完成者即获奖者为：于敏、陈能宽、彭桓武、周光召、曹本熹、俞大光、张兴钤。

3.由于为发展我国核武器事业作出贡献，获国家自然科学奖一等奖。

4.获2002年度何梁何利基金科学与技术进步奖技术科学奖。

欧阳予

欧阳予 Ou Yang Yu (1927年7月—)，生于四川乐山市。核技术专家，他主持研究设计建成我国第一座军用生产反应堆和主持研究设计建成我国第一座核电站——秦山核电站。中国科学院院士。

欧阳予，1948年毕业于国立武汉大学电力专业，在武昌发电厂和中南电力建设公司任工程师。1953年赴苏联莫斯科动力学院深造，为热工系热工控制与自动化研究生，获博士学位，其论文《工业用温度传感器动态特性之研究》，被苏联学术界誉为在研究动态传热上有突破性创见。1957年回国后，在二机部第二研究设计院（核工业二院）工作。1958年再赴苏联，在原子能院研究设计院等单位考察工作半年，再回北京核工程研究设计院工作，历任主任工程师、设计总工程师、院副总工程师等职。1971年起，任上海核工程研究设计院总工程师、副院长，并任秦山核电工程总设计师。1992年起任我国当时援外最大工程项目巴基斯坦恰希玛核电站总设计师。欧阳予还曾任核工业二院高级技术顾问、中国核工业总公司科技委副主任、国家核安全局专家委员会副主任、中国科学技术委员会委员、中国核学会理事、中国动力学会理事、上海交通大学兼职教授等职。1991年当选为中国科学院学部委员（院士）。是第八届全国政协委员。

主持研究设计建成我国第一座军用生产反应堆

我国第一座大型军用生产反应堆，是用于生产核武器用的核爆炸燃料——制造原子弹用的钚–239和制造氢弹用的氚。军用生产反应堆的技术，为世界有关国家军事战略机构所严密控制，在国际上从不公开。苏联本来同意与我国合作建造，但工作刚开始，苏联即单方面撕毁了协议，撤走专家。面临十分困难的局面，欧阳予带领有关技术人员系统地全面地摸清工程设计上的技术关键，从当时存在的2000多个设计技术问题

中,排出360项技术关键项目和研究课题,进行攻关。他主持并组织与有关单位大力协同,完成了这座大型军用生产反应堆的科研试(实)验和研究设计工作,并于1966年建成投产,及时地为我国战略核武器的研制提供了急需的钚–239和氚。在这座大型军用生产反应堆的研究设计中,欧阳予担任设计总工程师,既是组织者、指挥者、重大技术问题的决策者,又是研究设计中的直接参与者和带头人。

主持研究设计建成我国第一座核电站——秦山核电站

秦山核电站是我国第一座自行设计、自行建造的核电站。欧阳予为工程的总设计师,也是工程总体设计单位即上海核工程研究设计院的总工程师和秦山核电公司第一副总经理,对工程技术总负责。秦山核电站是一项开创性的、技术难关密集的重大工程项目。欧阳予亲自主持审定了380项科研实验项目,并全部完成,使秦山核电站于1991年12月15日一次并网发电成功,并实现安全稳定运行。

奖项与荣誉

1.以欧阳予为主,与张敬康等人合著的《工业反应堆工艺管筋条高度的确定》一文,是论述设计建造军用反应堆的一项重大科研设计成果,被国家科委定为1962年重大科技成果。

2.因主持研究设计建造我国第一座军用生产反应堆的成就和贡献,1988年10月,国防科工委授予欧阳予"献身国防科技事业"荣誉证书和奖章。

3.欧阳予在国内外发表主要论文及报告约30多篇,在联合国国际原子能机构作学术报告和在历次环太平洋国际核能会议上作学术报告。1989年,建设部授予他"中国工程设计大师"称号。

4.1992年4月,全国总工会授予他"全国优秀科技工作者"称号,并获全国"五一"劳动奖章。

5.1994年11月,秦山核电工程设计获"全国最佳工程设计特奖"。

6.获1995年度何梁何利基金科学与技术进步奖技术科学奖。

欧阳予(中)在检查指导工作

周毓麟

周毓麟 Zhou Yu Lin (1923年2月—)，生于上海，浙江镇海人。数学家，应用数学家，他主要研究偏微分子方程理论及计算数学，特别在非线性偏微分方程及其数值解方面有重要成果。中国科学院院士。

周毓麟，1938年考入上海大同大学附中高中部学习时，已开始显示出非同一般的数学才华。在平面几何方面，他发现和论证了连环定理，后来发表在《数学通报》上。1941年考入上海大同大学数学系，1945年获理学士学位。1946—1949年，周毓麟先后在上海和南京中央研究院数学研究所工作，师从著名数学家陈省身教授，从事流形和拓扑学研究。1949年9月进入清华大学数学系工作，后又转入北京大学数学力学系。数年间发表了多篇有关同伦论与流形拓扑不变量的论文。

1954年，周毓麟被派往苏联留学。他毅然放弃了已从事多年的拓扑学的研究，改为国家更需要的偏微分方程理论研究，师从著名女数学家奥列尼克。1957年他以优异成绩获苏联物理数学科学副博士学位。他完成了多篇学术论文，并在苏联一流学术杂志上发表。其重要成果之一是二阶拟线性抛物型方程第二边值问题整体解的存在性研究，周毓麟成功地证明了整体解的存在性。这在50年代中期，是引人注目的重要成果。他的另一项高水平的研究成果是对渗流方程的研究。他与导师奥列尼克合作发表的关于渗流方程的论文，分别对柯西问题以及第一、第二边值问题弱解的存在性唯一性，并深刻地揭示和证明了这类方程的解所特有的重要性质，其成果被公认为具有创造性的经典工作。

1957—1960年，周毓麟在北京大学数学力学系工作。他完成了一般半线性退化椭圆形方程和一般半线性退化抛物型方程的研究，深刻地推广了苏联凯尔迪什院士关于二阶性退化椭圆形方程的经典结果。他对非线性项所加的条件几乎是不可再改进的。

1960年,周毓麟奉调二机部第九所(核武器研究所)工作。他服从国家需要,毅然放弃了偏微分方程理论研究,参加我国核武器理论研究工作。他曾任副所长、研究员、院科技委员、顾问;曾任北京大学、清华大学、华东师范大学、厦门大学兼职教授,河南大学、云南大学名誉教授。1978年后,曾任中国计算数学学会副理事长、理事长、名誉理事长。1991年当选为中国科学院院士。

对"两弹"研制和核武器理论研究的贡献

在核武器理论研究工作中,周毓麟主管数值模拟和流体力学方面的工作。在计算方法的选定及相应的理论论证,到实际计算中出现问题的解决等方面,周毓麟做了很多工作,例如:为了深刻理解和分析原子弹核材料压紧过程的物理规律对爆轰波与冲击波的相互作用、冲击波的聚焦和界面不稳定性等专题,进行深入研究。周毓麟等通过有效的数学方法和计算程序,在电子计算机上进行计算,其结果和用特征线法计算的结果完全相符,即计算结果是完全正确的。据此编制的原子弹总体计算的程序,为以后精确计算提供了范例。他和其他青年科学家一起组织了核武器研制中关键性的"九次计算"。

为了加强对原子弹装置和机载航弹的设计试验工作的技术指导,九所(院)下设4个技术委员会:产品设计技术委员会、冷试验委员会、场外试验委员会和中子点火委员会。周毓麟是产品设计技术委员会的委员。

1978年以后,周毓麟又把偏微分方程理论研究作为自己的重点工作,并取得了突出成果。

奖项与荣誉

1.因九所(院)对原子弹氢弹设计原理中的物理力学数学理论问题取得突出成果,周毓麟作为主要完成者中的一员,和其他同事一起获得了国家自然科学奖一等奖。其后,他又作为主要完成者之一,获得国家科技进步奖特等奖。

2.获1996年度何梁何利基金科学与技术进步奖技术科学奖。

周毓麟院士在书房

经福谦

经福谦 Jing Fu Qian(1929年6月—),生于江苏南京市。凝聚态物理和爆炸力学专家。从事核武器物理实验研究,他是我国高温高压凝聚态物理学领域的学术带头人。中国科学院院士。

经福谦,1952年毕业于南京大学物理系,分配到长春地质学院地球物理勘探系任教。1958年暑期,他在带领学生进行地震勘探实习中曾发现松辽平原肇庆地区存在一段地层隆起构造。1960年,大庆油田会战中,他担任地震勘探资料综合分析队负责人。同年7月他奉调二机部第九研究所,从事核武器物理实验研究。历任科研室副主任、主任,研究所副所长、所长,院(该所后成为中国工程物理研究院)科技委副主任、顾问,院专家委员会委员。并兼任西南交通大学理学院院长、武汉理工大学理学院名誉院长、西南科技大学材料科学与工程学院院长。曾任中国物理学会第四、五届常务理事,中国力学学会第五届副理事长。1983年被评为博士生导师。1991年当选为中国科学院学部委员(院士)。他是第八届全国人大代表。

对"两弹"研制和发展战略核武器的贡献

1.促进了原子弹内爆压缩技术的突破。1960年8月,经福谦开始从事实验内爆动力学和炸药能量有效利用的研究工作。在内爆半球模型实验设计中,他提出了用"爆轰头"模型解释"严重稀疏区"的新概念,替代了原先用声扰动确定边测稀疏区的实验设计概念。他用这个新概念设计的模型实验获得成功,从而扩大了半球模型实验的应用范围,促进了原子弹内爆压缩技术突破。

2.在超半球实验中,解决了内腔信号引线的保护问题。内腔信号引线的保护问题成了当时的关键技术。经福谦与董庆东提出了"绝对保护"与"相对保护"两种技术方案,

经实验考核,最后选取了"绝对保护"方案,取得成功,并一直沿用下来。

3.开创了我国地下核爆条件下的超高压物态方程研究工作,解决了核爆强辐射场中几太帕压力下物态方程实验测量的三个关键技术:通过理论分析和计算,得到电探针辐照失效的伽马剂量率阈值;得出屏蔽层对干扰场瞬时集肤效应等于瞬态效应与稳态效应乘积的结论;获得了外干扰电磁场沿屏蔽管道随距离增长呈指数衰减的规律。这些研究成果及其技术,为防止强辐射干扰而采取的"时间躲避"和"局部双屏蔽"技术设计提供了理论依据。

4.提出了进一步加强冲击波极端条件下物质性态研究的建议,并付诸实施。组建了国内实验设备和测试系统最完备的"冲击波物理与爆炸物理国防科技重点实验室"。他依靠自己知识和技术的积累,经过研究和实验,获得了有关固体材料几百吉帕压力下的物态方程实验数据,为武器工程设计提供了重要的基础物理数据。该实验室还开展了材料高压物性、材料动态损伤和破坏、冲击波合成新材料等方面的大量研究工作。 他还倡议冲击波与地球深部物质物理合作,并申请联合攻关的重大基金项目,为发展高温高压凝聚态物理学作出了积极贡献。

5.他联合国内同仁创办《爆炸与冲击》《高压物理学报》两个学术期刊,并亲自组织编辑和出版。他于1986年出版了《实验物态方程导引》专著,被有关院校和研究单位选为教材和参考书。

奖项与荣誉

1.1960年4月—1963年3月,核武器研制的爆轰试验,1982年以"聚合爆轰波人工热核反应研究"为项目名称,获1982年国家自然科学奖一等奖和国家发明奖二等奖。在获奖的10人名单中,经福谦在原子弹内爆压缩技术和内控信号线的保护技术等方面作出贡献,列第7名。

2.研究成果还曾获全国科学大会奖2项、四川科学大会奖2项,以及部委级科技进步奖多项。

3.1984年被评为国家有突出贡献的中青年专家。

4.先后在国内外发表学术论文60余篇,在国际上享有盛誉。1989年应邀在美国物理学会凝聚介质冲击压缩专题会议上作报告。

5.获2001年度何梁何利基金科学与技术进步奖物理学奖。

胡仁宇

胡仁宇 Hu Ren Yu (1931年7月—),生于上海,祖籍浙江江山。物理学家,他长期从事核物理实验研究、核试验诊断、放射性核素测量和其他核测试工作。中国科学院院士。

胡仁宇,1948年考上了上海交通大学电机系,1950年转到清华大学物理系。1952年毕业后,他被分配到中国科学院近代物理所(中国原子能科学研究院)工作,先后师从戴传曾和杨澄中先生,做γ射线剂量的绝对测量和研制闪烁γ谱仪等工作。1956年至1958年,被派赴苏联科学院列别捷夫物理研究所攻读研究生,从事光致轻核反应的研究。1958年秋回国到二机部九所(核武器研究所)工作。由于当时九所的实验基地尚未建立,也缺乏仪器设备,胡仁宇先到原子能所,在钱三强、何泽慧等科学家的领导下,从事实验核物理、临界安全以及放射化学的工作。直到1962年后正式到核武器所工作。历任组长、室副主任、部副主任、副所长等职。1986—1993年,历任中国工程物理研究院院长、院高级科学顾问。1991年当选为中国科学院学部委员(院士)。2001年起,任北京串列加速器核物理国家实验室第五、六届学术委员会主任。

为"两弹"研制和发展战略核武器事业作出的贡献

1.1958年秋回国后,胡仁宇接受的第一项任务,就是负责组建加速器与中子物理实验室。他带领一批刚毕业的大学生克服种种困难,成功研制了中子发生器,建立了快中子物理实验室。

2.20世纪60年代初,为准备在核试验时利用核爆回收微尘样品来诊断核装置的爆炸性能,组织了一支理论、化学分析、物理测量密切结合的队伍,建立了配套的仪器和设备,胡仁宇和同事们一起,确定通过测定样品中裂变碎片、铀和超铀同位素相对原子

数来定当量及中子能力范围的方法;利用各种指示剂元素的中子反应产物的放射性测量来定爆炸不同能区的中子数的方法。他们通过大量的预先冷实验,克服遇到的科学技术难题,掌握了相关技术。

3.为了加强对原子弹装置和机载航弹的设计试验工作的技术指导,在核武器所设立的四个技术委员会中,胡仁宇是中子点火委员会的委员(主任委员彭桓武、副主任委员朱光亚,委员中还有何泽慧、赖祖武、黄祖洽、陈宏毅)。

4.1964年秋,第一次原子弹试验时,胡仁宇作为科研室负责人被指派担任作业队中一个小组的组长,承担原子弹核心部件的质量、装配和安全等问题,他们圆满完成了任务。

5.在氢弹原理试验和突破氢弹技术的有关工作中,胡仁宇担任实验部副主任。氢弹原理试验是氢弹研制中一次极为重要的试验。测量工作由核试验基地和核武器所共同承担。用什么实测数据来检验,用什么方法来测量这些数据,是测试准备工作的主要内容。作为实验部副主任的胡仁宇组织测试人员认真制定了测试方案,利用实验室的条件,对探测器、传输系统和记录仪器进行反复调试、考核和标定。从事放射化学测量的人员,根据这次试验中既有裂变反应又有聚变反应的情况,从样品的收集到化学处理、物理测量等工作,都做了充分准备和妥善安排。

6.胡仁宇前后参加过10余次核试验,而且都亲临现场。1971年,他和整支科研队伍调往四川基地,担负核武器院二所的科技领导重任,负责筹建惯性约束聚变实验室,陆续研制了一整套物理诊断技术设备,为开拓这一前沿学科领域发挥了重要作用。

7.1981年,胡仁宇和吕敏一起被国防科工委聘为"核爆近区物理测试专业组"负责人。他们组织科研人员探测新的测试方法,提高核爆环境下脉冲辐射场测试技术,为核武器性能研究提供了第一手实验数据,为核武器的发展作出贡献。

奖项与荣誉

1.作为主要完成者之一,1986年、1989年先后两次获国家科技进步奖特等奖。

2.曾获多项部委级科技进步奖。

3.1984年被评为国家级"有突出贡献的中青年专家"。

4.《人民日报(海外版)》《瞭望》等报刊都曾登载过有关他的事迹的专访文章。新华社发的《中华科技精英谱》中作的介绍"……他先后参加筹建和领导了多种核物理实验室的工作。在核技术研究实验中积极引进新技术、新设备,开展新的测试方法,不断完善测试技术,为我国核技术发展作出了重大贡献。"

5.他是中国共产党第十四次全国代表大会代表,并被选为主席团成员。

6.获1995年度何梁何利基金科学与技术进步奖物理学奖。

胡仁宇(中)、陈佳洱(右)在学术会议上

侯 洵

侯洵 Hou Xun（1936年— ），生于河南灵宝。光电子学专家，他亲自参与或主持研制的一系列电光与光电子类型的高速摄影机用于核试验。中国科学院院士。

侯洵，1959年毕业于西北大学物理系，并于1960年3月—1961年3月在中国科学院原子能研究所（今中国原子能科学研究院）王承书教授领导的研究室进修过一年。1962年3月随西安原子能研究所与其他研究所合并为中国科学院西安光学精密机械研究所工作。他1964年晋升为助理研究员，1972年起任研究室副主任。1979年8月—1981年11月受中国科学院派遣在英国帝国理工学院物理系光学组进修，研究变像管高速摄影技术。1981年晋升为副研究员，1982年起任研究室主任，副所长。1986年晋升为研究员，同年6月起任所长，直至1995年3月。他曾任中国物理学会常务理事，陕西省物理学会理事长，中国光学学会常务理事及高速摄影与光子学专业委员会主任，陕西省科学技术学会副主席，中国科学技术大学、西安交通大学、华南师范大学兼职教授，西北大学双聘教授，北京理工大学顾问教授等。侯洵继龚祖同、王大珩之后于1990年成为国际高速摄影与光子学会议的中国国家代表。1991年当选为中国科学院学部委员（院士）。

科学成就和对核试验及发展我国战略核武器的贡献

从1962年始，侯洵一直从事瞬态光学技术的研究。他先后以主要参加者、学术带头人和题目负责人身份亲自参与研制了一系列电光与光电子类型的高速摄影机，主要有：我国首次核试验用的克尔盒高速相机、地下核试验用的电视—变像管高速相机和光纤—变像管毫微秒扫描相机、激光核聚变及多种超快过程研究用可见光皮秒扫描相机、X射线皮秒扫描相机、四通道纳秒变像管分幅相机、红外皮秒变像管扫描相机、皮秒变像管分幅相机,以及研究导弹重返大气层表面烧蚀情况用的变像管高温测量仪等。上述相机均为国内首创,其中多数达到了国际先进水平并且都曾经是西方对华禁运的高技术产品。其中双楔型克尔盒的理论分析及所推导出的计算公式比国际上发表的结果早两年。变像管高速相机综合了现代物理、光电子学、精密机械、电子学与计算机技术,满足了我国现代国防科学技术发展的急需。

侯洵倡议并组建了"瞬态光学技术国家重点实验室"。1989年以后他侧重研究超短激光脉冲的产生与测量。1991年组织"飞秒激光技术与超快过程研究",被国家科委聘为该项目首席科学家。此研究项目包含飞秒激光技术、超快速测量技术和超快过程研究,由六所六校的有关科技人员共同承担。他们创造了两项该领域技术指标国际领先的成果,研制成功九种飞秒激光器、条纹相机和瞬态测试设备,推动了我国超快过程研究的发展。

侯洵还在光电阴极及像增强器方面做了不少创新或国内首创的工作。

奖项与荣誉

1.1984年被国家人事部授予"有突出贡献的中青年专家"称号。

2.1985年被国家计委、经委及国防科工委联合授予"国防科研协作先进个人"称号。

3.1985年,题为"现代国防试验中的动态光学观测及测量技术",与其他同志一起获国家科技进步奖特等奖,侯洵排名第五,获个人获奖证书。

4.1989年被国务院授予"全国先进工作者"称号。

5.1990年研制成功直径100毫米的微通道板X射线像增强器,当时在国内领先,获我国专利和中国科学院科技进步奖三等奖。

姜圣阶

姜圣阶 Jiang Sheng Jie（1915 年—1992 年 12 月），黑龙江林甸县人，祖籍山东海阳县。化工与核能专家，他作为技术总负责人，领导和组织了我国第一座大型军用生产反应堆、核燃料后处理厂的建造和运行。中国科学院院士。

姜圣阶，1932 年毕业于天津河北工学院。1947 年就读于美国哥伦比亚大学研究院，获科学硕士学位。他 1950 年毅然回国参加革命工作，经民族工业先驱侯德榜举荐，姜圣阶就任当时中国最大的化肥厂——永利宁厂的副厂长兼总工程师。1959 年起，任南京化学工业公司副经理兼总工程师、华东化工研究设计院院长兼总工程师。1963 年调二机部，历任酒泉原子能联合企业第一副厂长兼总工程师，二机部核燃料局主要负责人，二机部副部长、党组成员，核工业部科技委主任兼国家核安全局局长，1988 年任核工业总公司科技顾问，中国核学会理事长、名誉理事长。是第六、七届全国人大代表。1991 年当选为中国科学院学部委员（院士）。

为我国化学工业特别是"两弹"研制及和平利用核能的贡献

1.在任永利宁厂副厂长兼总工程师期间（1950—1958 年），姜圣阶领导、组织了厂的扩建和技术改造。通过对合成塔芯结构改造，改用自行研制的高效氨合成催化剂，将合成氨的日产由 39 吨提高到了 400 吨。后来又设计并试制成功了中国第一台压强为 320 千克/厘米²的高压容器，取得了设备制造业上的重大突破。领导设计和制造出大型沸腾熔烧炉，国内首次用于生产硫酸，它比机械炉产量提高了 10 倍。1956 年在布拉格国际氮肥会议上，宣读了新型氨催化剂研制论文和用无烟煤代替焦炭制造水煤气的论文。

2.为"两弹"研制和战略核武器发展作出贡献

在任二机部酒泉原子能联合企业副厂长兼总工师期间(1963—1975年),所做工作:

(1)参与领导、组织了对六氟化铀厂的设计、建造与运行。从60年代末,对六氟化铀生产工艺过程和冷凝工序进行重大改革,用自行设计制成的大型隔板冷凝器代替立式刮刀单管冷凝器,既作冷凝装置,又作产品贮罐,从而避免了放射性污染,降低了生产成本,提高了劳动生产率。

(2)参与领导、组织了为我国第一颗原子弹爆炸试验提供核心部件的研制攻关工作。经过上千次攻关试验,终于找到了"气缩孔"产生的原因,于1964年5月初加工出第一颗原子弹的核部件,保证了1964年10月16日第一颗原子弹爆炸试验准时进行。

(3)参与领导、组织了我国第一座大型军用生产堆的设计、建造和运行。我国第一座生产堆(石墨轻水生产堆)的建设是在苏联的援助下于20世纪50年代末起步的。苏联停援后,经过大量试验研究和试制工作后,于1962年3月成立了由领导和专家组成的生产堆设备领导小组,负责安排协调生产堆的设备制造任务。1965年2月,根据氢弹研制计划的需要,中央批准了二机部关于加速钚生产线建设的计划。5月,二机部核燃料局成立了生产堆现场领导小组,任命姜圣阶为组长和技术总负责人。1966年春,反应堆工程开始了堆芯石墨砌体安装,这是关系整个工程质量的关键工序。同年9月,总体安装就位,主要设备都进行了单体试车。12月20日,反应堆内实现了链式核裂变反应,标志着反应堆的成功建设与投产。这个过程是在总厂厂长周秩、党委书记王候山、总工程师姜圣阶的领导组织下进行的。

(4)参与领导、组织了我国第一座核燃料后处理厂的设计、建造和运行。他是将后处理的沉淀法改为萃取法的倡议和推动者之一。沉淀法是苏联当时提供的工艺,在各方面都显得落后。经过对一期工程沉淀法(包括中间试验厂的前期)进行审查和对萃取法的调研攻关,至1964年12月11日,二机部正式决定"已动工的沉淀法设计的中间试验工厂停建,加速萃取工艺的研究设计工作"。这是"两弹"研制中的一个重大决策。姜圣阶是酒泉原子能企业的总工程师,他在对一期工程(中间试验厂前期)的设计审查中起了极为重要的作用。1964年8月,在审批一期工程的青岛会议上,与会代表大多数倾向于否定沉淀法。

我国后处理工业新工艺的产生和发展,经历了实验室玻璃器皿实验、工作台规模试验、中间试验工厂验证、工业化工厂生产这几个阶段。在中间试验工厂和工业化生产工厂(大厂)的建设中,姜圣阶作为总工程师,发挥了重要作用。

工厂建成(1968年9月)并拿出合格产品后,在姜圣阶的带领下,技术人员继续进行工艺改造,将氯化法改为氟化法,经过几百次的试验,研制并生产出了钚弹核部件,为我国核试验提供了新型的核芯装置。

3.姜圣阶在任二机部副部长、核工业部科技委主任并兼国家核安全局首任局长、国家核安全专家委员会主任、中国核学会理事长期间,是和平开发核能发展核电事业的积极倡导者和实践者。他经常指导秦山核电站及其配套核燃料循环的研制和建设,为推动核科技国民经济各领域的应用,为培养造就我国的核科技人才,为促进国际核能合作都发挥了重要作用。

奖项与荣誉

1.姜圣阶在任永利宁化肥厂副厂长兼总工程师期间,因对该厂的扩建和技术改造所取得的成就,获国务院特奖,周恩来总理亲自签发了贺电和奖状。国务院同时发了4

姜圣阶向视察酒泉原子能联合企业的朱德、邓小平等中央领导汇报情况

万元人民币奖金,以表彰姜圣阶及其他有功人员。

2.姜圣阶在任酒泉原子能联合企业副厂长兼总工程师,在1963—1964年,解决了核部件有关熔炼、铸造等关键技术问题,是获得原子弹技术突破与武器化"国家技术进步奖特等奖"7人之一。

3.姜圣阶领导、组织了我国第一座核燃料后处理厂的设计、建造和运行,并带领技术人员通过工艺改造,研制、生产出了钚弹核部件,为核试验提供了新型的核心装置,他是获得国家发明奖二等奖的有功人员之一。

4.他曾荣获法国总统颁发的荣誉军团骑士勋章。

延伸阅读

法国总统骑士勋章

"骑士勋章"是法国的一种荣誉勋章,由拿破仑创立。原来主要用于在战争中立下功勋的法国公民。1963年在法国总统戴高乐的倡导下,重新设立"骑士勋章",成为法国政府的国家级最高荣誉。除了奖励为国家作出杰出贡献的法国公民外,还增加了为法国发展良好对外关系中作出杰出贡献的外国公民,分荣誉军团骑士勋章、文学艺术骑士勋章、文化艺术骑士勋章、体育骑士勋章、国家功勋骑士勋章,等等。对外国公民的颁发,首先要由法国外交部长提名,再由法国总统签发颁布。

中国获得这一奖项的还有:中山大学前校长黄达人,重庆医科大学附属第一医院院长任国胜,北京航空航天大学前校长怀进鹏,中国地质大学(武汉)地球科学学院副院长、博士生导师冯庆来。

骑士勋章、证书

袁 权

袁权 Yuan Quan (1934年11月—)，生于上海，原籍浙江德清县。化学工程专家，他曾从事稳定同位素分离工作，制取出高浓度重水。中国科学院院士。

袁权，1956年毕业于浙江大学化工系。同年考入中国科学院石油研究所做研究生，1960年毕业后，在该所(后更名为中国科学院大连化学物理研究所)工作。历任助理研究员(1963年)、副研究员(1979年)、研究员(1986年)；研究室副主任(1975年)、主任(1983年)；副所长(1986年)、所长(1990—1994年)。1986年为博士生导师。曾先后担任过中国化工学会、中国煤炭学会等七个学会的理事、常务理事、副理事长。《化工学报》《自然科学进展》等8个期刊的编委。浙江大学、北京化工大学等4所大学的兼职教授。他是第二届《国家重点基础研究发展规划》专家顾问组成员，化学工程国家重点实验室学术委员会副主任，基金委杰出青年基金评委会、学科评审组成员，国务院学位委员会化工评议组成员，中科院过程工程研究所多项反应开放实验室学术委员会主任。

他的科研与技术工作取得多项成就。1991年当选为中国科学院学部委员(院士)。

制取出高浓度重水，为解决我国重水急需作出贡献

他的科研工作始于20世纪50年代末，在章元琦先生的指导下，从事稳定同位素分离的研究。为了制取高浓度的重水，他从理论上分析探讨了大量并行操作的精馏柱的相互影响的问题，从而研制成功了理论塔板高度小于30mm的大型精馏设备。在此基础上，进一步发明了从液氨中提取重氢的方法，经过科研组三年奋斗，形成了我国独特的重氢制取技术，并按照这一技术建成了数套工业装置，为解决我国重水的急需作出贡献，支持了原子能工业的开创和发展。

奖项与荣誉

1.重氢制取技术获1978年全国科学大会奖。

2.20世纪70年代初,他和衣宝廉组织领导了近百人的队伍,进行航天燃料电池技术的研究,大致用了8年时间,完成了碱性燃料电池全系统的研制并通过了一系列的考核。此项目获国防科委国防科学技术三等奖2项。

3.20世纪80年代初,他开始了化学反应工程和应用催化领域的研究。其中一项是以工程设计为基础的催化剂性能的研究,1987年获国家自然科学奖三等奖。他和吴迪镛先生一起发明了活性组分非均匀分布的催化剂的制备方法,成功地开发了十几个以活性非均匀分布催化剂为核心技术的化工新过程,获1985年中科院科技成果奖二等奖,1989年中科院科学技术进步奖一等奖,1996年国家技术发明奖三等奖。

4.袁权科研组研制出一种性能优良的脱硫剂,由活性炭浸渍传质促进剂而成,并在实验室完成后,又完成了天然气脱硫的工业试验。之后用于克拉玛依和大庆等油田气脱硫的大型装置。这项工作获1998年中科院发明奖二等奖,2001年国家技术发明奖二等奖。

夏培肃

夏培肃 Xia Pei Su（1923 年 7 月—2014 年 8 月），女，生于四川重庆，原籍四川江津。计算机专家和教育家、我国计算机研究的先驱和我国计算机事业的重要奠基人之一，中国科学院院士。

夏培肃，高中毕业考试时，以全校唯一的数学满分的成绩，考入中央大学电机系。1945 年考入上海交通大学读研究生。两年后，她又自费考取了英国爱丁堡大学。1950 年获博士学位后留校做博士后，1951 年回国。夏培肃从事计算机技术研究半个多世纪。1991 年当选为中国科学院学部委员（院士）。

从事计算机技术研究的成就和为原子能事业的贡献

1952—1953 年，夏培肃在中国科学院数学所计算机组工作。1954 年，计算机组转到钱三强领导的近代物理研究所，由夏培肃负责运算机和控制器的设计。1956 年，夏培肃参加了周恩来总理主持制定的发展我国科学技术的 12 年远景规划中的"计算机技术的建立"部分。依照这个规划，建立了中国科学院计算技术研究所，夏培肃参加了计算所的筹备和建立。从此，她专心研究计算机，并参与创建了中国科学技术大学的计算机专业，培养计算机人才。从 1958—1960 年，夏培肃凭着坚实的业务基础和不懈的钻研精神，研制出中国第一台自行设计的通用电子数字计算机——107 计算机。从 1960 年 4 月起，107 机通过考试并正式开始算题。中国科学技术大学以 107 机为依据编写计算机原理和程序设计讲义，作为该校计算机专业以及力学系、自动化系、地球物理系的教材。同时，107 机接受了外单位的计算任务，其中重要的一项是为原子反应堆射线能量分布的计算。当时，用 107 机要提前登记、排队使用，晚上用到凌晨 3 点。一机部第一研究所按照 107 机的图纸仿制了一台，用于弹道计算。因为夏培肃设计了非常稳定的储化器，使得107机的稳定工作时间比当时按照从苏联购买的图纸而加工的103计算机长几十倍。这在中国计算机科学发展历程中具有里程碑式的意义。此后，夏培肃在高速计算机、高性能并行计算机的研制方面取得了卓著的成果。她一直活跃在我国计算机科研的最前线，为创新计算机技术而奋斗不止。当时，诺贝尔奖获得者李政道在国内设立高等科学技术中心，其中有一个任务是研制高性能并行计算机。夏培肃带领刚从美国回来的李国杰、祝明发和从英国回来的林琦三个"洋博士"组成科研小组参予开发研制。这项工作对今后的持续研发工作产生了重要影响。祝明发后来曾任曙光1000大规模并行计算机系统和联想深腾1800/6800超级计算机总设计师，组织指挥了国家863计划6个型号的大规模并行计算机和超级计算机研制工作。李国杰后来则担任了国家智能计算机研究开发中心主任、中科院计算所所长，领导中科院计算所和曙光公司发展我国高性能计算机产业、研制龙芯高性能通用CPU芯片，1995年当选中国工程院院士，2001年当选第三世界科学院院士。

夏培肃还花大量精力来培养计算机新生力量。这是夏培肃的另一个重要贡献。计算技术研究所先后举办了四届为期一至两年的训练班，夏培肃是业务负责人和主讲教授，培养了计算机专业700余人。其中有40多名硕士和博士研究生。许多人后来成为所在单位的领导或业务骨干。计算机体系结构首席科学家韩承德，"龙芯一号"和"龙芯二号"CPU芯片的主要研制人唐志敏和胡伟武都是夏培肃的得意门生。

奖项与荣誉

2002年9月28日，成功发布中国第一枚通用CPU"龙芯一号"，终结了中国计算机产业"无芯"的历史。作为研制"龙芯"的功臣之一胡伟武博士，当媒体和公众问起他最想感谢的人是谁时，他的回答是：我的恩师夏培肃。他们把这个芯片命名为"夏50"，是为纪念夏培肃从事计算机事业和从教50周年。

黄胜年

黄胜年 Huang Sheng Nian（1932年2月—2009年1月），生于江苏太仓。核物理学家，中国科学院院士。他在中子物理与裂变物理领域做过大量开创性的系列研究，作为中子与裂变领域的研究者和组织者，完成了我国第一颗原子弹金属铀部件的本底中子测定。

黄胜年，1950年以状元身份（入学考试第一名）考取清华大学。1952年他被选派前往苏联列宁格勒大学物理系学习。1955年，钱三强率中国核科技代表团赴苏联考察反应堆、加速器和核物理研究，黄胜年被选调到该团，并被派往苏联理论与实践物理研究所实习核物理研究。1956年回国。黄胜年历任中国原子能科学研究所（院）研究员、物理研究室主任、院核物理所科技委主任、核工业部研究生部主任、院学术顾问，1991年当选为中国科学院学部委员（院士）。

为核武器研制及核物理基础研究作出的贡献

1956年回国后，黄胜年在钱三强和何泽慧的直接领导下，开始了中子物理与裂变物理的开创性实验研究。在没有直接参考资料的情况下，他建立了实验方法和装置，测定和完成了大量用于核武器研制所需的基础数据，并为中国第一颗原子弹的核装料完成了本底中子测定，为第一颗原子弹的研制成功作出贡献。

他先后完成了各种能量中子引起铀、钚、钍核素以及铀-238、钚-240自发裂变体系的实验。1979年后，对锎-252自发裂变这种典型的低激发能裂变现象进行系统的实验，观察到高功能事件中裂变碎片质量分布上的精细结构，并得出氚和α粒子伴随裂变（三分裂）的各种关联特性。他还在快中子截面、快中子能谱、核探测技术、光中子反应、裂变产额和裂变势垒高度等方面做过研究并取得成果。

奖项与荣誉

曾先后获1978年全国科学大会奖、国家科学技术进步奖二等奖、部级科学技术进步奖二等奖(5项)。

黄胜年(右二)、李寿枬(右三)在研究科研工作

谢光选

谢光选 Xie Guang Xuan (1922年11月—)，生于江西南昌市。液体战略导弹和运载火箭专家，中国科学院院士。他曾担任导弹核武器技术协作组组长，1966年完成了"两弹结合"试验，实施了核爆炸。

谢光选，1946年毕业于重庆兵工学校大学部，1947年初就业于沈阳兵工厂，从事火箭发射器和反坦克火箭的研制工作，任主任工程师。1957年，谢光选调到国防部第五研究院从事液体战略导弹和运载火箭的总体设计工作，历任火箭总体设计部主任、中国运载火箭技术研究院副院长、长征三号运载火箭总设计师。1980年任航天部总工程师，1991年当选为中国科学院学部委员（院士）。1987年当选为国际宇航科学院院士，

为"两弹结合"实施核爆炸作出的贡献

谢光选长期从事战略武器与运载火箭的总体设计与研制工作。1962年底他被任命为中远程火箭总体主任设计师，并经周恩来总理任命，担任"两弹"结合技术协调组组长。1966年完成了"两弹结合"试验，导弹精确命中目标，实施了核爆炸。

1975年，谢光选组织长征二号二级火箭的再次发射，保证了飞行试验的成功。他任长征三号三级火箭总设计师期间，解决了全弹耦合振动技术难关，攻克了低温技术，为采用液氧液氢做推进剂铺平了道路，长征三号火箭于1984年4月发射取得完全成功。多年来，谢光选以总体设计负责人身份参加各种型号的火箭飞行试验，使我国火箭飞行技术跨入世界先进行列。

奖项与荣誉

1.在沈阳兵工厂工作期间，曾获沈阳市第一届劳动模范称号。

2.获国家科学技术进步奖2项。

3.获国防科工委科技成果奖1项。

4.荣立航天部一等功1次。

5.获1997年度何梁何利基金科学与技术进步奖技术科学奖。

钱学森与谢光选在一起

王乃彦

王乃彦 Wang Nai Yan（1935年11月— ），生于福建福州。核物理学家，原子能研究所研究员，他当年被派到青海核武器研制基地，在一线参与氢弹研制的科研、试验工作。中国科学院院士。

王乃彦，1956年毕业于北京大学物理研究室技术物理系，分配到原子能研究所（中国原子能科学研究院）钱三强小组工作，从事中子能学的研究。三年后钱三强推荐王乃彦前往苏联杜布纳联合原子核研究所。该所主要进行核科技合作与交流，有苏联、中国、波兰、南斯拉夫、罗马尼亚等12个国家，称"联合所"。王淦昌被推荐担任该所副所长（1958—1960年）。王乃彦在中子物理实验室工作了6年。1965年回国。回国后，他即到青海核武器研制基地工作，先青海后四川，在二机部九院工作了15年。1978年，他随王淦昌一起调回原子能所（院），先后任实习研究员、副研究员、研究员，14室主任，核物理所所长，院科技委副主任，核工业研究生部（院）主任、院长。曾任中国核工业总公司科技委副主任，中国核学会副理事长、理事长。曾兼任北京师范大学核科学与技术学院院长、国家自然科学基金委员会副主任。

为第一颗氢弹的研制及核试验和我国原子能事业的发展作出贡献

他在原子能研究所钱三强小组做中子能谱研究时，参加研制并建立了我国第一台在原子反应堆上的中子飞行时间谱仪，测得第一批中子核数据。

到青海核武器研制基地后，他参加和领导了核武器试验中近区物理测试的许多课题，为第一颗氢弹的研制和核武器的设计、试验及改进提供了重要的实验数据。他前后参加领导了极其重要的11种近区物理测试项目，以便了解核武器性能，后续加以改进,关键点在于确保找到试爆成功或失败的真正原因。在实验部的王乃彦参加试验的时候多数都要承担回收的任务。他把物理和数学的方法应用到核武器测试上,包括能谱测量,解决了数学计算上的一些难点。有些科研上的突破,全靠个人钻研和集体攻关。

1978年,王乃彦随王淦昌调回原子能所。他们开始了研究的新阶段。在不到一年的时间,他们就成功建成了中国第一台1兆伏80千安的电子束加速器。

奖项与荣誉

1.1978年,全国科学大会召开,王乃彦作为二机部九院的6位代表之一,参加了大会。

2.1998年,担任中国核学会副理事长的王乃彦按要求去竞选"泛太平洋地区核理事会的副理事长"。在加拿大召开的竞选大会上,王乃彦18分钟的即席演讲,博得会场内的热烈掌声。当上副理事长后,按规定2年后自动升为理事长;2000年,在汉城升任理事长的就职演说,再一次博得热烈掌声。

3.获2003年度何梁何利基金科学与技术进步奖物理学奖。

4.获2004年度"世界核科学理事会全球奖"。他是第一位获得"世界核科学理事会全球奖"的中国人。

5.获2015年度中国"十大科学传播人"称号。

王乃彦院士辅导学生

王大中

王大中 Wang Da Zhong (1935年3月—)，河北昌黎人。核反应堆工程与核安全专家，他长期从事核能技术研究。中国科学院院士。

王大中，1958年毕业于清华大学工程物理系核反应堆专业；1982年在联邦德国亚琛工业大学获自然科学博士；1994—2003年担任清华大学校长。曾任清华大学核能技术研究所所长，核能技术设计研究院总工程师、院长，国家"863"高科技计划能源领域首届专家委员会首席科学家，国务院学位委员会委员，国家核安全局专家委员会委员，北京市人大常委会副主任，中国科学院技术科学部主任，政协全国委员会常委，中国核学会副理事长，清华大学校务委员会名誉主席。1993年当选中国科学院学部委员(院士)。

为核反应堆工程和我国核能事业的贡献

1.参与创建清华大学核能研究基地及屏蔽试验反应堆的研究与建设。1960年春天，王大中和他的同事们在北京西北郊燕山脚下，打桩埋下"屏蔽反应堆"基石。艰苦奋斗数载，于1964年国庆节前夕，自行设计并建成我国第一座屏蔽试验反应堆。

2.主持建成5兆瓦低温核供热反应堆。该堆是世界上第一座建成运行的壳式核供热堆。1983年冬，王大中在清华大学核能技术研究所所长吕应中教授支持下，主持领导了对屏蔽试验反应堆的技术改造，成功地进行了国内首次低温核供热试验，并于1985年列为国家"七五"重点科技攻关项目。他从此主持领导5兆瓦低温核供热堆设计、研究和运行，攻克数道难关，于1989年11月3日，实现了5兆瓦低温核供热临界运行成功。

3.主持建成10兆瓦高温气冷实验堆。该堆为"863"计划重大项目，于2000年12月建成临界,2003年1月实现满功率并网发电,使我国基本掌握了高温气冷堆核心技术和系统设计集成技术。高温气冷堆是第四代先进核能系统的技术之一。

奖项与荣誉

1.因长期从事核能研究,为中国核能事业发展作出贡献,曾获全国"五一"劳动奖章,获国家级有突出贡献的中青年专家称号,获全国先进工作者称号。

2.1981年,王大中在联邦德国于利希核研究中心做访问学者期间,以"一种在严重事故下具有安全自稳定性的球床核反应堆"的科研成果,很快得到德国专利,并分别在美、英、法、日、意等国家专利局进行了登记,专利证书上写下了中国学者王大中的名字。1982年8月,王大中以总评优秀的成绩获得联邦德国亚琛大学自然科学博士学位。对他在短短的一年零八个月时间内取得这样的成绩,联邦德国报纸报道说,中国人创造了一个奇迹。

3.因主持建成5兆瓦低温核供热堆,该项目获1992年国家科技进步奖一等奖、国家教委科技进步奖特等奖。

4.因领导研制成功一种独创的反应堆水利学控制棒驱动系统,并成功地用于反应堆运行,该成果获国家发明二等奖和中国专利金奖。

5.荣获香港大学、香港浸会大学、澳门大学、日本早稻田大学、法国巴黎中央大学名誉博士学位。

6.获1994年度何梁何利基金科学与技术进步奖技术科学奖(首届)。

7.因主持建成10兆瓦高温气冷实验堆,该项目获2006年国家科技进步奖一等奖。

宋家树

宋家树 Song Jia Shu（1932年3月— ），安徽舒城人。金属物理学家，中国科学院院士。他曾是新一代核武器攻关的技术负责人之一。

宋家树，1949—1960年，先后就读于南京大学理学院、大连工学院、东北人民大学本科，之后为苏联专家英洛佐夫的研究生。1960—1985年，分配到二机部北京核武器研究所，先后任研究室副主任，车间副主任；903厂副总工程师、总工程师兼副厂长，中国核学会材料分会副理事长。1986—1991年任中国核工业总公司军工局总工程师；国务院发展研究中心国际技术经济研究所研究员、高级顾问。1991—1996年任中国工程物理研究院科技委委员，国防科工委科技委委员，材料学会副理事长，中国国家原子能机构核材料管制办公室专家委员会成员。1997年起，任中国工程物理研究院科技委委员，中物院九所顾问；中国科学院军控研究小组主席；亚太安全合作理事会（CSCAP）中国委员会委员。

为"两弹"研制和核武器化作出的贡献

1.1960年初，宋家树被调入二机部核武器研究所，参加"两弹"研制。在原子弹技术设计和攻关中，一项重要工作是：核武器研究所和酒泉原子能联合企业，在陈宏毅、杨庸、宋家树、徐基乾等人组织领导下，通过反复试验研究，确定了浓缩铀部件的铸造成型工艺，并取得精炼、铸造、坩埚以及真空取卡和切削加工等工艺数据，建立了分析检验方法，明确了控制杂质含量的办法。这些成果为制造浓缩铀部件打下了技术基础。

2.1964年初，宋家树调入青海核武器研制基地，担任生产部车间副主任，负责原子弹、氢弹核材料核心部件的研制。他和技术人员、工人共同进行了开创性的研究工作。他从物理原理出发对核材料、核部件的性能和工艺进行研究,通过高浓铀及钚的中子本底计算、杂质控制,以及精炼、铸造过程动力学分析,解决了关键部件、大型部件加工成型工艺技术问题,并于1964年8月19日完成了第一颗原子弹及备用弹的装配任务。

3.第一颗原子弹爆炸成功后,按任务需求,要在一年内搞出热核材料。热核材料中的重要成分是氢的同位素氘和氚,常温下是气态,用什么方法才能将其加工成有形的热核材料?宋家树提出的方案得到批准。他们从成型工艺、机械加工和防潮涂层、安全防护等方面进行试验研究,对其中难度较大的成型问题,用三种不同的工艺方法进行试验。经过不到一年的时间,掌握了一套工艺技术,制造出合格的热核材料部件。1966年12月,实现了氢弹原理的突破。

4.原子弹、氢弹爆炸成功,导弹试飞成功后,需要实现两弹结合,其中一个重要问题是,核弹轻量化和小型化,要按武器化设计方案进行核弹部件的研制与加工。在协作单位按设计要求提供新材料之后,宋家树带领攻关组对工艺进行了重大改进,使加工的部件满足了武器化的要求。他领导的生产厂为核弹武器化、装备部队作出重要贡献。

5.1973年9月,宋家树调往三线地区,任九院某厂副总工程师、总工程师兼副厂长。他从厂的筹建到全面负责厂里的技术、研究和生产任务,并参加了1982—1988年的一系列核武器试验任务。作为新一代核武器攻关的技术负责人之一,参与领导、组织,完成了新型核材料及关键热核部件的攻关任务。

奖项与荣誉

1.1980年获国防科工委重大科技成果奖二等奖。

2.1987年、1988年,先后获国家发明奖三等奖(第一发明人)。

3.1987年获国家科技进步奖特等奖(主要完成人之一)。

梁思礼

梁思礼 Liang Si Li（1924年8月—2016年4月），生于北京，祖籍广东新会。导弹和火箭控制系统专家，中国科学院院士。他参加了原子弹和导弹"两弹"结合的导弹核武器试验。

梁思礼，1941年中学毕业后赴美留学，1943年转入普渡大学电机工程系，先后主修无线电工程、自动控制，以优异成绩获普渡大学学士学位。1945—1949年入辛辛那提大学读硕士和博士学位同时做研究工作。1949年9月底回国。1950年初梁思礼被分配到邮电部电信研究所搞无线电工作，并参加了新中国第一个国际广播电台的建设。1955年作为援越专家，援建"越南之声"广播电台。由于出色完成任务，胡志明主席亲自接见并向梁思礼等几位专家颁发奖章和奖状。1956年梁思礼参加了"国家十二年科学规划"的制定工作，参与起草"喷气技术"（导弹与火箭）部分，随后即被调入正在筹建的国防部第五研究院（后划为航天部五院）。其后从事航天事业40年。历任室副主任、主任、所长，火箭研究院副院长，航天部总工程师，航天总公司科技委副主任、顾问。他还是中国宇航学会第一、二届理事会理事，第三届副理事长，中国航天学会第三、第四届理事会理事，中国自动化学会第二届理事。1987年当选为国际宇航科学院院士。1993年当选为中国科学院学部委员（院士）。

为原子弹核武器化作出的贡献

梁思礼主持和参加了我国近程、中近程和远程战略导弹及运载火箭的研制试验工作。

1966年，梁思礼参加了二机部的原子弹头和七机部"XX甲"导弹进行"两弹结合"的导弹核武器试验。在协调二、七机部电路图时，为确保安全，梁思礼提出在线路中增加一个防静电电阻,双方同意后实施。这是跨部级设计项目中电磁兼容性设计的开端。"XX甲"飞行稳定,命中目标,即时核爆炸。导弹核武器试验的成功,标志着原子弹的核武器化,震惊了世界。从此我国进入了核大国的行列。

梁思礼是"XX甲"中近程地地导弹的主要设计师。他先后参加并领导了多发"XX甲"导弹的飞行试验和定型工作。

梁思礼著有《导弹控制系统研制工作的质量与可靠性管理》等。

奖项与荣誉

1.梁思礼是中国航天事业第一批创建成员之一。由于他在远程液体地地导弹和运载火箭领域中作出突出贡献,1985年获国家科学技术进步奖特等奖。

2.1981年他担任航天部的计算机自动测量与控制系统的总设计师,为全部的导弹和卫星地面测试、发射、控制系统的标准化、通用化、模块化、系列化作出重要贡献。为此,获1987年国家科学技术进步奖二等奖和航天部科技进步奖一等奖。

3.从1988年起,梁思礼作为国防科工委组织的"核武器和空间裁军研究组"的成员进行核战略导弹和外空武器裁军的研究工作,多次与美国科学院、国际安全和军控委员会对口开研讨会。曾作为中国代表参加1989年联合国在基辅召开的防止意外核发射研讨会。

4.1994年梁思礼当选为国际宇航联合会的副主席。经过两年的筹备,1996年在北京召开了国际宇航联第47届大会,会议开得很成功,得到国内外千余名航天界专家学者的好评。

5.获1996年度何梁何利基金科学与技术进步奖技术科学奖。

6.梁思礼逝世后,中共中央总书记、国家主席、中央军委主席习近平发唁电,对梁思礼逝世深表哀悼。唁电中说,新中国成立之初,梁思礼同志毅然归国,为发展我国航天事业鞠躬尽瘁,并作出了重要贡献,他的爱国情怀、奉献精神和严谨作风令人敬仰。

延伸阅读

梁氏家门

梁思礼是梁启超最小的儿子。

　　梁启超:戊戌运动的领导者之一。他心系爱国救国。梁家几代人,满门俊秀。梁启超有九个子女。

　　长女梁思顺,是诗词研究专家;

　　长子梁思成,是著名建筑专家;

　　次子梁思永,是中国近代考古学的开拓者之一;

　　三子梁思忠,毕业于美国西点军校的军官,参加过淞沪会战;

　　次女梁思庄,是我国图书馆学领域专家;

　　四子梁思达,是经济专家;

　　三女梁思懿,是著名的社会活动家,多年从事对外友好联络工作;

　　四女梁思丁,当年在姐姐梁思懿的影响下投身新四军;

　　五子梁思礼,是导弹和火箭系统控制专家。

　　梁思成是第一个运用现代科学方法,对我国古代建筑进行分析研究的学者。他的《中国建筑史》,填补了中国建筑史研究的空白。梁思成的妻子林徽因也是建筑学家,他们的爱子、梁启超的长孙梁从诫是历史学家,也是著名的环保专家。从1993年起,梁从诫领导创建了第一家完全民办的环境保护组织"自然之友"。他先后开展了保护川西洪雅天然林、滇西北德钦县原始森林滇金丝猴、藏羚羊等工作,还参与了可可西里地区的反盗猎行动。

　　梁思永曾赴美国哈佛大学攻读考古学和人类学,毕业后回国做考古工作。他的工作提高了中国考古发掘的科学水平,使之纳入近代考古学的范畴。1948年,梁思成、梁思永兄弟俩一起当选为第一届中国院士。

梁敬魁

梁敬魁 Liang Jing Kui（1931年4月— ），福建福州人。材料化学家，中国科学院物理所研究员，长期从事材料科学、晶体结构化学和固体物理学的研究。中国科学院院士。

梁敬魁，1955年7月毕业于厦门大学化学系物理化学专业。1956年赴莫斯科苏联科学院巴伊科夫冶金研究所，作为金属合金热化学和晶体化学专业的研究生，1960年毕业，获技术科学副博士学位。回国后，一直在材料科学、晶体结构化学和固体物理三个学科的交叉领域从事前沿性的基础研究工作。历任中国科学院物理研究所研究员、博士生导师，晶体研究室副主任、主任，相图与相变研究室主任，中国科学院福建物质结构研究所所长，中国科学院化学部常委，物理研究所和凝聚态物理中心学术委员会副主任，北京分子动态与稳态结构国家重点实验室和福州结构化学国家重点实验室学术委员会副主任。兼职有：中国晶体学会副理事长及出版工作委员会主任，X射线衍射委员会主任，相图委员会名誉主任，中国化学会常务理事。《物理学报》副主编等。1993年当选为中国科学院学部委员（院士）。

对我国核试验的贡献及其他科学成就

1.梁敬魁提出"极高温瞬时过程测温方案"的学术思路，主持并出色完成"核试验瞬时过程测温装置"的研制，并在实际应用中获得成功。

2.梁敬魁擅长多晶X射线衍射结构分析和晶体点阵常数的精确测量，并成功地测定了一系列金属间化合物和无机盐的晶体结构。

3.20世纪70年代，为寻找新型电光和非线性光学晶体，他对碱和碱土金属碘酸盐及其复盐的形成、相关系、晶体结构、热稳定性及其物理性能进行了大量系统的研究。

4.20世纪70年代末80年代初,梁敬魁通过硼酸钡相关体系相图的研究,指出具有倍频效应的物质是偏硼酸钡低温相,并测定了偏硼酸钡的相变温度。

5.20世纪80年代在早期高 Tc 氧化物超导体的研究工作中,取得多项成果。

6.梁敬魁是凝聚态物理和物理化学两个专业的博士生导师。1978年以来,他培养了20多名博士生,10余名硕士生和指导数名博士后。他们中有的作出了突出贡献,成为学科带头人。

奖项与荣誉

1.获1978年中国科学院科学技术重大成果奖(梁排名第一)。

2.“X射线粉末衍射技术的建立和完善”科技成果获1986年中国科学院科学技术进步奖三等奖(梁排名第二)。

3.“碘酸盐的相图、结构和相变研究”成果,获1987年中国科学院科学技术进步奖二等奖(梁排第一名)。

4.“碱与碱土金属硼酸体系相图、相变和相结构的研究”成果,获1988年中国科学院科学技术进步奖二等奖(梁排名第二)。

5.“高 Tc 氧化物体系超导体的发现”获1989年国家自然科学奖一等奖(梁排名第十一);“液氮温区氧化物超导体的合成、相关系和晶体结构”获1991年国家自然科学奖三等奖(梁排名第一)。

6.1990年他被评为中国科学院优秀研究生导师。

7.获1999年度何梁何利基金科学与技术进步奖技术科学奖。

王占国

王占国 Wang Zhan Guo（1938年12月— ），生于河南省镇平县。半导体材料物理学家，他长期从事半导体材料、器件辐射效应等研究。中国科学院院士。

王占国，1962年毕业于南开大学物理系，同年被分配到中国科学院半导体研究所工作，从事半导体材料光电性质和半导体材料、器件辐照效应研究。1980—1983年为瑞典隆德大学固体物理系访问学者；从事半导体深能级物理和光谱物理研究。1986年被破格晋升为研究员，任半导体所半导体材料室主任。1990年被国务院学位委员会批准为博士生导师。1990—1994年任半导体所副所长；从1990年起任半导体所半导体材料科学重点实验室主任；并先后当选为国际半导体和半绝缘体材料会议，第七届国际化学束外延会议，国际缺陷识别、成像和物理会议等多个顾问委员会委员。1990—2001年先后任国家"863"计划高技术新材料领域专家委员会委员、常委，功能材料专家组组长。1996—2000年被科技部聘任为国家"S863"计划纲要建议软课题研究新材料技术领域专家组组长；从1992年起先后担任南京大学、西安交通大学、南开大学和北京师范大学等6所高校兼职教授，北京大学、清华大学、山东大学和中科院上海微系统、信息技术研究所等6个国家或部门开放实验室学术委员；《半导体学报》《人工晶体学报》等多个学术刊物编委；2002年国际材联电子材料会议副主席兼程序委员会主席；中国材料研究学会常务理事、北京市人民政府第八届专家顾问团顾问。1995年当选为中国科学院院士。

从事半导体材料、器件辐照效应，为我国核事业作出贡献

王占国在1962—1970年，主要从事半导体材料，器件辐照效应和光学、电学性质研究。受中国人民解放军第14研究院的委托，他负责制定了我国电子材料、器件和集成电路辐照效应研究方案和实施计划，并进行课题研究。其中，电子材料、器件和集成电路的电子、质子、中子和γ射线的静态、动态和核爆瞬态辐照实验结果，为我国核事业及核加固、核突围等国防工程作出重要贡献。

奖项与荣誉

1.1984—1993年，在半导体材料生长及性质研究中，先后负责承担多项国家自然科学基金、国家重点科技攻关和国家高技术"863"研究课题，获多项研究成果，获1989年中科院科技进步奖一等奖和1990年国家科技进步奖三等奖。

2.从1993年开始，王占国科研重点集中在半导体低维结构和量子器件这一国际前沿研究方面，有多项科技成果，先后获1995年和1997年中科院科技进步奖二等奖，2000年中科院自然科学奖一等奖，2001年国家自然科学奖二等奖。

3.获2001年度何梁何利基金科学与技术进步奖技术科学奖。

4.因对"863"计划作出突出贡献，2001年"863"计划十五周年时，被科技部授予先进个人称号。

贺贤土

贺贤土 He Xian Tu（1937年9月— ），浙江宁波（镇海）人。理论物理学家，他长期从事核武器理论研究。中国科学院院士。

贺贤土，1962年毕业于浙江大学物理系理论物理专业。1962年8月—11月留校任教。1962年11月调北京核武器研究所从事研究工作。1986—1987年在美国马里兰大学做高级访问学者，1987年12月在比利时自由大学讲学。1988—1990年任所科技委副主任，1991—1997年任副所长。1988年为所首席科学家。1992年起兼任高温、高密度等离子体重点实验室学术委员会主任。1993—1996年任国家"863"高技术计划惯性约束聚变主题组秘书长，1997年起任首席科学家。1999年被聘任为浙江大学理学院院长，北京大学应用物理与技术研究中心主任。之后，任中国物理学会及中国核学会理事，中国计算物理学会常务理事，国家重点基础研究项目"非线性科学"专家委员会成员，"863"计划领域委员会委员、顾问组成员，国家中长期科技规划战略能源组成员，高功率激光物理国家重点实验室学术委员会主任，总装备部科技委委员，国家自然科学奖评审委员会委员，以及亚洲等离子体与聚变协会执行委员，国际原子能机构惯性聚变能咨询专家等职。1995年当选为中国科学院院士，是中国科学院学部主席团成员和执行委员会成员，并兼任中国科学院数学学部主任。

主要科学成就和为"两弹"研制及核试验、实现核武器化作出的贡献

1.贺贤土接受的第一项任务是研究原子弹爆炸后中子在大气中的深穿透问题。只用了半年多时间，他就完成了任务。接着，他又接受了第二项任务：研究和计算原子弹的过早"点火"概率。经过近一年的时间，他就给出了物理方案，与搞数学的同志合作编写出计算机程序；此程序能算出比较精确的过早"点火"概率，不仅在第一颗原子弹爆炸过程中得到应用,而且在此后的核武器设计与试验中沿用。后来,贺贤土又计算出含钚裂变材料核装置的过早"点火"概率,并根据这种计算,他完成了材料杂质的控制等方面的研究。

2.贺贤土是第一颗氢弹热测试理论研究组的主要骨干之一。主要研究氢弹爆炸过程的物理规律及理论设计的可靠性,为核爆炸时的物理测量提供方案。他建立了多个物理模型,研究氢弹原理试验和大当量氢弹爆炸过程中子、伽马射线的产生,及其在弹体穿透中能量变化和被吸收的物理规律,与搞数学的同志一起进行计算数值模拟。他还十分重视理论与试验的结合,亲往核试验基地,多次解决了试验中的实际问题。

3."两弹"研制成功后,贺贤土又接受了探索中子弹原理的任务,他被任命为组长,率领10几个人的团队,开始新的攻关。他们突破传统认识和经验,提出了新的点火和自持燃烧的理论,并于1984年年底进行的试验取得成功,从而宣告中子弹的原理获得完全突破。

4.在"863"计划中惯性约束聚变研究方面,贺贤土作为首席科学家,与团队一起取得很多重大成果,为我国形成一个独立自主的惯性约束聚变研究体系作出重要贡献。

5.在基础研究方面,主要进行高能量密度物理、非平衡统计物理、非线性等离子体物理、激光核聚变、非线性科学中斑图竞争与时空混沌等研究工作。发表了120多篇论文,多次应邀在国际大会上作报告,并多次担任有关国际会议的主席、合作主席和科学顾问委员会成员。

奖项与荣誉

1.1985年获国家科技进步奖一等奖。

2.1991年获国家自然科学奖二等奖。

3.1993年获国家科技进步奖二等奖。

4.获2000年度何梁何利基金科学与技术进步奖物理学奖。

5.2001年获国家"863"计划突出贡献先进个人奖。

6.获部委级奖8项。

贺贤土(左二)与杜祥琬

徐晓白

徐晓白 Xu Xiao Bai(1927年5月—2014年3月),女,生于江苏苏州市,无机化学、环境化学家,中国科学院物理化学所研究员。中国科学院院士。

徐晓白,1948年毕业于上海交通大学化学系,毕业后曾任上海中央研究院化学所助理员。1949—1986年历任中国科学院物理化学所(后为应用化学所)、化学所、环境化学所助理员、助理研究员、研究室主任、副研究员、研究员。1980—1982年为美国加州大学柏克莱分校访问学者,并于1986年、1991年、1994年三次赴加州大学旧金山分校做短期访问教授。后任中国科学院生态环境研究中心研究员、博士生导师。曾担任中国化学会常务理事、环境化学专业委员会主任、中国SCOPE顾问与化学品安全性评价方法科学小组成员。1995年当选为中国科学院院士。

在"两弹"研制中做过两项工作,并作出贡献

1.对铀氟化物的研究,配合了原子弹的研制。

2.对核燃料干法后处理等工作的研究,配合了核燃料系统的建设和发展。

这两项工作是在20世纪50年代末、60年代初进行的。

奖项与荣誉

1.对铀氟化物的研究和对核燃料干法后处理的研究这两项工作分别在1978年获中国科学院重大科技成果奖。

2.20世纪50年代,为开拓我国稀土资源利用进行的稀土高温二元化合物等的制备与性质研究,1978年获中科院重大科技成果奖。

3.开拓潜在致癌物硝基多环芳烃($No2-PAH$)与多环芳烃(PAH)的鉴定、检测、转化规律和控制途径的研究,获多项研究成果。有关研究获1989年国家自然科学奖

三等奖。

4.徐晓白作为学术带头人开展对有毒有机化合物的环境化学行为、生态毒理与分布调查等交叉学科的研究,1990年5月在北京召开了"有毒有机化合物在环境中的行为和生态毒理研究"学术会议,有10多个单位科研人员参加,出版了约100万字的中文版论文集和英文版的专著。

5.1992—1996年,徐晓白作为"典型化学污染物在环境中的变化及生态效应"项目第一主持人,与9个单位合作,开展研究,取得重要成果,获1999年中国科学院自然科学奖一等奖。

6.获2001年度何梁何利基金科学与技术进步奖技术科学奖。

中科院生态环境研究中心领导为徐晓白(右二)院士祝寿

魏宝文

魏宝文 Wei Bao Wen（1935年11月— ），生于河南禹州市。物理学家，长期从事核物理和加速器物理方面的研究。中国科学院院士。

魏宝文，1953年考入北京大学物理系，1956年调入刚成立不久的技术物理系，是新中国培养的第二批核物理专业的学生。1957年毕业分配到中国科学院近代物理所，1958年调到中科院兰州近代物理所，师从杨澄中先生从事核物理研究。历任研究员、兰州重离子加速器国家实验室主任、中科院兰州近代物理所所长、兰州分院院长。他在核物理和加速器物理研究方面获多项重要成果。20世纪80年代末，领导建成我国第一台大型重离子加速器，主持实施发展先进的ECR离子源计划，显著改进了加速器的性能。90年代，提出在兰州重离子加速器上开展放射性束物理研究和建造冷却存储环的国家大科学工程计划，该工程于本世纪初开工建设，2008年建成，次年通过国家验收投入运行。它在我国开辟了储存环物理这样一个新的学科领域，使我国在世界核物理及其交叉学科前沿领域继续占有一席之地。1995年当选为中国科学院院士。

立足加速器事业，为氢弹研制作出贡献

20世纪60年代初，魏宝文完成了伽马射线和快中子闪烁探测方法研究，在近代物理所早期核物理实验中发挥了重要作用。1963年，他作为兰州1.5米回旋加速器建成后的第一个使用者，研制出2～9MeV单能中子源，用于重要的国防任务。随后，他主持完成了9～12WeV中子对锂-6和锂-7的非弹性碰撞截面测量，为氢弹的研制提供了中国自己的核数据。70年代初，他还对聚变反应堆材料进行了群截面计算，在此基础上用快中子输送理论的Sn方法，对聚变反应堆再生区的中子分布与核发热进行了理论研究。

奖项与荣誉

1.1988年兰州重离子加速器建成,主要指标达到国际先进水平,开辟了我国中能重离子物理的研究领域,获中科院科技进步奖特等奖,1992年获国家科技进步奖一等奖,魏宝文是主要获奖者。

2.获2001年度何梁何利基金科学与技术进步奖物理学奖。

魏宝文(中)与同事讨论加速器科研问题

张焕乔

张焕乔 Zhang Huan Qiao（1933年12月— ），生于四川巴县（现重庆市沙坪坝区）。核物理学家，他长期从事中子物理、裂变物理和重离子反应实验研究。中国科学院院士。

张焕乔，1952年考入武汉大学物理系，学习成绩优秀，二年级时是获各科满分的4名学生之一。1955年秋，国家为发展原子能事业，决定从几所重点大学物理系选调近百名高年级学生到北京大学物理研究室学习。武汉大学选调10名学生，其中有张焕乔。在北大胡济民、朱光亚等名师的指导下刻苦学习，立志为发展中国的原子能事业献身。1956年秋，北京大学物理研究室毕业，分配到中国科学院近代物理研究所，在戴传曾领导下从事中子物理实验研究。1958年10月，他被派往苏联科学院库尔恰托夫原子能研究所实习。期间，他两次见到库尔恰托夫（苏联原子弹之父），并在导师带领下参观了库尔恰托夫原子能研究所的全面核物理工作，使他大开眼界。1960年1月底，张焕乔回国。至今一直在中国原子能科学研究院工作。任研究员、博士生导师和北京串列加速器核物理国家实验室主任。兼任北京大学和华中科技大学教授、山西师范大学名誉教授、中国核工业集团公司科技委高级顾问、国防科工委专家咨询委员会委员、中国物理学会常务理事，以及《中国科学》《中国物理快报》《高能物理与核物理》等杂志编委，第二版《中国大百科全书》副主编。1997年当选为中国科学院院士。

科学成就和对"两弹"研制、发展战略核武器的贡献

张焕乔主要从事中子物理、裂变物理和重离子核反应的实验研究，他个人或与合作者所取得的成就：

1.他参加我国第一台中子晶体谱仪和第一台中子衍射仪的建立,为在核反应堆上开展慢中子谱学和固体物理的实验研究创造了条件。

2.他与其他同志共同发现压电振荡石英单晶中子衍射时的增强现象,并提出合理的解释,认为中子在振荡石英晶体中的次级消光减弱是产生衍射中子增强的原因。

3.核武器的研制中需要提供若干测试手段和测量部分核数据。张焕乔先后负责所需的第一批中子数据——重核对裂变谱中子的平均裂变截面的测量;核武器点火中子源所需的异型比源强度和均匀性的测量;生产堆用国产石墨性能检验;核武器小型化所需 ^{239}Pu 的快中子裂变瞬发中子平均数的测量等,并为1966年以氢弹为目标的两次核试验燃耗测定现场取样铀含量的测量工作,提供了高水平的数据。

4.系统研究自发裂变和中子诱发裂变的中子数及其与碎片质量、电荷和总动能的关联,提供了高精度的 ^{252}Cf 自发裂变每次裂变的平均中子数。经过多年的考验,证明张焕乔他们的结果是正确的,并一直被收入国际"热中子常数和 ^{252}Cf 自发裂变中子产额"这组重要初级标准中。

5.系统研究垒下和近垒重离子熔合裂变反应的碎片角分布,首先采用裂变碎片折叠角技术实现将熔合裂变与转移裂变分开。之后,国际上也很快采用这个方法做同类实验。在这方面的研究中,张焕乔他们发现在某些系统中裂变碎片角分布各向异性随入射能量变化出现异常峰,并确定碎片各向异性在深的垒下能区普遍异常。并且他们从实验中找到了异常的物理原因:由于碎片各向异性与入射道质量不对称性相依,表明垒下熔合裂变存在着入射道效应。由此,他们提出了一个新的预平衡裂变模型,解释了观测到的异常现象。他们的工作在当时处于国际上同类工作的前列。

6.1982年后,张焕乔多次去意大利国家核物理研究院里亚洛国家实验室进行合作研究。在国外合作研究垒下重离子熔合反应的平均角动量激发引起函数和熔合势垒分布中,首次在 $^{58}Ni+^{60}Ni$ 反应中揭示出双声子激发引起熔合势垒分布劈裂成了个峰,表明复杂的核的表面振动影响垒下增强。该工作遂成为这方面研究的一个典型工作,受到国际同行高度重视和广泛应用。

7.他采用转移反应角分布做探针和发展渐近归一化系数(ANC)方法,研究稳定核激发态中子晕,研究在近滴线区域寻找质子晕,以及研究弱束缚核破裂对近垒熔合反应的影响方面,都取得了创新性的结果。

奖项与荣誉

1.因发现压电振荡石英单晶中衍射增强现象,并给出合理的解释,此项工作获1982年国家自然科学奖三等奖,张焕乔排名第二。

2.为研制核武器提供了若干测试手段和测量并提供了部分高水平的数据,获1978年全国科学大会奖(5项)和1979年国防科委重大成果奖二等奖,张焕乔排名第一。

3.系统研究自发裂变和中子诱发裂变的中子数及其与碎片质量、电荷和总动能的关联工作中,其研究成果达国际先进水平,获1991年吴有训物理奖,张焕乔排名第一。

4.系统研究垒下和近垒重离子熔合裂变反应的碎片角分布,首先采用裂变碎片折叠角技术实现将熔合裂变与转移裂变事件分开,并发现碎片角异性的异常现象,当时处于国际上同类工作的前列,获1992年部级科技进步奖一等奖和1999年国家自然科学奖三等奖,张焕乔均排名第一。

5.获2004年度何梁何利基金科学与技术进步奖物理学奖。

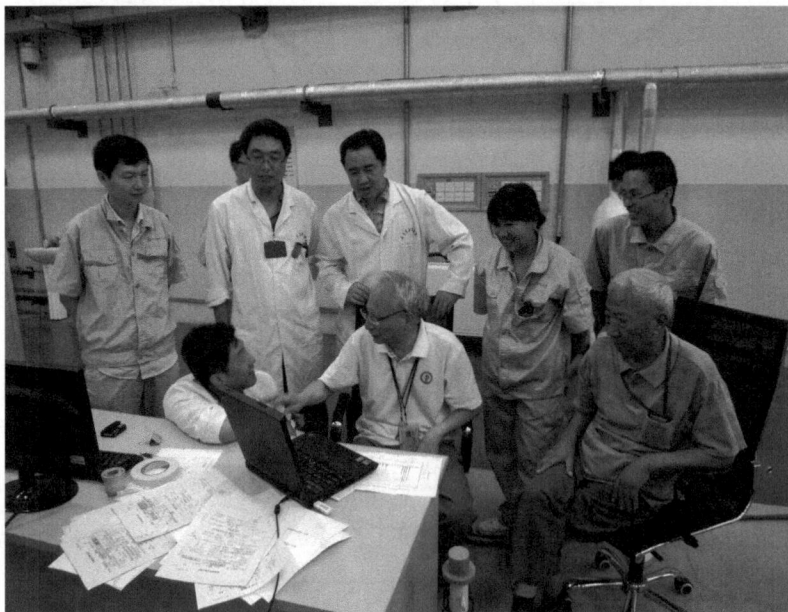

张焕乔院士在实验室

袁承业

袁承业 Yuan Cheng Ye（1924年9月—　），生于浙江省。化学家，中国科学院上海有机化学研究员。中国科学院院士。

袁承业，1948年毕业于南京前国立药学专科学校（现中国药科大学）。1951—1955年在莫斯科全苏药物化学研究所学习，以优异成绩获得科学副博士学位。他是新中国成立后第一批由国家派去苏联的研究生，从事氨基酸及其代谢拮抗物的设计与合成。1956年调中国科学院上海有机化学研究所任副研究员。1958年开始根据国家需要建立与领导了核燃料萃取研究组，以解决原子弹研制等国防工业急需。1960年晋升为研究员。从1983年开始任历届国际有机磷化学会议的学术委员会委员。1994年起两度当选国际主族元素委员会理事。他是3种国际学术刊物《杂原子化学》《磷、硫、硅》及《溶剂萃取与离子交换》编委会委员。1997年当选为中国科学院院士。

科学成就和对原子弹研制的贡献

1.袁承业建立与领导的上海有机化学研究核燃料萃取研究组，研制成功了结构有特色、性能优越的新型高效萃取剂，不仅类型齐全，而且品种系列化，其产品用于铀、钍的生产，能满足国防急需。

在国际上，后处理工艺的发展趋势，已由20世纪40年代的沉淀法转为50年代出现的溶剂萃取法了。1959年1月底，二机部设计院向部呈送的《关于建议进行萃取法工艺研究的报告》中提出："萃取法生产将成为放化厂的一个发展方向。""大规模开展萃取法工艺流程的研究是迫不及待的问题……"为此，原子能所、清华大学为主，还有上海有机化学所等单位，他们进行的萃取法的先行探索，对我国后处理工艺由沉淀法改为萃取法的变化起了促进作用。

2.在完成国防任务后,袁承业很重视将积累的经验用于经济建设,他多次参加由方毅主持的包头、金川及攀枝花三大有色金属基地的科技攻关会议,并积极承担任务。例如:将P507用于单一稀土的生产,在我国由稀土资源大国转为高纯单一稀土出口大国方面起了关键作用。此外,在钴镍的萃取分离及贵金属纯化与生产方面也取得显著成果。他们还从氢氟酸体系中分离铌、钽及从废水中萃取回收苯酚及其衍生物,后者对环境保护有重要意义。

3.袁承业十分重视基础研究,并能总结规律,善于用基础研究成果指导实践,例如:他们研究成功氨基膦酸及磷肽的多种简便合成方法;在多能因膦酸衍生物的合成策略方面做了多途径的尝试,取得很好的结果。袁承业培养出博士研究生和硕士研究生多名。袁承业与徐光宪合著《稀土溶剂萃取》,此书将萃取剂化学提高到一个新水平。

奖项与荣誉

1.因解决国防工业急需,获国防科工委颁发的"献身国防事业"奖章与奖状。

2.因核燃料萃取研究而对"两弹"研制作出的贡献,作为中国科学院40名代表之一,参加了党和国家领导人对研制"两弹一星"作出突出贡献的科技专家的接见。

3.因对金川有色金属基地建设的贡献,获得国家科委颁发的在金川资源综合利用攻关中取得重要成果荣誉证书。

4.与徐光宪合著《稀土溶剂萃取》获国家出版署颁发的全国优秀科技图书一等奖。

5.截至2001年,获国家级奖励共6项,包括国家自然科学奖二等奖1项,国家科技进步奖二等奖1项、三等奖1项,国家发明奖三等奖3项。

6.已发表学术论文300余篇,其中半数以上发表在国外学术刊物上,另获美国专利2项。

7.获2001年度何梁何利基金科学与技术进步奖化学奖。

王世绩

王世绩 Wang Shi Ji（1932年9月— ），生于上海。实验物理学家，20世纪60年代中参加了核试验近区物理测试工作。中国科学院院士。

王世绩，1952—1956年在东北人民大学（现吉林大学）、北京大学学习。1956年北京大学技术物理系毕业后到中国科学院物理研究所（中国原子能科学研究院）工作。1959年11月到苏联杜布纳联合原子核研究所中子物理室工作。1964年7月回国后到二机部九院工作，历任助理研究员、副研究员、研究员；研究室副主任、主任；研究所科技委主任、所长，高功率激光物理国家实验室常务副主任、主任；后任上海激光等离子体研究所顾问、高功率激光物理国家实验室顾问、国家高技术"863"计划领域专家委员会顾问。1999年当选为中国科学院学部委员（院士）。

科学成就与对"两弹"研制和发展战略核武器的贡献

1.1956—1961年，参加了我国重水反应堆、零功率反应堆、苏联快中子脉冲反应堆的建造和开堆实验，研制了几种测试设备。

2.20世纪60年代初，在苏联杜布纳联合原子核研究所从事中子物理研究，研制了苏联首台含镉大液体中子闪烁探测器，实现共振中子裂变参数较高精度测量，数据均被国际原子能核数据库收集。该工作获杜布纳原子核研究所1963年科技奖。

3.20世纪60年代中，王世绩参加了我国核试验近区物理测试工作，担任核试验近区物理测试组副组长、组长。他们创造性地设计了结构独特的气体契仑科夫探测器，能将核爆瞬间比被记录讯号高20多个量级的低能γ射线甄别掉，而记录了17.6兆电子优的高能γ射线。试验成功记录了热核燃烧纳秒级的时间过程，为我国在核武器聚变的诊断打下了良好的基础。

4.20世纪70年代末,他转向初创阶段的激光惯性约束聚变研究,负责物理实验与诊断。他领导研制了10多种配套的诊断设备,可以测量可见光、X光、离子、电子、中子等的强度、能谱、时间谱和空间分布等物征物理量。对这些设备都分别进行了标定与考核,总体达到了当时国际同类诊断设备的先进水平。利用这些设备进行了激光与靶相相互作用实验,对于我国激光惯性约束聚变作出开创性贡献。

5.20世纪90年代,他参加了"神光 II"高功率激光装置研制,为项目领导人之一。这是一台当时国内规模最大、在国际上为数不多的高性能高功率激光实验装置,并取得多项重要的物理实验成果。这台装置的成功研制,对我国惯性约束聚变发展具有重要的作用和意义。

6.1986年以后,他将研究重点转向国家高技术"863"计划 X 光激光研究,曾任 X 光激光研究专题专家组首任组长。这是一项涉及面广、综合性强的研究项目。他们取得了多项成果,如:我国首创的双靶对接方法和凸柱面镜透镜列阵均匀线聚焦技术,在国际上产生较大影响,已被国内外多个实验室采用。1996年王世绩等人应邀赴日本大阪大学进行合作研究,应用双靶对接和凸柱面透镜列阵,进行了类镍——钕离子的 X 光激光研究等,均获成功。他们获得日本大阪大学科技进步奖。王世绩对我国 X 光激光研究的开拓、发展、跻身国际先进行列作出贡献。

奖项与荣誉

1.除在苏联杜布纳联合原子核研究所获得科技进步奖、在日本大阪大学获得科技进步奖外,主要奖项有:

国家科技进步奖一等奖1项、二等奖2项、三等奖1项;省部级科技进步奖一等奖6项、二等奖2项;光华科技基金奖一等奖1项。

2.获2002年度何梁何利基金科学与技术进步奖物理学奖。

张宗烨

张宗烨 Zhang Zong Ye（1935年1月— ），女，生于北京，原籍浙江杭州。核理论物理学家，她曾在于敏和邓稼先领导的原子核理论组工作，并取得优异成绩。中国科学院院士。

张宗烨，1952年考入北京大学物理系，1956年毕业后与丈夫余友文一同分配到中国科学院原子能研究所工作，任实习研究员、助理研究员。1973年，调入中国科学院高能物理研究所工作。1999年当选为中国科学院院士。

科学成就及对原子核理论的贡献

张宗烨毕业后，在于敏和邓稼先领导的原子核理论组工作，她逐步学会了如何做科学研究工作。1958年，她担任了核结构小组的组长，进行核结构和核反应的理论研究；同时，她在中国科学技术大学兼课，为近代物理系讲授"原子核理论"课。20世纪60年代初，张宗烨和余友文在于敏先生的指导下，提出了原子核的相干结构模型，这个模型的数学表达式非常简单，物理图像又十分清晰，是原子核中"超导"运动形态的一个推广。这项成果在1966年北京物理讨论会上获得好评。

调入中科院高能所后，张宗烨从1975年起转入中高能核物理的研究，课题是超核结构。1976年后从理论上预言在超核中存在超对称态。至1980年，张宗烨所在的组做了大量研究和实验工作。这一预言于1981—1983年被美国国家实验室的实验所证实。这个理论预言比实验至少早了3~5年。

1980年后，张宗烨在钱三强的支持下，开始了核内夸克及核力的夸克模型的研究。她和余友文选择了夸克模型基础上研究重子—介子顶角函数的结构作为第一个研究课题。他们从单胶子交换出发，导出了产生一对正反夸克对的传递位，采用这个位势及合理的单胶子交换耦合常数,计算了一系列核子—介子顶角耦合常数,得到与实验值相符合的结果。

他们继续对核内夸克及核力的夸克模型的研究,取得了许多成果。

奖项与荣誉

张宗烨在几十年的科学研究中,取得了多项重要成果。其中,提出的原子核的相干结构模型、超子形成的超对称态、对核内夸克及对夸克模型的研究中的许多成果,都受到好评或引起国际同行的重视。

张宗烨院士作核科学知识演讲

马祖光

马祖光 Ma Zu Guang（1928年4月—2003年7月），生于北京。光学专家，国际激光领域知名学者，哈尔滨工业大学教授，中国科学院院士。

为我国原子能事业作出的贡献

1958年，时任哈工大校长李昌"点将"，由马祖光挑头创办核物理专业。马祖光勇担重任，他认为，在哈工大创建核物理专业，不仅能提高基础教学水平，更重要的是为国家发展原子能工业提供急需人才。他在国家困难时期艰苦创业，建成了核物理专业，而且成为哈工大的"名牌学科"之一。他培养的学生杨吉纯、李建华、田树元、王耀才等，赴国家核试验基地，参加了我国第一颗原子弹爆炸试验；当原子弹爆响后，他们迅速进入现场，用仪器监测到了爆心地区的放射性沾染范围γ射线辐射水平及其衰减规律。这是确认核爆还是化学爆的可靠方法之一。此后，马祖光又和他的同事们首次用自己研制的仪器测到了哈尔滨地区大气沉降的辐射本底变化。

1965年，按照二机部原子能所的急需，马祖光带领师生们以最快的速度研制出"快中子闪烁晶体"、"γ—计数管"、"β—计数管"和一些核辐射测量仪器。二机部对这些仪器给予了充分的肯定，并专门派人到哈工大学习制作工艺和技术。为了援助原子能工业大型科研工程，马祖光又派多位青年教师到北京参加压水型核动力反应堆的联合设计工作。

为我国激光事业作出的贡献

20世纪70年代，中国的激光研究还远远落后于世界上先进的国家。马祖光预见到激光在军事上有广阔的应用前景他提出了开设激光专业的设想。他得到国家有关部委的预研基金和40多项国家自然科学基金的资助,在很短的时间内办成了我国第一批激光专业。1981年,他们研制的激光器得到国防科工委的好评并获奖。

2001年,马祖光当选为中国科学院院士。

奖项与荣誉

马祖光院士2003年7月15日逝世后,8月17日,中组部、中宣部、国防科工委联合组织中央30多家媒体的记者赴哈尔滨工业大学进行马祖光院士典型事迹的宣传采访。9月9日晚,中央电视台《新闻联播》和《焦点访谈》报道了国防科技工业战线的标兵、新时期高级知识分子的楷模马祖光的先进事迹。中央电视台还播出以马祖光先进事迹为专题的《永恒的烛光》互动晚会。核工业系统组织收听收看中央电视台的宣传节目,并及时组织学习会、座谈会。不少单位发出《开展学习宣传马祖光同志的先进事迹活动的通知》。

前排左起:杜祥琬、王三江、陈能宽、朱光亚、王淦昌、王大珩、马祖光、于敏、王乃彦

延伸阅读

马祖光院士为新中国激光科学事业取得的成就

1.1981年,在国际上首次观察到Na_2(钠双原子分子)第一三重态跃迁荧光谱。揭开了新光谱谱区的奥秘,填补了此项目的国际空白。马祖光由此名震中外。

2.1985年,在国际上首次实现Na_2中$2.45\mu m$区近红外激光输出,并实现了光栅可调谐输出。

3.1988年,在国际上首次实现Na_2第一三重态跃迁激光振荡。

4.1992年,在国际上首次实现放电激励S2蓝—绿光放大,测得小信号增益。

5.1994年,在国际上首次观察到离子准分子系统Ar+Ar激光振荡现象。

6.1995年,在国际上首次实现了氧四原子分子准分子激光振荡输出,观察到656.5mm和486.0mm激光输出分别为$140\mu W$和$105\mu W$,填补了国际空白。

7.2000年,在国际上首次观察到氮四原子分子准分子紫外荧光辐射,并测到了增益。

8.2003年,在国际上首创双通道共电极不等长波导CO_2激光器。

9.2004年,后人继续马祖光和同事们的科研,在国际上第五家、国内首次实现了毛细管放电类氖氩46.9nmX线激光输出。

陈 达

陈达 Chen Da（1937年3月—　），江苏南通市人。核测试技术专家，中国科学院院士，少将军衔。

陈达1963年毕业于清华大学反应堆工程专业，毕业后即分配到新疆罗布泊核试验基地，担任核爆炸取样分析测试工作。

主要成就与贡献

1.参加了我国第一颗原子弹爆炸试验。他负责接受烟雾采集取样分析诊断工作，以获得准确爆炸能量数据，来判断此次核爆炸是否取得完全成功，并对以后核弹研究提供依据。他出色完成了任务。

2.参加了氢弹试验，并有出色的成绩。他在戈壁滩几十年的核试验取样分析诊断中，探索并攻克了"严重分凝条件下裂变威力诊断方法"的关键技术，测量氢弹精确度达到百分之几，有的测量误差精确度到千分之一；后来氢弹测量误差与前几个国家的测试水平相当。

3.在核科学技术研究和取样分析诊断的实践中，取得了核诊科学领域多项科研成果。

（1）探索并攻克了在核试验中"严重分凝条件下裂变威力诊断方法"的关键技术。

（2）研究了在特定条件下各种核素的分凝规律及其关联关系，创造性地解决了裂变燃耗的测试技术难题。

（3）研究了某些核材料在深度燃耗后随时间变化规律以及快速放化分离技术的基础上，创造了"增长法"的诊断技术。

（4）创造了极端条件诊断中子剂量的放化法，解决了在本底干扰严重、反应体系复

杂情况下取样系数的难题。

(5)领导并完成了铀氢锆脉冲反应堆工程的建设。

2001年,陈达当选为中国科学院院士。

奖项与荣誉

1.先后获国家发明奖二等奖2项、国家科技进步奖二等奖2项、部委级奖一、二等奖6项。

2.1997年被中国科学技术协会授予"全国先进科技工作者"终身荣誉称号。

防化人员在核试验现场

陈式刚

陈式刚 Chen Shi Gang（1935年11月— ），浙江温州市人。理论物理学家，他长期从事基础理论研究和核武器理论研究与设计。中国科学院院士。

陈式刚，1958年毕业于上海复旦大学物理系理论物理专业。毕业后分配到中国科学院物理所（原中国科学院近代物理所），在理论组从事理论研究工作，组长是李荫远先生。陈式刚首先在"输运问题"的研究方面取得了显著成绩。《量子统计中线性输运系数的微扰理论》《热的输运过程的动力学理论》《强磁场下横向输运过程的微扰理论》等有突破性的文章陆续发表。他在物理理论方面的天赋和不俗的成绩，得到李荫远等的关注。1963年初，由李荫远推荐，陈式刚来到二机部北京核武器研究所工作，分配到该所理论部物态方程组，由邓稼先、周光召指导工作。曾任研究室副主任、研究员、博士生导师。2001年当选为中国科学院院士。

主要成就与贡献

1.参与第一颗原子弹和第一颗氢弹的研制。1963年初，原子弹研制已处于理论探索的关键阶段。他协助邓稼先做出了所需要的物理方程，协助周光召在辐射输运物理方面取得成果。他用量子多体问题方面的知识解决原子弹研制中的问题，取得成果。对氢弹的研制，陈式刚小组曾经从聚变材料等离子体的电磁行为方面探索氢弹原理的可能性——虽然这条道路最终没有走通，但为氢弹原理研究向主要方向集中起了促进作用。

2.陈式刚从做理论研究转到核武器设计，他主持的四个型号的研究设计，提高了核武器的性能，对核武器的发展有重要意义，并为后来小型化奠定了基础。他的两篇论文《中子增殖过程中的统计涨落》和《裂变系统燃耗的定标定律》，被长期引用。

他从事核武器理论研究和设计工作达15年

3.1978年以后,陈式刚调整研究方向,主要进行了非平衡态理论、混沌理论、凝聚态理论、强场物理等方面的基础研究,并取得多项成果。

奖项与荣誉

1.获国家科技进步奖二等奖。

2.获部委级和军队科技成果奖、科技进步奖多项。

陈式刚院士(左)在办公室谈学术问题

郭柏灵

郭柏灵 Guo Bo Ling（1936年— ），生于福建龙岩市。数学家，中国科学院院士。

郭柏灵，1958年9月毕业于上海复旦大学数学系，留校任教。1963年2月起，在北京核武器研究所工作，历任助理研究员、副研究员、研究员、博士生导师。1989—1995年为国家自然科学基金会数学评审组成员；1994—1998年为北京核武器研究所非线性中心主任；1988—1996年为中国数学会理事；1994—2000年为北京数学会常务理事、副理事长。2001年当选为中国科学院院士。

从事核武器理论设计中的贡献

1.对核武器事业的贡献。从1963年起，郭柏灵曾从事我国核武器的理论设计中数学物理与数学模拟工作，他对二维流体力学中的特征线方法、二维爆轰波绕流以及差分格式的黏性，作了深入的研究，为我国的核武器事业作出贡献。

2.郭柏灵的主要研究方向为非线性发展方程及数值解、孤立子解和无穷维动力系统，并都取得重要科研成果。他在国内外重要数学杂志上发表论文300多篇，专著10余部。某些数学家称：郭柏灵的工作是非常有创造性的、完整而系统的，并在国际上是首创的。还称他的"无穷维动力系统理论有重要持久的贡献"。

奖项与荣誉

1.1987年，获国家自然科学进步奖三等奖。

2.1994年和1998年，两次获国防科工委科技进步奖一等奖。

3.获2008年度何梁何利基金科学与技术进步奖数学力学奖。

葛昌纯

葛昌纯 Ge Chang Chun（1934年3月— ），浙江平湖人。粉末冶金和先进陶瓷专家。长期从事材料科学研究工作，北京科技大学材料科学与工程学院教授，中国科学院院士，也是世界陶瓷科学院院士。

葛昌纯，1949年考入唐山交通大学（今西南交通大学），1952年毕业后到冶金部钢铁冶金研究总院工作，先后在冶金室、压力加工室、粉末冶金室担任专题负责人，后任研究室主任。1980年10月到德国MAX-PIANCK材料科学研究所和柏林工大非金属材料研究所从事粉末冶金和先进陶瓷研究，获Dresden技术大学工学博士学位。1985年起，在北京科技大学从事研究和教学工作，晋升为教授、博士生导师。2001年当选为中国科学院院士。

研制分离膜，为第一颗原子弹所需浓缩铀的工业化生产作出贡献

1960年，赫鲁晓夫单方面撕毁中苏协议，断绝供应我方用于气体扩散法生产浓缩铀-235的核心元件——分离膜。1962年4月，中央向冶金部钢铁研究总院下达了"乙种分离膜研制和生产"的紧急任务。葛昌纯带领一支平均年龄不到25岁的青年科研队伍刻苦攻关。聂荣臻元帅曾亲自到实验室分离膜研制第一线调查情况，勉励工作。他们终于研制出用于生产铀-235浓缩铀的分离膜（孔径为纳米量级）。

奖项与荣誉

1.1966年葛昌纯作为对社会主义建设有重要贡献的科技工作者，被邀请上天安门城楼参加国庆观礼。

2.1978年乙种分离膜项目获全国科学大会奖。

3.1985年国家科委批准"乙种分离膜的制造技术"为国家发明奖一等奖。葛昌纯是这个项目的第一发明人。

4.1988年被人事部评定为"国家有突出贡献的中青年专家"。

5.1990年被国家教委和国家科委评定为"全国高校先进科技工作者"。

气体扩散法分离铀同位素的机群

马福邦

马福邦 Ma Fu Bang（1934年7月—2004年5月），生于广东广州，原籍广东顺德。反应堆工程专家，他参加了我国第一座从苏联引进的研究性重水实验堆的建造、消化吸收和改进的工作；作为技术负责人，组织了首座技术难度大的反应堆的改建工作，提高了技术性能。中国工程院院士。

马福邦，1951年9月考入北京大学，1952年9月转入清华大学电机系，1955年9月毕业后分配到中国科学院物理研究所（现中国原子能科学研究院）重水堆研究室工作。1980年10月—1983年6月任所堆工部副主任；1983年6月—1984年7月任所副所长(1958年7月—1984年12月，称中国科学院原子能研究所)。1984年7月调任核工业部科技核电局副局长；1986年6月—1988年6月任核工业部核电局局长；1987年7月任核工业部党组成员；1988年6月—1993年5月任中国核工业总公司党组成员、总经理助理兼核电局局长；1993年5月任中国核工业总公司总工程师；1999年7月后任中国核工业集团公司顾问。在这期间，马福邦曾任核电秦山联营公司董事长和广东核电合营公司董事。1994年当选为中国工程院院士。

为我国原子能工业开创初期"一堆"的贡献

1.我国第一座研究性反应堆是由苏联援建的。它是以重水作为慢化剂和冷却剂的研究用反应堆。它的主要用途是进行中子物理实验、材料辐照试验和其他科学研究，生产放射性同位素。它在"两弹一艇"中的作用重大。马福邦从事该反应堆的建造、消化吸收和改进提高的工作，为此作出了重大贡献。在这期间，他先后担任重水堆研究室操纵员、值班主任、技管组组长、操纵组组长、总工程师、室主任。在担任操纵组组长期间，较系统地组织了反应堆物理（中子注量率、控制棒反应性刻度、中毒碘坑等）、反应堆化学（腐蚀、重水辐照分解、净化、再浓缩等）、反应堆—回路热工水力特性等领域的运行特性研究，为保证反应堆安全运行、技术革新和改建奠定了技术基础。

2.20世纪60年代初，马福邦创造了堆外在役诊断堆内部件破损的"瞬态流量法"，并据此制定了操作方案，成功地诊断了装载燃料元件工艺管的破损，安全地处理了破损工艺管的故障。该诊断法简单适用，不仅长期被用于重水研究堆的在役检查，而且推广应用于国内其他反应堆。

3.1979年，作为技术负责人，马福邦领导并主持了重水研究反应堆的改建工程。他提出了改建工程的总体方案、确保放射性部件吊装安全的操作规程等。改建后的重水反应堆，堆芯性能得到较大的改善，消除了设备的重大缺陷，延长了反应堆的寿期。

马福邦任核电秦山联营公司董事长和广东核电合营公司董事期间，为我国的秦山核电建设和广东大亚湾核电建设以及军用核动力科学研究工作作出了重要贡献。

奖项与荣誉

1.我国第一座研究性反应堆"101重水反应堆重大技术革新与技术改进"项目获1978年全国科学大会奖。

2."101重水反应堆改建工程"项目获1985年国家科技进步奖一等奖。

3."重水反应堆强放射性堆本体解体"等8项科研项目分别获得国防科工委重大成果奖二等奖2项、三等奖3项、四等奖3项。

原子能所重水反应堆

——中国跨进原子能时代的标志

李恒德

李恒德 Li Heng De（1921年6月—），河南洛阳市人。核材料、材料科学专家，中科院原子能研究所研究员，核材料专业的创建人之一。中国工程院院士。

李恒德，1942年毕业于西北工学院，获学士学位；1947年毕业于美国卡尼基理工学院，获硕士学位；1953年毕业于美国宾夕法尼亚大学，获博士学位。回国后，创建我国核材料专业，任清华大学教授。1963—1966年兼任中国原子能研究所研究员，从事核材料专业教育和做核材料的工作。1986—1994年任国家自然科学基金委员会材料及工程科学部主任，1991—1999年当选为中国材料研究学会理事长，1996年当选为国际材联主席。1994年当选为中国工程院院士（首批）。

以核材料为国家核事业的贡献

1.1956年，李恒德回国后创建了清华大学核材料专业，成为我国核材料科学技术的先驱者之一。他为国家核事业培养了一大批关键人才。国务院批准有权授予博士学位的核学科和专业，其中就有李恒德教授的核材料专业。

2.1973年，李恒德利用凝胶沉淀法最早在中国研制出二氧化铀的微球。

3.1974—1975年，李恒德在西北有色金属研究院住厂近一年，帮助解决对威胁反应堆安全的锆合金包壳管材氢氧化物位向引起的脆断问题。他提出并主持了中国铝合金管材的氢氧化物分布研究。他深入研究堆用锆合金包壳管中氢化物取向分布和轧制工艺及织构的关系，为在实际生产中防止锆管脆断提供了科学的依据和控制基础，提高了反应堆的安全性。这项成果在一系列工程中都得到了应用。

李恒德大约做了10年的核材料、20年的离子束（包括离子束材料改性等）、30年的仿生生物材料，跨学科搞研究，在多个领域作出贡献。

奖项与荣誉

1.研究堆用锆合金包壳管中氧化物取向分布和轧制工艺及结构的关系,这一成果多次获得国家及省部级奖励。

2.对金属离子束表面改性的研究,他和他的合作者发表论文100多篇,获得多项奖励。

李恒德等人对氮离子注入钛人工髋关节以提高它的使用寿命作出重要贡献。美国一家公司承认,他们下决心开发离子注入钛人工关节产品,并逐步构成公司一个重要产业,是受了李恒德他们研究成果的影响。

3.获1998年度何梁何利基金科学与技术进步奖技术科学奖。

左起:陈能宽、师昌绪、李恒德、张兴钤在一起

金怡濂

    金怡濂 Jin Yi Lian (1929年9月—)，生于天津，原籍江苏常州市。计算机专家，他参加研制的中国第一台大型电子计算机——104机，使用于第一颗原子弹的研制。中国工程院院士。

    金怡濂，1951年毕业于清华大学电机系。20世纪50年代中期，为培养计算机人才，国家选派了一批品学兼优的大学毕业生赴苏联学习，金怡濂是其中一员。1956—1958年，他在苏联科学院精密机械与计算技术研究所进修电子计算机技术。1958年回国，他致力于计算机体系结构、高速信号传输和计算机技术等方面的研究和实践。半个多世纪以来，取得了重大科技成就。他成为中国工程院首批院士之一。1994—2000年，当选为中国工程院主席团成员和中国工程院信息与电子工程学部主任；任国家并行计算机工程技术研究中心主任、研究员。兼任中国计算机学会名誉主席。

参与研制大型电子计算机，服务于"两弹"研制

    金怡濂1958年从苏联回国后，作为计算机技术骨干，成为运控部分技术负责人，相继参加了我国第一台大型电子计算机——104机的研制和多种通用机、专用机的研制。20世纪70年代初，他提出了双机并行计算设计思想和实现方案。他和其他科学家一起，主持完成了多机并行计算机系统的研制，取得了我国计算机技术的突破。

    时任中国科学院党组书记、主持院日常工作的副院长张劲夫，1999年在他的文章《请历史记住他们——关于中国科学院与"两弹一星"的回忆》中称，科学院提供的计算机，对"两弹"研制帮助很大。早在1958年8月1日，研制成功第一台计算机是电子管的，虽然最低级最原始，但总算有了。1959年9月，第二台（104机）就研制出来了，每秒一万次,主要为二机部核武器研究所服务,当时起了很大的作用。这一点在于敏等核科技专家参与研制"两弹"的实践中也得到了证实。

第二代计算机是晶体管的,每秒数十万次。是科学院半导体所搞的,著名半导体材料科学家林兰英,以及科学家王守武、王守觉两兄弟,为此作出了贡献。他们协助二机部攻克技术难关。

奖项与荣誉

金怡濂获2002年度(第三届)国家最高科学技术奖。

留苏期间的金怡濂

钱皋韵

钱皋韵 Qian Gao Yun（1927年3月— ），上海人。核燃料工程、铀同位素分离技术专家，他是我国铀同位素分离气体扩散机核心部件——分离膜研制的开拓者之一。中国工程院院士。

钱皋韵，1950年7月毕业于上海交通大学物理系，留校任教。1953年被派往苏联莫斯科大学物理系当研究生，1955年奉命到莫斯科热工研究所进修中子物理，1956年回国。在中科院物理研究所（后改名原子能所）从事中子物理和热核反应研究。1959年，曾任原子能研究所受控聚变研究室副主任，1960年转行铀同位分离研究工作，他与不久又相继调入的王承书、吴征铠，三人共同从事铀同位素分离事业长达30余年。1974年他被任命为二机部理化工程研究院北京分部副主任，1977年调该院科技处任处长，除负责科研管理外，重点负责中国自行设计的大型扩散机的研制工作。1979年他被任命为核工业理化工程研究院副院长，1983年任院长。1986年后，他调核工业部，先后担任部科技委副主任、主任，部副总工程师，中国核工业总公司科技委主任等职。1994年当选为中国工程院院士，任首届能源与矿业工程学部常务副主任。他还曾担任中国核学会铀同位素分离学会第二届理事长、中国核学会第四届理事长和第五届名誉理事长，国务院学位委员会核科学技术学科评议组多届成员和召集人。

从事铀同位素分离研究及为"两弹"研制的贡献

1.从事分离膜的研制和组织协调工作，是我国分离膜研制的开拓者之一。

分离膜是气体扩散法分离铀同位素的核心部件。中国第一座气体扩散铀浓缩厂是20世纪50年代后期苏联援建的，但在60年代初，工厂尚未建成即因苏联将专家和资料撤走而遭遇困难。其分离膜就得靠自己来研制，根据组织安排，原子能所铀同位素分离气体扩散实验室成立了分离膜研制小组,由钱皋韵任组长,随后又组建起分离膜研制的全国协作网(中国科学院、冶金部、几处高等学校等),从研制甲、乙两种分离膜做起,钱皋韵负责协作网的技术协调和他的小组应承担的科研课题任务,掌握并发展分离膜的理论,指导并参加了自行设计的乙种分离膜渗透率和过流测量装置,指导并参加了多个测量装置的设计和调试工作。在甲、乙两种分离膜研制成功后,又研制出丙、丁两种新的分离膜。钱皋韵都认真参与了技术方案的论证,建立了一系列的实验装置和测试设备。分离膜的研制满足了扩散厂的需求。

2.参加气体扩散厂级联的研究、计算和审定,为扩散厂"分批启动、一次投产成功"的方案提供理论和技术支持。他与王承书等共同做好这项工作。其中必须解决"净化级联"的问题。一台扩散机的分离系数很小,工厂里必须把成千台扩散机串联在一起,才能把铀-235从天然浓度提高到所需的浓度,这个庞大的装置叫"级联"。在运作中,难免会有杂质积累和浓缩,当最终产品中的杂质含量超过标准则不能应用,杂质也会堵塞级联,造成产品难以取出。所谓"净化级联",就是解决这一问题的一个特殊级联装置。钱皋韵和王承书一起,对净化级联进行理论计算和分析,将所得结果,再在小型级联装置上进行试验,他们及时为扩散厂净化级联设计提供了可靠依据。

3.参加我国自行设计大型扩散机的设计研制,任副总设计师。他和王承书一起参加组织指导这项工作,一起参加了原子能所扩散室的工作。1974年被任命为二机部理化工程研究院北京分部副主任,1977年调理化工程研究院科技处任处长,由他重点负责大型扩散机的研制工作。他亲自参加总体参数的选择和设计工作,他还为机器设计定型做了大量技术论证和资料审定等工作。

4.积极主张和促进铀同位素分离技术由扩散法向离心法转移,为中国铀同位素分离离心技术的发展奠定了基础。他在积极参加大型扩散机设计、研制工作的同时,通过调研,看到国际上先进的离心分离技术已走向成熟和工业生产。于20世纪70年代末期,他呼吁并主张中国铀同位素分离技术要由扩散法向离心法转移。1986年他调核工业部后,一直从事离心法的技术咨询和协作工作。他是"七五"~"九五"国家重点科技攻关项目铀同位素分离专家组组长。

奖项与荣誉

1.与人合作进行的级联计算、分离膜的设计、使用和试验等工作,有多项获全国科学大会奖,如:净化级联的计算和试验;甲型分离膜的研制和扩散机原用乙型分离膜改成甲型分离膜的试验等。

2.分离膜的研制获多项奖或多次获奖,以钱皋韵小组为主,研制成功的甲型分离膜获1984年国家发明奖一等奖,与人合作的乙型分离膜获1985年国家发明奖一等奖,丁型分离膜获1985年国家发明奖二等奖。

3.1986年获国家人事部颁发的"有突出贡献中青年专家"称号。

4.钱皋韵在我国铀浓缩技术向离心法转移过渡的决策中,起到重要的促进作用。他主持并参与包括离心机和辅助系统研制在内的一整套完整的离心机研制体系的建立,并及时组织了几种离心机的扩大试验和筹建了离心机小批量生产线。其中有多项科技成果,获国家科技进步奖二等奖1项、国家发明奖一等奖4项。

钱皋韵与王承书在试验室讨论问题

毛用泽

毛用泽 Mao Yong Ze（1930年9月— ），浙江宁波市人。核技术和防化、探测技术专家，中国工程院院士。少将军衔。

毛用泽，1953年毕业于清华大学，遂入中国科学院近代物理研究所（中国原子能科学研究院前身）进修核物理、核电子技术与探测技术，1954年结业。中国人民解放军总装备部防化研究院研究员。1995年当选为中国工程院院士。

为我国首次核试验等探测技术的贡献

1.参加创建了我国首次核试验早期核辐射与放射性沾染效应参数测量技术、现场辐射防护监测以及高空核烟云取样技术，并组织指导现场实施。

原子弹内装有高能化学炸药，它的作用是产生高温高压使核装料裂变。高能化学炸药和核装料裂变都能产生巨响和蘑菇云。要确定原子弹爆炸是否成功主要是看爆炸后是否有放射性沾染和射线。所以，为证明第一次原子弹爆炸是否成功，必须测出爆炸形成的放射性沾染分布，得到第一手的核爆炸特征数据，这就是毛用泽他们承担的任务。

在第一颗原子弹试爆的前一天，即1964年10月15日下午，毛用泽和有关技术人员就把所有的科研仪器、设备等按预定方案全部对号就位，并做了最后一次演练。翌日，原子弹起爆后，毛用泽他们立即对预置的仪器进行检测，迅速测量预先设计好的以爆心为中心的东、南、西、北方向的4条测试线。几分钟后，他们就测出了原子弹爆炸形成的爆区放射性沾染分布数据，毛用泽立即向场区指挥部报告了放射性沾染数据。同时，航空辐射侦察分队立即乘直升机，从空中收集到了数据。这都证明了第一颗原子

弹爆炸成功了。祖国的核监测防护工作也是成功的。毛用泽提出的各个测试技术方案经受住了核爆实践的考验。

2.参加创建并发展了我国核监测专业的核爆辐射防护计量学、核爆探测学、核监测装备系列与军用标准化等,取得一批重要科研成果。

3.参加创建我国核电厂外应急辐射监测的科学技术研究。

4.参加创建我国核仪器标准化技术研究,取得了一批国家标准重要成果。

5.建立了完整的核监测专业系统研究队伍以及研究生培训基地,培养了一批高级专业人才。

奖项与荣誉

1.毛用泽主持完成的国家"七五"重点攻关课题《核电厂严重事故场外应急辐射监测研究》,获军队科学技术进步奖一等奖和国家科学技术进步奖二等奖。

2.1996年获军队专业技术重大贡献奖。

毛用泽院士在工作

叶铭汉

叶铭汉 Ye Ming Han（1925年4月— ），上海市人。实验高能物理学粒子探测技术专家，中国工程院院士。

叶铭汉，1942年10月，离开上海去重庆，投奔叔父叶企孙（著名物理学家、教育家）。1944年9月考入昆明西南联合大学土木系。时值日本侵略军疯狂进攻中国西南部，他爱国心切，于1945年1月在校加入青年军参加抗战。抗战胜利后，于当年9月返校复学。1949年毕业于清华大学物理系，获学士学位。同年9月考入清华大学研究生院就读硕士研究生，进行回旋加速器有关技术的调研工作，导师为钱三强。一年后，由钱三强推荐，叶铭汉到中国科学院近代物理研究所工作。1995当选为中国工程院院士。

为我国低能加速器的研制及开展核物理实验的贡献

1950年11月，近代物理所成立了由赵忠尧领导的静电加速器组，叶铭汉被调参加中国第一台带电粒子加速器——700千电子伏静电加速器的研制，1953年建成。由叶铭汉负责加速器的运行和改进。1957年，叶铭汉又参加了第二台加速器——2.5兆电子伏静电加速器的研制工作，1958年初建成。叶铭汉担任静电加速器组副组长。他对我国低能加速器的发展作出贡献。之后，叶铭汉又率先研制和发展多种粒子探测器，开展我国第一批核物理实验，做出了国际水平的物理工作。1962年，叶铭汉在2.5兆电子伏静电加速器上进行 $^{23}Na(p,\alpha)$ 反应束研究 Mg 的能级，测出 ^{24}Mg 的一条在当时国际上实验中尚未测出的能级。

1973年，叶铭汉调刚成立的中科院高能物理研究所，任物理一室大组长；1982年3月起，任物理一室主任；1984—1988年，任高能物理研究所所长。他领导全所研制北京

正负电子对撞机和北京谱仪;对撞机主要由谢家麟、方守贤负责,谱仪主要由他负责。1988年10月实现正负电子对撞,谱仪测得了宇宙线径迹。北京正负电子对撞机和北京谱仪是中国自行设计并建造成功的第一台高能加速器和第一台大型离子探测器,在设计和建造技术方面,一步跨入世界先进行列。

奖项与荣誉

叶铭汉从1982年起主持大型高能物理实验粒子探测装置"北京谱仪"的研制,他是大型科研工程"北京正负电子对撞机和北京谱仪"的主要科技领导人之一。获1990年国家科技进步奖特等奖。

叶铭汉(左)与孙汉城在一起

朱永赡

朱永赡 Zhu Yong Rui（1929年12月— ），生于上海，原籍安徽省泾县。核化学化工专家，长期在清华大学工程物理系任教和研究工作，并创建了"人工放射性物质工艺学专业"。中国工程院院士。

朱永赡，1951年毕业于清华大学化学系。毕业后留校，任张青莲先生的无机化学助教。1952年大学院系调整时他仍留清华，在张子高先生领导的普通化学教研组从事工科大学化学教学。1955年底，调入筹建中的清华大学工程物理系，为原子能专业准备放射化学课程和实验。之后，在北京大学技术物理系和中国科学院近代物理研究所杨承宗教授的研究室进修。1958年起，他在何东昌、汪家鼎、滕藤教授领导下筹建我国高校唯一的"人工放射性物质工艺学专业"，培养核燃料后处理的工程技术和研究人才。1970年他到清华大学核能技术研究所（现核能技术研究院）工作。历任研究室主任、副所长、核研究院学术委员会主任。1978年晋升为教授。1995年当选为中国工程院院士。

科学成就和对"两弹"研制、发展战略核武器的贡献

1.在"两弹"研制中，为我国核燃料后处理由沉淀法改为萃取法做了大量有效的工作。

核燃料后处理的目的是从辐照核燃料中提取核武器材料钚，属于高度敏感的技术，国外严格保密。20世纪50年代苏联曾答应援建我国的后处理厂，提供了一个落后的沉淀法流程。要改为先进的萃取法，只有靠自己的科研攻关掌握其技术关键。清华大学做了相当多的早期探索工作。以后又在二机部的统一安排下开展工作。参加的人员除有关教师、科研工作人员外，还有1960—1965年的六届应届毕业生和若干研究

生。大家的先行探索对我国后处理工艺的改变起了促进作用。其中，朱永䞲所做的工作有：

（1）他和同事们选择当时最先进的磷酸三丁酯溶剂萃取法为主攻目标，通过科研和教学紧密结合，开展了萃取法的化学、工艺和设备的研究，他负责化学和工艺部分。如铀、钚和几个重要裂变产物元素在磷酸三丁酯（煤油稀释）——硝酸溶液体系中的萃取化学与工艺条件的研究，取得满意成果。

（2）同时开展了小型热试验。萃取法的研究急需在"热"（指强放射性）的条件下进行。朱永䞲于1964—1965年带队到二机部原子能研究所进行验证性"热"实验。在朱永䞲和原子能所林漳基、罗文宗等人的带领下，组成技术攻关突击队。他们进行了后处理工艺中最关键的铀、钚共去污和铀／钚分离循环热试验，做了寻找最佳工艺参数的试管中级试验，等等，完成了验证性"热"实验。

由沉淀法改上萃取法，用周总理专款在清华大学200号（核能技术研究院现址）建造"热"化学实验室，进行公斤级辐照核燃料的全流程萃取"热"实验。1966年，朱永䞲他们在新建的"热"实验室内完成全流程"热"实验多次，获得核纯钚和大量数据。在此基础上，国家建成萃取法核燃料后处理厂，1968年为氢弹提供了钚装料。采用萃取法建厂，使我国后处理工业技术达到了当时世界先进水平。

2.20世纪70年代末，清华200号定名为核能技术研究院，1990年更名为核能技术设计研究院。朱永䞲一直在此从事核化学化工研究。经过几十年的努力，他领导同事们研究开发了从高放射废液中回收超铀元素（镎、钚、镅、锔）的三烷基氧膦萃取法——TRPO流程。超铀元素是铀核燃料发生链式裂变反应时的副产物，其中一些核素是很长寿命的α放射体，成为核废物长期放射性毒性的主要来源，把超铀元素从高放废液中提取出来后，可使α废物体积大大减小；提取出来的超铀元素还可以通过核反应嬗变成短寿命或稳定核素，使核废物长期毒性大大降低。此流程被国际核科技界公认为优于美国、日本等国的流程。

3.三价镅锔和稀土元素性质十分相近，由TRPO流程和类似的流程回收的镅锔总是和裂变产物稀土在同一组分中，而量仅占此组分的百分之一二。为了进一步减少废物，并利于将镅、锔进行嬗变，必须把镅、锔和稀土分开，但多年来都未找到可供使用的分离体系。朱永贶从80年代中期开始研究此问题,在1993—1994年间发现二烷基二硫代磷酸对于从稀土萃取镅有很高的选择性,用不多级的逆流萃取即可达到很高的分离效果。这种方法被国际同行评为中国研究在本领域中的最重要贡献。

奖项与荣誉

1.因开展萃取法的化学、工艺和设备的研究,及平行进行的"热"试验所取得的成果,获1978年全国科学大会奖"重大科技成果奖"。

2.因研究开发了TRPO流程,1993年获国家自然科学奖三等奖,1985年获国家技术发明奖二等奖,并取得几项中国发明专利。

3.因在1993—1994年发现二烷基二硫代磷酸对于从稀土中萃取镅有很高的选择性,用不多级的逆流萃取即可达到很高的分离效果。这项成果不仅得到国际同行很高的评价,还得到中国发明专利。

4.获1999年度何梁何利基金科学与技术进步奖技术科学奖。

朱永贶院士在清华大学100号反应堆介绍分离超铀元素

朱建士

朱建士 Zhu Jian Shi（1936年3月—2011年12月），湖南长沙人。核武器工程专家，一直从事核武器的理论研究、设计及其测试工作。中国工程院院士。

朱建士，1958年毕业于北京大学数学力学系。毕业后分配到二机部北京核武器研究所，历任研究员、研究室副主任、主任。1990年任北京应用物理与计算数学研究所副总工程师、博士生导师；北京理工学院力学工程系兼职教授、博士生导师；四川省科技顾问团顾问。

为核武器研制的贡献

他一生都在从事核武器的理论研究、设计及检验核武器爆炸性能的试验结果分析工作，并为此培养人才。

1.参与了第一颗原子弹内爆过程首次计算和原子弹中与中子源有关的流体力学过程的研究，为原子弹理论设计的突破做了开创性工作。

2.参与了氢弹的理论研究、设计工作。

3.参加了第一代核武器的改进和小型化工作，他所做的理论研究，为后来小型初级中子点火的理论工作奠定了基础。

4.在第二代核武器研制中，参与了核武器初级研制取得突破性进展。他作为技术负责人之一，从目标规划的制定、技术路线的选择，到组织实施都做了大量卓有成效的工作。

奖项与荣誉

1.主持完成的"核武器的一种新原理突破"，1985年获国家科学技术进步奖特等奖。

2.研制成的"人工核热聚变增强装置"获国家发明奖三等奖。

3."核武器新构形的理论设计"获国防科工委科技进步奖一等奖。

4.1994年获光华科技基金奖一等奖。

阮可强

阮可强 Ruan Ke Qiang（1932年12月—　），浙江慈溪人，反应堆工程专家、核安全专家，他长期从事反应堆物理和核安全领域的研究、设计工作。中国工程院院士。

阮可强，1950年9月入清华大学机械系学习。1951年9月赴苏联喀山化工学院机械系化工机械专业学习，至1955年。1956年，毕业于莫斯科化工机械学院，获工程师学位。1956年9月—1958年3月，在莫斯科动力学院核动力专业学习。回国后一直在二机部工作。历任中国原子能科学研究所（院）研究员、反应堆物理研究室主任，院科技委副主任，中国核工业总公司临界安全组组长，中国核工业集团公司科技委副主任，国家环境保护局核环境专家委员会副主任，中国核学会副理事长，兼任《核科学与工程》杂志主编。曾任国家"863"计划能源领域第三届专家委员首席科学家，国家磁约束聚变专家委员会科学顾问。1995年当选为中国工程院院士。

为核潜艇研制和核临界安全工作作出贡献

阮可强是新中国专门输送到苏联学习核动力专业的首批40余名学生之一。他们回国后不久，恰逢我国研制核潜艇的问题提上日程。阮可强长期从事反应堆研究和设计工作，曾负责核潜艇压水堆物理研究工作，成功解决了堆芯热中子空间能量分布的精确计算。其精确计算方法后被用于秦山核电站堆设计。作为专家，他应邀出席了2013–08拓展弘扬核潜艇精神高层论坛会。

阮可强长期从事核临界安全研究、设计工作，为核工业的铀同位素分离、乏燃料后处理、燃料元件制造、铀钚冶炼加工以及核电站等多个工程的设计、投产、运行，完成了大量的临界安全工作，解决了许多关键技术问题。他长期担任二机部（其后核工业部、

核工业总公司)临界安全小组组长,负责临界安全审查工作,对核工业临界安全有重大贡献。

1970年,阮可强负责完成了我国第一座快中子零功率反应堆的建造和首次临界,为我国快堆起步作出贡献。

他担任微堆物理设计负责人,成功完成了堆芯设计工作。

他长期从事核电站换料设计研究,在三维节块法解扩散方程、反应堆时空动力学等研究中,取得了开创性研究成果。

奖项与荣誉

1.因对核临界安全方面的工作与贡献,获1978年全国科学大会奖、1986年国家科技进步奖一等奖。

2.因微堆研制成功,获1996年国家科技进步奖一等奖。

阮可强在中国原子能研究院反应堆前介绍工作

杨裕生

杨裕生 Yang Yu Sheng（1932年10月—），生于江苏如皋县。分析化学与放射化学家，他在核试验技术、放射分析化学等领域取得了突出的成就。中国工程院院士。

杨裕生，1952年毕业于浙江大学化工系，留校任分析化学助教、讲师，并兼任化工系教学行政秘书，1956年被评为浙大首批先进工作者。1957年春考入中国科学院化学研究所分析化学专业研究生，师从梁树权学部委员（院士）。1958年被派到北京俄语学院学习半年俄语、哲学后赴苏联科学院地球化学与分析化学研究所，在阿里马林院士等指导下进修放射化学两年。1960年底归国，在化学所工作。1963年初，被调入组建中的国家核试验基地研究所，负责筹备核蘑菇云取样和放化分析诊断。研究所成立后任核物理与化学研究室副主任兼取样分析大组组长，授大尉军衔。在首次核试验中任取样队长。1973年成立取样与分析研究室，任主管科技副主任、主任。1981年任研究所副所长、所长。1987年初任核试验基地科技委主任。1988年任国防科工委核试验技术专家组两召集人之一，同年9月被授予少将军衔。1990年调回北京，任防化研究院一所研究员。清华大学、北京化工大学等校兼职教授、博士生导师。1995年当选为中国工程院院士。

为核试验和战略核武器的发展作出的贡献

1.创建从蘑菇云中取样品的方法，主持发展无人取样技术。

杨裕生开创我国核烟云取样技术研究，主持研究出以载人飞机为主体辅以砲伞、火箭和布盘的系列取样方法，研制出适应亚音速、超音速歼击机的取样器和过滤材料。

他创建烟云漂移——扩散的实用模型，可相当准确地预测出不同风速下不同爆炸威力的烟云尺寸、放射性物质平均浓度和平均辐射场强，以及它们随时间的变化。这

为选择飞机最佳穿云方案、为解决取样量与飞行员剂量安全及飞机续航能力之间的矛盾奠定了基础。

他主持发展无人取样技术。提出爆心下井中发射火箭、早期穿云的取样方案和研制低阻高强度无灰滤材,并组织实施。这为氢弹试验中的锂燃耗测定取得了高浓度、低本底的样品。总结出爆炸威力与烟云底高的关系,指导研究云中放射物质的分布规律,提出无人机和火箭的最佳穿云方案和取样量的估算方法;论证出运载工具和取样器的指标及数量要求。

2.核爆炸威力放化分析诊断的主要领头人之一。

他提出的强裂变产物下剩余铀-235的中子活化分析方案,成为消耗样品最少、准确度最高的方法。他还创造性地提出了其他多项诊断方法及其原理。

他在核物理与化学研究室任职的18年中,组织百名科技人员运用上述科研成果圆满完成了20多次核试验的取样和分析任务。经他负责提供的大量分析测试结果,是验证和改进核武器设计的最直接依据,对促进我国核武器发展起了十分关键的作用。

奖项与荣誉

1.在首次核试验中任取样队长,荣立二等功。

2.核试验中取样分析大组(杨裕生任组长)作为先进科技集体,出席了1978年全国科学大会。

3.因在核试验技术、放射分析化学等领域取得的成就,获国家发明二等奖2项、三等奖1项,国家科技进步奖三等奖2项,部委级科技进步奖4项。

4.20世纪90年代后,因在军用化学电源研发方面的成果,获全军科技进步奖二等奖2项。

5.获2009年度何梁何利基金科学与技术进步奖化学奖。

杨裕生院士在发言

周永茂

周永茂 Zhou Yong Mao（1931年5月— ），浙江宁波市人。核反应堆工程专家，他是我国核反应堆科学技术事业学科带头人、开拓者之一。中国工程院院士。

周永茂，1955年毕业于上海交通大学机械制造系，同年分配到中科院北京物理研究所工作。1956年赴莫斯科动力学院进修，1958年毕业于该校原子能系核动力装置专业。回国后由钱三强（所长）分配到彭桓武（副所长）主管的原子能研究所核反应堆线工作，历任实习研究员、工程师、专业组长、研究室副主任。1971年2月调往核工业部第一研究设计院工作，至1979年返回中国原子能研究所。1979—1980年由院指派参与中科院从法国引进"奥菲"研究堆的引进办公室工作，任堆工代表。1980—1987年，主持微型中子源堆的设计、建造与应用开发研究，任微堆研究室首任主任、堆工所副所长兼总工程师。1987年调往中国中原对外工程公司工作。曾任中国核工业集团公司科技委副主任、中原对外工程公司科技顾问。1999年受聘为国防科工委专家咨询委员会委员。2000年受聘为国家核安全局第五届专家委员会副主席。此外，还在多个学术团体兼职：2005年8月，任国家环保总局第六届核安全与环境专家委员会副主席；2008年6月，任中国核工业集团公司科技委高级顾问、核技术产业化专业委员会主任；2008年11月，任中国核学会第七届理事会常务理事、学术工作委员会副主任，中国核能动力学会理事长；2009年4月，任中国能源研究会第六届理事会常务理事。他还曾兼任过全国核能标准化技术委员会第三届主任委员。1995年当选为中国工程院院士。

对"两弹一艇"及发展战略核武器的贡献

1.主持并参与我国最早核燃料元件（含金属铀芯、二氧化铀芯、陶瓷体铀—轻金属弥散芯，以及锂铝合金芯）堆内辐照考验研究实验室的组建。周永茂和科研组完成了

我国首批生产堆、核动力堆与研究堆元件样品的辐照考验研究任务。这为我国自制元件的工艺定型,为这些核反应堆的顺利启动,提供了最初的辐照性能依据,适应了我国自行开发生产裂变材料的核反应堆,驱动潜艇的核动力堆,以及进行工程考验的核研究堆的需求。

2.研究并确定符合设计要求的双包壳靶件设计构造,以适应进行含热核材料的爆炸试验。他组成的专题组,重点解决仿真装置与系统的高真空度,以及氚的探测灵敏度。他们经过多种靶件设计方案与多种提取工艺的仿真筛选,最终确定了符合要求的设计构造。这种构造的控制棒在生产堆内生成了所需的热核材料,从而保证了含热核材料的试爆成功。

3.主持并参与我国首座核潜艇反应堆双流程堆芯的早期方案设计,该方案沿用至今。

协助主持并参与了国外尚无先例的我国首座高通量工程试验堆的设计、研究与建造,该堆热中子通量世界第三、亚洲第一。周永茂为这个设计方案攻关小组的组长。多年来该堆在我国核科技开发中起到了关键作用。周永茂是该堆设计建造的主要技术负责人之一。他在确定堆芯设计方案、组织完成工程设计图纸,以及排除工程重大难题上起到核心骨干作用。

4.20世纪80年代,我国核工业实施军转民,进入第二次创业时期,周永茂领导民用反应堆的开发。他主持并参与了我国援助阿尔及利亚重水研究堆本体主设备与主冷却回路系统的安装工程,该堆至今是非洲最大的研究堆。他主持并参与了我国微型民用研究堆的设计、建造、应用与产业化,用作中子活化分析的微型中子源堆,在我国城市内建造了4座,在国外援建了5座,被誉称"具有独特的亲用户安全性能",取得良好的国际信誉与经济效益。他还主持并参与利用中子俘获疗法治疗癌症的医院中子照射器的设计、研究、建造及应用开发,并取得成果。

奖项与荣誉

1.801堆氚靶的设计(双包壳靶件设计构造)与研究课题获1978年全国科学大会奖。

2.高通量工程试验堆的设计建造项目获1985年国家科学技术进步奖一等奖。

3.微型中子源反应堆项目获1987年国家科学技术进步奖一等奖。

4.获"国家级有突出贡献中青年专家"称号。

5.获2000年度何梁何利基金科学与技术进步奖技术科学奖。

6.2006年,所研制的医院中子照射器获国家发明专利。

周永茂院士在实验室

延伸阅读

全国科学大会和"全国科学大会奖"

1978年3月召开的全国科学大会,是"文化大革命"结束后召开的一次极为重要的全国性会议,它总结了新中国成立以来科学技术方面的成就,提出了我国科学技术的发展战略、目标和任务。设立了"全国科学大会奖",颁发奖项亦是迄今最多的一次,核工业共计有344项科研成果获奖。其中周永茂所在的中国原子能科学院就有84项,占大会奖励成果的1%。

胡思得

胡思得 Hu Si De（1936年3月— ），生于浙江宁波市。物理学家，他长期从事核武器理论研究和设计工作。中国工程院院士。

胡思得，1958年毕业于上海复旦大学物理系理论物理专业。毕业后分配到二机部核武器研究所工作，历任理论部和实验部的研究室副主任、副所长。1987年任研究员。1990年任中国工程物理研究院副院长，1994年任院长。1995年当选为中国工程院院士。

对"两弹"研制和发展战略核武器的贡献

1.在邓稼先指导下，从事金属高温高压下状态方程的研究。而核武器理论设计必需的铀的状态方程参数，属保密范围，在国外的文献中找不到。胡思得领导的小组经攻关，终于给出了很大压力范围内铀的状态方程；后来的理论和实践证实了它的正确性，并且有足够的精度。

2.20世纪60年代初，第一颗原子弹的理论设计即将完成。理论部成立了一个新的研究小组，负责联系爆轰实验和生产，胡思得任组长。在邓稼先、周光召的指导下，进行原子弹的公差设计以及公差与聚焦、点火中子数与聚焦范围的理论研究，这是影响原子弹成败的关键技术之一。他的小组在理论研究的基础上，给出了各种公差量的分配和限制，用以指导实验和生产，获得成功。这些研究成果在第一代核武器中被广泛应用。

3.1965年胡思得任实验部理论室副主任，参与含热核材料的原子弹的理论设计，这也是为探索氢弹原理而安排的一次基础性实验。

4.1967年胡思得回理论部，任研究室副主任，负责我国某小型核装置的理论设计。他们研究了关键部件依赖于各种因素的敏感性,并在结构上采取了若干项重要的改进。这些措施在后来的型号设计中得到应用。

5.20世纪70年代,为配合特殊性能核武器的研究,胡思得负责设计低威力的核装置,并研究低温下辐射输运的特性,从理论与大量实验结果的细致对比分析,对特殊材料的状态方程、辐射自由程和计算步长与分配等问题提出了许多重要的见解,推进了特殊性能核武器的研究。胡思得还把很大的精力投入到近区物理测试的理论设计上,为深化武器物理的规律性认识,扩大近区物理测试的领域做了大量的工作。

在此期间胡思得先后担任了国防科工委核试验专家组近区物理测试专业组负责人和核试验专家组两主席之一。

6.1988年他先后与其他同志合作草拟了"关于八五期间我国核武器研究及核试验规划的意见"和"核试验技术研究设计指南"。这两个文件均被批准认可,对我国核武器研究和发展核试验技术起到了推进作用。

7.胡思得担任院长后,负责组织领导新一代核武器这一复杂的系统工程,从理论设计、爆轰实验、试件生产到核试验的实施,并创造性地解决了多项关键技术问题,获得重大成果。

奖项与荣誉

1.曾获得国家科技进步奖特等奖1项、一等奖4项、二等奖1项。

2.曾获国家能源部劳动模范、全国"五一"劳动奖章、全国先进工作者称号。

3.获1996年度何梁何利基金科学与技术进步奖技术科学奖。

核试验前,胡思得(右一)
与朱光亚交谈

俞大光

俞大光 Yu Da Guang（1921年1月— ），生于辽宁盖平县（今盖州市），祖籍浙江绍兴。理论电工与电子工程学专家，是我国核武器引爆控制系统和遥测系统的开拓者之一。中国工程院院士。

俞大光，1944年毕业于武汉大学电机系，留校任教。翌年由武汉大学派赴哈尔滨工业大学研究生班学习。1953年调任哈工大电工教研室主任、电机系副主任。其间他编写了《电工基础》一书，影响甚大，是他的代表作品之一。1957年晋升为副教授。1962年4月，俞大光被调到二机部北京核武器研究所，从事核武器引爆控制系统的科研工作。多次参加核试验、导弹飞行试验及试验方案的审定，历任设计部副主任，兼引爆控制室主任；1973年6月，任九院五所所长，1978年10月，任九院副院长。后任中国工程物理研究院科技委顾问。1983年被任命为某战略武器型号第二总设计师。1995年，当选为中国工程院院士。

从事核武器研制和核试验的贡献

1962年4月，调赴二机部九局。1963年，任二机部九局核武器研究所（九所）设计部副主任，兼引爆控制室主任，场外试验委员会委员。1964年2月，赴青海试验基地（二二一厂）审定首次核试验引爆控制系统方案。1964年10月第一次核试验时，任第九作业队引控系统组长。参加第三次核试验时，提出核导弹采用加速度延时引信，提高引爆可靠度。1967年，执行空爆核试验任务。1978年6月，审核东风四号试验引控系统方案；9月，参加东风五号核战斗部引控系统飞行试验。1982年3—5月，带队参加"巨浪一号"全武器系统艇上匹配试验；9—10月，带队参加9182潜射弹道导弹发射的引控系统飞行试验，皆获得圆满成功。为中国首次潜艇水下发射导弹试验成功作出了贡献。1983年,被任命为某战略武器型号第二总设计师。1988年,参与核战略武器型号定型工作。1992年,主持审定国军标《核武器安全设计及审定准测》。2002年,参与某武器型号科研成果鉴定。2006年,完成科技丛书《核武器安全性导论》书稿专审。

俞大光的主要著作有:《电工基础》《电路及磁路》《氢弹的突破与武器化》《某型号飞行综合科学试验》等。主要论文有:《关于"核武器系统"、"核弹头"、"核战斗部"的定义及其英文对应词的探讨》等。

奖项与荣誉

1.主持完成的"核武器引爆系统",获1978年全国科学大会奖、1984年国家发明二等奖。

2.参与主持的"氢弹的突破及武器化"获1985年国家科技进步奖特等奖(获奖人之一),另获三等奖1项。

3.获国防科工委国防重大科技成果二等奖2项。

4.战略核武器"某型号飞行综合试验"获1987年核工业部科技进步奖一等奖,另有二等奖3项、三等奖3项。

5.1989年被四川省国防科工委授予优秀共产党员称号。

我国第一艘弹道导弹核潜艇

钱绍钧

钱绍钧 Qian Shao Jun（1934年10月— ），生于浙江平湖市。核物理学家。他参加了历次核试验的放射化学诊断工作。中国工程院院士。

钱绍钧，1951年毕业于上海市上海中学。同年考入清华大学物理系。1952年在北京俄语专科学校学习俄语一年。1953年转入北京大学物理系。1955年因国家需要又转到技术物理系攻读实验原子核物理。翌年毕业后留校任助教兼做研究工作，期间还曾担任苏联辐射计量学专家的专业翻译。1959年调北京市科委工作。1962年奉派去前苏联杜布纳联合原子核研究所，在我国著名高能物理学家张文裕指导下从事高能物理研究。1965年回国后在二机部原子能研究所高能物理研究室、放射化学研究室工作。1966年3月调国防科委核试验基地研究所从事核试验诊断技术的研究，历任研究室副主任、主任。从1966年开始，钱绍钧作为技术负责人参加了历次核试验的放射化学诊断工作，主持或参加了许多诊断技术和方法的研究。他先后主持完成了核爆炸中放射性核素的分凝规律、钚燃耗测定、氢弹试验中锂同位素燃耗测定等课题的研究，以及多项测试技术的改进、核数据的编评等工作，拓展了核试验放射化学诊断领域，提高了测试精度；组织领导了多项地下核试验工程技术的攻关，取得了突破，为建立适合我国试验场地质条件的地下核试验工程技术体系作出了贡献。1983年后任基地副司令员、司令员，并主管基地技术工作。1987年任研究员。1990年调任国防科工委科技委常任委员。1995年当选为中国工程院院士。钱绍钧1988年被授予少将军衔。他是中国共产党第十三届中央委员会候补委员，第六届全国人大代表。

从事核试验放射化学诊断技术工作中的贡献

1.研究核爆炸中放射性核素的分凝。

在大气层核爆炸中,当烟云冷却和上升时,烟云中原来气化和液化的物质以及后来卷入烟云的土壤等物质,将直接冷凝或凝集在其它凝结中心上形成微粒。不同核(元)素由于其物化性质的差异,在这些微粒中的分配将是不均匀的,这就是所谓分凝现象。钱绍钧和他带领的研究组在分析我国前几次大气层试验数据并借鉴国外资料的基础上,建立了微量样品粒度分级的技术和设备,获取了大量第一手数据;探索了不同核试验条件下微粒形成的可能机制;验证了大气层试验样品中核素分凝因子与微粒粒度之间的关联规律,并搞清了这一规律对低空、地面和近地面试验样品适用的程度和条件。这一成果的应用,显著地提高了低空、地表和近地表核试验放射化学测试的精度和可信度。

2.在核装料燃耗的测定中排除各种来源的本底的干扰。这是提高放射化学测试精确度的又一个必须解决的难题。

(1)钱绍钧参与主持了氢弹装料锂–6燃耗测定方法的研究,与其他同志共同承担测试方案的研究制定和实施。该方案较好地克服了核爆炸以及取样、分析过程中大量混入样品的天然锂本底的干扰,使燃耗测试达到了较高精度,满足了试验的要求。

(2)钱绍钧主持研究的氢弹试验中钚燃耗测定方法,有效地减小了核爆炸过程中生成的大量铀–239和铀–240对测试的影响,从而提高了测试的精确度。

3.钱绍钧主持并参与了一系列改进测试技术的研究工作,为提高放化测试水平提供了必要的技术基础。

4.钱绍钧提出有关核数据的编评和测量工作,他从1970年开始,组织并参加了与放化测试有关的核反应激发曲线、裂变产额和衰变纲图等核参数的编评和部分测量工作,如利用试验样品测定了氢弹试验裂变产物产额分布曲线。钱绍钧认为,做好核数据工作很重要。精确可靠的核参数是放射化学诊断的基础之一。

5.1983年后,钱绍钧作为基地主要技术负责人之一,组织领导了地下核试验技术、深井钻井工艺等工程技术的攻关,为形成适合我国试验场地质条件的地下核试验工程技术体系作出了贡献。

奖项与荣誉

1.曾先后获国家科技进步奖特等奖、二等奖各一项；国家发明奖二等奖、三等奖各一项。

2.1983年，被中央军委授予"国防科技工作模范"称号。

3.获1997年度何梁何利基金科学与技术进步奖技术科学奖。

在学术会议上，钱绍钧（前排中），周永茂（左一）

程天民

程天民 Cheng Tian Min (1927年12月—)，江苏宜兴市人。预防医学家，中国人民解放军第三军医大学预防医学系全军复合伤研究所教授，长期从事放射病和预防医学的研究，中国工程院院士。

程天民，1951年毕业于中国人民解放军第六军医大学，留校工作。他1958年开始研究放射病，以《急性放射病并发感染和出血的病理形态学观察》的学术论文参加了全国第一次放射医学会议，1960年开始研究放射复合伤，他又以"放射性复合伤"的论文参加了全国第一次放射生物学放射医学学术会议（1963年）。1964年，中国第一颗原子弹爆炸成功，程天民主动请缨并获准参加核试验放射性测试和防护的任务。1986年11月，程天民被任命为第三军医大学校长、党委书记。1996年，程天民当选为中国工程院院士。

在防原医学领域为核试验作出贡献

从1965—1980年，程天民率学校参试分队先后14次奔赴大漠深处参加核试验。他的科研团队积累了大量的核武器损伤病理学实践经验，系统地研究了核武器损伤的病理变化，在国内首次总结出复合伤的基本病变特点，阐明了发病机理，为临床诊治提出了系列的病理学依据。他领导的科研团队完成了《防原医学》《创伤战伤病理学》《复合伤》等16部专著；他主编了《核武器损伤及其防护》，这不仅为临床诊治提供了可靠的理论根据，而且建立起一个完整的核防护理论体系。

奖项与荣誉

1.程天民科研团队进行的复合伤系列研究，获国家科技进步奖一等奖。

2.程天民先后主编的《核武器损伤及其防护》《核试验技术资料汇编》等6部专著，均成为中国防原医学领域的第一参考书或重要参考资料。

乔登江

乔登江 Qiao Deng Jiang（1928年3月—2015年5月），江苏高邮人。核物理专家、核技术应用专家，核试验训练基地研究员，少将军衔。他提出的一整套核试验安全理论和方法，圆满完成中国核试验中的安全与防护工作。中国工程院院士。

乔登江，1948年春，考取南京东陵大学物理系。1952年毕业并留校任教，1952年底全国高校院系调整时，他被调到南京师范学院任助教。1955年春到北京师范大学进修理论物理。1957年秋进修结束被调到苏州市江苏师范学院物理系讲授理论物理，1960年被任命为系副主任兼系党总支副书记。1963年初，中央组织部从全国各地各部门抽掉一批技术专家，充实到核武器研制部门工作，他单身调入北京分配到国防科委21研究所，任理论研究室副主任，主持核爆炸效应和试验安全的研究工作。1966年10月，21研究所从北京西迁到新疆马兰，他又单身在新疆核试验基地20年，过着两地分居的生活。1972年担任理论研究室主任，1982年担任研究所副所长，1986年担任核试验基地科技委副主任。期间，1982年国防科工委成立"抗核加固技术专业组"后，乔登江任第一届专业组秘书、第二届专业组副组长兼秘书。1988年6月，乔登江因肾癌在解放军总医院手术治疗，同年退出现役。1990年回到上海，从此结束了两地分居生活。他离休后，在恢复治疗期间，仍然坚持工作，他在战略目标核效应研究，以及新技术武器毁伤效应基础研究方面，都开展了系统工作。

1997年当选为中国工程院院士。

对中国核试验和核爆炸效应分析等的贡献

1.参加我国首次核试验，并作出积极贡献。

他在北京21研究所工作期间，主持核爆炸效应和试验安全的研究，从核爆炸现象学开始,采用数值模拟和理论分析的方法,对核爆炸早期的物理现象、核爆炸冲击波、光辐射、早期核辐射、核电磁脉冲的产生机理、传播规律以及放射性沾染形成等都进行了理论研究,并结合现场试验数据进行了系统的分析总结。1964年5月他率领科技人员奔赴新疆国家核试验基地,负责试验厂区的安全参数预测、核效应和核防护等工作,圆满完成了任务,为我国第一颗原子弹爆炸试验作出积极贡献。

2.在新疆核试验基地20年的贡献:

(1)他参加了包括地面、空中和地下平洞、竖井等方式的20多次核试验,解决了核试验效应和安全中的许多关键问题,为人员物资和测试设备的安全以及取得准确试验数据提供了可靠保证。

(2)期间,他在多次完成试验现场工作的同时,还对高空核爆炸的现象进行了系统的研究,特别是在高空爆炸环境和抗辐射加固实验技术方面,取得了卓有成效的业绩,为战略导弹抗辐射加固技术研究提供了基本依据。

(3)他在20多年研究和参加试验的基础上,对大量的核爆炸效应数据进行了总结,提出了一整套核试验安全理论和方法,并主持编写了《核爆炸效应参数手册》,为核武器防护和效应研究提供了依据,被认为是全面反映中国核试验效应的研究成果。

奖项与荣誉

1.《核爆炸效应手册》获国家发明奖、国家自然科学奖、国家科学技术奖共5项。

2.1988年被授予胜利功勋荣誉章。

乔登江在罗布泊核试验场

杜祥琬

杜祥琬 Du Xiang Wan（1938年4月—　），河南南阳市人。应用物理与强激光技术专家，我国核武器中子物理学与核试验诊断理论专家。中国工程院院士。

杜祥琬，1964年毕业于莫斯科工程物理学院，被分配到二机部第九研究院工作。1975年任室主任，1984年任副所长，1988年提升为研究员，1990年任院科技委副主任，1993年起任分管科技的副院长。1987年任国家"863"计划激光技术主题专家组成员兼秘书长，1991年任首席科学家。兼任中国物理学会副理事长、第22届国际纯粹物理和应用物理联合会计算物理委员会委员、强辐射重点实验室主任、大气光学重点实验室学术委员会主任、短波长化学激光重点实验室学术委员会副主任、中国光学学会激光专业委员会副主任，电子科技大学、中国科学技术大学、国防科技大学兼职教授，《强激光与粒子束》期刊主编。1997年当选为中国工程院院士。

为氢弹研制和战略核武器的发展作出的贡献

1.在突破氢弹原理阶段，曾完成多项诊断的理论设计与实验分析。

2.在新一代核武器研究的开创时期，1975年他受命重建了中子物理学研究室，针对新一代核武器研制中存在多个复杂过程，设计逼近临界极限、需发展精密物理诊断、力求实现精确设计的全新要求等问题，正确提出了研究方向与课题，并具体提出了一系列新的诊断思想和方法。他在主持研究期间，对各次试验诊断项目的理论方案和计算起到把关作用，使我国的核试验诊断理论在与试验密切结合的过程中得到全面系统的发展，并满足了武器研制所需的多种信息量及其精度的要求。

3.中子物理学理论计算的精确化是武器设计和精密化的基础。杜祥琬领导研究室深入进行了中子物理精确化的研究，负责建立了我国核武器研究的第一个中子学敏感度计算程序。攻关数年,他们得到了几套新的群参数,精度显著提高,在系统研究中子输运方程精确解的基础上,对中子输运的误差问题进行了规律性的研究与改进。这些都为新一代武器设计与试验的成功提供了重要保证。

他有《核试验诊断理论》(合作)和《核军备控制的科学技术基础》两部专著。

主持专家群体开创了我国发展新型强激光和微波技术的道路

1.担任国家"863"计划激光技术主题专家组首席科学家,并任强激光技术和强微波技术专题组组长。他主持研究和制定了符合国情的发展目标、研究重点和技术途径等发展战略与实施方案。在他主持、领导下,强激光和强微波技术研究取得了大跨度的科学技术进步。例如,我国氧碘化学激光等新型强激光技术进入世界先进行列;对自由电子激光、X射线激光的研究,取得了一系列达到国际先进水平的成果。

2.筹划并具体促成了我国几个强激光和微波研究重点实验室的建立和发展。

奖项与荣誉

1.因在核武器和激光技术两方面的成果,获国家科技进步奖一等奖、二等奖,部委一等奖、二等奖,共10多项。

2.被评为国家级有突出贡献的中青年专家。

3.被评为实施国家"863"计划先进工作者。

4.获2000年度何梁何利基金科学与技术进步奖技术科学奖。

杜祥琬(左七)与王乃彦(左四)、陈佳洱(左五)、朱光亚(左六)在一起

赵伊君

赵伊君 Zhao Yi Jun（1930年11月— ），生于北京。技术物理和强光光学专家，他是中国技术物理和强激光研究领域的著名学者和专家，激光武器的开创者和奠基人之一，参加了我国原子弹试验的测试分析。中国工程院院士。

赵伊君，1953年7月毕业于北京大学物理系，毕业后任哈尔滨军事工程学院海军工程系助教，1962年3月任该校原子工程系讲师。1979年8月任国防科技大学应用物理系副教授。1982年后任国防科技大学教授、光子对抗研究中心主任、博士生导师。1984年5月—2006年12月任国防科委某任务专家组组长。1987年5月—1996年7月任国防科工委光电子技术专业组副组长。1986年8月—2003年7月任中国力学学会物理力学专业委员会副主任委员、主任委员。1988年5月后兼任国防科工委科技委委员。1997年当选为中国工程院院士。

为核武器发展作出的贡献

1.参加原子弹试验的测试分析，为我国核武器化作出贡献。

1962年，哈尔滨军事工程学院参与了原子弹试验的测试分析任务。赵伊君和他的同事从研究核爆炸光辐射理论入手，探讨了核火球中高温、高压气体的发光过程，基于强爆炸时空气中氧、氮分子反应动力学，定量描述了最小照度现象，补充了核爆炸的点爆炸理论，解决了利用光辐射的当量速报问题。他们研制出"核爆炸光辐射最小照度到来时间测试仪""磁带记录式核爆炸光冲量自记仪及标定设备""核火球透明层高速摄影记录方法"等3种光辐射测试设备，并于1964年、1965年参加了我国第一、二次核试验，均获得有价值的测量结果。

20世纪70年代，赵伊君开始辐射流体力学、原子结构计算的理论研究工作。1976

年,他承担了工程兵第三研究所大气层和触地核爆炸冲击波与光辐射理论计算课题。他对美国采用的铝球模型加以改进,首次提出多层球模型及其辐射流体力学算法。其计算结果与我国多次核试验测量数据相吻合。

在原子结构计算方面,他在老一辈科学家的指导下,首次提出从原子微观结构出发,计算其宏观力学性质的一系列具体的物理力学算法。他的三部专著《角动量与原子能量》、《原子的Xα波函数》、《原子结构的计算》,成为从事原子分子物理研究的科技人员的常用参考书。

2. 在高能激光研究领域作出开创性贡献。

大气层中核试验禁试后,基于核爆光辐射与高能激光同属强光光学范畴,赵伊君和他的同事们开始研究高能激光与物质相互作用,验证激光能否成为武器。20世纪80年代初,赵伊君提出了发展我国强激光技术的新路子。他们创造性地将原子分子物理和物理力学用于激光领域的破坏机理研究,从微观物理过程入手,做了很多有成效的工作。这些工作推动了该领域研究从宏观向微观层次深入,丰富了原子分子物理与物理力学研究内涵,证实了激光可以成为武器;对我国的激光武器的研究具有重要价值。

奖项与荣誉

1.在我国核试验中,因研制出三种光辐射设备和参加了第一、二次核试验并取得了有价值的测量结果,赵伊君所在的课题组荣立二等功,个人两次荣立三等功。

2.截止2010年,共获国家科技进步奖一等奖1项、二等奖2项、三等奖1项;部委级科技进步奖一等奖3项。获授权专利7项。

3.1999年获全军第二届专业技术重大贡献奖。

4.获2010年度何梁何利基金科学与技术进步奖物理学奖。

赵伊君在实验室

潘自强

潘自强 Pan Zi Qiang（1936年6月— ），湖南益阳市人。辐射防护与环境保护专家，20世纪60年代，在他指导下，完成了与核武器研制工作有关的重要工号辐射防护设计和评审，推动了我国辐射事故和应急准备体系的建立。中国工程院院士。

潘自强，1957年毕业于北京大学。毕业后到原子能所（院）工作，历任实习研究员、助理研究员、副研究员、研究员，研究组组长，研究室副主任、主任，院学位委员会委员。1984年10月，调往核工业部总部工作。现任中国核工业集团公司科技委主任，中国核学会辐射防护学会理事长，中国环境学会核安全和辐射环境专业委员会主任，国家环保部核环境专家委员会副主任，中国原子能科学研究院辐射防护专业博士生导师，清华大学兼职教授，联合国辐射效应科学委员会中国代表，国际放射防护委员会主委员会委员。作为在辐射防护与保健物理领域有影响的专家，他曾任香港核学会名誉会长，国际原子能机构放射性物质安全顾问委员会、放射性废物管理顾问委员会和辐射防护顾问委员会委员。1997年当选为中国工程院院士。

为"两弹"研制的核防护工作作出贡献

在我国辐射防护学科发展的初期，提出了我国的实用保健物理学框架，完成了具有国际水平的"低本底气流式测量装置"等多项监测装置和方法，发表了《保健物理概论》专著，为建立我国辐射防护监测和学科体系奠定了基础。他参与和指导解决了大量技术问题。20世纪60年代，在他的指导下，完成了与核武器研制工作有关的重要工号辐射防护设计与评审，多项军工任务中和重水反应堆改建工程的辐射安全中解决了辐射防护的最优化原则；开展内照射研究，在国内首次建立了内照射标准体系，完成了β、γ个人剂量计的研制，显著降低了集体剂量。核武器的研制、试验过程中的良好安全记录有他的功绩。

他在积极推动核能发展的同时,特别关注对公众和环境的保护。由他主持、指导和参与完成的《中国核工业30年辐射环境质量评价》《天然放射性水平调查》《辐射防护的现状与未来》《中国核工业30年非放污染物的环境影响与公众健康评价》《核事故对健康与环境的影响》《发展核电是改善我国能源环境影响的现实途径之一》等著述,论述了放射性与非放射性污染物对环境与公众健康危害评价的新方法,为建立我国辐射防护监测体系和完善辐射防护学科框架结构作出重要贡献。

他几十年著述颇丰,先后发表论文170余篇,出版专著28部,译著29部。

奖项与荣誉

1. 获全国科学大会奖2项,国家和部级奖8项。

2. 1996年获得美国保健物理学会最高学术奖——"摩尔根学者奖",跻身于国际辐射防护界的知名专家。

3. 2001年获国家环境保护局授予的"全国环境保护杰出贡献者"称号。

潘自强院士接受记者采访

孙玉发

孙玉发 Sun Yu Fa（1937年5月— ），生于黑龙江嫩江市。反应堆工程专家，他参加了我国第一艘核潜艇陆上模式堆的科研、设计和建设。中国工程院院士。

孙玉发，1963年7月毕业于哈尔滨工业大学反应堆工程专业。毕业后分配到二机部第一研究设计院工作。历任课题组长、室主任，副所长、代理所长，项目副总设计师，院副总工程师，副院长，院科技委主任等职。2001年后，任国家核安全局专家委员会委员，中核集团公司科技委常委。1999年当选为中国工程院院士。

主要成就与贡献

他一直从事核反应堆工程的研制设计工作。从1965年起，他参加了我国第一座压水型核动力反应堆(第一艘核潜艇核动力装置)的研制、设计，并参加了我国两代核潜艇的建设。孙玉发在实验室从事反应堆热工水利和安全研究。这是潜艇核动力工程中非常重要的部分，支撑着反应堆堆芯的性能和安全。1968—1969年，他带领的课题组在科研进入关键时期，实验中要为工程提供有效的可靠数据，还要解决许多实验技术和设备问题。他和课题组的同事们按时完成任务。之后，孙玉发任热工水力实验室首任室主任。

孙玉发领导和参加完成了多座大型核动力实验装置的设计建造。他领导、参加、主持完成了秦山二期核反应堆科研攻关，新型核反应堆研制，新一代反应堆关键技术研究，新堆芯热工水力研究，大型核动力实验装置设计制造，首座动力堆退役研究设计与实施等多项工程项目。为核动力技术研究和工程验证提供了平台，为我国核动力发展创造了条件，奠定了基础。

奖项与荣誉

1.获国防科技进步奖一等奖2项、二等奖4项。

2.获国家科技进步奖二等奖。

李幼平

李幼平 Li You Ping（1935年5月— ），福建泉州人。电子学家，他解决了核武器研制中电子系统的许多技术难题。中国工程院院士。

李幼平，1953年在由陈嘉庚先生创办的集美中学毕业，考入南京工学院无线电系本科。1957—1959年在清华大学无线电系研修多路通信与遥测，此后在成都电讯工程学院担任助教、讲师。1964年10月，即我国第一颗原子弹爆炸成功的当月，29岁的李幼平被调往二机部北京核武器研究所。从此，他对我国战略核武器的发展，开始了默默奉献的漫长研究生涯。1999年当选为中国工程院院士。

为原子弹空投试验和解决技术难题作出贡献

第一颗原子弹是塔爆，此后就转向空投。李幼平参加了空投试验的准备工作。他在解决我国核武器电子系统许多技术难题的过程中，取得多项技术成果。20世纪90年代，他在连任两届中国工程物理研究院科技委委员期间，组织科学家群体，研究禁核试前后发展战略与技术路线，并提出了有影响的建议。

奖项与荣誉

1.他曾获1978年全国科技大会奖，国家科技进步奖一等奖，国家发明奖二等奖，国防重大科技奖一、二、三等奖等多项。

2.获1999年度何梁何利基金科学与技术进步奖技术科学奖。

武 胜

武胜 Wu Sheng（1934年— ），黑龙江哈尔滨市人。核材料技术专家，他是我国核材料与工艺研究领域中的领军人物之一。中国工程院院士。

武胜，1948年9月考入松花江省立师范中学部。中学6年，他以优异的成绩和在学生中的组织能力数次获得"优秀学生""模范干部"称号。中学毕业他获得留苏推荐，考入北京外国语专科学校留苏预备部学习一年后，赴莫斯科有色金属学院学习。1960年6月从莫斯科有色金属学院毕业的第二天，他就到中国驻苏大使馆，申请回国。回国后，他分配到二机部北京核武器研究所。他在该所工作了4年，到西北核武器研制基地工作了7年，又到"三线"地区工作了35年。近半个世纪，他一直奋战在我国核武器研制和发展的第一线。1999年，当选为中国工程院院士。

主要成就与贡献

1.参与和组织原子弹核装置中特种功能部件成型技术攻关任务。

武胜在四室（金属物理研究室），参与第一颗原子弹某特种材料的攻关任务。四室20多名科研人员自力更生建起简易实验室，协作攻关。1963年底，武胜和同事们攻克了特种材料的热处理工艺难题，为关键部件的制造奠定了科学基础。

1964年3月，武胜和同事们转移到二机部青海核武器研制基地。在攻关某特种材料部件时，宋家树和武胜作为技术组正副组长带领全组成员进行铸造成型试验。他们先后进行了模具预热与浇铸温度、冷却方式和原材料对铸件质量影响的工艺试验和壳体成型的精密铸造试验，达几百次针对性试验，终于实现了精密铸造成型，为原子弹原理试验提供了满足要求的部件。

2.参与和组织氢弹核装置中特种功能部件成型技术攻关任务。

1964年10月16日，第一颗原子弹爆炸成功后不久，二机部副部长刘西尧又给武胜所在的102车间下达指令："一年时间，把热核材料部件搞出来！"武胜作为热核材料成型组组长，承担氢(氘)化锂部件成型技术攻关任务。此项攻关所解决的技术问题有：建立部件成型工艺状态控制和安全实验系统；设计和调整部件成型工艺装置结构；研究工艺参数对制件显微组织、缺陷和相关性能的影响等。热核成型组在宋家树、武胜等领导下，通过数百次试验，在不到一年的时间里，试制出合格的热核材料毛坯。与此同时，102车间各组攻克了机械、加工、物理试验、探伤技术等技术难关，为我国第一颗氢弹原理试验提供了合格的热核材料部件。

3.武胜参与组织完成了多次核试验用不同功能部件研制，对成型工艺技术不断创新，为武器化产品生产奠定了基础。

1972年，武胜从青海基地转战到四川"三线"某研究所继续进行特种材料的研究工作。1986年起，先后被任命为研究所总工程师、科技委主任，全面负责特种材料的研究及其特种功能部件的研制工作。

奖项与荣誉

因在核材料与部件研制中作出突出贡献，多次获奖：

1.先后两次获得国家科技进步奖特等奖。

2.获国家发明奖1项。

3.获部委级科技进步奖多项。

右起：武胜、李言荣、李冠兴在讨论学科发展

彭先觉

彭先觉 Peng Xian Jue（1941年9月— ），湖南湘潭人。核物理学家，长期从事核武器理论研究和设计工作。中国工程院院士。

彭先觉，1959年高中毕业后，时值哈尔滨军事工程学院向全国招生，彭先觉以第一志愿报考该校，并以较好的成绩进入原子工程系学习。1964年10月从哈军工毕业后，分配到二机部九院理论部，从事核武器理论研究和设计工作，一干就是几十年。1999年当选为中国工程院院士。

从事核武器理论研究和设计的主要经历、成就和贡献

当时理论部的主任是邓稼先，第一副主任是周光召，都是著名的核物理学家。彭先觉被分配到由周光召亲自指导的苏肇冰小组探索氢弹设计原理。氢弹一般由"初级"和"次级"组成。"初级"也称扳机，类似于一颗原子弹，作用是为实现"次级"热核反应创造条件。"次级"则是氢弹爆炸能量和某些特殊效应的主要来源，也称氢弹主体。彭先觉的研究工作主要涉及氢弹次级方面。1967年冬，他开始参与第一代氢弹型号设计工作。先是某型号核试验诊断理论数据的研究计算，任该任务的科研组长。任务完成后，又担任另一型号设计组副组长。从1970年春到1984年冬，彭先觉一直担任氢弹次级理论研究设计组组长。该组研究设计了多个重要型号，并对第一代氢弹进行了总结，探索了第二代小型化氢弹的技术途径和一些特殊性能的氢弹的概念。1985年初他升任氢弹次级研究室主任，1987年任研究所副总工程师，1991年任研究所副所长，1995年任核武器研究院（中国工程物理研究院）副总工程师。在此期间，主要从事第二代核武器的研制、核试验规划以及核试验的实施；组织核武器新概念的软科学研究并制订科学试验计划；继胡思得之后担任国防科工委核试验专家组组长（两组长之一），对每次核试验的测试项目、试验方案进行论证和把关。1997年,彭先觉改任中国工程物理研究院科技委副主任,主要负责院的科技发展、核武器安全和可靠性、核爆炸和平利用和军备控制等。

彭先觉是特殊性能核武器研究的积极探索者、计划的推动者和组织领导者之一。通过探索研究,明确了一些概念及技术途径,提出了一些新的试验方法,取得了一次试验多方收效的目的。

彭先觉还编写了院科技丛书《氢弹原理与设计》等。

奖项与荣誉

1.获1978年全国科学大会奖。

2.获国家技术进步奖一等奖2项、二等奖1项、三等奖2项和部委级科技进步奖多项。

3.1994年获"国家有突出贡献中青年专家"称号。

4.获1997年度何梁何利基金科学与技术进步奖物理学奖。

彭先觉在中物院中子物理学重点实验室成立大会上作主题报告

林俊德

林俊德 Lin Jun De（1938年3月—2012年5月），福建永春人。爆炸力学与核试验工程专家，少将军衔。他是我国核试验爆炸力学测量技术的开拓者之一。中国工程院院士。

林俊德，1960年毕业于浙江大学机械系，同年9月入伍。在哈尔滨军事工程学院进修两年。中国人民解放军总装备部核试验训练基地研究员。从1964年中国第一颗原子弹成功爆炸，到1996年最后一次地下核试验，林俊德参加了我国全部的45次核试验。他1993年晋升为少将军衔，2001年当选为中国工程院院士。2012年5月4日，解放军总医院确诊林俊德患胆管癌晚期，5月31日在西安逝世。林俊德入伍52年，一直工作奋斗在核试验基地，把毕生精力献给了我国核事业。他临终时交代要把他葬在自己终生为之奋斗的核试验基地——新疆马兰。

为核试验及重大国防技术作出的贡献

1.参加了第一颗原子弹爆炸试验。林俊德是"核试验冲击波机测仪器研制小组"组长。他和同事们用了半年时间研制出了第一台样机，一年后成功用于第一次核试验。1964年10月16日，他们用这台仪器，第一时间准确测得了核爆炸的冲击波参数。

2.参加了第一颗氢弹爆炸试验。1967年6月17日8时，中国第一颗氢弹爆炸成功，林俊德带领回收小组在爆心附近步行几十公里，圆满完成了核试验爆炸数据的采集任务。

3.1969年9月，中国进行了首次地下核试验。林俊德的战场随之从大气层转到了地下，为尽快掌握地下核试验爆炸应力波测量和核试验工程设计技术，他和同事们从大山深处的平洞试验到戈壁滩上的竖井试验，先后建立了10余种测量系统，为地下核试验安全论证和工程设计提供了重要数据。1996年7月29日,中国最后一次地下核试验,胜利实现了既定目标。

4.林俊德把冲击波测量技术成功应用到常规武器。武器试验中,他带领项目组发展了声电报靶技术、声电落点定位技术,解决了国际上大面积立靶自动检测的难题。他研制的设备系统已装备中国多个试验靶场和公安部门射击训练场。

5.20世纪90年代,他开始核试验地震、余震探测及传播规律研究,全面收集分析全球地震数据,把地下核试验应力波测量技术向核试验地震核查技术拓展,为我国参与国际禁止核试验的核查赢得了发言权。

6.他主动承担某重大国防科研实验装备的研制任务,带领攻关小组连续攻克方案设计、工程应用、实验评估等难关,最终取得了关键技术的重大突破,研制出各种实验要求的系列重要装备。

奖项与荣誉

1.1969年以空中冲击波测量技术项目,获国家科技进步奖三等奖。

2.1974年以强冲击波测量技术项目,获全军科技成果奖二等奖。

3.1978年4月,他被国防科委授予先进科技工作者标兵,荣获国防科委首届学习雷锋"硬骨头六连"先进代表大会奖;获1978年全国科学大会奖。

4.1987年8月1日,被总参、总政、总后授予"中国人民解放军英雄模范"称号,出席全军"建军60周年英模代表大会"。

5.1990年,获国家人事部颁发的"有突出贡献的中青年专家"证书。

6.当选2012年度全军践行当代革命军人核心价值观模范。

7.荣获"2012年度感动中国十大人物"称号。授予林俊德的颁奖词是,"大漠,烽烟,马兰。风沙莽莽黄入天,英雄埋名五十年。剑河风急云片阔,将军金甲夜不脱。战士自有战士的告别,你永远不会倒下"。

8.2013年2月18日,中央军委追授林俊德为"献身国防科技事业杰出科学家"称号,颁发了追授林俊德一级英模勋章和证书。林俊德曾荣立一等功、二等功各1次,三等功2次。

9.2013年9月26日被评为第四届全国道德模范——全国敬业模范。

徐志磊

徐志磊 Xu Zhi Lei (1930年9月—),上海人。机械工程设计专家,中国工程院院士。

徐志磊,1948年考入上海大同大学机械制造专业,毕业后,1953年进入第一机械工业部上海机床厂,从事设计科研工作,曾任主任设计师。1963年8月,徐志磊奉调二机部北京核武器研究所,从事核武器的研制工作。历任核装置设计组副组长,院总体部设计室主任,设计部副总工程师,九院副总工程师、总工程师。2001年当选为中国工程院院士。

主要成就与贡献

1.参与了第一颗原子弹的核装置外层部件工程设计,他把自己掌握的机械工程知识融入到核装置设计过程中。试验结果表明,核装置的理论设计和结构设计都达到了较高的水平。

2.参与了第一颗氢弹试验用核装置的研究、设计。

3.在实现核武器化的过程中,必须尽快将核试验用核装置转化为武器用核装置。徐志磊是核装置武器化攻关的主要成员,他参与了每一次试验用核装置的设计。他成功地设计了无间隙同步起爆结构,解决了不同材料热膨胀率不同的补偿难题;他带领设计组对飞行环境及核装置承载能力作了系统论证及地面环境模拟试验,1966年他参加了"两弹(核弹、导弹)结合"飞行试验;1973年后,他配合型号总设计师谢家祺带领一批工程技术人员,解决了我国第一代核武器的核装置在作战使用中的环境适应性问题。他还协同有关专家带领工程技术骨干,完成了武器化新的拼合设计、聚焦元件设计并成功地用于核装置结构设计。

4. 20世纪70、80年代，在第二代基础性核武器研制工作中，徐志磊主持并参加核装置及其关键系统的工程方案论证、工程结构设计和研制试验工作。经过攻关，最终确定了新型核装置的设计方案，同时解决了新原理的核装置所需要的新材料、特种材料及其新工艺。徐志磊努力推进武器的先进制造技术及工艺技术能力建设，以保证产品的先进性、可靠性及质量的稳定性。

奖项与荣誉

1. 他在上海机床厂工作的10年中，因取得优异成绩，获1963年上海市先进生产者称号。

2. 他在参加核武器研制及实现核武器化的进程中，获国家科技进步奖特等奖2项、二等奖3项；国家发明奖三等奖、四等奖3项。

3. 1996年，获首届中国工程科技奖。

徐志磊院士在办公室

傅依备

傅依备 Fu Yi Bei (1929年4月—)，湖南岳阳县人。核化学家，中国工程院院士。

傅依备，1955年9月在苏联列宁格勒大学攻读研究生（核物理专业），1960年5月获副博士学位。1960年7月到清华大学化学物理工程系任教，承担了当时最重要的一门课程《核燃料后处理》。从此，正式转入核科学领域，从事放射性同位素分离和核燃料的科研与教学工作。他编写了《人工放射物质工艺学》讲义。1963年2月奉调二机部北京核武器研究所，从事放射化学诊断、同位素化学、辐照材料改性等学术研究，并直接参与我国核武器的研制工作。历任研究室副主任、研究所（院核物理与化学研究所）副总工程师、副所长、所长，中国工程物理研究院科技委副主任。2001年当选为中国工程院院士。

主要成就与贡献

傅依备参加了"两弹"的研制。在突破原子弹各项技术攻关阶段，他领导建立了钋的生产工艺，研制了模拟裂变中子源的钋中子源，完成了第一颗原子弹试验样品分析。

1971—1991年，是他任九院核物理与化学研究所副总工程师、副所长、所长的时期。他全面负责核试验放化测试任务。1.建立起一套完整的测试方法，使放化测试技术顺利突破地下核试验关；2.主持建立了钢丝绳快速气体取样方法，为现场速报核爆总威力作出了突出贡献；3.负责组建微靶实验室，研制一系列核爆模拟实验的微型靶；4.负责裂变聚变混合堆的氚工艺的研究，建立了在线产氚演示回路；5.在同位素标记的药物研制、辐射加工等核技术应用领域作出了贡献；6.开创了核武器库存可行性有关材料化学研究，并取得了一系列成果；7.先后培养研究生20余名，在国内外刊物和学术会议上发表论文150余篇。

奖项与荣誉

1.获1978年全国科学大会奖。

2.获国家发明奖和国家科学技术进步奖4项。

3.获部委级科技进步奖11项。

1979年,左起:傅依备、杨承综、王方定、苏世新在一起

叶奇蓁

叶奇蓁 Ye Qi Zhen（1934年9月— ），浙江海宁人。反应堆工程与核电工程专家，我国军用生产堆的设计建造和核电工程建设专家。中国工程院院士。

叶奇蓁，1955年7月毕业于上海交通大学电力工程系，1960年12月于苏联莫斯科动力学院获电力系统专业副博士学位。1961—1982年在核工业第二研究设计院任室主任、设计总工程师、院副总工程师等职；1982—1986年在核工业计算机应用研究所任所长；1986年起在核电秦山联营有限公司任副总经理兼秦山核电二期工程总设计师。他还先后担任过中国核工程公司副总经理、国家能源办公室专家组成员、国家核安全专家委员会委员、中国核动力学会常务理事、中国国际工程咨询公司专家委员会委员、国防科工委专家咨询委员会委员、中国核工业集团公司科技委副主任、中国核能行业协会专家委员会主任等职。2003年当选为中国工程院院士。

为军用生产堆的设计建造和核电工程建设作出的贡献

1.参加我国第一座军用钚生产堆的设计、调试工作。他负责反应堆仪控、反应堆运行动态及事故分析，以及反应堆调试及启动规则的制定。

2.20世纪60—70年代，他担任了军用钚生产与发电两用堆设计总工程师，主持制定了工程总体方案，洞体内主厂房布置方案，低参数汽轮发电机组方案及技术规范，两用堆控制与保护方案，洞内防原子弹冲击波袭击方案等，设计取得成功。此工程因种种原因不宜继续施工而停建。

3.从1986年起，开始进行我国首座60万千瓦自主设计、自主建设的商用核电站——秦山核电二期工程的建设工作，叶奇蓁任工程总设计师，兼任核电秦山联营有限公司副总经理。他全面负责工程建设的技术领导工作，坚持"以我为主，中外合作"的方针，按照国际标准自主设计、自主建设，一次成功达到商业化，并取得自主知识产权，自主运营管理，使我国核电站的建设上了一个新台阶。

4.他是《中国电力百科全书·核能及新能源发电卷：核电厂控制监测分支》主编；《电机工程手册力系统卷核能发电篇》主编；有著作《核电厂的质量保证》《秦山60万千瓦核电站设计与建造》《秦山二期建设与核电可持续发展》等。

奖项与荣誉

1.秦山二期工程堆内构件系新设计，叶奇蓁主持制定了流致振动堆上实测方案，在国内首次实施了高温高压下的堆上实测，取得成功。他作为项目第一完成人，获2003年度国防科工委科技进步奖二等奖。

2.作为"秦山二期2×60万千瓦核电工程设计和建造"项目第一完成人，获2004年度国家科学技术进步奖一等奖。

3.获2005年度何梁何利基金科学与技术进步奖技术科学奖。

叶奇蓁院士接受记者采访

孙承纬

孙承纬 Sun Cheng Wei (1939年—)，上海人。爆炸力学专家，中国工程院院士。

主要成就与贡献

孙承纬，1957年，他以优异的成绩考入北京大学数学力学系（6年学制），1963年毕业后，分配到二机部北京核武器研究所，不久，他就到了西北核武器研制基地。孙承纬被安排参加由陈能宽指导的关键起爆元件课题。通过学习苏联译著《爆炸物理学》，他把"让炸药更加有效、准确、安全地为武器做功"成为自己研究爆轰的目的。1967年，年仅28岁的孙承纬在尖端武器某关键部件的设计中，创造性地提出设计和计算的新方法，并用于实验，为原子弹的武器化作出重要贡献。

1973年，在王淦昌等专家的支持下，孙承纬和他的同事们开始筹建激光引爆实验室。1978年，他的团队成功实现了百路激光雷管同步起爆，达到当时的国际领先水平。

1982—1984年，孙承纬作为访问学者到美国华盛顿州立大学物理系深造，更加系统地钻研爆轰和冲击物理学。两年的研究生活有力地推动了他后来的学术进步。1986年夏，孙承纬先后担任"863"计划某专题组长，委员会成员、顾问。他在爆炸磁能量压缩技术方面，提出的技术路线在"863"计划中得到了应用和发展。之后，为了开展核武器物理实验室模拟研究，孙承纬领导建立了电磁内爆实验设施，用于模拟武器组件内爆过程。21世纪初，他又提出建立电容器组小型装置开展实验的建议，并领导团队相继建立了系列装置，把工作扩展到激光和炸药内爆的研究途径。

孙承纬所著《应用爆轰物理》一书，成为工程力学和爆轰物理研究领域的权威著作。他不仅是所在单位（流体物理研究所等）主要技术负责人，还曾是"863"计划某领域专家组成员，国防科工委电磁发射专家组成员，中国力学学会、空气动力学会、兵工学会的成员及某专题组长。曾兼任中国科学技术大学力学系、中国科学院力学所、国防科技大学理学院兼职教授和博导。他还任《强激光与粒子束》《宇航学报》《爆炸与冲击》等杂志的主编或编委。

2003年,当选为中国工程院院士。

奖项与荣誉

1.因"百路激光雷管同步起爆"技术,1985年获国家发明奖三等奖。孙承纬是该项技术的科研组织者。

2.2003年,孙承纬获全国"五一"劳动奖章。

孙承纬院士在指导学生

孟执中

孟执中 Meng Zhi Zhong（1934年12月— ），生于浙江杭州市，原籍浙江诸暨市。卫星和控制专家。中国工程院院士。

孟执中，1956年毕业于华南工学院电讯专业，同年分配到中国科学院自动化研究所工作。1958年12月—1960年10月在苏联科学院自动学及运动学研究所进修实习。回国后在中科院自动化所任助理研究员。1965—1969年底参加我国人造卫星工程研制工作，任卫星地面测控网站计算机系统设计组组长和研究室主任。1969年底调上海卫星总体厂先后任工程组组长、副总工程师、总工程师。1982年任航天部中国空间研究院上海卫星工程研究所所长、高级工程师，1983年担任"风云一号"极轨气象卫星总设计师，1985年晋升为研究员。之后任上海航天技术研究院科技委副主任、卫星总设计师。曾任中国宇航学会和中国空间科学学会理事。他是俄罗斯导航科学院外籍院士。早年在苏联进修期间运用多变量控制法和最小二乘法研究提出了多元素混合体成分自动检测和控制的方法，提高了自动检测系统的精度，论文在1960年国际自动化联合会（IFAC）第一届学术论文报告会上发表。2003年当选为中国工程院院士。

为我国核潜艇核动力装置的自动控制系统研制作出贡献

1961—1965年，孟执中在中科院自动化所任课题组长期间，从事核动力系统自动控制方法和仿真系统的研究，提出了核动力装置的计算机仿真技术和工程实施方案，并建立了计算机仿真系统，为我国核动力装置的自动控制系统研制中早期的进展作出贡献。

奖项与荣誉

1.孟执中在1978年和1979年连续两年被评为上海市劳动模范。

2.1980年被评为七机部劳动模范。

3.2000年被评为全国先进工作者。

4.1999年5月10日,"风云一号"气象卫星C星发射成功,其性能达到了国际同类气象卫星的先进水平。该项成果获2001年国家科技进步奖一等奖。

"风云一号"D星也于2002年5月15日发射成功,其各项技术功能和性能总体上优于C星。孟执中是C、D星的项目主持人。

5.还曾获国家科技进步奖二等奖;部级科技进步奖一、二、三等奖和上海市科技进步奖一等奖。

6.获2002年度何梁何利基金科学与技术进步奖技术科学奖。

孟执中院士在作学术讲话

董海山

董海山 Dong Hai Shan（1932年10月—2011年2月），河北滦县人。化工材料专家，长期从事含能材料合成与应用研究。中国工程院院士。

董海山，1956年毕业于北京工业学院炸药专业，1957—1961年在列宁格勒苏维埃化工学院读研究生，获苏联化学科学副博士学位。回国后，分配到二机部北京核武器研究所工作。历任科研组长、研究室主任、研究所副所长、所科技委主任等职。从九院调到中国科学院化工材料研究所任研究员。曾任北京理工大学、南京理工大学、西北大学兼职教授；曾任兵工学会火炸药专业委员会委员，《含能材料》杂志社主编、荣誉主编。1992年，被聘为俄罗斯自然科学院外籍院士。2003年，当选为中国工程院院士。

为"两弹"研制和核武器发展作出的贡献

1.从1962年开始，他直接参加并组织领导3种含能材料的攻关研制，其研究成果填补了我国含能材料合成与应用的空白，为"两弹"研制和含能材料的发展，作出贡献。

2.炸药研制是在王淦昌的指导下进行的，由于应用了新注装工艺，提高了炸药的质量。董海山是我国第一个塑料黏性炸药的研制者，为"两弹"研制作出贡献。20世纪70年代领导研制成功低感度高能炸药等产品，在核武器的改进与发展中起了重要作用。

3.20世纪80年代以后，根据核武器发展的需要，他提出了多项新型含能材料的研究课题，形成了一条先进的技术发展途径和路线，对提高和完善我国核武器的综合性能起到重要作用，对提升我国核武器的安全性提供了有力的技术保障。

奖项与荣誉

1.获1978年全国科学大会奖4项；国家科技进步奖二等奖1项；国家发明奖1项；军

队和部委级科技进步奖一等奖1项、二等奖5项。

2.1985年被评为核工业部劳动模范。

3.1987年获全国"五一"劳动奖章。

4.1988年和1991年两次被评为四川省优秀共产党员。

5.2004年获"四川省科学与技术带头人"称号。

董海山院士作学术报告

张信威

张信威 Zhang Xin Wei（1938年1月— ），湖南涟源市人。核物理学家，中国工程院院士。

张信威，中学期间，他的学习成绩总分始终保持在年级的前两名，数理化成绩尤为突出。考大学时，在老师的建议下，他把学物理放在第一位，前三个志愿填了北京大学的物理、力学、数学，于1955年以优异成绩被北京大学物理系录取。物理系知名教授云集，叶企孙、饶毓泰、周培源、王竹溪、黄昆、胡宁，这对他的学习和对未来的向往产生了很大的影响。为了响应党中央"向科学进军"的号召，物理系的尖子学生被选拔出来特别培养。二年级成立了20人左右的学生科学小组，张信威被老师指定为学习组长。1960年毕业后，他果然被分配到二机部北京核武器研究所工作。他长期担任科研组长，1983年起担任所科技委副主任，从事学术组织领导工作。1987年晋升为研究员，1990年成为博士生导师。2005年当选为中国工程院院士。

主要成就与贡献

1.参加"两弹"攻关。理论部的主体主要有三个组：力学组、中子组、状态方程组。张信威被分在状态方程组，由邓稼先、程开甲等指导工作。状态方程组的主要任务是要对影响核反应发展进程的物质状态相关因素，如压力、温度、材料密度等进行分析，找出各因素之间存在的关系，为核武器的理论设计提供可靠的物质状态参数。1966年，一个由物理、力学、数学三类科技人员组成的型号理论设计科研小组，承担起多项型号研究和设计任务，组长是张信威。他为"两弹"的研制贡献了自己的力量。

2.为核武器小型化立功。氢弹要武器化首先要小型化。张信威小组承担提出小型化初级理论原理、做出结构设计的任务。张信威对于内爆和核反应动力学进行分析和深入思考后,计算出了新结构的模型,他带领全组经过近一年的研究,共同提出了一个"中心模型"设计方案。之后,张信威又提出了一种全新的理论设计原理和结构设计方案。这个方案被邓稼先、于敏等确定为核试验的模型。经过参与理论设计、冷试验、结构和工艺设计、生产、现场试验等环节数以万计人员的共同努力,核武器小型化试验取得成功。张信威和他的科研团队,为核武器小型化立下功勋。张信威提出的全新理论设计原理,成为新型型号设计的主要基础。

3.1986年后,张信威主要转向国家高新技术方面的研究。他先后任激光技术总体研究和论证专题专家组成员、组长、顾问;1996年参加国家攀登计划"计算材料科学的物理基础及应用",任专家组成员;之后,从事异常核聚变的实验和理论研究。张信威在各阶段、各项目的研究中,均取得重要成果。他发表论文近80篇,专著《高温超导研究》(三人合著)。

奖项与荣誉

1.获1978年全国科学大会奖。

2.因在核武器小型化方面的成就,1985年获国家科技进步奖一等奖(排名第一)。

3.获省部级奖一等奖1项、二等奖6项、三等奖2项。其中,因在激光技术方面总体研究和论证中的成果,获国防科工委科技进步奖二等奖3项,三等奖1项,以及杰出贡献荣誉奖。

4.1985年获核工业部劳动模范称号。

5.1986年获国家级有突出贡献中青年专家称号。

张信威院士在中物院重点实验室

于俊崇

于俊崇 Yu Jun Chong（1940年12月— ），生于江苏滨海县。核动力专家，研究员级高级工程师，中国工程院院士。

于俊崇，1965年毕业于南京工学院（现东南大学能源与环境学院）工业热工和核能工程专业。曾任中国核动力研究设计院某工程研制总设计师。之后，任国防重点工程两型号副总设计师。2009年当选为中国工程院院士。

主要成就与贡献

于俊崇一直从事核反应堆工程研制及设计研究工作，在核反应堆热工水力与核安全、核动力总体等专业领域有很深造诣。他参加了第一代压水堆核动力装置的研制、设计和建造，以及第一座脉冲反应堆、乏燃料研究堆等工程的研制。曾任副总设计师。

他还参加了秦山二期核电站、新型反应堆等的方案研究和立项论证工作。作为主要技术负责人，在负责策划、组织工程设计、支持关键技术攻关等方面发挥了重要作用。之后，参与组织并领导国家某重点工程的研制与建设等工作。

奖项与荣誉

1.2004年、2005年、2009年三次获国防科技进步奖一等奖。

2.2006年获国家科技进步奖二等奖，获全国"五一"劳动奖章。

3.2007年获全军科技进步奖一等奖，获国家重大贡献奖和金质奖章。

附:新中国放射化学开拓者、奠基人之一杨承宗

化学家杨承宗,由于某些原因,错失了当选院士的机遇,但从资历和贡献看,在人们的心目中,他还是一位"院士"。

杨承宗

杨承宗 Yang Cheng Zong(1911年9月—2011年5月),生于江苏吴江县(今苏州市吴江区)。放射化学家,新中国放射化学开拓者、奠基人之一。他组织领导生产出核纯铀化合物,为我国第一颗原子弹成功爆炸提供了足量、合格的铀原料,受到国家表扬。

杨承宗,1932年于上海大同大学理学士毕业。1934—1946年底,在国立北平研究院物理镭学研究所任助理研究员、副研究员。1947年起在巴黎大学居里实验室师从伊莱娜·约里奥—居里夫人进修,获博士学位。1951年秋回国,任中国科学院近代物理研究所(原子能所)放射化学研究室和放射性同位素应用研究室两个研究室主任、教授。1961—1969年底兼任二机部铀研究所(五所)副所长,主管业务。1979年任中国科学技术大学副校长。1980年倡办安徽省合肥联合大学,兼任首任校长。1979—1989年先后任中国化学会第二十一、二十二届理事,核化学和放射化学专业委员会主任,中国核学会第一、二届理事、核化学和放射化学学会理事长。杨承宗是第三、四、五、六、七届全国人大代表,安徽省第六、七届人大常务会副主任,安徽省第三届科协主席。

科学教育成就和对我国第一颗原子弹研制的贡献

1.在北平研究院物理镭学研究所工作期间,杨承宗师从郑大章先生学习研究放射化学。

(1)1934年间人造放射性现象尚待确立,人们对铀—镭系元素和铀—锕系元素之间关系并不十分清楚。杨承宗随郑大章研究、分析并测定了沥青铀矿物中镁对铀的放射性比例,测定了铀—锕系对铀镭系的放射性分析比值约4%,因而可以用放射化学方法核算出沥青铀矿中锕系元素对镭系铀元素之间的比值约为7‰(千分之七)。

（2）抗日战争期间，他们曾从大量铀盐中分离制得很强的（^{234}Th+^{234}Ph）β放射源，由此发现^{234}Pa的硬β放射线对铝箔厚度的吸收曲线并不是一般认为的呈指数直线下降，而是分成若干段的指数直线；又发现射线的吸收系数随放射源周围物质的量及其原子序数而改变。此现象成为背散射法鉴别不同支持物质及其厚度的基础。

2.1946年杨承宗由法国巴黎大学教授伊莱娜·约里奥-居里夫人支持，获法国国家科学研究中心经费，1947年初到巴黎居里实验室工作。

时任法国原子能委员会委员的约·居里夫人提出用化学离子交换法从大量载体中分离微量放射性元素的课题。杨承宗对常量载体物质的基本化学性质潜心研究，成功地用离子交换法分离出放射化学纯的镁-233、锕-227等放射性同位素。这个从大量杂质中分离微量物质的新方法，结合后人发现铀在稀疏酸溶液中可以形成阴离子的特殊性质，发展成为全世界从矿石中提取铀工艺的常用原理。

1951年，杨承宗通过巴黎大学博士论文，题目为《离子交换分离放射性元素的研究》。论文考评为"很优秀"。获博士学位。

3.对我国第一颗原子弹爆炸成功的重要贡献。

（1）杨承宗响应周恩来总理号召，1951年秋回国。离开居里实验室前他向约里奥-居里夫人要了居里实验室独有的碳酸钡镭标准源10克，亲自带回中国。这是玛丽·居里夫人亲自制作的极为珍贵的国际标本，英、美等发达国家也均以居里实验室制备的碳酸钡镭样品尊为国际标准。它成为我国开展原子能放射性计量研究的最基础实物。现珍藏在中国计量科学研究院。

（2）在杨承宗将回中国之际，时任世界和平理事会主席及法国原子能委员会高级委员的弗里德立克·约里奥-居里先生特地约见他，并诚恳相告："……请转给毛泽东，你们要保卫和平，要反对原子弹，你们自己必须有原子弹；原子弹也不是那么可怕的，原子弹的原理不是美国人发明的，你们有自己的科学家……"。杨承宗回国后将此言告诉钱三强，决定由钱三强报告新中国领导人。据报载，此忠言对我国研制原子弹的重大决策有帮助。

（3）新中国政府对科研工作缺乏仪器设备的情况十分重视和关心，支持科研人员想方设法冲破禁运和封锁，从国外采购。政府就专门批准给钱三强一笔外汇，请他去做这件事。钱三强便托人把这笔外汇的一部分带给法国物理学家约里奥·居里教授。在他的帮助下,由当时在法国的杨承宗和在英国的杨澄中,购买了一些器材和图书携带回国。当时,由赵忠尧、杨承宗、杨澄中等人从国外带回的这批器材十分珍贵,成为近代物理所开创时期的实验研究工作所依靠的重要器材。

(4)杨承宗回国后先在中国科学院近代物理所工作,钱三强所长请他担任该所第二研究大组(核放射化学)的主任。当时该所的科研工作共分为四个大组:第一大组主任赵忠尧,第三大组主任王淦昌,第四大组主任彭桓武。所里人才济济,但精湛于放射化学研究的仅杨承宗。他亲自编写放射化学方面的教材,开设"放射化学"和"铀化学"等专业课,讲授放射化学专业理论和实验技能。后来又在北京大学和清华大学授课,培养更多的放射化学人才。到1956年下半年,近代物理所从事放射化学的专业人才已发展到两个研究室近30人,杨承宗同时出任这两个研究室的主任。他开创了中国放射化学研究。

(5)1953年,近代物理所急需中子源,杨承宗知道北京协和医院存有507毫居里的镭源及配套提氡装置,在安全防护设施严重不足的情况下,杨身先士卒,带领助手将早年被日军破坏的全套镭—氡装置进行修复,制成氡—铍中子源。这是中国最早得到的人工放射源。它为我国早日开展中子物理及放射性同位素制备研究创造了条件。

(6)1956年,杨承宗参加制定中国原子能科学技术发展长远规划。当年秋天,近代物理所开办放射性同位素应用讲习班,他任第一期讲习班班长。此前,他与赵忠尧、何泽慧合作主编出版了《原子能的原理和应用》。他是中科院同位素应用委员会副主任委员。在全国范围内共培养了近千名同位素应用的高级科技人员。

(7)1960年,苏联毁约停援,撤走专家。1961年春,杨承宗奉调到二机部北京铀研究所任业务副所长。他带领科技人员成功从我国含铀只有万分之几的铀矿石中制备含杂质不超过万分之几的核纯铀的全过程,包括铀的提取、纯化、转化以及有些元素含量上下相差一亿倍以上的极端悬殊的分析鉴定。他们建成一个铀冶炼实验厂,两年内纯化处理上百吨原料,生产出足量的核纯铀化合物,为我国第一颗原子弹成功爆炸提前三个月准备好合格的铀原料。

杨承宗还组织领导了从铀矿中综合提取铀、镭-226、钍-230、镤-231、铅-210等自

然放射性核素的化学新工艺及其生产,使我国成为极少数能够系列制备这些自然放射性同位素的国家之一。

(8)1958年中科院创办中国科技大学。杨承宗任放射化学和辐射化学系主任。他是博士生导师,先后培养博士10余名。1979年他被任命为中国科学技术大学副校长。1980年,他倡办了全国第一所自费走读大学——合肥联合大学,被推举为首任校长。这成为当时教育界一大新事,高等教育的一种创新。人民日报、光明日报、安徽日报、中国教育报、中国青年报、文汇报等先后多次详细报道。

奖项与荣誉

1.在北京铀研所工作期间,得到的几十项科研成果中,有3项获1978年全国科学大会奖,是他人生中一件大事。

2.倡办自费走读大学,被誉为作为教育家和科学家两方面的经验和智慧体现与光芒,是他人生中另一件大事。

3.获2001年度何梁何利基金科学与技术进步奖化学奖。

1951年6月15日,杨承宗(左二)通过博士论文答辩后,导师伊莱娜·约里奥–居里夫人(左一)为他举行祝贺酒会。几天后,居里先生让杨承宗回国时带口信给毛泽东。

四、国家级"有突出贡献的中青年专家"称号获得者(以获准年限及原公示名单顺序)

1984年:陈肇博、陈常宜、胡仁宇、张寿齐、经福谦、章冠人、陶祖聪、陈能宽、邓稼先、丁大钊

1986年:陈维本、戴受惠、桂业炜、钱皋韵、任益民、张信威、徐志磊、傅以备、周永茂

1988年:胡遵素、钱锦辉、梁汉超、吴充实、陈然志、沈光基、吴东周、孙祖训、王乃彦、李幼平、任益民、胡仁宇、沈杏初、谢庄应

1989年之后,陆续被评并批准的有:朱继懋、孙锦山、肖中华、李跃辉、李德元、杜祥琬、林俊德、侯洵、唐孝威、彭先觉等

在这43位贡献者中,有20人属院士(见前)。其他23人,据已掌握资料,此处介绍9人:陈肇博、陈常宜、章冠人、陈维本、戴受惠、沈杏初、谢庄应、朱继懋、李德元。

陈肇博

陈肇博 Chen Zhaobo (1937年—)，北京人。铀地质学家。他曾长期从事铀矿地质研究。获国家级"有突出贡献的中青年专家"称号。

陈肇博，1961年毕业于列宁格勒大学地质系。同年回国，到二机部北京（铀矿）地质研究所工作，高级工程师，博士研究生导师，历任副所长、总工程师。之后，任核工业部常务副部长、党组副书记，中国核工业总公司常务副总经理、党组副书记，中国核工业集团公司高级顾问，江苏核电有限公司董事长，国家核电技术公司筹备组组长、独立董事。曾任中国地质学会第三十二届理事、副理事长，中国矿业学会副会长。他是全国政协第六、七、八、九届委员。

主要成就与贡献

我国著名的相山铀矿区从1957年被发现之日起，曾被当做花岗岩型铀矿对待。1965年，华东六〇八队第十二队王圣祥等人在相山矿区进行五万分之一比例尺的地质填图时，开始对相山岩体提出质疑，认为相山岩体不属花岗岩型，而是一套火山岩系。这无疑是对传统看法的一大挑战。当时虽未被接受，但它所引起的争论，大大推动了地质科学研究的进程。1972年，矿山区、地质队、研究所组成联合科研组，对这一铀矿区进行了深入探讨。陈肇博等通过大量科学数据证明，并得出结论：相山矿区是一个塌陷式火山盆地，铀矿属于火山岩型；同时总结提出了火山岩铀矿床的双混合成矿模式。在火山岩地区开展大规模的普查和勘探，获得了丰硕的地质成果，尤其在地处江西、浙江两省区的火山岩成矿带已成为我国最重要的火山岩型铀矿产地。华北区北缘的燕辽成矿带，发现了沽源火山岩型铀矿。

陈肇博经过长期铀矿地质的研究，对碱性岩、火山岩铀矿成矿规律和华东、华南地区铀矿形成的理论都提出了新的见解,为我国铀地质勘探做出重要贡献。

担任核工业部领导期间,他提出铀矿地质找矿方向应进行战略转移,从寻找南方花岗岩、火山岩等硬岩铀矿,逐步转移到主攻我国北方中新生代盆地中的砂岩型铀矿,并采用"地浸"法采矿。此后,我国已在北方盆地陆续找到一批大型砂岩型铀矿,成倍增加了我国经济适用的铀矿储量,并存在巨大找矿远景。

陈肇博多年主管核工业外事外贸工作,促成了30万千瓦核电站出口巴基斯坦,并克服诸多困难,引进了俄罗斯先进离心分离铀同位素技术,促成实验快堆、小型核反应堆用直流蒸汽发生器等重要核技术和工艺的引进,提高了我国核燃料和反应堆技术水平。

陈肇博贯彻国务院决策,于上世纪90年代中期引进和建设俄罗斯提供的VVER型田湾核电站一期工程。作为田湾工程的总负责人,他与全体职工一起,克服了由于俄罗斯当时国内经济和生产不正常而带来的核电设备质量等严重问题和困难,坚持"质量第一,安全第一"建成了田湾核电站,至今已安全运行十年,经济效益甚好,为核电发展提供了资金支持和技术借鉴。

奖项与荣誉

1.获国家科技进步奖二等奖;

2.1984年获国家级"有突出贡献的中青年专家"称号;

3.受聘任俄罗斯大学客座教授,俄罗斯工程院院士。

陈肇博(左一)、闵耀中(左三)陪同老部长刘杰(左二)到北京化冶院指导工作

陈常宜

陈常宜 Chen Chang Yi（1928年— ），江苏常州人。他参加了我国第一颗原子弹的研制和爆炸试验，任第九作业队701队队长。获国家级"有突出贡献的中青年专家"称号。

陈常宜，1952年毕业于上海复旦大学数理系，毕业后曾任北京地质学院讲师。1960年调入二机部北京九所（核武器研究所）工作，后又到二二一厂（核武器研制基地）实验部、九院（西南工程物理研究院）一所工作，历任工程师、实验室主任、高级工程师。之后，调核工业部军工局工作，曾任军工局副局长，主持工作。

主要成就与贡献

在第一颗原子弹的研制过程中，从1960年4月—1963年3月，17号工地试验场是我国研制核武器第一个过渡性爆轰试验场。在这里研制成功了核武器精密注装炸药元件，摸清了原子弹的内爆原理及其爆轰规律……陈常宜参与了在17号工地的试验。全面展开大型爆轰装置试验是在西北核武器研制基地进行的。按照制定的爆轰模拟试验方案，陈常宜等人通过上百次爆轰模拟试验和研究，解决了引爆弹设计中的关键问题，从而确定了引爆弹的理论设计方案。之后，在两次主要的冷试验中，陈常宜都发挥了重要作用。1963年11月20日缩小尺寸整体模拟出中子试验（中子点火装置试验）取得成功，陈常宜负责爆轰装置和现场组织指挥，人称"打炮"司令。1964年6月6日进行全尺寸爆轰模拟试验，参试人员由陈常宜带队，他仍为"打炮"司令。这两次冷试验的成功，为第一颗原子弹爆炸（国家热核试验）成功奠定了基础。

1964年，二二一厂派出222人的先遣队，赴新疆国家核试验基地，展开第一颗原子弹爆炸试验的工作，组成第九作业队，陈常宜任701（试验）作业分队队长。负责试验塔上的工作。其中最重要的任务是他和张寿齐、叶钧道三人担任插雷管任务。彭桓武对陈常宜说：这一次核爆灵不灵啊，就看你陈常宜的了，你这个雷管插没插好！当时在铁塔上插接雷管的还有赵维晋、潘馨、贾保仁等人，因为还有雷管装配、插线等工作，贾保仁专门递雷管并记录编号，三个人插接雷管并相互检查是否到位；检查完毕后，再连接雷管引线与同步引爆电缆。然后，赵维晋再检查连接处的导通。陈常宜说，什么三个人啊，还有无名英雄。把雷管插完后，其他人撤下，李觉、朱光亚、张蕴钰上塔检查，陈常宜作汇报。这几个人是最后下塔的。他们是在"零时"前3个小时才撤出，撤到60千米以外的观察点。

陈常宜到核工业部军工局任职后，主编了核工业部军工史。

奖项与荣誉

1.1982年，核武器研制的爆轰试验以"聚合爆轰波人工热核反应研究"为项目名称获得国家自然科学奖一等奖，主要参加者为：王淦昌、陈能宽、张兴钤、方正知、陈常宜、任益民、经福谦、张寿齐、陶祖聪、章冠人。

2.获1984年国家级"有突出贡献的中青年专家"称号。

原子弹送向铁塔

1964年10月4日第一颗原子弹核部件用直升飞机运至铁塔下面

章冠人

章冠人 Zhang Guan Ren (1927 年—)，江苏宜兴人，核物理学家，博士生导师。获国家级"有突出贡献的中青年专家"称号。

章冠人，1950 年毕业于上海交通大学物理系。毕业后分配到大连工学院物理系，担任普通物理光学、电磁学等学科助教。1953 年全国高校院系调整，被调到长春地质学院物探系任助教。1963 年，中央组织部在全国内选调，他被调入二机部北京核武器研究所。20 多年，章冠人一直从事核武器物理实现中的理论研究，历任科研组长、室主任、副总工程师、所科技委主任、研究员。

主要成就与贡献

1.在第一颗原子弹的研制中，章冠人领导的理论小组，解决了原子弹动作过程中各种扰动量影响传输的理论分析和计算问题，从而使会聚波形得到控制，保证中心聚焦能达到核反应所需要的高温高压，为第一颗原子弹试验成功作出重要贡献。

2.在第一颗氢弹的研制中，章冠人领导的理论组发展为一个科研室。他们面临的理论探索任务和模拟计算任务比起原子弹来要难得多。他带领科研室的课题组完成了突破氢弹所承担的攻关任务，他们为氢弹试验模型设计提供了一级量计算的主要参数。

3.总结对爆炸动力学的理解和认识，编著《凝聚炸药起爆动力学》一书（合作人陈大年）。

奖项与荣誉

1."聚合爆轰人工热核反应研究"，1982 年获国家自然科学奖一等奖（获奖者之一）。

2."冲击波破坏时间的计算"、"飞行试验的安全问题"、"云雾爆轰的数值模拟和实验研究"项目，获部级科技进步奖三等奖（2项）。

3.1984 年获国家级"有突出贡献的中青年专家"称号

4.1998 年被评为全国优秀科技工作者。

陈维本

陈维本 Chen Wei Ben，核动力专家。中国核动力研究院高级工程师。获国家级"有突出贡献的中青年专家"称号。

陈维本，大学毕业后，参加的第一个重大科研工程项目，就是我国第一座研究性重水堆的建设。当时，我国的反应堆事业刚刚起步。党中央从全国选调了一批优秀科技青年参加这项事业，陈维本是其中之一。陈维本承担了反应堆及其辅助设施的基建、安装任务并担任了小组长。在苏联专家的帮助指导下，他学到了许多勘察、设计、基建和安装试车的技能；在堆运行调式、启动之际，他又担任了运行值班组长。这都为他后来的工作奠定了坚实的基础。之后，陈维本就被抽调参加我国第一座游泳池式工程试验堆的建设。该堆用于材料和核燃料元件的考验。他负责机械设备的设计任务，仅用一年就完成了。在堆开工建造时，他参加核动力堆的设计、试制，并担任应力机械堆结构组组长。他们研制成功组合控制棒驱动装置，成为该堆的一个突出成果。

主要成就与贡献

陈维本来到三线，参加我国首座压水型反应堆的工程设计，并担任了工艺设计队的副队长，负责工艺设计任务。他坚持深入现场，发挥大家的智慧，按时高质量完成了设计任务。核动力堆在一炉燃料燃耗到寿期末，需要开盖卸料检查。这项工作在国内压水堆是第一次进行。陈维本当时是院二所的领队，他和他的同事很好地完成了开盖卸料检查任务。

陈维本调到核动力院后，曾领队参加试验。顺利地完成了这次某型号大型试验任务。

奖项与荣誉

1.在某压水型反应堆的工艺设计中,陈维本担负的工艺设计项目获1978年全国科学大会奖、国防科委科技成果奖(集体)一等奖。

2.核动力堆核燃料炉开盖卸料检修任务,因顺利完成,获国家科技进步奖(集体)一等奖。

3.某型号试验,获部级科技进步奖(集体)二等奖。

4.1986年,获国家级"有突出贡献的中青年专家"称号。

压水堆非能动安全系统试验

戴受惠

戴受惠 Dai Shou Hui（1933年— ），女，核材料专家。中国核动力研究设计院研究员级高级工程师，核动力院核材料研究所所长。她是核材料、核燃料、陶瓷材料领域的学科带头人。获国家级"有突出贡献的中青年专家"称号。

戴受惠，1952年，年仅19岁的她，提前一年从武汉大学化学系毕业，到中国科学院沈阳金属所改行从事材料研究。第一年，她就被评为所里的先进工作者，第二年就担任了课题负责人。1958年，金属所为了培养青年科技骨干，戴受惠被送往苏联学习。在苏联进修两年，她不仅以优异成绩毕业，还完成了5项科研课题与5篇论文。回到金属所后，27岁的戴受惠被任命为高温材料室副主任。4年中，她在超高温材料研究与高温特殊半导体材料研究两个领域中完成了15项课题，其中有5项成果用于实践，为我国航空事业与军事现代化作出贡献。

主要成就与贡献

20世纪60年代后期，因国防事业的需要，戴受惠调往中国核动力研究院，从事核材料与核燃料元件的研制。她从实习研究员逐级晋升为研究员，从课题组长升任为研究所长与院科技委副主任。她在科研上享有"高产女科学家""科技界女强人"的盛誉；在学术上，她成为核材料、核燃料等领域的学科带头人。40年间她共完成重要科研课题68项，其中有28项应用于实践。她组织领导并亲自参加了7个实验室建设，都在我国核事业中发挥了重要作用。除在院所担任科研领导职务外，她还担任了中国核材料学会秘书长、四川省科协常委、国务院学位评审委员会成员。她是第八届全国政协委员。

奖项与荣誉

1.因在科研上的成就,曾获省部级和国家级奖励多项。

2.曾获国际尤里卡发明奖金奖。

3.曾被评为四川省优秀女科学家,能源部劳动模范。

4.1986年,获国家级"有突出贡献的中青年专家"称号。

压水堆燃料临界热流密度实验格架设计

沈杏初

沈杏初 Shen Xing Chu（1936年4月— ），上海人。研究员级高级工程师。原中国船舶工业总公司船机研究所所长。获国家级"有突出贡献的中青年专家"称号。

沈杏初，毕业于哈尔滨电工学院。长期从事热能动力和压力容器的研究设计工作。历任第七〇三研究所所长、船机研究所所长、第七研究院副院长、中国船舶工业总公司副总工程师兼配套设备局局长、中石协ASME规范产品协作网总部常务理事、三峡工程永久船闸和开船机两项目专家组副组长。

主要成就与贡献

沈杏初早在20世纪60年代初，担任我国第一艘核潜艇主动力装置——主汽轮机组的副主任设计师，为核潜艇主汽轮机组的研制，特别是冷凝器的研制，作出重要贡献。1982年，作为主任设计师，他又承担我国第一台30万千瓦核电站冷凝器的研制任务。经过三年努力，攻克24项技术难关，取得11项科研成果，终于获得成功。1984年6月，沈杏初就任船机研究所所长，锐意改革，把单纯科研型事业单位改变为科研经营开发型的技术经济实体。

奖项与荣誉

1. 曾获国家、省部级科技进步奖6项（1978年全国科学大会奖1项、省部级一等奖2项、二等奖3项）。

2. 曾获黑龙江省劳动模范称号。

3. 1988年被国家人事部批准为"有突出贡献的中青年专家"。

4. 1989年获全国先进工作者称号。

谢庄应

谢庄应 Xie Zhuang Ying 四川成都人,1962年毕业于清华大学工程物理系,分配到二机部五〇四厂,历任技术员、工程师;1984年成为厂总工程师、研究员级高级工程师。获国家级"有突出贡献的中青年专家"称号。

主要成就与贡献

作为铀同位素分离、浓缩、生产出合格的核燃料的过程,其机器浩繁如林,工艺技术十分复杂,尤其是主工艺生产对水、电、气、汽、液氮五大连续和流量、压力、温度、真空度、清洁度五大保证的要求非常严格;机组要处于密闭状态下连续不停地运转。这要求及时发现并消除庞大工艺回路上的漏点,保证主工艺系统持久安全稳定运行。谢庄应通过近18年的钻研、摸索,总结出一套完整的找漏方法,使找漏灵敏度较以往提高了25~30倍,从而改进了铀同位素分离的工艺,在保持生产的稳定性、节省电力方面取得显著成效。他有100余篇上百万字的科技论文。

奖项与荣誉

几十年来,该厂有近30项省部级科研成果凝聚着他的汗水,有国家级重大科技成果奖,在获奖名单中,他曾名列状元或榜眼。

1.6次获五〇四厂劳动模范和文明建设标兵称号。

2.1982年获甘肃省国防工业系统劳动模范称号。

3.1979年、1985年两次获二机部(核工业部)劳动模范称号。

4.1982年、1989年两次获甘肃省劳动模范称号。

5.1988年被国家人事部批准为"有突出贡献的优秀中青年专家"。

6.1995年获全国劳动模范称号。

朱继懋

朱继懋 Zhu Ji Mao（1937年2月— ），生于上海，祖籍浙江绍兴。深潜器专家。获国家级"有突出贡献的中青年专家"称号。

朱继懋，1959年毕业于上海交通大学造船系，后长期留校任教（期间，1964年毕业于全国第一届水动力研究班），任上海交通大学水下工程研究所所长、船舶与海洋工程研究所副所长、教授、博士生导师。专长于船舶设计、海洋工程、深潜水器总体设计与潜水器操纵与控制。他曾主持上海交通大学承担的我国第一艘核动力潜艇的部分性能的试验研制工作，作出重要贡献。

对我国核潜艇研制作出的贡献

1.在主持核潜艇部分性能的试验研制中，他主持设计研制成功水下阻力仪、水下自航仪、双反转螺旋桨自航仪等重要设备，解决了在水池进行潜艇性能研究的难题。他首次提出了根据兴波阻力理论，采用低Fr数波谷来确定潜艇形状阻力的实验方法，为在船池进行潜艇实验奠定了理论基础。

2.他是我国最早从事深潜技术研究的专家之一。60年代参加核潜艇的性能研究之后，70年代初任我国第一艘深潜救生艇总设计师，于1986年完成该艇研制并成功地实现了两艘潜艇的水下对接；80年代起自主或国内外合作，完成了7种型号无人遥控潜水器的研制，打破了国际垄断；90年代主持MG-1海底电缆埋设系统的研制，主持"600米深海拖曳观察系统"研制，为我国深海矿区的取舍作出重要贡献；2000年完成863项目"浅海重载装备智能控制技术"和"深海潜网设备和高产养殖技术研究"并取得专利。之后，负责研制成功"多项埋管和埋缆系统"等多项深潜技术的研究，重要发明与科研成果有：7103深潜救生艇、水下船舶模型试验的水下阻力仪、水下船舶模型的螺

旋自航仪等。

3.主要论著有《导弹设计》、《潜艇阻力》、《船舶原理》、《潜艇设计原理》、《深潜器设计特征分析》、《深潜器设计的比重分析法》、《深潜器自航模的操纵性研究》、《潜水器设计》等。

奖项与荣誉

1.朱继懋的工作与贡献得到国内外专家和同行的肯定。1982年在德国国家研究中心期间被聘为所长、教授。1993年开始连续三年被联合国国际海洋学院聘为教员，作为联合国培训国际海底委员会专家为企业家讲课。他负责研制的潜水器1997年入选国家高新技术成果赴港参加庆回归展出和现场表演，得到香港科技界和回归执委会的表彰。

2.1984年他被国务院特批为教授，1985年国务院学位委员会批准为博士生导师，1989年获国家级有突出贡献的中青年专家称号。

3.获国家和省部级科技进步奖约13次，个人嘉奖9次。如：(1)主持研制我国第一艘载人潜水器("7103"深潜救生艇)，获1989年国家科技进步奖一等奖；(2)主持"6000米深海拖曳观察系统"研制，获1999年教育部科技进步奖一等奖，2000年度国家科技进步奖二等奖。

4.获2004年度何梁何利基金科学与技术进步奖技术科学奖。

核潜艇水下发射归来

李德元

李德元 Li De Yuan (1932年—),生于上海。数学家,研究员,博士生导师。获国家级"有突出贡献的中青年专家"称号。

李德元,1948年考入上海交通大学数学系,1952年毕业后留校在高等数学教研室任助教,1956年升任讲师。同年10月被派往苏联莫斯科大学数学力学系微分方程教研室师从郎杰斯攻读研究生。1960年获苏联数学物理科学副博士学位。同年4月回国后即从事核武器数值模拟研究工作。1980年任北京应用物理与计算数学研究所副所长,1984年—1991年任该所所长,并曾兼任中国工程物理研究院研究生部主任。曾担任全国计算数学学会常务理事及中国空气动力学会常务理事兼物理气体动力学专业委员会主任。

数学成就和对"两弹"研制及发展战略核武器的贡献

1.李德元从事核武器数值模拟研究工作20余年。数值模拟是核武器理论研究的主要手段之一。他开始从事此项研究工作的时候正值我国核武器研制工作的初创时期。在掌握原子弹的基本理论和关键技术阶段,李德元和秦元勋等数学家,运用"人为次临界法"完成了核材料被压缩到超高临界后能量释放过程的总体计算。1963年,当第一颗原子弹理论设计完成以后,李德元即投入了氢弹原理的探索工作。他当时担任了相关研究室的主任,曾组织过一系列大型科学计算。他本人建立了一套带热核材料反应的一维总体计算的差分格式,根据该格式编制的软件成为我国核武器理论设计所采用的基本工具,在我国核武器研究与设计中发挥了重要的作用;他对热核武器的数学模型进行了仔细的分析后,利用描述中子行为的方程的线性性质,提出了"A"型中子与"L"型中子的概念,并在计算中加以区别开来,从而帮助和深化了计算结

果的物理分析工作;根据核武器理论设计的要求,他提出了在二维非矩形网络上抛物型方程的差分格式,解决了二维总体计算方程中子扩散方程及辐射热传导方程的数值模拟问题,被广泛应用于武器研究与设计的二维模拟的各项程序中。长期以来,李德元直接从事和全面指导了核武器理论研究的二维数值模拟研究工作。他直接参与并指导了一些大型二维辐射流体力学计算软件的研究和编制工作。这些软件长期应用于核武器的研究与设计。

2.李德元在计算流体力学的方法和理论研究方面的成就。早在20世纪70年代,他就带领一个小组搜索国外有关二维非定常可压缩理想流体力学计算方法方面的文献资料,并汇编成书,他应邀多次开设二维流体力学计算方法讲座,积极推动开展计算流体力学的应用研究。他是国内最早进行一阶拟线形双曲型方程物理解计算的研究人员之一。他主持撰写的专著有《二维非定常流体力学数值方法》。1998年后,他担任了国际攀登计划"大规模科学与工程计算的方法和理论"项目中"计算流体力学组"组长。

李德元积极推动学术交流。1987年在北京召开了第一届国际计算物理会议,这是国际上首次关于计算物理这一新型学科的会议,他担任了第一、二届会议主席。在他担任计算数学学会常务理事期间,他负责编辑出版了定期刊物《计算数学通讯》。他在抛物型方程的差分方法的研究,也取得了重要成果,与陈光南合作撰写了专著《抛物型方程差分方法引论》。

奖项与荣誉

1.1992年获国家人事部授予的有突出贡献的中青年专家称号。

2.1993年和1995年两度获国防科工委科技进步奖一等奖。

3.1996年获国家科技进步奖三等奖。

4.获2002年度何梁何利基金科学与技术进步奖数学力学奖。

五、"全国工程勘察设计大师"称号获得者(以获得年限及同年按姓氏笔画为序)

"全国工程勘察设计大师"是勘察设计行业的国家级荣誉称号。国家建设部成立工程勘察设计大师评选委员会,负责具体评选工作。评选委员会由建设部和国务院有关部门、中国勘察设计协会及相关行业的负责人及勘察设计大师代表组成。每两年(偶数年)评选一次。由建设部授予荣誉称号,并颁发荣誉证书、奖章。核工业系统获奖人中为"两弹一艇"研制做过重要工作的有:

1992年:叶德灿、欧阳予(见前)

1994年:柯友之、潘恩霖

1996年:马一

2000年:耿其瑞

叶德灿

叶德灿 Ye De Can（1919年— ），上海人。核工程设计专家，研究员级高级工程师。他长期从事中国原子能工业工程设计的技术领导工作，是参与创建二机部第二研究设计院，完成国内重大核工程设计事业的组织者和主要技术领导人。获"全国工程设计大师"称号。

叶德灿，1940年毕业于沪江大学土木工程系。曾任罗邦杰·南京轮焕建筑师事务所工程师。新中国成立后，历任中国建筑企业公司土木课长，建筑工程部设计总局技术处副处长，二机部（核工业部）第二研究设计院总工程师、院长。曾参加组织编制我国工业建筑的设计程序、标准、规范等。曾当选中国土木学会第三、四届理事，中国核学会第一届理事。他是第三届全国人大代表，第五、六、七届全国政协委员。

主要成就与贡献

1. 中国原子能工业创建初期，叶德灿任中国第一项核科研工程的设计总工程师，主持完成了原子能所研究性重水堆的设计，并曾赴苏联参加该工程设计审批的组织工作。

2. 1956年后，在全面开展的中国第一套原子能工业八大工程、十项核试验设施的工厂设计和技术归口工作中，叶德灿参与领导组建核工业设计院（1958年1月建院）并担任主要技术领导人。他参与主持了第一套原子能工业工程的设计前期工作及设计的组织工作。

3. 参与领导了酒泉联合企业中国第一座军用生产堆（石墨轻水生产堆）与核燃料后处理厂的工程设计和第一座气体扩散厂（兰州铀浓缩厂）工程设计。

我国第一座石墨轻水生产堆的建设是在苏联援助下，于20世纪50年代末起步的。1958年4月，中方派出以周秩为组长、叶德灿为副组长的工作组赴苏联参加设计。其中堆工方面的成员有设计总工程师欧阳予和薛凡民。他们在苏联工作了4个月，参与完成了初步设计任务。1960年8月22日，在二机部设计院的苏联专家全部撤走，并停止了一切技术资料和设备材料的供应。在这一重要时刻，1960年，叶德灿任副院长、总工程师，他参与组织并具体领导了各大核工程设计复查、技术攻关和施工现场工作。其中，参与主持了反应堆工程质量检查组、技术核心组的工作。生产堆于1966年建成，并获得合格产品。

在中国的后处理技术发展中，有一个改沉淀法为萃取法的过程。叶德灿参与主持了萃取工艺流程研究小组对重大技术攻关及新技术、新设备、新工艺的技术决策，并做了一些具体工作。1964年4月，二机部决定：对先建的一个中间实验工厂（称一期工程）仍按沉淀法进行设计；为尽早确定正式建设的后处理厂（称二期工程）是否采用萃取法，成立专门小组，由汪德熙任组长，叶德灿、何友之任副组长，负责组织研究，为决策提出报告。一个月后，根据专门小组的报告，二机部决定二期工程采用萃取法设计。1964年12月，二机部决定用沉淀法设计的中间实验工厂亦停建，加速萃取法的研究、设计工作。在此期间，由原子能所、设计院、二机部科研局、清华大学等组成的调研组在汪德熙、叶德灿的指导下，做了大量调研工作。设计院成立了综合组，研究论证了萃取工艺的工程设计方案。

4. 在20世纪60、70年代原子能工业三线建设中，叶德灿作为设计院主要领导及技术总负责人，参与部署了三线工程的研究、设计工作，并辗转各大工程现场，具体指导并大量解决设计、施工技术难关。

叶德灿长期在核工程设计的领导岗位上，主持领导了科研设计的技术、管理工作，为建立和发展中国原子能工业设计技术，为中国"两弹一艇"事业的成功，付出了全部精力。

奖励与荣誉

1992年被建设部授予"全国工程设计大师"称号（首批）。

叶德灿在工作中

柯友之

柯友之 Ke You Zhi（1920年— ），安徽歙县人。核工程设计专家，研究员级高级工程师。他是我国原子能工业乏燃料后处理厂的主要设计者之一。获"全国工程设计大师"称号。

柯友之，1942年毕业于北京师范大学化学系，同年保送留学日本京都大学（时称帝国大学）理学部化学科及工学部燃料化学科，攻读研究生。回国后，先后在北京师范大学、北京大学、天津南开大学、塘沽碱厂、吉林一染料厂、中央试验室工作。1959年调入二机部，在生产厂、二机部第二研究设计院等工作。曾任设计总工程师，并多次任部高级职称评委会委员和二院职称改革委员会副主任。后任国家环保局核环境专家委员会委员、国家核安全局化工专业部成员。曾兼任北京轻工业学院化工系研究生导师。他是核化工学会第一、二届理事会常务理事长和中国环保学会常务理事。

主要成就与贡献

20世纪60年代初，通过几年的实践，我国的一支从事后处理研究、设计、教学和工厂运行的技术队伍成长起来。其中既有像汪德熙、曹本熹、姜圣阶、汪家鼎、柯友之这样起指导和组织作用的老一辈专家、学者，又有富有实践工作经验的中年科技工作者。

1964年4月，二机部决定：为尽早确定正式建设的后处理厂（称二期工程）是否采用萃取法，成立专门小组，由汪德熙任组长，叶德灿、柯友之任副组长，负责组织研究。根据专门小组的报告，二机部决定二期工程采用萃取法设计。至1964年12月，决定用沉淀法设计的中间、试验工厂停建，加速萃取法的研究、设计工作。至此，落后的沉淀法工艺被全部抛弃。设计院在设计总工程师谢仲然、柯友之的领导下，很快作出采用萃取法的初步设计，并迅即获二机部批准。1965年2月17日，核燃料后处理工程攻关领导小组确定该厂建于酒泉原子能联合企业内。9月,二机部核化工总工程师兼设计院副院长曹本熹,率设计总工程师柯友之和清华大学汪家鼎教授等来到工地,讨论设计原则并决定重大问题。10月,编制了工程设计任务书。同年底,设计院就完成了铀/钚分离厂的初步设计。次年7月底和10月,分别完成了铀/钚分离厂房和铀回收厂房的施工图。设计工期缩短了一年多。该工程1970年初基本建成,同年4月投产并获合格产品。我国首座军用后处理厂建设成功。这期间,柯友之作为设计总工程师功不可没。

奖项与荣誉

1.由于中间试验厂和大厂(二期工程)相继采用溶剂萃取法,不仅将我国的后处理工艺提高到20世纪60年代的国际水平,而且带来了巨大的经济效益。这两项工程的科研、设计和成功运行,获1978年全国科学大会重大科技成果奖。柯友之是主要获奖者之一。

2.先后获核工业部和国务院环保委员会的先进工作者荣誉证书和奖章。

3.1994年,获建设部授予的"国家工程设计大师"称号。

柯友之在工作中

潘恩霖

潘恩霖 Pan En Lin（1931年7月— ），生于江苏扬州，原籍安徽歙县（今属黄山市）。核工程设计专家、铀同位素分离专家，研究员级高级工程师。他是我国原子能工业开创时期重大核工程设计事业的积极参与者和组织领导者之一。获"全国工程设计大师"称号。

潘恩霖，1955年7月毕业于南京工学院热能动力装置专业，大学期间先后于1952年和1954年加入共产主义青年团和中国共产党。毕业后分配到刚成立的国家建设委员会建筑技术局，并被派往中科院长春机械电机研究所学习一年俄语，又被选送到苏联莫斯科动力学院学习核反应堆专业。1958年6月回国后被分配到二机部北京设计院工作。不久，按照中苏协议共同进行浓缩铀厂的施工设计图设计，潘恩霖改行担任铀同位素分离专业的中方工艺技术负责人，担任铀同位素分离设计综合室中方总工艺师，与苏方总工艺师共同负责工程的主工艺设计。后被推荐担任扩散级联实验室运行第一任值班主任。潘恩霖从1958年8月起直到2009年完全离开设计工作岗位，先后52年，他为我国核工程设计和铀同位素分离事业奋斗了一生。

为铀同位素分离工程设计和建设作出的贡献

潘恩霖参与并主持了我国三期铀浓缩工厂的主工艺设计，并作为第一座铀浓缩工程设计总工程师全面主持了该工程的设计工作。1960年苏联撤走专家后，潘恩霖与设计室的大部分人下放到工厂，组成工厂设计处，他先后担任工艺科科长和工厂副总设计师、设计总工程师，参与主持完成了工厂的全部设计和建设。工厂于1964年1月全部建成并生产出第一批合格产品——高浓铀。1965年潘恩霖开始参加新工程的设计工作，他担任设计院工艺室主任，负责工厂的主工艺设计。该工程是我国首次完全独立自主设计的铀同位素分离工厂,难度较大。但经过设计人员的共同努力,仍按期完成设计工作,保证了工厂建成后的安全生产。1969年底潘恩霖开始参加三期工程的设计工作,先后任扩散工程设计总工程师和离心工程设计总工程师,并兼任现场设计队队长。1974年4月12日,他随刘伟部长等领导,直接向周恩来总理汇报了三期工程的进展情况,聆听了周总理和叶剑英元帅等中央领导的指示和教导。

1981年5月,潘恩霖带领现场设计队伍返回设计院,他先后被任命为院副总工程师、副院长兼总工程师。1985年任核工业部七院院长,1991年8月改任院科技委主任和院顾问,直到2001年退休。

奖项与荣誉

1.某工程设计获"1978年全国科学大会奖"(总负责人)。

2."负压条件下管路阻力系数实验"获1980年国防科委二等奖(组织者与参与者)。

3.某工程(一期)设计获"1981年度二机部优秀设计奖"(主工艺设计负责人)。

4.某工程设计获中国核工业总公司1994年度优秀工程设计一等奖(设计总工程师)。

5."离心浓缩铀厂液化配料装置"获1996年部级科学技术进步奖二等奖(排名第三)。

6."层架式离心机联计算单维搜索优化方法"1999年获国防科工委国防科技奖三等奖(排名第三)。

7."离心厂供取料装置工艺设计"2000年获全国优秀工程勘察设计评委会"全国第九届工程设计金奖"。

8."离心厂供取料装置由年分离功xxx改成xxx吨的技术创新设计"2010年12月获国防科工委一等奖(排名第一)。

9.1994年获国家建设部授予的"全国工程设计大师"称号。

10.1995年被中国核工业总公司授予"核工业劳动模范"称号。

11.1996年8月被中共山西省委、省政府授予"山西优秀专家"称号。

12.2004年9月被中国核工业集团公司评选为"为成功改进核材料设备及工程作出突出贡献者"并出席了在北京召开的表彰大会。

13.2005年6月中国核工业集团公司为潘恩霖颁发了"为离心机研制和我国铀浓缩技术的发展作出了突出贡献"荣誉证书。

马 一

马一 Ma Yi (1938年5月—)，生于江苏江阴。核能动力工程专家，他曾长期从事石墨水冷生产堆的研究设计、调试启动和技术改造工作，为建成我国第一座军用生产堆及安全稳定运行提供了技术支持。他还积极参加了我国核电工程的设计和建设。获"全国工程设计大师"称号。

马一，1962年2月毕业于莫斯科动力学院核能动力装置专业，同年5月分配到二机部二院工作，历任技术员、工程师、院副总工程师，1987—2002年任核工业第二研究设计院总工程师，2002—2008年任江苏田湾核电站总工程师。2009年被聘为中国核电工程有限公司高级技术顾问，专家委员会主任。

主要成就与贡献

军用核燃料生产堆在高功率下的安全稳定运行，是保证核武器裂变材料制造的前提和关键。马一曾长期从事石墨水冷生产堆的研究设计、调试启动和技术改造工作，为我国自力更生建成第一座军用钚生产堆，并可靠地在高功率下长期安全稳定运行提供了技术支持。

作为核二院石墨水冷生产堆技术改造的技术负责人，主持参加该反应堆全厂断电和三回路综合试验这两项大型试验，从试验方案的制订和试验的组织实施，直到分析总结工作。通过全厂断电试验，取得了大量试验数据，并在分析试验数据的基础上，进行了计算分析，对余热曲线、非工作块和下部水的热容量在全厂断电事故下的作用有了明确认识，搞清了该堆的实际沸腾后备，不但为提高单管功率和反应堆总功率创造了条件，而且为减少一台主泵运行提供了可靠的技术依据，仅此一项每年可节电1000

万千瓦小时。1976年以来该堆成功地经受住了高功率下全厂断电事故的考验。反应堆三回路综合试验，搞清了循泵、冷却水塔、三回路阻力和改进型主热交换器的特性，并制定了合理的操作运行方式，既满足了提高功率运行的要求，又节省了循泵的用电量。

1987—1995年，马一担任秦山核电二期工程设计与技术服务总包院的设计总工程师。该工程是我国贯彻"以我为主，中外合作"方针，通过技术引进和技术咨询、自主设计的第一座商用核电站。他主持和领导核二院及分包院中国核动力院、华东电力设计院，共同完成了自主方案的总体设计、初步设计和初步安全分析报告，并获国家计委和国家核安全局审批通过，随后又主持和领导了部分施工图设计工作。上述工作为1996年6月浇灌第一灌混凝土创造了条件。1号机组和2号机组已分别于2002年4月和2004年5月投入商业运行。

奖项与荣誉

1.马一主持的"石墨水冷生产堆提高生产能力和经济效益的技术"开发项目获1987年国家科学技术进步奖二等奖。

2.1996年获国家建设部授予的"全国工程设计大师"称号。

3.1998年获"核工业总公司有突出贡献中青年专家"称号。

4.获部级科技奖多项。

马一出访法国巴黎，在凡尔赛宫

耿其瑞

耿其瑞Geng Qi Rui（1936年11月— ），生于江苏镇江，核反应堆工程专家，研究员级高级工程师。他长期从事与反应堆调试和运行相关的工作，对核动力装置、反应堆工程具有丰富的知识和实践经验。获"全国工程设计大师"称号。

耿其瑞，1958年秋至1962年春，在上海交通大学工程物理系反应堆工程专业学习期间曾担任预备教师，并任309教研组负责人。他作为突击队队长，领导研究试制40万伏高压倍加器获得成功，利用氘—氘反应产生中子束。因此出席上海市群英会，被上海团市委授予"五四青年突击队"称号。1962年大学毕业后，他被分配到原子能研究所101重水反应堆从事运行工作，任值班主任和操纵组副组长。之后，历任715所196室值班长；核工业部一院一所196室运行组长、室主任；核工业部一院一所副所长，一院第一、二届学术委员会委员；核工业部科技核电局核电处副处长；上海核电办公室副总工程师；上海核工程研究设计院副院长、院长、顾问，院科学技术与专家委员会主任、名誉主任。

主要成就与贡献

1. 耿其瑞是较早参与国家核潜艇研发的成员之一。他参与编制了国内第一套完整的核潜艇动力装置调试运行规程，包括一回路调试大纲、调试规程以及一回路和整个动力装置的正常运行规程和事故处理规程。1970年5月正式开始调试，耿其瑞时任196室值班主任和技术组长，他们完成了水压试验和冷热试验，完成了初次临界和满功率试验。其后，耿其瑞在主持196室工作期间，负责组织全室的生产和试验工作，至1978年底，完成了196从模式堆调试开始到全寿期综合运行考验。1980年，完成了196

反应堆开盖检查的全过程

为记录、积累、总结196调试运行宝贵经验,耿其瑞组织编写出版了《核动力装置运行十年》一书。他负责编写大纲,并负责全书的审定。

1979年下半年开始,耿其瑞作为一院一所负责人承担了196核潜艇陆上模式堆开盖卸料和09-1首艇反应堆开盖检修技术工作。这是我国第一次压水动力堆开盖卸料和开盖进行堆内构件的检修,在核动力运行史上具有重要意义。

2. 1988年耿其瑞奉命调任上海核工程设计院副院长,出任上海核工程设计院秦山核电站现场设计队队长,秦山核电站联合调试队副队长,承担起我国第一座自主设计核电站的调试任务,常年奋战在建设现场,至1991年12月,秦山核电站并网发电后,耿其瑞又担任了恰希玛核电站(当时我国最大的高科技成套出口项目)副总设计师。

奖项与荣誉

1. 1985年,"潜艇核动力反应堆开盖、卸料、检修工程技术"获国家科学技术进步奖一等奖(耿其瑞是领导小组成员,现场技术负责人)。

2. 1985年,"09工程"获国家科技进步奖特等奖(集体)。

3. 在参加核电站建设中,获奖多项。

4. 1991年,在秦山核电站建设社会主义劳动竞赛中荣立一等功。

5. 1994年被评为全国优秀勘察设计院院长,同年被评为核工业部劳动模范。

6. 2000年,被评为"中国工程设计大师"。

耿其瑞(右二)在秦山核电建设工地

六、全国劳动模范、全国先进工作者、全国"五一劳动奖章"等国家级荣誉称号获得者(以姓氏笔画为序)

全国劳动模范、全国先进工作(生产、科技工作)者、全国"五一劳动奖章"的评选活动由中华全国总工会主办。1950年首次评选全国劳动模范,1989年开始每五年评选一次;1985年开始评选全国"五一劳动奖章",每年一次。另外,1956年、1959年两次评选全国先进生产者;1960年评选全国先进工作者;1977年评选全国先进生产者;1978年评选全国先进科技工作者;1978年评选全国劳动模范和全国先进生产者;1989年评选全国劳动模范和全国先进工作者等。其中,全国先进生产者、全国先进工作者和全国先进科技工作者均与全国劳动模范荣誉称号同级同等。

他们中很多人参加过"两弹一艇"的研制。

(一)全国劳动模范

于敏(见前)、王大珩(见前)、王守武(见前)、王守觉(见前)、王明贤、邓稼先(见前)、刘齐昭、刘聚奎、李富学、何炳林(见前)、余根密、张同星、张荣祥、陆生财、赵宏、祝麟芳、唐孝威(见前)、谢庄应(见前)

(二)全国先进工作(生产、科技工作)者

王明健、王同亿、吕敏(见前)、李德平(见前)、沈杏初(见前)、沈励身、张怀庆、陈达(见前)、陈芳允(见前)、孟执中(见前)、胡思得(见前)、侯洵(见前)、黄旭华(见前)、黄纬禄(见前)、彭士禄(见前)、惠仲锡、程开甲(见前)、傅以备(见前)、童鼎昌

(三)"全国五一劳动奖章"获得者

于敏(见前)、于俊崇(见前)、王杲、王方定(见前)、邓稼先(见前)、阳名珠、孙承纬(见前)、汪德熙(见前)、张怀庆(见前)、范石坚、欧阳予(见前)、胡思得(见前)、祝麟芳(见前)、黄纬禄(见前)、董海山(见前)、童鼎昌(见前)

人物介绍:王明贤、刘齐昭、刘聚奎、李富学、余根密、张同星、张荣祥、陆生财、赵宏、祝麟芳;王明健、沈励身、张怀庆、惠仲锡、童鼎昌;王杲、阳名珠、范石坚

王明贤

王明贤 Wang Ming Xian（1940年10月—2007年12月），中国共产党党员。国营四〇四厂六分厂供电车间外线班班长。获全国劳动模范称号。

王明贤，1964年从部队转业后，到四〇四厂供电车间长期从事外线野外工作。

主要成就与贡献

外线班承担着四〇四厂供电线路的架设、检修和日常维护工作。由于供电线路大部分在野外戈壁滩上，所以外线班的工作环境十分艰苦。几十年当中，王明贤的奉献精神和表率作用在全厂党员中竖起了一面旗帜。成为班组中的多面手、技术上的强将、青年人的榜样。他被称赞为：光明的使者，燃烧了自己，照亮了别人；是四〇四厂供电的基石，为原子能事业的发展撑起了脊梁。

奖项与荣誉

1. 连续多年获甘肃省优秀共产党员、先进生产者、"双文明个人及好班长"称号。

2. 曾获甘肃省国防工业系统劳动模范称号。

3. 1988年获甘肃省劳动模范称号。

4. 1989年获全国劳动模范称号。

艰苦创业

刘齐昭

刘齐昭 Liu Qi Zhao (1938年3月—2004年2月),河南人。中国共产党党员,研究员级高级工程师。国营四〇四厂厂长。获全国劳动模范称号。

刘齐昭,1965年毕业于中国科学技术大学工程物理系,分配到二机部国营四〇四厂工作,历任分厂技术员、副科长、科长、车间主任、副总工程师、厂长,总厂党委副书记、厂长。曾任中国核学会核动力学会反应堆运行专业委员会副主任委员、国防科技工业企业管理联合会理事、中国经营管理研究会理事。

主要成就与贡献

他从事科研技术工作期间,参加并组织实施了我国第一座核反应堆(801工程)产氚方案的论证、试验和反应堆用水的制水工艺改造等科研项目,分获国防科工委科技进步奖三等奖和核工业部科技成果奖三等奖。1986年任厂长后,坚持军民结合、以核为主、多种经营、深化改革、转换机制,引进开发高新技术产品,参与市场竞争,逐步实现了减亏、节支、增盈的目标。企业多次受到国家、部、省的表彰。

奖项与荣誉

1.1986年获甘肃省国防科工办先进个人称号。

2.1988年获甘肃省劳动模范称号。

3.1989年获全国劳动模范称号。

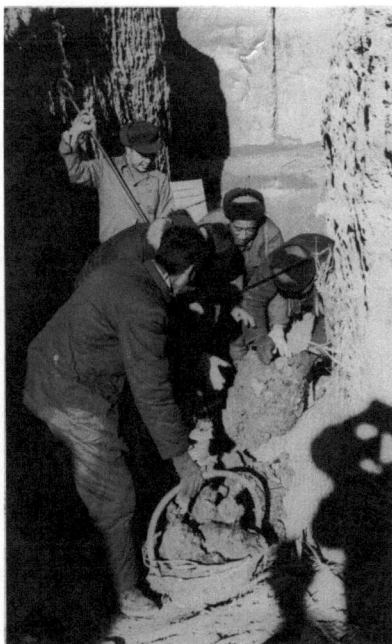

戈壁滩上挖地窝子

刘聚奎

刘聚奎 Liu Ju Kui,核动力专家。中国核动力研究设计院研究员级高级工程师。他是我国压水型反应堆结构方案论证和设计的少数人之一;他从事核动力装置的研究设计,为其开发应用奠定了技术基础。获全国劳动模范称号。

刘聚奎,1969年从北京只身来到"三线"地区——群山环绕的核工程建设工地。

主要成就与贡献

在压水型反应堆核燃料组件设计、初步设计、技术设计和施工设计过程中,刘聚奎是核燃料组件总体结构论证课题组负责人,也是研制燃料棒定位格架等重要部件的成员之一,他为成功解决燃料棒定位问题作出贡献。继压水型反应堆建成后,刘聚奎又承担起核动力装置的研究设计任务,但由于各种因素的制约,该项科研未能立项,项目组暂时解散。刘聚奎和其他一些技术人员转向核电开发的前期工作。他参加了秦山核电二期工程方案演练与总体方案设计工作,并在方案设计和初步设计中负责参数管理和初步安全分析报告及运行工况的编写与协调工作。刘聚奎第二次转到核动力装置研究设计上来,已经是1992年了。他作为老组员之一,被安排到总设计师的领导岗位上。上任之后,他积极组织技术人员完成多方案论证,确定了核反应堆结构布置的主攻方案,完成了蒸汽发生器和燃料组件的初步设计,并编写了多份总体设计文件,为核动力装置的开发应用奠定了技术基础。

奖项与荣誉

1.1998年获中国核工业总公司劳动模范称号。

2.2000年获全国劳动模范称号。

李富学

李富学 Li Fu Xue (1935年12月—)，中国共产党党员。西北核武器研制基地104车间雷管组组长，工程师。获全国劳动模范称号。

李富学，1956年7月中专毕业。1959年调入二机部北京九所工作，从事特殊雷管的研制和批量生产。后赴西北核武器研制基地，参加"草原大会战"。

主要成就与贡献

在他的领导下完成了雷管可靠性试验、延寿试验、金属零件锈蚀对电性能的影响试验、模拟静电引爆试验等科研工作。他编写了雷管生产技术条件、检测方法、装配工艺、说明书等技术资料。他多年来技术上刻苦钻研、大胆创新，工作中任劳任怨、吃苦在前，危险性大的工作他总是主动去干。

1960年，在北京九所二室，李富学和其他3人接受了微秒级雷管研制任务。他们在完成几个型号产品初步设计后，由于试验和检试条件限制，需要到西安兵器工业部八〇四厂搞协作。在协作中，经过近万次的试验，最终确定了产品结构外形、材质及装药量等数据。王淦昌和二室领导来到西安看望他们，充分肯定了他们的研制思路和方法。他们研制的特殊雷管要运到北京17号工地进行爆轰试验。对产品软包装后，为防止产品在火车厢里颠簸和冲击，李富学和警卫战士一路轮流坐在产品箱上。到达目的地后，他的双腿已麻木得失去知觉。微秒级电雷管爆轰试验取得了满意效果。产品成功应用于我国第一颗原子弹和第一颗氢弹的试验。

奖项与荣誉

1.1980年，"微秒级电雷管"产品质量获国家金质奖。因李富学在研究和设计中的突出贡献，获协作厂设计一等奖。

2."模拟静电引爆雷管试验"总结报告获青海省科技奖四等奖。

3.以李富学为主研究设计的隔爆装置,获1988年核工业部科技进步奖三等奖。

4.1989年获青海省劳动模范称号和全国劳动模范称号。

中国第一个核武器研制基地
纪念碑

纪念碑碑文:

中国第一颗原子弹在这里诞生,中国第一颗氢弹在这里研制成功。一九六四年十月十六日,中国首次核试验爆炸成功,它向全世界宣告:站起来的中华民族终于有了自己的原子弹。为打破核垄断、维护世界和平做出了历史性的重大贡献。

一九五八年,在以毛泽东主席和周恩来总理为首的老一辈无产阶级革命家的决策和领导下,独立自主,自力更生,创建我国第一个核武器研制、试验和生产基地——二二一厂。三十多年来,广大科技工作者、工人、干部、牧工、家属和人民解放军、警卫部队指战员,在党中央、国务院、中央军委、中央专委的统帅和指挥下,在全国和青海各族人民的大力协同下,在这块一千一百七十平方公里的神秘禁区内,艰苦创业,无私奉献,团结拼搏,勇攀高峰,攻克了原子弹、氢弹的尖端科学技术难关,成功地进行了十六次核试验,实现了武器化过程,生产出多种型号战略核武器装备部队,壮了国威、壮了军威。这一壮丽事业是几代人连续奋斗的结晶,多少人为之贡献了青春年华,有的献出了宝贵生命,党和人民不会忘记,共和国不会忘记。

雄关漫道真如铁,而今迈步从头越。遵照党中央、国务院的战略决策,二二一厂已经完成了它的历史使命,万名职工和他们的家属,带着核事业的优良传统和草原人的创业精神,告别核基地,奔赴新岗位为我国社会主义建设,谱写更新更美的篇章。

为中国核武器建立了历史功勋的人们,功载千秋!

中国核工业总公司二二一厂建立

一九九二年九月一日

余根密

余根密 Yu Gen Mi (1940年12月—)，中国共产党党员，核工业华东地勘局二六四大队安装队长。获全国劳动模范称号。

余根密，1964年从部队转业后，长期战斗在地质第一线，曾任爆破工、钻探工、钻机机长。

主要成就与贡献

他在平凡的工作中作出突出贡献。1976年，在一次处理钻机事故中，他的右小腿骨折，他用"工伤不是铁饭碗，能走就要上一线"的话谢绝照顾，坚持在生产第一线，以顽强的毅力战胜伤痛，干着繁重的体力工作。他以自己的模范行动影响和带动周围的人们。

奖项与荣誉

1. 他所在的队年年出色完成生产任务，连续七年被评为地勘局先进集体（截至1989年）。

2. 多次获先进生产者、优秀共产党员称号。

3. 先后获华东地勘局"身残志坚的硬骨头"标兵、劳动模范等称号。

4. 1985年获核工业部劳动模范称号。

5. 1989年获全国劳动模范、能源部特等劳动模范称号。

张同星

张同星 Zhang Tong Xing（1933年—1983年4月），江苏泰兴人。高级工程师。他为研制、生产我国第一颗原子弹的核部件作出重要贡献。获全国劳动模范称号。

主要成就与贡献

张同星，1956年毕业于浙江大学冶金铸造专业，历任二机部酒泉联合原子能企业核燃料分厂核部件研制技术员、分厂副厂长兼总工程师。

我国的核部件的研制工作是1961年春天开始的。核部件铸造中出现了"气泡"问题，作为核部件加工厂的技术员、组长张同星是主攻手。在祝麟芳主张的简法生产车间建成后，核部件的研制进入攻坚时刻。在二机部核燃料局冶金专家张沛霖总工程师和总厂总工程师姜圣阶的指导下，张同星和生产技术车间副主任祝麟芳等日夜奋战，在100多次的反复试验中，产生"气泡"的隐患终于在大量试验数据资料编织成的密网中显露了出来，使问题得到了解决。

奖项与荣誉

1979年，张同星获全国劳动模范称号。当时被人们誉为活着的"罗健夫"。《工人日报》曾以《活着的罗健夫》报道了他的先进事迹。核工业部在核工业系统领导干部及职工群众中开展了向张同星学习的活动。

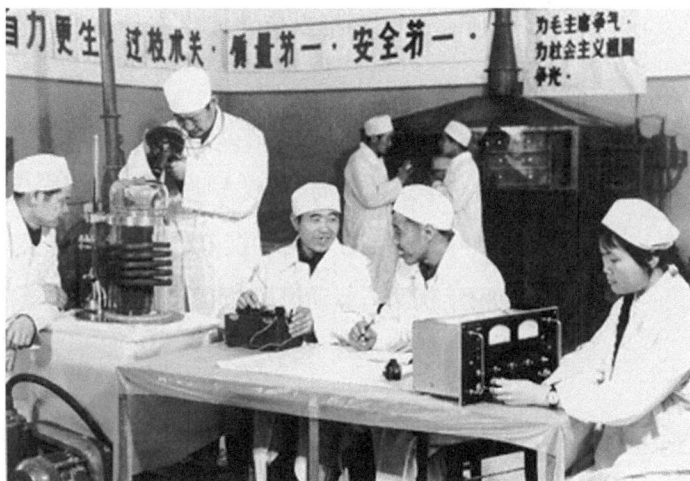

全国劳动模范张同星团队攻关铸件气泡难题

张荣祥

张荣祥 Zhang Rong Xiang,江苏无锡人。1947年进无锡益金昌木模工厂当学徒。新中国成立后,曾为无锡机床厂工人。1954年加入中国共产党。1957年调入三〇九铀矿地质勘察队(二六一大队前身)。获全国劳动模范称号。

主要成就与贡献

张荣祥,曾加班加点赶制加工一种六方螺帽,它在找矿中是紧俏货。苏联撕毁协议停援后,钻探用的进口钢砂用完了,张荣祥勇敢地担当起炼制钢砂的任务。在炉火熊熊高温下,他带领几个工人昼夜奋战,先后炼出了650多吨钢砂,保证了钻探生产的正常运行。1974年,为了提高钻杆的使用寿命,他靠自学并查阅有关资料,绘制出淬火流程工艺图,遂建起了加工钻杆生产线。通过淬火的钻杆达到了预期的使用寿命。这为大队节省了大量资金。张荣祥历任班长、车间主任、大队工程师、副大队长。

奖项与荣誉

1979年9月28日,国务院表彰工业交通、基本建设战线全国先进企业和全国劳动模范大会在北京人民大会堂举行。获全国劳动模范称号的共222人,二机部张同星和张荣祥一起获全国劳动模范称号。之后,在核工业系统掀起了学习张同星、张荣祥的热潮。

地质勘探队员野外考察

363

陆生财

陆生财 Lu Sheng Cai (1945年—)。酒泉原子能联合企业工人,高级工人技师。他参加了特种材料的研制、生产,为我国国防事业作出重要贡献。获全国劳动模范称号。

主要成就与贡献

陆生财,1965年,年仅20岁的他,从锅炉岗位的一名工人被调到工艺设计实验室,参加一项军品研制任务。1967年,他作为创建我国第一条特种材料生产线的先遣队员,参与了攻关大会战,并成为一个课题的负责人。经他直接参与的《特种材料提取新工艺设计、安装和调试》项目获得成功,拿出了合格的轻材料,填补了国家空白,为我国国防事业作出重要贡献。之后,陆生财在这条生产线的技术改造及相关的民品开发中挑起了大梁。他多次出色完成关键操作任务和上级交给的特殊任务;他所在的车间曾经承担10批难度很大的产品加工任务,由他担任主操作,合成质量一次成功,产品合格率在99%以上。20世纪70年代以来,他一直在生产一线关键岗位当班长,除组织正常生产外,还承担并完成了6项科研项目。1991年,经考核,他被核工业总公司首批聘任为高级工人技师。

奖项与荣誉

1.《特种材料提取新工艺设计、安装和调试》项目,获国家科技进步奖三等奖。陆生财是课题组负责人。

2.20世纪70年代以后的科研项目中,有4项获得部科技进步奖一、二、三等奖,2项获四〇四厂科研成果奖二等奖。

3.4次获优秀共产党员称号、19次获"先进生产者""双文明个人""工人明星"等称号。1995年,获核工业总公司劳动模范称号和全国劳动模范称号。

赵 宏

赵宏 Zhao Hong（1933年6月一），原籍河北玉田，生于北京。1951年参加革命工作，1952年加入中国共产党。1959年调二机部，长期从事核工业建设。获全国劳动模范称号。

主要成就与贡献

赵宏，1960年到甘肃戈壁滩参加酒泉联合企业的建设，他所在的一〇三安装公司先后承担并完成了多个重点工程的安装任务。赵宏曾任工程处主任，至1970年。在戈壁滩奋战了10年，生产堆工程于1966年底建成投入运行。后处理厂于1970年9月建成。至此，我国全面建成了完整的核燃料循环体系。

1970年后，赵宏又赴三线地区，参加八二一厂工程的建设，任二十三安装公司五处主任，至1974年八二一厂工程建成。

1982年，赵宏任核工业部副部长，分管核工业基本建设。秦山核电站一期工程于1985年开工，我国核电事业起步，1991年底建成并网发电。赵宏从1987—1993年，兼任秦山核电公司总经理。他直接组织领导了我国第一座核电站的建设。

奖项与荣誉

1996年获全国劳动模范称号。

赵宏（左）向宋任穷介绍秦山核电工地情况

祝麟芳

祝麟芳 Zhu Lin Fang ,四川自贡人。酒泉联合原子能企业高级工程师。他为研制、生产第一颗原子弹的核部件作出贡献。获全国劳动模范称号。

祝麟芳,1950年毕业于自贡工业专科学校,历任西南第二一四技工学校教员,重庆红旗机械厂技术科科长,二机部酒泉原子能联合企业副厂长、厂长、厂科技委主任。

主要成就与贡献

我国的核部件的研制工作是1961年春天开始的。当时,核部件加工车间的专用设备不配套,建设周期较长,为了加快制造浓缩铀部件,任车间副主任的祝麟芳主张第一个部件可用简法试制,从实验室式的厂房里搞出来。他的简法生产方案得到总厂和二机部领导的批准和支持。经过设计、施工、安装部门的协同奋战,用10个月的时间把简法生产车间抢建起来,把核部件的研制、加工进入实地攻关战。祝麟芳他们遇到的第二个问题,是核部件铸造中出现的"气泡"问题,它直接影响第一颗原子弹能不能打响。在部燃料局冶金专家张沛霖和总厂姜圣阶总工程师的指导下,祝麟芳和核部件加工厂的张同星等,经过100多次的反复试验,产生"气泡"的隐患终于在大量试验数据资料编织成的密网中显露了出来,使问题得到了解决。

奖项与荣誉

1.1985年4月获"全国五一劳动奖章"。

2.1985年11月获全国劳动模范称号。

王明健

王明健 Wang Ming Jian（1934年6月— ），湖北襄樊漳南县人。高级工程师,全国先进生产者。他发明了从铀矿石中提取重铀酸铵的方法,为当时制取急需的二氧化铀提供了原料,为实现第一颗原子弹成功爆炸作出重要贡献。获全国先进生产者称号。

主要成就与贡献

王明健,1955年毕业于中南矿冶学院。1957年3月—1958年6月在北京专家组学习;1958年6月—1961年5月在北京第三研究所二室任党支部书记;1961年5月—1964年4月在北京第五研究所任萃取组组长,期间发明了"简易炼铀法""受控萃取法"以及中性有机化合物对阴离子萃取剂协同效应等。1964年4月—1995年5月在核工业七四一矿、00251部队等单位工作。王明健为我国核工业的发展奋斗了近40年。

在我国原子能工业初创时期,没有正规的铀矿和处理铀矿石的工厂。为制造第一颗原子弹急需两吨二氧化铀做原料,要制取二氧化铀就要先拿出重铀酸铵(黄饼),这就是王明健等当时的任务。二机部决定在广东翁源下庄(当时检测出有铀矿)建立三〇九大队11分队水冶厂,任命王明健为技术负责人,并要求半年内建厂并拿出制取二氧化铀的原料重铀酸铵。王明健夜以继日地研究试验,他根据当地条件,自制了一套炼铀的工艺流程:第一先要弄成富矿,第二把富矿破碎,再用硫酸去浸泡它,最后用氨水中和就能得到比较纯的产品。按照王明健的设计,1958年8月下庄水冶厂正式投产,终于在半年后完成了二机部领导交办的任务。又经过两年半的苦战,下庄水冶厂生产了71.3吨重铀酸铵,占当时全国土法炼铀总量的67%。八一电影制片厂制作的纪录片《土法炼铀的一面旗帜》,解密了当年炼铀的历程。

奖项与荣誉

1.1959年10月,出席全国群英会并被中共中央、国务院授予全国先进生产者称号。

2.1977年11月,出席了全国基建工程兵会议并被授予基建工程兵先进生产者称号。

3.2008年,参加中核集团铀矿冶创建五十周年纪念活动并被授予"献身国防科技事业"勋章。

创业时期的土法炼铀现场

沈励身

沈励身 Shen Li Shen（1933年3月—2007年12月）。研究员级高级工程师。核工业第二研究设计院副总工程师。获全国先进工作者称号。

沈励身，我国核工业第一次创业和第二次创业的实践者。"核军工、电力设计"，终生为此两件大事奋斗。

主要成就与贡献

1958—1983年，他参与了多项核工程项目的设计，曾连续8个年头深入工程现场。他先后参加了军用反应堆工程回路和辅助回路工艺流程及厂房布置设计，1055清洗厂房的施工设计和专用设备设计工作，为我国第一座大型生产堆的建设作出贡献。其中，他主管设计的反应堆工程主泵出口增设旁通阀，用于调节流量，使反应堆冷却水量不受电网周波变化的影响，保持恒定流量，保证了反应堆安全生产。此项成果先后获全国科学大会奖和国家优秀设计奖；反应堆余热发电工程的设计获国防科委集体奖；热交换器设计获国防科委三等奖。在开发火力发电厂、热电厂的工程设计中，他也取得了显著的成绩。

奖项与荣誉

1. 多次获院先进工作者称号。

2. 1985年获核工业部优秀共产党员称号。

3. 1989年获全国先进生产者称号。

张怀庆

张怀庆 Zhang Huai Qing (1933年1月—1992年)。中国共产党党员，高级工程师。中国原子能科学研究院放化所301室仪表组组长。获全国先进工作者称号。

张怀庆，1960年毕业于清华大学自动控制系，分配到原子能研究所（原子能院前身）从事仪表检修工作。坚守本岗位30余年。

主要成就与贡献

由于当时条件简陋，张怀庆带头将一间阁楼收拾出来作为"实验室"。在这种条件下，张怀庆坚持到生产中找课题，立题研究，取得了多项富有实际应用价值的科研成果。他和杨禄、励振华3人先后完成了13项科研成果，其中7项获奖、2项获专利。从20世纪80年代初，他们研制成功一种新型节电电磁阀，比老式电磁阀节电85%以上。此成果获1986年第35届布鲁塞尔·尤里卡世界发明博览会金质奖，为祖国争得了荣誉，填补了国内外新型电磁阀的空白。他们研制成功的"无触点自动脱接式电动调节阀""自控与报警液面计""三防报警器""双液位自动控制装置""电视与照明备用电源"等项成果，都具有较大的实际应用价值。

奖项与荣誉

1.1986年获中国原子能科学研究院劳动模范称号。

2.1987年获首都"五一劳动奖章"和全国"五一劳动奖章"。

3.1988年获核工业部劳动模范称号。

4.1989年获全国先进工作者称号。

惠仲锡

惠仲锡 Hui Zhong Xi,他到北京九所后,任设计部五室主任,是搞引爆装置和控制的。获全国先进科技工作者称号。

主要成就与贡献

作为部门领衔者,惠仲锡参加了在二二一厂进行的冷试验。之后,赴新疆国家核试验基地,在第九作业队中任631作业(控制)分队队长,也是引爆控制系统组的组长。根据对引爆控制系统的电气性能及测试使用要求,确定以安全、可靠和准确作为设计的指导思想。早在1960年,引爆控制系统初步方案确定之后,核武器研究所就开展了各部件、组件的研制。惠仲锡、祝国梁等人,研制成功了能配合爆轰试验使用的电起爆装置。这在核装置中被看做是核心的、机密的技术,是不公开的,也没有任何资料。当时,惠仲锡任组长抓总,还主管起爆装置测试仪器的研制工作。祝国梁等人负责起爆装置的主体部分的研制工作。1962年底,惠仲锡调到了系统组。所以,到了第九作业队,他任控制分队(631)队长。他带领高深和韩云梯在720主控制站工作,塔下塔上的引爆系统是惠仲锡负责的。三人在主控制站,惠仲锡、高深两人监视两块加高压仪表,一人看一个,韩云梯在主控制台上负责按起爆按钮操作。惠仲锡同时负责操作一个"刹车"按钮,万一试验中出了什么问题,就"刹车"。当然,爆炸成功,此按钮未用。

奖项与荣誉

1.720主控制站荣立集体一等功。

2.惠仲锡、祝国梁等人研制成功的电起爆装置获1978年全国科学大会奖一等奖。

3.1978年全国科学大会上获全国先进科技工作者称号。

童鼎昌

童鼎昌Tong Ding Chang（1929年6月— ），安徽肥东县人。中国共产党党员，研究员级高级工程师。上海核工程研究院副总工程师。获全国先进工作者称号。

童鼎昌，1953年毕业于天津大学机械系，最早在哈尔滨军事工程学院任教。

主要成就与贡献

1958—1966年，童鼎昌在哈尔滨军事工程学院参加了我国第一艘核潜艇反应堆的设计和试验。以他为主设计的"无芯杆式花瓣轴型可折、连接结构"，1984年获国家发明奖三等奖。

1967年，童鼎昌调到上海，先后在上海原子核研究所、上海核工程研究设计院等单位长期从事核反应堆工程教学、科研、设计工作。1990年，童鼎昌任七二八院核电站反应堆结构设计室主任兼主任工程师，主持设计秦山核电站。他做了大量卓有成效的工作，如：秦山核电站一共有四道安全保护的屏障，其中一道是反应堆压力容器及封闭的回路系统，童鼎昌如期成功地完成了反应堆压力容器的设计图纸和技术资料。1978年5月，核电站控制棒落棒试验，童鼎昌和他的同事们，经过90多次反复试验终获成功。

奖项与荣誉

1.1985年、1986年获院先进工作者称号；1986年获院优秀共产党员称号。

2.1987年获"全国五一劳动奖章"和核工业部劳动模范称号。

3.1988年获上海市劳动模范和全国优秀科技工作者称号。

4.1989年获全国先进工作者称号。

王 杲

王杲 Wang Gao（1938年— ）。研究员级高级工程师，核工业理化工程研究院大型专用设备研制学术带头人。"全国五一劳动奖章"获得者。

王杲，1959年大学毕业后，投身于原子能工业的科研事业中。

主要成就与贡献

"两弹"的研制，王杲是新型专用设备研制的见证者和亲历者。1962年初，由于当时的国际国内形势，必须自主研发用于关键技术的大型专用设备。当时王杲负责大型专用设备核心部件的设计工作。他和设计人员克服重重困难，先后完成了4种机型核心部件的设计工作。其中，王杲在方案选择、关键技术、材料选择方面做了深入的分析和研究，完成主要设计图样和资料40多套，使设备在可靠性、工艺性和经济性方面有了较大的提升。此项成果获1978年全国科学大会奖，国防科工委重大科技进步奖，其核心部件的多项成果获得一等奖。1982年2月开始，王杲先后任专用设备研究室副主任、主任。1985年是专用设备研制转型的一年，王杲作为学术带头人，开始了学术领域的二次创业。

奖项与荣誉

1987年，获"全国五一劳动奖章"。

1990年12月，王杲参加"七五"项目攻关验收

阳名珠

阳名珠 Yang Ming Zhu，数学家。中国原子能科学研究院研究员。他在泛函数分析和迁移理论领域里做研究50余年。"全国五一劳动奖章"获得者。

阳名珠，1956年毕业于武汉大学数学系，先后在中国科学院数学研究所和中国原子能科学研究院从事泛函数分析和迁移理论研究。

主要成就与贡献

迁移理论是研究在大块物质(介质)中，由于特定基本粒子运动所产生的微观效应综合所致的某种宏观迁移现象规律的一种理论。它是一种跨众多学科的边缘性基础和应用科学，在现代高科技领域中有着十分重要的价值。例如：如何控制核反应堆的能量释放以保证其安全性，其数学研究被誉为核反应堆工程中最"美妙"的数学难题。阳名珠调到原子能院后，继续邀请中科院数学所的朱广田携手攻关，经过七年的艰苦努力，他们率先解决了包括"占优本征值问题"在内的6个有关"构造性理论"的重大课题。1976年，阳名珠和朱广田发表的有关迁移理论数学研究的文章轰动了国际学术界。1978年，阳名珠被美国数学学会聘为美国《数学评论》杂志的评论员；1980年，被国际著名学术刊物《迁移理论与统计物理》聘为编委。1981年和1989年，他先后两次被特邀到国际迁移理论大会上作报告，成为唯一受此殊荣的亚洲人。1995年，阳名珠作为大会主席在北京成功主持了第十四届国际迁移理论大会，从此奠定了中国在迁移理论研究领域的重要地位。

在事业上，阳名珠的妻子顾秀莲(前全国妇联主席)给了他很大的帮助。

奖项与荣誉

1990年，获"全国五一劳动奖章"。

范石坚

范石坚 Fan Shi Jian，湖南湘潭人。核工业二七二厂钳工技师。"全国五一劳动奖章"获得者。

范石坚，20世纪50年代末，他还是湘潭市一家机电企业的学徒工时，就很快掌握了钳工维修技术，并成功地进行了几项技术革新和改进工作，于1962年获湘潭市"先进工作者"称号。1963年，范石坚作为技术骨干调到二机部二七二厂，支持原子能工业的创建和发展。

主要成就与贡献

他从事设备维修工作，其才能和潜力得到充分发挥。有一次，空压机房主产品生产突然出现了设备故障，空压机机身发生剧烈震动，顷刻，附近房屋的门窗玻璃都被震碎了。被请来的检修工捣鼓半天查不出原因。范石坚到来后，他拆开机器，很快查出了问题的症结，排除了故障，并采取了改进措施，使设备正常运行。范石坚在生产一线奋斗几十年，取得突出业绩。仅1988—1990年三年间，他就完成了50多个技术革新和设备改造项目，创造经济价值70余万元；其中一项获国家发明专利，一项获湖南省合理化建议三等奖。

奖项与荣誉

1991年，获"全国五一劳动奖章"。

二七二厂老办公楼

七、其他有重要贡献者(以姓氏笔画为序)

　　应编入者众多,甚以千计。因在"秘密历程"中,后来又少有提及,往事如烟,或许已埋没在历史的尘埃里。编著者将所知和搜集到的部分人和事简述于此,有些还会在下卷中追述。

　　力一、丁浩然、王传英、王菁珩、王德文、方正知、任雨吉、刘允斌、刘兴忠、刘芳言、刘国明、安纯祥、孙世荃、孙亚今、忻贤杰、杜乐天、芦荣光、李延林、李寿栒、李建华、李维音、连培生、吴世英、何东昌、闵耀中、汪华、张文青、张天保、陆祖荫、陈国珍、林传骝、罗文宗、金星南、郑庆云、秦元勋、顾震潮、原公甫、钱晋、倪源兴、郭景儒、高潮、黄世明、黄齐陶、龚祖同、疏松桂、韩云梯、蒋云清、蒋兴泉、谢家祺、虞福春、蔡抱真、滕藤、薛凡民、籍孝宏(54人)。

核工业创业者奔赴草原、戈壁

力 一

力一 Li Yi（1913—1986年），福建永福（今永泰）人。电讯工程及加速器工程专家。他对我国加速器事业有重要贡献，为"两弹"的研制创造了条件。

力一，1935年毕业于北平大学工学院电机系。1940—1942年在延安任陕甘宁边区自然科学研究会驻会干事。1942—1949年先后在陕甘宁边区及山东解放区通讯兵部队任工程师、实验室主任、电信工厂厂长。他筹建了华东新华广播电台。新中国成立后，历任上海电信局、北京电信局副局长，原子能研究所副所长兼中国第一台回旋加速器总工程师，中国科学院高能物理研究所副所长。1980年成立中国加速器学会时，由于他对中国加速器事业的贡献，被推选为首任理事长。他也是核电子学与核探测器学会第一届理事长。

主要成就与贡献

1955年，中苏两国政府签订协议，从苏联引进一座功率为7000千瓦的重水反应堆和一台磁极直径为1.2米的回旋加速器，简称"一堆一器"。随后经国务院批准成立了负责建设包括"一堆一器"新实验基地的建筑技术局。力一被选调到该局任副局长。

1955年秋，钱三强选调反应堆、加速器和核物理方面的36位科技人员赴苏联考察学习。其中，力一任回旋加速器实习组组长，成员有王传英、顾润观、申青鹤、黄兆德、谢羲、吴铁龙。他们先后在莫斯科热工物理研究所回旋加速器上和基辅乌克兰科学院物理研究所新建的回旋加速器上实习，历时近一年。

为了独立自主地发展中国的加速器事业，1959年，力一率方守贤、汪达基等8名科技人员再次赴苏联，在杜布纳联合原子核研究所有关专家指导下，自行设计了一台420兆电子伏的中能加速器。后因国内经济进入暂时困难时期和原子能所军工任务过重而被推迟建设。

20世纪60年代初,在兰州近代物理所兴建的直径为1.5米的回旋加速器因苏联撤走专家,建造工作遇到了困难。此时,由力一负责从原子能所选派有经验的工程技术人员去兰州帮助安装、调试和运行,直到1963年完全建成。中国仿制的直径为1.2米的第一台回旋加速器建在上海原子能所,力一又从原子能所选派有经验的人员去上海协助调试成功,并培训了运行人员。

1975年,原子能所包括力一在内又一批科技人员充实到中国科学院高能物理研究所,力一任副所长。他不仅参加了高能加速器的论证,而且分管加速器新技术和新原理的研究以及加速器辐射防护与剂量测量监测工作。直到1983年离休。

唐孝威在《参加我国第一颗原子弹研制和试验的回忆》文章中称:"当时交给我的第一项任务,是要在炸药爆炸条件下测量单次脉冲中子束,我们实验组需要做两方面的工作,一是到原子能研究所做中子实验,二是到17号工地做爆轰试验。二机部原子能所有回旋加速器,可产生中子,并可在有中子束的实验室进行研究,1960年上半年我和组里徐海珊、杨时礼、陈涵德一起到原子能所,在回旋加速器上开展中子实验。我们通过反复实验,制成了多种测量脉冲中子束的测量器,到1961年基本上掌握了定量测量脉冲中子束的技术。从1962年初开始,我们实验组分成两摊;一摊继续在原子能所做实验和准备探测仪器,另一摊到17号工地参加小型爆轰试验。"唐孝威的这段回忆文章,具体说明原子能所回旋加速器为"两弹"研制所创造的条件,而力一对"一堆一器"的建设是作出重要贡献的。

1993年,四位科学家80大寿,力一(左二)、吴征铠(左一)、李毅(左三)、汪德熙(左四)

丁浩然

丁浩然 Ding Hao Ran (1925年9月—)，湖南桃江人，1925年9月生，地质专家。他为我国核试验场的建设和核试验有重要贡献。

丁浩然，1950年毕业于浙江大学地理系。1950—1952年在哈尔滨工业大学俄语及地质研究班学习，1957—1958年在长春地质学院地质研究班毕业。1952—1964年任职于长春地质学院。期间，参与创办长春地质学院海洋地质专业，任海洋地质教研室主任，讲授海洋地质学。20世纪60年代中期，他被选调到我国核试验基地，承担起核试验中的重要任务。20余年，他几乎经历了地下核试验的全过程。

主要成就与贡献

1.主持组建核试验基地研究室。地质研究室是为地下核试验提供地质保障的。丁浩然与周象乾分别任正副室主任(之后又增加了孟广魁、高才生两位副主任)。作为技术负责人，丁浩然主持选定了我国竖井与平洞核试验场，并完成场区地质勘查和多处试验井位、洞位选定任务，为我国地下核试验的进行，提供了有效的地质保障。丁浩然调任技术部总工程师、研究员。

2.核试验暂停后，丁浩然及时组织总结地下核试验地质研究与技术成果。20世纪70年代末，他主持总结了竖井场区的已有地质资料，编写成《场区地质志》(合作者褚玉成、董立久)。90年代后期，用数年时间总结写成《地下核试验地质》(合作者褚玉成、毛松林、倪惠云、周府生、王飚)。

奖项与荣誉

1.主编了《地下核试验场区地质志》. 获得国家和委级科技进步二等奖1项、二等奖2项。

2.执行多次核试验任务，立二等功和三等功各1次。

王传英

王传英 Wang Chuan Ying (1928 年 8 月—)，江苏苏州人。加速器专家。他对我国加速器事业有重要贡献，为"两弹"研制创造了条件。

王传英，1950 年 8 月毕业于清华大学电机系。毕业后到中国科学院数学所、中国近代物理所从事电子计算机研究工作。1955 年秋，钱三强选调反应堆、加速器和核物理方面的 36 位科技人员赴苏联考察学习。其中力一任回旋加速器实习组组长，成员有王传英、顾润冠、申青鹤、黄兆德、谢羲、吴铁龙。王传英在热工实验室（现名理论与实验研究所）实习回旋加速器，历时近一年。回国后，到中国科学院物理研究所（1958年 7 月更名为原子能研究所）工作，历任回旋加速器室主任，加速器部主任，副所长、常务副所长。1982 年 5 月，调任核工业部核电局局长。1987 年 5 月，任中国常驻国际原子能机构代表团团长、公使参赞。1990 年 8 月—1999 年 5 月，任中国核工业总公司科技委副主任。曾任中国粒子加速器学会副理事长，中国核学会秘书长。

主要成就与贡献

1956 年 8 月—1982 年 5 月，王传英任原子能研究所回旋加速器室主任，加速器部主任，副所长、常务副所长期间，组织领导创建粒子加速器，它是从事核科研的主要装置。

1.负责极面 1.2 直径回旋加速器的安装、调试、运行并配合做物理实验工作。

2.苏联毁约时，原计划中的 2.5 百万电子伏质子静电加速器土建还未完成，部分设备也未到，专家也没有派来。王传英他们自力更生，于 1963 年建成这台加速器。王传英与林兴炎一起全面负责该项工程（林兴炎是 1959 年 10 月原子能所出席全国群英会

的代表之一）

3.原子能所回旋加速器室负责协助上海原子核研究所建设极面1.2米回旋加速器，王传英组织领导，谢羲常驻上海原子核研究所指导工作。

4.原子能所回旋加速器室负责协助兰州近代物理所极面1.5米回旋加速器的安装、调试与运行，王传英组织领导，汪达基、吴铁龙常驻兰州近代物理所指导工作。

5.负责串列静电加速器引进的选型与建设，如：1978年8月签约引进美国高压工程公司HI-B型串列静电加速器。

1975年，法国原子能代表团参观原子能院，后排右四为王传英。

（前左二连培生、右五姜圣阶、右三段存华，后右二杨敏章、左二朱家骅）

王菁珩

王菁珩 Wang Jing Heng（1937年11月—），湖南常德市津市人。研究员级高级工程师。参加了我国第一颗原子弹装置中关键部件之一——聚焦元件的研制以及铀-238部件的精加工和内组件装配。在第一颗氢弹大型铀异形旋转件的研制中，设计了单边、横向、机械靠模仿形系统，保证了国家核试验的按期爆炸成功。

主要成就与贡献

王菁珩，1960年毕业于北京航空学院发动机系，分配到北京第九研究所（核武器研制所）工作。1961年1月，前往青海二二一基地（中国工程物理研究院的老家，后来的二二一厂）。1962年下半年，参加了原子弹装置中关键部件——聚焦元件的研制。聚焦元件由A零件和B组件组成。王菁珩负责B异型组件的研制。侯国义工程师给予技术上的指导。一同构思确立了一种工艺方案。设计了20多项工艺装备，在实施中，又做了重要改进。B异型组件组装后，在专用设备未到货的情况下，设计了专用型面加工和检验工装，保证了组装后的加工质量。1963年6月，聚焦元件的研制取得技术上的突破。它是二二一基地研制成功的第一个核武器关键部件。八一电影制片厂摄制了聚焦元件加工过程，作为向中央汇报原子弹研制的资料片内容之一。

1963年初，王菁珩调到102车间筹备组，以北京第九研究所四室为基础，组建了第一生产部102车间。它是二二一基地唯一特殊材料研制和生产单位。车间承担了我国第一颗原子弹装置（采用投篮结构），从中心到惰性层，特殊材料的研制和装配。王菁珩跟班作业，参加了铀多个部件的工艺研究和内组件的装配。在高原（3200米）缺氧1/3，强力通排风震耳的噪声，强力润滑冷却的条件下，多台大型机床上（一个机组3名工人）上下吊装、找正、测量，加工沉重的铀薄壳零件，保证加工精度、安全十分困难。

他和工人师傅实施了一项技术措施,控制了薄壳零件变形,加工出合格的产品,保证了国家试验成功。其后,车间承担了我国第一颗氢弹,热核材料的成形、加工、涂层和质谱、理化、探伤、物理性能的分析,中子源研制和铀部件加工和搬机内组件及被搬机的装配。王菁珩在铀的大型异形旋转件的试制中,在专用机床横向行程不够、时间紧迫情况下,设计了单边、横向、机械靠模仿形系统,应用于生产,保证了国家试验的需要。其后,又设计了横向液压仿形系统,成功用于科研和批生产。在科学家朱光亚的提议下,引进数控技术。与机床厂合作,研制出大型横向数控机床,成功应用于批生产。产品质量明显提高,工人劳动防护条件大大改善。是大型铀异形旋转件工艺研究的开拓者之一。其后,又参加了热核材料部件的加工,氢弹搬机内组件和被搬机的装配。

1984年担任厂长,实行厂长负责制。推行质量目标精细化管理,将关键部件的质量指标层层分解,最后实现了核武器装置和系统的全面优质交付。

王菁珩历任102车间副主任、主任,分厂副厂长,总厂副厂长、厂长(1984年),其后兼任青海省人民政府矿区办事处主任。1993年5月调回北京,任中国核工业总公司计划与经营开发局副局长(正局级)兼二六一厂厂长。

奖项与荣誉

获核工业部"有突出贡献的中青年专家"称号。

获国家科技进步二等奖、国防科委、部科技进步奖二、三等奖共7项。

生产第一颗原子弹原料的老厂房

王德文

王德文 Wang De Wen（1937年— ）。军事医学科学院放射与辐射医学研究所一级研究员，著名防护医学家，我国军事病理学主要开拓者之一，。他是从1964年我国第一颗原子弹爆炸起至今，唯一全程参加核试验生物效应研究的医学专家。

主要成就与贡献

王德文，1962年毕业于北京医学院，分配到军事医学科学院工作。为国家核试验之需，军事医学科学院奉命组建生物效应研究分队。1964年4月30日，王德文受命参加研究分队。在我国停止核试验之前的32年里，他28次赴戈壁、进大漠、闯爆心。在核试验中，他担任病理分队队长。在世界上，他首次发现核爆炸对人体的伤害不是传统的观点4种而是6种，对核武器防护产生重大影响。王德文带领团队，还首次发现和提出核爆炸光辐射所致特殊部位烧伤规律和特点；提出地下核爆震动伤不属于冲、烧、放伤的种类，并首先阐明其致伤范围、量效关系、临床病理特点和发生机理，研究出单兵与集体防护措施；首次完成核爆炸电磁脉冲致伤效应规律研究。他的研究与贡献使我国核防护水平跻身世界前列。

奖项与荣誉

1985年，王德文以"突出贡献者"身份获首届国家科技进步奖特等奖。

方正知

方正知 Fang Zheng Zhi（1918年— ），安徽桐城（现枞阳）人。教授。他参加了我国第一颗原子弹爆炸试验，在新疆国家核试验基地任第九作业队技术委员会委员。

主要成就与贡献

方正知，1943年毕业于国立西北工学院，1949年在美国密苏里大学获硕士学位。1950年回国任北洋大学（后为天津大学）副教授。1957年到苏联莫斯科钢铁学院金属物理系进修。1959年回国后在北京钢铁学院任教。1962年10月，中央专委批准增调教授张兴钤、方正知和工程师黄国光等126名高、中级工程技术人员和科学研究人员，以及高、中级技术工人参加原子弹研制工作。方正知于1963年3月调到北京核武器研究所（二机部北京九所），当年6月就到了青海草原二二一厂，担任实验部副主任（陈能宽为主任，1964年2月后，张兴钤为主任）。第一颗原子弹的研制已进入大型爆轰装置试验阶段。1963年11月20日缩小尺寸整体模拟出中子试验和1964年6月6日全尺寸爆轰模拟试验都取得成功。试验中，方正知担任试验总指挥，具体负责整体出中子试验方案论证、计划实施与相关部门协调，检查现场预演，并且要在试验结束后编写试验总结上报。

1964年，二二一厂向国家核试验基地（新疆罗布泊）派出222人先遣队，并于7月成立了第九作业队和技术专家组成的试验技术委员会，负责现场研究解决核试验中出现的各种问题，成员有方正知等14人。陈常宜几个人到塔上插雷管时，方正知也到塔上爆室里，协助陈能宽负责原子弹爆炸前的技术准备，一直关照插雷管一事，直到李觉、朱光亚、张蕴钰上塔来检查。方正知按照自己的职务权力协调、组织、指挥，完成了各项试验任务。

后来,方正知曾任中国工程物理研究院(九院)实验部主任,九院一所所长;中国科学院空间物理研究所所长,北京科技大学教授。

奖项与荣誉

1982年,核武器研制的爆轰试验以"聚合爆轰波人工热核反应研究"为项目名称获得国家自然科学奖一等奖,主要参加者为:王淦昌、陈能宽、张兴钤、方正知、陈常宜、任益民、经福谦、张寿齐、陶祖聪、章冠人。

1988年9月29日,我国成功进行了中子弹试验,表明我国掌握了中子弹设计制造技术。1999年5月31日,国务院新闻办公室宣布,我国在掌握了原子弹、氢弹技术后,经过不太长时间的努力,已先后掌握了中子弹技术和核武器小型化技术。上图为中子弹试验现场。

二二一基地旧址一角

任雨吉

任雨吉 Ren Yu Ji（1921年3月—2010年3月），江苏宜兴人。研究员级高级工程师。他作为酒泉原子能联合企业设计总工程师，组织设计人员按计划全面完成了各项设计任务。

任雨吉，1945年毕业于浙江大学土木系，同年入重庆扬子江水利委员会工作。抗日战争胜利后，1946年1月到南京扬子江水利委员会工作，先后任技佐和助理工程师。1947年6月调浙江大学土木工程系任教。在浙大期间，参加反对国民党反动统治的爱国学生运动，是地下党直接领导的进步社团"华社"、"中国科学工作者协会杭州分会"领导人之一。新中国成立后，被任命为浙江大学校务委员会常务委员，当选为中国教育工会浙江大学委员会首届主席，并担任浙江第一届人民代表会议代表。1951年8月，赴莫斯科建筑工程学院钢结构教研室学习，1955年获技术科学副博士学位。同年12月回国参加我国原子能工业的创建。

主要成就与贡献

任雨吉回国后即参加了西北原子能工业联合企业的厂址选择，担任选厂组副组长。1956年核工业设计院成立后，他担任了西北原子能工业联合企业设计总工程师，组织和领导了企业的总体布置总平面设计工作，审批了802—2和六氟化铀厂的初步设计，并和石墨轻水堆、后处理厂的设计总工程师一起组织审批了石墨轻水堆、后处理厂的初步设计，组织了辅助项目与厂外工程的设计和委托设计工作。期间，他组织设计人员按计划全面完成了各项设计任务，并逐步掌握了核工程设计的程序和方法，具备了独立进行施工图设计的能力。

　　1960年苏方撤走全部专家,带走了全部技术资料,停止供应设备材料。802—2、六氟化铀厂的一些关键性项目尚未进行,关键设备材料均未到货,原子能工业建设遇到极大困难。任雨吉作为设计总工程师组织对已完成的设计文件进行全面复查和施工图设计,组织关键设备的设计工作,保证了施工项目对施工图的要求,为原子能工业的创建作出重要贡献。

　　核工业建设进入"保军转民"阶段,任雨吉参与了核电站设计的组织和领导工作。

任雨吉在会上讲话

刘允斌

　　刘允斌 Liu Yun Bin（1924年—1967年11月），湖南宁乡人，刘少奇与何宝珍夫妇的长子，核化学专家。他是我国钚化学研究的开拓者。

　　刘允斌，战争年代寄养在老家，13岁时党组织将他接到延安保育小学读书。1939年11月，与妹妹刘爱琴一起被送到苏联留学。1940年入十年制中学，并加入中国共产党。中学毕业后他考入莫斯科钢铁学院冶炼专业，他加入了苏联共产党。美国和苏联先后爆炸了第一颗原子弹，刘允斌认识到，原子弹不仅能改变战争的结局，而且可以影响人类命运。于是，他作出了重大决择：改学核专业，搞核研究。他成为莫斯科大学化学系研究生。1952年攻读核放射化学时，他与莫斯科姑娘玛拉·费拉托娃结婚。1955年毕业获副博士学位，并随即参加了中国核科学技术赴苏实习团，在苏联地球化学与分析化学研究所实习钚化学分析。1957年10月刘允斌回国，为了回国，他不得不与苏联妻子离了婚。

主要成就与贡献

　　刘允斌回国后，任中国科学院物理所（原子能所）副研究员、钚化学研究室副主任。1958年，他领导原子能所钚化学研究室开展钚化学工艺研究。这在我国是最早开展钚化学研究的。

　　我国后处理工艺从沉淀法起步，苏联当时提供的工艺就是沉淀法。苏方虽然提出了设计任务及其初步设计文件，但仅有8个辅助项目20%左右的施工图，而且作为核心技术的铀/钚分离厂房尚未有设计。1960年8月20日，苏联专家全部撤离并停供全部资料。按照"彻底实行自力更生"方针，原子能所后处理室在刘允斌的带领下，验证并掌握了沉淀工艺各工序的化学条件，并相应开展了铀钚裂变产物的分离、分析和某些基础理论的研究。1962年3月,他们首次从辐照过的研究堆燃料中提取出人造放射性元素钚,满足了当时科研的需要。

苏联专家撤走后,为了集中力量攻关,1962年,二机部决定实行所(院)厂结合,将原子能所放化专家刘允斌和轻同位素分离室的一批科技人员调到包头核燃料元件厂。同年5月,成立了锂同位素研究室,由刘允斌任主任。根据列出的课题,设立了物理化学、工艺试验、理论计算和分析方法4个研究组,开始全面技术攻关。这些课题在整个核武器规划中占有重要的分量。他们取得了所需要的成果。刘允斌领导和参与锂-6等材料研究,并建成我国第一条热核材料生产线。刘允斌为"两弹"研制作出重要贡献。

刘允斌(右)与父亲刘少奇(左二)在一起

刘允斌于"文化大革命"中惨遭迫害,在包头卧轨自尽,时年43岁。1978年,包头核燃料元件厂为刘允斌举行了平反追悼大会,恢复了他的共产党员资格和核化学专家的名誉。

1956年4月,白文治、冯麟、刘允斌(从左至右)在克里姆林宫前合影

刘兴忠

刘兴忠 Liu Xing Zhong（1926年—2015年2月），河北唐山人。地质学家、铀矿地质专家。他是我国铀地质的普查、勘探、科学研究开拓者之一。

刘兴忠，1949年毕业于北京大学地质系。历任地质部地质矿产司普查委员会第二办公室技术员，中南三〇九地质大队工程师，二机部三局副总地质师，核工业部地质局总工程师、高级工程师，中国地质学会第三十二届理事、第三十三届常务理事，中国核学会第一届理事，第二届常务理事。

主要成就与贡献

1956年初，地处湘南的铀地质勘查三〇三大队成立（从三〇九大队分出）。刘兴忠任副大队长兼技术总负责人。大队成立之初的首要任务是勘探航空发现铀矿点的开采价值。他们用了两年多时间，1958年，该大队向国家提交了我国第一个大型砂岩型铀矿床。之后，三〇三大队又接受了为我国第一颗原子弹冶炼原料（重铀酸胺）的任务，该大队利用矿床埋藏浅、品位高、易开易炼等有利条件，用最原始的方法，为第一颗原子弹提供了粗铀原料。前后4年，炼出的重铀酸胺，约占全国产量的1/4。

1957年，中南三〇九队第十一队找矿员周四宝、顾鼎山在广东省贵东花岗岩内部找到了含铀硅化带，被命名为"希望"矿点。1958年将其定为一个有工业价值的铀矿床，并成为我国首次在花岗岩体内发现的大型铀矿。之后，经刘兴忠等人的总结，确认了在我国花岗岩体中寻找铀矿有良好前景。这个结论很快得到证实。继在贵东岩体内找到一批铀矿床外，相继在诸广山、九连山等岩体内找到了大批铀矿床，而且有很大的工业价值。不久，又在我国西北地区找到了花岗岩铀矿床。通过对这些矿床的发现和科研实践,对花岗岩型铀矿的认识进入步深化、逐步掌握了这一类型铀矿的形成特点和产出规律,有效地指导了找矿工作。

奖项与荣誉

1986年1月,核工业部工作会议期间,党和国家领导人胡耀邦、方毅、李鹏、杨尚昆、郝建秀,在中南海怀仁堂亲切会见了核工业部的姜圣阶、王淦昌、刘兴忠、闵耀中、黄齐陶、于敏、连培生、钱皋韵、吕得贤、孙祖训等10位专家,并进行了座谈。

延伸阅读

核工业功勋地质队

1. 1992年1月8日,中国核工业总公司召开表彰大会,作出《关于授予11个地质大队"核工业功勋地质队"荣誉称号的决定》,以表彰37年创业中核工业地质系统涌现出的功勋卓著的地质大队。11个地质队是:华东地质勘探局二六一大队、二六二大队、二六四大队,中南地质勘探局三〇二大队、三〇三大队、三一〇大队,西北地质勘探局二一二大队,华南地质勘探局二九三大队,西南地质勘探局二〇九大队,东北地质勘探局二四一大队,核工业航测遥感中心。

2. 1992年1月16日,在全国首次召开的地质勘查功勋单位表彰会上,核工业地质系统有5个单位被授予"全国地质勘查功勋单位"称号。有:二六一大队、三一〇大队、二九三大队、三〇三大队和核工业航测遥感中心。

核工业地质局将11个地质大队的先进事迹汇集成书,定名为《闪光的足迹》。

核工业功勋地质队命名大会代表合影留念
一九九二年一月石家庄

刘芳言

刘芳言 Liu Fang Yan,核动力专家。1964年秋大学毕业后,分配到二机部核燃料元件厂三分室。他接受的任务,是参与某控制元件所需部件的加工制作和元件密封包装的研制工作。完成首批试生产任务后,他接着参加了某核动力堆考验燃料元件的试制工作。这是核潜艇研制的重要任务之一,在当时是严格保密的。刘芳言与其他科研人员一道,相继试制完成了某核动力堆堆外冲刷组件、堆内综合考验组件、零功率组件等重要任务。他边干边学,为后来的工作打下坚实的基础。他为我国首艘核潜艇的研制作出重要贡献。

主要成就与贡献

"两弹"研制成功后,核潜艇的研制进入了一个新的阶段,成为当时十分重要的科研任务。中央军委下达指令:"核潜艇必须在两年内下水!"核燃料元件厂的刘芳言,接受了主管核潜艇动力堆元件生产及其技术工作的任务。从1968年底开始,这条核动力堆元件生产线全面进入了生产准备阶段,刘芳言一边抓组织机构的落实,一边抓设计、施工、生产三者的紧密配合,使试车、试验、试生产交叉进行,使核动力堆燃料元件的生产任务于1970年5月、10月相继完成,确保了我国首艘核潜艇按时下水。1971年,另一个重要的核动力堆正在加紧建设,为增强技术力量,加快生产线建设步伐,刘芳言再次接受重任并奉命来到山沟里。他日夜守在任务现场,带领同事们苦干,使这条生产线也很快转入了正式投料生产。

后来,刘芳言在担任八一二厂一分厂厂长期间,组织工程技术人员和广大工人经过攻关,完成了"101"堆用实验组件、清华5兆瓦低温供热堆用燃料元件以及"七二八核电"燃料元件考验组件等实验组件的试制和生产任务。1989年12月，刘芳言在建设秦山核电站社会主义劳动竞赛中荣立二等功。核电元件"大线"改造工程，是八一二厂的"生命线"工程。在这项重大任务面前，刘芳言已担任厂总工程师，作为这项工程技术总负责人兼"大线"建设办公室主任，刘芳言为此作出历史性贡献。

刘芳言（左一）在介绍技术攻关情况

刘国明

刘国明 Liu Guo Ming (1935年12月—)生于山东牟平县。核工程专家,研究员级高级工程师,原核工业第二研究设计院院长。全国勘察设计院院长。他是我国第一座军用生产反应堆堆本体的设计者之一;领导并组织了我国第一座商用核电站——秦山二期核电工程的研究设计。

刘国明,1956年由国家选派到苏联莫斯科动力学院核动力专业学习,1962年毕业回国,被分配到02单位十三局从事核反应堆的研究设计工作。历任技术员,工程师,高级工程师,研究员级高级工程师,反应堆堆本体设计组组长,研究设计室副主任、主任,第二研究设计院副院长、院长、院科技委主任,江苏田湾核电站高级技术顾问,中国核动力学会常务理事。

主要成就与贡献

我国第一座军用生产反应堆是用于生产核武器装料钚和氚的,在苏联单方面撕毁合作建设合同、撤走全部专家的情况下,该堆的设计建造处在极其困难的情况中。刘国明当时参加了该反应堆堆本体设计工作,并担任了本体设计组组长职务。参与组织工艺管控制棒驱动机构、装料机构、卸料机构、模拟车等项目科研设计攻关,亲自设计了燃料元件破损监查系统(严密性监查系统)、工艺管破损监测系统(湿度信号系统),并完成工艺管破裂事故分析报告等。设计中发现上述严密性监查系统中原苏方设计方案中的不合理多处,在新设计中加装了自己设计的双球逆止阀,改进了部分结构设计。改进设计后,经长期运行证明,该系统是灵敏可靠的,为第一座军用生产堆的成功作出应有贡献。

秦山二期核电站是我国首座自主设计、自主建造、自主管理、自主运营的2×60万千瓦压水堆商用核电站。该工程的设计,国家首次采用公开招标。刘国明作为核二院院长,亲自组织领导了该工程主要经济技术方案的制订,并作为投标文件的基础。主要是:堆芯设计采用我国已生产的大亚湾核电站燃料组件,避免了新的攻关课题。反应堆冷却回路采用30万千瓦一个环路的方案,给核电站单机容量扩大留下余地,及其他多个方案。这样核二院一举夺得五个投标中的四标段,并成为秦山二期工程的总体设计院。之后,组织领导了该工程的全面设计工作,并同时大力开发引进核电站的先进设计软件,建立健全核电站设计技术和管理程序,完善质量管理体系,使核二院在较短时间内成为具有雄厚核电设计实力的单位。

奖项与荣誉

1.1993年,核二院被评为全国勘察设计单位第六强,刘国明时任院长。

2.1994年,刘国明被国家建设部授予"全国勘察设计优秀院长"称号。

刘国明(中)参观大亚湾核电站工地

安纯祥

安纯祥 An Chun Xiang (1932年2月—),河北高碑店市人。核材料专家。他是我国核部件和生产堆燃料元件的研制者、组织者之一。

安纯祥,大学毕业后,赴苏联莫斯科钢铁学院学习,1959年6月毕业后回国。历任二机部包头核燃料元件厂工程师、车间主任、生产技术处长、副总工程师、副厂长、厂长、厂科技委主任,研究员级高级工程师。曾任中国核学会会员、核材料学会常务理事、稀土学会常务理事。他是包头市第九届人大常务委员。

主要成就与贡献

1.组织并参与了 X 部件的冶炼、锻造成型和热处理实验,成功地试制出我国第一批核部件。

在生产研制厂房尚未建成的情况下,为了抢时间,保证原子弹研制的需要,安纯祥带领攻关小组在一个经过改造的仓库里,从1962年1月开始制定了试验大纲,以金属铀锻造为中心,开展了还原、精炼、锻造、机械加工等一条龙科研攻关。1963年底,重大技术问题基本过关,并摸清了核部件的生产特点,掌握了主要工序的生产工艺。1964年4月,成功生产出第一套合格的部件。它为我国第一颗原子弹爆炸试验于1964年顺利进行,作出了重要贡献。

2.领导并组织了 X 部件的设备改造、新工艺试验、生产工艺改进等攻关,获得巨大成功。

1965年二季度,部件生产线全部建成。安纯祥他们由临时仓库现场搬入新厂房工作。部件除了外形尺寸、产品内部和外表面质量要符合设计要求外,其材料的化学成分、物理、机械性能要求都十分严格。"文化大革命"期间,正是部件生产线完善、改进和发展时期。他们完成了我国第一代核武器所需部件的全部研制生产任务,并且进行了大量试验用的其他有关核部件的生产。他们铸造成型的试验成功,改变了长期采用的锻造成型工艺,大大提高了金属利用率,从而提高了经济效益。该生产线投产以来获重大革新、改造成果数十项,50多年来为我国核武器的研制和发展作出重要贡献。

3.负责组织并参加了XX元件生产堆核燃料元件的质量攻关,改进了生产工艺,提高了产品质量,为我国XX元件投产作出了重大贡献。

奖项与荣誉

1.安纯祥带领攻关小组在一个经过改造的仓库里,成功研制出核武器部件。对此,罗瑞卿总参谋长在二机部转报包头核燃料元件厂的一个报告上称赞为"仓库精神"。后成为该厂继承传统、发扬"两弹"精神的一项重要内容。

2.核武器部件获1978年全国科学大会科技进步奖;其成型铸造工艺获国防科工委科技进步奖二等奖。

3.安纯祥1983年被任命为厂长,肩负起核工业"保军转民、军民结合"的转轨变型重任。在较短时间内,企业发生了显著变化。企业先后获"国家质量管理奖企业""全国环境保护先进企业""全国思想政治工作优秀企业"等称号,以及核工业部、内蒙古自治区、包头市先进模范企业称号。个人获核工业部、内蒙古自治区劳动模范称号。

当年,工人们在简陋的车间锻锤

孙世荃

孙世荃 Sun Shi Quan (1927年1月—2012年8月），辽宁凤城人。放射医学和实验病理学家，我国核工业放射医学奠基人之一。

孙世荃，1949年毕业于中国医科大学。毕业后留校任教，在病理教研组。在医科大学的13年，使他打下了扎实的病理学基本功。1962年春，孙世荃、尤占云夫妇被中央组织部选调二机部，分配到原子能研究所放射医学研究室，与其他几位同志一起组建病理组。

主要成就与贡献

1.孙世荃的医学研究方向与核工业不同发展时期面临的医学任务紧密结合，研究领域涉及放射医学、病理学、毒理学、药理学、流行病学、辐射防护和组织移植。在"两弹"研制时期，20世纪60年代领导了核燃料铀的毒理学实验研究，提出了铀损伤的"先肾后肝"学说，澄清了早年对核工业厂矿慢性铀中毒肝炎的误解；70年代起转入矿工肺癌研究，持续近30年，坚持氡是诱发云锡矿山及其他一些有色金属矿山矿工肺癌的主要致癌因子，成为矿山防护的依据。

2.1964年，放射医学研究室迁至太原，成立了今天的中国辐射防护研究院。孙世荃曾任室主任多年。这里成了他为放射医学奋斗一生的地方。他建立起自己的学术体系，编有《人类辐射危害评价》一书。他曾任中华放射医学与防护学会副主任委员、山西省医学会副会长和亚太外科组织库协会主席。

奖项与荣誉

1.1961年，获卫生部继承与发展祖国医学奖一等奖。

2.2005年，汇集了他与众多研究者近20年放射医学研究成果心血的研究成果《辐射同种骨植入材料的研究与开发》，获国防科学技术奖一等奖。

孙亚今

孙亚今 Sun Ya Jin,江苏镇江人。核测试专家。我国第一颗原子弹试爆时他在现场执行测量任务,并在西北基地近20年,参加了历次核试验。

主要成就与贡献

孙亚今,1963年毕业于清华大学工程物理系。毕业后被分配到国防科委二十一基地研究所,从事核武器试验测量工作。他在由吕敏任组长的核爆炸链式反应动力学测量项目组,主要任务是测量原子弹爆炸的核反应过程。它是核武器试验的重点项目之一。在试验场区所有测量点中,这个组距离爆心最近;第一颗原子弹试爆时,他们的探测点(工号)距放弹的塔底只有700米,所有记录设备都放在工号里面,等爆炸后,要在短时间(几个小时后)把测量结果收取回来。要根据这些测量结果检验原子弹的理论设计。首次核试验,孙亚今担任核试验测量站的测试组组长,后来又多次担任核试验测试站站长兼指导员工作,之后又接替担任核爆炸链式反应动力学测量项目大组长。马兰基地研究所到爆炸现场坐卡车只需一天。孙亚今在那里工作近20年,参加了每次核试验。

奖项与荣誉

核爆炸链式反应堆动力学测量项目曾获多项国家级奖励。

忻贤杰

忻贤杰 Xin Xian Jie（1924年5月—1988年11月），浙江宁波人。电子学专家。中国核武器试验控制系统及核爆炸电磁脉冲远区定位系统的奠基者。

忻贤杰，1942年考入广西大学，后转入贵州湄潭的浙江大学物理系。大学最后一年在王淦昌教授指导下做毕业论文。1946年毕业后留校任助教，协助王淦昌安装调试了从美国带回的用于开展宇宙线研究的云雾室。由此他积累了电子学经验。1950年，忻贤杰随王淦昌调到中国科学院近代物理研究所，从事核电子学研究。1952年，近代物理研究所成立了以何泽慧为组长的核乳胶小组，以戴传曾为组长的气体探测器小组，以杨澄中、忻贤杰为正负组长的核电子学小组（杨澄中调走后，核电子学组由陈芳允、忻贤杰负责）。1957年，忻贤杰被派往乌克兰科学院物理技术所进修。回国后任受控核聚变研究室副主任，他领导开展了光学、微波、电子、等离子体诊断设备和离子源的研制工作，建成了中国第一台磁镜式等离子体实验装置，初步开展了等离子体物理研究工作。

1962年11月，忻贤杰奉调与程开甲、吕敏、陆祖荫一起参与组建中国核试验基地研究所，并负责核试验控制和核电磁脉冲测量工作。忻贤杰在核试验基地工作20年。1963年9月起担任研究所第四研究室（电子学研究室）第一任主任。1977年底，忻贤杰担任研究所副所长，他还成为中国第一代国际地震核查委员会专家组成员。1982年，从新疆核试验基地调回原子能研究所（前身即近代物理所）工作，先后担任了原子能所副所长兼电子部主任、原子能院科技委副主任。1984年至1985年受聘核爆炸信息监测技术专业组特邀顾问。1985年任中国核电子学与核探测技术学会副主任委员。1986年兼任核工业研究生部教授。

忻贤杰1951年加入了中国民主促进会,是科学院最早的一批民主人士。1982年,已58岁的他,在离开核试验基地研究所之前,要求入党的宿愿终于实现,基地党组织批准他加入中国共产党。

主要成就与贡献

1.在近代物理所工作期间,由陈芳允、忻贤杰负责的核电子学小组,研制出了多种核电子仪器,适应了铀矿地质勘探工作的需要,以及近代物理所科研工作和有关大学教学的需要。

2.参加了我国第一颗原子弹爆炸试验。他领导的四室科技人员圆满完成了首次核试验控制任务。

3.创立了核试验控制系统的基本模式,自行研制了第二代控制系统,为后来核试验控制系统的更新换代奠定了理论、技术基础。

4.实施完成了核试验基地电子设备的晶体管化。

5.开创了核电磁脉冲测量工作,并为中国核爆远区核脉冲定位技术奠定了基础。

核试验控制工作,事关全局,责任重大。每次试验"零时"他都准时坐在操作员身后,沉着冷静的下达口令,出色完成任务。

奖项与荣誉

1978年全国科学大会上,忻贤杰领导的四室控制组获"先进科技集体标兵"称号;本人获"先进科技工作者"称号。

原子弹爆炸后,现场取样

杜乐天

杜乐天 Du Le Tian (1932年9月—)，山东济宁人。铀地质学家。他是花岗岩型铀矿（我国主要铀矿类型）研究的学科带头人和开拓者之一。

杜乐天，1955年毕业于北京地质学院，1960年于苏联莫斯科大学研究生毕业。回国后一直在二机部（核工业部）北京铀矿地质研究所（院）从事科学研究工作，研究员，历任院科技委主任、院学位委员会主席等。曾任《铀矿地质》《矿床地质》编委会副主任委员等职。

主要成就与贡献

据《当代中国的核工业》称，20世纪60—70年代，通过对华南地区不同年代的加里东期和雪峰期花岗岩体的勘探实践，认识到花岗岩型铀矿的形成对岩体的时代没有严格的成矿专属性，各种地质时代的岩体都可能有铀矿产出，并且在一些含硅化带型铀矿的岩体中找到了赤铁矿，即黏土型铀矿，进一步扩大了勘探花岗岩铀矿资源的远景。期间，杜乐天领导并参与项目10余个，随着资料的积累，认识上的深化，他对花岗岩型铀矿的成矿规律作出了系统总结，提出了找矿判据，从而奠定了我国花岗岩型铀矿的成矿理论，它对找矿工作起了推动作用。

奖项与荣誉

杜乐天等人的研究工作及其花岗岩型铀矿的成矿理论，获国家科技进步奖一等奖、二等奖和首届全国李四光地质科学奖。

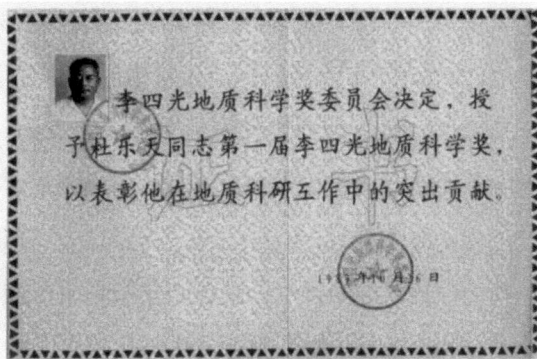

芦荣光

芦荣光 Lu Rong Guang（1920年— ），生于河北宛平县。研究员级高级工程师。他从1957年起就参加了原子能第一套和第二套工程项目的选厂工作；后从事其工程设计并参加了首次核试验两年规划的具体编制工作。

芦荣光，1943年毕业于昆明西南联大电机系。到昆明第四电机制造厂从事电机设计及试验工作。1945年抗日战争胜利后调南京电器总公司新厂筹备处，1946年由总公司派赴美西屋电气公司学习电机制造技术和大型汽轮发电机生产管理工作。1948年回国后在湖南湘潭电机厂参加新厂筹备，后任电机车间主任，同时参加地下党领导的工人运动，1949年6月加入中国共产党。1949年8月湘潭解放后，于1950年5月调东北电工局总工程师室任副工程师，后任工厂设计处副处长。曾参与组织抢建哈尔滨电机厂，改建沈阳变压器厂、开关厂等厂的设计工作。1953年调一机部设计总局任计划处及国外处处长，曾组织工厂设计及国外引进项目的设计管理工作。

主要成就与贡献

芦荣光1955年5月调国务院三办，后转入二机部的前身建筑技术局，9月赴苏联参加审查中国第一个重水实验堆和加速器的初步设计，并负责与苏方商谈设备器材分交供应，同时在苏联物理研究所重水实验堆短期学习。1956年回国参加该项目建设的设计及设备工作。1957年起参加原子能工业第一套和第二套工程项目的选厂工作并参加中苏军事技术援助谈判代表团具体工作。同年调二机部第一办公室参与组织第一套工程的基本建设。1960年调二机部第二研究设计院任副院长，从事组织第一、二套工程的设计并参加首次核试验两年规划具体编制工作。

1978年，芦荣光先后任二机部基建局副局长、计划司副司长、司长等职。期间，参

加编制了《核工业部关于我国发展核电站的规划建议》及核工业部军工产品调整方案；组织编制了《核工业部（七五计划）》和后十年（到2000年）长远规划。

芦荣光1984年后任核工业部科技委常务副主任，主持日常工作。

芦荣光（右一）与老部长刘杰在一起

李延林

李延林 Li Yan Lin（1918年—2003年），原名班显信，辽宁盖州人。高级工程师，核工程安装专家。他为我国原子能开创时期建筑安装工程作出重要贡献。

李延林，1941年毕业于奉天工业大学机械系。1944年赴延安途中改名为李延林（母姓）。1948—1949年，任五一兵工厂机工所所长，保障了解放军军火生产专用锻造铜的供应。1957年初，开始参加初创中的原子能工业的建设。

主要成就与贡献

1.1957年1月，李延林兼任首支核工程安装队伍—第五工程处处长，承接首座原子能研究性重水反应堆和回旋加速器工程（601工程）安装任务，至1958年夏天，工程竣工，出色完成任务。

2.1958年底，任二机部第一个大型安装企业——二三建设公司的副经理兼总工程师，承担了原子能工业开创中的西北三大厂——兰州铀浓缩厂、酒泉原子能联合企业和西北核武器研制基地的安装任务。他主持编制了兰州铀浓缩厂和酒泉原子能联合企业施工方案大纲。他为当时的重点工程建设做了出色的工作。

3.1961年5月—11月，他领导二三公司技术人员，完成了兰州铀浓缩厂第二阶段的安装任务，为整个铀浓缩工程的完成奠定了可靠的基础。

4.在酒泉原子能联合企业生产堆的建造中，他领导技术人员刻苦攻关，解决了生产堆施工中大构件镗孔、堆本体吊装等技术难题。

1978年，李延林调回北京，任二机部建工局总工程师。1982年后任核工业部科技委员会建筑安装组副组长。

李寿枬

李寿枬 Li Shou Nan（1922年11月— ），浙江诸暨县人。核物理学家。他长期从事核科学组织管理工作，为中国原子能科学研究院的创建、发展付出了毕生精力；在创建中国核数据中心和北京串列加速器、核物理实验室，推进中国核物理基础研究方面都付出了巨大的努力。

李寿枬，1943年考入浙江大学机械系，二年级转到物理系。他是著名物理学家王淦昌和束星北的学生，王淦昌教他所在班原子核物理和电动力学，束星北指导他做了有关广义相对论的毕业论文。1947年大学毕业后到中央研究院物理研究所工作。他先随施汝为教授筹建磁学实验室。在制备永磁材料时，李寿枬提出了离心浇注法，克服了浇铸磁性材料出现气孔的困难。南京解放前，李寿枬参加了中共地下党，参与了阻止物理所迁往台湾，保护图书、仪器，护院护所的斗争。

主要成就与贡献

1950年10月，李寿枬到中国科学院近代物理所，参加质子静电加速器研制的初期工作。1958年，他领导试制了两台Zmer电子静电加速器。1952年底，李寿枬兼任近代物理所所务秘书。从此开始了他的科技管理生涯。他在科学院系统的研究所中率先建立了一些管理制度。李寿枬先后参加过多次科学技术发展规划的制订。1952年，他协助王淦昌、彭桓武副所长领导编制了近代物理所的第一个五年计划，并为第一个五年计划的实施做了大量的组织工作和条件保证工作。第一个五年计划的完成为中国核科学技术的发展打下了比较扎实的基础。1958年起，他先后负责原子能所二办（科技办公室）和学术秘书室工作，管理全所科研生产、图书情报、学术交流等工作。在他担任二办主任和学秘室主任期间,正是中国"两弹"过技术关关键时期,他在所党委领导下组织落实保证科研任务的同时,对全所的科研计划管理、研究室组织体制、科研成果管理、科技档案管理、安全保密、学术交流以及青年科研人员的培养进行了一系列的整顿和改进,对出成果、出人才,提高科研质量,培养优良学风起了重要作用。

1958—1960年,李寿枬还兼任中国科学院同位素应用委员会办公室主任,组织全国同位素的推广应用工作。他主持起草了《第二个五年计划期间推广应用放射性同位素的规划》,对指导全国推广应用同位素起到了重要作用。

李寿枬在全国范围内系统开展了核数据的编评、理论计算和测量工作,并创建了中国核数据中心。这是他对核科学发展的一个重要贡献。核数据是表征原子核性质及各种射线与原子核相互作用规律的各种物理量。它是核物理研究(实验和理论)中必须掌握的;准确而完整的核数据,例如:质量、磁矩、衰变纲图、反应截面、反应产物的种类、产额、能谱和角分布等等,都是各种核装置设计及现场测试分析的基本依据。20世纪50年代,为核武器的研制和核潜艇动力堆的设计、测量并获取了一些重要的核数据。但出于星散状况,还有国际核数据的发展形势,都需要做好核数据的工作。在李寿枬的推动和具体组织下,创建全国核数据中心,系统开展核数据的编评、理论计算和测量工作,多达26个单位参加了这项工作。

李寿枬1973年担任核物理室的领导,1973年任副所长,主管全所科研生产。他领导创办了《原子能科学技术》《原子核物理》和《原子能所年报》。1977年后,李寿枬曾任中国物理学会党组成员、常务理事、副秘书长、两届副理事长。他协助王淦昌筹备成立了中国核物理学会,他先后任筹委会秘书长,第一届至第四届常务副理事长,后任中国核学会和中国核物理学会名誉理事。

奖项与荣誉

李寿枬十分重视学术成果评价和成果奖励工作。他亲自主持清理了"文化大革命"前全所优秀科技成果76项,并全部获1978年全国科学大会奖,占全国科学大会得奖项目的十分之一。奖项虽不属他,但他却获得了荣誉。

李建华

李建华 Li Jian Hua (1940年—),黑龙江人。高级工程师。国防科委某研究所工作人员,入伍仅4个月,就参加了我国第一颗原子弹爆炸试验。

李建华,1958年,正值高三的他被保送到哈尔滨工业大学工程物理系核物理专业学习。核物理专业是马祖光教授当年创办的。1963年12月,李建华完成了五年学业。当时正赶上我国要进行首次核试验,急需实验核物理专业人才。国防科委专门派人到哈尔滨工业大学工程物理系挑选毕业生,包括李建华在内7名学生被挑选到国防科委某研究所工作,并入伍。

主要成就与贡献

1964年6月,李建华等人随研究所派出的部队走进国家核试验场,参加我国第一颗原子弹爆炸试验。李建华是无线遥测组的一名成员;这个组共10人。其任务就是用无线遥测手段检测爆心以东地区的地面放射性沾染水平及放射性衰减规律。这个组在720主控站以北不远处建起接收站。10月16日早,720主控站地区的大部分单位和人员向白云岗观察地区撤离。只有主控站里的控制组和无线遥测组还坚守原地,继续做爆炸前的准备工作。直到14时30分,他们才进入试验总指挥部的小石屋隐蔽起来。爆炸后,这个组迅疾展开监测工作,并出色完成任务。遥测组向总指挥部作了报告。之后,又经过一周多的测量,遥测组获得了各个检测点当时的剂量率及剂量率随时间衰减的曲线,圆满完成首次核试验的测量任务。后来,李建华又参加了多次核试验。

奖项与荣誉

1.李建华在首次核试验中立三等功。

2.在38年的军旅生涯中,李建华曾获国家科技进步奖二等奖,国家发明奖四等奖,军队科技进步奖三等奖;多次获优秀共产党员、优秀科技工作者称号。

3.20世纪80时代中期,李建华最后一次执行核试验任务。在这次任务中,李建华所在的项目组立集体三等功,李建华再次立三等功。

马祖光老师(中)与曾参与我国首次核试验的学生在一起,左一为李建华

李维音

李维音 Li Wei Yin(1934年9月—　),女,北京市人,核反应堆工程放射性水处理专家,核工业部第二研究设计院核电工程项目设总①,研究员级高级工程师。1954年7月赴苏联列宁格勒建筑工程学院给排水专业学习,1959年7月归国,被分派到第二机械工业部设计院。1997年11月办理退休手续,2000年3月31日正式退休。她在核工业的不同项目上奋斗了40年。

主要成就和贡献

1. 1965年4月,李维音到甘肃省内的大沙漠中的所在工地,担任801工程120#的现场设计小组的工艺负责人,按照设计队已经确定的方案完成设计工作。该方案否弃了原苏联设计中单纯用三效蒸发流程实现回路水循环复用的处理原则,而是向一回路及元件水池提供高质量的直流给水,以保证一回路的补给水质,厂房属于非放射性的给水厂房,全部放射性废水排到沙漠深处的一个大坑,即所谓的天然蒸发池中。801工程于1966年启动运行。

回到北京后不久,李维音被任命为二机部第二研究设计院专设的反应堆放射性废水处理小组的组长。为了能使反应堆进入三线,依傍大江和人员稠密的地区,必须恢

---

①设计院的设总,是工程项目管理责任人的称呼,主要负责所管项目的各相关设计工种之间资料的按计划传递,确保设计文件的按计划出图,起的作用是协调和组织。小的工程项目,可以是一个人管理,或称子项负责人,大的工程,可以有设总、副设总,还可以有某个厂房的分设总。不论什么情况,其职务均为设总。

复循环复用的原则,但是,为了保证复用的水质,否决了单一的蒸发处理方案,又使方案简单,提出了直接将一回路排水通过离子交换处理,而后返回复用的科研报告。1968年下半年提交的科研申请报告被批准,1969年4月—1970年7月,李维音再赴沙漠中工厂独自一人完成了全部实验工作,证实无论是一回路的排水,还是燃料元件下部密封处漏入燃料元件水池的水都可以用离子交换工艺实现一回路补给水要求的水质。

2.821工程120厂房的现场设计队采用了李维音提出的离子交换处理方案。

1970年10月,李维音在完成试验之后,接任821工程120车间设计负责人的工作,主要针对工艺的变更,对原设计做了几次大型修改。第一次修改是1970年底至1971年4月:取消了对地面污水等处理流程中的凝聚沉降工段,留下了空余的设备室和所有的穿墙洞口,不仅取消了以后泥浆固化的麻烦,并为后续的修改留下了余地。也就是这次修改之后不久,1971年4月15日,李维音的丈夫,时任821厂指挥部施工处副处长的刘启陆,在傍晚下班后带着两个女儿、乘小船返回住处时,不幸小船撞上平板载货大船,小船的剧烈摇晃将刘启陆甩入滔滔江水中,随他而去的还有十岁的大女儿,只有小女儿幸存。李维音在惨烈的悲痛中挺了过来,继续她的事业。1974年春夏之交带领几名设计人员,利用空出的设备室和墙上的留洞在821厂完成了燃料元件水池水处理系统被要求扩大生产能力5倍要求的修改,是为120#-艺修69。1976年再赴821工地,为保证燃料元件水池水处理系统扩大生产能力后的正常运行,完成第三次大型修改,是为120#艺修74。这两次大型修改,确保了821厂反应堆1976年10月的正式全面投产,一回路水的排水和漏水则全面实现循环复用的要求。

3.1969年,周恩来在研究821工地厂址时,提出的忧虑是燃料后处理过程产生的高放废液的出路问题。1971年核二院和原子能研究所就开始了高放废液罐式玻璃固化的研究。1981年,李维音调任玻璃固化课题小组组长,到任后,协调全国有关单位,按时提交相关设备,安排小组成员,完成各项过渡到正式工程的科研,在原子能研究所建立了1:1的罐式玻璃固化冷试验台架。1985年初,在原子能研究所301室的牵头下,成功完成了罐式玻璃固化30批次的冷实验。

4.1965年3月由周恩来主持的中央专委会议批准核潜艇工程"上马",要求二机部

1970年建成核潜艇陆上模式堆。按照上级要求,李维音主动申请,1967年秋冬之际参加了建造中的陆上模式堆放射性废水处理车间的设计,作为工艺设计者,从定方案到制图和配合各工种完成了全部工程设计。

5. 1986年4月至1992年4月,参加了广东大亚湾核电站的建设,发挥了积极的作用。1992年5月至2000年3月,被安排在秦山二期核电设总办公室工作,从担任顾问到直接在第一线担责:担任总包院的设总和核二院内部核岛部分的设总,协调核二院、一院和华东院之间的工作接口和院内的工作协调,以确保满足工地对图纸的需求和整个核岛安全系统和主控制室的设计要求。

奖项与荣誉

1. 821工程120#艺修69/74获1978年全国科学大会奖,李维音在获集体奖名单中排列首位。

2. 1985年10月,因长期从事核工业建设,做出了贡献,中华人民共和国核工业部特颁发荣誉证书。

3. 1988年获核工业部第二研究设计院先进工作者称号的荣誉证书。

4. 1988年获国防科工委"献身国防科技事业"荣誉证章(颁发日期为10月1日)。

5. 1995年被授予核工业劳动模范称号(颁证日期1月5日)。

李维音在秦山二期核电站办公室

连培生

连培生 Lian Pei Sheng (1922年3月—2007年2月),生于上海,籍贯广东顺德。核科学家、高级工程师。他是我国第一座核反应堆总工程师,参与了第一代核潜艇的研制。

连培生,1943年7月毕业于西南联合大学机械工程系,留校任教。1947年以第一名考取庚子赔款奖学金留学英国,在英国纽卡塞英王学院进修。1948年8月回国,先在北平清华大学任教3个月后,奔赴解放区参加革命工作,任华北人民政府磁县峰峰煤矿电厂工程师。1949年9月,任重工业部计划司工程师。1952年9月任第一机械工业部计划司船舶科科长。1959年11月11日,近代物理所派科研和工程技术人员赴苏联实习。钱三强、冯麟率彭桓武、何泽慧、黄祖洽、力一、连培生等39人组成的实习团,分批赴苏学习核反应堆、加速器的原理和操纵及其仪器制造和使用。连培生在莫斯科物理研究所重水堆任实习副总工程师。回国后在原子能研究所工作,历任重水堆总工程师、反应堆研究室(12室)主任、反应堆研究部副主任、反应堆研究所(194所)副所长。1974年1月起,历任二机部计划局处长、核电局副局长兼总工程师、科技核电局总工程师、中国核工程公司总工程师、广东深圳广东核电合营公司顾问、中国核工业总公司科技委顾问等职。他还是中国核学会第一、二届常务理事。

连培生在核工业系统工作40余年,长期从事核工程技术的研究和组织领导工作。他精通动力机械、核反应堆、热工水力学、核电厂,是我国最早掌握原子能技术的专家之一、我国第一座核反应堆首任总工程师。他是一位懂得四门外语的核科技领域的专家、学者、教授、博士生导师。他翻译出版了《汽轮机构造》《核电厂》《核电厂的维修》等著作。他是《核电站建设的项目管理》一书的主要作者之一。他的代表著述《原子能工业》,深受核工业界人士的好评。

主要成就与贡献

核潜艇的研制分总体设计(船体、主辅机、电机、仪表)和核动力设计(核反应堆及一回路、核控制、辐射防护)。前者由海军和当时的一机部负责,后者由二机部负责。这是研制中国核潜艇最初的两个设计组。1958年7月,二机部白文治局长和原子能研究所副所长李毅召集该所董茵、连培生、屈志潜等技术干部开始酝酿组建核动力设计组。1959年2月,原子能研究所成立了潜艇核动力装置工程领导小组,在钱三强、彭桓武的领导下,由李毅副所长挂帅,负责工程与相关研究室之间的组织和协调。反应堆研究室(12室)的室主任是连培生。该室下设5个设计大组,其中第5设计大组就是潜艇核动力设计大组,由赵仁恺、李乐福负责,其他有关设计室和设计组要为第5大组提供理论计算和各种实验等技术支持。1960年7月,彭士禄也调到第5大组任副组长。

1958年10月—12月,中国政府组织专家代表团访苏,考察核潜艇有关技术。代表团分为6个专业组。其中核动力组,组长刘杰,副组长白文治;顾问:连培生、屈志潜、赵仁恺、黄祖洽、董茵。由连培生、屈志潜、黄祖洽、赵仁恺等对物理、热工水力和屏蔽等几个方面开展初步的理论计算,拿出了一个访苏期间的商谈提纲和《潜艇核动力原则设计(草案)》。

二机部是从1958年10月开始组织潜艇核动力的开发研究工作的。原子能研究所承担这一任务的科技人员,在副所长李毅和堆工线负责人孟戈非、连培生的组织领导下,通过约半年的工作,提出拟选用的反应堆类型、功率和动力方案,并进一步选定了反应堆的主方案和主参数。接着就组织力量进行方案设计。经过近两年的努力,于1960年6月提出了《潜艇核动力方案设计(草案)》。该方案设计在后来的实践中没有什么重大的反复,证明它在总体上是可行的。这就为以后的研制工作打下了良好的基础,发挥了重要作用。

奖项与荣誉

1986年1月,核工业部工作会议期间,党和国家领导人胡耀邦、方毅、李鹏、杨尚昆、郝建秀,在中南海怀仁堂亲切会见了核工业部的姜圣阶、王淦昌、刘兴忠、闵耀中、黄齐陶、于敏、连培生、钱皋韵、吕得贤、孙祖训等10位专家,并进行了座谈。

吴世英

吴世英 Wu Shi Ying (1919年—?)，浙江东阳人。研究员级高级工程师，核工程建筑专家。他参与组织指挥了原子能工业开创时期重点工程的建设。

吴世英，1943年毕业于西南联合大学土木工程系。他曾作为建筑工程部第一工程局技术处处长、副总工程师和上海市建筑工程局总工程师，参加长春第一汽车制造厂、富拉尔基重型机器制造厂、德阳重型机器制造厂、上海起重机厂等重点工程的建设。1961年从上海市建筑工程局调入二机部基建局任总工程师。从此开始了参加我国原子工业开创时期重点工程建设的历程。

主要成就与贡献

1.在兰州铀浓缩厂工程建设中，作为二机部基建局总工程师的吴世英常驻施工现场指导工程建设。他主持解决了主厂房混凝土预制薄腹梁裂缝问题。当时取水口斗槽工程出现了问题，吴世英提出改为黄河河心取水的方案，指导施工，取得了良好效果。

2.在酒泉原子能联合企业工程建设中，1964年成立了工程建设现场指挥部，由二机部主管基建的副部长刘淇生任总指挥，吴世英为副总指挥之一。他组织有关单位编制了《反应堆主厂房工程施工方案和技术组织措施大纲》，该大纲对工程顺利进行起到了重要作用。他还领导解决了反应堆厂房基础开挖边坡稳定问题；厂房大体积混凝土施工防裂问题；重混凝土选料、配合比、生产及施工问题；厂房大厅顶部设计修改和吊装等关键技术问题。

3.在核潜艇陆上模式堆工程建设中，1968年3月，二机部成立了现场指挥部，由何谦（二机部办公厅副主任）任指挥长，吴世英、徐锐任副指挥长。1970年4月底核潜艇陆上模式堆工程提前竣工，为我国核潜艇的研制打下良好基础，吴世英为此发挥了重要作用。

何东昌

何东昌 He Dong Chang（1923年4月—2014年1月），浙江诸暨人。1944年12月参加革命，1947年8月加入中国共产党。1956年，他协助蒋南翔创办清华大学高新技术科专业，并主持创办了工程物理系，与北京大学同时设立了我国最早的原子能专业。

何东昌，1941年考入西南联合大学电机系，后转入航空系学习，参与建立党的秘密外围组织"民主青年同盟"并担任执委，毕业后到云南农村中学任教。1947年在北洋大学航空系任教。1948年任清华大学助教并担任教职工党支部委员，后在石景山地区参加接管组工作。新中国成立后，任清华大学党总支副书记，后兼任燕京大学党总支书记。1951年2月，任清华大学党委书记。1977年5月后，任清华大学党委副书记、副校长。1982年起，任教育部党组副书记、部长，党组书记；国家教委党组书记、副主任，兼任国务院学位委员会主任委员。1978年中共十一届三中全会当选为中纪委委员。他是中共第十二、十三届中央委员，第三、五届全国人大代表，第八届全国政协常委。

主要成就与贡献

1955年1月，党中央作出发展我国原子能事业的决策后，急需抽调大批科技人员、工人和管理干部参加这一工作。采取的措施之一，就是在清华大学创办工程物理系。1955年，清华大学成立了由何东昌、汪家鼎、张礼主持的工程物理系，时任清华大学党委书记的何东昌兼任系主任。设立了原子能专业。国家有计划地从理工科大学选拔学完基础课的高年级学生，到北京大学、清华大学转学原子能专业。到1956年，我国就有了自己培养的第一批原子能专业大学毕业生。何东昌任系主任至1966年5月，长达10年之久。从1958—1964年，工物系为我国的原子能事业培养了1000多名毕业生，其中有12人亲身参加了第一次核试验，他们是：倪源兴、陈明峻、蒋鸿第、孙亚今、陈达、连环球、吴贤德、万志普、徐进、徐继彰、袁光钰、房士良(照片见下)。有多人在"两弹一艇"研制或后来核工业的发展中作出贡献：王大中(58届)、应纯同(58届)、陈玲燕(女)(58届)、刘桂林(59届)、安继刚(59届)、臧明昌(59届)、孙祖训(61届)、徐銶(61届)、倪源兴(61届)、李冠兴(62届)、郑庆云(62届)、谢庄应(62届)、伍绍祖(63届)、张正华(63届)、李惕碚(63届)、陈达(63届)、李玉仑(64届)、陈念念(64届)、陈森玉(64届)、胡二邦(64届)、李忠良(66届)。徐銶，他从20世纪60年代中期开始，一直从事快堆研究，提出了中国快堆从实验快堆到模块快堆(原型快堆)，再到大型增殖快堆发展的三步走战略和技术路线。实验快堆已于2010年7月首次临界。快堆是世界第四代先进核能系统的首选堆型之一。其形成的核燃料闭合式循环，可使铀资源利用率提高至60%以上，也可使核废料产生量得到最大程度的降低，实现放射性废物最小化。

奖项与荣誉

2007年教师节之际，工物系被人事部、教育部授予"全国教育系统先进集体"称号。工物系是清华大学首次获此荣誉的院系。何东昌是首任系主任。

参加第一次核试验的12位学长入学时的照片

倪源兴　陈明峻　蒋鸿第　孙亚今　陈　达　连环球
吴贤德　万志普　徐　进　徐继彰　袁光钰　房士良

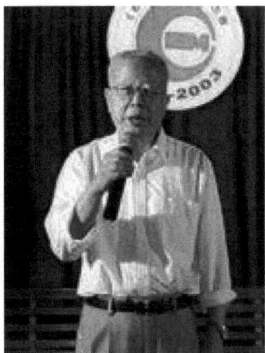

闵耀中

闵耀中 Min Yao Zhong (1935年9月—)，上海人。高级工程师。1962年，他在二机部江西七一三矿水冶厂组织试生产，从铀矿石中提取出第一批合格产品——重铀酸铵。

闵耀中，1953年高中毕业后，作为推荐留苏预备生，到北京俄文专科学校学习一年后，1954年8月赴苏联加里宁莫斯科有色金属和黄金学院冶金系铜冶炼专业学习。不久，改学贵金属冶炼。1956年冬，钱三强率团访苏并到该校访问时，接见中国留学生时提出，要从留学生中挑选一部分转读原子能专业。从此，闵耀中又改学原子能专业，并选学放射性元素冶炼，增学核物理、放射化学、半导体物理、反应堆工程、铀钍工艺学和自动控制等课程；延长学制半年。在写毕业论文时，他的毕业设计就是二氧化铀煅烧炉。1960年2月回国后，闵耀中被分配到七一三矿，历任七一三矿水冶车间值班长、中心实验室副主任、生产科长。1975年8月任七一三矿党委常委、副矿长兼总工程师。1983年8月任核工业部(1982年5月，二机部改名为核工业部)江西矿冶局局长、党组书记。1986年10月任核工业部干部司司长、部党组成员。1988年任核工业总公司总经理助理兼政工办主任、总公司党组成员。1991年任核工业总公司党组纪检组组长兼直属机关党委书记。他在中共第十四、十五次全国代表大会上当选为中央纪律检查委员会委员。

主要成就与贡献

闵耀中被分配到七一三矿后，先在北京第五化冶研究所进行七一三矿的工艺流程验证试验。1960年8月，他到达七一三矿现场，那时，水冶厂房初建成，开始设备安装和单体调试。他的工作有：除实验室做实验外，参加厂房设备安装和调试，研究工艺流程和参数，编写操作规程，培训技术工人。之后，组织水冶厂试生产。1962年5月1日，他们从铀矿石中提取出第一批合格产品——重铀酸铵。1962年11月13日,国家验收委员会主任刘淇生(二机部副部长)宣布我国第一座现代化水冶厂通过国家验收,正式投入生产。后来,他主持进行了多项技术革新并取得优秀成果。

奖项与荣誉

1.1978年3月17日—31日,闵耀中出席了全国科学大会(时任七一三矿生产副矿长兼总工程师)。在这次大会上,七一三矿获先进科技单位和6项优秀科技成果奖,依次是:

我国第一批矿浆吸附铀水冶厂流程的验证与改进;

流态化技术在铀水冶分级洗涤中的应用;

絮凝剂合成方法的应用;

铀水冶厂流线分析;

耐磨长寿命电磁流量变送器;

15平方米自动板框压滤机。

2.1986年1月,核工业部工作会议期间,党和国家领导人胡耀邦、方毅、李鹏、杨尚昆、郝建秀,在中南海怀仁堂亲切会见了核工业部的姜圣阶、王淦昌、刘兴忠、闵耀中、黄齐陶、于敏、连培生、钱皋韵、吕得贤、孙祖训等10位专家,并进行了座谈(见下图)。

3.2002年11月8日—14日,中国共产党第十六次全国代表大会召开。闵耀中作为老同志代表被邀请出席大会。

后排左五为闵耀中

汪 华

汪华 Wang Hua（1924年10月—1991年9月），生于江苏南京。研究员级高级工程师。他早期组织放射化学实验室的设计和先后参加核燃料后处理沉淀法、萃取法工艺的工程设计。

汪华，1947年毕业于南京中央大学化工系。同年任职台湾碱业公司召南工厂，从事氯碱技术工作。1949年5月离职到解放区，经组织分配到东北化工局沈阳化工厂工作，曾任车间主任、科长、厂副总工程师等职。他为化工厂恢复和扩大生产，建设新产品车间和老产品技术改造，取得显著成绩，曾作为集体劳模代表出席市劳模代表大会。1958年调入二机部第二研究设计院。汪华于1973年任第二研究设计院副总工程师。

主要成就与贡献

在我国原子能工业开创时期，汪华参与组织放射化学实验室的工程设计。先后任院核化工工艺室主任工程师、室主任。他最初参与核燃料后处理沉淀法工艺的工程设计，后又参与组织广泛调研萃取法新工艺设计，并且较早地提供了具体的技术论证资料，供调研组和二机部领导决策。1964年在国家下达一年内完成第一个萃取法中间试验厂工程设计任务后，汪华参与组织以工艺为核心的设计人员，到现场边试验，边设计，他能针对关键问题，进行分析研究，及时提出指导意见，按时完成设计任务，并一次投产成功。他参与组织了核燃料后处理厂的现场设计，实现现场设计和施工配合。

在核工业三线建设方面。汪华参与组织了石墨轻水生产堆和石墨轻水生产、发电两用堆的工程设计，为三线核化工建设长期而辛勤地工作。汪华还参与了核动力堆后处理厂的方案论证和方案设计。他通过调研和学术研讨，提出许多有益的建议和设想，并在实际工作中培养人才和指导中青年设计人员的工作。

张文青

张文青 Zhang Wen Qing（1932 年 12 月— ），山东德州市人。教授级高级工程师。长期从事锕系元素锫化学研究和核化学、核化工工作。

张文青，1951 年考入北京大学化学工程系，1952 年全国高校院系调整后转入天津大学，1955 年毕业于天津大学化学工程系无机物专业，分配到国务院第三办公室。同年 9 月，入中国科学院近代物理研究所放射化学室跟随杨承宗教授从事放射化学研究和铀的分离提取工作。翌年 9 月，被国家选派到苏联科学院莫斯科地球化学与分析化学研究所作研究生，主攻锕系元素锫化学，并获得苏联科学院化学科学副博士学位。于 1960 年 10 月回国后，在中科院原子能研究所任助理研究员、副研究员等职。

主要成就与贡献

1. 长期从事锕系元素锫化学研究主攻锫元素化学及铀锫元素的分离工作，任业务大组长和学科带头人。建立了我国第一个具备手套箱操作毫克量级的锫的研究实验室；成系统地研究和确立了锫元素的价态制备和分离分析方法。曾承办过我国锫元素化学研究人员的培训班。

2. 曾为核武器（核试验）的参数测定专门制作过铀靶和锫靶，并得到过二机部领导的通报表扬。

3. 参与了我国核燃料后处理工艺由先进的萃取法替代落后的沉淀法的研究工作。原子能所十室承担了需在短期内完成的 Purex 萃取法流程热验证的艰巨任务，并由原子能所、清华大学、核二院等单位组成突击队争分夺秒连续作战。张文青任第三突击队副队长，主要负责工艺流程中锫的回收率的测定和锆镉元素的去除工作。经过

大家艰苦努力,克难攻关,测试了1000多个样品,终于在半年之内圆满地完成了流程的热试验,取得了重要的科研成果,为后处理厂的设计建造提供了必要的工艺参数。

4.1978—1983年,在汪德熙院士直接领导下,成立了冠醚研究组,专门从事用冠醚分级萃取铀的化学方法来进行铀的同位素的分离浓缩的研究探索工作,并取得了一定的进展。

奖项与荣誉

1.1978年获全国科学大会奖2项。

2.1982年获国防科工委科技进步奖四等奖。

3.1990年获国家能源政策研究成果奖三等奖。

4.1992年获国防科工委科技成果奖二等奖、三等奖各1项。

5.1988年获国防科工委"献身国防科技事业"荣誉奖章和证书。

张文青(右一)留苏期间和研究所同学合影

张天保

张天保 Zhang Tian Bao（1916年—1982年），山西原平市人。采矿专家。他为我国原子能工业开创时期的铀矿冶作出应有贡献。

张天保，1943年毕业于西北工学院矿冶系。参加工作的前20年，主要从事煤炭开采技术工作。1963年初，经国务院和中央军委决定，二机部从冶金、煤炭、化工等部门和中国人民解放军选调一万多名干部和工人，其中有近千名工程技术人员，迅速组成了铀矿冶的科研、设计、施工和生产准备队伍。张天保是其中之一，他被抽调到铀矿冶科技战线。

主要成就与贡献

张天保在二机部历任中南工程局，第三、第四研究设计院和部十二局（矿冶局）总工程师。曾被推选为中国核学会常务理事和中国铀矿冶学会理事长。他主要组织领导铀矿冶科研、设计、施工和生产技术管理工作。先后主持制定了14项铀矿山工程的重大技术方案和广东、湖南、江西三省铀矿山和水冶厂的规划；组织解决了铀矿山基本建设中的一些重大技术问题；组织制定了具有指导性的铀矿冶工业技术政策，如"铀矿冶企业设计若干问题规定"、"铀矿冶工业技术经济政策"等。1987年出版的《当代中国的核工业》指出："矿冶局总工程师、采矿专家张天保的事迹最为突出……他先后领导了近20项工程设计，组织解决了含铀褐煤开采中的火灾、水患问题，在改革回采工艺、治理厂矿污水、采用喷射混凝土支护新技术等方面都有建树，为我国铀矿冶工业发展作出了贡献。"

1982年3月25日，张天保在办公室工作时，突然呼吸急促，很快昏迷过去，经医院抢救无效，于3月31日不幸逝世。

陆祖荫

陆祖荫 Lu Zu Yin（1926—1992年），江苏常熟人。核物理专家。他为我国核试验作出应有贡献。

陆祖荫，1946年毕业于西南联合大学物理系，1947年在清华大学攻读流体力学研究生，师从著名流体力学家周培源。1950年到新组建的中国科学院近代物理所（原子能所）工作。在何泽慧指导下，开展核乳胶研究工作。1955年，何泽慧、陆祖荫、孙汉城3人合作研制成了对质子灵敏的核乳胶。1956年，陆祖荫晋升为副研究员。1957年，他被派往苏联列宁格勒物理技术研究所实习。1959年回国任原子能所（院）中子物理研究室室主任助理，开展中子截面的实验测量。1962年11月，奉钱三强之命调入新疆核试验基地核试验研究所（21所），他与吕敏、忻贤杰一起配合程开甲负责研究起草核试验技术总体方案，并组建核试验技术队伍，后任21所三室（核物理室）主任。在戈壁沙滩10余年。1972年以后，调入中国科学院高能物理研究所任研究员，曾担任北京正负电子对撞机工程领导小组顾问，清华大学教授，清华大学生物医学工程研究所所长。

主要成就与贡献

1.参加我国第一颗原子弹爆炸试验，出色完成任务。1964年10月16日15时，我国第一颗原子弹爆炸成功，周恩来总理要求在2小时内上报核爆炸当量，陆祖荫与彭桓武用简易目测法，测算烟云高度换算出爆炸当量并及时上报。这与后来的精确测算结果基本相符。试验后的第二天，陆祖荫带着采集样品飞往北京，交原子能所进行放化分析，第四天他奉命陪周总理观看"八一"电影制片厂摄制的原子弹爆炸纪录片，并向总理做解说。观后，周总理与他亲切握手，并向他表示感谢。

2.他担任21所三室（核物理室）主任后，全面负责技术工作，先后多次参加核试验，制定测试方案,组织技术攻关和实施。他本人有功绩,三室有重要贡献。三室涌现出吕敏、钱绍钧、杨裕生、邱爱慈(女)等院士和多名专家。

奖项与荣誉

1955年,何泽慧、陆祖荫、孙汉城合作研制成对质子灵敏的核乳胶,获1956年度国家自然科学奖三等奖。陆祖荫是参加者,也是获奖者之一。

我国第一颗原子弹爆炸试验成功后,现场科研人员欢呼庆祝

陈国珍

陈国珍 Chen Guo Zhen（1916年—2000年2月）。著名分析化学专家，原二机部核燃料(分析化学)总工程师。

陈国珍，1951年初，陈国珍在英国伦敦大学取得博士学位后，即回到祖国，参加社会主义建设。在厦门大学先后担任教授、系主任、校长助理等职。1952年我国高等学校院系调整时，陈国珍就提出在厦门大学设置了分析化学专业。当时，只有北京大学、南京大学、厦门大学等设置了分析化学专业。陈国珍要搞自动化分析，是有前瞻性的。陈国珍还曾担任厦门市政协委员、福建省人民委员会委员、福建省政协委员等职。1959年，他参加了"庆祝建国十周年福建省劳动模范及先进工作者代表观光团"进京观光典礼。

主要成就与贡献

1962年，二机部为实现第一颗原子弹爆炸，请求中央抽调若干名高级科技人员参加攻关。其中研制核燃料的有6名，分别担任化工、扩散、冶金和分析化学总工程师，陈国珍是其中之一，担任分析化学总工程师。他具体负责杂质元素的分析检验。要按照高富集铀-235金属的杂质元素的最高允许量指标去工作，要做20多个项目。陈国珍成立了几个攻关小组，夜以继日地工作。到1963年5月和8月，他先后两次召集分析验收会议。会上通过了15个重点项目和38篇工作报告。1964年6月又召开验收会议，验收了35篇工作报告。其中有4篇关于联合测定的方法，可同时测定15个杂质元素。各攻关小组对自己所承担的项目和方法，都要在会上报告。通过会议讨论和验收，并把通过验收的方法和操作规程印出正式文件，再由陈国珍签字批准。之后，才发到工厂依照执行。1964年10月16日15时，我国第一颗原子弹爆炸成功，证明了分析化学攻关是成功的。陈国珍和他带领的攻关团队为第一颗原子弹的爆炸成功作出重要贡献。

1964年,陈国珍被选为第四届全国政协委员,之后,第五、六、七届连选连任。

1980年,中央调陈国珍任国家海洋局副局长,国家海洋局学术委员会、科学技术委员会主任。

1987年,厦门大学聘请陈国珍为分析化学博士生导师。在此后的10多年间,陈国珍为国家培养了11位博士。

我国第一座重水堆主控室,担任分析化学总工程师的陈国珍组织攻关小组,进行铀金属的杂质元素的分析

林传骝

林传骝 Lin Chuan Liu（1925年— ），湖北人。他参加了我国第一颗原子弹爆炸试验，并负责测试。

林传骝，1951年广州岭南大学毕业，先在中国科学院近代物理研究所工作，1955年留学苏联，1959年回国后分配到北京核武器研究所，参加原子弹的研制。1963年初，他和其他科技人员陆续赴西北核武器所研制基地（二二一厂），在厂试验部工作。第一颗原子弹爆炸成功后，部分科技人员转赴三线，林传骝到九院十所工作，曾任西南计算中心研究员，副主任。

主要成就与贡献

林传骝是搞原子弹核测试的。在九所工作期间，就由林传骝等研制成电测装置以及各种类型的测试仪器，解决了爆轰试验中信号的获得问题，为在长城脚下的爆轰试验创造了条件。在二二一厂进行的缩小尺寸的试验和全尺寸的试验，都取得了成功，林传骝也是做的核测试。

1964年，二二一厂派出222人的先遣队并于7月组成第九作业队，赴新疆国家核试验基地，展开第一颗原子弹的爆炸试验工作。林传骝任9312（试验）作业分队队长。在核测试方面，主要有两项工作，一是监视雷管是否瞎火，如果试验不成功，就要通过监测数据找原因；如果试验成功，就不存在问题了。具体做法是从每个雷管取出信号，在仪器上记录，看这个信号全不全，时间对不对。也就是将原子弹就位之后还要进行这样的检查，看是不是能正常的工作。二是监测总作用时间，离铁塔不远设一个小工号，内有两台仪器，对准铁塔上的核装置。原子弹起爆之后首先出中子，就是测量雷管起爆到出中子的时间，以及出多少中子。这两个项目测试都是由林传骝负责完成的。"零时"前，所有测试人员都撤场了，林传骝最后跟701队插雷管的人一块撤出场区。

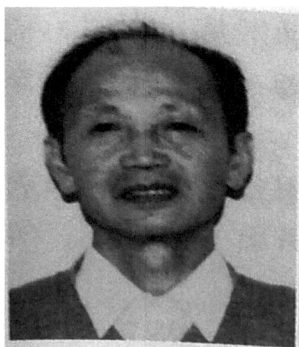

罗文宗

罗文宗 Luo Wen Zong (1926年—)，浙江诸暨人，放射化学、分析化学家。

罗文宗，1952年毕业于复旦大学化学系。1956年调入北京原子能研究所（后为中国原子能科学研究院）放射化学研究室工作。1958年去苏联杜布纳核联合研究所工作。1959年回所工作，曾任室主任助理、副主任、主任、所科技委主任，核工业研究生部兼职教授。

主要成就与贡献

1958年，罗文宗曾被派往苏联杜布纳核联合研究所工作，回国后长期在原子能研究所后处理研究室从事研究工作。1959年10月，罗文宗为后处理研究室（七室）主任助理，协助室副主任刘允斌抓全室工作。1960年，为了一线（铀-235生产线）任务，攻分析技术关，其中有一项是铀产品中稀土元素的测定，如稀土元素钆、铕、钐、镝都是吸收中子的毒物，作为核燃料对这些稀土元素杂质净化要求是很高的。罗文宗是此项任务的负责人，他集中了萃取法分离铀、离子交换法分离稀土元素和放射性测量等方面的人力进行中子化分析，并进行了样品照射的时间和产生的放射性强度的计算。1962年，罗文宗领导组织首次从铀元件中提取纯化钚。在完成工艺条件小实验后，大实验放射性强，萃取在热室中进行，每次处理热铀约100克，6个月后共获得数百毫克钚。这是我国首次从铀元件中提取毫克级钚。1965年，后处理研究室与清华大学、设计院和工厂合作，采用萃取法从辐照铀中提取军用钚的工艺流程的热实验，取得较好的结果，为核燃料后处理工厂设计提供可靠数据。另外，他还做了冠醚分离同位素探索性研究。编著有《放射化学分析》和《钚的分析化学》。

奖项与荣誉

1.参与完成"核燃料后处理工厂工艺研究",获1978年全国科学大会奖。

2.领导并参与完成"六氟化铀中杂质元素分析方法研究",获1985年国家科技进步奖三等奖。

科研人员在用萃取法进行后处理试验

金星南

金星南 Jin Xing Nan（1919年12月— ），上海青浦人。理论物理学家、计算数学家。他是我国核科学领域计算数学的开拓者。

金星南，1941年毕业于上海大同大学数学系，1946年赴法国，在斯特拉斯堡大学从事核物理研究。新中国成立后，1950年回国到中国科学院近代物理所（原子能所）工作。历任研究员、博士生导师、理论研究室主任、物理研究部主任、中国原子能科学院科技委常委等职。从1983年起，先后担任北京师范大学、苏州大学、核工业研究生部兼职教授；中国核物理学会常务理事，中国高能物理学会名誉理事等职。

主要成就与贡献

20世纪50年代初，金星南在彭恒武领导下的原子核理论研究组，同组的还有于敏、朱洪元、邓稼先、黄祖洽、程开甲等。他们的工作为"两弹"研制做了技术储备，如进行了氕、氘、氚等轻核结合能的研究，还计算了锂-6、锂-7的结合能。

从1956年起，金星南离开原子核理论组，由他领导组建了计算数学组，经过培训，最早使用电子计算机，开展数值计算方法的研究，先后对反应堆工程、核潜艇工程、同位素分离、核武器研制和核试验做了大量的计算，为"两弹一艇"攻关中的理论计算工作打下了基础。

在"两弹"攻关中，其中一项任务是对生产锂-6和氚化锂的技术攻关。1962年，金星南等人为氢弹燃料锂-6完成了同位素分离的理论计算工作，为生产厂投产作出重要贡献。

郑庆云

郑庆云 Zheng Qing Yun(1938年1月—),浙江慈溪市人。研究员级高级工程师。

郑庆云,1962年毕业于清华大学工程物理系。毕业后分配到二机部兰州铀浓缩厂。历任兰州铀浓缩厂副总工程师,核工业部政研室主任,中核集团公司科技委副主任,中国核动力学会常务副理事长。

主要成就与贡献

在核工业研制"两弹一艇"的第一次创业期间,他参加了兰州铀浓缩厂的建设,曾研制了低本底测量装置,组织了主机铀积累测量及核临界安全的管理。在任铀浓缩厂副总工程师期间,创建多种管理办法,加强了工厂的安全和核辐射防护工作,该厂先后被评为甘肃省和核工业部的安全防护先进单位。在核工业军转民第二次创业期间,连任核工业智囊机构的领导,为发展核电、核燃料事业发挥了积极的作用;为建立和发展核工业软科学体系做了有效的工作,是中国软科学研究会专家库首批专家之一。组织起草了不少重要文稿与资料,是《中国核工业》杂志的首任主编,是"四个一切"事业高于一切,责任重于一切,严细融入一切,进取成就一切核工业精神的提炼者。发表了重要的技术、管理、软科学的论文、著作、汇编20余篇(本)。

奖项与荣誉

与中国辐射防护研究所共同研制的测量装置,获国防科委科技成果奖。

郑庆云随同蒋心雄部长回兰州铀浓缩老厂

秦元勋

秦元勋 Qin Yuan Xun（1923—2008年），贵州贵阳人。数学家。长期从事数学理论及其应用的研究。他负责核武器设计中威力计算的工作以及解决核装置过程中遇到的各种数学问题。

秦元勋，1943年毕业于浙江大学数学系。1946年获美国哈佛大学文学硕士学位，1947年获该校哲学博士学位，1948年被美国俄亥俄大学玛丽塔学院授予荣誉科学博士。1948年回国，任西南军政委员会文教部调研室副主任、科学普及处处长。1960年，奉调二机部参加原子弹的研制，任核武器研究所理论部副主任（主任为邓稼先）。1972年起，到中国科学院应用数学所工作，历任研究员、副所长、执行副所长（所长是华罗庚），主持全所工作。1985年7月—1986年6月出任黄河大学首任校长。1987年8月—1990年，在美国佛罗里达大学数学系任访问教授。之后，回中国科学院应用数学所。

主要成就与贡献

为了加强对"两弹"装置和机载航弹的设计试验工作的技术指导，在核武器研究所下设有4个技术委员会：产品设计技术委员会、冷试验委员会、场外试验委员会、中子点火委员会。其中场外试验委员会，主任委员郭永怀，副主任委员程开甲，委员有陈学增、赵世城、张宏钧、秦元勋、俞大光。秦元勋在核武器研制中的学科分工，是数学、计算机及其计算方面的管理工作。

1.核武器设计中的威力计算工作，他提出非定态中子输运方程的"人为次临界"解法，与李德元等人完成了核材料被压缩到超高临界后能量释放过程的总体计算，并对原子弹威力计算的误差做出整体估计，给出原子弹威力计算的粗估公式等等。解决核装置设计过程中遇到的数学问题，他用拓扑学方法论证了球形合成的块数。这些理论

成果经受了第一颗原子弹爆炸成功的检验。他把这些成果加以总结提高,写出了百万字的《核装配分析》一书。同时,培养了中国第一代核威力计算工作者队伍。

2.在氢弹研制过程中,秦元勋提出了"天然差分"概念,解决邻域选取问题。这有助于克服二维流体力学计算中遇到的困难。在氢弹威力计算方面,他对加强型装置作出粗估公式;对威力计算的误差作出整体估计等等。秦元勋深知计算机的重要性,原子弹的研制用的是中科院计算所刚研制成功的104机;他又及时向中科院提出研制109丙机和向上海华东计算所提出研制J–501机的任务。这两台计算机及时地支持了中国氢弹的研制。1967年,秦元勋亲临第一颗氢弹试验现场,亲眼见证他的理论计算与试验结果的一致性。

奖项与荣誉

1.因负责完成了中国第一颗原子弹和氢弹的威力计算工作,他以《596及639任务的威力计算》为题的论文,在1978年全国科学大会上获重大成果奖。

2.1982年,国家科委授予《原子弹及氢弹中的物理力学数学的理论问题》国家自然科学一等奖,在荣誉证书上,秦元勋名列9位获奖代表者之首。

邓稼先　　　　周光召　　　　于 敏　　　　黄祖洽

周毓麟　　　　秦元勋　　　　江泽培　　　　何桂莲

北京核武器研究所理论部正副八位主任

顾震潮

顾震潮 Gu Zhen Chao (1920—1976年)，上海市人。大气物理学家，研究员。

顾震潮，1942年毕业于中央大学地理系；1945年毕业于西安联合大学研究生院；1947年留学瑞典斯德哥尔摩大学；1950年回国。历任中科院地球物理研究所副研究员、研究员、研究室（二室）主任，中科院大气物理研究所所长，中国气象学会常务理事、《气象学报》副主编，世界气象组织大气科学委员会委员等。他开创了中国大气物理学的研究领域，先后建立了实验气象和大气湍流等学科，在数值预报、云物理和人工影响天气、雷电物理、雷达气象和大气射电等方面进行了广泛的研究，做出了许多开创性的工作。他是第三届全国人大代表。

为"两弹"研制提供气象保障作出贡献

与陶诗言共同领导了中国联合大学分析预报中心的工作，开创了中国大气物理学的研究领域，20世纪60年代为原子弹和导弹试验的气象保障作出贡献。

1950年底，中央军委气象局与中国科学院地球物理研究所合作成立了"联合天气分析和预报中心"。顾震潮和陶诗言分别被任命为该"预报中心"的主任和副主任。60年代初，中国开展了核弹（原子弹、氢弹）、导弹等国防尖端科学技术的研制工作，国防气象保障预报是一项十分艰巨的任务，张爱萍将军亲自点将，由顾震潮和陶诗言负责"两弹"试验现场的气象保障工作。1964—1967年，他们亲临第一线，多次到试验基地工作，与当地天气预报员一起圆满地完成了任务。

顾震潮一生为气象科学奋斗不懈，著作颇丰，论文百余篇，著有《云物理学》。他还亲自执教于中国科技大学和在地球物理所举办培训班，培养了大批气象业务骨干。

奖项与荣誉

1.新中国成立初期致力于我国气象预报业务的发展,与叶笃正合作,从动力和热力作用两个方面分析和研究青藏高原对东西大气环流和中国天气系统的影响,并合著《西藏高原对东亚大气环流及中国天气的影响》,获1956年国家自然科学奖。

2.为"两弹"试验提供气象保障工作,先后两次荣立个人一等功,并获部队颁发的喜报。

1964年,在北京国际科学讨论会期间,顾震潮(右一)、叶笃正(右二)、赵九章(右三)、陶诗言(左二)等合影

原公浦

原公浦 Yuan Gong Pu（1936年— ）上海人。酒泉联合原子能企业高级技工师。他成功完成了我国第一颗原子弹核心部件加工的最后工序。

主要成就与贡献

我国第一颗原子弹核心部件(浓缩铀部件)的研制加工,是由酒泉原子能联合企业承担完成的。1963年底,他们完成了工号全部基建安装调试后,就开始了原子弹核心部件的铸造。部件铸造需要特殊的坩埚。在二机部领导的支持下,酒泉原子能联合企业和北京钢铁研究院组成攻关小组,经过105次对比试验,终于研制出了合格的特种氧化物坩埚。然后是攻克铸造技术问题。部核燃料局总工程师张沛霖亲自在现场指挥。铸造组组长张同星以及工程技术人员王清辉、毕清华、高庆昌、张文祥等经过上百次的试验,突破了铸造中的退火、压力加工、精加工等关键技术。为了加快铸造的进度,车间副主任祝麟芳建议并负责组织建设了简易车间,经张同星等人反复试验,解决了铸造件内部孔洞缺陷(气泡)难题,于1964年4月铸造出合乎要求的坯件。4月10日,原子弹核心部件的加工到了最后一道工序——精加工。这是一道非常关键的工序,万一出了差错,产品就会报废,其后果不堪设想。机加工工程师何绍元、李传祚、秦元达等为首的机加工组进行了认真的准备,编制了实施方案。由谁来完成这最后的加工任务?厂领导和机加工组选中了原公浦为主操作手,由他主刀。另有匡炳兴负责复核、监护,何绍元负责计算和记录,张淑芝负责数据检查、测量等。这是一个严密的加工检测网络。1964年4月30日晚,部领导、专家以及总厂、分厂的领导都来了,公安部一位专职处长负责产品保卫,车间副主任祝麟芳指挥现场的生产操作。原公浦、匡炳兴和张淑芝各就各位。主操作原公浦开动车床:测量、进刀、测量、再进刀、再测量……

车刀进一次测量一次复核一次调整一次；还要经过领导和专家的批准。凌晨一点，只剩下最后三刀，这是关键的三刀，每刀都须领导和专家批准。1964年5月1日凌晨三点，我国第一颗原子弹的核心部件经质量技术检验鉴定，产品的所有技术指标均达到了设计标准要求。原公浦从此有了"原三刀"的美称。按中央指示，为确保产品的绝对安全，将核心部件直接运往试验场组装待试。

帐蓬里技术攻关，由左至右：原公浦、彭子彬、祝麟芳、阮水英（女）、杨志勤（站立者）

钱 晋

钱晋 Qian Jin (1922—1970年),浙江海盐人。核应用化学专家,著名炸药专家。

钱晋,1944年毕业于北京大学应用化学系。1946年奔赴晋冀鲁豫边区。曾任北方大学工学院教师、华北大学工学院副教授。1954年后,任北京工业学院副教授,后奉调二机部核武器研究所(九所)任副研究员,参加"两弹"的研制。

主要成就与贡献

为了加强对原子弹装置和机载航弹的设计试验工作的技术指导,在核武器所下设4个技术委员会:产品设计技术委员会、冷试验委员会、场外试验委员会、中子点火委员会。其中冷试验委员会主任委员王淦昌,副主任委员陈能宽,委员邓稼先、钱晋、周光召、李嘉尧、何文创。1961—1962年,由冷试验委员会组织,在王淦昌、陈能宽等指导下,开展了起爆元件的设计和波形会聚流体力学过程的实验研究及爆轰波传播规律、高压状态方程的实验研究。钱晋等人在北京工业学院等单位的协作下,经过数以千计的试验和不断改进,研制成功性能良好的高压雷管,并改进了电火花引爆装置的制造技术。钱晋是试验部副主任,也是研制原子弹装置部件第二生产部主任,负责炸药件的研制、生产和加工。他和吴永文带领工人和技术人员为了达到质量要求和安全生产,不断改进生产工艺,为原子弹装置核爆炸试验和爆轰物理试验提供了大量合格的零部件。在王淦昌的指导下,采用了新注装工艺,大大提高了炸药部件的质量,并改进了第一颗原子弹的高爆炸药。

倪源兴

倪源兴 Ni Yuan Xing (1938年5月—1998年12月)，江苏江都县人。核物理研究员。

倪源兴，1961年毕业于清华大学工程物理系，毕业后分配到国防科工委第二十一试验训练基地工作，历任基地研究所专业组组长、研究室副主任等职。

主要成就与贡献

他作为我国最早参加核试验的科技工作者之一，在西北国家核试验基地现场担负着核试验测量任务，前后共参加了30多次核试验，为发展我国核武器奋斗了一生；他在核爆炸辐射场参数测量和近区物理测量领域取得了显著成绩。

奖项与荣誉

1.他领导的第二研究室被中央军委授予"勇攀科技高峰研究室"的荣誉称号。

2.他多次获国家级和军队的科学技术进步奖。

核试验现场

郭景儒

郭景儒 Guo Jing Ru（1935年8月— ），河北正定人。核化学化工专家。

郭景儒，1957年毕业于北京大学化学系，同年分配到原子能所（现中国原子能科学研究院）工作，半个多世纪，先后担任过课题组长，室副主任、主任，所（院）科技委副主任等职务。

主要成就与贡献

他长期从事放射化学研究事业，承担起核试验燃耗分析任务。

1962年，工作仅几年的郭景儒被任命为核试验燃耗分析小组组长（郭所在的十室部分同志，还有核武器研究所和21所的同志参加），承担研究测量核试验燃耗的方法。核试验中爆炸燃耗是必须准确测量的重要参数之一。放射化学诊断方法是测定核爆炸当量十分有效的手段，每次核爆炸都需要进行放射化学诊断。这项任务涉及核物理、放射化学、核电子学和探测器等许多学科领域。郭景儒作为负责人，直接组织核试验放化诊断方法研究工作。并亲自参加难点课题的研究。经过两年半的攻关，按时建立了一套准确、可靠的核试验爆炸燃耗测量方法。他们及时为第一颗原子弹试验的燃耗分析建立了测定方法，出色地完成了首次核试验的燃耗分析任务，并多次参加核试验的爆炸燃耗测量。

奖项与荣誉

以郭景儒为组长的小组，建立的核试验爆炸燃耗测量方法，获1978年全国科学大会奖；因这套方法具有创新性，获得国家发明奖二等奖。

高　潮

高潮 Gao Chao（1933年— ），山东高密人。核物理专家、核技术工程专家。他在核武器研究所(院)与邓稼先配合工作达26年之久。

高潮，1948年1月参加革命，在吉林市军粮总厂工作。1949年2月入党，同年3月随军南下，任赣西南区党委书记杨尚奎(后曾任江西省委第一书记)机要秘书。后来弃官从文，报考工农速成中学，因成绩优秀考取留苏预备生，先在北京外国语学院培训俄语一年，于1956年8月，进入苏联列宁格勒大学物理系原子核专业学习，因学习成绩优异，被选为物理系留学生党支部书记、列宁格勒城市留学生党总支委员。1960年因国内需要提前毕业回国。回到北京后，被分配到核武器研究所工作，所领导朱光亚接待并与他谈话，说需要他参加国防尖端技术研究工作。邓稼先(1958年8月到该所)亲自把他接到所理论设计部，分配到中子物理组；从此，他俩并肩战斗。

主要成就与贡献

在邓稼先的领导下，高潮参加了原子弹理论设计中的"九次计算"。邓稼先带领的团队摸清了爆轰力学、中子输运、核反应等一系列原子理论知识和理论设计关键技术。他们加班加点，直至1964年10月16日第一颗原子弹爆炸成功。

绿叶配红花。高潮奔波在青海核武器研制基地(二二一厂)、四川核武器科研基地(九院)和新疆罗布泊核试验基地。高潮还曾任核武器研制基地科研生产处的副处长。邓稼先任核武器研究院院长后，高潮任常务副院长，配合默契。他协助邓稼先，先后担任第一代核武器4个型号指挥调度总负责人，中子弹研制技术总负责人和指挥调度总负责人，国家试验场副总指挥长等，合作至1985年高潮调到中国科学技术协会。1986年7月，邓稼先病逝。1987年8月30日，高潮在《光明日报》发表纪念文章《怀念邓稼先同志》。

高潮到中国科协,在钱学森、朱光亚的领导和指挥下,历任科协书记处书记、常委、科协副主席、党组书记等职务,他从不张扬,甘当绿叶,感到自豪的是,参加了核武器研制和为科学家服务这两件事。

有《高潮文集——中国早期核武器研制与组织管理》(中国科学技术出版社,2012年)。

奖项与荣誉

1.因"核武器重大突破"项目,获国家科学技术进步奖特等奖(高潮是获奖者之一)。

2.获二机部"为我国第一颗原子弹爆炸成功作出了贡献"荣誉证书。

1958年10月成立第九研究所,定址在北京花园路3号

黄世明

黄世明 Huang Shi Ming(1919年—2001年),四川广安人。固体物理和爆轰物理学家。中国闪光X射线照相学科的开拓者之一,中国工程物理研究院研究员。

黄世明,1943年毕业于中央大学理化系。新中国成立后,1951年初,他被任命为威远钢铁厂技术副厂长。1953年9月,他被调入中国科学院应用物理研究所。1960年4月,他奉调二机部北京核武器研究所,从此开始了为"两弹"攻关的历程。

主要成就与贡献

1.黄世明被分配到研究所二室6组任组长,负责闪光X线机的研制和测试技术,以及爆轰物理的应用研究工作。他带领年轻技术人员于1963年初研制出中国第一台脉冲闪光X射线机,即可用于爆轰X射线照相的1600kV单次闪光X线机诞生,填补了国内空白。

2.1964年初,黄世明转战至西北核武器研制基地,参加突破原子弹技术会战。他完成了原子弹技术攻关中结构部件影响等重要课题任务。

3.1965年底,研制成功具有当时世界先进水平的4次脉冲闪光X射线机。1966年初,为了协同突破氢弹原理关键技术,他提出了采用新研制出来的闪光X射线机爆轰试验技术方案。经过一年的奋战,氢弹等关键部件的"结构保护"难题得到解决,为1967年第一颗氢弹爆炸试验成功争取了宝贵时间。

黄齐陶

黄齐陶 Huang Qi Tao (1934年7月—),生于浙江宁波。核化学工程专家。他曾长期从事核燃料后处理的科研、设计和生产管理工作,之后转向为核电事业服务。

黄齐陶,1951年6月入选去苏联留学,就读于列宁格勒大学化学系。1956年毕业后被派往莫斯科门捷列夫化工学院攻读原子能专业,进修一年后回国。被分配到二机部十四局(酒泉原子能联合企业的前身)工作,参加企业的筹建,并为建造后处理厂做准备。1961年上半年,从事后处理的技术人员集中到二机部第二研究设计院,以加强后处理厂的自主设计力量。黄齐陶随之到二院。1966年底,黄齐陶返回酒泉原子能联合企业,从事生产技术管理工作,曾先后任总厂生产技术处科长、处长及厂总工程师等。1984年6月调核工业部核燃料局任总工程师,后来又先后任核工业部科技司司长、科技委副主任、副部长、核工业总公司副总经理等职。1993年4月调至国家科委任副主任兼国家核安全局局长。

主要成就与贡献

1.1964年底,二机部决定后处理抛弃沉淀法流程而改用更先进的萃取法工艺流程后,黄齐陶遂担任二院五室的科研组组长,负责组织开展与萃取法流程相关的科学研究和流程验证工作。为掌握萃取法流程的化学机理和获取全部工艺参数,由黄齐陶负责的科研组向原子能研究所、清华大学、北京大学等全国十多家化学化工类科研机构提出科研任务委托书,并共同确定研究实验内容,联系协调科研与设计之间的接口,组织科研成果的鉴定与验收。研究实验课题涵盖超铀元素化学与分析、裂片元素的化学行为、萃取剂和稀释剂的辐射降解性能、萃取设备(主要是混合澄清槽)的结构以及三

废处理工艺等方面，最后以热室规模的全流程模拟实验并取得可观量的钚−239产品为止。此项工作历时三年多，取得圆满的结果，为后处理厂的设计和生产提供可靠的依据。

2.生产堆和后处理厂投入正常运行后，黄齐陶组织有关技术人员提出技术改进方案，优化工艺过程，实施"综合利用"措施。如后处理厂的三循环改二循环的简化流程，在线分析技术在后处理厂的应用，利用反应堆控制棒生产或提取稀有同位素等等。

黄齐陶还曾为动力堆乏燃料元件后处理的技术路线开展了广泛调研。

3.1984年6月起，黄齐陶先后调到核工业部、国家科委及国家核安全局工作，为核工业"保军转民"、核电建设和国家核安全监督等，做了大量卓有成效的工作。

黄齐陶副部长(左二)在主持会议并讲话

龚祖同

龚祖同 Gong Zu Tong（1904 年 11 月—1986 年 6 月），生于上海市。光学家。中国光学玻璃、纤维光学与高速摄影的创始人，中国应用光学的开拓者之一。

龚祖同，1926 年考入清华大学物理系，1930 年以优异成绩毕业，留校任教。1932 年进清华大学研究生院，师从我国实验核物理先驱赵忠尧，从事实验核物理方面的研究。1934 年赴德国柏林技术大学深造，1937 年完成工程博士学位论文，1938 年初回国，参加了我国第一个光学工厂——昆明兵工署 22 厂（昆明光学仪器厂）的组建工作。新中国成立后，1950—1956 年任中国科学院长春仪器馆研究员、研究室主任。1956—1962 年任中国科学院光学精密机械研究所（前身为长春仪器馆）副所长。1962—1984 年，任中国科学院光学精密机械研究所西安分所（后更名为中国科学院西安光学精密机械研究所）所长。1984—1986 年，任中国科学院西安分院副院长，中科院西安光学精密机械研究所名誉所长。1980 年中国光学学会高速摄影与光学电子学专业委员会成立，龚祖同被推举为委员会主任。1986 年 6 月病逝于西安。

主要成就与贡献

1962 年，根据钱三强、王淦昌建议，经聂荣臻批准，成立了为"两弹"研制服务的中国科学院光学精密机械研究所西安分所，并调时任中科院长春光学精密机械研究所副所长的龚祖同担任所长。龚祖同于 1962 年 3 月赴任。他领导年轻科技工作者奋战一年，为反应堆研制了热室潜望镜，为我国首次核试验研制了三台克尔盒多幅高速摄影机和三台转镜式等待型分幅高速摄影机，用于试验现场，它们都获得了重要图片。之后，在龚祖同的领导下，又陆续研制成功速度从每秒几十幅到 2 千万幅的间歇式高速摄影机、棱镜补偿式高速摄影机、等待型转镜高速摄影机、同步型高速摄影机、狭缝式

高速摄影机以及不同时间分辨率的转镜型扫描高速摄影机和小型电影经纬仪等,并用于核试验。为了满足祖国核武器试验的需要,他不止一次带队跋涉于沙漠中的核试验基地。

核科学家王淦昌提出西安光学精密机械研究所研制变像管高速摄影机,龚祖同对这个建议很重视。从1964年春开始,他就组织力量开展该项技术的基础性研究,包括光电阴极的研制,宽束电子光学的研究,变像管的设计、制造以及控制电路的研制。1969年开始出成果,直至他逝世,陆续研制成功短磁聚焦的高速摄影变像管、长磁聚焦电偏转的扫描管、静电聚焦电偏转的扫描分幅两用管、皮秒时间分辨率的扫描管以及磁聚焦的多级串联像增强器与静电聚焦级联像增强器等。他以国家需要为己任,为此奋斗了一生。

奖项与荣誉

1.龚祖同由于在高速摄影和光电子学方面的杰出贡献,1978年获全国科学大会授予的重大技术贡献先进工作者称号。

2.美国同行对于中科院西安光学精密机械研究所在高速摄影方面的成就极为赞赏,授予龚祖同1981年度美国光声成就奖。

3.1985年,以在"现代国防试验中的动态光学观测及测量技术"项目,获国家科技进步奖特等奖(龚祖同在7名获奖者中名列第二)。

龚祖同和科研人员在一起

疏松桂

疏松桂 Shu Song Gui（1911年6月—2000年），安徽枞阳人。自动控制及系统可靠性专家，他是中国自动电力拖动学科的创始人之一，控制系统可靠性研究与教育的开拓者之一，长期从事工业和国防方面的控制系统及其可靠性研究。

疏松桂，1938年毕业于武汉大学电机系，1948—1949年在美国田纳西大学做研究生兼助教。他是50年代归国华侨。回国后，任中国科学院自动化研究所研究员、副所长。1960年，奉调二机部，参加核武器的研制。这一年他加入中国共产党，决心为社会主义建设和国防事业作出积极贡献。历任二机部九局北京核武器研究所自动控制室主任（1960—1963年）、九院设计部副主任（1964—1970年）、九院五所副所长（1972—1974年）、二机部科学技术情报研究所第四情报研究室主任（1975—1978年）。后到中国科学院，任自动化研究所研究员、科学卫星姿态控制研究部主任（1978—1983年）、学术委员会主任和学位评定委员会主任（到1983年）、博士生导师。曾任中国自动化学会第三届副理事长、国家科学技术委员会自动化科学学科组副组长、国务院学位委员会学科评议组成员、中国电子产品可靠性数据交换委员会副主席。他是第五、六届全国政协委员。

主要成就与贡献

为了加强对"两弹"装置和机载航弹的设计试验工作的技术指导，在核武器研究所下设4个技术委员会：产品设计技术委员会、冷试验委员会、场外试验委员会、中子点火委员会。其中，产品设计技术委员会主任委员吴际霖、副主任委员龙文光，委员有肖逢霖、苏耀光、疏松桂、周毓麟、谷才伟。

疏松桂对核武器的自动引爆控制系统做了大量工作。他先后指导并参加设计、研制了地面核试验自动引爆控制系统、核航弹自动引爆控制系统和核导弹头自动引爆控

制系统等装置。他从北京核武器研究所到西北核武器研制基地,再转到三线基地,15年间先后参加塔上核试验、空投航弹、导弹核弹头的研制工作,经过10余次地面及空中核爆炸试验,都符合设计要求、准确无误地工作。这和疏松桂作为可靠性研究在各个阶段的不断努力进取分不开。为了保证准确和安全,他提出了自动转换装置和自动同步测试线路,对保证产品质量起到决定性作用。

1973年,疏松桂奉命领导一个小组,编写《11次核试验引爆控制系统及其元部件总结》。约一年时间,完成了"引爆系统分析与设计""银锌电池""同步装置""无线电引信""物理引信""低压部件""地测设备""遥测设备"等八卷,审核定稿。1975年,疏松桂调到二机部科学技术情报研究所,创办并主编《国外核武器动态期刊》,提供了不少有益的情报信息;他本人还撰写了"核弹头杀伤效果的评论"(包括硬目标、软目标和线目标)3篇文章,分三期专刊发表,并为三军(海、陆、空)专业人员开设专题学习班。

奖项与荣誉

1.从事核武器工作18年,作出了重要贡献,因此在1985年获"国家科学技术进步奖特等奖"(成果名称:原子弹的突破和武器化)。

2.完成的"核弹头杀伤效果的评论"的研究成果,获国防科委科技成果奖四等奖。

3.在1988年获"献身国防事业(26年)"的荣誉证章和证书。

4.北京市归国华侨联合会授予他"回国参加社会主义建设30年"荣誉证书。国务院侨务办公室和中国归侨联合会授予他"中国归侨优秀知识分子"奖状。

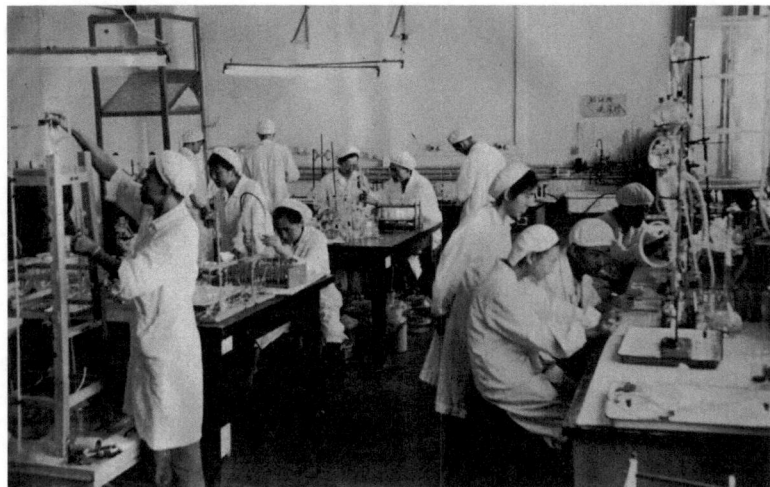

1963年3月,我国完成了第一颗原子弹理论设计方案。图为科研人员技术攻关

451

韩云梯

韩云梯 Han Yun Ti（1935—2013年），江苏常州人。中国第一颗原子弹起爆操作手。

韩云梯，1952毕业于常州二中，同年17岁的他参加了中国人民解放军，成为海军部队的一名水兵。后调到海军青岛基地当了文化教员。1953年出席海军团代会，同年调到海军司令部下属的工程兵任助理员，担任机场建设工地的代表，1955年授予少尉军衔。1957年考入哈尔滨军事工程学院，同年加入中国共产党，经过一年的预科学习，1958年升入哈军工空军工程系七科原子专业班，1960年转入新成立的原子工程系并担任班长。1963年夏，原子工程系第六期学员100多人毕业，除一人分配到新疆马兰核武器试验基地外，其他都分到了李觉任局长（二机部九局）的北京九所（李觉兼所长），其中就有韩云梯。

主要成就与贡献

李觉率领这批大学毕业生进入青海金银滩核武器研制基地（二二一厂）。1964年7月，中国第一颗原子弹在二二一厂组装完毕，在转场新疆的过程中，韩云梯负责押运的是控制系统试验设备。

韩云梯一到核武器试验场就被分配到主控站工作。主控站离爆心铁塔约24千米，是个钢筋混凝土半地下构筑物，全场的控制指令都由这里统一发出，引爆原子弹的指令也由这里发出。韩云梯凭着认真负责的工作态度和严谨娴熟的业务水平不久被调入主控室担任主控台的操作手。他要按下引爆原子弹的最后一个按钮，责任重大。

10月16日下午2时30分，前线总指挥所，张爱萍通过专线保密电话向周恩来总理报告：完成试验前各项工作，一切正常。

周总理平静地听完报告，批准按时起爆。

试验总指挥长张震寰下达指令："开启主控台的罩盖,韩云梯在主控台就位,惠钟锡和高深在监视台就位。"

面对主控台上闪烁的指示灯和按钮,韩云梯神态自若,按照预定程序,按下—30分按钮,全场所有系统进入程序控制;按下—15分按钮,引爆系统加电;按下—10秒按钮,同步装置加高压。此时响起一个女军人的清脆的报数声:"9、8、7、6、5、4、3、2、1,起爆!"

韩云梯的食指使劲儿向下按去,准确地完成了一个划时代的动作。

分秒不差的15时整,寂静无声的戈壁滩深处,骤然爆出一片比阳光还要强烈百倍的光芒,旋即,从地面上腾起一个巨大的火球,接着就是一声惊天动地巨响,烟云在高空蔓延变幻,戈壁滩上生长出一个直冲九霄的"大蘑菇",我国第一颗原子弹爆炸成功。

首次核试验成功后,韩云梯回到二二一厂,参加了半年的农村"四清"运动,后代理研究室党支部书记。1966年底带队到上海搞国防科研任务,为二炮部队完成了五台导弹地面测量试验设备。1969年他又回到二二一厂。1970年搬迁到四川绵阳(九院)。担任过研究室的指导员。1977年,韩云梯被调到北京二机部九局搞科技管理工作,直至退休。

韩云梯在主控制室

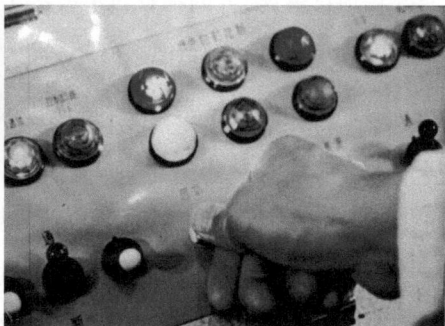

"零时"引爆原子弹

蒋云清

蒋云清 Jiang Yun Qing（1940年9月19日— ），江苏江阴县人，生于江苏苏州。中共党员。原核工业部（中国核工业集团公司）核燃料局副总工程师，研究员级高级工程师。

蒋云清，1958年考入北京清华大学工程物理系，1960年转入工程化学系核燃料后处理专业。1964年毕业后曾在清华大学核能研究院、二机部第二研究设计院任技术员、工程师。1983年调入核工业部核燃料局，任高级工程师、研究员级高级工程师、副总工程师，1995年起兼任中核清原环境工程技术公司总工程师、中核西北放射性废物处置场场长。曾担任中国核工业总公司科技委委员；总装备部军备控制科学技术专业组和军备控制核查专业组成员；国家核安全局核安全专家委员会委员；国际原子能机构核燃料循环方案国际工作组和乏燃料处理国际顾问组中方专家。2000年退休后，受聘为国防科工委专家咨询委员会核专业组成员；国家环境保护部核安全与环境专家委员会委员；中核清原公司、中国核科技信息与经济研究院专家顾问，继续从事科技、工程项目审评、咨询和资料审校等工作。

主要成就与贡献

早期作为技术骨干，参与我国武器级钚生产核反应堆辐照燃料后处理工艺过程实验室研究以及我国第一座军用后处理中间试验工厂的调试，后参与研究堆、材料试验堆、核潜艇堆、核电站反应堆的乏燃料后处理与核裂变同位素提取工艺技术的调研、科研和工程设计。调至部机关后，主要从事核燃料循环后段（包括乏燃料运输、贮存、后处理及放射性废物处理与处置）、核设施退役的科研与工程项目的技术管理，筹划建立我国的乏燃料运输系统，研拟核电站乏燃料接管处理合同和乏燃料管理基金管理办

法;同时参与核科技标准化(核科学技术术语和核燃料、辐射防护等专业)以及国际核军备控制、核保障监督等涉外活动。曾在《当代中国的核工业》《核科技发展的回顾与展望》《核电可持续发展——中国工程院论坛》《走过五十年——中国核工业创建五十周年》《中国核工业》等书刊中撰写专文,并编著、翻译、审校大量国内外专业文献资料,计数十本(篇)、几百万字,为宣传与推进我国核燃料后处理技术发展作出较大贡献。曾出席国际会议16次(国际原子能机构会议15次,联合国国际裁军大会1次),用英文发表论文16篇。

奖项与荣誉

1.获国防科工委和二机部(核工业部)颁发科学技术进步奖共5项。

2.1992年,获中国核工业总公司优秀科技工作者称号。

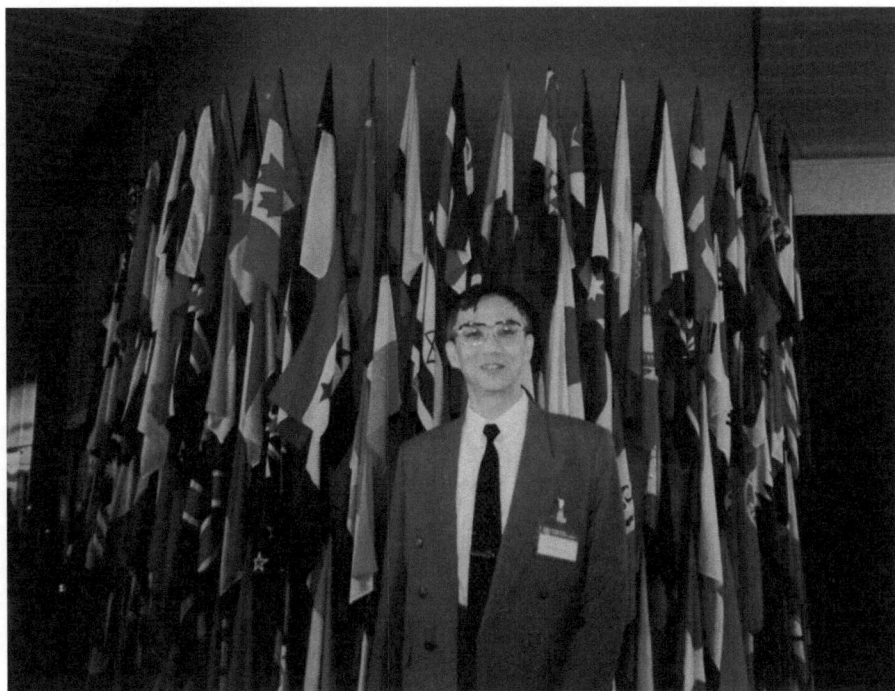

蒋云清国际原子能机构成立30周年纪念时在成员国旗台前

蒋兴泉

蒋兴泉 Jiang Xin Quan (1937年—　)，铀地质勘探专家。核工业三〇九大队、二六一大队(从三〇九大队分出)总工程师。

蒋兴泉，1962年毕业于北京地质学院。他的系主任是任湘老师。任湘曾向同学们谈起他经历毛泽东"开发矿业"题词的事情，对蒋兴泉励志地质事业有很大鼓舞。1949年12月16日，毛泽东出访苏联。1950年2月17日(农历正月初一)晚，毛主席在中国大使馆接见中国留学生(新中国送到国外学习科技的第一批学生)，共度春节。在毛主席同青年们谈话过程中，有同志提出请主席为大家题词留念，毛主席欣然应允，给每个人都题了词。当任湘被毛主席垂问："你是学什么的？""在哪个学校？"任湘告诉主席："莫斯科地质勘探学院，金属和非金属普查勘探系。"毛主席就在任湘备好的白色公文笺上写下了"开发矿业"几个大字(见下图)。当时，任湘就是响应党的号召选择了地质专业的，这对蒋兴泉此后的择业选项是一次很大的激励。

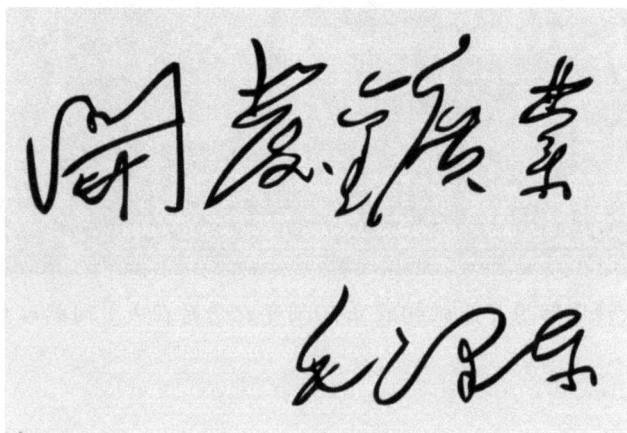

主要成就与贡献

蒋兴泉从地质学院毕业后，就来到了二机部三局所属二六一地质大队，一干就是几十年，从一名找矿员成长为大队总工程师。他牢记毛主席的号召，坚持走科技开发铀矿之路，经历了相山铀矿从起初找矿到发展为著名大铀矿的全过程。他和全队职工及科技人员从小岩体找矿扩大和深入到整个相山盆地，在"攻深找盲"和突出找"富"的新一轮找矿中，取得了震惊国内外铀矿地质界的突破，使相山从一个异常点发展为我国最大的巨型铀矿田。之后，他们继续前进，当相山地区浅易矿体都已找到，面临找寻深矿任务，他们大胆地提出：相山主体岩性不是花岗岩，而是火山岩的判断，继而弄清了相山地质形成的历史和特征，又首次提出相山地区是一个大型塌陷式火山岩盆地和"双混合"的成矿模式。因相山地质理论的重大突破，为整个矿田的成矿预测和探矿工程的布置提供了科学依据，并找到了几个大型矿床……二六一大队的找矿成果和科研成果，引起了国内外地质界关注，先后有34个国家的数百名专家学者前来参观考察。

奖项与荣誉

1. 因相山从一个异常点发展成为我国最大的巨型铀矿田，二六一大队获全国地质勘查功勋单位称号。

2. 蒋兴泉获我国地质科学界最高奖——首届李四光地质科学奖。

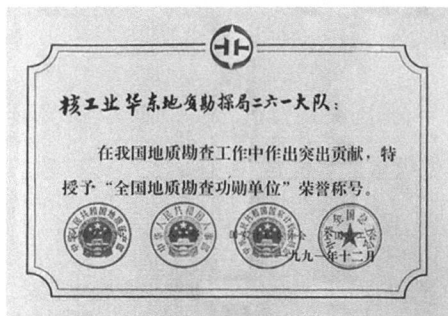

全国地质勘查功勋单位奖杯和证书

谢家祺

谢家祺 Xie Jia Qi（1929年12月—2003年），湖北武汉市人。核武器设计、机械工程专家。

谢家祺，1952年毕业于上海同济大学机械工程系。参加工作后，先后任沈阳国营———厂检验科技术员、室主任，沈阳国营四一〇厂副总检验师。1963年奉调二机部北京第九研究所工作，任研究员。1975年起，担任二机部第九研究院副院长。

主要成就与贡献

谢家祺参加了我国第一颗原子弹和第一颗氢弹的研制。之后，他曾任多个重要型号核武器总设计师，带领一批工程技术人员解决了我国第一代核武器的核装置在作战使用中的环境适应性问题。他曾是2001年和2003年中国工程院院士候选人，2003年，他不幸在院士第二轮评审前去世。

奖项与荣誉

1.因在"氢弹的突破及武器化"方面的工作，他是"国家科技进步奖特等奖"获奖者之一。

2.2002年，获国家科技进步奖一等奖（获奖项目中排名第一）。

3.获部委级重大科技成果奖一、二等奖7项。

虞福春

虞福春 Yu Fu Chun（1914年12月—2003年2月），出生于上海。物理学家、核教育家。他是创建中国核教育的第一个基地，即北京大学物研室、后发展成为原子能系、技术物理系的奠基者之一。

虞福春，1936年毕业于北京大学物理系，同年考取北大研究生和中央研究院物理研究所实习助理研究员。1939年夏到西南联合大学任物理系助教，直至1946年4月。之后，虞福春到到美国俄亥俄州立大学物理系攻读博士学位，于1949年6月获哲学博士学位。随后在斯坦福大学物理系做博士后研究工作，长达20个月。他在F·布洛赫教授的支持和另一位博士后W·G普洛克特合作下，发现核磁共振谱线的化学位移和自旋耦合劈裂，奠定了应用核磁共振进行物质结构分析的基础，在世界科技发展史上留下了纪录。他还发现17O的核磁共振讯号，与F·奥德一起测定17O的自旋为5/2，磁矩的数值及符号与中子同；与普罗克特共同精确测定20多个稳定核素的磁矩及符号。这些都是对原子核研究具有历史意义的成果。

1951年2月，虞福春携同妻儿一起回到祖国，应聘为北京大学教授。回国初期除任课外，还曾代理物理系系主任职务。1952年高校院系调整后任物理系普通物理教研室主任，与黄昆一起承担学习苏联开设的2年半制普通物理课的教学，领导普通物理实验的建设工作，为普通物理教学后来始终位居国内前列奠定了基础。

主要成就与贡献

1955年1月，中央作出发展我国原子能工业的重大决策后，急需大批科技人员、工人和管理干部参加这一工作。中央采取的措施之一是教育部从浙江大学、北京大学和东北人民大学分别抽调胡济民、虞福春和朱光亚三位教授负责筹建北京大学物理研究室,建立中国核教育的第一个基地。同时抽调上海复旦大学卢鹤绂到物研室任教。物研室于1955年7月正式成立,胡济民任主任,虞福春为副主任,直至1982年。1958年秋,物研室改为原子能系,1960年后称技术物理系。1956年就有了中国自己培养的第一届核物理专业的大学毕业生(从全国的大学物理系三年级学生中选拔百名学生来物研室学习),第二年增加核化学专业后招生数达到400多人。1958年开始招收一年级本科生,还有进修生,总共招生达800名。虞福春作为系的主要负责人和实验核物理学科带头人,为建成核电子学、实验核物理以及加速器等方面的实验室,除任课外,还精心组织建设自己的加工厂和后勤保障系统,建立了金工车间、木工车间、玻璃车间、变压器车间、计数器车间以及几乎应有尽有的物资器材室,为后来技术物理系不断承担各类科研项目奠定了技术、设备与工艺基础,并使技物系长时期地保持了一支技术精湛、工种齐全的优秀机械加工队伍。20世纪50年代,世界上仅少数科技发达国家开始有核教育专业,尤其核物理实验教学无从借鉴。在虞福春的领导下,为确立中国核物理和核化学专业学生的业务规格、主要课程、基本教材、实验仪器奠定了基础,并提供了经验,训练了第一批优秀的实验核物理师资人才。他在20世纪60年代初出版了中国第一本《核物理实验方法》的教材,还曾为清华大学工程物理系学生讲了一学期的核物理实验方法课。虞福春同胡济民一起为创建中国核教育事业作出了杰出贡献。先后培养了3000多名优秀的核科学技术方面的专门人才。他们中许多人已成为著名的专家、教授、院士、英雄模范、学术带头人与组织领导者。1982—1983年10月改任北京大学物理系主任,1983年7月—1986年2月为首任北京大学重离子物理研究所所长。他是北京大学技术物理系、北京大学重离子物理研究所的主要创始人之一。

虞福春还是中国计量测试学会第一、二届理事,第三届名誉理事,中国计算物理学会顾问、中国物理学会"吴健雄物理奖"评委会副主任,中国物理学会"胡刚复、饶毓泰、叶企荪、吴有训物理奖"第一届基金委员会委员,《物理实验》期刊主编,《教学仪器与实验》期刊主编,《核技术》英文版编委等。

奖项与荣誉

1.他在美国做博士后研究工作期间,发现核磁共振谱线的化学位移和自旋耦合劈裂等,被誉为第一位涉足核磁共振的中国人。

2.虞福春同胡济民、朱光亚建立中国核教育的第一个基地——北京大学技术物理系被誉为中国核科学家的摇篮。

3.虞福春在参加创建物理研究、建立技术物理系和发展中国核教育中,几十年如一日,始终站在教学第一线,除力学、热学、电磁学、光学、原子物理学等课程外,还开设电动力学、核物理实验方法、原子核物理导论、实验数据处理、计算方法、离子与固体相互作用等各类课程,取得很好的教学效果,成为技物系历史上抓好教学的一个最优秀的典范。

虞福春(前排左四)与陈佳洱(前排左五)等合影

蔡抱真

蔡抱真 Cai Bao Zhen (1929年—)，江苏无锡人。他参加了我国第一颗原子弹试验，任总装队长。

蔡抱真，1951年毕业于清华大学航空系，毕业后分配到沈阳发动机厂。1959年转到成都四二〇厂任总工艺师。1963年调到西北核武器研制基地第二生产部，任生产部副主任（主任为钱晋，另两位副主任为孙维昌、吴永文）。

主要成就与贡献

第二生产部是为原子弹装置核爆炸、爆轰物理试验生产和提供零部件的；承担着炸药理化性能分析、炸药成型研制和弹头总装任务。蔡抱真主要负责装配方面的工作。1964年核武器研制基地派出222人的先遣队，赴新疆国家核试验基地，展开第一颗原子弹爆炸试验工作。7月组成第九作业队，蔡抱真任702分队（总装）队长（副队长为张寿齐、吴文明）。核装置装配任务就由702队负责。702队把核装置装配好以后推到塔下，移交给701队。702队在蔡抱真等人的组织领导下，负责各个分装和总装的工程技术人员和工人（约12人），投入紧张的装配工作。他们根据在二二一厂对装配工艺研究的成果，制定了工艺程序和操作规程，精心装配和严格检验。原子弹试验装置于10月14日晚上正式组装完毕，15日一早运到铁塔下。他向李觉报告："报告院长，装配组装配任务完成，各项指标正常，一切顺利，请指示。"李觉回答："好。"

1966年12月，蔡抱真又参加了氢弹原理试验，也是塔爆。前后两个场地离得不远，蔡抱真专门绕道去看了看第一颗原子弹爆炸后的铁塔情况。

1979年，蔡抱真调到苏州五二〇厂，任总工程师。

滕　藤

　　滕藤 Teng Teng（1930年4月—　），江苏江阴人，放射化工教授。20世纪50年代后期至60年代初，在清华大学任教，参与组织原子能工业后处理萃取法的研究，为改沉淀法为萃取法发挥了促进作用。

　　滕藤，1946年始，先后在上海交通大学和北京清华大学化工系学习。1948年参加中国共产党，从事学生运动，担任党的外围组织民主青年同盟化工系分部负责人。1951年清华大学毕业后留校任教。1956年调任工程物理系党总支书记（1956年10月—1958年9月），筹建放射化工专业。1957—1959年赴苏联列宁格勒工艺学院进修。滕藤的主要研究领域是辐照核燃料萃取法后处理工艺及有机溶液（TBP）和水溶液的辐射化学研究；有机溶液和水溶液的溶液理论研究；能源系统（核能、清洁剂、天然气等）的技术经济、可持续发展与生态环境能源资源的系统研究。曾担任清华大学工程物理系党总书记、工程化学系党总支书记（1960年3月，工程物理系放射化工专业全部调往1958年成立的工程化学系，由原工物系副主任汪家鼎担任工化系主任），研究生院院长，副校长，国家科学技术委员会副主任、党组副书记，中宣部副部长，中科院副院长，中国科技大学校长，国家教委副主任、党组书记，中国社会科学院副院长、党组副书记，中国社会科学院可持续发展研究中心主任，中国生态经济学会理事长，清华大学化工系兼职教授。1989—1991年任联合国教科文组织执行局委员，1991—1993年任联合国教科文组织副主席，1995—1997年任亚洲社会科学联合会主席。他是第八、九届全国人大常委会委员兼法律委员会委员。

主要成就与贡献

我国的后处理事业,于1956年从沉淀法起步。但是,当时世界上后处理工艺的技术水平和发展趋势,已由40年代的沉淀法转为50年代出现的溶剂萃取法了。1959年1月,设计院就向二机部呈送了《关于建议进行萃取法工艺研究的报告》。在萃取的研究方面,清华大学做了相当多的早期探索工作。该校工程物理系的放射化工教研组与人工放射性元素化学工艺学教研组,在汪家鼎、滕藤的带领下开展了广泛的实验室研究。之后,又在二机部的统一安排下开展工作。这期间研究的主要问题有:铀、钚和几个重要裂变产物元素在磷酸三丁酯——硝酸溶液体系中的萃取化学与工艺条件的研究;溶剂的选择、预处理和净化方法,以及萃取流程中的辐射化学机理和辐射稳定性的研究;小型萃取设备——脉冲筛板柱和混合澄清槽的研究等。这些先行探索对我国后处理工艺的改变起了促进作用。1964年4月,二机部组成了以原子能所、设计院、二机部科研局和清华大学有关人员组成的调研组,到有关单位考察萃取技术和萃取设备情况。调查后,调研组建议:原设计的大厂工艺改为萃取法,并由原子能所、清华大学和后处理厂三家联合攻技术难关。1964年5月20日,二机部决定二期工程(大厂)采用萃取法,而有关此工程的沉淀法的工作即行停止。

滕藤教授先后在清华大学工物系和工化系任职或做兼职教授20余年,指导化学工程博士生,为培养原子能化工人才作出了贡献。

奖项与荣誉

1.曾获1978年全国科学大会奖、国家科技进步奖和国家自然科学奖。

2.主编和出版专著10余部,在国内外刊物发表论文数百篇。主要代表作有《中国可持续发展研究》(上下卷)、《环境与可持续发展展望》(联合国教科文组织,2002年)。

薛凡民

薛凡民 Xue Fan Min（1925年—2013年7月），上海人。研究员级高级工程师。他为我国第一座军用生产堆（石墨轻水堆）的建设做了大量的设计组织和现场设计工作，出色完成设计总工程师的任务。

薛凡民，1947年毕业于上海圣约翰大学工学院土木系。先后在上海基泰工程公司、杭州建筑公司、上海兴泰建筑事务所任职。上海解放后调北京交通部华北建筑公司设计部、建筑工程部北京工业建筑设计院工作。曾参加大同矿务局修复工程，一机部洛阳三厂，东北、山西等兵工厂，北京空军医院，中南海医务警卫楼等工程设计，先后担任结构组长、副主任工程师等职务。1958年调入二机部第二研究设计院。

主要成就与贡献

薛凡民调入二院后，即参加原子能工业的基本建设。当时中苏协议规定，苏联设计机构承担援助项目的初步设计，中方派设计人员参加；施工设计，有的由苏联设计人员承担，有的由中国设计人员在苏联专家指导下进行。1958—1959年，六氟化铀厂、核燃料元件厂、铀浓缩厂、军用生产堆、后处理厂、钚加工厂、核武器研制基地等建设项目的工程设计，迅速全面铺开。这些项目的设计总工程师分别为：任雨吉、董弘琪、王仲富、薛凡民、谢仲然、周抚堂等。

1958年4月，苏方开始进行生产堆的初步设计。按照合同规定，中方派出以周秩为组长、叶德灿为副组长的工作组赴苏参加设计。其中堆工方面的成员有设计总工程师欧阳予和薛凡民。他们在苏联工作了4个月，参与完成了初步设计。1960年苏联停援撤走专家后，二机部决定自力更生地组织技术攻关。当时施工现场出现停工待图的局面，为早日恢复施工，由土建、安装和设计单位的设计人员共98人组成9个专业组，于1961年1月开始对工厂设计进行复查、修改和补充。1962年3月15日,薛凡民带领15名设计人员到现场进行了40天的设计工作,认真完成了已有设计图纸的复查,补齐了苏方设计人员撤走后遗留的设计任务,并且完成了关键设备、仪表的科研攻关和研制。同年6月13日,反应堆工程主体厂房恢复施工,停工待图的局面遂告结束。到1963年4月底,反应堆工程全部主厂房设计复查、修改完成。1966年10月,反应堆建成。

1964年,薛凡民参加了国防科委联合选厂组,为国防工业三线建设,在川东、川西、湘西、鄂东南等地区,初选了数十个厂址。以后又参加了816反应堆的规划设计并担任设计总工程师。

薛凡民于1973年任二院副总工程师,兼任总工程师室副主任。1988年转任院科技委常委。

薛凡民在工程建设工地

籍孝宏

籍孝宏 Ji Xiao Hong（1921年3月—1992年5月），河北任丘人。研究员级高级工程师。他参加了我国第一座实验堆的建造和运行工作；主持了我国第一座生产堆的设计、安装施工工作。

籍孝宏，1945年毕业于北京大学机械工程系。曾任北洋工学院、北京大学工学院教师。1951年留学苏联。1957年获包曼高等工业学院技术科学副博士学位。同年回国。历任中国科学院原子能研究所反应堆研究室副总工程师，二机部(核工业部)第二研究设计院反应堆工程总师、副院长、科技委主任。是中国核学会第一届理事。

主要成就与贡献

籍孝宏长期从事中国核反应堆工程的建设。自1957年后先后任核反应堆建造、设计副总工程师、总工程师，现场副指挥、现场技术委员会副主任委员。

1.参与组织领导了中国第一个研究性重水实验堆的工程设计、安装调试和启动运行。

2.参与组织领导了中国第一个大型军用生产堆(石墨轻水生产堆)的设计、安装调试和启动运行。该反应堆的建设是一项规模大、设备多、系统复杂的综合性工程。1961年，二机部成立了设备制造局。年底二机部和一机部联合拟订了《关于加强原子能工业设备的七年规划》，确定第一步就是试制生产和供应原子能工业首批工程建设中所需配套设备和备品。1962年3月，成立了由二机部和一机部有关领导和专家籍孝宏、蒋涛、赖坚等负责的石墨轻水反应堆设备领导小组。要保证工程所需的仪器设备按期、保质保量地完成。在工程基本建设方面，为了合理组织施工，1964年，由设计院堆工总工程师籍孝宏负责，组织设计院和一○三公司的技术人员开展了组织设计工作,从而加强了不同工种间的协调配合,加快了工程进度。

3.20世纪70年代,籍孝宏曾主持设计院对天然铀重水堆、天然铀石墨气冷堆、压水堆等进行了方案研究和技术设计,领导完成了13.7万千瓦天然铀重水堆核电站的可行性研究、方案设计、工艺设计、计算程序等多种技术储备。

1958年,聂荣臻、郭沫若、张劲夫参观重水反应堆,籍孝宏(右一)作介绍

"两弹一艇"人物谱

——与国家命运结缘的人们 (下卷)

贾基业 编著

中国原子能出版社

图书在版编目（CIP）数据

"两弹一艇"人物谱：与国家命运结缘的人们 / 贾

基业编著. — 北京：中国原子能出版社，2016.7（2025.4重印）

ISBN 978-7-5022-7370-5

Ⅰ.①两… Ⅱ.①贾… Ⅲ.①人物—先进事迹—中国

—现代 Ⅳ.①K820.7

中国版本图书馆 CIP 数据核字(2016)第 145990 号

内容简介

　　本书由四编内容（上、下卷）组成，集中体现"两弹一艇"如此庞大而复杂的工程，靠的是举全国之力，大力协同的方略；所写人物并不限于二机部系统，国家各相关部门、企事业单位、大专院校、解放军部队，所有为"两弹一艇"作出贡献的人们，都在遴选之内。第一编，写"科学与技术专家"；第二编，写"组织领导干部"，是党政军中担任具体组织领导的一些重要人物；第三编，写"组织领导机构及主要组成人员"，即组织机构的设置与运作机制中的领导和管理人员；第四编，追寻历史云烟中那些人那些事。全书共收录了近800个人物。

"两弹一艇"人物谱
——与国家命运结缘的人们(下卷)

出版发行	中国原子能出版社(北京市海淀区阜成路43号　100048)
策 划 人	杨志平
责任编辑	刘　岩
技术编辑	冯莲凤
装帧设计	李志超
责任印制	赵　明
印　　刷	北京厚诚则铭印刷科技有限公司
经　　销	全国新华书店
开　　本	787 mm × 1092 mm　　1/16
印　　张	49.375　　　　　字　数　789千字
版　　次	2016年7月第1版　2025年4月第3次印刷
书　　号	ISBN 978-7-5022-7370-5　　定　价　138.00元(全二册)

网址：http://www.aep.com.cn　　　　E-mail: atomep123@126.com

发行电话：010-68452845　　　　版权所有　侵权必究

很好，照办。要大力协同做好这件工作。

毛泽东

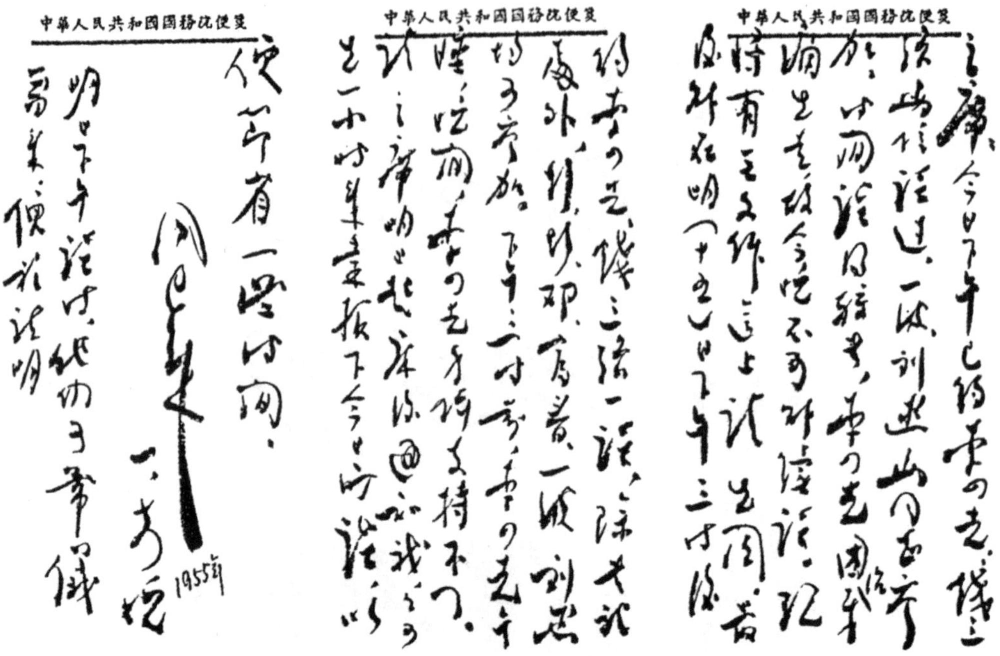

周恩来总理在约见李四光、钱三强谈话后写给毛主席的报告。图为报告手迹。

【报告全文】

主席：今日下午已约李四光、钱三强两位谈过，一波、刘杰两同志参加。时间谈得较长，李四光因治牙痛先走，故今晚不可能续谈。现将有关文件送上请先阅。最好能在明(十五)日下午三时后约李四光、钱三强一谈，除书记处外，彭、彭、邓、富春、一波、刘杰均可参加。下午三时前，李四光午睡。晚间，李四光身体支持不了。请主席明日起床后通知我，我可先一小时来汇报下今日所谈，以便节省一些时间。

明日下午谈时，他们可带仪器来，便于说明。

周恩来

1955年1月14日晚

注：周总理写出报告的第二天，1955年1月15日，毛泽东在中南海主持召开了中共中央书记处扩大会议。出席会议的有刘少奇、周恩来、朱德、陈云、彭德怀、彭真、邓小平、李富春、薄一波等。会议听取了李四光、刘杰、钱三强的汇报，研究了我国发展原子能事业问题。毛泽东强调说："……我们只要有人，又有资源，什么奇迹都可以创造出来"！这是一次对中国核工业具有重大历史意义的会议。此次会议作出了中国要发展核工业的战略决策。

过去也好，今天也好，将来也好，中国必须发展自己的高科技，在世界高科技领域占有一席之地。如果六十年代以来中国没有原子弹、氢弹，没有发射卫星，中国就不能叫有重要影响的大国，就没有现在这样的国际地位。这些东西反映一个民族的能力，也是一个民族、一个国家兴旺发达的标志。

邓小平
1988年10月24日

　　注：引自邓小平视察北京正负电子对撞机工程时的讲话，见《邓小平文选》(第三卷)。

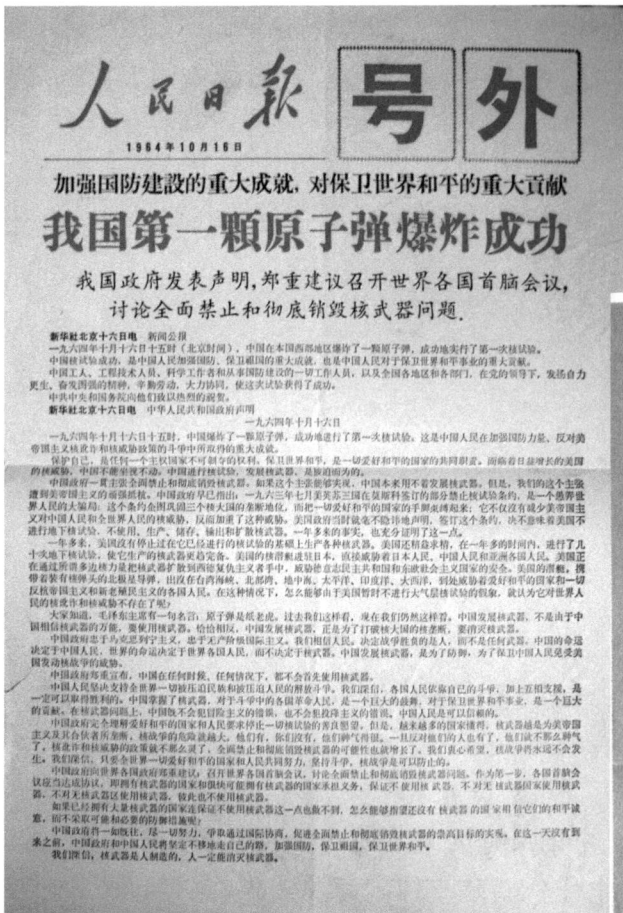

第一颗原子弹爆炸成功,《人民日报》号外

第一颗氢弹爆炸成功,《人民日报》喜报

第一颗原子弹爆炸成功后,人们争抢《人民日报》号外

谨以此书献给
为"两弹一艇"而献身的人们!

中国核工业集团公司
2016年8月

中国核工业集团公司党群工作部组织、指导，
中国核工业报社与中国原子能出版社联合出品。

两弹一艇人物谱

刘杰百岁

2015年10月题

序言(一)

我国"两弹一艇"事业,包括原子弹、氢弹、潜艇核动力技术的突破与掌握,核科技工业体系的创建与发展,是在中国共产党领导下,成千上万科技人员、工人和党政干部共同奋斗取得的震撼世界的伟大成就。

20世纪50年代初,一批从欧美回国的学有成就、蜚声海外的核科学家聚集于科学院近代物理所。1955年1月,国家决定创建原子能事业,随着事业建设全面展开,一批又一批学术造诣深厚、实践经验丰富的中高级科技专家、新中国送往苏联留学回归的年轻科技人员和众多国内培养的大学生,以及来自全国各地各条生产战线的能工巧匠和年轻工人,还有从解放军部队、政府机关和企事业单位调来的党政领导和管理干部,响应党的号召,服从组织调动,投身于核科技攻关和核工业建设,形成了一支强大的核工业专业队伍。

这支队伍奋战在茫茫戈壁、高寒草原、穷山僻壤,吃苦不叫苦,劳累不喊累,并且长期处于严格保密环境,隐姓埋名,默默耕耘,为"两弹一艇"事业作贡献。他们的姓名、他们的经历、他们的业绩,并不为人知。改革开放以来,有部分功德卓著、贡献巨大的科技专家和主要领导者,以及个别事迹突出的工人,逐渐见诸于公开的新闻报道和文学影视作品中,见诸于获得"两弹一星"功勋奖章和国家最高科学技术奖中,入选"感动中国人物"、《永远的丰

刘杰部长为本书写序

碑》人物和全国劳动模范、全国先进工作者的名单中。但还有更多为"两弹一艇"事业的创建和发展作出过贡献的人,至今仍是无名英雄,鲜为人知。

毕业于北京大学技术物理系、在核工业系统工作30多年的贾基业同志,1978年全国科学大会前夕,与我谋面曾谈及核工业的人和事,认为目前宣传核工业成就除写事外,还应多宣传人。虽过往多年,仍不忘初衷,他筹划准备数年,看了几十部工具书和中国核工业报创刊以来的历年合订本(30本),采访资深知情领导,广泛搜集人物资料,费尽心力,历时三年多,动笔编著成就了这本《"两弹一艇"人物谱》,其中有著名的功勋科技专家、两院院士和耳熟能详的主要领导干部,也有不很知名但有贡献的科研院所、高等院校、厂矿企业、建筑安装、试验现场和国家机关的科技人员、教学人员、生产人员、组织管理干部和一线操作工人,共分四编约800多人。这是一件很有意义且功德无量的工作,也是对"两弹一艇"事业历史的尊重,填补了上述公开报道知名者不多的缺憾,让更多直接或间接参与"两弹一艇"事业、为"两弹一艇"事业作过贡献的人,

公之于世，为广大读者所了解和认知。

历史是人民群众创造的。"两弹一艇"事业历史也是成千上万核工业人共同创造的。如今我们回顾我国核工业创建和发展60年的历史，回顾"两弹一艇"研制和创新的历史，所有从事和参与过这一伟大事业的人们，都应该引以为光荣和自豪，而后来者则不要忘记前人创业的艰辛和付出，在新的历史条件下，铭记历史，传承精神，继往开来，创新发展，取得更大的辉煌。

2015年10月

刘杰部长简介

刘杰，生于1915年2月，河北威县人。1931年秋参加革命，1932年加入中国共产党。中共七大正式代表。曾担任中共北平西郊区委书记、市委委员、农委书记；宛平县中心县委书记、晋察冀第三分区地委书记、晋察冀区委副书记；察哈尔省委副书记、书记，北岳区委副书记；豫西区委第二书记兼军区副政委。新中国成立后，历任中共河南省委副书记、中南军政委员会工业部长；中华人民共和国地质部副部长、党组书记；国务院第三办公室副主任；第二机械工业部副部长、部长、党组书记；国防工业办公室副主任、中央专委成员兼专委办公室副主任。"文化大革命"中受到冲击。1978年后，任河南省委常务书记、省长、省人大主任、省委第一书记，中顾委委员。

刘杰是我国核工业的开拓者、奠基人之一。在任第二机械工业部部长期间，我国成功爆炸了第一颗原子弹和第一颗氢弹，为第一艘核潜艇工程打下了技术和物质的基础；基本建成核燃料循环工业体系。他在组织管理方面发挥了重大作用，获2009年颁发的国家首届管理科学特殊贡献奖。

序言(二)

欣喜《"两弹一艇"人物谱》将面世,对于铭记核工业的创业发展史,弘扬事业高于一切、责任重于一切、严细融入一切、进取成就一切的核工业精神,具有重要的现实意义。

"两弹一艇"的研发历程是我国核工业的辉煌篇章。二十世纪五六十年代,在毛泽东、周恩来和聂荣臻等党和国家领导人的正确决策和直接领导下,广大科技人员、管理干部、工人群众和部队战士奋发图强、艰苦奋斗,举全国之力大协同,实现了我国原子能事业从无到有,"两弹一艇"研制成功,核科技和核燃料工业体系基本形成。这是值得核工业人自豪的一部创业史。此书最大的特点是着眼于人,着眼于那些为"两弹一艇"事业做出突出贡献的人们,是一部描绘核工业创业的群英谱和人物丰碑,让我们永远铭记。

刘杰老部长已103岁还提笔为此书作序,让我们深受感动。刘杰同志是我国核工业的主要开拓者和奠基人之一。他既是组织领导者,又是那段历史的亲历和见证者。他的作序,对后人自有一股强烈的鼓舞力量。

该书的编著者贾基业同志,在核工业战线工作30余年,虽已年届耄耋,仍倾力数年编就鸿篇。他为书写那段峥嵘岁月的历史文化作出了贡献,值得我们很好地学习。

习近平总书记在我国核工业创建六十周年时指出:"六十年来,几代核工业人艰苦创业、开拓创新,推动我国核工业从无到有、从小到大,取得了世人瞩目的成就,为国家安全和经济建设作出了突出贡献。核工业是高科技战略产业,是国家安全重要基石。

要坚持安全发展、创新发展，坚持和平利用核能，全面提升核工业的核心竞争力，续写我国核工业新的辉煌篇章"。《"两弹一艇"人物谱》一书旨在贯彻习总书记的指示精神，铭记历史，继往开来，续写核工业新的篇章。目前，我国军工核心能力建设加快推进，核工业已形成了以"华龙一号"自主研发的三代核电技术、快堆技术等先进核能技术为引领，从前端先进地浸技术的铀矿采冶，到先进的铀浓缩、核燃料元件制造，再到乏燃料后处理等科技能力支撑的军民融合的核工业全产业链，当代核工业人一定要发扬先辈们"热爱祖国、无私奉献，自力更生、艰苦奋斗，大力协同、勇于攀登"的精神，为实现"中核梦"、助推"中国梦"而奋斗不息，作出无愧于时代的新贡献！

中国核工业集团公司董事长、党组书记

孙勤

2016年10月

前　言

　　"两弹一艇"的研制成功,是在毛泽东主席、党中央的亲自决策和指挥下进行的,是在周恩来总理、聂荣臻副总理等老一辈革命家直接组织领导下实施的。我国的原子能事业开创于20世纪50年代初。毛主席、党中央恰当地估计了我国资源条件和科研基础,于1955年1月毅然作出了创建我国原子能事业和研制原子弹的决策,并根据我国的国情和原子能事业的特点,采取了集中力量打歼灭战的方针。在原子弹研制进入决战的关键时刻,毛主席批示"要大力协同做好这件工作",动员全国各有关部门和地方适当集中必要的人力、物力、财力投入原子能事业;同时采取高度集中统一的领导和指挥,成立以周恩来总理为首的中央专门委员会,建立起自上而下举国一致的组织、协调体制,有效地组织领导各有关方面协调一致地工作。这样,在我国经济和科技基础都比较薄弱的情况下,变总体上的劣势为局部上的优势,有力地推动了原子能工业的开创、建设和原子弹、氢弹及核潜艇的研制进程,为中国发展尖端科技事业提供了宝贵的经验。

　　本书是从人力("人物谱")和组织领导及管理体制方面充分体现毛主席、党中央这一伟大的战略思想和决策的。

编者

2016年8月

编者的话

从《永远的丰碑》到《"两弹一艇"人物谱》

祖国。最雄壮的力量。最亮的星。

那些日子,梦萦牵绕,时常寻忆起那段"秘密历程"中的"丰碑"人物。

2005年2月1日起,人民日报、新华社、中央人民广播电台、中央电视台等中央主要媒体和各省区市主要媒体,同时开展《永远的丰碑》大型主体宣传活动,每天同步介绍一位中国共产党80多年历史上的优秀代表人物、革命英烈和劳动模范。在近一年半的时间里,共推出433位"丰碑"人物,其中就有"两弹一星"功勋奖章获得者邓稼先、钱三强、王淦昌、陈芳允,分别在2006年1月4日、7日、8日、19日推出。《永远的丰碑》专栏推出后,立即在社会上引起强烈反响。作为离退休党员支部书记,我和宣传委员随即剪报,日剪不辍,共辑15册,把丰碑人物资料积存下来,供人学习。期间,我写了《观"永远的丰碑"》一文(载于《中国核工业报》,2006年3月8日)。文中说:"《永远的丰碑》弘扬民族之气,凝聚民族之魂,迸发出时代精神的魅力,并源源不断地转化为推进中华民族崛起的动力。"

丰碑永在,精神永存,这是我们民族的传统,而传统是永远的。

我景仰《永远的丰碑》。

感慨之余,心中也滋生出些许缺憾。"搞原子弹的丰碑人物还很多,入选的少了点儿。"我想。许是那段"秘密历程"中的绝大多数精英还不为人所知。

于是,我开始搜集和阅览大量的书报、文献和影像资料,追忆和汇集核工业秘密历程中的丰碑人物。

2012年初,"两弹"的主要组织领导者之一朱光亚被评为2011年度感动中国人物,且荣列榜首。对他的颁奖辞是《人生为一大事来》："他一生就做了一件大事，但却是新中国血脉中激烈奔涌的最雄壮力量。细推物理即是乐，不用浮名伴此生。遥远苍穹，他是最亮的星。"显然，这是说朱光亚一生中搞原子弹这一件大事，却为新中国增添了最雄壮的力量。

"两弹一艇"的研制成功，是全国人民的一件大事，使人民的和平生活有了保障；是年轻的人民共和国的大事，使我国的大国地位得到了保障，并为向强国地位迈进打下基础；也是世界大事，它改变了国际战略格局，增强了保卫和平和促进世界和平发展的力量。

历史是人民群众创造的。"两弹一艇"的研制群星荟萃，宛若繁星；寥廓亮星自有群星配。他们都是历史的丰碑人物。由此，从我的心灵中萌发出一个宏愿、一种灵感，下决心写一部核工业《永远的丰碑》(专集)，书名取《"两弹一艇"人物谱》。时间跨度从20世纪50年代初写到参与其中的组织领导者们都已离休或退出第一线，约在80年代初，也就是说，写的是核工业"二机部"时期"两弹一艇"那些人。改革开放以来，虽有部分功勋者、知名人物为人所知，但散见于新闻报道、各类书刊，或有部门、单位各自所集；更多的是在"秘密历程"中虽为"两弹一艇"奉献青春和才智有过贡献，却从未称作"人物"的科技工作者、技术工人和领导干部；他们没有得过大奖，也许有点儿名分，也很少为人所知，有些连应有的名分都没有，还有的在征途中献出了自己的生命，并没有等到奖项与荣誉、鲜花和掌声。

为国为民作出贡献的人，国家和人民不会忘记，历史也不会忘记。

这几年，我完全沉浸于那段秘密历程的峥嵘岁月里，眼前的各种史料似乎都赋予了一种生命，如一个个矗立着的丰碑人物走来，仿佛是在约谈，对我是心灵中的撞击，精神上的升华，不断增强着一种使命感。以"谱"留青史，今人可鉴可效，后人可查可续。续谱正是中华民族的好传统。

国家利益高于一切，为国为民无私奉献，艰苦奋斗，坚韧不拔，乃至牺牲生命。这是中华民族的气节，也是自己的一种信仰，而信仰的力量是巨大的。中华民族是丰碑如林的民族，中华民族的复兴，有了如林丰碑的支撑，就有了用之不竭的力量，就能乘风破浪，克艰攻难，勇往直前。

近年来,中国核工业集团公司领导致力于推动核工业史的书写和编纂工作,并已取得成果。《钱三强与中国原子能事业》《核铸强国梦》《"两弹一艇"那些事》《激情岁月讴歌》等著作问世,受到好评。2015年9月,在核工业系统离退休干部工作会议上,曹述栋副总经理在讲话中,热情赞赏编著《"两弹一艇"人物谱》。编写过程中,社会事业部(老干局)给予支持和具体帮助。《中国核工业报》选登书稿中部分人物,党群工作部主任张昌明闻讯,当面鼓励编者,说:书名好,内容也好,又恰逢核工业创建甲子年纪念。

本书的编纂在中国核工业报社的鼓励、支持下进行。报社总编辑、资深撰稿人杨志平为策划人;刘杰老部长秘书、资深撰稿人李鹰翔为顾问;且有李志超、张普选等多位同仁携手同行。李志超,《中国核工业报》编辑,《"两弹一艇"人物谱》编辑、版式设计。张普选,曾多年作党的宣传组织工作,并有撰稿、编辑的经历和经验,《"两弹一艇"人物谱》打印、审稿、校对。无私提携,真诚相助,一直激励着作者,从2005至2015年,10年求索勤为径;从《永远的丰碑》到《"两弹一艇"人物谱》,几载耕耘终成书。

该书是在中国核工业集团公司党群工作部的组织指导下,由中国核工业报社和中国原子能出版社联合编辑出版。

本书由四编内容(上、下卷)组成,集中体现"两弹一艇"如此庞大而复杂的工程,靠的是举全国之力、大力协同的方略;所写的人物并不限于二机部系统,国家各相关部门、企事业单位、大专院校、解放军部队,所有为"两弹一艇"作出贡献的人们,都在寻忆和遴选之内。第一编,"科学与技术专家",分七个方面写了200多个人物,他们撑起了"两弹一艇"的脊梁。第二编,"组织领导干部",是写党政军中担任具体组织领导的一些重要人物,有首次原子弹装置核爆炸试验总指挥张爱萍;二机部宋任穷、刘杰等30多位部级领导干部;中国科学院党组书记、副院长张劲夫,党组副书记、副院长裴丽生(最大协同单位);新疆国家核试验基地首任司令员张蕴钰,潜艇核动力开发前期正式提出"潜艇核动力装置初步设计(草案)"的组织领导者李毅,核潜艇工程组织领导办公室主任陈右铭等。第三编,"组织领导机构及主要组成人员",是写组织领导机构的设置与运作机制中的领导和管理人员,这在以往或许鲜见。又分五个层次:中央、国务院核工业领导机构及领导人员;二机部机关各部门的司局级干部;二机部所属企事业单位(部分)初期主要负责人;国家首次核试验期间,在试验现场和北京的组织机构及参与其中的主要领导和工作人员;第一艘核潜艇研制前期领导机构及主要组成人员。二、三两编人物众多,是要说明:"两弹一艇"这一宏伟事业,并非只是少数功勋者及受到其他表彰的一部分人所为,没有正确的战略决策是干不成的,没有强烈的爱国热情和高度的政治责任感也是干不成的,没有强有力的组织领导和管理更是干不成的。第四编,"在功勋者的背后",是追寻历史云烟中的那些人那些事,进一步深化本书的主旨思想。四编共写了近800个人物。在所写人物中,姓名出现两次或以上者,均在第一次出现时作人物介绍。其中,在第一编第四、六部分和第三编中,有少数人物,因缺足够资料,只有名单而未作人物介绍。

特别值得一提的是,原党中央顾问委员会委员、百岁寿星刘杰部长为本书题写书名并作序,作者倍感荣幸。刘老是我国核工业的开拓者、奠基人之一,"两弹"的主要组织领导者和亲历者,并为第一艘核潜艇的研制奠定了技术物质基础。因曾与刘老谋面,写《"两弹一艇"人物谱》伊始,就想到作序一事,托李鹰翔同志转达晚辈心愿,刘老遂欣然应允。这令作者受到莫大的鼓舞,心中充满感激和敬重的情怀。

在成书过程中,由于时间、空间及条件所限,参考文献的涵盖面和容量都显不足,对人物的把握可能不够准确、到位,甚至出现纰缪;广泛调研,特别是多找亲历者采访,尤为不够,或许有些该写的人物没有写进去;凡此种种,敬请读者见谅、指教,并将于再版时予以修正和补遗。

2016年6月

目　录

上　卷

第一编　科学与技术专家

七、其他有重要贡献者(以姓氏笔画为序)

力一、丁浩然、王传英、王菁珩、王德文、方正知、任雨吉、刘允斌、刘兴忠、刘芳言、刘国明、安纯祥、孙世荃、孙亚今、忻贤杰、杜乐天、芦荣光、李延林、李寿枒、李建华、李维音、连培生、吴世英、何东昌、闵耀中、汪华、张文青、张天保、陆祖荫、陈国珍、林传骝、罗文宗、金星南、郑庆云、秦元勋、顾震潮、原公甫、钱晋、倪源兴、郭景儒、高潮、黄世明、黄齐陶、龚祖同、疏松桂、韩云梯、蒋云清、蒋兴泉、谢家祺、虞福春、蔡抱真、滕藤、薛凡

下 卷

第二编 一线主要组织领导干部

(三)1967年7月—1970年6月

业务领导小组组长:刘伟

副组长:牛书申、李觉

(四)1975年1月—1977年1月

第三编 组织领导机构及主要组成人员

1.中央专门委员会

主任:周恩来

委员(15人):国务院7位副总理贺龙、李富春、李先念、薄一波、陆定一、聂荣臻、罗瑞卿,国务院和中央军委有关部门负责人赵尔陆、张爱萍、王鹤寿、刘杰、孙志远、段君毅、高扬。

办公室主任:罗瑞卿,副主任:赵尔陆、张爱萍、刘杰、郑汉涛。

办公室组成人员有:刘柏罗、许湲、赖坚、李光、宋良甫、怀国模、朱科、朱松春、高魁宽、汪祖辉。秘书长由郑汉涛兼任,专职副秘书长是冶金部金属司原司长刘柏罗。

2.国防工业办公室

主任:罗瑞卿

副主任:赵尔陆、孙志远、方强、刘杰、刘西尧。

3.国务院第三办公室:设立专门机构,直接指导建筑技术局、地质部三局和近代物理所的工作。

主任:薄一波

副主任:刘杰

主任：张爱萍

副主任：刘西尧、成钧、朱光亚、朱卿云、毕庆堂、李觉、张震寰、张蕴钰（兼秘书长）、程开甲

委员（姓氏笔画为序）：刁筠寿、于清河、王力华、王道建、王淦昌、王义忠、王茹芝、王大珩、邓易非、邓稼先、卜克强、江文、孙超、刘西尧、刘柏罗、刘忠惠、成钧、朱光亚、朱卿云、毕庆堂、乔献捷、任中咸、李觉、李冬、李信、李旭阁、杨焕民、杨荣新、杨任民、杨采、陈觉、陈能宽、张英、张超、张少华、张开帙、张爱萍、张景华、张震寰、张蕴钰、吴际霖、范任水、范志赤、周村、郝苏、胡若暇、郭永怀、恽前程、姚士章、洪杰、徐行、徐赋、高仑、高健民、韩云升、韩济、常勇、贺格非、彭桓武、程开甲、程尚友、董寿萃、曾旭清、顾震潮、葛淑平、谭善和、魏履新

第二编 一线主要组织与领导干部

一、首次原子弹装置核爆炸试验总指挥 张爱萍

1962 年 11 月,党中央决定:在中央直接领导下,成立一个十五人专门委员会。图为专委会主任周恩来(左二)与贺龙(右二)、聂荣臻(左一)、张爱萍(右一)在一起交谈

张爱萍

张爱萍 Zhang Ai Ping (1910年1月—2003年7月)，四川达县人。1926年4月加入中国共产主义青年团，1928年8月转为中国共产党党员，1929年12月参加中国工农红军。1955年被授予上将军衔。生前为国务院副总理，国务委员兼国防部长，中央顾问委员会常务委员，中央军委副秘书长，副参谋长兼国防科委主任。

张爱萍长期从事国防科学技术和国防工业战线的领导工作，是我国国防科技事业的杰出领导者。自1959年9月，他先后任国防科委副主任、国防工业办公室副主任，中央专门委员会委员兼办公室副主任，中央军委委员，主持国防科技、装备和国防工业工作，组织领导"两弹一星"大协作、大会战，先后4次担任核试验委员会主任委员、现场试验总指挥，成功地组织了我国第一颗原子弹爆炸试验、核航弹爆炸试验、含有热核材料的原子弹爆炸试验、原子弹与导弹结合爆炸试验。在我国第一颗原子弹研制面临严重困难的关键时刻，他深入核工业系统各单位调查研究，向中央建议集中全国力量，加速攻关，并呈报了《关于原子能工业建设的基本情况和亟待解决的几个问题的报告》，为中央决策提供了科学依据，支持了核工业建设和原子弹研制工作。

1978年12月，党的十一届三中全会后，随着全国工作重点的转移，贯彻执行"调整、改革、整顿、提高"的方针，张爱萍提出了"核工业应在保证军用的前提下，把重点转移到为国民经济利用上来"。随后由国防科委和二机部联名向国务院、中央军委上报了《关于原子能工业发展方针的请示》，国务院领导批示"同意原子能工业逐步转到为国民经济服务的方针"，后来把这一方针概括为"保军转民"，成为指导国防工业全行业的发展方针。

张爱萍积极倡导和推动我国核电站建设,在他主持下,以国防科委名义向中央军委副主席叶剑英并中央专委上报了《关于发展核电站问题的请示报告》,对核电的优越性、经济性、安全性,以及发展规划与起步等一系列问题,进行了全面系统的阐述。在秦山核电站建设遇到一些非议的时候,他在国务院和各部委会议上坚定地支持自力更生建设秦山核电站。1982年11月、1983年4月、1986年5月他还三次亲赴秦山现场视察和督促,强调要像当年搞原子弹那样,选调精兵强将,集中力量攻关,保质、保量、保进度、保安全,如期建成投产发电。并在上海市政府召开的秦山核电工程会议上,亲自动员有关各方大力协同,共同为建好我国大陆第一座核电站出力。

与此同时,张爱萍还对核武器研究院基建布局过于分散的问题,提出了调整改点建设的意见。1983年9月,国务院、中央军委批准了《关于核工业部九院建设布局调整的请示》报告,并将"839工程"列入国家重点建设项目,在四川绵阳形成了相当规模的科学城。

现场总指挥张爱萍向周恩来报告,原子弹爆炸成功

二、二机部时期部长、副部长(1958年2月—1982年3月)

(一)1958年2月—1960年9月

首任部长:宋任穷(党组书记);

首任副部长:刘杰(党组副书记)、袁成隆、刘伟、雷荣天、钱三强。

(二)1960年9月—1967年7月

部长:刘杰(党组书记)

副部长:刘西尧(1963年7月任,党组副书记)、刘伟(党组副书记)、袁成隆(1964年10月离任)、雷荣天、钱三强、刘淇生(1962年8月任)、牛书申(1963年7月任)、钱信忠(1963年10月兼任)、李觉(1965年2月任)。

(三)1967年7月—1970年6月

业务领导小组组长:刘伟

副组长:牛书申、李觉

(四)1975年1月—1977年1月

部长:刘西尧(党的核心组组长)

副部长:刘伟(核心组副组长)、牛书申(核心组成员)、李觉(核心组成员)

(五)1977年1月—1982年3月

部长:刘伟(党的核心组组长)

副部长:牛书申(核心组副组长,1977年8月任)、李觉(核心组副组长,1977年8月任)

副部长:雷荣天(1977年8月复任)、王介福(1977年8月任)、苏华(1977年8月任)、姜圣阶(1977年8月任)、周秩(1978年6月任)、王淦昌(1978年6月任)、刘淇生(1979年4月复任)、张丕绪(1979年4月任)、赵敬璞(1979年4月任)、刘玉柱(1979年4月,由部外调任)、刁筠寿(1979年4月任)、王候山(1979年4月任)

顾问:刘淇生(1978年6月—1979年6月)、张献金

(六)1956年11月—60年代

三位部党组成员：张献金、何克希、郑林

(七)1982年5月

1982年国家机关调整，5月4日，第五届全国人大常务委员会第23次会议决定，将二机部改名为核工业部。此前二机部时期历届部长、副部长均已离休或退居二线。

核工业部部长：张忱(党组书记)

副部长：刘书林(党组副书记)、蒋心雄、赵宏

部科学技术委员会主任：姜圣阶

副主任：王淦昌、邓稼先

顾问：李觉、周秩、刁筠寿、张道容

人物介绍：宋任穷、刘杰、袁成隆、刘伟、雷荣天、钱三强(见上卷)、刘西尧、刘淇生、牛书申、钱信忠、李觉、王介福、苏华、姜圣阶(见上卷)、周秩、王淦昌(见上卷)、张丕绪、赵敬璞、刘玉柱、刁筠寿、王候山、张献金、何克希、郑林、张忱、刘书林、蒋心雄、赵宏(见上卷)、邓稼先(见上卷)、张道容

三位部长宋任穷(左三)、刘杰(左四)、刘伟(左五)与科学家王淦昌、姜圣阶等在一起

宋任穷

宋任穷 Song Ren Qiong（1909年7月—2005年1月），湖南浏阳人。1926年加入共产主义青年团，同年转为中国共产党党员。1955年被授予上将军衔，获一级八一勋章、一级独立自由勋章、一级解放勋章。他是中国共产党第八届中央政治局候补委员、第十一届中央书记处书记、第十二届中央政治局委员，原中共中央顾问委员会副主任，第四、五届全国政协副主席。

1956年11月16日，第一届全国人大常委会通过决议，设立中华人民共和国第三机械工业部（1958年2月10日改为第二机械工业部），具体组织领导我国原子能工业的建设和发展工作，宋任穷为首任部长，至1960年8月。近4年之内，宋部长为开创我国原子能事业做了大量坚强有力的组织领导工作。

1.认真贯彻执行党中央的路线方针政策，研究制定原子能事业发展方针和规划，组建领导机构，选拔使用大批优秀干部、科技专家和技术工人，为原子能事业顺利发展奠定了坚实基础。

1957年3月11日，他主持制定出《第二个五年计划期间原子能工业建设的计划方案》，呈报周恩来和中共中央批转。同年9月，他随聂荣臻为团长（副团长陈赓、宋任穷）的代表团访苏，于10月15日双方签订两国政府协定，简称国防新技术协定；1958年9月29日，双方又在北京签订了第二个协定。它对苏联援助中国原子弹每个项目的规格规模，以及苏方完成设计和设备供应的期限，都作了明确的规定。1958年1月17日，党中央批准三机部关于为西北3个工厂和工程设计院等7个单位抽调215名干部的报告；同年5月31日，党中央批准二机部上报的五厂、三矿的选点方案；同年9月11日，对二机部的请示报告，中共中央发出通知，从其他各有关部门抽调16000多名干部和工人充

实核工业建设队伍。

2.经常深入到地质队、矿山、建设工地和研究所，调查研究，指导工作，全面进行原子能事业的发展。

他主持组织五厂、三矿的选点和建设。如：兴建核燃料元件厂于1957年初在包头市郊选定厂址后，同年10月17日，宋部长就批准审批了元件厂的初步设计任务书，并很快从全国各地抽调一批管理干部和技术干部陆续来到包头，成为了建厂初期的骨干力量。兰州铀浓缩厂（我国第一座气体扩散厂）的建设，1957年9月选定厂址；10月15日，二机部批准建厂设计任务书；1958年3月10日，宋部长主持召开了工厂初步设计审定会，并批准初步设计，当年就掀起建厂的高潮，从全国21个省、市、自治区抽调的人员迅速集中到建设现场。核工业开拓者的气势和推进建设的速度可见一斑。

原子弹攻关，最关键的是要掌握基本理论和关键技术。部领导和原子能研究所、北京核武器研究所一开始就把它作为重点来抓。宋部长和刘杰副部长曾多次到所里检查指导工作，鼓励理论研究人员一定要争口气，把原子弹搞出来。

3.苏联毁约停援后，他坚决贯彻党中央于1959年7月作出的“自己动手，从头摸起，准备用八年时间搞出原子弹”的决策，注重建立中国自己的核科研基地和工业体系，为我国核工业平稳有序地实现完全、彻底自力更生奠定了良好基础。

当年12月，他就主持制定了原子能事业八年规划纲要。具体调整了建设的战略部署，把在建的项目分成一线、二线。一线就是铀生产线，其中包括5个铀矿山和水冶、元件、六氟化铀、浓缩铀、铀冶金5个工厂。集中力量打歼灭战，首先把铀生产线建起来；1960年4月又作出了“二机部决定”，核工业建设的第一期工程以铀-235生产线为工作重点，其中又以铀浓缩工厂为重中之重。为了抢时间，铀生产线在正式工厂尚未建成投产之前，先利用研究所实验室搞了8个简法生产装置，因陋就简，摸索前进，很快生产出了合格的二氧化铀、四氟化铀、六氟化铀，这样，就保证了研制原子弹的核燃料，而且通过实践验证了工艺原理、条件、参数、设备性能和操作规程，积累了生产经验。二线是钚生产线，建设刚起步，暂时调整下来，继续积极准备，等待时机，创造条件再上。当时如此调整，对于全面贯彻独立自立、自力更生的方针，提前掌握生产技术及全局的主动权，具有十分重要的意义。

1960年9月，中央政治局决定建立6个中央局。任命宋任穷为东北局第一书记。宋部长从此离开二机部赴东北履职。

刘 杰

刘杰 Liu Jie (1915年2月17日—)，河北威县人。1932年加入中国共产党，"七七事变"前，在北平做党的地下工作，参加了"一二·九"运动。抗日战争时期至新中国成立前，历任县委、地委和省委书记等职务。1945年6月在延安中央党校学习期间，作为中共七大正式代表出席党的第七次全国代表大会。新中国成立后，相继担任中南军政委员会财经委员会副主任兼工业部部长，地质部、三机部副部长，二机部副部长、部长，中央专门委员会委员兼专委办公室副主任。1978年至1985年，历任河南省委常务书记、省长、省委第一书记。1982年9月党的十二大、1987年10月党的十三大均当选为中央顾问委员会委员。

刘杰是我国核工业的主要开拓者和奠基人之一。1954年至1967年，从事核工业建设和发展的领导工作十三年，特别是1960年9月后，他作为二机部部长，直接组织和领导了核工业建设和核武器研制工作，成功地实现了我国第一颗原子弹和第一颗氢弹的爆炸试验，完成了核潜艇动力装置的扩初设计，基本建成了核科研和核燃料工业体系，并开始核工业三线建设，培养成就了一支学科专业门类齐全的核工业科技队伍，为我国核工业建设和长远发展打下了坚实的基础。

刘杰在我国核工业创建和发展的领导工作中，有几条突出的重大贡献：一是在党中央酝酿创建我国原子能工业期间，当地质部地质普查人员在广西富钟地区发现次生铀矿化物时，他意识到这是一个重要发现，立即向毛泽东主席和周恩来总理报告，为中央决策建设我国自己的原子能工业提供了铀矿资源信息。毛主席高兴地指出："很有希望，要找，一定会发现大量铀矿。"并特别强调、殷切嘱咐刘杰："这是决定命运的，你要好好抓哟！"尔后不久，1955年1月15日，毛主席主持召开中央书记处扩大会议，作出

了发展我国原子能工业的战略决策。

二是为了争取苏联对我国原子能工业建设的技术援助,1956年4月,刘杰率中国原子能代表团赴莫斯科谈判,在苏方介绍核燃料循环体系过程中,刘杰发现铀浓缩是其中一个不可或缺的重要环节,便向苏方提出中国也要建设铀浓缩工厂,开始苏方强调中方党中央提出的《供讨论用的提纲》没有这个项目,而且强调"建这种工厂需要很大投资、很大电力,中国目前不需要这种工厂"。刘杰与代表团同志商量后,坚持要这个项目。苏方也承认中方的要求在逻辑上是合理的,最后也同意帮助中国建铀浓缩厂,并提出有部分经过大修的机器可以利用,从而可以减少机器制造时间,经请示周总理同意"先接受下来,回国再研究"。刘杰抓住时机,争取到铀浓缩厂这个项目具有特别重要意义。1964年10月,我国第一颗原子弹爆炸成功,让美国人最为惊讶的就是中国已经具有浓缩铀的生产能力。

三是1960年苏联毁约撤走专家、停止一切援助,给我国核工业造成很大困难,而当时我国国民经济又处于最困难时期,宋任穷调任中共中央东北局第一书记,刘杰接任二机部部长,受命于危难之际。他先是亲自主持起草了一份给部属各单位的电报,指出苏联毁约停援后,原子能事业完全要由我们自己来干,必须认清这个变化,从思想上、组织上和行动上转移到全面自力更生的轨道上来。这一电报对稳定队伍,激励斗志,继续奋战,起了很大作用。随后他又召开部机关和基层领导干部会议,对今后工作提出了"自力更生,过技术关,质量第一,安全第一"的十六字方针。这一方针指向明确,切合实际,指导性和号召力强,立即成为干部和群众的行动力量,积极实施各项调整应变措施,有效地实现了全面自力更生的大转变,没有因苏联毁约停援而影响建设工程,反而加快了建设和生产的步伐。

四是经过1960、1961两年艰苦奋斗,在科学研究和工业建设从量变向质变转化的关键时刻,1962年8月,刘杰在北戴河向毛主席、党中央写出了《关于自力更生建设原子能工业的情况报告》,说明"制造第一颗原子弹的条件正在逐步具备,再经过1963年的努力,条件将更加确切可靠。因此,争取在1964年最迟在1965年实现第一颗原子弹爆炸是可能的。"毛主席看了表示"很好嘛!"随后,刘杰又先后向罗瑞卿主任、聂荣臻副总理、中央政治局常委做了汇报,并经讨论确定1964年爆炸第一颗原子弹的两年规划目标,中央建立以周恩来总理为首的中央专门委员会,领导实施"两年规划",并得到圆满的结果,1964年10月16日成功地爆炸了我国第一颗原子弹,在全世界引起了巨大反响,海内外炎黄子孙莫不欢欣鼓舞,扬眉吐气。

五是刘杰知道氢弹与原子弹无论原理或结构都不相同,因此早在原子弹研制开始不久,就考虑到氢弹理论预研问题。他同钱三强商量,能否让原子能研究所在氢弹理论研究方面先行一步,得到钱的赞同和支持,从1960年末开始,就组织力量开展氢弹理论的预研工作。而在第一颗原子弹爆炸成功后,又决定把原子能所氢弹预研力量,调集到核武器研究所。原子能所理论队伍做过氢弹基础理论研究,核武器所理论队伍有原子弹研制的实践经验,这样双方优势互补,大大加快了氢弹研制工作。1966年12月氢弹原理试验一举成功,1967年6月第一颗氢弹全当量空爆试验成功,从而为世界氢弹发展史创造了奇迹,我国发展速度比美苏英法四国都快。

1978年,刘杰离开核工业后,应核工业首任部长宋任穷的嘱托和原子能出版社的请求,撰写了他在核工业13年的回忆录《协同之光——中国原子能事业的创业史》。

1960年,苏联撤走专家,毁约停援,时任二机部部长刘杰(右一)欢送苏联专家回国

袁成隆

袁成隆 Yuan Cheng Long (1912年—2002年1月),北京通县人。1938年加入中国共产党。1938年入延安陕北公学学习。曾任陕北公学一分校队长、抗大一分校文工团主任,中共山东省莒南县群委书记兼各救会会长,滨北新区工作团团长,山东省文联组织部部长,中共滨海区委农会副会长,沧南地委副书记。新中国成立后,历任中共清河、德州地委书记兼军分区政委,中共华东局办公厅主任兼机关党委书记,中共中央华东局农村工作部副部长,中共中央书记处工办地区工作部组长。1956年调第三机械工业部(1958年2月11日改为二机部),为首届副部长之一。他参与了我国原子能初创时期"两弹"研制的具体组织领导工作。

袁成隆任二机部副部长期间,主管生产和政治思想工作。1958年5月,他主持起草《关于把我们和苏联专家由两股拧成一股绳的经验报告》呈中央,毛泽东主席看后很快作了批示:"四海之内皆兄弟","尊重苏联同志,刻苦虚心学习,但又一定要打破迷信,打倒贾桂! 贾桂即奴才,是谁也看不起的",并在党的八届二次会议上印发。1960年在苏联政府突然撕毁中苏合作协议后,袁成隆坚决执行毛主席发出的"奋发图强、自力更生"的号召,深入到生产第一线,开展质量和安全大检查,实行面对面指导,克服道道技术难关,历经反复试验,终于保质保量、按期试制出合格的核燃料。

在甘肃兰州铀浓缩厂(我国第一座气体扩散工厂)的建设中,苏联专家撤走后,根据二机部发出的"为在我部试验中彻底实行自力更生的方针而斗争"的指示,确保建厂工作的正常进行,袁成隆从1961年1月起到厂里长期蹲点,并直接领导以质量为中心的调查研究工作,组织了20多个专门小组,对主工艺及辅助系统的施工安装情况,进行了全面调查。通过调查,摸清了底细,统一了全厂职工的思想,坚定了信心。同时,发现问题解决问题,使基建工作继续顺利进行。

酒泉原子能联合企业根据部的决定,把铀生产线列为一线工程。生产六氟化铀的铀生产厂和核部件冶金加工厂两个工程突击上马。1962年部提出两年规划,完成第一颗原子弹生产。在这严峻形势和任务面前,袁成隆深入一线,帮助指导工作。在他的指导下,成立了联合指挥部,以酒泉原子能联合企业为主,一〇二公司、一〇三公司、设计院等单位参加,以厂长周秩为指挥长,提出"以建成试车为中心,大战八、九、十月,为党立功,为建设立功",推动了铀生产线的建设。

1961年11月,国务院国防工业办公室成立后,袁成隆任国防工业办公室政治部常务副主任。1979年11月,调任农业机械部副部长。

陈毅副总理给二机部干部作国际形势报告后,与部分同志合影。前排右二为陈毅副总理,后排右一为袁成隆,后排右二为钱三强。

刘 伟

刘伟 Liu Wei (1916年8月—1998年2月),江西兴国人。新中国成立后,1955年调入原子能工业。他是我国核工业战线的主要领导者之一,为之奋斗了近30年,为原子能事业的创建、"两弹一艇"的研制及原子能工业的发展作出重要贡献。

1955年4月,中央调刘伟做原子能工业的组织行政工作,任地质部部长助理兼矿石化验研究所所长,主持筹建以"一堆一器"为核心装备的我国第一个综合性核科学技术研究基地。同年8月,中央批准矿石化验研究所党组由刘伟、钱三强、张献金三人主持,刘伟任书记。该所对外名称为"国家建设委员会建筑技术局"。9月22日,中央决定,刘伟任建筑技术局局长,钱三强任副局长兼总工程师,张献金、冯麟、罗启林、力一任副局长。1956年11月16日,设立第三机械工业部(1958年2月11日改为二机部),具体组织领导我国原子能工业的建设和发展工作。首任部长宋任穷,副部长刘杰、袁成隆、刘伟、雷荣天、钱三强,部长助理张献金、何克希。1960年9月10日,中共中央任命刘杰为二机部党组书记、刘伟为党组副书记。1977年1月15日,刘伟被任命为二机部党的核心小组组长、二机部部长。直到1982年退居二线。

刘伟担任建筑技术局局长后,抓紧开展以"一堆一器"为中心的核科研基地的筹建工作。选定地址(北京市西南郊房山县坨里地区),审查设计,组织施工,于1956年11月开始破土动工,第二年5月开始反应堆和加速器主体工程。经过两年多时间的艰苦努力,到1958年7月,由苏联援建的"一堆一器"全面建成投入试验运行。同时,我国科技人员自行设计制造的能量为2.5兆电伏质子静电加速器也建成投入运行;自行研制的中子谱仪、零功率装置、磁镜型绝热压缩等离子体实验装置等重要仪器设备设施约50台,也先后交付使用。在新的技术装备下,堆物理、堆工程技术、钚化学、放射生物学、放射性同位素的制备、高能加速器技术、受控核聚变等研究工作，都先后开展起来。这个科研基地就是原子能所(后为中国原子能科学研究院)，它名副其实地成为我国第一个比较完整的、综合性的核科学研究基地。它是研制原子弹的基础和根本环节之一，为"两弹一艇"的研制，为核工业长期的建设和发展，起到了"老母鸡"的作用。

刘伟任副部长，分管原子能工业的基本建设和物资供应工作。中国原子能工业的发展是从零开始的。基本建设和物资供应就是当时工作的重点。为加强计划、施工、物资供应等方面的组织协调，部专门成立了第一办公室，刘伟兼任"一办"主任。在经过一年多时间组建机构、调集人员、选择厂址等工作的基础上，从1958年开始第一批工业建设项目陆续全面展开。五厂(衡阳铀水冶厂、包头核燃料元件厂、兰州铀浓缩厂、酒泉原子能联合企业、西北核武器研制基地)、三矿(郴县铀矿、衡山大浦铀矿、上饶铀矿)是当时部直接抓的重点工程，先后动工创建。为了尽快落实施工人员，根据中央的决定，刘伟亲自联系，从建工部以及一机部、冶金、化工等部门和有关地方选调了6000余人，组成三个建筑公司和一个安装公司，承担施工任务。后来这批人员就成为核工业建筑安装队伍的主要骨干力量。

1960年8月，苏联最终撕毁协定，撤走在华工作全部专家，至此供应合同履行率只到一半左右，特别是有许多重要设备没有提供。中央决定组织力量自行研制。二机部成立了"专用设备新材料试制供应领导小组"，刘伟任组长，钱三强、冯麟任副组长。在有关部门大力协同和支持下，组织技术攻关，迅速研制出许多专用设备和新材料，保证了各项建设工程在完全自力更生条件下，继续进行，建成了较完整的原子能工业体系。

在"文化大革命"的十年动乱中，刘伟临危受命，担任业务领导小组组长，牛书申、李觉任副组长，带领广大科技人员、职工群众和各级干部，克服种种困难，继续推进原子能工业向前发展，成功地进行了第一颗氢弹爆炸试验，研制建成了潜艇核动力陆上模式堆，实现了"两弹"的武器化，建成了钚生产线和三线地区核工业新基地，并且实现了设备材料全部国产化，改变了原子能工业的战略布局。

"文化大革命"结束后，刘伟任二机部党的核心小组组长、二机部部长，他着重抓核工业的调整、改革、整顿、提高工作，促使核工业发展进入保军转民的新阶段。他积极推动核电中长期发展的规划工作，并提出了到20世纪末加快核电发展的规划目标。对

我国自主设计、建造秦山核电站这一工程项目的起步,起了积极的推动作用。

刘伟少年时期投身革命,1931年5月参加红军,1932年加入共产主义青年团,1934年转为中国共产党党员。历任战士、班长、排长、红军总兵站第三大站警通队队长,中央军委供给部干事、科员,红军前敌总直属队特派员,前敌政治部保卫部副科长、科长,参加了长征。

抗日战争时期,刘伟历任八路军一一五师团特派员,晋西支队政治部科长,教导二旅政治部科长,山东滨海区行政公署公安局局长兼滨海军区政治部科长。

解放战争时期,刘伟历任山东滨海区警备旅政委,华东野战军第三纵队九师政委,第三野战军第九兵团二十六军政治部主任、军副政委兼政治部主任。参加了鲁南、孟良崮、开封、洛阳、济南、淮海、渡江等战役和解放杭州、宁波等地区的战斗。刘伟为抗日战争的胜利、为中国人民的解放事业作出较大贡献。

新中国成立初期,刘伟任公安部八局局长、部党组成员,担负保卫党中央的重要任务。他有丰富的公安保卫工作经验,在工作中坚持党性原则,积极开展公安保卫工作,为巩固我国新生政权做了大量具体的组织领导工作。

1982年以后,刘伟担任第六、七届全国人大常委,外事、财经委员会委员,中国希腊友好小组主席。他为我国法制建设和发展同希腊的友好关系作出积极的贡献。

刘伟是中国共产党第八～十二次全国代表大会代表,第九～十一届中央委员。

70年代,刘伟(前排右二)、曹本熹(前排右四)在包头核燃料元件厂

雷荣天

雷荣天 Lei Rong Tian（1915年10月—2001年10月），生于山西孝义市。1935年8月参加革命，同年冬加入中国共产党。雷荣天在我国核工业战线奋斗了近30年，并参与组织领导工作，为铀矿地质事业和"两弹一艇"的研制作出重要贡献。

1955年1月，地质部三局成立，雷荣天任局长，由国务院第三办公室领导，主管铀矿地质勘探工作，这是我国铀矿地质的第一个专门管理机构。1955年7月，国务院第三办公室（主任薄一波、副主任刘杰）设立了专门办事机构，直接指导国家建委建筑技术局、地质部第三局、近代物理所的工作。1956年11月16日，设立第三机械工业部（1958年2月11日，改为二机部），具体组织领导我国原子能工业的建设和发展工作。首任部长宋任穷，副部长刘杰、袁成隆、刘伟、雷荣天（兼三局局长）、钱三强。1982年4月，雷荣天退居二线。他是我国原子能事业的开拓者之一。

三局成立后，随即展开了我国的铀矿普查勘探工作。铀是发展原子能工业的最基本的原料，铀矿的普查勘探必须先行。它的中心任务是查明铀资源，勘探铀矿床，提交铀储量。在初创阶段（1955年—20世纪60年代初），主要是探明我国铀矿资源的有无问题。三局提出"扩大普查，加紧勘探"的方针，使普查工作量大幅度增长，工作区域迅速扩大。1957年又提出"巩固提高，重点勘探，适当扩大普查"的方针，从而加速了矿床勘探的步伐。到1960年，已提供8个铀矿开采基地。1963年3月，在北京香山召开首次矿床会议，总结和交流了铀矿床的特点和成矿规律，开始形成我国自己的铀矿成矿理论，对开展深入找矿，扩大成果，起了重要作用。会议期间，毛泽东、周恩来、邓小平等接见了与会全体代表，充分体现了中央对发展铀矿地质事业的期望，也是对几年来

铀矿普查勘探工作给予的肯定。

雷荣天在任二机部副部长期间,我国成功爆炸了第一颗原子弹和第一颗氢弹,奠定了第一艘核潜艇的物质基础,基本建成核燃料循环工业体系,铀矿地质事业也在持续发展,为之后核工业"保军转民"创造了良好的条件,雷荣天对此功不可没。

雷荣天1935年参加革命后,在山西太原从事进步学生运动,任太原学生运动党团书记。1937年后历任"山西牺牲救国同盟会"军政训练班六连支部副书记、书记,"山西青年抗敌决死队"一纵队三总队政治部组织科科长、党总支委员、代理三总队政治部主任,一纵队政治部组织部组织科长、直属队总支书记,第一旅二十五团政委,太岳四分区政治部主任,在晋东南一带坚持抗日游击战争,参加了百团大战。解放战争时期,历任晋冀鲁豫军区第四纵队十三旅政治委员,豫西军区副政委兼政治部主任,二野十四军政委。参加了上党、闻夏、吕梁、汾孝、晋南、淮海等战役和渡江战役。

雷荣天是第五～七届全国政协委员。

雷荣天副部长欢迎苏联专家

刘西尧

刘西尧 Liu Xi Yao (1916年4月—2013年1月)，生于四川成都，祖籍湖南长沙。1937年10月入党，少将军衔。原第二机械工业部部长、教育部部长、中共四川省委书记处书记。他还曾任国家科委副主任兼任国防科委、国防工办副主任。中共第九、十、十一届中央候补委员，中共第十二、十六次全国代表大会代表，第六、七届全国政协常委。

1961年11月29日，中共中央决定，成立国务院国防工业办公室，归口管理二机部、三机部和国防科委所属范围的工作。任命罗瑞卿为主任，赵尔陆、孙志远、方强、刘杰、刘西尧为副主任。

1963年7月24日，刘西尧被任命为二机部第一副部长、党组副书记。

1975年1月17日，刘西尧被任命为二机部部长。

刘西尧全身心地投入到我国原子能事业中，为"两弹"的研制和实现核武器化作出历史性贡献，也是他人生中辉煌的一页。

我国第一颗原子弹爆炸试验，是在周恩来总理的亲自领导下进行的。人民解放军副总参谋长张爱萍任总指挥，刘西尧任副总指挥。国防科委副秘书长张震寰、核试验基地司令员张蕴钰以及李觉、吴际霖等都在现场亲自主持各方面工作。1964年10月6日，确定了首次核试验委员会的人员组成，主任委员张爱萍；副主任委员刘西尧、成钧、张震寰、张蕴钰（兼秘书长）、李觉、朱光亚、程开甲、毕庆堂、朱卿云。

在现场，刘西尧多次亲临装配工号、720主控站以及九院第九作业队各分队检查指导工作、进行预演。1964年10月16日凌晨4时30分，张爱萍、刘西尧赶到爆心铁塔，再次检查安装调试情况，指挥现场插接雷管等工作。直到14时30分，张爱萍、刘西尧等人才回到距铁塔60千米的白云岗观察所。

第一颗原子弹爆炸成功后,当年12月1日,二机部就下达了《加快建设钚-239生产线的工作大纲》;12月3日,向中央专委提交了《关于加速发展核武器问题的报告》,提出尽快解决氢弹理论与技术和热核材料生产等两方面的问题。刘西尧重点抓氢弹理论研究。1965年初,核武器研究所在氢弹研制过程中,急需氚和锂反应截面的数据。2月13日,刘西尧将氚和锂-6反应截面的测量任务下达给原子能所。该所采取集中力量打歼灭战的办法,不到半年时间,即完成了任务,而且为核武器研制提供了成套的可靠数据。同年8月20日,二机部向中央报告《关于突破氢弹技术问题的工作安排》;12月,中央专委原则批准二机部"关于核武器科研、生产两年(一九六六年至一九六七年)规划"。刘西尧提出的"突破氢弹,两手准备,以新的理论方案为主"的方针,在"规划"会议上得到认同。突破氢弹以新的理论方案为主的决策,把理论、实验、设计、生产等各方面的力量引向同一个新的目标,各项研制试验工作都按规划卓有成效地展开。1967年6月17日,成功地进行了我国第一颗氢弹爆炸试验。

从1966年8月—1975年1月,刘西尧作为周恩来总理的联络员,到中国科学院处理"文革"中有关问题。四届人大任命刘西尧为二机部部长,他上任后,继续抓核武器的研制。当年4月,他走遍了部三线各单位及与部协作的几家重要工厂。

1976年10月粉碎"四人帮"后,刘西尧奉命去《光明日报》社进行清查工作,又先后任教育部部长、四川省委书记处书记等职。

1964年10月,首次核试验现场委员会主任委员张爱萍(右2)、副主任委员刘西尧(右3)在新疆核试验现场

刘淇生

刘淇生 Liu Qi Sheng（1911年3月—2000年9月），江苏涟水人。1928年加入中国共产党。曾任中共涟水县区委书记。1938年入陕北公学学习，后历任中央组织部训练班宣传干事、干部科股长、秘书科科长。1946年后，历任中共龙江县委书记、嫩江省委副秘书长。新中国成立后，刘淇生历任中共武汉市委秘书长、企业部部长，一机部局长、国家物资总局副局长、三机部副部长等。1962年8月，任二机部副部长、党组成员。先期分管专用设备工作，在我国第一个军用钚生产堆的建设中，组织专用设备和仪器仪表试剂供应。他先后抓了委托协作、监督制造、协调进度等工作，保证了质量，满足了工程建设的需要。1965年，为了加快三线建设速度，二机部设立了三线基本建设总指挥部，刘淇生为首任总指挥。从选点、布局、制订方案、调集队伍到工程实施做了许多工作，20世纪70年代初，核工业三线建设工程陆续建成投产。三线建设改变了核工业的战略布局，扩大了生产能力，提高了技术水平，增强了国防力量。刘淇生为"两弹一艇"研制成功，为"三线"建设和核工业的发展作出重要贡献。1978年后，刘淇生先后任二机部顾问，副部长、党组成员，1982年离休。

三线工程建设
施工现场

牛书申

牛书申 Niu Shu Shen (1913年11月—2007年7月),陕西黄陵县人。1934年6月参加红军,同年8月加入中国共产党。他先后担任过陕甘边区关中革命委员会秘书、科长,中宜游击支队政治指导员、政委、红一方面军政治部地方工作部部员、野战军司令部第二科科长,红二军第五大队政委,关中军分区政治部主任,关中警备区政治部副主任、代主任,黄龙军分区司令员兼警四旅政委,陕北军区副司令等职。

新中国成立后,牛书申历任独立二师政委,陕西军区政治部主任,军区副政委、政委等职。1963年7月从部队调到二机部工作,任二机部副部长兼政治部主任。牛书申在工作中注重深入实际调查研究,上任不久,他就走进包头核燃料元件厂、兰州铀浓缩厂、酒泉原子能联合企业、西北核武器研制基地等处,获取政治思想工作的第一手资料。他把工作的重点放在基层,发现问题,积极解决问题,以强有力的工作促进《两年规划》的落实。1964年3月,牛书申兼任中央监察委员会驻二机部监查组组长。1965年,二机部设立了三线基本建设总指挥部,先由刘淇生任总指挥,后由牛书申任总指挥。1966年后,牛书申历任二机部副部长、党的核心小组成员、党组副书记兼基建工程兵二机指挥部政委、党委第一书记。在我国核工业的第一次创业中,牛书申为原子弹、氢弹爆炸成功,核潜艇的下水作出重要贡献,尤其对核地质、矿冶系统的发展建设和核工业的政治工作、科技人才队伍建设作出重要贡献。

牛书申曾获二级八一奖章、二级独立自由勋章、一级解放勋章,1955年被授予少将军衔。他是第四、五届全国人大代表,第六、七届全国政协委员,中共十二大代表。

钱信忠

钱信忠 Qian Xin Zhong（1911年—2009年12月），生于江苏宝山县（今上海宝山区）。1935年加入中国共产党，1955年被授予少将军衔。1959年9月，中国科学院原子核委员会下设立了同位素应用委员会，负责同位素应用技术的规划与组织，吴有训任主任委员，钱信忠为第一副主任委员。1963年12月4日，钱信忠被任命为二机部副部长(兼)。他历任卫生部副部长、国家计划生育委员会主任、中国红十字会会长等职。他著有《人口新作》，主编了《中国医学百科全书》。1983年获首届联合国人口奖，他是第三、六届全国人大代表，第五届全国人大常委，第一届全国政协委员；是中共十二大代表，中顾委委员。

李 觉

李觉 Li Jue（1914年—2010年2月），山东沂水人，1937年3月参加革命，同年9月加入中国共产党。他是我国核工业建设和核武器研制的组织领导干部之一，为"两弹"的研制及核工业的发展作出重要贡献。

1956年11月，第一届全国人大通过决定成立第三机械工业部（1958年2月改为第二机械工业部），主管原子能事业的建设和发展。1958年1月，中央决定成立三机部核武器局，负责核武器研制、生产和基本建设。任命李觉为局长，吴际霖、郭英会为副局长。同年5月31日，中央批准了二机部的五厂（衡阳铀水冶厂、包头核燃料元件厂、兰州铀浓缩厂、酒泉原子能联合企业和二二一核武器研制基地）、三矿（郴县铀矿、衡山大浦铀矿和上饶铀矿）的选址报告。8月，李觉带领一支20多人的队伍（多数是负责勘察设计的工程技术人员）和3顶帐篷、4辆卡车、4辆越野吉普车，开进青海金银滩大草原，揭开了二二一基地艰苦创业的序幕。李觉一去8年，他与许多科技专家及广大职工在一起，创建了我国第一个核武器研制基地，包括14个生产厂区、4个生活福利区，建筑面积56.4万平方米。

同年10月，北京第九研究所成立，李觉、吴际霖、郭英会分别兼任正、副所长。二机部决定把原子弹科研攻关的重点放在北京九所和原子能研究所（副部长钱三强兼任所长）。原子弹的大型爆轰试验要在二二一基地进行。按照"两年规划"的要求，二二一基地工程全面展开。组建了"二二一基本建设联合指挥部"，李觉任总指挥。他组织领导了"两年规划"的草原会战。1964年2月，二机部撤销九局，局与九所、二二一厂（基地）合并成立第九研究设计院，李觉任院长。下设二二一研究设计分院（后改名为二二一厂);分院设第一、二、三生产部,设计部、实验部、理论部留在北京。1964年6月,基地(中国原子城)建成了院、厂、政合一的核武器研究、设计、制造、试验基地。大型爆轰装置试验按计划在二二一基地进行。1963年11月20日缩小尺寸整体模拟出中子试验取得成功,综合验证了原子弹理论设计,从试验角度认识了引爆到出中子的聚合爆轰物理全过程;1964年6月6日进行全尺寸爆轰模拟试验,在李觉指挥下,取得成功,标志着国家试验成功在握。

我国第一颗原子弹试验在新疆国家核试验场进行。在李觉组织领导下,"596"–1首次核试验装置于8月5日,"596"–2(备品)于20日,从二二一基地起运。运到试验场后,在铁塔下的半地下装配车间进行总装,然后吊至102米高的铁塔上。二二一厂派出了222人的试验工作队,即第九作业队,李觉任队长,吴际霖、朱光亚任副队长,并成立了技术专家试验委员会。李觉也是国家试验委员会的副主任委员。1964年10月16日15时,我国第一颗原子弹爆炸成功。

第一颗原子弹爆炸成功后的第17天,周恩来总理在听取关于第一次核试验情况的汇报时,明确提出:"我们明年要试验核航弹,后年要与导弹结合试验,1967年要搞氢弹。"1965年1月,毛泽东主席提出"原子弹要有,氢弹也要快。"1965年2月28日,国务院任命李觉为二机部副部长(兼九院院长)。同年12月二机部确定"突破氢弹,两手准备,以新的理论设想方案为主"的方针,中央专委原则批准了二机部核武器研制两年规划(1966—1967年)。要集中力量,按新理论方案进行设计,直接进行全当量的氢弹试验。至1967年5月,第一颗氢弹的加工装配以及试验准备工作全部完成。这次试验工作由试验基地党委负责,国防科委副主任张震寰、二机部副部长李觉参加领导工作。遵照周恩来"严肃认真、周到细致、稳妥可靠、万无一失"的指示,和制定的"保响、保测、保运输、保安全"的各项措施,第一颗氢弹由二二一厂运往国家试验场,实验队也由李觉带领抵达试验现场。聂荣臻亲临现场指挥了这次氢弹核爆炸试验。

1977年1月15日,刘伟被任命为二机部党的核心小组组长、二机部部长。8月16日,牛书申、李觉被任命为二机部党的核心小组副组长。1982年4月9日,在新部领导班子调整中,李觉为部顾问。李觉是我国核工业的开拓者、奠基者之一。"两弹"研制和实现核武器化,李觉功不可没。九局局长、九院院长、副部长、党的核心小组副组长、顾问;核武器基地的选址和创业,"两个第一"(第一颗原子弹和第一颗氢弹的爆炸试验)的现场组织领导,亲历我国27次核试验(1982年任顾问以前)。他站在第一线,身处最艰苦、最危险的地方,和专家、技术工人在一起,可谓艰难攀登、劳苦功高、鞠躬尽瘁、有口皆碑。

1982年,作为《当代中国的核工业》第一主编(另3位主编为雷荣天、李毅、李鹰翔),李觉组织编写了我国原子能工业历史(截至1984年底),填补了我国原子能工业当代史出版物的一个空白。他不无欣慰地说:"这回好了,总算对后人有了个交代。"

李觉于1937年3月在甘肃庆阳加入红军步校任文化教员、八路军总部随营学校教员,1938—1942年任山西决死队十一总队政治工作员,晋西支队三大队总支书记、二团三营教导员,三旅七团政治处副主任。1942—1945年,任冀鲁豫八分区作战股长、参谋处处长。1945—1950年任一纵队一旅参谋长兼一团团长、参谋处长,二十旅副旅长,二野五兵团十六军四十七师师长。1950年任二野司令部作战处处长、五兵团十八军参谋长。1952年任西藏军区参谋长、副司令员兼后勤部长。曾参加过淮海战役、渡江战役,被授予八一奖章、二级独立自由勋章、一级解放勋章。1955年被授予少将军衔。

李觉1982—1992年任全国政协委员。

李觉(中)在核试验场

王介福

王介福 Wang Jie Fu（1915年7月—2001年10月），山东潍县（今潍坊市）人。1937年11月参加革命工作，1938年6月加入中国共产党，先后在延安大学、陕北公学高级部学习。历任济南县官庄区委分区书记，中国沂南县委书记，山东沂蒙地委宣传部长、生产救灾委员会副主任、沂蒙专区支前司令部政委，华东三大战役支援总结委员会副主任，参加过淮海战役。新中国成立后，历任中共川东区党委农委副书记、川东区委副秘书长，中共西南局城市工作研究室主任，中国驻匈牙利大使馆政务参赞。曾赴苏联学习工业。

1956年10月后，王介福历任兰州铀浓缩厂筹备处主任、首任厂长。他是兰州铀浓缩厂的主要组织领导者之一。铀浓缩厂创立的主要代表人物，并由他和张丕绪、王中蕃、刘喆等组成带头创业的领导集体。在苏联援助时期，他组织全厂职工，团结苏联专家，开展大规模的基本建设，抢建厂房。在苏联专家撤走的征兆愈发明显的严峻形势下，他们集中人力物力，全力确保主机安装，厂党委为此制定了一系列确保主机安装的措施，并得到有力执行。特别是1959年12月主机安装前的最后清洁工作，发动了1400多名职工，连续几昼夜奋斗在主厂房。当1960年7月苏联突然决定终止对铀浓缩厂的工程援建计划时，他们已经为实现主机安装赢得了时间。苏联专家撤走后，他坚决贯彻"自力更生，过技术关，质量第一、安全第一"的方针，王介福又领导制定了应变措施，名为"约法九章"。全厂抵御住了各种困难的袭击，工程建设不仅没有垮掉，而且不断取得实质性突破，为1964年1月14日取得合格产品奠定了基础，并使工厂全面建成投产。

之后，任二机部十五局负责人、四局局长。1977年8月16日，被任命为二机部副部长、党组成员。

苏 华

苏华 Su Hua (1918年6月—2010年2月),山西翼城县人。1937年5月参加革命,1938年6月加入中国共产党。他参加了抗日战争和解放战争。苏华先后担任过山西翼城县牺盟游击中队指导员,晋冀豫边区党委巡视员,山西黎城县西井区区委书记,太行武安六分区武委会军事部长,太行焦作八分区武委会副主任、主任,焦作四分区武装部副部长,太行军区武装部副部长,山西长治军分区副司令员,山西省军区武装部副部长,中央军委总干部部处长、动员部副部长等职。

1959年12月,苏华奉调二机部工作。1958年12月,冶金部第三司划归二机部后,由苏华任局长(十二局)。同时,成立了新疆矿冶公司和江西矿务管理局,组建了北京铀矿选冶研究所、铀矿冶设计研究院和铀矿开采研究所。苏华深入到铀矿冶基层单位调查研究,成立技术委员会,研究确定了29项重大技术课题和88项一般技术之关键项目,组织制定出7项科研生产措施,组织联合攻关,确保了国家确定的"三矿一厂"建设全面完成,生产出合格的铀材料,满足了核武器研制工作的需要。苏华出任二机部副部长后,对多年来我国铀矿冶建设的经验进行总结,组织制定了《铀矿冶工作技术经济政策》,对促进我国铀矿冶建设和生产的标准化和规范化及其长期健康发展产生了积极而深远的影响。

苏华曾获八一奖章、二级独立自由勋章和二级解放勋章。2005年获纪念中国人民抗日战争胜利60周年纪念章。著有《奋斗,为了新中国——苏华回忆录》一书。

周 秩

周秩 Zhou Zhi (1916年5月—2011年12月)，广东南海人。1932年6月参加革命工作，1940年5月加入中国共产党。先后在陕西省延安县抗日军政大学总校一大队、东北干部训练班学习。1940年1月—1942年6月，先后在陕西绥德县一二〇师三五九旅任文化教员、宣传干事、股长、副科长、科长。1946年6月起，任东北三五九旅八团政治处主任。1949年3月，任第四野战军四十七军一三九师四一七团副政治委员、政治委员。1950年5月，任湖南省湘西区党委宣传部副部长。1951年6月，任志愿军第四十七军一四一师政治部副主任、主任。1953年7月，任志愿军政治部秘书处处长。同年12月，任解放军总后勤部政治部宣传部副部长、部长。

1957年3月，奉调三机部即后来的二机部，参加酒泉联合企业筹备处工作，对外称十四局。周秩任副局长。

1959年1月，酒泉原子能联合企业成立。这是国家重点工程之一，也是二机部第一批创建的联合企业，要建造第一座军用生产堆、第一个后处理厂（生产线），为第一颗原子弹、第一颗氢弹提供核心部件装料。3月，周秩任首任厂长。他是该厂的主要创建者之一。位于甘肃戈壁滩酒泉原子能联合企业，不仅建设难度大，而且生活艰苦，他们想方设法保留和稳定队伍，率领职工坚持战斗在施工现场。周秩在茫茫戈壁滩上艰苦创业20年。

在石墨轻水生产堆的建设中，1958年4月，中方派出以周秩为组长、叶德灿为副组长的工作组赴苏参加设计四个月。1960年3月，土建工程破土动工，同年8月22日，苏方就毁约撤走全部专家，停止了一切技术资料和设备材料的供应，使整个反应堆工程出现了困难的局面。他们自力更生，发愤图强，深入探索，开展试验。在总厂厂长周秩、党委书记王候山和总工程师姜圣阶的组织领导下，1966年10月，石墨轻水生产堆建成。年底，反应堆达到运行功率并开始了稳定运行。在军用后处理厂的建设中，总厂成立了以周秩为指挥长的工程联合指挥部。1965年底，有关设计方案方面的重大问题基本解决，设计院完成了铀/钚分离厂房的初步设计；1966年7—10月，分别完成了铀/钚分离厂房和铀回收厂房施工图，至1970年初基本建成，4月下旬获合格产品，这是建成的我国首座军用后处理厂。

在第一颗原子弹核部件铀冶金加工过程中，总厂领导和四分厂车间副主任祝麟芳等带领科技攻关人员，于1962年7月拿出产品方案，在大厂还不具备条件的情况下，先建了一个中间试验性厂房，并拿出了所需的核部件，对此，周秩发挥了重要领导作用。

1978年6月起，周秩历任二机部副部长、党组成员，核工业部顾问、党组成员。他为我国核事业的建设和发展，为"两弹一艇"的研制成功作出重要贡献。在秦山30万千瓦核电厂的筹建中，也作出积极贡献。

1955年，周秩被授予上校军衔，获二级独立自由勋章、二级解放勋章。

领导干部周秩（左）
和工人切磋技艺

张丕绪

张丕绪 Zhang Pi Xu (1918年11月—2010年2月)，山西平遥县人。1935年5月参加革命工作并加入中国共产党。1937年后，先后任山西青年抗敌决死队班长、决死第一总队三大队九中队政治工作员、决死一纵队三十八团组织干事、党总支书记、太岳四军分区17团政治处副主任、晋察鲁豫第四纵队十一旅十七团政委、第四纵队十三旅政治部主任、第二野战军第四兵团十三军三十八师政委兼云南省蒙自地委书记、十三军政治部主任等职。

1958年5月奉调二机部，出任甘肃兰州铀浓缩厂党委书记。1959年10月，在苏联毁约停援、不履行协定已露先兆的情况下，二机部领导向厂负责人张丕绪、王介福交了底，要求尽最大努力把主工艺厂房抢上去。张丕绪充分发挥长期从事思想政治工作的经验，成立了"建厂基建党委"，以及以副厂长王中蕃为总指挥的现场施工指挥部，把上万名科研生产建设者凝聚在一起，统一指挥调度，统筹谋划，高效运作，以身作则，抢建主工艺厂房。1959年12月27日，首批机组在主工艺厂房安装就位，并很快实现了主机安装，为在苏联专家撤走之后，工程能继续进行取得了主动权，对于铀浓缩扩散厂按期建成起了决定性作用。

1965年，张丕绪奉命到"三线"去建设工厂。他认真总结以往建设和生产的经验，与班子成员紧密配合，确定了"加强生产管理体制，统一协调指挥"建厂方针，并制订了详细的《建厂大纲》，为国家重点工程提前建成作出了贡献。

1979年4月16日，他被任命为二机部副部长兼政治部主任，党组成员。同年11月1日，中共中央批准成立二机部纪律检查组，组长张丕绪，副组长张献金、高新华。

1955年，张丕绪被授予大校军衔，获八一奖章、二级独立自由勋章和二级解放勋章。2005年，获纪念中国人民抗日战争胜利60周年纪念章。

赵敬璞

赵敬璞 Zhao Jing Pu (1918年—1990年10月)，江苏铜山人。1937年参加山西青年抗敌决死队，翌年加入中国共产党。曾任山西青年抗敌决死队连指导员、青训队总支书记，太岳军区政治处主任、副政委，第四野战军骑兵团政委，第十五兵团直属政治处副主任。1951年参加抗美援朝，任中国人民志愿军司令部直属政治部副主任。1956年回国，任哈尔滨军事工程学院装甲兵系政委。1958年初调二机部工作。后任九局党委书记(李觉任局长)。九局负责核武器研制、生产和基本建设。他们担当起建设西北核武器研制基地的重任。在海拔三千米以上的高原地区，在国家连遭严重灾害的情况下，进行工程建设格外困难。李觉、赵敬璞等领导干部，以身作则，与职工同甘共苦，在万名建设者中发挥了模范带头作用，产生了巨大的榜样的力量。1964年2月，二机部撤销九局，局、所、厂合并成立了第九研究设计院，李觉任院长，赵敬璞任党委书记。1964年9月—1966年11月，赵敬璞改任三局(地质局)党委书记。之后，任二机部九局局长；1979年4月，任二机部副部长、党组成员。赵敬璞长年忘我工作，多次不畏艰险，亲临现场，参与指挥核试验，组织领导核武器的研究、生产，为我国核武器和核工业的创建与发展作出重要贡献。他是第五届全国政协委员。

1955年，赵敬璞被授予大校军衔，获二级独立自由勋章、二级解放勋章。获朝鲜民主主义共和国颁发的二级国旗勋章、二级自由独立勋章。

刘玉柱

刘玉柱 Liu Yu Zhu（1913年3月—1998年7月），河北黄骅人。1934年到北京大学物理系读书，参加过"一二·九"学生运动。1936年参加中华民族解放先锋队，1938年1月加入中国共产党。抗日战争时期，曾任豫皖苏省委秘书兼地方工作队队长、八路军新四军驻皖东北办事处副处长、皖东北专员公署专员兼军分区司令员、淮北三分区地委副书记兼军分区副政委等职。解放战争时期，曾任华中七地委副书记兼军分区副政委，渤海三地委副书记，阜阳市委书记、市长，开封市副市长等职。

全国解放后，刘玉柱历任开封市市长，中南局财委公交基建办公室主任，中央工业工作部巡视员、基建处副处长，华北局计委副主任，内蒙古自治区建委主任、党组书记，呼和浩特市委第一书记等职。1979年4月任二机部副部长、党组成员。他长期担任行政领导职务，并长期分管基建工作，为地方和核工业建设贡献了自己的力量。

刁筠寿

刁筠寿 Diao Jun Shou (1915年—)，安徽含山人。1937年任含山县战地服务团股长。翌年加入中国共产党。曾任中共和(县)含(山)中心县委组织部部长，无(为)巢(湖)中心县委宣传部部长，和含地委抗联主任，蒲台县委书记。新中国成立后，曾任中共丽水地委副书记、杭州市委副书记。

调二机部后，参与核武器研制的领导工作。1964年2月，西北核武器研制基地一分为二；二机部批准成立第九研究设计院和二二一研究设计分院(二二一厂)。二机部党组任命李觉为第九研究设计院党委书记兼院长(赵敬璞后任党委书记)、刁钧寿为第二书记。第九研究设计院迁往"三线"地区。1964年3月下旬，第一颗原子弹试验装置开始生产的前夕，西北核武器研制基地(九院)先后召开了原子弹装置结构方案选定和确定主炸药工艺方法讨论会。刘杰、李觉、刁筠寿、吴际霖等领导及有关专家参加。这是一次重要的会议。会议决定选用一种强度较好的方案；确定在首次原子弹装置试验中采用注装工艺。

1965年2月，李觉任二机部副部长后，刁筠寿任第九研究设计院党委书记兼院长。1979年4月任二机部副部长、党组成员。

孙勤董事长看望老领导刁筠寿(左一)

王候山

王候山 Wang Hou Shan (1915年7月—2008年8月),山东掖县(今莱州市)人。1949年7月—1952年9月,任中共江西省袁州地委委员,袁州专员公署副专员、专员,南昌公署专员、中共南昌地委委员。1953年5月,任武汉重型机床厂筹备处副主任,同年调任沈阳第一机床厂厂长,后任辽宁省机械厅厅长。1963年4月调二机部工作,任西北矿山机械厂(酒泉联合企业)党委书记(周秩为厂长),与周秩、姜圣阶(同年6月任第一副厂长兼总工程师)等领导班子成员,共同担负起国家原子能重点工程的重任。要建造第一座军用生产堆、第一个后处理厂(生产线),为第一颗原子弹、第一颗氢弹提供核心部件装料。他们为中国原子能工业基地建设,为第一颗原子弹爆炸成功,为国防和原子能工业建设作出重要贡献。

之后,王候山任二机部核电站建设筹备处负责人、二机部一局(计划局)局长;1979年4月,任二机部副部长、党组成员。

王候山1945年4月曾当选中共第七次全国代表大会山东代表团候补代表。

企业开拓者,由左至右:周秩、文功元、王候山

张献金

张献金 Zhang Xian Jin (1915年—1996年)，四川达县人。1933年秋，参加红四方面军，同年12月，加入中国共产主义青年团，1934年夏转为中共党员。历任县委秘书、县委组织部长、县委书记、地委副书记等。1948年后，历任晋察冀北岳区公安局副局长，察哈尔省公安厅厅长，中共察哈尔省委委员兼省公安总队政委，察哈尔省人民政府委员、人民检察署检察长，察哈尔省政治法律委员会委员。1955年，任国家建筑技术局副局长。1956年11月~1958年2月，原子能事业由第三机械工业部具体领导时期，张献金任部长助理兼干部局局长，部党组成员；1958年2月，第三机械工业部改为第二机械工业部，张献金继续任部长助理兼干部局局长，部党组成员；1958年9月22日，遵照中央决定，取消部长助理职务，张献金任干部局局长。1978年6月任二机部顾问(副部级)。1979年11月，任二机部纪律检查组副组长。

张献金是核工业干部、工人队伍的主要组织领导人，在核工业创建时期，他组织实施各级机构的设置和调整。1955年3、4月间，他主持组建的新疆五一九铀矿地质队伍，是中国第一批铀矿地质勘探队伍。他负责组织制定了《关于1956年—1967年发展原子能事业方面12年人才培养远景规划》，拟订了1956—1958年几批"大调干"计划，并组织实施选调，及时完成了这一紧迫任务。1960年苏联停援后，他又组织领导了调集高中级科学技术骨干，以及仪器仪表、设备制造工厂和高、中等专业学校与医疗系统的成建制调转与接收工作。在劳动工资方面，组织领导制定了核工业系统工资标准，建立了事业津贴与保健津贴制度。张献金为"两弹一艇"研制成功，尤其对核工业创建初期的干部队伍建设作出重要贡献。

何克希

何克希 He Ke Xi (1906年1月—1982年12月),四川峨眉人。1929年加入中国共产党。参加革命后,曾长期在国民党统治区从事地下工作。1935年1月,为策应中央红军长征入川,他在峨眉县组织农民武装暴动。同年5月赴上海从事情报工作。抗日战争爆发后,在江阴参与组建抗日武装。1938年起,任江南抗日义勇军第3路军副司令员、江南抗日义勇军总指挥部副总指挥,新四军江南指挥部、江南人民抗日救国军东路指挥部副司令员、新四军第6师副参谋长等职,参与领导开辟苏南抗日根据地的斗争。1942年6月被派至浙东,后任三北(镇海、慈溪、余姚3县北部)游击司令部司令员。1944年1月任浙东游击纵队司令员(政委是谭启龙)。是浙东抗日武装和抗日根据地的创建人之一。抗日战争胜利后,任新四军第1纵队第3旅政治委员,1947年1月任华东野战军第1纵队副司令员,1948年10月任第三野战军第35军政治委员。参加了莱芜、孟良崮、淮海、渡江战役和解放浙江。新中国成立后,任华东军区特种兵纵队政治委员、军区装甲兵司令员兼政治委员,南京军事学院装甲系主任。

他是一位较早奉调核工业战线的领导干部。1956年11月—1958年2月,原子能事业由第三机械工业部领导时期,何克希任部长助理兼办公厅主任,部党组成员;1958年2月,第三机械工业部改为第二机械工业部,继续任部长助理兼办公厅主任,部党组成员;1958年9月22日,遵照中央的决定,取消部长助理职务,何克希任办公厅主任。何克希在我国原子能工业初创时期的"五厂三矿"的选址做了大量工作,在20世纪50年代末开始的三年困难时期,何克希深入基层单位指导、协助建立生活基地,解决群众生活困难,成效显著。1965年2月,何克希到浙江任职。

1966年起,何克希先后任浙江省第三、四届政协副主席。1955年被授予少将军衔,获一级独立自由勋章和一级解放勋章。1982年12月17日在杭州逝世。

郑 林

郑林 Zheng Lin (1917—1977年),原名郑宗虞,云南玉溪人。1935年考入中央大学农学系。1939年2月,加入中国共产党。同年5月大学毕业,即奔赴革命圣地延安,投身抗日民族解放斗争第一线。郑林解放前曾任中共晋察冀北方分局党校教育科长、中共龙延怀县县委常委宣传部长、中共宛平县委副书记、石家庄市第一区区长兼区委书记。新中国成立后,历任石家庄市委办公室主任、市委统战部副部长、河北省委宣传部副部长。

郑林于1956年9月调北京参加物理研究所的创建工作,任副所长、党总支部书记。1958年10月成立中共原子能研究所委员会时,郑林出任党委第一书记(李毅、钱三强、罗启林、梁超为书记处书记),并兼任副所长(所长为钱三强,副所长李毅、赵忠尧、郑林、王淦昌、彭桓武、罗启林、力一、梁超)。同时任二机部党组成员和中国科学院党委委员,直到1966年7月调中共北京市委止。

从1956—1966年,郑林参加了核工业由初创、发展到胜利完成"两弹"试验的全过程。他是原子能研究所的主要领导人之一,主持全面工作。原子能研究所培养输送了大批优秀的科技人才,为我国核科学技术和核工业的发展作出了重要的贡献。

郑林作为部党组成员,坚决贯彻执行党中央关于自力更生发展我国核事业的方针,积极支持和促进我国原子能工业的发展计划与技术路线,及时沟通上下联系,做到上情下达、下情上报,调动各方面的积极因素,全面完成党中央和中央军委下达的各项科研任务,特别是出色地完成了有关"两弹一艇"(包括核潜艇核动力堆的初期研制、六氟化铀、点火中子源、燃耗分析、轻核数据测量等)的大量重要紧急的科研任务。郑林还兼任全国放射性同位素应用委员会副主任和中国科技大学放射化学系副主任。

张 忱

　　张忱 Zhang Chen（1918年12月—2011年4月），女，河南新安人。1937年9月加入中华民族解放先锋队并参加革命工作，同年12月加入中国共产党。到敌后从事妇女工作和群众工作。1939年3月起，任晋察冀边区妇救会常委、宣传部部长等职，曾在晋察冀中央局党校高级班学习。1945年8月起，任松江省木兰县委副书记、辽宁省委辉南县工作团工委委员、辽东分局土改检查组副组长、复县县委副书记等职。1949年5月起，任武汉市委企业党委组织部部长兼武昌分党委书记，纺织工业部私营辅导处处长，天津棉纺二厂副厂长，纺织工业部华北纺织管理局生产技术处处长，沈阳风动工具厂厂长，沈阳市计委副主任。

　　1964年7月调二机部工作，历任二机部十三局、一局副局长，二机部基建组副组长，一局局长。在担任局领导期间，为"两弹一艇"研制和核电建设做了大量工作，有积极贡献。

张忱（右二）、闵耀中（右一）、钱福源（右三）、杨映璜

　　1982年4月，任核工业部（1982年5月国务院机构改革时，将二机部改名为核工业部）党组书记、部长。1983年6月，任核工业部顾问。

　　张忱是第六届全国人大财经委顾问，第七届全国人大财经委委员，全国人大代表，全国人大常委会委员。

刘书林

刘书林 Liu Shu Lin (1924年7月—),河北定州人。1939年9月参加革命工作,1941年8月加入中国共产党。1941年任毛泽东警卫员,时为中共预备党员,因与毛泽东同在一个党支部,在刘书林入党转正时,同意刘书林转为正式党员一栏中有毛泽东的亲笔签字。抗日战争和解放战争期间曾任抗大七分校、晋北野战军保卫干事,西北军政干部学校协理员等职。

新中国成立后,任西南军政工业部人事处副处长。1963年9月1日,中国科学院原子能所成立计划处,刘书林为首任处长并兼13室主任;1964年7月31日任副所长。"文革"初,刘书林被下放到二机部湖北"五七"干校,后任二机部湖北"五七"干校政委。1973年8月2日任原子能所党委书记。1974年2月20日,中央派出以梁步庭为组长,赵振清、刘书林为副组长的中央联络组,进驻二二一厂,开始整顿工作。1975年3月,厂职工代表大会,选举产生了以刘书林为主任的革委会。中央任命梁步庭为临时党委书记、赵振清为中央联络组组长。1975年11月8日,中央联络组结束了在二二一厂的工作,刘书林接任厂党委书记。1982年4月,任核工业部副部长、党组副书记。

刘书林(主席台左一)参加核军工史审稿会

蒋心雄

蒋心雄 Jiang Xin Xiong（1931年7月— ），浙江湖州人。1952年9月毕业于南开大学工学院机械系机械制造专业。毕业后到鸡西矿山机械厂工作，任机器车间技术员、技术组组长、设备动力科副科长。1956年加入中国共产党。1958年6月调二机部工作，任国营五〇四厂（兰州铀浓缩厂）第一车间工程师、科长、值班主任、车间副主任、主任。1975年9月起，历任厂革委会副主任，党委副书记，副厂长，厂长，高级工程师。1981年9月—1982年2月在中共中央党校培训部学习。1982年4月—1983年6月任核工业部副部长、党组成员。1983年6月—1988年5月任核工业部党组书记、部长。1988年5月—1999年1月任中国核工业总公司总经理、党组书记。1998年3月当选为第九届全国人大常委、全国人大财经委员会副主任。他是中共第十二届中央候补委员、委员（1985年9月中共全国代表会议增选），第十三、十四届中央委员。

他的主要业绩在军民两方面：

1.他在铀浓缩厂（中国第一座气体扩散工厂）历任值班主任，车间副主任、主任，副厂长、厂长期间，为"两弹"研制和气体扩散技术的发展作出贡献。

2.任核工业部主要领导期间，正值我国核工业发展战略调整时期，由以军为主转向军民结合，要开发核电，发展民品，走向国内外市场。经过10多年的艰苦奋斗，我国核电事业已经从起步阶段走向小批量发展阶段。

张道容

张道容 Zhang Dao Rong (1921年12月—2004年12月),河南卫辉市人。1937年10月参加革命工作,同年12月加入中国共产党。原二机部(核工业部)党组成员、顾问。"两弹"研制中,1962—1970年曾任二机部十二局(矿冶局)副局长、副书记。

张道容在抗日战争时期(1937—1942年)历任晋南干校政治干事、山西决死一纵队三十八团八连政治指导员、三十八旅十七团政治处教育干事。解放战争期间,1945—1949年任太岳四纵队十三旅教导大队政委、四兵团十三军三十八师一一三团政治委员。参加了抗美援朝,1949—1952年,任志愿军三十九军一一六师政治部主任。1952—1960年任十三军三十八师副政治委员、政治委员。

张道容1960年调二机部工作,任二办副主任;1962年任二机部十二局副局长、副书记;1970年任八一六厂党委书记;1975年任四川二机局局长。1978年起,历任二机部党组成员、办公厅主任,三局局长;1982年4月任核工业部顾问。

1961年7月30日,二机部成立了铀矿地质储量审查委员会,雷荣天任主任,刘野亮、张华、张道容任副主任。其中,雷荣天、刘野亮属铀地质系统领导人;张华、张道容负责铀矿冶工作。

张道容在核工业战线奋斗近30年,为中国原子能事业的开创和发展,为"两弹一艇"的研制成功作出重要贡献。

三、最大协同单位：中国科学院

中国科学院党组书记、副院长：

张劲夫

党组副书记、副院长：

裴丽生

聂荣臻副总理、中科院郭沫若院长、张劲夫副院长等领导在重水反应堆操纵台参观

张劲夫

张劲夫 Zhang Jin Fu（1914年6月—2015年7月），安徽肥东县人。原中共中央顾问委员会常务委员、原国务委员。1956—1967年，张劲夫曾任中国科学院党组书记、副院长，主持院日常工作，他组织中科院的科学家和科技人员参与"两弹一艇"研制工作，并作出重要贡献。

张劲夫，1934年秋在上海参加党的秘密外围组织"中国左翼教育工作联盟"，1935年12月加入中国共产党。参加了抗日战争和解放战争。新中国成立后，1954年9月调中央工作，任地方工业部副部长。1955年1月任地方工业部党组书记、副部长。1956年5月任中国科学院党组书记、副院长，主持院日常工作。1962年10月兼任国家科委副主任。他主持中科院工作的十年，是中科院大发展时期，也是新中国科技发展的第一个黄金时期。中科院发展成为拥有110多个研究所、职工总数6万余人的大型综合性科研机构，实现了中国尖端技术多个第一。期间，他参与组织和领导《1956—1967年科学技术发展远景规划》制定工作。这个规划是我国科学技术发展史上的一个里程碑。在党中央的领导和部署下，他领导中国科学院围绕"两弹一星"（核弹、导弹、人造卫星）承担和开展了一批关键技术攻关研究工作。作为中科院国防科研工作的总负责人，他注重加强中科院与国防部门、工业部门和高等学校的协作，创造了组织大型科研项目协力攻关的宝贵经验。

中国科学院按照毛主席对原子弹研制"要大力协同做好这件工作"的批示精神，张劲夫负总责，副院长裴丽生抓具体安排落实。他们把管理机构分为两个口：一个是计划局，管不承担国防任务的单位；一个是新技术局，管承担国防任务的单位。新技术局局长谷羽，副局长宋政，处长陆绥观，协助局长工作。他们承担了一系列关键性的科学技术任务,包括理论分析,科学试验,方案设计、研制以至批量制造所需的各种特殊新型材料、元件、仪器、设备等。

为了搞原子弹,中央专门成立了"原子能事业部"(对外称"二机部")。当时研究核科学与核技术的力量主要集中在中科院原子能研究所,还有一些分散在中国科学院的20多个研究所和其他部门的研究机构与大专院校。为了工作方便,中央决定把原子能研究所整建制交给二机部,对外还称中国科学院原子能研究所。由于研制原子弹任务繁重,对任务做了分解,除了原子能所承担较大一块任务外,很多重要任务还要由科学院的各研究所来承担;同时,从科学院其他研究所调给原子能所一批科技骨干。邓稼先当时是科学院数理化学部的学术秘书,协助副院长兼数理化学部主任吴有训,负责日常工作。由于需要,邓稼先到了原子能所(后又转到核武器研究所)。还有:科学院上海冶金陶瓷研究所李林、科学院沈阳金属研究所副所长张沛霖、科学院院刊编辑汪容(搞核物理研究)等都先后调到原子能所。之后,经与长春光机所所长商量,决定由该所副所长龚祖同带一批科技人员到西安建立西安光机分所,主要为二机部的工作服务(二机部几个重要单位分布在西北一带)。

协助二机部攻克技术难关。科学院提供的计算机,对二机部帮助很大。早在1958年8月1日,研制成功第一台计算机是电子管的,虽然是最低级最原始,一秒钟才运算几十次,但总算有了。1959年9月,第二台(104机)就出来了,每秒一万次,主要为二机部

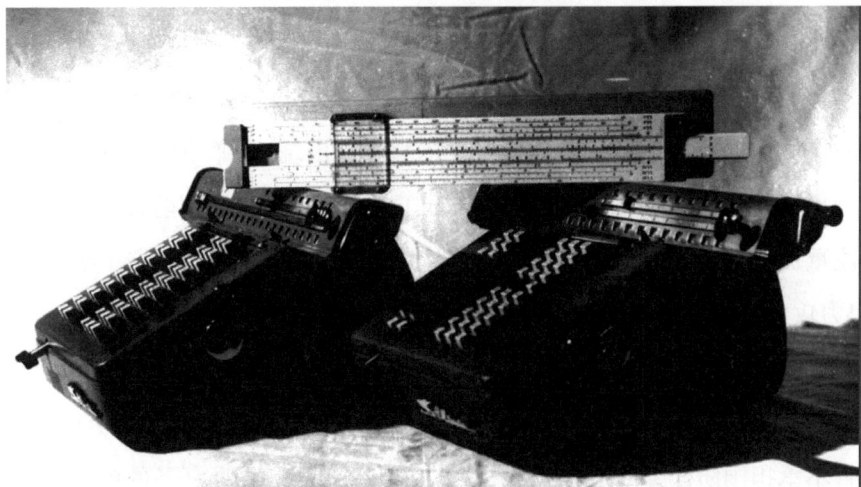

最初用于原子弹理论计算的手摇计算机

核武器研究所服务,当时起了很大的作用。之后,第二代计算机搞出来了,是晶体管的;是科学院半导体所搞的,有搞半导体材料的科学家林兰英,还有科学家王守武、王守觉两兄弟,他们做了很好的工作。第二代计算机,每秒数十万次,为氢弹研制作出贡献。

为铀浓缩和铀的提炼攻克技术难关。一是以科学院上海有机化学所为主,其他所配合,研究出了自己的氟油,为铀浓缩之用;二是靠科学院上海冶金所、沈阳金属所等单位研制成功"真空阀门"。原子弹的气体原料靠"真空阀门",才能一步一步地把铀-235浓缩起来。外援中断了,只有靠自己研制生产。

为原子弹引爆装置研制成功高能炸药。科学院大连化学物理研究所在甘肃建立了一个分所,主要搞高能炸药,为二机部搞原子弹服务。专家主要有于永忠等,还有上海有机化学所的黄耀增等,以及五机部的某所,他们合作把高能炸药研制出来了。上海有机化学所第一任党委书记边伯明,坚持科学技术服务国家需要,推动研究所调整学科方向,创办有机所实验厂,组织力量完成两弹的关键技术攻关,发挥了重要作用。边伯明(1907—1984年),河北博野人,1926年参加中国共产党。1957年调入中国科学院,历任中科院上海有机所副所长、党委书记,中科院华东分院、上海分院副院长、党组副书记。

1999年,张劲夫曾专门撰写回忆文章《请历史记住他们——关于中国科学院与"两弹一星"的回忆》,将那段历史公之于世。

延伸阅读

计算机同期研发对"两弹"研制的支撑作用

中国科学院组织力量对计算机的研发是"两弹"工程的重要技术保障之一。104电子管计算机于1959年4月完成调试,这是我国第一颗原子弹研制中的有关科学计算最早使用的电子管计算机,吴几康和张效祥是仿制104机的负责人。

1961年10月,聂荣臻指派张爱萍、刘西尧,刘杰等到核工业一线考察。当时面临大量课题急需解决,使用手摇计算机和104电子管计算机日夜不停地计算,演算一个项目就要一个多月;配备先进计算机的要求非常强烈。为了确保任务的完成,中科院计算所分兵两路同时出击,安排使用两种元件各制一台性能相同的计算机:电子管机为109甲机,后改称119机;晶体管机为109乙机,后来又研制了109丙机。1959年12月,

计殊技术闹新元，
一〇四型坐冒尖端。
再尺竿头进一步，
实事求是埋头干。
一〇四型电子计殊机试制
成功，谨此祝谱以志喜。并
算共勉。
郭沫若
一九六〇年冬

1960年冬，中国科学院郭沫若院长为104机研制成功题诗。

1967年9月，聂荣臻在中科院计算机所参观，提议准备百万次运算速度的计算机方案

上海华东计算机所研制J—501计算机，主要功能仿制119电子管计算机。

119机是中国第一台自行设计的电子管大型通用计算机，其运算速度比104机快五倍，内存容量大八倍，总体性能满足了有代表性的各种计算要求。119机总体组的组长是29岁的虞承宣，秘书是高庆狮，成员有沈绪榜、曲佩兰、周佶、惠毓明、金振玉、李粉玉等。参加过这项工作的还有黄汛、李昌玉、张世龙、董铁宝、周炜、胡世华，总共有十多个单位近250人参加了119机的项目研发。在119机上建立了董韫美领导的自行设计的编译系统，1965年交付使用。

109乙大型通用数字晶体管计算机的鉴定工作从1965年5月22日至6月5日进行。鉴定委员会主任吴有训，副主任刘淇生、孙俊人、阎沛霖。109乙机每秒运算六万次，先后安装在二机部和七机部，工作长达15年，被誉为"功勋计算机"。研制109乙机的骨干有沈亚城、梁吟藻等。中科院109厂提供了109乙机所需的两万多支晶体管，三万多支二级管。

1964年3月20日，计算机所成立了以阎沛霖为组长，王正为副组长的109丙大型通用数字晶体管计算机核心组，同年11月，吴有训副院长和二机部有关人员参加了109丙机初步设计方案审议。研制成功的109丙机平均运算速度每秒11.5万次，共生产2台，使用近二十年，完成的计算任务包括：第一代核弹的定型和发展，"东风红一号"卫星的轨道论证，运载火箭各型号从方案设计、飞行试验、飞行精度分析到定型的大量数据，也被誉为"功勋机"。

阎沛霖

第一颗原子弹的几十套高精度公差的部件、图纸，就是经过成千次小型元件爆轰试验和用国产计算机反复计算后绘制出的。

1964年10月24日，华东计算机所何育辽，虞浦帆先后主持的J—501机通过中科院鉴定交付使用。同年底，于敏带队到上海华东计算所的J—501机进行计算和数值模拟结果的理论分析，充分利用计算机的快速计算能力反复论证。J—501机运行速度每秒五万次，已达到当时世界上电子管计算机的先进水平。经过近三个月的持续努力，找到了造成自持热核反应的条件的关键所在，并设计出核装置威力不小于百万吨TNT炸药。经过彭桓武、王淦昌、朱光亚、邓稼先、陈能宽、周光召、于敏、黄祖洽等核科学家和工程技术人员反复论证，终于突破了氢弹难关以及目标可行性方案的设想。

周光召说，119机和J—501机在突破氢弹的过程中起到了非常突出的作用。

张劲夫曾记忆犹新地说，104机出来后，"再过一段时间第二代计算机出来了。半导体所搞晶体管的，从美国回来搞半导体材料的林兰英和科学家王守武、工程师王守觉两兄弟，是他们做的工作。第二代晶体管计算机，每秒钟数十万次，为氢弹研制作了贡献"。

——资料来自《溯源中国计算机》（徐祖哲著）

裴丽生

裴丽生 Pei Li Sheng（1906年10月—2000年3月），山西垣曲县人。1933年4月加入中国共产党。1956年4月调中国科学院工作，任党组副书记、院秘书长，1960年升任副院长。他积极支持和配合党组书记、副院长张劲夫，组织中科院的科学家和科技人员参与"两弹一艇"研制工作，并作出重要贡献。

裴丽生，1933年9月毕业于清华大学经济系。1949年3月22日，解放太原的战斗尚未结束，便成立了太原市人民政府，裴丽生任市长。1950年3月，裴丽生被选为山西省人民政府第一副主席，1952年4月被选为人民政府主席兼省财经委员会主任。1956年4月，裴丽生调中国科学院工作。1977年11月，裴丽生被任命为中国科协副主席，主持中国科协工作，之后又被任命为国家科委党组成员、中国科协党组书记、国家科委纪委书记。他是中国共产党八大、十二大代表，第三届全国人大代表，第五、六届全国政协委员，第六届全国政协常委。

作为中科院党组副书记，裴丽生是参与制订《科学十四条》的负责人之一。在党中央的领导和部署下，他积极支持和配合张劲夫围绕"两弹一星"研制重任，承担和开展了一批关键技术的攻关研究工作，并注重加强中科院与国防部门、工业部门和高等学校的协作。张劲夫负总责，裴丽生抓具体安排落实。这在对张劲夫的介绍中，已重点叙述；从裴丽生的工作角度，再做些补充。

1.1961年7月，裴丽生与二机部副部长钱三强带领工作组到沈阳、长春、哈尔滨等中科院所属各研究所，结合落实《科学十四条》，和各所领导与科学家一起，分别安排了金属铀冶炼、核燃料化学和反应堆结构力学等方面的科研任务。他们强调发展原子能科学技术既是国防建设和国民经济建设迫不及待的任务，也是通过这些任务的完成，

丰富学科的研究内容,积累宝贵的科学技术资料。

2.当年9月,裴丽生先后到长沙、上海、西安中科院所属研究所,结合贯彻《科学十四条》,落实中科院"协同做好"的工作。1961年,他们共安排了二机部任务83项,222个课题,其中包括在核燃料工业和核武器研制方面发挥重要关键作用的铀矿地质、采矿选冶、铀同位素分离膜、核燃料处理(前、后)工艺、高效能炸药以及全氟油等重大课题。

3.1963年初,中央专委下达了在中国首次核爆炸试验中要求中科院承担光热辐射和多种力学参数测试任务,要提出测量方案并研制、提供所需测量仪器。裴丽生迅即部署各有关研究所组成21号任务核心组,调动人力,讨论技术方案,组建实验室。在国防科委主持下,长春光机所王大珩、自动化所杨嘉墀、物理所孙湘、电子所汪德昭、力学所郑哲敏、地球物理所傅承义等科学家均参加了讨论,确定了15个研制项目和指标,明确了技术方案和途径。在研制工作进入一定程度的基础上,裴丽生又于1964年1月19日召集有关所领导,逐项解决各研制项目所需的生产问题和器材问题,还决定对21号任务实行特殊的组织管理措施。中科院新技术局和各所都指定专人负责沟通情况,有问题迅速采取有力措施,确保优先解决。科技人员和工人经过一年多的日夜奋战,克服重重困难,终于按预定计划全部完成了观测仪器和设备的研制任务,保证了10月16日我国首次核爆炸测试任务的圆满完成。

中国科协副主席裴丽生(主持工作)在会议上讲话

四、新疆国家核试验基地(首届领导班子成员)

司令员:张蕴钰

政委:常勇

副司令员:张志善

副司令员兼参谋长:张英

核试验基地首任司令员张蕴钰(中)带领小分队首次进入罗布泊地区考察选点

张蕴钰

张蕴钰 Zhang Yun Yu (1917年—2008年)，河北赞皇县人。1937年参加八路军，同年加入中国共产党。新中国成立后，他历任军参谋长、兵团副参谋长、参谋长等职，参加了西南剿匪和抗美援朝。1958年，他被任命为核武器试验靶场主任，1961年改称为基地司令员。他组织领导了我国核试验基地的创立和发展建设，直接参与组织指挥了我国第一颗原子弹、第一颗氢弹的爆炸试验，以及第一次"两弹结合"等多次核试验，为"两弹"研制并实现核武器化作出重要贡献。

1959年，中央军委批准了在新疆罗布泊筹建国家核试验场的勘察选址报告，由工程兵负责勘察选址并组织设计与施工，同时，新组建起来的核试验部队也开进戈壁滩。参加核试验场的勘察与建设。从1961年起，称为国家核试验基地，首任司令员张蕴钰，政委常勇，副司令员张志善，副司令员兼参谋长张英。张志善在1961年前一直负责试验场的勘察和选址，张英受命编写核试验大纲，他组织程开甲等几位技术专家，共同完成了这项任务。

张蕴钰是第一颗原子弹爆炸试验委员会副主任之一，并以核试验基地司令员身份与张震寰（国防科委副主任）、李觉、吴际霖等在现场主持各方面的工作。中央把核试验的起爆时间（在技术上称为"零时"）定在1964年10月16日15时。15日深夜，有关操作人员完成了原子弹装置的核部件装配、上塔、插雷管几个工序后，现场人员要撤离靶区。这时，李觉、朱光亚和张蕴钰上到铁塔，进行最后的检查。确认雷管都插到位，接线都接好，爆室里面的温度也正常，一切都正常并合上起爆电缆的电闸后，他们才最后下塔，撤到起爆主控制室。

张蕴钰又参加了第一颗氢弹的爆炸试验的现场领导和组织指挥。1967年5月,第一颗氢弹的加工装配以及试验准备工作全部完成。5月9日,周恩来主持召开了第18次专委会,着重讨论氢弹试验的准备工作。决定这次试验现场指挥工作,由试验基地党委负责。国防科委副主任张震寰、二机部副部长李觉参加领导工作。1967年6月17日,聂荣臻亲临现场指挥了这次氢弹爆炸试验。

1971年后,张蕴钰历任沈阳军区司令部副参谋长、国防科委副主任兼核试验基地司令员等职。1978年后,他历任国防科委副主任兼司令部参谋长、国防科工委副主任等职。他大力抓洲际导弹、潜地导弹和通信卫星试验工作任务。他为"两弹一星"事业立下了功勋。

张蕴钰在抗日战争时期,历任游击队队长、独立团参谋长、副团长等职,参加了清河、马岭、大陈庄、百团大战等战役战斗。解放战争时期,历任副团长、军分区参谋长、旅参谋长、军副参谋长等职,参加了淮海、渡江、两广、挺进大西北等战役战斗。抗美援朝中,是参加上甘岭战役的第15军参谋长。他1955年被授予大校军衔,1961年晋升为少将军衔,曾获二级独立自由勋章、二级解放勋章和中国人民解放军独立功勋荣誉章。

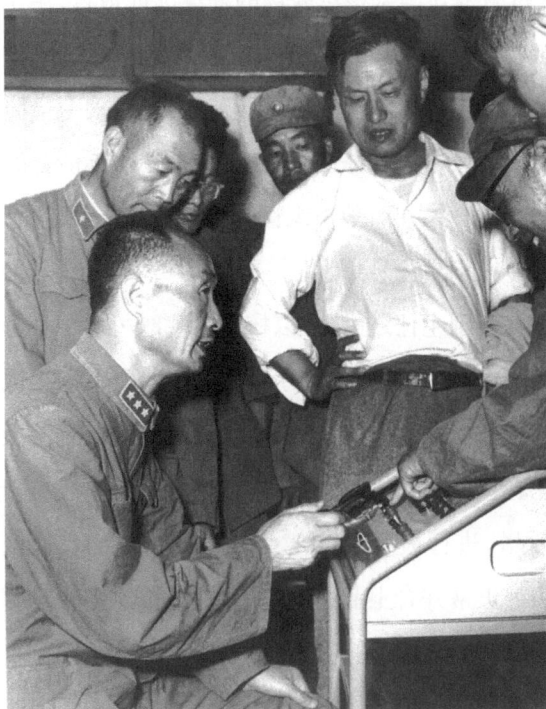

张爱萍、刘西尧、张蕴钰在核武器试验场指导工作

五、核潜艇工程的两位具体组织领导者

核潜艇工程前期科研开发并形成《潜艇核动力装置初步设计(草案)》的主要组织领导者:李毅

核潜艇研制组织领导办公室主任:陈右铭

导弹核潜艇开始下潜

李　毅

　　李毅 Li Yi（1913年11月—2008年3月），河北枣强县人。1935年12月参加革命工作，1936年6月加入中国共产党。1935—1937年，先后参加了"一二·九"运动、"九一八"学生运动等；1938—1949年，先后任中共山东单县县委书记，湖边地委书记，八路军一一五师政治部秘书，山东军区政治部秘书等；1950—1954年先后任中共广西省委秘书长，广西军区干部管理部副部长、中南军区政治部干部部部长等。1955年，李毅奉调二机部工作，任中国科学院物理研究所副所长兼党总支书记；1956年12月，任副所长兼坨里二部党委书记（9月20日，莫斯科联合原子核研究所召开成员国全权代表会议，讨论并通过联合所章程，确定工作人员等事项。王淦昌、李毅为我国全权代表参加会议）；1958年7月1日，中科院物理所改名中国科学院原子能研究所，10月5日成立党委，李毅任书记处书记（1963年4月，任第二届党委副书记、监委书记）；1964年，李毅兼任二机部科学技术局局长；1980年5月5日，李毅任原子能所党委代理书记（至1981年10月）；1982年12月，李毅任所顾问，1983年8月离休。李毅在二机部工作近30年，他为"两弹一艇"的研制作出重要贡献。

　　1.1956年，我国新的原子能科学研究基地开工兴建。这座新基地当时称为中国科学院物理所"二部"，亦称"坨里工地"，就是现今的中国原子能科学研究院。新基地的建设工程是在刘伟部长的主持下，由北京市第二建筑公司和建工部第一安装公司承包，物理所与他们共同组成了三方联合指挥部，并成立了指挥部党委，李毅任党委书记。他把主要精力用于新基地建设和科研准备，不仅为工程的建设速度和质量负责，而且要为建成科研中心各项实验，以及机构设置、组织制度建设、干部调配等繁重的任

务日夜操劳。1958年重水反应堆达到临界,回旋加速器出束,物理研究所适时更名为原子能研究所。这座多学科综合性原子能科学研究基地的建成,受到党中央和国务院的高度重视。

2.1958年6月,二机部将核潜艇动力开发的任务交给原子能所。由李毅领受的这项绝密的重要任务,他和李乐福等有关科研人员参加了海军舰船修造部核潜艇总体设计组召开的第一次分工协作会议。从此,李毅以所党委书记处书记、常务副所长的身份担当起领导潜艇核动力开发任务的重任。他以反应堆工程研究室(12室)为主体,以赵仁恺、李乐福的设计组为龙头,以全所有关研究室、组的综合力量为支撑,开展了全所大协作,并形成二机部部内外,包括科学院系统和冶金部系统的有关研究院、所和生产厂,以及哈尔滨军事工程学院等有关院校在内的协作网。1960年7月,他组织正式提出了"潜艇核动力初步设计(草案)",并由他签发这份绝密文件,上报二机部。他还组织领导设计建造了零功率堆、元件试验堆和热工水力台架等实验设施,为建造潜艇核动力陆上模式堆奠定了技术基础。赵仁恺曾称李毅为"我国核潜艇核动力研究设计的奠基者和开创期的总指挥。"

3.组织领导完成二机部下达的多次任务,为"两弹"研制作出重要贡献。

1960年6月,苏联撕毁合同,撤离专家,并停止对我方原订设备和六氟化铀的供应。7月,二机部党组下达了在原子能所生产六氟化铀的简法生产任务。李毅作为常务副所长和党委书记处书记向全所职工宣布:研制生产六氟化铀的任务全所急中之急、重中之重的任务。要求全所大力协同完成任务。他们用"615"实验室简法生产六氟化铀。由吴征铠等具体领导,经过13次试验,生产出合格的六氟化铀,并为第一颗原子弹核装料提供了足够的原料。同时,积极组织部内外协作,解决了二氧化铀、四氟化铀、六氟化铀产品质量的分析和检测方法;研制了原子弹点火中子源,并承担了核试验中燃耗分析测定工作。同时,他们组织力量为研制氢弹开展了轻核理论和实验的探索研究,完成了氢与锂的同位素反应截面测量任务,对氢弹原理研究和设计起了重要作用。

4.中国原子能科学研究院是我国原子能事业的发祥地并起到了"老母鸡"的作用,李毅的贡献很大。他经历了从物理研究所、原子能研究所到原子能科学研究院发展历史的全过程,为我国原子能事业奋斗了近半个世纪,不仅为核工业建设和"两弹一艇"研制提供了技术支撑,同时通过人才与技术的辐射,也为建立我国比较完整的核科技研究体系发挥了源头("老母鸡")作用。1964年,李毅兼任二机部科学技术局局长后,他根据部领导提出的对今后核科研工作的规划要有个政治设计的要求,通过调研,组织力量提出了《关于今后原子能科学技术研究工作的意见》和《关于原子核物理基础研究问题的报告》,为部领导决策提供了重要参考。

离休后,李毅仍然关心核科技和核工业的发展,他向国家有关主管部门提出了关于发展核电问题的建议。他作为主编之一,对《当代中国的核工业》进行编审,同时也积极参与《核军工史》的编审工作,主持原子能科学研究院的史料征集整理工作,为总结核科技工作发展的历史经验作出重要贡献。

李毅为副部级干部。他曾获中华人民共和国二级独立自由勋章、二级解放勋章和国防科工委"献身国防科技事业"奖章等。

李毅与原二机部副部长李觉一起研究修改《当代中国的核工业》书稿,《当代中国的核工业》一书的四位主编为:李觉、雷荣天、李毅、李鹰翔

陈右铭

陈右铭 Chen You Ming（1922年6月—2011年5月），湖北武昌人。1938年参加抗日救亡活动，1940年参加新四军，1942年加入中国共产党。新中国成立后，陈右铭曾任海军快艇大队长、快艇支队长、国防部舰艇研究院第一研究所所长、舰艇研究院副院长。从1966—1977年担任国务院、中央军委核潜艇工程和远洋测量船工程领导小组成员并兼任了10几年的各级"09"（核潜艇研制工程代号）办公室主任。1966年，他是六机部核潜艇工程领导小组办公室主任；1968年，他是国防科委"09"办公室主任；1969年，他是国务院、中央军委"09"领导小组成员兼办公室主任；1970年，他是国务院、中央军委远洋测量船工程（代号718）领导小组办公室主任；1974年，他是国务院、中央军委"09""718"领导小组成员兼办公室主任，一直到1977年。陈右铭在担任"09"办公室主任期间，承担了我国核潜艇研制、试验中的行政和技术总指挥的双重担子，成功地组织全国大协作及技术攻关，为我国研制第一代两型核潜艇作出重要贡献。

1965年8月15日，周恩来主持中央专委第13次会议，批准核潜艇的研制工作重新全面启动，确定分步实施：第一步研制鱼雷攻击型核潜艇，第二步研制弹道导弹核潜艇；同时要求进行核潜艇陆上模式堆和海军核潜艇基地的建设。从此，中国第一代鱼雷核潜艇正式开始研制。

研制我国第一座陆上模式反应堆和第一艘核潜艇，是一条艰难曲折的历程。全国数千个院、所、厂生产的上万台（件）设备要源源不断地运往深山中的陆上模式反应堆的研发地和沿海的核潜艇总体建造厂，在那里安装、试验。陈右铭亲临第一线，机智果断，指挥有力，与科技工程人员一起，解决了一个又一个难题。他先后经历了第一座陆上模式反应堆试验、第一艘核潜艇系泊试验、第一艘核潜艇航行试验、在潜艇水下发射潜地导弹试验,都曾以他特有的身份在现场指挥协调;周总理等中央领导在听取汇报时,大多都由他为主汇报。他为此倾注了全部心血。

1970年12月26日,中国第一艘核潜艇胜利下水;

1971年7月1日,中国首次在潜艇上实现了核能发电;

1974年8月1日,中国第一艘鱼雷攻击型核潜艇航行试验成功,并正式编入海军部队。该艇被中央军委命名为"长征1号"。从此,中国海军跨进了世界核海军行列。

与此同时,到20世纪70年代中期,海军核潜艇基地配套建设也完成了第一期工程,保证了第一艘核潜艇的进驻。

陈右铭根据自己几十年的实践经验撰写了具有史料价值的《回顾与思考——我国第一代核潜艇的研制情况》一书,还参加了《核潜艇史料集》的编审。

他是多年奋战在核潜艇研制试验第一线的具有代表性的组织领导者之一。

20世纪70年代初,陈右铭(右二)深入核潜艇模式反应堆现场听取科技人员汇报

第三编 组织领导机构及其主要组成人员

一、中央和国家设立的组织领导机构及组成人员

1954年，地质部在综合找矿中，第一次在广西发现了铀矿资源的苗头。国务院第三办公室副主任，地质部党组书记、副部长刘杰等向毛泽东、周恩来作了汇报。1954年4月，根据中央的决定，为开发我国铀矿地质事业做筹备工作，成立了一个临时工作机构，即地质部普查委员会第二办公室（简称普委二办），隶属国务院第三办公室。国务院三办专门设立了技术组（原子能事业组）。

1955年1月，地质部三局成立，由国务院第三办公室领导，主管铀矿地质勘探工作（8个月前成立的"普委二办"撤销）。同年7月，国家建设委员会建筑技术局成立，主管苏联援助的研究性重水反应堆和回旋加速器的建设工作；负责原子能科研新基地的建设，并办理筹建原子能事业有关的人、财、物等具体事务。1955年7月4日中共中央批文指出，凡有关原子能事业，除中央指定陈云、聂荣臻、薄一波三人小组向中央负责对原子能工作进行指导外，其具体业务由国务院第三办公室管理。在三办主任薄一波、副主任刘杰的领导下，直接指导国家建筑技术局、地质部第三局、近代物理所的工作，并组织协调各方面的关系。

1956年11月16日，第一届全国人民代表大会常务委员会第五十一次会议通过决议，设立中华人民共和国第三机械工业部（1958年2月11日，第一届全国人民代表大会第五次会议决定将第三机械工业部改为第二机械工业部），具体组织领导我国原子能工业的建设和发展工作。

1961年11月29日,中共中央决定,成立国务院国防工业办公室,归口管理二机部、三机部和国防科委所属范围的工作。

1962年11月17日,为了加强对原子能工业的领导,中共中央决定成立以周恩来为主任,有国务院7位副总理及7位部长级干部参加的中央15人专门委员会,在国防工业办公室设立了办事机构。同年12年4日,中央专委第三次会议,讨论和批准了二机部提出的1963、1964年"两年工作规划"。中央专委从成立到我国第一颗原子弹爆炸成功之前的近两年时间内,共召开了9次会议,讨论解决了100多个重大问题。

(一)中央、国务院核工业主要领导机构及负责人

1.中央专门委员会

主任:周恩来

委员(15人):国务院7位副总理贺龙、李富春、李先念、薄一波、陆定一、聂荣臻、罗瑞卿,国务院和中央军委有关部门负责人赵尔陆、张爱萍、王鹤寿、刘杰、孙志远、段君毅、高扬。

办公室主任:罗瑞卿,副主任:赵尔陆、张爱萍、刘杰、郑汉涛。

办公室组成人员有:刘柏罗、许淦、赖坚、李光、宋良甫、怀国模、朱科、朱松春、高魁宽、汪祖辉。秘书长由郑汉涛兼任,专职副秘书长是冶金部金属司原司长刘柏罗。

2.国防工业办公室

主任:罗瑞卿

副主任:赵尔陆、孙志远、方强、刘杰、刘西尧。

3.国务院第三办公室:设立专门机构,直接指导建筑技术局、地质部三局和近代物理所的工作。

主任:薄一波

副主任:刘杰

三办技术组(原子能事业组)工作人员有白文治(组长)、韦彬、李杭荪、朱培基、邓佐卿、吴际霖等。

(1)国家建委建筑技术局(1955年7月—1956年11月)

党组书记、局长:刘伟(地质部部长助理兼局长)

副局长:钱三强、张献金、冯麟、陈一民、牟爱牧、罗启林、力一。

建筑技术局下设7个处、1个办公室。李绍周任人事处处长,马正一任财务处处长,徐福堂任保卫处处长,陈征任供应处处长,李国柱任基建处处长,许子敬任行政处处长,常韬任政治处主任,梁超任局办公室主任。

(2)地质部第三局(1955年4月—1957年3月)

党组书记:刘杰(兼)

局长:雷荣天(兼)

副局长:刘鸿业、安桐馥、郑绂、张华、佟城、高之杕。

总工程师:佟城(兼)

总地质师:高之杕(兼)

刘杰当时的职务:国务院第三办公室副主任,地质部党组书记、副部长兼第三局党组书记。

雷荣天,1955年5月9日,中央任免决定,雷荣天任地质部部长助理兼第三局局长。

(二)第三机械工业部领导时期(1956年11月—1958年2月)

1.部长、副部长、部长助理

部长:宋任穷(党组书记)

副部长:刘杰(党组副书记)、袁成隆、刘伟、钱三强、雷荣天

部长助理:张献金、何克希

(副部长、部长助理均为党组成员)

2.部机关厅、局领导干部

办公厅主任:何克希(兼)

副主任:牟爱牧、金湘、李继昌

计划局局长:(缺)

副局长:张汉周、朱伯芳、吴际霖

生产技术局局长：白文治

副局长：许淦、韦彬、邓照明

地质局局长：雷荣天（兼至1957年10月）、刘野亮（1957年10月任）

副局长刘鸿业、佟城（兼总工程师）、安桐馥、郑绂（1957年10月离任）、高之杕（兼总地质师）、张华

（1957年3月21日，"地质部第三局"改名"第三机械工业部第三局"）

基建局局长：陈一民

副局长：刘华、钱大可

供应局局长：（缺）

副局长：姜涛、晁锦文

财务局局长：（缺）

副局长：马正一

干部局局长：张献金（兼）

副局长：汪琼（女）、李绍周

机关党委书记：张献金（兼）

副书记：黄照

（三）第二机械工业部领导时期（1958年2月—1982年3月）

1.历届部长、副部长、顾问名单及人物介绍（见第二编）

2.部机关部、厅、局领导干部名单

（1）政治部主任、副主任

1963年9月—1969年9月

主任：牛书申（兼）

副主任：丁毅农、裴永芳、赵平

1974年1月—1978年5月

负责人：张丕绪、裴永芳、赵振清（1977年6月离任）

裴永芳（1908年2月—1990年9月）

1978年5月—1980年3月

主任：张丕绪（兼）

副主任：丁毅农、李由、高仑

顾问：裘永芳、涂国林

1980年4月—1982年3月

主任：丁毅农

副主任：李由、高仑

a.政治部组织部部长、副部长

1964年1月—1969年9月

部长：（缺）

副部长：罗光禄、郑继斯（女，1966年12月）

1974年1月—1978年4月

负责人：卫金昌（1974年1月—1976年1月）

茅万斌（1976年1月任）

闫长林（1975年10月任）

刁仁文（1975年12月任）

（1975年12月，政治部干部部与组织部合并，原干部部撤销）

1978年5月—1982年3月

部长：王汉兴

副部长：闫长林、刁仁文

郑继斯（1915年11月
—1967年12月）

b.政治部宣传部部长、副部长名单

1964年1月—1969年9月

部长：涂国林

副部长：（缺）

1974年1月—1978年4月

闫长林（1919年1月—
1998年12月）

负责人:刘耀华、于於江、李盈安

1978年5月—1982年3月

部长:(缺)

副部长:刘耀华、李盈安(至1981年7月)

c.政治部干部部部长、副部长名单

1964年9月—1969年9月

部长:(缺)

副部长:施高、耿宏(1965年8月到职)

(1964年9月24日,部干部局并入政治部,改为干部部)

1974年1月—1975年12月

负责人:耿宏、刁仁文

(1975年12月,干部局与组织部合并,改为政治部组织部)

d.政治部保卫部部长、副部长名单

1964年9月—1969年9月

部长:高仑(1965年10月到职)

副部长:徐富堂

(1964年9月24日,部保卫局并入政治部,改为保卫部)

1974年2月—1978年4月

负责人:高仑、张志明

1978年5月—1982年3月

部长:高仑(兼)

副部长:张志明、王宜贤(1981年3月任)

高仑(1917年—2007年1月)

e.政治部直工部部长、副部长名单(1964年4月—1969年9月)

部长:范辉

范辉(1920年1月—1983年1月)

副部长:卫金昌

f.政治部办公室主任名单

主任:林默之(1964年9月—1969年9月)

负责人:卫金昌(1976年1月—1978年4月)

主任:战毅军(1978年5月—1980年4月)

主任:茅万斌(1981年7月—1982年3月)

(2)部机关党委书记、副书记名单(1958年2月—1969年9月)

党委书记:张献金(兼)

副书记:黄照(1960年9月离任)、丁毅农(1960年10月—1963年5月)、范辉(1960年9月到职)、郑继斯(女,1963年1月—1967年12月)

机关临时党委书记、副书记名单(1978年2月—1982年3月)

党委书记:张丕绪(兼)

副书记:马正一、卫金昌、理浔(女)

理浔(1922年3月—2009年3月)

(3)办公厅主任、副主任名单

1958年2月—1965年2月

主任:何克希(1958年2~9月,部长助理兼办公厅主任;1958年9月~1965年2月,办公厅主任)

副主任:张汉周(1963年12月到职)、丁毅农(1959年2月—1960年10月)、金湘、何谦(1963年1月任)、牟爱牧、李继昌(1960年离任)、吴凯(1964年4月任)、王志甲(1964年9月任)

1965年3月—1969年9月

主任:张汉周

副主任:牟爱牧、金湘、何谦、王志甲、吴凯

1974年1月—1978年4月

负责人：沙克、何谦

顾问：牟爱牧（1977年11月任）

1978年5月—1979年9月

主任：张道容

副主任：张汉周、吴凯、张诚、郑存祚

顾问：牟爱牧

1979年10月—1982年3月

主任：王志甲

副主任：张汉周、吴凯、郑存祚

顾问：金湘

金湘（1919年4月—2008年6月）

(4)计划局(一局)局长、副局长名单

1958年2月—1963年9月

局长：苏展（1963年6月任）

副局长：张汉周（1963年离任）、朱伯芳（1961年9月离任）、马正一（1960年7月到职）、郝效芳（1963年12月任）

1974年1月—1978年4月

负责人：王侯山、张忱（女）

1978年5月—1979年9月

局长：王侯山

副局长：张忱（女）、文功元

1979年10月—1982年3月

局长：张忱（女）

副局长：芦荣光、王耀程

王志甲（1917年12月—2003年2月）

(5)生产局(二局)局长、副局长名单

1958年2月—1969年9月

局长:白文治

副局长:韦彬、苏杰(1963年7月—1965年6月)、陈征、曹本熹(1964年9月任)、杜文敏

化工总工程师:曹本熹(1963年4月—1964年9月)

冶金总工程师:张沛霖(1963年4月任)

扩散总工程师:吴征铠(1963年4月任)

分析总工程师:陈国珍(1963年4月任)

1974年1月—1977年7月

负责人:姜圣阶、陈征、曹本熹

1977年8月—1978年4月

负责人:王中蕃、曹本熹

1978年5月—1982年3月

局长:王中蕃

副局长:曹本熹、陈国珍(1980年4月任)

总工程师:张沛霖

顾问:韦彬

(6)地质局(三局)局长、副局长名单

1958年2月—1964年8月

局长:刘野亮(党委书记)

副局长:刘鸿业(党委副书记)、张华(党委副书记)、安桐馥(1960年离任)、齐俊德、康日新、佟城(总工程师,1960年8月30日免,1960年11月13日任副局长兼北京第三研究所所长)、

韦彬(1906年4月—)

陈征(1922年2月—2013年2月)

刘鸿业(1917年6月—1973年2月)

高之杕(兼总地质师)

1964年9月—1968年1月

局长：雷荣天(党委书记)

党委副书记：赵敬璞

副局长：田林(党委副书记，1965年离任)、刘鸿业、齐俊德、康日新、佟城(兼三所所长)、高之杕(兼总地质师)

1974年1月—1978年4月

负责人；王志甲、齐俊德、高之杕、佟城、张廉(1976年2月到职)

1978年5月—1979年9月

局长：王志甲

副局长：齐俊德、张廉、高之杕、佟城、王陞学

1979年10月—1982年3月

局长：张道容

副局长：齐俊德、张廉、高之杕、佟城、王陞学

总工程师：刘兴忠

(7)基建局(四局)局长、副局长名单

1958年2月—1963年5月

局长：陈一民

副局长：常明裕(1962年7月离任)、刘华、张涛(1960年8月调十局)、钱大可、杨秉儒(1963年1月任)

1963年6月—1969年8月

局长：曼丘(1965年离任，由文功元负责)

副局长：文功元、刘华(1965年离任)、钱大可、孙瑞锦、杨秉儒(1965年离任)

总工程师：吴世英

1974年1月—1977年8月

负责人；王介福、孙瑞锦、于荣光、申志贤、金世友

安桐馥(1919年10月—1965年12月)

高之杕(1916年1月—1980年9月)

钱大可(1913年10月—1980年4月)

1977年9月—1978年4月

负责人;孙瑞锦、于荣光、芦荣光、申志贤、金世友

1978年5月—1982年4月

局长:孙瑞锦

副局长:于荣光、芦荣光(1980年4月调一局)、王新吾、赵宏、金世友(至1981年7月23日)

总工程师:吴世英、李延林

于荣光(1919年4月—1984年10月)

(8)科技局(五局)局长、副局长名单

1958年2月—1969年9月

局长:李毅(1964年—1966年)

副局长:许淦(1964年离任)、邓照明、魏兆麟(1959年12月—1962年3月)、孟戈非(1963年12月—1967年12月)、王怀明(1964年9月—1965年7月)

1974年1月—1978年4月

负责人;邓照明、姜涛(1976年1月到职)

1978年5月—1982年3月

局长:姜涛

副局长:刘昌、杨光远、肖永定(1981年7月到职)

总工程师:吴征铠、王承书(女)

顾问:李家英

李家英(1918年3月—2003年3月)

(9)供应局(六局,1974年与设备局合并)局长、副局长名单

1958年2月—1969年9月

局长:(缺)

副局长:姜涛、周西风(1958年11月—1963年)、晁锦文、杨秉儒(1958年11月—1963年1月)、徐步宽(1964年1月—1965年)、徐福堂

1974年1月—1978年4月

晁锦文(1909年6月—1967年4月)

负责人:姜涛(1976年1月调科技局)、刘俊孚

1978年5月—1982年3月

局长:刘俊孚

副局长:杨衍彬、张兆祥

总工程师:屈智潜、陈正琛

屈智潜(？—2004年12月)

(10)财务局(十六局)局长、副局长名单

1958年2月—1960年7月

局长:(缺)

副局长:马正一

1960年7月—1969年9月

局长:(缺)

副局长:郝效芳(1962年10月—1963年12月)、王洪逵(1963年12月任)

1974年1月—1978年4月

负责人:王洪逵

1978年5月—1982年3月

局长:王洪逵

副局长:迟福龙

迟福龙(1928年4月—)

(11)干部局(八局,后合到政治部,1974年劳资局)局长、副局长名单(1958年2月—1964年9月)

局长:张献金(兼)(1958年2—9月,部长助理兼干部局局长;1958年9月—1964年9月,干部局局长)

副局长:汪琼(女,1960年离任)、李绍周(1963年11月调劳资局)、施高、李林(1960年调西安工大)、周新民(1962年离任)、路肖韩(1960年离任)、任远(1963年—1964年)

(干部局于1964年9月改为政治部干部部,1975年12月合并到政治部组织部)

(12)核武器研制局(九局)局长、副局长名单(1958年2月—1964年3月)

局长:李觉(兼局党委书记1963年—1964年3月)

党委书记:赵敬璞(1960年2月—1963年)

副书记:徐步宽(1963年调供应局)、洪天成(1960年离任)、袁冠卿、刁筠寿(1963年—1964年3月)

副局长:吴际霖(1959年4月—1960年2月兼临时党委代书记)、郭英会、乔献捷、王志刚、袁冠卿、马祥

(1964年3月2日,部批准设立九院,九局撤销。1968年月1日,九院划归国防科委直接领导。1974年1月,从国防科委划归二机部后,重设九局—军工局。)

军工局局长、副局长名单

1974年1月—1978年4月

负责人:赵敬璞、吴际霖(1976年去世)、郭英会

1978年5月—1982年3月

局长:赵敬璞

副局长:徐庆宝、刘杲、张宏钧(1979年10月任)、谷才伟(1979年10月任)

总工程师:张兴钤(1980年10月任)、周光召(1981年9月任)

徐庆宝(192年8月—1987年3月)

(13)设备制造局(十局,1974年财务局)局长、副局长名单(1959年12月—1960年11月)

局长:(缺)

副局长:张涛、陈征(1960年8月任)

1960年11月—1962年1月

局长:冯麟(党委书记)

谷才伟()

党委副书记:索天桥、王铁曼、张怡春

副局长:张涛、芦荣光、于荣光、徐林、李克东、陈征、孟戈非、齐进

总工程师:叶德灿

(14)设备制造(设计)局局长、副局长名单

王铁曼(1915年2月—1982年9月)　孟戈非(1920年—)

(1960年11月14日,部决定将设计院和十二局设计院与设备制造局合并,成立设备制造(设计)局,代号十局。1962年1月19日,该局一分为二,一为设备制造局,代号十局;一为设计局,代号十三局)

1962年1月—1963年6月

局长:冯麟

副局长:贾力平、陈征

总工程师:屈智潜

1963年6月—1969年9月

局长:赵琅(1966年6月调八一二厂)

副局长:贾力平、陈征

总工程师:屈智潜

赵琅 1914年—1976年9月

(15)科技情报局即科技情报所

1959年3月,二机部生产局设立情报处,人员7人。我国原子能科学技术情报工作从此起步。1961年5月,在原情报处的基础上组建成立情报局(代号十一局),统一领导中国核工业科技情报工作。1963年,二机部党组决定将情报局改为二机部科学技术情报研究所。1988年10月,更名为核科学技术情报研究所(简称核情报所,现中国核科技信息与经济研究院)。

所长：王亚林

1861—1965年 情报局副局长(主持工作)

1866—1969年 所长

党委书记：戈克平(1964—1969年，1974—1978年，1979—1983年)

情报所领导小组组长

郑存祚(1972—1978年)

所长：牛广增(1979—1985年)、党委书记(1963—1986年)

王亚林

戈克平(? —2010年7月)

牛广增(1927年11月—)

(16)矿冶局(十二局)局长、副局长名单

1958年9月—1968年3月

局长：苏华(1959年11月兼任党委书记)

副局长:孙艳清(1958年10月—1959年11月,并兼任临时党委书记)、郑继斯(女)、邱石甫(1960年8月任)、郭士民(1960年5月任)、张道容(1962年11月任)、李克东(1963年7月任)、张华(1963年6月任)、申志贤(1963年12月任)、吴凯(1963年4月离任)、罗西芳(1962年—1964年1月)、郝效芳(1961年4月—1962年10月)

政治部主任:侯仰民(1960年2月—1966年10月)

1974年1月—1978年4月

负责人:苏华、张华、邱石甫、刘坤

1978年5月—1982年3月

局长:刘坤

副局长:张华、申志贤、邱石甫、郭士民(1979年10月任)

总工程师:张天宝

侯仰民

(17)设计局(十三局)局长、副局长名单

1959年12月—1960年11月

局长:张涛(党委书记)

党委副书记:索天桥、王铁曼、张怡春

副局长:于荣光、李克东(1962年12月调矿山设计院)、芦荣光、徐林、孟戈非(1963年调堆工局)、齐进(1962年12月调矿山设计院)

总工程师:叶德灿

(1962年1月,设备制造(设计)局一分为二,成立设计局,代号十三局。1962年12月,矿山设计从设计局划出,成立矿山设计院。1965年2月二院从设计局划出,成立第二设计院)

1965年2月—1969年9月

局长:(缺)

副局长:张忱(女)、芦荣光、徐林

张怡春(1914年8月—1997年5月)

(18)同位素局(七局)局长、副局长名单

索天桥

1961年1月—1969年9月

局长:(缺)

副局长:魏兆麟

(从1963年起兼管外事工作,该局代号二机部七局,对外称国家科委八局。1978年10月,正式划归国家科委建制)

1974年1月—1978年4月

负责人:魏兆麟、罗绍明

1978年5月—1978年10月

局长:魏兆麟

副局长:罗绍明

魏兆麟

(19)堆工局局长、副局长名单(1963年3月—1965年)

局长:冯麟

副局长:力一、孟戈非(1963年12月离任)、张忱(女,1964年9月任)

(20)卫生防护局(十七局)局长、副局长名单

1960年10月—1969年9月

局长:邓启修

副局长:梁超(1962年7月任)、毕之先(1962年1月任)、罗绍明(1963年4月任)、郭传镜(1964年9月任)

1974年1月—1978年4月

负责人:郭传镜、毕之先、李振平(1975年10月任)

1978年5月—1982年4月

局长:郭传镜

副局长:李振平、王鹤滨(1981年3月任)

顾问:杜枫(女,1981年6月任)

郭传镜(1917年7月—2005年12月)

梁超 1920 年 10 月—1982 年 4 月

李振平(1926年3月—)

(21)保卫局(十八局,后合并到政治部)局长、副局长名单

1958年2月—1963年10月

局长:王鉴(1958年11月离任)

副局长:程诚、高仑

1963年10月—1964年9月

局长:程诚

副局长:高仑、郭宇明(1964年9月离任)、徐福堂(1963年12月任)、何明(1964年9月离任)

(1964年9月,保卫局并入政治部,定名为保卫部)

(22)劳动工资局(十九局)局长、副局长名单

1963年12月—1969年9月

局长:(缺)

副局长:李绍周、李涛

1974年1月—1978年4月

负责人:李克东、李绍周(1975年5月任)

1978年5月—1982年4月

局长:李克东

副局长:李绍周、李涛(1979年10月任)

(23)教育局(二十局)局长、副局长名单

1964年1月—1969年9月

局长:(缺)

副局长:王介、韩增敏

1978年6月—1982年4月

局长:何谦

副局长:陈国珍(1980年3月调生产局)

顾问:王介

(以上一至二十局为1963年各司局名称)

(24)生活局局长、副局长名单（1963年1月—1964年4月）

局长：（缺）　　　　副局长：吴凯

(25)核电局（十四局）局长、副局长名单（1978年5月—1982年4月）

局长：文功元（1979年10月任）

副局长：芦荣光（1980年4月调计划局）、连培生、马福邦

总工程师：马福邦（兼）

（十五局，1963年是五〇四在京代号）

吴凯（1919年2月—1987年2月）

(26)政策研究室主任、副主任名单（1960年8月—1965年）

主任：袁成隆（兼）

副主任：金湘、郝效芳（1960年—1962年）

(27)学大庆办公室主任、副主任名单（1978年5月—1982年4月）

主任：罗光禄

副主任：茅万斌（1981年7月调政治部办公室）

3.中央监委驻二机部监察组组长、副组长名单（1964年3月—1969年9月）

组长：牛书申（兼）

副组长：李由

4.纪律检查组组长、副组长名单（1979年11月—1982年4月）

组长：张丕绪（兼）

副组长：张献金、高新华

局级检查员：肖树勋

高新华（1921年12月—）

5.工会委员会主席、副主席名单(1963年3月—1969年9月)

主席:(缺)

副主席:徐步宽

人物介绍(部分,按姓氏笔划画为序,共36人):

如上述,部机关部、厅、局领导干部150名(前面已作"人物"者未统计在内)。因编著者掌握资料所限,此处暂对36人简要介绍,他们是:丁毅农、刁仁文、卫金昌、马正一、王介、王汉兴、王洪逵、王新吾、王鹤滨、文功元、申志贤、白文治、任远、刘杲、刘俊孚、孙瑞锦、牟爱牧、李由、李涛、李克东、李绍周、何谦、佟城、邱石甫、张华、张涛、张志明、罗光禄、施高、姜涛、徐步宽、徐富堂、郭士民、郭传镜、涂国林、韩增敏

丁毅农

丁毅农 Ding Yi Nong(1917年7月—2001年4月),河北束鹿县人。1938年3月参加革命工作,同年5月加入中国共产党。1938年11月任深县溪村区委会副书记。1940年初转到公安系统工作,先后任冀中北岳公安局、晋察冀边区公安处秘书科科长,康庄延庆公安局局长,察哈尔省公安厅副厅长,华北公安局政治部主任。1954年3月起,丁毅农历任国家计委、外贸部技术合作局处长、专员、副局长。1958年2月调二机部工作,先后任二机部办公厅副主任、部机关党委副书记,湖南省国防工办常务副主任兼湖南二机局局长;二机部政治部副主任、主任,部党组成员;核工业部政治工作办公室主任等职。

丁毅农是核工业思想政治工作的主要组织领导人之一。在部办公厅任职期间,分管文书、档案、机要和机关保卫等工作。1960年10月—1963年初在部机关党委任职期间,主持机关党委的日常工作,根据中央国家机关党委的统一部署,重点抓党的思想建设和组织建设,抓典型、评模范,注意发挥党员的先锋模范作用。1963年4月,中共中央作出在二机部建立政治部的决定后,在部党组领导下,他协助政治部主任负责组建

政治机构、配备干部和疏通上下工作渠道,到1964年底,全部政治工作体系基本形成。他以很大的精力组织指导学大庆、学解放军、学毛泽东著作的群众性活动,提高了职工队伍素质,促进了核工业建设事业的发展。1973—1977年在湖南二机局任职期间,他同局党委一班人带领机关干部经常深入基层,促进职工队伍团结,积极指导铀矿勘察和采冶工作,经过广大职工努力,完成了地质勘探和采冶任务。1978—1983年在部政治部、政工办任职期间,坚决贯彻中共十一届三中全会精神,落实党的政策,认真平反"文化大革命"中发生的冤假错案,调整充实处级以上各级领导班子,贯彻以经济建设为中心,开展政治思想教育,恢复和健全了核工业政治工作体系。

丁毅农在核工业战线工作奋斗了30余年,为核工业的创建,为第一颗原子弹、氢弹的爆炸成功,为核工业的思想政治工作,付出毕生精力,作出重要贡献。

刁仁文

刁仁文 Diao Ren Wen(1928年12月—),黑龙江勃利县人。1947年7月参加工作,1949年2月加入中国共产党。1947年7月—1948年8月,先在东北军政大学合江分校学习,之后,在合江省(1949年春合并入黑龙江省)军区后勤部农场任文化教员。1949年3月起,随人民解放军四野南下到江西省工作,曾任工作组长、组织干事。1952年9月,调入中央人民政府地质部人事司工作,任干部科副科长。1955年4月,调入国家建委建筑技术局人事处,任干部科科长。1956年11月起,在三机部(1958年2月改为二机部)八局,任干部处副处长。1966年9月起,任二机部政治部干部部科技干部处副处长、处长。1970年1月—1976年1月,先后任政治部政工组干部组副组长、组长,政治部干部部负责人。1976年1月起,任政治部组织部副部长。1982年5月起,任核工业部教育司副司长。1991年2月,由部党组定为正局级。1989年10月离休。

刁仁文从1952年9月调入地质部人事司开始至离休,近40年,一直从事我国原子能事业的人事、干部工作和核专业教育工作,为我国原子能事业干部队伍的建设辛勤工作。在党中央决策和有关部门的具体领导下,干部工作从调集力量、筹建原子能事业机构开始,制定干部队伍计划,组建原子能事业干部队伍,加强干部队伍建设和教育,并不断发展壮大,形成自力更生攻克技术关的领导力量和技术力量,为原子能工业的创业和发展作出重要贡献。刁仁文作为干部、组织工作部门的一员,为此奉献出全部力量。

卫金昌

卫金昌 Wei Jin Chang(1918年2月—2001年9月),山西闻喜县人。1938年7月参加革命工作,1939年1月加入中国共产党。他1938年7月参加山西省闻喜县游击队,同年10月参加陕甘宁边区警备团,历任文书、副政治指导员等职;1942年后,在警三旅九团先后任副政治指导员、政治指导员;1945年后,在冀东边区先后任协理员、政治处副主任;1949年后,在一九四师先后任团政委、师干部部副部长、部长,政治部主任、师副政委等职。

1964年4月起,卫金昌先后任二机部职工部副部长,政工组副组长,办事组副组长,政治部组织部负责人,政治部办公室负责人,机关党委副书记等职。

马正一

马正一 Ma Zheng Yi(1917年—1998年12月),山西襄垣县人。1939年5月参加革命工作,1942年1月加入中国共产党。历任山西决死一纵队政治部民运工作员,襄垣县税务局城关卡卡长,粮食科科长,一三五区副区长、区长、代理区委书记,太行区汤阴县财政科科长,林县财政科科长,五专署财政科科长,区行署财政处科长等职。

新中国成立后,他历任山西省财政厅科长、副处长、秘书主任、副厅长,国家统计局农税处副处长,国家建委建筑技术局(二机部前身)财务处处

长,二机部财务局、一局副局长,国营八二一厂党委书记、厂长,二机部(核工业部)机关党委副书记等职。1982年离休(正局级)。

王 介

王介 Wang Jie（1909年—1995年9月），山东文登县人。1938年2月参加革命工作,同年10月加入中国共产党。曾任军分区政治部主任,军委测绘学院副政委。1957年3月,王介调二机部工作,任五〇四厂副厂长;1964年2月任二机部教育局副局长,并主持教育局全面工作;1974年任陕西二机局副局长;1977年8月任二机部教育局顾问。1982年离休(正局级)。

王介在部教育局任职并主持全局工作期间,组织领导学校教育教学改革工作,对部属学校教育发展计划和对口高等院校的原子能专业的布局与规模进行调整,使核教育的结构层次布局、专业设置、招生规模等更加适应和工业发展的需要。他组织研究提出职工教育要紧密结合生产、科研需要的措施和方法,致力提高职工政治、文化和专业技术素质。他为发展核教育事业、培养核专业技术人才作出贡献。

王汉兴

王汉兴 Wang Han Xing（1915年—1994年2月），安徽凤阳县人。1937年12月参加革命,1938年3月加入中国共产党。历任三五九旅司令员秘书,政治部主任,二军六师十七团副政委、政委,二十二兵团宣传部部长,新疆军区直工部部长;新疆五一九地质大队党委书记,西北一八二大队党委书记,五二四厂党委书记,陕西第二机械工业局副局长,二机部政治部组织部部长。1982年离休。

王洪逵

王洪逵 Wang Hong Kui（1920年9月—2010年2月），天津静海县人。1939年12月加入中国共产党。1956年9月调三机部（后改为二机部）工作，先后任部技术局处长、财务局处长、计划局副局长、财务局副局长，核工业部财务局局长。1982年9月离休。他在核工业战线工作近26年，为之付出了自己的智慧和辛劳，并为"两弹一艇"创业和核电事业作出贡献。

王新吾

王新吾 Wang Xin Wu（1921年—1997年11月）。山东博兴县人。1940年参加革命工作，同年加入中国共产党。战争年代，从事党的地下工作。新中国成立后，在山东省历任寿南县宣传部副科长，安邱县团委书记，昌维地区工业部副科长，手工业贸易公司党组书记、工会办事处主任，淄博南定热电厂副厂长、厂长。1959年调二机部工作，历任基建局施工处副处长、处长，二三建设公司经理，八二一厂工程指挥部副总指挥，八二一厂党委副书记，二机部基建局副局长，建工局局长，中国中原对外工程公司总经理、董事长。

王鹤滨

王鹤滨 Wang He Bin（1924年5月—　），河北安新县人。1938年6月参加革命工作，1942年6月加入中国共产党。曾在晋察冀白求恩卫生学校学习，1943年3月在"反扫荡"转移中到达陕北，经考试进入延安中国医科大学学习，学期5年。1949年—20世纪50年代初期担任毛泽东主席的专职保健医生和秘书，同时兼任周恩来、刘少奇、朱德、任弼时的保健医生。期间还兼任中央警卫局九局检验室主任。曾到苏联学习，并获苏联医学博士学位。1963年，到二机部辐射防护研究所，从事科研工作。他作为一名核辐射生物效应的科研工作人员赴西北国家试验场，参加了中国第一颗原子弹爆炸试验。之后，进入二机部机关工作，任核工业部安全环保卫生局局长，并曾任核工业苏州医学院第一副院长等职。1985年11月离休。

文功元

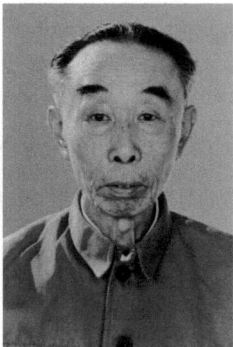

文功元 Wen Gong Yuan（1913年11月—2012年1月），四川兴文县人。1930年春加入少共，1936年转为中国共产党党员。1933年起，历任少共泸县中心县委组织部部长兼赤水、合江特区书记，泸县团中心县委宣传部部长兼叙永、古宋、古蔺特区书记，四川省委宣传部部长。1934年6月被捕，在狱中坚持斗争，1937年6月出狱。1938年到延安抗日军政大学学习，毕业后留校任政治教员。1945年秋，在中共中央党校学习。1946年7月调东北工作，任呼伦贝尔特区保安司令部政治部主任、保安总队队长等职。1947年5月转地方工作，先后任安达县委副书记，长春特别市区委书记、市工委副书记、市总工会主席、市委委员，西南钢铁工会主席、钢铁公司党委副书记，建工部金属结构总局副局长。1956年12月，文功元调三机部（后改为二机部）工作，历任生产局副局长、800联合企业筹备组主要负责人、酒泉原子能联合企业第一任厂长、二二一厂副总指挥、基建工程局副局长、"三线"指挥部副总指挥、计划局副局长、核电局局长。

在任二机部800联合企业主要负责人、四○四厂厂长、二二一厂副总指挥和"三线"建设指挥部副总指挥期间，文功元为核基地的选址、创建、发展，为核武器研制基地的发展，为核潜艇研制基地等"三线"建设，付出了极大的努力，为我国战略核武器研制事业作出重要贡献。

文功元在任二机部核电局局长（首任）期间，为我国大陆核电从秦山起步，为我国大陆第一座核电站（秦山核电站一期）的前期工作作出特殊贡献。

申志贤

申志贤 Shen Zhi Xian（1914年1月—2007年1月），山西黎城人。1938年7月参加革命工作，同时加入中国共产党。他1958年12月调二机部工作，任中南矿冶公司副经理兼湖南矿业局党组书记，至1961年9月。1961年10月—1962年9月，任二机部湖南矿冶管理局副局长，1962年10月—1982年8月，任二机部十二局（矿冶局）副局长。

申志贤在核工业战线奋斗近30年，其中在二机部机关从事铀矿冶领导工作达20年之久。为中国原子能事业的开创和发展，为"两弹一艇"研制成功作出重要贡献。

白文治

白文治 Bai Wen Zhi (1917年11月—2008年8月),广东南海县人。1936年4月参加革命工作并加入中国共产党。白文治在第二次国内革命战争、抗日战争和解放战争时期,积极投身于祖国的解放事业,为革命作出了重大贡献;在长期的社会主义革命和建设工作中,为祖国的建设和原子能工业的开创和发展付出大量的精力。

1956年11月,白文治被调三机部(1958年2月改为二机部)工作,先后担任办公厅副主任、生产技术局局长。他在核工业系统工作近30年。自1955年8月他被任命为国务院三办原子能小组组长起,作为新中国原子能事业的开拓者、谋划者和领导者之一,对自己分管的工作兢兢业业,严肃认真,一丝不苟,以自己的远见卓识、高度的责任感和忘我的奉献精神,为"两弹一艇"研制,继而为核电事业,作出重要贡献。

任 远

任远 Ren Yuan (1919年10月—)。1936年8月参加革命工作,1937年11月加入中国共产党。于1939年调中央社会部工作,6月派往晋察冀边区北方分局社会部工作,先后任晋东北地委、平东北地委情报站站长、晋东特委东北情报联络站主任、冀东十八地委社会部部长。1946年12月任冀热察区党委社会部情报科科长,1948年11月任南口军管会副主任,1949年1月任北平市公安局二处侦查科科长、副处长,同年4月调铁道部公安局二处任处长,1955年任铁道部工厂设计事务所主任、铁道部专业设计院代理副院长。1962年调二机部工作,任二机部八局副局长(1962年—1964年),1964年任二机部二院院长,1975年任二院党委副书记、书记。1984年离休。

刘 杲

刘杲 Liu Gao(1926年7月—1999年5月),吉林东辽县人。1945年9月参加革命工作,在冀热辽军政学校任学员。1945年12月从军政学校毕业,分配到辽吉地区武工队任队员,1946年12月任辽吉军区第四军分区司令部参谋。1949年6月转业到东北工业部机械局沈阳工具厂二分厂任副厂长、总厂副科长。1951年1月调一机部二局机械七厂任科长。1952年2月任哈尔滨工具厂副厂长。1957年9月在哈尔滨工业大学学习,于1962年10月毕业回哈尔滨工具厂任厂长。1963年3月调二机部工作,任十局、六局处长。1975年6月任二机部九局负责人。1978年5月任二机部九局副局长。1983年2月任核工业部军工局局长。1988年7月离休。

刘俊孚

刘俊孚 Liu Jun Fu(1926年11月—1997年5月),河北滦南县人。1943年参加革命工作,1945年加入中国共产党。曾任开滦煤矿军代表,国家建委建筑技术局供应处处长,二机部六局处长、副局长、局长,中国原子能工业公司总经理等职。

孙瑞锦

孙瑞锦 Sun Rui Jin（1921年2月—2012年2月），山东聊城县人。1938年1月参加革命工作，同年10月加入中国共产党。1939年2月在129师386旅任政治指导员，1939—1940年在延安抗大学习，1940—1954年先后在太行一军分区任连、营政委，华北一兵团117团任政治主任，十八兵团铁八师任团政委。1954年4月—1963年5月，先后任铁道部副局长、局长。1963年5月调二机部工作，先后任二机部一〇二公司党委书记，二机部建筑工程局（四局）副局长、局长。

牟爱牧

牟爱牧 Mou Ai Mu（1913年7月—1998年1月），四川南川县人。他在1927年6月在小学读书期间参加中国共产主义青年团，1936年11月转为中国共产党党员。他先做宣传工作，继以店员身份作掩护，担任党内交通员，后因叛徒出卖，两次被捕。在狱中，牟爱牧坚守党的机密，维护党的利益，积极参加绝食，与敌人作坚决的斗争。1937年10月出狱后，他积极寻找党组织，1938年4月恢复党的组织关系，先后负责万县万州日报校对和新华日报重庆分馆发行工作，后在八路军驻重庆办事处任副官。解放战争期间，牟爱牧先后任八路军驻重庆办事处总务科副科长、科长，延安总政后勤部招待所副处长、处长，东北局行政委员会驻朝鲜平壤办事处总务处副处长，东北局组织部行政科科长。全国解放后，他先后担任上海花纱布公司驻武汉办事处主任、西南局行政处处长、西南行政委员会商业局副局长。1955

年5月调国家建委建筑技术局,任副局长,后任三机部(后改为二机部)办公厅副主任。党的十一届三中全会后,任二机部办公厅顾问。牟爱牧为副部级离休干部。

新中国成立后,牟爱牧长期担任行政领导职务。他参加了国家建委建筑技术局的组建工作,为原子能院"一堆一器"的建设贡献了聪明才智。二机部成立后,他又参加办公厅的组建及领导工作,在组织、思想、业务建设方面多有建树,具有比较丰富的行政后勤领导经验,工作卓有成效。他与办公厅其他领导一起,为以后的工作打下良好的基础,为我国原子能事业和核武器研制贡献出自己的力量。

李 由

李由 Li You (1912年10月—2012年12月),湖南浏阳县人。1927年参加革命,1928年参加红军,任第二纵队司令部勤务员。1930年2月—1938年8月,历任红三军团一师二团干事,四师十团政治指导员,陕西红四师政治指导员、连长。1938年任一一五师独立旅组织科科长。1943年7月在延安学习,1945年8月任哈尔滨保安纵队一团政委,东北七师六纵独立团政委,1949年1月任四十三军政治部联络部长、广东二十五步兵学校政委。1956年9月任河南许昌军分区副政委。1966年,李由调二机部工作,任监察组副组长、政治部副主任。

李 涛

李涛 Li Tao（1919年10月—2001年2月），河北博野县人。1938年5月参加革命工作，1939年10月加入中国共产党。1938年任冀中导报社会计，1943年任晋察冀中央分局党校会计，1945年任晋察冀中央局审委会秘书，1947年任晋察冀边区（中央办事处）财务处研究员，1948年任华北政府交通部副科长，1949年任铁道部财务局课长，1953年任锦州铁路局人民警察室副主任、局财务会计处副处长，1956年任铁道国家监察局锦州铁路办公处副主任，1958年任锦州铁路局区委会副主席，1961年任东北铁路总局（运输指挥所）党委办公室主任。1962年调二机部工作，任劳动工资局（八局）副局长。1969—1971年在二机部合阳"五七"干校五连任政治指导员。1971年任黑龙江省劳动局局长。1979年回二机部，任劳动工资局（八局）副局长（正局级待遇）。1982年离休。

李克东

李克东 Li Ke Dong（1917年2月—2007年5月），山东禹城县人。1937年11月参加革命工作，1938年6月加入中国共产党。1958年12月—1963年5月，李克东先后任二机部石湾设计院院长，二机部十二局（矿冶局）党委委员，十局、十三局副局长，十二局副局长兼第一设计院院长、党委书记等职。1969年5月—1973年6月任第一设计院革委会副主任。1973年7月—1981年，任二机部八局局长。

李克东在核工业战线奋斗近30年，长期在基层单位和二机部机关工作，为"两弹一艇"的研制成功作出重要贡献。

李绍周

李绍周 Li Shao Zhou（1916年3月—2004年12月），河北满城县人。1938年10月参加革命工作，1939年3月加入中国共产党。曾任晋察冀边区完（县）、满（城）联合县满城区青救会主任，中共满城县一区区委书记，县基干大队特派员，县公安局股长、局长，县委社会部长；察哈尔省公安厅科长、副处长，人事处长；河北省公安局生产处政委、四处处长；地质部保卫司一室主任；国家建设委员会建筑技术局人事处处长；三机部（后改为二机部）八局副局长，劳动工资局副局长（主持全面工作）。

李绍周是核工业干部、工人队伍和劳资工作的主要组织领导人之一。20世纪五六十年代，参与负责核工业大批干部和工人队伍的调配、组建、培训；组织制定了统一的职工工资标准和事业津贴制度；建立健全劳动管理制度，组织进行地质、矿山亦工亦农试点；建立技工学校，培养技术工人。1975—1982年，参与负责恢复劳动管理制度，建立健全管理机构，组织制定原子能工业工人技术等级标准和劳动定员定额，重新建立技工学校，开展技工培训，进行离退休制度的试点，创办农副业与劳动服务事业，安置待业青年就业，以适应核工业建设的需要。

何 谦

何谦 He Qian（1921年12月—1998年12月），四川苍溪县人。1933年8月参加中国工农红军，后参加长征。1936年11月加入中国共产主义青年团，1938年8月加入中国共产党。1940年初，何谦调到党中央社会部，先后任周恩来副主席警卫员、警卫副官，跟随周副主席从延安到中共中央代表团驻重庆、南京办事处工作。1947年1月—1949年4月，何谦赴东北参加解放东北和保卫东北解放区的斗争，任东北铁路局滨州、滨绥线军事代表。1949年5月调任周恩来副主席秘书。新中国成立后，任周恩来总理办公室秘书，负责行政和警卫工作。1960年参加国务院工作组赴河南南阳地区，带职

任淅川县委书记一年。1962年5月,何谦调二机部工作,任办公厅副主任;1967年12月—1970年12月,他受部领导委派,到三线核潜艇陆上模式堆现场指挥部任指挥长;1978—1982年任部教育局局长;1982—1985年任核工业部教育司司长。1985年5月离休。

佟 城

佟城 Tong Cheng,1996年1月去世。1936年2月参加革命工作,1938年4月加入中国共产党。1956年3月任三机部(后改为二机部)三局副局长,总工程师;二机部北京第三研究所成立后,兼任该所所长。1960年任中国科学院核科学委员会委员。曾任中国地质学会理事、常务理事。

邱石甫

邱石甫 Qiu Shi Fu(1914年7月—2007年7月),河北肃宁县人。1938年2月参加革命工作,同年10月加入中国共产党。1958年7月调二机部工作,先后任十二局党委副书记、十二局副局长。

邱石甫长期在核工业战线工作,为"两弹一艇"的研制成功,尤其对核地质、矿冶系统的创建和发展作出重要贡献。

张 华

张华 Zhang Hua（1922年10月—2002年8月），山东桓台县人。1938年5月参加革命工作，1939年10月加入中国共产党。抗日战争时期和解放战争时期，张华历任山东省长桓县独立营通讯员、宣传干事，长桓县委青委委员，山东省清河区党委文书、文印科长、宣传部干事，中共山东中央分局政策研究室干部，中央渤海区党委政策研究室干事、股长，中共惠民市委宣传部、组织部副书记兼区委书记、组宣部长等职。

新中国成立后，历任中共山东沾化县委书记兼海防大队政委、中共惠民地委秘书长、山东省政府建工局副局长等职。1956年初，调三机部（后改为二机部）工作，先后任二机部三局副局长、十二局副局长兼北京第五研究所所长、党委书记。"文化大革命"中下放到二机部湖北"五七"干校，后在国防科委学习班学习，后任二机部十二局副局长、核工业部矿冶局局长等职。1984年离休，离休后任核工业部离退休干部局党委委员、支部书记等职。

张华任三局副局长期间，1957年，他带领一个工作组，坐镇湖南金银寨，帮助担负这个基地勘探任务的三〇九队十分队的工作，如解决紧缺物资，开展劳动竞赛等，加快了勘探速度和提高了工作效率，于当年6月底提交了铀金属勘察级储量（500吨级），并很快提交了正式储量报告，从而为启动矿山和水冶厂的设计工作创造了条件。

张华在核工业战线工作近30年，在铀地质和铀矿冶领域付出了自己的才智和年华，为"两弹一艇"创业和核电事业作出重要贡献。

1964年分配到三〇九大队的部分人员

张 涛

张涛 Zhang Tao (1920年12月—2014年12月)，山西夏县人。1936年8月参加革命，1937年9月加入中国共产党。张涛于1937年12月在中共中央北方局党校学习毕业后，先后在山西省任区委书记，西南区党委组织部巡视员，县委宣传部部长、副书记、书记，乡吉地委书记，晋绥边区武委会作战爆炸部长，吕梁军区武委会主任，晋中军区武装部部长。1949年11月调任山西省政府农业厅副厅长兼党总支书记，1952年任山西省榆次市国营经纬纺织机械厂党委书记兼厂长，1955年任纺织工业机械设计公司经理、机械制造局副局长。1959年5月调二机部工作，历任四局副局长、十局局长、十三局局长兼党委书记、"三线"建设指挥部常务副指挥、四〇五厂革命领导小组组长兼现场总指挥、核工业第三研究院党委书记。1983年离休。

张志明

张志明 Zhang Zhi Ming，1996年3月去世。1944年3月参加革命工作，1948年10月加入中国共产党。1955年开始从事原子能事业保卫工作，曾任二机部保卫部副处长、处长、副部长。1985年离休，1991年明确为正局级。

罗光禄

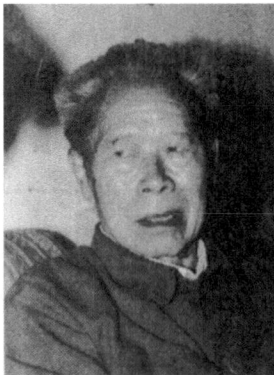

罗光禄 Luo Guang Lu (1917年3月—2003年10月)，四川苍溪县人。1933年3月参加革命工作，参加红军，1938年7月加入中国共产党。他曾担任红四方面军三十军八十八师二六八团号兵、号母、司号长、排长，红五军团通讯员、特务员。1936年10月，他所在的红四方面军第三十军编入西路军，向河西走廊进发，最后弹尽粮绝，损失惨重。在党中央营救下，到达新疆休整。直到1940年，罗光禄才与三四百人的余部一起辗转回到延安。他先后任中央军委机要科译电员、军委一局作战师参谋。1948年5月，中共中央机关到达河北省平山县西柏坡后，罗光禄来到毛泽东主席身边，担任中央机要秘书、毛泽东主席秘书，长达15年之久。20世纪60年代初，罗光禄调二机部工作，任政治部组织部副部长。

施 高

施高 Shi Gao 生于1913年9月，贵州贵阳市人，回族。1938年4月参加革命工作，同年11月加入中国共产党。曾任中国人民解放军第五十五军干部部部长。1957年5月调入三机部（后改为二机部），历任干部局副局长，兰州铀浓缩厂党委副书记、书记及革委会主任。

施高是核工业干部队伍的主要组织领导人之一。在干部局任职期间，协助局长主持日常工作。从1958年起，根据报经党中央批准的调干计划，按照原子能事业用人条件，在部党组领导下，在时间紧、任务重的情况下，他具体组织实施了从全国各地和中央有关部门的多批调干工作，完成了选调党政、科学技术、文教卫生、保卫保密干部等任务；适

时配备了主要厂、矿、院、所的领导班子,组建干部队伍;同时注意建立干部队伍的培养提高、考核鉴定、任用提拔等制度,保证了核工业建设的需要。1973年到兰州铀浓缩厂工作后,积极贯彻邓小平提出的"整顿"方针,克服"左"的思潮干扰,狠抓干部政策落实,加强职工队伍团结,开展企业整顿,恢复和建立企业管理制度,保证了工厂的正常生产建设。

姜 涛

姜涛 Jiang Tao(1921年2月—2000年6月)。1938年8月加入中国共产党,同年8月参加八路军,后转入新四军。他参加过中原突围、淮海战役等。从抗日战争到解放战争,姜涛一直在部队从事机要工作,担任机要员、机要股长、科长等职。新中国成立后,姜涛曾任政务院人事处副处长、国务院秘书厅总务处处长。1956年调二机部工作,任部物资供应局副局长、局长,1976年任部科技局局长。1982年离休。

徐步宽

徐步宽 Xu Bu Kuan(1919年—1994年7月),陕西子长县人。1935年参加革命工作,同年3月加入中国共产主义青年团,1936年1月转为中国共产党党员。历任共青团区委书记,县委宣传部部长、县长、县委书记,热河省委组织部副部长,省总工会主席,中华全国总工会组织部副部长。1958年调二机部工作,历任二二一厂筹建处党委书记、厂党委副书记兼政治部主任;二机部六局副局长,八一三厂核心领导小组组长、党委书记,陕西核工业局局长、党组书记,陕西省国防科工办副主任等职。1983年6月离休。

徐富堂

徐富堂 Xu Fu Tang（1921年10月—1999年7月），山西五台县人。1937年9月参加革命工作，1939年6月加入中国共产党。1937年—1938年5月，在义勇军二中队历任战士、文书、宣传员、政治处代分队长；1938年6月—1947年10月，在晋察冀二分区历任班长、宣传员、指导员、协理员、组织股长；1948年4月任晋察冀军政干校教导员；1949年1月，任华北军政大学一总队三大队政治处主任；1950年8月—1955年7月，任公安部八局副科长、科长、副处长；1955年8月任国家建筑技术局保卫处处长；1956年12月任二机部保卫处处长、保密委员会办公室主任；1964年6月—1974年6月任二机部保卫保密局副局长、政治部保卫部副部长，兼任某仓库党委书记、主任。1974年7月，任二机部某军工厂党委书记；1982年8月，任核工业部干部司司长。1985年9月离休。

郭士民

郭士民 Guo Shi Min（1923年6月—2008年1月），山西桓曲县人。1938年2月参加革命工作，1940年1月加入中国共产党。1958年5月调二机部工作，先后任二机部中南矿冶公司党组书记、经理，二机部十二局副局长；核工业部矿冶局副局长（正局级）。郭士民在核工业工作近26年，分别组织参与了第一、二期矿山、水冶厂全部工程的建设规划、设计方案审批和建设工程、生产准备工作；参与组织了矿冶系统年度及长远规划、企业整顿等工作，为"两弹一艇"研制，为提高矿冶系统企业的管理水平、经济效益和发展建设作出重要贡献。

郭传镜

郭传镜 Guo Chuan Jing（1917年7月—2005年12月），江西吉安县人。1932年2月—1933年11月在江西红军独立第三团三连当战士、传令兵。1933年11月—1934年2月在江西红军独立团第三团当警卫员。1934年2月—1934年5月在湘赣苏区红大青年队学习。1934年5月—1936年3月在第六军团第十八师任看护员、司药。1936年3月—1938年5月在延安卫生学校学习。1938年5月—1938年12月在晋察冀军区卫生部附属卫生所和后方医院任医生、主治医生。1938年12月—1943年3月在晋察冀军区司令部政治部卫生所任医生、所长。1943年3月—7月在晋察冀白求恩学校学习。1943年7月—1946年1月在晋察冀军区独立团卫生队任队长。1946年1月—1948年9月在晋察冀三纵队八旅、九旅卫生处任医务主任、处长。1948年9月—1953年3月任十九兵团六十三军卫生部、后勤部副部长。1953年3月—1958年8月在第一军医大学医疗系学习。1958年8月—1964年5月任上海警备区后勤部副部长。1964年5月从部队转业到二机部，任二机部卫生防护局（十七局）副局长。1978年4月—1982年9月任二机部安全防护卫生局（十一局）负责人、局长。

涂国林

涂国林 Tu Guo Lin（1909年12月—1998年12月），湖南华容县人。1926年开始革命生涯，同年加入中国共产主义青年团。1927年考入武昌中央农民运动讲习所学习，参加了"八一"南昌起义，任军官教官团分队长。1928年1月转为中国共产党正式党员，同年参加东山起义，任华容西区代书记。1929—1936年在上海做地下工作，期间曾两次被捕入狱，始终坚持斗争，保持了共产党员的气节。1936年10月到达延安，历任中央白区工作部秘书、中央工农部秘书、中央党报委员会材料科科长、解放社发行科科长(解放社发行科为我国新华书店前身,涂国林为首任科长)、中央宣传部秘书、马列学院材料部主任等职。1938—1940年,历任湖南省委宣传部干事,湖南省委秘书长,湘宁中心县委宣传部部长,新华日报管理委员会委员、营业部主任等职。1941年—1943年3月,历任云南省工委负责人,南方局宣传部出版发行科科长、南方局政策研究室组长等职。1943年4月—1947年,在延安参加整风运动和在晋绥地区参加土改运动。1948年后历任新华总社编辑、资料室主任、中央人民广播电台新闻科科长等职。在革命战争年代,他始终以坚强不屈的精神,为党和人民的事业而不懈努力。

新中国成立后,涂国林历任西南人民广播电台副台长兼总编辑,重庆市各届人民代表大会代表,中央广播局编委会委员,中央人民广播电台政治广播部主任,电力工业部水力发电建设总局处长,电力部计划司副司长,水电部云峰水力发电工程局局长,西北局精减办公室副主任等职。1964年1月调二机部工作,任二机部政治部宣传部部长,为加强原子能工业理论宣传教育和思想政治工作作出贡献。

"文化大革命"后,1977年恢复工作,任二机部政治部顾问。1982年离休。涂国林为副部级离休干部。

韩增敏

韩增敏 Han Zeng Mi (1916年8月—1985年9月),河北无极县人。1938年加入中国共产党,同年参加革命工作。曾任中共华北局组织部科长,原二机部(兵器部)干部司处长等职。1955年8月由国家建委建筑技术局派到北京大学物理研究室任党总支书记兼副主任,并负责举办原子能"技术干部培训班"工作。自1958年2月起,先后任二机部八局教育处处长、教育局副局长,1977年任二机部二院革委会副主任、副院长。

韩增敏从1955年调到原子能工业战线后,为建立和发展核教育事业做了大量工作。他除直接参加北京大学物理研究室筹建工作外,曾积极协助高教部办好北京大学技术物理系、清华大学工程物理系和全国高等院校举办的原子能专业;筹建二机部大

专院校、中专学校、技工学校，并组织领导部属各单位抓好职工培训工作；委托部外代培当时急切需要的专业人才；有计划地选派科技人员赴苏联学习、实习和进修。他对创建和发展核教育事业，培养核专业技术人才，作出重要贡献。

1955年1月我国开始创建核工业，1956年11月设立第三机械工业部（1958年2月改为第二机械工业部），1982年5月改为核工业部，1988年9月组建中国核工业总公司，1999年9月成立中国核工业集团公司。图为核工业办公大楼。

二、二机部所属单位(部分)及主要领导成员

(一)中国科学院原子能研究所

1.中国科学院近代物理所时期

1950年5月—1953年10月

所长:吴有训(1950年5月—1951年3月)

钱三强(1951年3月任)

副所长:钱三强(1950年5月—1951年3月);

王淦昌(1953年4月任)

彭桓武(1953年4月任)

1958年,为"一堆一器"
发行的纪念邮票

2.中国科学院物理研究所时期

1953年10月—1956年9月

所长:钱三强

副所长:王淦昌、彭桓武、李毅(1953年10月任)

总支委员会(1955年8月成立)

总支书记:李毅(兼)

副书记:马俭

1956年9月—1958年7月(中关村部分称所的一部;房山坨里部分称所的二部)

所长:钱三强(兼,1956年11月任三机部副部长,1958年2月改为二机部)

副所长:李毅、赵忠尧(1956年9月任)、郑林(1956年9月任)、王淦昌(1956年9月20日,与李毅作为我国全权代表参加莫斯科杜布纳联合原子核研究所会议,会后留所工作)、彭桓武、罗启林(1956年9月任)、力一(1956年9月任)、梁超(1956年9月任)

1956年12月28日,三机部(后改为二机部)与中科院党组联席会议决定,物理所隶属中科院和三机部双重领导。物理所设"分党组"性质的"党员干部领导小组"负责全所的领导工作。

组长:钱三强

副组长:李毅

中关村一部党总支委员会

党总支书记:郑林

副书记马俭

坨里二部党总支委员会

党总支书记:李毅

副书记:梁超、武连魁

3.中国科学院原子能研究所时期

1958年7月—1974年2月

1958年7月1日,中国科学院物理所更名为"中国科学院原子能研究所"(简称"原子能研究所"),实行二机部和中科院双重领导,以二机部为主。

所长:钱三强(兼)

副所长:李毅、赵忠尧、郑林、王淦昌(1959年1月当选为杜布纳联合原子核研究所副所长、1960年10月调北京九所任副所长)、彭桓武(1960年10月调北京九所任副所长)、罗启林、力一、梁超(1961年3月调任"华北工业卫生研究所"所长)、汪德熙(1960年4月任)、张文裕(1960年7月任)、何泽慧(1960年7月任)、马俭(1960年7月任)、苏振芳(1960年7月任)、刘书林(1960年7月任)

1958年10月,成立中共原子能研究所委员会。从1962年1月起,实行所党委领导下的所长负责制。

第一届党委会(1958年10月—1963年4月)

第一书记:郑林(部党组成员)

书记处书记:李毅、钱三强、罗启林、梁超(至1961年3月)

第二届党委会(1963年4月—1971年6月)

党委书记:郑林(1966年7月离任)

副书记:李毅、钱三强、范玉庭(1964年4月任,兼政治部主任)

范玉庭(1922年8月—1987年8月)

监察委员会

监委书记:李毅

副书记:刘书林、胡国春

(1968年1月,二机部决定原子能中关村一部由部直接领导。年内,终止了中科院对原子能所的双重领导关系)

第三届党委会(1971年6月—1974年2月)

党委书记:郑家璜(军管会主任)

副书记:霍振泽(军管会副主任)、范玉庭、刘昌(1972年8月任)

(1973年7月,军管会撤离原子能研究所)

党委书记:刘书林(1973年8月任)

副书记:刘昌、范玉庭

(1974年2月,刘书林调二二一厂,所内工作由刘昌主持)。

(1984年12月,中国科学院原子能研究所改名为"中国原子能科学研究院")

(二)北京核武器研究所

1958年7月—1960年10月

所长:李觉(兼)

副所长:吴际霖(兼)、郭英会(兼)、朱光亚(1960年3月任)、郭永怀(1960年5月任)、程开甲(1960年7月任)

所党委:1960年2月成立

代理书记:吴际霖(兼)

1960年10月—1963年3月

所长:李觉(兼)

副所长:朱光亚、程开甲、郭永怀、王淦昌(1961年4月任)、彭桓武(1961年4月任)、彭非(1960年10月任)

党委代理书记:吴际霖(兼)

在九局直接领导下,九所设立了4个技术委员会:产品设计技术委员会,主任委员吴际霖,副主任委员龙文光,委员肖逢霖、苏耀光、疏松桂、周毓麟、谷才伟;冷试验委员会,主任委员王淦昌,副主任委员陈能宽,委员邓稼先、钱晋、周光召、李嘉尧、何文钊;场外试验委员会,主任委员郭永怀,副主任委员程开甲,委员陈学增、赵世诚、张宏钧、秦元勋、俞大光;中子点火委员会,主任委员彭桓武,副主任委员朱光亚,委员何泽慧、胡仁宇、赖祖武、黄祖洽、陈宏毅。

[1963年3月,九所从事实验及生产的人员大部迁至青海二二一基地(二二一厂)。九所一室(理论物理)仍留在北京]

(三)二二一核武器研制基地

1958年,成立了二二一基地工程设计任务处,处长李力,党委书记姚军山,总工程师周抚堂。全处100多人承担并完成了工程设计任务。

1959年1月—1964年2月(1959年1月成立二二一基地筹建处)

刘志民(1919年3月—?)

筹建时期临时党委书记:李觉(兼,九局局长,青海省委常委)

副书记:徐步宽

筹建时期主任:李觉(兼)

副主任:李信、乔献捷、彭非、刘志民、崔银茂、肖光

1961年4月,二机部决定,赵敬璞任二二一基地筹建处党委书记。

1962年9月,成立了二二一基地安装工程公司党委会,党委书记赵敬璞(兼),副书记王志刚(兼)、张有才、罗中奎。

1963年2月,任命:

副厂长:李信、王志刚、乔献捷、徐庆宝、李英杰、彭非

1964年2月,成立了二二一基地(厂)基本建设联合工程指

崔银茂(1921年1月—1989年5月)

挥部(由建工部、水电部、工程兵司令部、二机部共同参加),李觉、刁筠寿为指挥部正副政委,曼丘为总指挥,刘华为第一副总指挥(各部参加指挥部的负责同志均为副总指挥)。

1964年2月,九局、九所、二二一厂合并成立了第九研究设计院和二二一研究设计分院。

1964年2月,二二一研究设计分院

党委书记:刁筠寿

院长:李信

分院下设第一实验部、第一设计部、第一生产部、第二生产部;北京部(原九所)设理论部、技术部;建筑设计分院。建筑设计分院由李力任院长,姚军山任党委书记。

1965年9月,二二一分院改为二二一厂,吴际霖任党委书记兼厂长。

1968年1月1日起,国务院、中央军委决定,二机部九院、二二一厂、九○三厂等核武器研制基地,划归国防科委直接领导。

1973年2月,国务院、中央军委决定,九院、二二一厂和九○三厂从国防科委划归二机部领导。并派出李觉为组长、赵敬璞为副组长的工作组负责九院和九○三厂的交接工作;以梁步庭为组长,赵振清、刘书林为副组长的工作组,负责二二一厂的交接工作。同年7月26日交接完毕。

1974年9月,青海省委同意二机部建议,梁步庭任中共国营二二一厂临时党委第一书记。

1977年8月,青海省委同意二机部建议,刘书林任二二一厂临时党委书记,胡深伐任二二一厂党委副书记;徐占元、白东齐先后为二二一厂厂长。

1982年底,王菁珩被任命为副厂长;1984年,王菁珩被任命为二二一厂厂长,并实行厂长负责制。

1987年6月24日,二二一厂撤点销号。

白东齐(1924年4月—2009年8月)

（四）第九研究设计院

1964年2月，二机部撤销九局，局、所（九所）、厂（二二一厂）合并成立了第九研究设计院。

院党委书记：李觉，第二书记：刁筠寿，副书记：吴际霖

院长：李觉（兼）

副院长：吴际霖（第一副院长）、郭英会、王淦昌、郭永怀、彭桓武、马祥、乔献捷、彭非、朱光亚、程开甲

1969年，九院陆续迁往四川三线地区（绵阳），二二一分院改为二二一厂，从建制上脱离。

1968年1月1日起，国务院、中央军委决定，二机部九院、二二一厂、九〇三厂等核武器研制基地，划归国防科委直接领导。

1973年2月，国务院、中央军委决定，九院、二二一厂和九〇三厂从国防科委划归二机部领导。

1974年1月，九院与二二一厂正式分为二机部两个独立的单位（正局级）。

1974年8月，四川省委同意二机部建议，刁筠寿任九院党委书记，李凤翔任院长。

1981年3月，中央批准：李英杰任九院党委书记；免去刁筠寿兼任九院党委书记职务（1979年4月，刁筠寿被任命二机部副部长兼九院党委书记）。

（五）北京第三研究所

1959年3月，在北京成立了全国性的铀矿地质综合研究中心即北京第三研究所（现核工业北京地质研究院）。

所长：

佟城（三局副局长兼）（1959年1月—1960年1月，1962年7月—1963年8月）

齐俊德（三局副局长兼）（1960年1月—1962年7月）

齐俊德（1921年11月—1989年6月）

赵平（1978年4月—1979年7月）

白浩然（1979年7月—1983年1月）

副所长：佟城（1960年1月—1962年7月）

于荣庭（1961年10月—1968年1月，1979年7月—1983年11月）

潘代清（女）（1979年7月—1983年1月）

王文山（1979年7月—1983年1月）

李守宇（1979年7月—1983年1月）

黄劭显（1979年1月—1983年1月）

王传文（1981年4月—1983年1月）

党委书记：杨文英（1959年3月—1962年9月）

齐俊德（1962年9月—1968年1月）

李耕（1971年—1975年10月）

范辉（1975年10月—1983年1月）

副书记：潘代清（女）（1960年7月—1968年1月）

于荣庭（1972年4月—1983年1月）

王世基（1971年7月—1973年3月）

曹伯昂（1971年7月—1973年7月）

白浩然（1973年8月—1983年1月）

赵平（1975年10月—1978年4月）

杨文英

于荣庭

潘代清

（六）北京第五研究所

北京第五研究所（北京铀矿冶研究所）是我国唯一从事铀矿采选、水冶科学技术研究的综合性铀矿冶技术研究机构，是为核工业提供核心原料——铀的重要研究基地。其前身为北京第六研究所，成立于1958年。1963年11月更名为北京第五研究所。

1989年5月更名为核工业北京化工冶金研究院。

所长：

陈汉民（1958年—1963年11月，北京六所时期）

张华（1963年—1970年）

崔平（1970年—1975年）

禄福延（1975年—1980年）

聂国林（1980年—1988年）

副所长：白浩然（1958年—1963年）

杨承宗（1962年—1970年）

总工程师：王金堂

党委书记：

李魁年（1958年—1963年）

张华（兼，1963年—1979年）

崔平（1979年12月任）

白浩然（1919 年 7 月—？）

禄福延（1930年1月—）

（七）北京第二研究设计院（简称"二院"）

二院这一称谓由历史沿革而来：

（1）1955年10月，国家建筑技术局委托建工部北京工业建筑设计院四室，承担重水试验堆、回旋加速器工程设计。这是中国最早的从事核设计的机构。1956年8月，国务院开始筹划成立中国的原子能工业设计机构，同年12月设立原子能工业设计院筹备处，隶属国家建筑技术局领导。第三机械工业部（1958年2月改为第二机械工业部）成立后，设计院筹备处于1957年2月定为三机部设计院，属三机部建制。

（2）1958年1月8日，成立第三工业建筑设计院，由三机部设计院与建工部一、二设计院抽调人员组成。建制隶属建工部，业务则由三机部负责。同年9月13日，第三工业建筑设计院划归二机部，并更名为第二机械工业部设计院。

第三工业建筑设计院时期的主要领导：

院长：冯麟

党委书记：王亚琳

总工程师：何广乾

（3）1960年11月14日，第二机械工业部设计院、二机部十二局设计院（矿冶设计）、十局（设备管理局）等三单位（部门）合并，成立新十局，直属二机部领导。新十局时期的二院，分南北两院办公；南院为核工业设计，北院为矿冶设计。

十二局设计院和新十局二院的北院，即我国铀矿冶设计院，承担当时的各类矿冶工程设计。

院长：李克东

总工程师：王维信

湖南郴县铀矿和大浦铀矿设计总负责人：周玉珩

（4）1962年1月19日，二机部恢复设备局建制，原十局的核工业设计（二院之南院）与矿冶设计部分（二院之北院），改制易名为十三局，既是设计实体，又为部管理局，直属二机部领导。至1965年2月19日，部撤销十三局。核工业设计部分，成立二机部北京第二研究设计院，同年10月10日，更名为二机部第二研究设计院，为二机部下属单位。

由上述，二机部第二研究设计院（二院）的建院日期为1958年1月18日。

二院各时期主要领导成员：

党委书记：

冯麟（1958年1月—1962年2月）

张涛（1962年6月—1964年7月）

陈健伦（1965年2月—1968年8月）

卢凌（代书记，1964年8月—1965年2月）

副书记：王亚琳（1958年1月—1961年11月）

索天桥（1959年6月—1969年）

王铁曼（1960年12月—1964年8月）

张怡春（1962年4月—1964年8月）

院长：

陈健伦　　卢凌（1921年1月—2010年12月）

前排左起：李克东、于荣光、张涛、索天桥，中排左起：张怡春、孟戈非、芦荣光
后排：王铁曼(左二)、叶德灿(左三)。(二院早期领导班子，1962年摄)

冯麟（1958年1月—1961年10月）

任远（1966年1月—1969年）

叶德灿（代院长，1964年8月—1965年4月）

叶德灿（1978年8月任）

副院长：徐林（1958年1月—1961年10月）

于荣光（1958年1月—1961年10月）

张涛（1960年11月—1961年10月）

陈征（1960年11月—1961年10月）

芦荣光（1960年11月—1961年10月）

汪德熙（1966年1月任）

王铁曼（1966年1月任）

张怡春（1966年1月任）

张昕（1966年1月任）

冯麟

周圣洋（1966年1月任）

曹本熹兼化工总工程师（1965年9月—1969年9月）

叶德灿兼土建总工程师（1965年9月—1969年9月）

籍孝宏兼堆工总工程师（1965年9月—1969年9月）

总工程师：

何光乾（1958年3月—1958年6月）

叶德灿（1958年10月—1965年9月）

（八）包头核燃料元件厂

1956年12月，冶金工业部有色金属管理局成立生产处，杨朴任处长兼四〇八厂即包头核燃料元件厂筹建处主任。

1957年1月，四〇八厂选厂委员会成立，杨朴任主席，并为设计总负责人，董弘琪为技术负责人，洪景荣、李恺等都是主要设计人员。1958年6月，四〇八厂总支委员会成立，王焕新任书记，李恺任副书记兼纪律检查委员。

1958年12月，二机部委派张诚任四〇八厂（也称内蒙古冶炼厂）厂长兼党委书记；杨朴、王焕新、纪哲、赵祥昌、乌恩任副厂长。

1959年6月，成立四〇八厂（此时称内蒙古化工厂）党委会，张诚任书记，王焕新任副书记。

1960年3月，包头市委常委会决定成立了内蒙古化工厂基建安装领导小组，由市委常委、副市长张定安任组长；苗树森、贾淮舟、张诚、王焕新为小组成员。

1960年9月，二机部任命赵祥昌为内蒙古化工厂厂长，免去张诚厂长职务（仍为厂党委书记）。

1961年3月，调整施工现场党委会，王焕新任党委书记，矫全宪、赵克俭、张迹、邵炳阁任副书记。

1962年1月，二机部党组任命张军为厂党委书记，原党委书记张诚改任厂长兼党委副书记。

1964年1月,该厂启用"国营建华机械厂"新厂名,代号(国营二〇二厂)。

1964年6月,二〇二厂第二届党委,张军任党委书记,张诚、何芹生任党委副书记。

1965年7月,苏杰任厂党委书记。

1966年12月,张诚任厂党委书记。

1973年8月,苏杰任厂党委书记,李德逊、杨桂增为副书记。胡鸿基任总工程师,安纯祥、计秉贤任副总工程师。

1979年7月,二机部党组批准孔德修任二〇二厂厂长。

孔德修(1929年1月—)

(九)兰州铀浓缩厂

1957年初,成立了中苏双方参加的选厂小组。中方领队的是部长助理何克希,他曾任华东军区装甲兵司令员。成员有王介福、陈一民、芦荣光、刘宝庆等。刘宝庆任组长。实际工作是在何克希、王介福指导下进行的。刘宝庆毕业于重庆大学电机系,由铁道部保送到莫斯科机械电器工程学院研究生部学习电器化,准备回国搞铁道电器化,但回国后就被选调搞原子能了。陈一民当时还是计委某局局长。选厂小组就是以计委的名义下去的。姚乃兴参加选厂小组,继续担任翻译。

首先选定的是兰州铀浓缩厂的厂址。1958年5月31日被中共中央批准,厂址定在甘肃兰州以西一带(也称气体扩散法分离铀同位素工厂)。

1958年5月,兰州铀浓缩厂筹建处在北京成立,负责人王介福。同年11月进入现场,王介福任筹建处主任,张丕绪任党委书记,王介、王中蕃任筹建处副主任。

1958年7月7日,成立了中共甘肃机械厂(兰州铀浓缩厂)筹备处委员会。该委员会由张丕绪、王介福、王介、王中蕃等4人组成,张丕绪任党委书记。

1958年—1959年2月,成立了兰州铀浓缩厂建筑工程设计处,处长王明哲,党总支书记陈俊峰;主任工程师王仲富,是中方总设计师,与苏方共同设计。该处主要任务是进行五〇四厂的工程设计,并配合建筑安装工程的进行。

1959年3月,成立了包括基建、安装方面负责人参加的基本建设现场指挥部党委会。由张丕绪、刘喆、李春才、周振远等16人组成,张丕绪任第一书记。同年9月,二机部任命郑流阳为总工程师。

1961年1月,二机部任命李春才为兰州铀浓缩厂(时称甘肃机械厂)筹备处副主任兼建筑安装公司党委书记。

1961年8月,二机部党组转发中央组织部批复:王介福任甘肃机械厂(五○四厂)厂长。

兰州铀浓缩厂首届主要领导名录及后来几位主要领导职务变更情况

首任厂长:王介福

副厂长:王中蕃、王介、郑流阳、徐建、李宪宾、秦承刚

首届党委书记:张丕绪

副书记:魏建华、刘喆

监委副书记:李子平

总工程师:郑流阳

副总工程师:刘宝庆

总工艺师:刘宝庆

总机械师:吴梓培

总动力师:张占发

总仪表师:金林

李子平(1917年8月~2000年7月)

1973年9月,赵琅任兰州铀浓缩厂党委书记。

1975年12月,施高任兰州铀浓缩厂党委书记。

1977年8月,高新华任兰州铀浓缩厂党委书记。

1979年12月,王传珍任兰州铀浓缩厂党委书记,免去厂长职务;蒋心雄任五○四厂厂长。

(十)酒泉原子能联合企业

1957年12月,酒泉原子能联合企业,亦称800联合企业筹备组成立。负责人文功

元,成员杨光远、周秩。1958年4月,以周秩为组长、叶德灿为副组长的工作组赴苏联参加设计(4个月),成员有设计总工程师欧阳予和薛凡民等。

1959年1月15日,酒泉原子能联合企业成立临时党委,周秩任书记,文功元、郑仁、车兆先任副书记。

1961年10月,成立酒泉原子能联合企业党委常委会,刘昌任党委书记,周秩任厂长兼党委副书记,副书记郑仁。

1963年初,为实现二机部提出的两年规划,成立了工程建设联合指挥部。厂长周秩为总指挥,实行厂长领导下的总工程师技术责任制。4月,王侯山任四〇四厂党委书记。6月,经中央批准,调姜圣阶到酒泉原子能联合企业担任第一副厂长兼总工程师。副厂长杨光远、车兆先、张盾。总经济师王国强,总会计师王戊辰。

1971年6月,中共国营酒泉原子能联合企业第一次党员代表大会,李治平任第一书记,江平任书记(于1974年9月调任甘肃省第二机械工业局局长),周秩、刘振祥、赵传玉任副书记。

1976年8月,周秩为酒泉原子能联合企业革委会主任。

1978年6月,周秩任二机部党组成员、副部长,仍兼酒泉原子能联合企业党委书记。同年11月,周秩副部长兼任酒泉原子能联合企业厂长。

1980年12月,中共酒泉原子能联合企业第二次党员代表大会,刘振祥任党委书记,李世魁、许英、王一兵任副书记。

1981年3月,李世魁任酒泉原子能联合企业厂长,免去周秩厂长职务。

(十一)建安系统部分单位

在筹建"五厂三矿"的同时,建筑安装队伍也开始组建起来。1958年,经中央批准,由建工部组建的三个建筑公司,承担兰州铀浓缩厂、酒泉原子能联合企业、二二一厂等3个单位的建筑施工任务,后划归二机部。到1962年2月,正式成为二机部直属一〇一、一〇二、一〇四建筑工程公司。

一〇一公司,经理赵振卯,党委书记李春才,主任工程师李日余。1964年8月,二机部党委决定,罗中奎任一〇一公司党委书记。1965年8月,崔银茂任一〇一公司经理。

1960年9月,二机部党组决定,成立酒泉原子能联合企业建筑安装公司,由酒泉原子能联合企业副厂长张盾兼任党委书记,车兆先任公司经理。1962年2月改名一〇二公司,经理魏增宏,党委书记车兆先,副总工程师刘文瀚。1963年2月,孙瑞锦任一〇二公司党委书记。1966年7月,汤序鹏任一〇二公司代理经理。

一〇四公司经理兼党委书记刘志民,第一副经理崔银茂,党委副书记张有才,总工程师郭乃立。

1958年8月,组建了安装公司(1962年2月改为一〇三公司),主要承担西北三厂的设备安装工程。经理周振远,党委书记魏建华,副经理兼总工程师李延林。1963年11月,由二机部建议,甘肃省委决定,何高明任一〇三公司党委书记。1964年8月,二机部党组决定,朱泗亭任一〇三公司党委书记。1965年5月,王新吾任一〇三公司经理。

1963年4月,为进行铀矿山和水冶厂的工程建设,组建了一〇五公司。经理王鹏瑞,党委书记张实民。

1965年进入三线地区后改成二一、二二、二三、二四、二五公司,还成立二六、二七公司。

1974年成立二九公司。

(十二)矿冶系统部分单位

1958年1月,在冶金部成立三司(铀矿采冶司)后,就成立了铀矿冶工程设计处(同年8月,随三司一起划归二机部),处长齐进。1959年3月,改建为第一设计院,主要承担七一一矿、七一二矿、七一三矿、二七二铀水冶厂和二〇二铀元件厂等设计任务。

院长:李克东

副院长:齐进、叶再生

党委书记:张怡春

(1969年12月,第一设计院与第二设计院合并,改名为第四设计院,院机关设在衡阳市,后于1983年3月迁到石家庄)。

七一一矿

1958年8—10月,矿党委书记张守贵,矿长沈超,副矿长刘宽。

1961年4月,刘玉华任矿党委书记,李太英任副矿长。

1962年8月,董业建任矿总工程师。

12月,李太英任矿长。

1966年5月,杨树权任矿总工程师。

1977年1月,刘宗尧任矿党委书记。

1977年1月,乔同太任矿长。

9月,马运潮任矿党委书记。

1959年3月,刘杰副部长视察七一一矿

七一二矿

1958年12月,矿党委书记严诚,矿长严诚。

1961年4月,徐文华任矿长并代理党委书记。

1962年9月,何汉拯任矿总工程师。

七一三矿

1958年12月,矿党委书记黄清波,矿长杨万宏。

1962年1月,李远洲任矿总工程师。

从1958年至"文化大革命"期间领导班子主要成员:

党委书记:黄清波、徐海波

副书记:杨喜荣

矿长:杨万宏、方金栋、徐德

副矿长:刘亦琳

副矿长兼总工程师:李远洲、闵耀中、杨金华

二七二厂

1958年6月,中共湖南省委决定,华光任二七二厂党委书记。

12月,二机部任命,何高明任二七二厂厂长,李文超、吴永顺、朱轩任副厂长。

1961年4月,二机部同意,湖南省委决定,罗西芳任二七二厂党委书记(兼),刘坤任厂长兼党委第一副书记。

1962年9月,二机部任命杜宝德为二七二厂总工程师。

1963年2月,中央组织部决定,调湖南郴州地委书记苗捷夫任二七二厂党委书记。

1972年,张克俭任二七二厂党委书记。

1979年9月,二机部批准,朱恒任二七二厂党委书记,免去厂长职务;朱立汉任二七二厂厂长,免去王少山党委书记职务。

从1958年—"文化大革命"期间领导班子主要成员:

党委书记:华光、罗西芳、苗捷夫、张克俭、王少山、朱恒

副书记:刘坤

厂长:何高明、刘坤、朱恒、朱立汉

副厂长:李文超、吴永顺、朱轩

总工程师:杜宝德

罗西芳(1917年8月—1986年12月)

刘坤

七二一矿

1962年8月,二机部任命沈炳炎为七二一矿总工程师。

1963年4月,二机部党组决定,韩礼和任七二一矿党委书记。

1965年9月,二机部决定,赵栓英任七二一矿矿长。

1979年6月,二机部党组决定,顾鹤云任七二一矿党委书记。

1981年7月,二机部决定,杨喜荣任七二一矿矿长。

湖南省矿务管理局

1961年5月,经二机部党组建议,湖南省委决定,成立湖南省矿务管理局。

局长:(缺)

副局长：申志贤、罗西芳(兼二七二厂党委书记)、吴凯、李凤翔(兼三〇九地勘队队长)

新疆矿务局

局长：李伟民(1965年3月任)、徐文华、王廷伦(1981年5月任)

党委书记：徐文华、郭向挺、肖永生(1981年任)

(十三)地质系统部分单位

早在地质部三局时期，就开始组建地质勘探队，由刘鸿业负责在长沙组建三〇九队，以从湖南、江西、广东、广西四省选调的193名干部进行组建。由张献金在乌鲁木齐组建五一九队，以从陕西、山西、河北、四川、甘肃、新疆六省选调的294名干部进行组建。于1953年2月，两支队伍迅速建成，3月份即开始野外工作。同年11月又组建了一八二勘察队，年底组建了二〇九勘察队。1957年3月，地质部三局划归三机部，所属单位同时划归。年底，三机部三局又组建了四〇六勘察队。1958年划归二机部后，同年11月，将三〇九队分为三〇九队和六〇八两个队，并将各地质大队名称定为：中南三〇九队、新疆五一九队、西北一八二队、东北四〇六队、华东六〇八队。1963年4月，三局又成立了航空测量队，称"七〇三航测队"。

各队的主要领导成员：

三〇九队

队长：康日新(1955年7月任)、李凤翔(1960年3月任)

副队长：高中(1955年2月任，政治副队长代行队长职务)、郭之泉(1955年7月任)、解明道(1956年8月任)、冯国祥(1956年8月任)、李向党(1956年8月任)、李凤翔(1959年4月任)

党委书记：郭之泉(1955年7月任)、李凤翔(1964年9月任)、赵瑞(1973年2月任)

康日新(1923年2月—1971年7月)

五一九队

队长:齐俊德(1955年7月任)、张廉(1961年3月任)

副队长:郭一德(1955年2月任,政治副队长代行队长职务)、张廉(1956年8月任)、边并文(1956年8月任)、徐文华(1956年8月任)

副总地质师:佟城(1955年2月任)

党委书记:李近江(1955年7月任)

张廉(1925年1月—2003年2月)

一八二队(队部太原市)

队长:徐嘉楷(1956年5月任)、陈辉(1978年9月任)

副队长:宋歧(1956年4月任)、任鱼波(1956年8月任)、刘玉华(1959年3月任)

党委书记:王汉兴(1964年9月任)、王会亭(1973年1月任)、冯国祥(1978年9月任)

副书记:冯国祥(1973年1月任)、张双洪(1973年1月任)

(王会亭、冯国祥、张双洪、任鱼波、王陞学5人为常委,1973年1月)

王陞学(1932年1月—)

二○九队(队部北京市,1957年2月由北京市迁往重庆市,1964年1月由重庆市迁往韶关市)

队长:程平(1957年2月任)、李玉娥(1961年2月任,1962年2月改任抚州地质专科学校党委书记)

副队长:李野光(1956年4月任)、杨勋亭(1956年4月任)、李玉娥

党委书记:高炯(1957年7月任党委第一书记)

六○八队(1958年11月从三○九队分出,队部南昌市)

队长:唐占印(1958年11月任)、张廉(1964年5月任)

副队长:李向光(1959年4月任)、冯国祥(1959年4月任)

党委书记:江彬、唐占印(1964年5月任)

四○六队

队长:高峰(1957年12月任)

副队长:李耕(1957年12月任,1969年3月改任北京三所革委会主任)

党委书记:高峰(1964年9月任)

副书记:鹿一夫(1964年9月任)、李耕(1964年9月任)

李耕

中南地质勘探局(1979年8月)

局长:易国初

副局长:吕新华、高国山、朱聿修

总地质师:王学增

党委书记:苗绍宗

副书记:易国初、高玉

华东地质勘探局(1979年9月)

局长:马世昌

副局长:毕成、李清、杜德昌、朱质彬、陈永明

党委书记:唐占印

副书记:马世昌、毕国华

西北地质勘探局(1980年9月)

局长:葛明

副局长:王世基、段维忠、崔振清

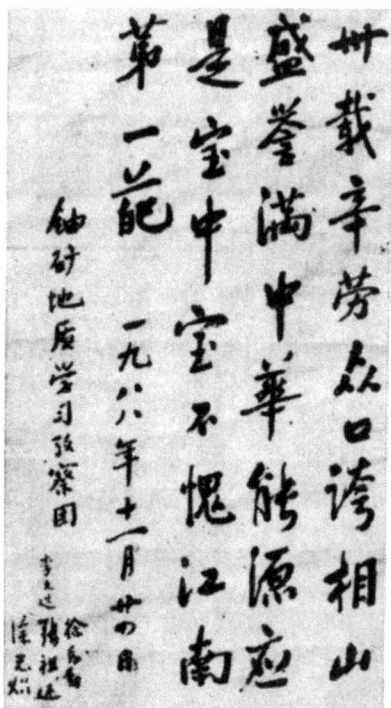

著名地质学家涂光炽、徐克勤、张祖还和李文达等人,于1988年11月在华东地勘局相山矿区进行考察,并作学术报告,图为专家们题赠该队的一首诗。

党委书记:冯国祥

副书记:陈辉

(十四)三线地区几个大厂的初期领导成员

1965年1月,二机部决定由文功元、于荣光率三线选厂工作组,进一步选择八一四厂和八一二厂厂址。

1965年3月,二机部党组决定,王中蕃任八一四厂党委书记。4月,二机部党委决定,王明哲任八一四厂设计院院长兼党委书记。

1966年3月,二机部党委决定,赵琅任八一二厂党委书记。

1966年9月,由王介福、刘喆、王传珍、周戊己、林群等5人组成四〇五厂筹备处,王介福任党委第一书记,刘喆任常务书记兼筹备处主任。

1967年3月,二机部党委决定,八一六厂建设由阎川负责,八二七厂建设由杨光远负责。10月,成立了八二七厂筹建处,杨光远任主任。

1969年11月,成立四〇五工程现场领导小组,张涛任组长(1977年3月,罗中奎任该厂党的核心小组组长)。

1971年10月,四川省革委会任命马正一为国营八二一厂革委会主任。

1973年11月,王中蕃任八一四厂党委书记。12月,阎川任八一六厂革委会主任。史银虎任八一二厂党委书记。

1974年3月,杨光远任八二七厂厂长。

1976年2月,徐步宽任八一三厂党委书记。4月,张诚任八一三厂革委会主任。

1977年8月,杨唯青任八二一厂党委书记;孙华任厂革委会主任。

1978年4月,王明池任八一四厂党委书记。7月,顾玉明任八二一厂厂长。12月,李玉娥任八一六厂厂长。

1979年7月,李学良任八一三厂党委书记,花浩任厂长。罗中奎任四〇五厂临时党委书记,郑流阳任副书记、厂长。

1980年3月,崔银茂任八二七厂党委书记,俞潜任八二七厂厂长。

上述,二机部所属单位(部分)主要领导成员共提到212人(无重复统计),因掌握资料所限,此处暂对32人作简要介绍(以姓氏笔画为序):于生龙、于振铎、王文山、王明池、方全栋、石志忠、田子钦、任鱼波、刘昌、刘喆、刘振祥、江国元、孙宗介、杨光远、杨竹林、杨唯青、杨景森、李太英、李远洲、李宪彬、张冶那、苗绍宋、罗中奎、周振远、郑仁、郑流阳、胡深伐、赵志堂、钱剑秋、徐明、徐文华、崔平。

于生龙

于生龙 Yu Sheng Long(1928年—2002年1月),辽宁大连市人。1946年参加革命工作,1949年12月加入中国共产党。新中国成立后,先后在二机部(核工业部)系统任江西四矿矿长,江西七矿矿长,二机部驻江西办事处副主任,七二四矿矿长,七五四矿矿长,七二〇厂厂长。

于振铎

于振铎 Yu Zhen Duo(1923年—2004年3月),河北武强县人。1939年9月参加革命。曾任武强县青救会主任,抚顺石油三厂厂长,抚顺钻探公司经理,东北煤田101钻探大队大队长,抚顺胜利矿副矿长,抚顺矿务局设计处处长,抚顺龙凤矿副矿长。1959年调二机部,任二机部十二局生产技术处副处长,中型矿山处处长,七一一矿党委副书记、第一副矿长,七一九矿党委书记,江西二机局党组副书记、副局长。

王文山

王文山 Wang Wen Shan（1936年10月—2005年12月），山东临朐县人。1946年—1956年5月，在山东省老头沟煤矿蛟河矿务局工作；1956年6月—1960年4月在二机部新疆乌鲁木齐市五一九地质大队技校，任教务校长；1960年5月—1984年6月在二机部三局干部处、二机部北京三所研究室工作，先后任支部书记兼研究室主任、干校大队政委、副所长、所党委书记等职。1984年7月—1990年12月任核工业总公司办公厅副主任、机关服务公司总经理、老干部局局长等职。

王明池

王明池 Wang Ming Chi（1919年—2000年1月），山东苍山县人。1938年5月参加革命工作，1939年1月加入中国共产党。历任八路军临郯独立团连指导员，中共林沂县县委委员、宣传部长，中共邳县县委委员、民运部长，华东局农委干事，山东省总工会生产科长，徐州市食品工会主席，中国轻工业工会生活部长。调二机部后，先后任兰州铀浓缩厂副厂长，三线某厂党委书记等职。1983年离休。

方金栋

方金栋 Fang Quan Dong（1915年—2003年12月），河北满城县人。1937年10月参加革命工作，1938年8月加入中国共产党。新中国成立后，曾任河南省漯河市总工会副主席。60年代初调二机部，先后任二机部十二局基建处处长，七一三矿代矿长，七一三矿副矿长，七一六矿矿长兼党委书记，二七六厂革委会主任、党委书记，北京第五研

究所(矿冶研究所)副所长、七五〇厂党委书记。

石志忠

石志忠 Shi Zhi Zhong（1923年—1999年3月），山东莱芜县人。1938年4月参加革命工作。历任山东纵队九支队班长、排长，鲁南一分区尼山独立营政治指导员，三野三纵队七师卫生处总务股长，二野十八军警卫营营长；1952年1月任西藏军区一五六团团长。1959年10月任二机部四〇四厂六分厂副厂长，1969年11月任八二一厂二分厂厂长，1979年8月任八二一厂副厂长。1984年11月离休。

田子钦

田子钦 Tian Zi Qin（1919年12月—2001年11月），河北高阳县人。1938年10月加入中国共产党。后参加冀中九分区高阳游击队，先后担任冀中九分区独立营三连班长、排长，警卫营一连副政治指导员，分区直属队、四十二区队政治指导员。解放战争时期，历任冀中军区十三旅三十七团二营政治指导员，独立七旅十九团政治处总支书记，六十八军二〇二师供给处副政治委员等职。新中国成立后，参加抗美援朝战争，历任志愿军第六十八军二〇二师后勤处副处长、给养主任，守备二十一旅副旅长、后勤部部长。1960年7月，转业到二机部工作，历任二机部九局计划处处长，二二一厂社会管理部副主任、处长、副厂长，第九研究院九〇七厂副厂长，第九研究院副院长等职。1978年调任原子能所副所长。

任鱼波

任鱼波 Ren Yu Bo（1920年10月—2012年7月），山西祁县人。1938年6月参加革命工作，1939年5月加入中国共产党。曾任晋东青救总会儿童队长，晋东南青救总会办事处、晋北鲁豫边区三分区救联干事；山西省寿阳县政府、县委，榆次县地委企业党委，孝义县委秘书、部长、书记；榆次县国营经纬厂宣传部长、党委副书记；山西榆次地委工业部部长。调二机部后，长期在西北一八二地质大队工作，历任大队副队长、革委会副主任等职。1974年2月担任国营四〇五厂副厂长。1983年12月离休。

刘 昌

刘昌 Liu Chang（1915年10月—2004年12月），山东临沂人。1937年9月参加革命，同年12月加入中国共产党。曾任鲁西北筑先纵队十支队副指导员、民运干事、营指导员、冀南军区新八旅十三团政治处主任、团政委，二纵队四旅四十一团政委，晋冀鲁豫军区六纵十八旅政治部主任、副政委，二野六纵十八旅政委，二野十二军三十六师政委，中共川东涪陵地委书记、军政治部主任、副政委，二十七军副政委，军委总军械部政治部主任。1960年转业后，曾任二机部四〇四厂党委书记，原子能研究所党委书记，二机部科技局副局长（正局级）。1982年9月离休。

刘 喆

刘喆 Liu Zhe（1916年—2003年2月），20上世纪60年代初，在建设兰州铀浓缩厂

期间,曾任厂党委副书记,是厂领导集体主要成员之一。后又任核工业理化工程研究院副书记,为一厂一院的建设和发展都作出了贡献。

刘振祥

刘振祥 Liu Zheng Xiang(1922年7月—2000年5月)。1938年7月在120师独立二旅七团七连任战士,1938年12月加入中国共产党。曾任120师独立一旅二团政治指导员,东北保三旅七团教导员,四十一军一二一师三六二团副政委,四十一军后勤部政委。1964年调二机部,历任四〇四厂政治部主任,党委副书记、书记等职。1985年12月离休。

江国元

江国元 Jing Guo Yuan,曾任核工业航测遥感中心野外地质勘查员,参加铀地质勘查几十年,足迹踏遍祖国大江南北。在担任航测分队负责人期间,亲自带队开展野外地面地质调查、验证,掌握第一手资料,指导航测飞行工作,为保证航测生产的进度和质量,向国家提交航空放射性异常点和铀矿成矿远景区作出重要贡献。1987年获全国"五一"劳动奖章。

孙宗介

孙宗介 Sun Zong Jie(1933年11月—2001年3月),1956年8月参加工作,1962年5月加入中国共产党。1956年8月—1960年8月在二机部十二局、冶金部铜官山选矿厂、中南矿冶公司等单位实习和工作。1960年8月调二机部二七二厂工作,先后任技术员,车间副主任、主任,生产科科长;1983年4月任二七二厂副厂长,同年6月任该厂副厂长兼总工程师。

杨光远

杨光远 Yang Guang Yuan（1921年1月—2001年4月），云南鹤庆县人。1938年4月参加革命工作,同年8月加入中国共产党。他从1938年11月起,在新四军中任秘书、参谋、政委等职。1957年调二机部工作,先后担任四〇四厂副厂长、八一六厂党委书记、二机部五局副局长等职。

杨竹林

杨竹林 Yang Zhu Lin（1926年—1999年2月），山东武城县人。1946年6月参加革命工作,1947年2月加入中国共产党。1955年10月—1957年7月,在吉林省有色干校学习并赴苏联学习企业管理。1958年底从太原钢铁厂调二机部第二三建设公司（一〇三公司）工作,先后任工段长、三处副主任、五处主任等职;1974年任二三建设公司党委书记。1984年因病离休。

杨唯青

杨唯青 Yang Wei Qing（1919年1月—2012年7月），河南南阳人。1938年11月参加革命工作,1939年10月加入中国共产党。杨唯青于1949年5月—1950年2月先后在黄河支队教导旅十团、一纵二旅任指导员、副政委、政委、政治处副主任职务。1950年3月—1963年12月,先后在贵州省黔西县、十六军四十七师一四〇团任县委书记、副政委、政委,师政治部、政治处主任。1955年被授予中校军衔,1962年被授予上校军衔。1964年1月,杨唯青调二机部二二一厂工作,任厂政治部主任;1965年10月调国营一〇二建设

公司,任党委书记。1969年8月调八二一厂,先后任革命领导小组副组长、革委会副主任,厂党委副书记、书记。1984年11月离休。

杨景森

杨景森 Yang Jing Sen(1925年—2005年1月)。1945年9月参军,1948年9月加入中国共产党。1958年调二机部,先后任一〇三建设公司、一〇一建设公司、一〇二建设公司副经理、经理、党委书记。1978年任华兴建设公司总经理。1984年调中国中原对外工程公司,任总经理、党组书记。1990年底离休。

李太英

李太英 Li Tai Ying,中国第一铀矿即二机部七一一矿(湖南郴州金银寨铀矿)首任矿长。

1958年春,二机部在湖南郴州金银寨筹建矿山,首批来到金银寨的一批人,领头的是姜德林,还有范宝存、谢英、张桂芝等人。短短8个月,金银寨就汇集了全国各地的2500多名职工,相继投入基建和生产准备工作。这个经中央批准创建的郴州铀矿后来更名为七一一矿。中国的第一个铀矿井就诞生在这里。1959年9月,二机部调李太英到郴州铀矿任矿长。他是1943年参加革命的老同志,他大胆管理,身体力行,和广大工人干在一起,深受广大职工的欢迎。1963年11月,我国第一批铀矿石在金银寨装车运往水冶厂。刘杰副部长激动地说,七一一矿建矿最早,当时出产铀矿石最多。他还为该矿题写条幅:"中国核工业第一功勋铀矿"。

李远洲

李远洲 Li Yuan Zhou,毕业于上海大同大学。1961年调二机部七一三矿,从事铀矿冶工作。他在验证原水冶流程过程中,发现铀矿石是含磷较高的黏土类型,矿泥极易堵塞洗矿和破碎设备。他组织力量进行了坑口矿床含磷泥质矿的水冶试验,终于使水冶流程中破碎系统严重阻塞、浸出搅拌槽振动、吸附塔石英层及排浆堵塞等难题一一解决,并且在工艺流程中,取消了洗矿、中碎、细碎工序,使矿石直接进入球磨。1962年4月,试生产成功,他们拿出了第一批合格产品;同年底,七一三矿水冶厂经国家验收正式投产,成为我国最早建成的铀水冶厂。1971年,他到七二一矿,参加矿山建设和技术攻关,建起了核工业第一个铀矿山标准化矿井。他先后任七一三矿、七二一矿的副矿长兼总工程师。1983年,调江西矿冶局任总工程师。其科技成果曾获1978年全国科学大会奖和江西省科学大会奖。

李宪彬

李宪彬 Li Xian Bin(1923年2月—2003年9月),河北献县人。1938年参加革命工作,1939年10月加入中国共产党。曾任中国人民解放军湖南军区、中南军区保卫科长。上世纪60年代初调二机部,先后任兰州铀浓缩厂处长、副厂长,三线某厂副厂长等职。

张冶那

张冶那 Zhang Ye Na(1929年—2010年9月),黑龙江伊兰县人。1946年3月参加革命工作。1956年8月调三机部(后改为二机部)工作,他参加了二二一厂"金银滩"选址工作。先后在原子能研究所,二二一研究设计院,九院,二机部(核工业部)九局、计划司等单位任职。退休前任中国宝原开发公司总经理兼中核总多种经营部主任。1991年11月离休。

苗绍宗

苗绍宗 Miao Shao Zong（1925年—1998年4月），河北乐亭县人。1943年参加革命工作，1944年2月加入中国共产党。1948年3月任乐亭县后勤指挥部动员科科长，从事支前工作。1954年7月任湖南省工业厅人事处处长、党组成员。1955年4月调到三〇九地质大队工作，曾任副大队长等职。1973年9月任二机部湖南二机局副局长，1979年6月任二机部中南地质勘探局党委书记。1985年6月离休。

罗中奎

罗中奎 Luo Zhong Kui（1922年9月—2002年6月），河北宁晋县人。1938年2月参加革命工作，1939年2月加入中国共产党。1938年在河北省束鹿县志愿考入民众抗日自卫军宣传队，曾任宣传队分队长；1942年—1945年，在太行抗日军政大学附属陆军中学学习；1945年—1947年，在晋冀鲁豫军区政治部直属部工作科工作，任宣传干事、代协理员；1947年—1950年在二野后勤车辆管理处政治处任指导员、教导员、组织股长、政治处副主任等职。1950年—1951年，在二野后勤工厂管理局政治部任组织部长；1953年—1958年，在全国煤矿工会工作，担任科长、体协秘书长。1958年调二机部工作，1959年—1962年任核武器二二一基地筹备处宣传部长；1963年—1964年，任一〇四公司党委副书记；1964年—1976年任二一公司党委书记；1976年—1984年，任四〇五厂党委书记。

周振远

周振远 Zhou Zhen Yuan（1924年5月—　），山东齐河县人。1939年8月参加革命工作，1944年7月加入中国共产党。曾任黑龙江省依东县宏克利区区委书记，依兰县委组织部部长、县长，方正县县委书记，东北电工局二公司、五公司、一公司党委书记。

调二机部后,任一〇三安装工程公司经理,八一二厂副厂长,秦山核电厂副厂长、顾问。1986年12月离休。

郑 仁

郑仁 Zheng Ren（1921年1月—2008年7月），河北滦县人。1942年参加革命工作，1943年10月加入中国共产党。1958年12月任二机部四〇四厂党委副书记，1973年4月任五〇四厂总政治部主任，1978年9月任五二三厂党委书记，1982年11月任五二三厂顾问。1984年12月离休。

郑流阳

郑流阳 Zheng Liu Yang（1919年——1994年1月），广东潮阳县人。1937年10月参加革命工作，1939年加入中国共产党。历任广东惠南县委书记，闽、粤、赣边纵十团政委，二八二厂厂长。调二机部后，先后任二机部二局（生产局）设计处处长，兰州铀浓缩厂副厂长兼总工程师，四〇五厂厂长等职。他是铀浓缩工程负责人，发挥了重要作用。1983年离休。

胡深伐

胡深伐 Hu Shen Fa（1922年9月—1998年1月），江苏泗阳县。1941年2月参加革命工作，在原籍任小学校长、文教股长。1941年3月加入中国共产党。1949年1月到淮阴地区新沂县苏北人民法院任院长；1950年2月—1951年12月在北京大学法律专业学习，后任江苏省司法厅行政处处长。1955年到苏联莫斯科汽车制造工厂实习，后任第一汽车制造厂运输车间主任、总装车间主任。1958年11月调二机部二二一厂工作，先

后任器材处处长，交运处处长兼党委书记，第三生产部主任，二二一厂副厂长、厂长。1983年9月离休。

赵志堂

赵志堂 Zhao Zhi Tang（1932年5月—1997年6月），河北平山县人。1946年2月加入中国共产党。历任中国人民解放军华北军区机要训练大队学员、文书、总收发，华北军区机要局密码工厂编密员、组长、秘书，解放军总参密码工厂秘书。调二机部后，历任二机部十四局秘书、四〇四厂秘书科副科长、科长，四〇四厂办公室副主任、主任，四〇四厂二分厂党委副书记；秦山核电厂党委副书记、书记等职务。

钱剑秋

钱剑秋 Qian Jian Qiu，1964年8月，正在南京下关发电厂工作的钱剑秋奉调二机部，先到原子能研究所重水实验堆上学习一年，之后到酒泉原子能联合企业参加建设我国第一座生产核燃料的生产堆。1966年初反应堆安装后调试，同年11月，反应堆临界后投入生产。他参加该反应堆的建造和运行4年后，于1969年底调往三线，参加建设另一个核燃料生产企业。他任一厂生产技术科长兼一室主任，协助一厂总工程师张清泉工作，直接负责反应堆工程的调试和生产。1977年，反应堆临界投产。1978年他升任一厂副总工程师、副厂长，1983年8月任总工程师。1985年9月，参加秦山核电站的设计建造工作，任秦山核电厂副厂长兼总工程师。1995年，任秦山第三核电有限公司总工程师。

徐 明

徐明 Xu Ming（1917年2月—1999年11月），江苏沐阳县人。1943年5月加入中国共产党，1940年7月参加八路军，1942年3月—1945年7月任新四军八旅政治部民运股股长；后任吉林省前部旗古拉图区区长，梨树县县委宣传部长。1949年7月调湖南军区政治部任组织科科长，1957年3月任总后某部队政委。1962年调入二机部，1962年1月—1973年8月任七一二矿党委书记，1973年10月—1975年12月任二十五公司党委副书记，1976年1月—1982年12月任公司经理、党委书记。1982年12月离休。

徐文华

徐文华 Xu Wen Hua（1919年7月—2010年11月），山西五寨县人。1938年7月参加革命工作，1939年1月加入中国共产党。曾任五寨县青救会、抗联主任，交城四区区委书记、县武工队队长，山西省委组织部干事、农村组织处副处长等职。1955年调入核工业新疆五一九地质大队，任副大队长，1959年调入二机部机关工作，曾任三局五处处长。后任中南矿业公司工程处处长、二机部湖南五矿矿长。1964年起历任新疆矿务局副局长、局长、党委书记等职。1981年离休。2005年获中共中央、国务院、中央军委颁发的抗日战争胜利60周年金质奖章。

崔 平

崔平 Cui Ping 生于1924年4月，1936年3月参加革命工作，1938年5月加入中国共产党。他参加过红军、八路军，曾在东北军区司令部工作，历任中央办公厅机要室秘书，冶金部有色局秘书、处长等职。1957年5月起历任二机部十二局办公室主任、处长，七七一矿党委书记，七二〇厂核心组组长，北京第五研究所党委书记，矿冶局党组成员、巡视员等职。

三、国家首次核试验期间，在试验现场和北京的组织机构及参与其中的主要领导和工作人员

（一）中共首次核试验委员会

书记：张爱萍

副书记：刘西尧

秘书长：朱卿云

（二）国家首次核试验委员会

主任：张爱萍

副主任：刘西尧、成钧、朱光亚、朱卿云、毕庆堂、李觉、张震寰、张蕴钰（兼秘书长）、程开甲

委员（以姓氏笔画为序）：刁筠寿、于清河、王力华、王道建、王淦昌、王义忠、王茹芝、王大珩、邓易非、邓稼先、卞克强、江文、孙超、刘西尧、刘柏罗、刘忠惠、成钧、朱光亚、朱卿云、毕庆堂、乔献杰、任中咸、李觉、李冬、李信、李旭阁、杨焕民、杨荣新、杨任民、杨采、陈觉、陈能宽、张英、张超、张少华、张开帙、张爱萍、张景华、张震寰、张蕴钰、吴际霖、范任水、范志赤、周村、郝苏、胡若暇、郭永怀、恽前程、姚士章、洪杰、徐行、徐赋、高仑、高健民、韩云升、韩济、常勇、贺格非、彭桓武、程开甲、程尚友、董寿莘、曾旭清、顾震潮、葛淑平、谭善和、魏履新

（三）在新疆国家核试验基地

参与我国第一颗原子弹爆炸试验的共5058人，来自解放军总部、各军兵种、新疆军区、兰州军区、二机部、公安部、卫生部、国防部十院、军事工程学院、中国科学院等26个部门和单位。中国人民解放军副总参谋长张爱萍担任试验现场总指挥，二机部副部长刘西尧任副总指挥，国防科委副秘书长张震寰、核试验基地司令员张蕴钰，以及二机部九院主要领导李觉、吴际霖等都在现场亲自主持各方面的工作。试验基地办公室，代

号为20，称"20号"办公室。主任为李旭阁，工作人员有环克军等。

九院派出222人组成先遣队，队长徐邦安、副队长赵维晋，于1964年7月抵达国家核试验现场，进行各项准备工作。在现场组成第九作业队，以他们为核心，围绕核装置和核试验展开各项工作。李觉任作业队队长，吴际霖、朱光亚任副队长，吴际霖兼党委书记。

第九作业队成立了由技术专家组成的试验委员会，负责现场研究解决试验中出现的各种问题。成员共14人：吴际霖、朱光亚、王淦昌、彭桓武、郭永怀、陈能宽、邓稼先、方正知、苏耀光、疏松桂、陈学曾、吴永文、何文钊、倪福荣。吴际霖为技术委员会主任。

第九作业队设置了办公室，主任谷才伟，副主任陈学曾、李嘉尧，成员有张珍、徐邦安、余松玉、贾纪、马存让等。第九作业队只有一位女同志，就是余松玉。

第九作业队下属七个工作分队：

(1)608(材料)作业队，队长胡仁宇，副队长倪福荣，政治指导员赵星福。

(2)631(控制)作业队，队长惠仲锡，副队长祝国梁、靳铁生、赵维晋，政治指导员徐世忠。

(3)9312(试验)作业队，队长林传骝，副队长程洪涛、唐孝威，政治指导员贾懔修。队员有张叔鹏等。

(4)701作业队，队长陈常宜，副队长叶钧道、潘馨、吴世法。队员有贾保仁、耿春余、贾浩、李火继、薛本澄、杨岳欣、朱建士、张振忠、高深、李炳生等。

(5)702(总装)作业队，队长蔡抱真，副队长张寿齐、吴文明。队员有吕思保等。

(6)"596"包装运输管理队，队长陈学曾，副队长甄子舟、吴永文、张世昌，政治指导员苏义清。队员有陈英等。

人物介绍：吴际霖，第九作业队副队长兼党委书记，技术专家试验委员会主任。

李旭阁，核试验现场20号办公室主任。

吴际霖

吴际霖 Wu Ji Lin，四川成都人。1937年毕业于华西大学理学院化学系。曾在山西国民党部队当过军官，为前线将士讲授防化知识。1940年冬，他在中共地下党王寒秋的帮助下，带着机密资料，逃离了国民党部队，经西安八路军办事处转赴延安，在陕北公学自然科学研究室任教员，并从事军工生产，成为共产党的第一批军工专家。新中国成立后，历任山东省铝厂厂长、冶金工业部有色冶金设计院副院长、国务院第三办公室原子能小组成员。1956年11月16日，设立中华人民共和国第三机械工业部（1958年2月11日改为二机部）后，任部计划局副局长兼总工程师。1958年1月，中央决定成立三机部核武器局（九局），负责核武器研制、生产和基本建设。李觉任局长，吴际霖、郭英会任副局长。同年10月，二机部在北京北郊花园路成立北京第九研究所，李觉兼任所长，吴际霖、郭英会兼任副所长。1963年初，九局机关和北京九所（除理论部外）主力陆续向二二一基地转移。1964年2月二机部撤销九局，局、所、厂合并成立了第九研究设计院，李觉任院长，吴际霖、王淦昌、彭桓武、朱光亚任副院长。下设二二一研究设计分院（1965年9月18日改为二二一厂，吴际霖副院长兼任书记、厂长）。李觉主持北京与青海两地全面工作，吴际霖主抓二二一研究设计分院（二二一厂）工作。吴际霖是我国核武器研制基地（二二一基地）的主要组建者之一，他参加组织领导了我国第一颗原子弹的研制、试验，并且对第一颗氢弹的研制也作出重要贡献。

1959年6月，苏联正式拒绝向中国提供原子弹的技术资料。二机部遵照中央确定的方针，明确规定核武器研制工作要完全建立在自己科学研究的基础上。李觉、吴际霖、郭英会和朱光亚等人，对科学研究工作做了具体的安排。1960年初，北京九所（核武器研究所)即开始原子弹科学技术的研究与探索。1962年9月,刘杰与李觉、吴际霖研究分析了当时核武器研究工作的进展情况,提出了争取在两年内实现首次原子弹核爆炸的试验目标。为了加强对原子弹装置研究设计、试验工作的技术指导,吴际霖建议在核武器研究所下设4个技术委员会,并自荐作第一技术委员会主任。即:产品设计委员会,主任委员吴际霖,副主任委员龙文光;冷试验委员会,主任委员王淦昌,副主任委员陈能宽;场外试验委员会,主任委员郭永怀,副主任委员程开甲;中子点火委员会,主任委员彭桓武,副主任委员朱光亚。

随着西北核武器基地建设的进展情况,吴际霖及时提出了工作重心从北京转移到青海研制基地的安排方案,并亲自组织领导了这次转移,然后就组织了技术攻关草原大会战。1963年11月20日,在研制基地进行了缩小尺寸整体模拟出中子试验取得成功;1964年6月6日,成功进行了全尺寸爆轰模拟试验。它预示着原子弹爆炸成功在握。

第一颗原子弹爆炸试验,吴际霖在现场参加主持各方面的工作。他担任二二一厂第九作业队副队长兼党委书记。作业队下设由技术专家组成的试验技术委员会,吴际霖任主任;他和朱光亚等人在技术上抓总。从北京第九研究所(核武器研究所)到西北核武器研制基地的创建和发展;从第一颗原子弹的研制到试验成功,吴际霖功不可没。

在突破氢弹技术方面,吴际霖也作出了重要贡献。他领导鼓励研究人员确定了原理探索的主攻方向,明确了攻关技术路线。从1965年9月底开始,九所的部分理论工作人员探索出了一种新的制造氢弹的理论方案。这是氢弹研制中的最关键的突破。当年12月,在西北核武器研制基地由吴际霖主持召开规划会议,讨论1966—1967年氢弹科研、生产的两年规划。这是一次重要的会议。会议确定了刘西尧提出的"突破氢弹,两手准备,以新的理论方案为主"的方针。中央专委批准了这一规划,并决定新的"热"试验采用"塔爆"方式。1966年12月28日,进行了按新的理论方案设计的氢弹原理试验,结果证明,新的理论方案切实可行。

1966年开始的"文化大革命",西北核武器研制基地是重灾区之一。吴际霖厂长被残酷迫害至死。

李旭阁

李旭阁 Li Xu Ge (1927年1月—2012年10月),河北滦南县人。我国第一颗原子弹爆炸试验时,李旭阁时任中国人民解放军总参谋部作战部参谋和作战部中一个组的组长,负责空军、海军、国防科委等部门属于尖端武器及装备方面的事情,他在首次核试验现场任"20号"办公室主任。

李旭阁,1943年参加八路军,翌年加入中国共产党。曾任冀东军区司令部参谋、冀察热辽军区师作战科副科长、华北野战军团副参谋长。参加了平津、太原、兰州等战役。新中国成立后,任团参谋长。1951年参加抗美援朝,任中国人民志愿军军司令部军训科科长。回国后,历任解放军总参作战部副处长、师长,总参作战部副部长,第二炮兵副司令员、司令员。他是中共第十三届中央委员。1988年被授予中将军衔。曾获三级解放勋章。

首次核试验现场设"20号"办公室,北京设二机部和国防科委组成的联合办公室即"177"办公室,就是为了在高度保密的情况下做好北京与核试验现场的联络工作。前方由"20号"办公室通过北京联合办公室向周恩来总理和中央有关首长及军内外有关部门传递、报告有关原子弹爆炸试验的重要信息。

1.按照周总理的指示,"20号"办公室和"177"联合办公室的电话联络规定一套代号、暗语、密码,便于保密。这项工作由李旭阁负责,与"177"联合办公室一块儿拟定,并经张爱萍审定上报周总理。如:正式爆炸试验的原子弹,密语为老邱;原子弹装配,密语为穿衣;原子弹插接雷管,密语为梳辫子;气象的密语为血压;原子弹的启爆时间,密语为零时。有关领导也都有代号,周恩来是"82号"。从9月28日开始,"20号"办公室与"177"办公室正式开通直通电话。

2.根据试验场区的天气预报,现场试验委员会建议原子弹爆炸时间在10月15日—20日之间选定。10月10日凌晨3点,张爱萍、刘西尧签署了一份试验准备工作情况及试验时间建议的书面报告,并当即派"20号"办公室主任李旭阁乘专机飞往北京,呈送周恩来总理。飞机到北京西郊机场时,已经是当天晚上8点多,"177"办公室李鹰翔、宋炳寰乘专车到机场迎接,并随即把文件送交周总理秘书王亚志。11日1时半,总理审阅同意并写信呈报毛泽东主席等人审阅。当日,毛泽东、周恩来等批准了张爱萍、刘西尧的报告。第一颗原子弹爆炸试验的具体时间,前后方又多次联系,最后,总理于10月15日12时半批示同意定为10月16日下午3时。

李旭阁(左一)与李鹰翔为大家介绍第一颗原子弹爆炸前设定的密语、代号的程序。

(四)在北京

二机部部长刘杰在北京,负责前后方与中央的联络。在刘杰直接领导下,国防科委和二机部派人参加组成"177"联合办公室,办公室成员有张汉周、郑存祚、李鹰翔、高健民、宋炳寰等,李鹰翔为秘书。他们负责与核试验现场密切联系。当天前方现场的重要活动和各项工作进展情况,都及时准确转报给周恩来等中央有关领导;周恩来对张爱萍和现场工作的批复、指示,也都通过刘杰和"177"办公室传达给张爱萍和试验现场指挥部"20号"办公室。"177"办公室从9月28日开始与"20号"办公室开通直通电话,至10月底办公室的工作终止。

张汉周

　　张汉周 Zhang Han Zhou 生于1921年,山东莱芜县人。1939年加入中国共产党,同年参加革命工作。1964年我国首次核试验期间,张汉周时任二机部办公厅第一副主任,他参加并负责由国防科委和二机部共同组成的"177"联合办公室的工作。

　　张汉周,曾任华东支前司令部副部长,川东行署财委处长,中央书记处二办研究员。1956年12月调入三机部,任计划局第一副局长(局长空缺)。1958年2月三机部改为二机部,张汉周继续任计划局副局长。1963年12月,张汉周任办公厅第一副主任,1965年3月—1969年9月,任办公厅主任(1978年5月—1982年3月任副主任)。

　　在苏联援助期间,他主持计划局的全面工作,在部党组领导下,负责工业计划的编制和实施。苏联中断援助后,他主持部党组办公室的日常工作,及时了解掌握情况,向部党组提出建议,为实现研制原子弹的两年规划,起了重要参谋作用。在首次核试验期间,他负责由国防科委和二机部共同组成的177办公室的工作,较好地完成了任务。核试验成功后,在刘杰部长亲自指导下,具体负责起草《二机部党委关于自力更生办原子能事业的报告》(即九条经验),得到中央主管部门的肯定,并予以推广。

郑存祚

郑存祚 Zheng Cun Zuo（1922年3月— ），山东济南市人。1947年5月参加革命工作，1948年5月加入中国共产党。1964年我国首次核试验期间，郑存祚时任二机部办公厅秘书处处长，参加了"177"办公室的工作。

郑存祚，1946年曾在北洋大学北平分校就读。1947年5月在清华大学学习时参加"民主青年同盟"。1948年11月，由党组织决定，郑存祚到解放区（河北省泊镇）参加培训。人民解放军包围北京时，他参加了中共北平市委西郊工作团，之后调到北平市公安局六分局任文书股长。1949年8月，重回清华大学物理系继续学习。1951年1月，调北京市委纪律检查委员会工作。1953年调北京市委政策研究室工业组工作。1955年5月，奉调参加我国原子能工业的开创工作。开始时属国务院第三办公室，不久，国家建设委员会建筑技术局成立，郑存祚被分配到基建处。他和建筑技术局副局长罗启林一起，主抓原子能科研基地（601工号）的勘查设计和施工等筹备工作。基建处搬到施工现场工作，成立了工地办公室（作为甲方代表），下设几个组，郑存祚任计划组组长。至1957年，工程建设基本完成，郑存祚重回部机关办公。

郑存祚先是在第三机械工业部（后改为二机部，即原子能事业部）四局（基建局）计划处任副处长。1959年，二机部成立"基建办公室"（又称第一办公室），郑存祚任计划组组长。之后，基建办公室撤销，郑存祚重回四局任计划处副处长。

1962年初，郑存祚被调到部党组办公室，任办公室第二小组组长。二组的主要任务之一，是了解"一线工程"（大体相当于稍后制定的"两年规划"）进行中的突出矛盾，及时向领导反映，以便及时进行协调，尽快解决问题。期间，郑存祚经常随领导或单独到基层单位调查研究。1963年底，党组办公室撤销，二组人员并入办公厅。郑存祚任办公厅秘书处处长。首次核试验，他参加了"177"办公室（设在二机部）的工作。1965年第二次核试验，继续参加了联合办公室（设在国防科委）的工作。

1972—1978年，任二机部科学技术情报研究所领导小组组长。1978年5月，任办公厅副主任；1984年6月，任办公厅主任；1986年6月退居二线，任巡视员。1987年4月离休。

李鹰翔

李鹰翔　1931年出生于上海。1948年参加革命。1950年从上海调来北京,先后在人民教育出版社、出版总署、文化部工作。

1958年调入第二机械工业部,历任:部长助理秘书、部长秘书,秘书处副处长、处长,办公厅副主任、主任,核工业发展研究中心主任,核工业部新闻发言人兼核工业报社社长。专业职称高级经济师 。在任期间,曾参与核工业改革与发展的重大决策问题讨论,起草对全部工作具有指导性的部领导报告和部级重要文件;主持和推动核工业发展研究、法律顾问队伍建设、公共关系和新闻报道,为建设核工业软科学体系、扩大核工业的对外联系和社会影响做了有效工作。

1964年我国首次核试验期间,参加177办公室工作,是五人成员之一,负责与中央首长和核试验现场联系,收集整理核试验相关情况和资料。在爆炸成功后,参与总结核工业建设十年成就,撰写《二机部党委关于自力更生办原子能事业的若干经验的报告》。

1994年离休。离休后曾任:中国尖端技术与产业管理研究会副会长、中国地区开发促进会副会长、中国工业经济联合会学术委员、中国管理现代化研究会常务理事。现为两弹一星历史研究会资深顾问。继续参与国防科技工业软科学研究,先后参加《毛泽东核战略思想研究》、《核工业历史经验对核电发展的启示》、《国防科技工业能力调整与专业结构优化配置》、《世界核能的争论与中国核能的未来》、《核电站建设的项目管理》等8个研究课题,为国防科技工业和核工业发展献计献策;继续为核工业报和核工业杂志撰文,接受中央报刊、电视台采访,公开出版的主要著作有:《"两弹一艇"那些事》,执行主编《当代中国的核工业》、副主编《新中国的国防科技工业回顾与展望》、主编《国之光荣》报告文学集等,并应邀向核电站职工、机关干部和若干大学学生宣讲核工业历史和核工业精神,参与一些宣传核工业成就的展览、电视专题片的咨询、顾问等工作。

刘杰部长97岁时书写的核工业精神横幅。右起李鹰翔、杨志平、刘杰、李学东、郑庆云、宋克祥

李鹰翔、竺芝兰夫妇看望刘杰、李宝光夫妇,左起李宝光、竺芝兰、刘杰、李鹰翔

第二编

高健民

高健民 Gao Jian Min（1925 年 5 月— ），河北霸县人。1938 年 3 月参加八路军，1939 年 7 月加入中国共产党。1964 年我国首次核试验期间，高健民在国防科委核武器局任职，参加了 177 联合办公室的工作。

高健民，1959 年在西北军事电信工程学院毕业后，调任地处新疆戈壁滩正在组建的核武器试验基地任通信处长。在基地任职期间，参加了核武器试验地区的勘察定位，组建了通信站，建设了通信枢纽；在有关部门协同下，组织设计和架设了由酒泉经乌鲁木齐（新疆军区）至基地的生活区和试验地区的有线通信永备线路 1743 千米，沟通了新疆军区与北京，基地与北京和新疆军区，以及基地内部的通信联络，为做好核试验通信保障奠定了基础。

1962 年由基地调任国防科委核武器局任处长、副局长，长期从事核武器的研制、试验的组织管理工作。1978 年任国防科委司令部作战试验部部长。1982 年任核武器试验基地副司令员。1985 年离休。

在国防科委任职期间，从事核武器事业 20 余年，多次列席中央专委会议，长期奋斗在戈壁滩，参与和组织实施了 30 多次核试验，是首次核试验委员会委员，圆满地完成了各次核试验任务。在一次氢弹试验中，飞机投下的氢弹的降落伞未打开，致使氢弹光弹落地，他和邓稼先等同志急奔事故现场，在有严重放射性沾污的事故场地，察看氢弹受损情况，研究事故原因。

遵照周恩来总理关于科学实验要认真进行总结的指示，于 1967—1970 年和 1974—1976 年，会同总参谋部有关部门，组织参加核武器效应试验的军内各总部和各军兵种及国务院有关部门 700 余人，对我国核武器效应试验获得的大量技术资料进行全面系统的总结，编写我国核武器效应试验技术资料总结汇编共 16 册，2000 余万字。

在此基础上,组织编写了《核武器的杀伤破坏作用与防护》一书,发至全军师以上单位,供部队作战、训练和人民防空使用。

为宣传"两弹一星"伟业,弘扬"两弹一星"精神,先后撰写了《周总理指示我们搞好核武器效应试验》、《周恩来与我国第一颗原子弹》、《恭祝程开甲同志松鹤长春》等文章在不同的刊物上发表。

1988年,经国家级评审委员会批准,"我国核武器大气层核试验的总体设计和组织实施"获国家级科技进步奖一等奖,他是这一奖项集体获得者之一。1989年获"献身国防科技事业"荣誉章。

1965年3月中旬,高健民随张爱萍副总参谋长到核试验基地检查我国第一颗空投原子弹爆炸试验准备工作进展情况。因为张爱萍还要去青海核武器研制基地检查了解原子弹研制的进展情况,他赶不上回北京出席3月20日的中央专委第十一次会议,故他报告周恩来总理同意,由高建民回京向会议汇报这次核试验现场的准备情况。图为高健民3月19日在飞回北京的专机上正在起草向中央专委会议汇报这次核试验现场准备工作进展情况的汇报材料。

宋炳寰

宋炳寰 Song Bing Huan（1935年— ），河北保定市人。他1953年8月加入中国共产党，随后参军。1964年我国首次核试验期间，宋炳寰在国防科委任职，参加了"177"联合办公室的工作。

宋炳寰，1958年秋毕业于中国人民解放军军事工程学院工兵工程系。1959年3月调国防科委导弹局地地导弹处任参谋；同年底，调任国防科委二局(核武器局)任参谋。在以后的25年中，一直从事核武器研制、试验的组织管理工作，任国防科委二局参谋、秘书、处长。参加过我国首次原子弹试验、首次原子弹空中爆炸试验、首次氢弹原理试验、首次氢弹空中爆炸试验、首次中子弹原理试验等20余次核试验的准备与实施工作，以及首次潜艇水下发射导弹试验和几种战略导弹核弹头的研制、定型试验等多项任务的组织与实施工作。

1985年1月，调任国防科工委科技部编审室副主任。此后任《中国军事百科全书》军事航天技术分册副主编，协助主编陈芳允院士开始军事航天技术分册的编撰工作。还主笔撰写《当代中国的国防科技事业》一书的第七章——核武器试验(该书获1994年度国防科工委科技进步奖一等奖)。

1991年1月退休后，被返聘继续任《中国军事百科全书》军事航天技术分册副主编，协助主编陈芳允院士完成军事航天技术分册(约19万字)编撰出版工作(该分册获1998年度国防科工委科技进步奖三等奖)。在返聘的10年半中，还任《聂荣臻年谱》副主编，执笔编写聂荣臻1956年—1966年5月的年谱中有关科学技术方面的思想和业绩部分(34万余字)。协助原二机部部长刘杰撰写回忆录的相关章节(6万余字)。还参与《中国人民解放军军语》(1997年版)有关航天类军事术语的编写(此书经中央军委1997

年11月10日批准,获"八五"期间军事科学研究成果奖特等奖),参与《辞海》(1999年版)相关词条的修订与编写工作。协助总装备部政治部创作室对大型文献电影纪录片《东方巨响——中国"两弹一星"实录》的解说词和保密镜头进行审查并提出修正意见。协助"两弹一星"历史研究会、中央电视台等单位对他们联合推出的《当代中国两弹一星事业》专题文献片进行审查并提供相关文字资料。

2000年下半年完全退休。为了把知道的真实历史史实告诉年轻人,先后撰写《对我国核武器研制与试验组织管理工作的几点回顾与思考》《中国核武器试验场勘察定点的真实经过》《原子弹爆炸前后》《周总理的直接领导保证了第一颗原子弹爆炸成功》《对首次核试验几点基本经验的回顾》《中央15人专门委员会成立的经过及后来的调整和扩大》《中国第一颗空投原子弹爆炸试验纪实》《中国导弹核武器试验纪实》《中国突破氢弹原理纪实》《中国第一颗空投氢弹爆炸试验纪实》《聂荣臻元帅与我国的第一颗氢弹》《深切怀念聂荣臻元帅进一步弘扬"两弹一星"精神》《记朱光亚院士的一些往事》《记俞大光在我国首次潜艇水下发射导弹试验中的一些往事》等多篇文章(共几十万字)。

1984年12月19日,我国成功地进行了首次中子弹原理试验后,有关人员在核试验基地招待所合影。左起:宋炳寰、钱绍钧、陈能宽、高潮、李英杰、张英、邓稼先、于敏、沈玉、刘杲、胡仁宇、冒广根

四、第一艘核潜艇研制期间领导机构及主要组成人员

（二机部承担任务部分）

1958年6月18日，聂荣臻元帅召集罗舜初、张连奎、刘杰、王诤、万毅、安东等讨论研制核潜艇问题。27日，聂帅呈报中共中央和毛泽东主席《关于开展研制导弹原子潜艇的报告》。毛泽东主席圈阅批准。此后，由罗舜初（组长）、张连奎（副组长）、刘杰、王诤组成核潜艇研制工程领导小组（中央4人小组），负责筹划和组织领导核潜艇研制工作。同年8月，中共中央发出《关于发展海军潜艇新技术问题》的文件，决定由二机部负责核潜艇动力堆及其控制系统、防护设备等的研究设计任务。

（一）形成和提出《潜艇核动力装置初步设计（草案）》，领导及部分参与人员名单

1958年9月，二机部组建了"潜艇核动力设计组"。于次年2月，与原子能研究所反应堆工程研究室合并，组成"潜艇核动力设计大组"（第5大组），组长赵仁恺、副组长李乐福。二机部将潜艇动力开发任务交给了原子能所。之后，原子能所成立了潜艇核动力装置工程领导小组（当时称"07"工程，后改为"09"工程），在钱三强、彭桓武的领导和指导下，由所党委副书记、常务副所长李毅挂帅，担当起领导核潜艇动力开发的重任。这时成立了第12室，专门从事反应堆工程研究工作，由连培生任主任，孟戈非任副主任。李毅以12室为主干，以赵仁恺、李乐福的设计组（第5大组）为龙头，以全所有关研究室、组的综合力量为支撑，在绝密条件下，开展了全所大协作，后来又把协作伸展到所外、部外，包括科学院系统和冶金系统的有关院、所和生产厂，以及哈尔滨军事工程学院等院校。

原子能所有关研究室、组的协作组织设置：

第2设计室 核物理理论 （何泽慧、黄祖洽）

第4设计室 核物理试验 （朱光亚、戴传增）

第6设计室 核燃料及材料 （李林、张永禄）

第12设计室 反应堆工程 （连培生、屈智潜、孟戈非）

第1设计大组 反应堆热工水力

第2设计大组 元件材料试验堆（彭士禄等）

第3设计大组 电站反应堆

第4设计大组 反应堆自动控制

第5设计大组 潜艇核动力（赵仁恺、李乐福）

（4个专业组）

反应堆组

一回路组

自动控制组

剂量组

第5设计大组负责潜艇核动力装置的研究设计，其他有关设计室和设计组为第5大组提供理论计算、各种实验等技术支持，4个专业组的部分人员：

反应堆组：周永茂、韩铎、董茵、姚敏智、訾绍芬；

一回路组：李乐福、张敬康、周泉通、白国柱；

自动控制组：蒋滨森、肖永定、龚云峰、孟繁素、陈恩衡、曾纪直；

剂量组：昝云龙、王荣廷。

在李毅和反应堆工程负责人孟戈非、连培生的组织领导下，在彭桓武等专家的指导下，赵仁恺、韩铎、李乐福等科技人员经过反复研究、计算和论证，提出了《潜艇核动力装置初步设计（草案）》，以原子能所绝密文件正式上报二机部，由李毅签发。《当代中国的核工业》一书对此有评价："该方案当时是作为草案上报的，但在后来实践中没有什么重大反复，这证明它在总体上是可行的。这就为以后的研制工作打下了良好的基础。"

（二）核潜艇陆上模式堆的建造，领导及部分参与人员名单

1962年初，为了集中力量突破原子弹技术，第5大组缩编，赵仁恺、孟戈非被调到二机部设计院支援军用增殖反应堆工作，彭士禄任设计室副主任。由于诸多原因，1963年3月，经中央缜密考虑，决定保留一部分核潜艇技术力量，中国核潜艇总体研制工程作为国家计划暂缓进行。1963年10月，为了保存技术骨干力量，保持对核动力及潜艇

总体等关键技术继续进行研究,经中央批准,成立了潜艇原子能动力工程研究所,周圣洋任副所长,彭士禄、黄旭华任副总工程师。他们组织科技人员开展潜艇核动力装置总体方案的论证、设计工作。1964年1月,在原子能所12室、材料室、堆物理室及"492"反应堆的基础上,成立了北京194所。由二机部十局局长冯麟兼任所长,温金德任所党委书记,连培生、戴传增、胡国春任副所长。194所为潜艇核动力堆做了大量科研工作。

1965年3月20日,由周恩来总理主持的中央专委第八次会议批准核潜艇工程"上马",重新列入国家计划,并将715所划归二机部建制,设立二机部核动力研究所(对外称北京"15"所),要求二机部1970年建成核潜艇陆上模式堆。

1965年9月,二机部北京15所和194所合并,成立潜艇核动力研究设计基地(代号为"909"基地)。当时的主要任务是建造潜艇核动力装置的陆上模式堆,为正式产品预先进行各种研究和试验。在"基地"主要领导周圣洋和副总工程师彭士禄、赵仁恺的领导下,提出了将核动力装置布置在反应堆舱、主机舱和副机舱的"三舱"分散设计方案,并很快得到中央批准。1967年3月,二机部和国防科委七院决定成立现场指挥部,由二机部办公厅副主任何谦(曾任周恩来秘书)担任工地指挥长,七院张志信任政委,统一领导陆上模式堆的建设工作。由彭士禄负责核潜艇工程和陆上模式堆设计的技术抓总,赵仁恺负责陆上模式堆工程主厂房工艺设计和土建设计抓总,符德璠负责陆上模式堆工程建造中的生产准备、调试和建成后的运行管理工作。1968年1月,代号为"196"的陆上模式堆开工。昝云龙任陆上模式堆生产指挥组副组长。1969年完成了全部施工图,年底,工地主体工程基本完工,开始进入设备安装和调试。

1970年7月25日,模式堆开始提升功率,第二天便高功率运行,两台发电机组发电并网,这在我国是首次实现核能发电。8月30日,主机达到设计满功率运行,指标符合设计要求,标志着我国核潜艇陆上模式堆建造成功。

人物介绍:李毅(见前)、周圣洋、符德璠

周圣洋

《中国海军百科全书》对周圣洋生平的介绍有这样几句话："……长期从事潜艇核动力装置研制的组织领导工作。领导了中国第一座潜艇核动力装置的研究设计、调试运行和定型,经历了潜艇核动力装置研制与建造的全过程。对核动力科研队伍的建设和研究机构的组建发挥了重要的领导作用。"

周圣洋 Zhou Sheng Yang(1926年—1993年3月),江苏宜兴人。核动力工程专家。长期从事潜艇核动力装置研制的组织领导工作,为我国第一艘核潜艇的研制作出重要贡献。

周圣洋,1940年加入中国共产党,曾在新四军调研室任副科长,华东军区三局任科长。新中国成立后,周圣洋毕业于哈尔滨军事工程学院。先后任军委工程学校副处长,海军修造部上海办事处主任,海军造船技术研究室主任,海军七院十五所副所长,二机部二院副院长,二机部一院院长,上海核工程研究设计院院长、党委书记。

主要成就与贡献

早在1958年,国家就成立了核潜艇总体设计组,对外称"造船技术研究室"。1959年底,海军成立了科学技术研究部,造船技术研究室划归到海军科学技术研究部。1960年,在海军科研部工作的周圣洋被任命为造船技术研究室的第一任主任。造船技术研究室易名为"09"研究室。1961年9月,"09"研究室并入国防部舰艇研究院,周圣洋继续担任"09"技术研究室主任。之后,核潜艇的研制虽经历了一个暂缓进行的阶段,"09"室也经历过整编,但"09"室的机制和工作一直存在。在核潜艇研制的多年岁月里,从造船技术研究室培养出了大批核潜艇技术骨干,其中,第二任核潜艇总设计师黄旭华和第三任核潜艇总设计师张金麟都来自这个研究室。

1963年10月,为了保存技术骨干力量,保持对核动力及潜艇总体等关键技术继续进行研究,由国防部七院"09"技术研究室、二机部"47–1"室和七院703所5室等单位合并,成立潜艇原子能动力工程研究所(代号715所),共约160余名科研技术人员,组成一个精干的技术队伍。周圣洋任副所长,彭士禄、黄旭华任副总工程师。

1965年3月13日,由二机部和六机部党组联合上报国防工办并中央专委《关于原子能潜艇动力工程研究所领导关系的请示报告》,建议将715年所和"703所"1室划归二机部领导,仍负责潜艇核动力的总体设计工作和陆上模式堆的筹建工作……同年3月20日,中央专委第11次会议批准了上述报告。要求二机部负责在1970年建成陆上模式堆。根据这次会议精神,于1965年4月将715所划归二机部研究设计院,成为该院的一部分,对外称北京15所。此时,周圣洋任二院副院长,就是主抓15所的工作,组织领导潜艇核动力的总体设计工作和陆上模式堆筹建工作。

1965年9月,二机部北京15所和194所合并,成立潜艇核动力研究设计基地。当时的主要任务是建造潜艇核动力装置的陆上模式堆。周圣洋随之任一院院长,担负起组织领导潜艇核动力装置陆上模式堆建造的重任。在"基地"主要领导周圣洋和副总工程师彭士禄、赵仁恺的领导下,提出了将核动力装置布置在反应堆舱、主机舱和副机舱的三舱分散设计方案。这一方案被中央专委批准。同年底完成初步设计,1967年完成扩大初步设计,1969年完成了全部施工图;陆上模式堆选点后,从1965年下半年开始,施工、设计和科技人员逐步进入建设工地。1970年7月26日,核动力装置陆上模式堆的两台发电机组发电并网,这是我国大陆首次实现核能发电。8月30日,主机达到设计满功率。陆上模式堆建成。

之后,周圣洋到上海工程研究设计院任院长、党委书记,开始组织领导核电建设,走上了新的征程。1993年3月23日在上海病逝。

奖项与荣誉

1."潜艇陆上模式堆全寿期运行试验"获1978年全国科学大会奖和1980年国防科技委员会科技奖一等奖。周圣洋是获奖者之一。

2."我国第一代核潜艇的研究设计"获1985年度国家科技进步奖特等奖。周圣洋是主要获奖者之一。

符德璠

在核潜艇陆上模式核动力堆工程的建造中,由彭士禄负责技术抓总,赵仁恺负责工程和厂房工艺设计和土建设计抓总,符德璠负责工程建造中的生产准备,调试和建成后的运行管理工作。他是主要骨干之一。

符德璠 Fu De Fan(1922年10月—2009年2月),江苏镇江人。反应堆工程专家。他参与我国第一艘核潜艇陆上模式核动力堆的研制和下水试验,作出重要贡献。

符德璠,1940年镇江中学毕业后考入杭州浙江大学,抗日战争时随校迁往西南大后方,1945年浙大电机工程系毕业,抗战胜利后迁回杭州留校任助教。1947年进入上海杨树浦发电厂任工程技术员。1948年底经人介绍加入中共上海地下党。新中国成立后,符德璠奉调中央有关部门首批派到苏联实习。1956年回国参加原子能研究所重水反应堆工程建设并主持调试运行,并对技术工艺进行重大改进革新,为原子弹的研制创造条件。1967年7月,符德璠从原子能研究所调往九〇九所任总工程师。之后,他参加了核潜艇陆上模式堆工程的研制、建造。由他负责模式堆工程的生产准备、调试和建成后的运行管理工作,为成功建成作出贡献。他还参加了核潜艇的水下试验。工程技术获1985年国家科学技术进步奖特等奖,符德璠是获奖者之一。

符德璠和符德璜兄弟俩同调二机部,为我国原子能事业奋斗了一生。符德璜,1927年5月生。1958年由全国总工会调二机部,任职于部干部局劳动工资处。他两人最初工作调动互不告知,是在原子能所巧遇后,才知两人同被选调到同一战线。符德璜1946年到上海谋生,任中裕公司职员,1947年在中共地下党合办的建业银行南京分行当职员,1948年5月参加地下党,1949年4月23日迎接南京解放后,他被选为南京市金融工会青年团支书。调二机部后,历任人事局科级干部(17级),劳资局副处长、处长,副司(局)长,被聘为高级经济师。两兄弟同获"献身国防科技事业"和"核工业建设贡献者"荣誉证书、证章。

第四编 在功勋者的背后

——追寻历史云烟中的那些人、那些事

"两弹一艇"的研制是举全国之力、大力协同的一个范例。它的成功,决不只是一群特殊的人干了一件特殊的事业,也决不仅仅是受到表彰的那一部分人搞出来的。在功勋者背后,有成千上万默默无闻的奉献者和无名英雄,来做他们的后盾。历史的数字是历史的见证。全国先后有26个部委、20个省(自治区、直辖市),包括2000多家工厂、科研院所、高等院校以及解放军各军兵种参加了攻关会战。1955年7月—1959年,中央先后下令抽调7批各级各类干部,共计6871名;由各有关部门成建制抽调了10个单位,共计各类干部13041名。1956年从全国18个省市、自治区和中央37个部门抽调了1895名党政管理干部和科学技术骨干,以及5055名技术工人;1958年,称为"大调干之年",抽调党政管理干部2579名,技术干部2700名,医疗卫生干部592名,技术工人11028名。先后挑选数批在职的科技人员和研究生、留苏生,到苏联有关单位对口实习或学习原子能专业的科研、设计和生产方面的技术;1955年、1956年,从高校选拔应届毕业生,委派到科学院有关研究所等单位进行对口实习和到北京大学物理研究室原子能"技术干部培训班"学习,培养出第一批新生力量。1960年、1962年,又两次为北京第九所(核武器研制所)选调106名中高级专家和126名中高级科技骨干。1963年,为了充实加强各重要工厂和科研机构的党政领导干部和中高级科技骨干力量,中央又决定抽调350人,其中仍有中高级科技骨干197名。这成千上万的科技骨干、技术工人和领导干部,都是"人物谱"中的一员。核工业职工人数,到1964年底已发展到166937人。投入到那段激情燃烧的岁月,都有一份贡献,甚至作出牺牲。作者以极大的热情和敬

畏之心,努力追寻更多的人的足迹。

人物介绍(排序不分先后)

高之杕、杨士文、曾卓荣

1954年4月,地质部普查委员会第二办公室成立后,由办公室副主任高之杕(北京大学副教授)带队,杨士文、曾卓荣等参加,在一位苏联专家的指导与帮助下,在广西富贺钟(黄羌坪)地区的杉木冲找到了铀矿化,且局部富集。他们把铀矿标本带回北京。这是中国采掘到的第一块铀矿石。

高之杕(1916年1月— 1980年9月)　　杨士文(1929年2月—)　　曾卓荣(1928年7月—2003年8月)

芦荣光、怀国模、张绍诚、李杭荪

1962年9月11日,二机部向中央、毛泽东写出《关于自力更生建设原子能工业情况的报告》,提出了争取在1964年或者1965年上半年实现第一颗原子弹爆炸试验的奋斗目标。11月22日,二机部制订出了《一九六三年、一九六四年原子武器、工业建设、生产计划大纲》。12月4日,中央专委第三次会议,讨论和批准了二机部提出的《两年工作规划》,这是实现第一颗原子弹爆炸试验的纲领性文件。二机部为此成立了制定两年规划小组、主要由计划局的几个人组成:芦荣光、怀国模、张绍诚、李杭荪等。计划局主持工作的副局长是张汉周,他们通过调查研究,还请了不少组织领导干部和技术专

怀国模（右一）

张绍诚(1933年12月—)

家座谈讨论,资料由各个厂提供,然后由这几个人编制。芦荣光对基本建设和工程设计比较熟悉。担任具体计算工作的主要是怀国模、李杭荪、张绍诚。编制期间,有一个不断细化、不断调整、不断完善的过程。

张至善、孙佶、陈佳洱、夏松江、吴季兰、刘元方等

1955年夏秋之际,北京大学成立了物理研究室(后发展成为技术物理系),并举办"技术干部培训班",重点对1955年和1956年应届毕业的大学生,进行原子能专业技术方面的培训,以利于尽快适应原子能工业创建的需要,到1957年,先后培训了300多名大学生,这是原子能事业的第一批新生力量。同时还为全国将要设置原子能专业的院校培养了师资。这几位核物理和放射化学专家、学者,在筹建和教学工作方面都做了大量工作,有国内开先河之贡献。

左起:孙佶、张至善、刘元方、胡济民

陈佳洱

余兴坤

1950年清华大学物理系毕业并留校任教。1956年与何东昌、滕藤等人负责工程物理系的筹建工作,并直接负责筹建同位素分离教研组,他指导了同位素分离专业的第一批研究生。他是早期工物系的主要负责人之一。

余兴坤

吕应中

1950年清华大学机械系毕业并留校任教。1955年为了发展国防尖端技术专业的需要,转行自学原子能。1956年调工物系筹建反应堆专业,任教研组主任兼副系主任。1965—1985年,先后任清华大学核能技术研究所总工程师、副所长、所长。

吕应中

齐卉荃（女）

1952年清华大学物理系毕业并留校任教。1955年冬调入工物系负责筹建实验核物理专业,她带领一批刚毕业的大学生从无到有建起了该专业。

齐卉荃

伍锡祥、张万生、陈金陵、李九斤、万茂勤、殷俊显等

他们是三〇九地质大队二分队的找矿员(操作员),是最早到达湖南郴州金银寨找矿人中的一部分。伍锡祥是小队长,张万生是组长,李九斤是公安战士……金银寨是我国第一个建成的大型铀矿。

刘宽、曹德元、谢序道

1958年4月,开始在湖南郴县金银寨建铀矿。刘宽是铀矿筹建组组长,也是之后的首任铀矿长。担任生活副矿长的就是曹德元。1959年2月,二机部在北京召开了积极分子代表大会,郴县铀矿有17名代表参加了会议,其中就有劳动表现突出的支柱工谢序道,他曾染上矽尘。宋任穷部长看望郴县铀矿代表时说:"你们在那里,就是种子。"

张桂芝（女）

在金银寨主矿带打第一口生产勘探井的时候,张桂芝是技术员和矿机关团组织负责人。她和她的同事们——青年技术员朱建男、田学忠、周永安等,攻克不少难关,建井取得成功。1960年9月,矿山部分投产,1963年8月,矿山全部建成投产。之后,这位1955年毕业于本溪钢铁工业学校的姑娘,作为技术队伍中的骨干,一直留在金银寨。

姚君哲、张桂芝(女)、韩础石等

郴州铀矿建设初期,金银寨1号井在掘进中出现涌水,水量每小时300多立方米,水温高达40多摄氏度,用普通方法再也掘不下去。矿里老工程师姚君哲和年轻技术员张桂芝等人,经反复研究,提出用注浆法掘进,并在煤炭部韩础石工程师的指导下,又从河南焦作借来技术工人和注浆设备,对工作面进行超前注浆,顺利地通过富水区,掘进达设计的位置。这种在承压富水区采取预注浆掘进方法获得成功,为同类情况掘进工程提供了重要经验。

王文元

建郴县铀矿预选厂(我国第一座放射性预选厂)时,王文元是矿上唯一一位机电工程师。他原是徐州贾汪机电厂的机电工程师,还是徐州市劳动模范。1959年3月,他被选调到金银寨,担任机械安装的技术总指挥。1960年9月,矿预选厂破土动工,王文元同科技攻关小组,和工人、干部一道,经过910多个日日夜夜的奋斗,于1962年4月建成预选厂,并一次试车成功。

李凤翔

为了在1957年7月1日前拿出铀工业储量,以达到进行矿山设计的要求,二机部三局把湖南郴州金银寨矿点作为首批突矿矿点,并将该局计划处处长李凤翔调任第三〇九地质大队第十分队队长,派副局长张华到工地蹲点指挥。还从全国各地调进1500多人和大批设备,加快矿区勘探。1957年6月1日,金银寨矿床第一份中间性工业储量报告送到北京,比要求的储量高出60%,比预订时间提前1个月,1958年4月,第二份储量报告又送到了北京。在金银寨产生了中国第一座大型铀矿山,李凤翔等人为此作出贡献。1992年,十队被命名为国家功勋地质队。

曹洪森

钻探是勘探工作的重要手段。20世纪50年代主要是手把式300米的钻机。1959年,中南三〇九队第十分队曹洪森研制出与手把式钻机配套的自动卡盘、无人提升器、

拧管器、活动操作盘等6项机具,并在铀矿地质系统全面推广,从而减轻了工人的劳动强度,保证了安全。

王学曾

1931年生,1955年他大学毕业后,就到了中南三〇九地质勘查大队。1956年初,他被派往湘南金银寨铀矿床,从事中国第一个铀矿床的勘查工作。经过10多个寒暑的奋战,他们团队向国家提交了首批铀矿床。之后,中南大中小型铀矿床几乎都留下了他实地考察和现场指导的足迹。在他的主持下,先后向国家提交了60余份铀矿储量报告;仅他发表的论文与工作总结达30余篇,其中有论文曾获核工业总公司科技进步奖一等奖。他成为核工业中南地勘局总工程师,是中国地质学会第33、34届理事、全国铀矿地质学会第一届理事。

侯启、宋希德

在金银寨建有烈士陵园,被称作铀矿的一个区,因为它是为开拓金银寨而献身的勇士们建的。这里长眠着74位功臣。其中就有侯启和宋希德。

侯启,1929年8月生于河北张家口市。1948年8月参加中国人民解放军,在广西花桥剿匪战斗中负伤,荣立二等功。1953年加入共产党。转业后到河北庞家堡矿当工人。1959年3月被选调并说服老母和妻子,全家来到金银寨。他被称作"干起活来不要命的人"。1962年4月,经医院检查,侯启患上了矽肺病。他的病都惊动了国务院,在周恩来总理的亲切关怀下,卫生部派出最好的内科专家,到侯启住的医院,为矽肺病患者定期检查,制定了治疗方案。侯启的病情已到"三期矽肺合并空肺型肺结核"。由于医务人员的精心治疗,病情曾被控制住。他享受到了第一颗原子弹爆炸成功带来的欢乐。他于1968年病逝。

宋希德、山东人,金银寨铀矿支柱工。1960年9月27日,他在天井作业中不幸牺牲。他丢下了妻子和四个年幼的孩子。妻子向矿组织提的唯一要求是,她带着孩子回山东老家,以减轻矿上的负担,并说孩子长大后继续做父亲喜爱的工作。她用自己的言行告慰英灵;她把大儿子送到了煤矿,再三叮嘱儿子不要嫌弃井下工作;之后,她的二儿子宋振光又来到了金银寨。

刘振国、王昌发、徐辉荣、谢本武、顾鼎山、周四宝、宋振明、黄永康、罗鹏飞

这9位技术人员是三〇九地质队找矿员，他们为中国第一个花岗岩型铀矿的发现作出了贡献。1956年至1958年间，三〇九地质大队的地质勘查人员在一分队综合研究室副主任刘兴忠的带领下，在广东翁源和江西全南县交界区内发现了花冈岩型铀矿床，并命名为"希望矿化区"。又经苏联专家对"希望"矿点的全面考察，确认是花岗岩型铀矿床，且具有良好的找矿前景。

刘显秋（女）、王凤歧

刘显秋和王凤歧是夫妻俩，同在粤北地质队工作。刘显秋是技术员，她曾背着不满周岁的婴儿同其他男找矿员一起，登山搞普查，并负责测定有关数据。这位妈妈哼着小曲："风儿吹，树叶摇，好宝宝，快睡觉……"。歌儿随着山风飘。后来，组织上把刘显秋安排到队科矿组，和爱人王凤歧一块，参加"希望矿"（花岗岩含铀矿）的储量报告的计算工作。1962年2月，经过全体技术人员的共同努力，"希望矿"最终处理报告的计算如期完成，我国第一个花岗岩类型的铀矿从此诞生。

李增贵

李增贵是粤北山区铀矿开采中一名掘进班长。他来铀矿地质队前，是东北本溪煤矿二一一青年掘进组成员，先进工作者。他是被选调到铀矿地质队来的。1959年10月，李增贵参加了在北京举行的全国群英会，被中共中央、国务院授予全国先进生产者称号。他从北京返回工区后，马上投入到天井的施工中。1962年2月，李增贵班组创造出1564米的坑道掘进月进尺全国最高纪录。

李增贵班组合影

康日新、李富、郭良斌、蔡仁荣、苗绍宗

1955年8月26日,三〇九地质大队的一支航空普查队,在湖南衡阳郊外发现了铀矿的异常点。大队长康日新当即命令一分队从云南撤出,迁进衡阳盆地。同年12月20日,找矿员李富和郭良斌在一块低洼地带终于找到了铀矿异常区,经技术员蔡仁荣和一位苏联女专家实地检查,肯定有成矿价值。分队长苗绍宗立即组织全队职工进行地表揭露,经过3个月的初勘,于1956年3月向三〇九大队提交了白垩系第三纪砂岩型成矿远景区。又经过两年的勘探,这一矿点发展为大型铀矿床,成为我国第一批开发的三大铀矿之一:湖南大浦七一二矿。

黎昌桂

三〇三地质大队一名机长。1956年2月,刚刚组建的三〇三大队,担负起湖南大浦铀成矿远景区的勘探。4个月内,这里就集中了1700多名职工。几十台钻机、工人每天工作10多个小时。经过两年多的奋战,他们提交了我国第一个大型砂岩型铀矿床,1959年10月25日—11月8日,党中央、国务院在北京召开社会主义建设先进集体和先进生产者代表大会(又称全国群英会)。会上授予全国先进集体称号2565个,授予全国先进生产者称号3267个。三〇三大队被评为全国先进集体,队里三号机机长黎昌桂被评为全国先进生产者,出席了全国群英会。并被大会选为主席团成员,落座主席台。发奖时,周恩来总理亲自把三〇三大队的锦旗交给他,毛泽东主席和他握手,他激动不已。

常勇

(1915年10月—2012年2月),山东省荣成市人。1938年加入中国共产党,少将军衔。1958年8月,以商丘步兵学校一部分为基础,组建我国核试验基地,常勇任基地政治委员、党委第一书记。他为创建我国核试验基地以及第一次核试验成功作出了开创性贡献。1967年,常通受命与钱学森一起组建我国卫星飞船研究院(后改称中国空间技术研究院),任政治委员、党委第一书记。他为研制成功我国第一颗人造地球卫星以及制定航天事业发展规划作出了历史性贡献。1978年1月起,常勇历任国防科委政治部副主任、主任。

常勇

张英

张英

（1916—2015年9月），辽宁省着盖县人。1937年加入中国共产党。少将军衔。在新疆国这核试验基地首届领导班子成员中，张英任副司令员兼参谋长。他曾受命编写核试验大纲，并组织程开甲等几位专家共同完成这项任务，被称为一代儒将。他为创建我国核试验基地以及第一次核试验成功作出了开创性贡献。张英曾任吉林省军区政治委员。

李同强

1959年从长沙地质学校毕业后，到二机部二九三地质大队（核工业华南地勘局二九三大队）工作。他在深山、野外忘我劳动，直到1961年初夏，他才过了第一个星期天。他患了肺结核、关节炎。1970年6月，国家下达了年底提交矿床储量报告的任务。李同强作为这项工作的负责人之一，他带病坚持工作，按期交付了储量报告。在几十年的铀矿勘探中，他写下了几十万字的笔记和卡片，撰写和修改过上百份的地质报告和科研论文。1987年，李同强接任大队第四任总工程师（第三任为巩志根）。

王传文、郎尽美等

王传文、郎尽美等人对西北一八二地质队于1960年就发现的芨岭矿床，从矿区岩石、构造、矿化特点等进行了深入研究，逐步认识到含矿岩石是富钠热液对花岗岩类岩石进行交代蚀变的产物；铀成矿是在钠交代作用和构造破碎之后热液充填而成，从而肯定了碱交代热液型铀矿化的成因，并确认碱交代作用的发育是寻找铀矿的一个重要标志。这一研究和发现推动了铀地质勘探工作。

王传文(1930年2月—)

李海云

二六一地质大队(由原三〇九地质大队十队等分出组建)的找矿员、班长。1958年2月,刚刚组建的二六一地质大队,在江西东南部的相山一带展开地质勘查,李海云率领全班担当打坑道任务。他们在几十米深的平巷内打水平钻,昼夜奋战。他们还对钻进工艺进行了改进,使台月进尺猛增到1255米,创全国最高纪录,受到国务院嘉奖。经过二六一大队苦干,很快形成了相山矿田。他们坚持科研攻关,到70年代中期,他们和兄弟区测队一起,提出相山主体岩型不是花岗岩,而是火山岩的判断。实现了对相山地质体认识史上的突破性飞跃。

王毅、粟元图、王从周、陈汉英、周耀辉、姜玉福、郑邦生、阎玉忠、陈文光、曾宪森、马敢英(女)、王茂德等。

这十几个人都是当年华东地勘局二六二地质大队的职工。

1956年9月,一支小分队开进江西东北地区一个叫坑口的深山老林,它是新中国第一批找铀矿队伍之一,就是后来的核工业华东地勘局二六二大队。30多年,他们先后探明各类铀矿床27个,其中储量超过万吨的大型矿床1个,中型矿床4个,正式向国家提交的铀工业储量居全国第一。1992年1月8日,中国核工业总公司授予他们"功勋地质队"光荣称号。

在二六二地质队几十年的艰苦创业中,有的成为全国先进工作者、劳动模范、高级技术人员,王毅、粟元图、王从周、陈汉英、周耀辉、姜玉福、郑邦生、阎玉忠、陈文光、曾宪森、马敢英等11人就是这个群体的代表。20多年后,1991年,马敢英作为二六二队女测绘员,获全国测绘行业劳动模范称号,她是江西省和核工业总公司唯一获此殊荣者。在成功者的背后,还有一大批默默无闻的奉献者,有些甚至献出了自己的生命。其中就有老队长王茂德。

夏毓亮

1941年出生,从20世纪60年代起,刚大学毕业的他,就跟着老一辈地质工作者在野外进行地质勘查,从秦岭到南岭,从连山关到河西走廊。他在地质工作的实践中,密切关注世界同位素地质学发展的前瞻性技术和方法,并结合我国寻找铀资源的主攻目标,对我国四大类型铀矿床进行铀成矿作用地质年代学、产铀围岩(花岗岩、火山岩、砂石岩、变质岩等)的同位素年代学、区域地质年代学及铀成矿条件等方面的研究。其研究成果为我国基础地质研究及铀成矿机理研究、成矿预测和工作部署提供了有重要价值的基础数据,丰富和发展了我国的铀成矿地质地球化学理论。

吴慧山

北京三所(核工业北京地质研究院前身)科技人员。他提出的"寻找深部铀矿经迹找矿方法"获1978年全国科学大会奖。他有多项科研成果获部级以上奖励,1989年被评为核工业总公司"有突出贡献的中青年专家"。

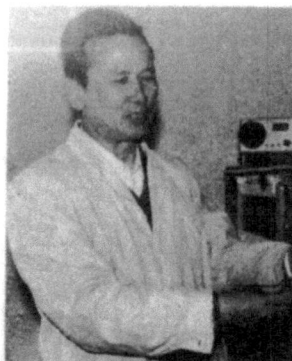

吴慧山

张庆文

1961年从中山大学核物理系毕业后,分配到二机部中南地勘局二三〇研究所工作。在为核工业奋斗的近40年中,取得了40余项科研成果。获国家发明奖三等奖、国防科工委科技成果奖二等奖。他被评为核工业部劳动模范、核工业总公司"有突出贡献的中青年专家"。

胡庆祥

河南社旗县人。1952年1月在中南军政委员会工业部参加工作,1954年8月调入河南省劳动局,1955年12月加入中国共产党。1956年6月调入三机部(1958年2月改为二机部)新疆五一九地质大队一队工作。20世纪60年代中期先后调入二机部三局(地质局)、劳资局,历任科员、副处长、处长、副局长、中国劳动学会核工业分会副会长等职。

胡庆祥(1933年7月—1997年11月)

李范庆

核工业中南地勘局三〇五大队一名普通工人。1958年，23岁的李范庆到地质队参加工作，当过找矿员、钻探工、机器修理工，为国家找铀事业默默奉献。1989年，他被评为国家能源部劳动模范。

刘野亮、邓石甫、侯仰民等24人

1962年7月23日，二机部成立了我国铀矿储量审查委员会。委员有：雷荣天、刘野亮、苏华、张道容、康日新、邓石甫、李克东、马正一、刘华、齐进、侯仰民、陈汉民、佟城、高之杕、黄劭显、李伯皋、刘兴忠、杨士文、粟元图、刘玉林、李汀、徐源、陈和兴、王维信。雷荣天为主任，刘野亮、苏华、张道容为副主任。

李炎述、曾涪江、陈国荣、李钧球等11人

1967年10月，二机部"北京七〇三航测队"（1963年4月9日成立）的一架"运5"型飞机在甘肃成县临时机场起飞，执行甘川交界处的新区勘察任务。由于气候变化与领航图纸精度差等原因，起飞不久，飞机与地面失去联系。搜寻人员在川北地区的深山里找寻了一个多月也没有结果，后因大雪封山，被迫撤离。第二年7月，搜寻人员在一座悬崖峭壁下，找到了飞机的残骸和遇难者的尸骨。10年后的1977年，另一架飞机在湘南失事。两次飞机失事中11人遇难。他们中有李炎述、陈国荣、曾涪江、李钧球等工程师和操作员。没有1人被追认为烈士，他们的墓前也没有竖碑。

1991年，"核工业航测遥感中心"（曾先后称为中国第一批铀矿地质勘察队三〇九队和五一九队航测分队，"北京七〇三航测队"）分别被授予"全国地质勘查功勋单位"和"核工业功勋地质队"光荣称号。

孙以瑞（女）

北京第三研究所成立初期技术骨干，1961年被评为全国"三八"红旗手。她多年默默奉献，先进事迹鲜有人知。

武秀芝（女）朱顺波

第三○九地质大队第十分队职工家属。她的丈夫朱顺波在金银寨矿点作业,是坑道掘进工,担任一个坑道的工长,因积劳成疾,在岗位上去世,在与妻子和战友诀别的时候,他说:我为造原子弹找了矿,为毛主席争了光,为祖国争了气,死了也心甘。1970年,周恩来总理在北京接见二机部先进家属代表时,接见了武秀芝并和她谈话。武秀芝把总理接见情况和对十队的关怀带回十队。1969年12月,武秀芝被评为地质系统先进个人(另有四○六大队七队工人卢世荣,一八二大队一队工人胡玉林)。1979年,武秀芝被评为部劳动模范。

1979年地质系统部劳动模范名单

张本松　中南地勘局三○三大队　工人

吴铁民　中南地勘局三○一大队　工程师

武秀芝　中南地勘局三○一大队　家属

张荣祥　华东地勘局二六一大队　工人

陈文光　华东地勘局二六二大队　找矿员

周学鹏　华东地勘局二六三大队　医师

陈然志　华东地勘局二六四大队　组长

任明轩　华东地勘局一八二大队二二四分队　钻机机长

张志学　基建工程兵　工程师

李万山　基建工程兵　技术员

游世龙　基建工程兵　后勤处副处长

武秀芝

朱顺波

孙艳清　郭士民等

1956年,冶金部有色金属管理局兼管铀矿冶工业,至1958年初,冶金部成立第三司,作为铀矿冶工业的专门管理机构,冶金专家孙艳清任副司长,主持全面工作。1958年5月,成立郭士民任经理的中南矿冶公司,负责中南地区的铀矿和铀水冶厂的筹建工作。同年底,冶金部第三司划归第二机械工业部领导,改称二机部十二局,后由苏华任局长。

张天保、王鑑、沈炳炎、王金堂、杨承宗、杜宝德、金家杰等

20世纪50年代末60年代初,二机部决定铀矿山和铀水冶厂的建设要早上快上,先后从冶金、煤炭、建筑、化工等部门调进了采矿专家张天保、王鑑、沈炳炎,湿法冶金专家王金堂,放射化学专家杨承宗,化工专家杜宝德,建筑专家金家杰等一批高级科学技术骨干。他们成为铀矿冶领域"科研、勘探、设计、设计"等各方面的带头人。

王鑑(1920年7月—
2003年4月)

王金堂

刘玉华、李太英、董业建;严诚、徐文华、何汉拯;徐海波、徐德、李远洲

铀矿冶系统最早建成的三座铀矿山及其首任领导分别是:湖南郴县铀矿党委书记刘玉华、矿长李太英、总工程师董业建;湖南大浦铀矿党委书记严诚、矿长徐文华、总工程师何汉拯;江西上饶铀矿党委书记徐海波、矿长徐德、总工程师李远洲。这9位同志为铀矿冶事业作出开创性贡献。

李克东、王维信、周玉珩等

20世纪50—60年代,铀矿冶工程设计院担负起铀矿冶工程设计的任务、院长李克东,总工程师王维信,郴县铀矿、大浦铀矿设计总负责人周玉珩等和广大技术人员一起,共完成各类矿冶工程设计100多部,施工图设计6000多项,为铀矿冶工业的发展作出贡献。

汪淑慧（女）

北京第五研究所（现核工业北京化工冶金研究院）研究员级高级工程师。她是我国第一代放射性选矿专家，从事放射选矿和普通选矿研究40余年，和其他同志一道先后提供了七一一矿、七二一矿、七四三矿等三个放射性选矿流程，亲自参加了三代放射分选机的研制工作。她曾受核工业总公司矿冶局委托，负责组织化冶院、核四院和七二一矿各有关专业人员共同研制出具有20世纪80年代世界水平的5421—I型、5421—II型放射性选矿机，获部级科技进步奖一等奖。

贺守中

1962年毕业于衡阳矿冶工程学院，即分配到二机部，从事水冶技术工作。调入七一九矿后，对该矿的科技管理和水冶厂流程试验做了大量工作。他参加与组织的水冶厂流态化浸出洗涤试验、电解法处理不合格四氟化铀试验分别获1978年江西省国防工业科学大会奖和江西矿冶局科技成果奖二等奖。

段学瑞

1959年底毕业于长春地质学院，1960年赴苏联学习，同年底回国后调到二机部七四三矿，一干就是30多年。他先后参与并组织了12项重大科研项目的研究，有多项成果获奖。他与人合作的"FXY—219坑口自动化检测站""201选机""743—301污水处理"等工程的设计安装获1978年全国科学大会荣誉奖和三等奖。他本人多次被七四三矿、广东矿冶局、广东地质学会、核工业总公司、国防科工委授予先进工作者、优秀共产党员等荣誉称号。他是七四三矿高级工程师。

陈耀祖

1963年毕业于南京化工学院，分配到二机部七四三矿工作。七四三矿铀水冶厂是我国自行设计自己制造设备的第一个铀水冶厂。其关键设备浓密机的隔膜泵因种种原因，寿命短，易损坏。该厂7台浓密机共有21台隔膜泵。在该厂任技术员的陈耀祖，经过几十次试验，完成革新。他的革新成果在新建的水冶厂推广，满足了生产的需

要。陈耀祖在七四三矿几十年中，先后参加并负责完成了近40个科研项目的工作任务，成为一名高级机电工程师，多次被评为矿、省局先进工作者、优秀科技工作者，入选《中国工程师名人大全》一书。

陈亿全

广东南雄人。1964年毕业于北京地质学院，他的第一工作志愿就是到二机部基层单位，参加原子能创业。他投入了粤北山区铀矿山的建设，很快在技术上成了企业的顶梁柱。在奋斗的几十年中，他撰写和发表专业论文11篇，主笔编写了三三〇、三〇一等5个矿床的地质勘探储量报告，为各矿床的深部延伸开采提供了科学依据，他成为七四三矿高级工程师。

王西文

铀地浸工业专家。他多年奋斗，研制成功原地浸出采铀技术。20世纪60年代初，王西文从苏联留学回国，来到二机部所属的一个铀矿。他钻进铀矿坑道，看到采铀工人在狭窄、昏暗的坑道内开采矿石。他想到这样的问题："能不能把地下的工作搬到地面上来干？""能不能不开采矿石，通过地下化学反应拿到产品？"20年间，王西文锲而不舍，攻坚克难，终于使原地浸出采铀试验成功。

王西文在云南腾冲矿点

不仅使采铀工人从繁重的地下劳动中解放出来，而且铀产品成本降低一半左右。原地浸出采铀技术是发达国家严格保密的一项高技术。王西文被授予核工业总公司劳动模范称号。时任总公司六所所长的他，继续带领全所科技人员向地浸工业生产的更高目标进军。

刘怀章

生长在安徽。1959年,刘怀章参加支援边疆建设,到了新疆阿勒泰有色局工作。1964年整体编入二机部新疆铀矿采冶队伍;刘怀章到了新疆矿冶局七三一矿。在阿勒泰有色局工作时,刘怀章在一次露天采掘中遭遇塌方受伤,在医院治疗养伤两年多。来到七三一矿,领导考虑到他曾重伤,想给他安排一些轻松的工作,但刘怀章不愿做"废人",他倔强地要求下井,选择了井下抽水的工作。他每天迈着一高一低的步履走在井下长长的巷道里,近30年他一直坚守在这个岗位上。他是一位优秀的水泵工,还学会了电工、焊接、修理等工作,成为一个"多面手"。

王新勤

生长在安徽。1966年参加支援边疆建设,到了新疆,并扎根在二机部新疆七三五矿,做了一辈子铀业工人。他的岗位是掘井采矿。那时候没有什么现代化的工具,工人就是用十字镐、铁锹、斧头和当时唯一的电动工具电风镐,一点一点地向地下挖掘。他们一天到晚就是上班、工作、加班。我国第一颗原子弹爆炸成功,王新勤感到自豪,他兴奋地召开家庭会议,激动地搓着那双手告诉老伴和念书的儿子:咱们的原子弹爆炸啦!儿子叫王民主,高中毕业后当了兵,复员后又考上了湖南长沙邮电学校。择业时本有机会到察布查尔县从事邮电工作(当时邮电行业待遇高),但王新勤坚持让儿子再回七三五矿,接替父辈们的事业。王新勤刚到60岁退休年龄就因癌症去世,儿子王民主仍留在七三五矿,做采矿人。

刘坤、刘敬裘、刘苑平、胡岩松等

1962年9月,湖南衡阳二七二厂首先建成了处理黄饼(重铀酸铵)的生产线,并生产出了二氧化铀。刘坤是厂长,刘敬裘、刘苑平、胡岩松等都是主要技术人员。胡岩松1958年毕业于中南矿冶学院。他们为二七二厂投产二氧化铀作出贡献。

陈建华

抚州铀矿地质工程师陈建华从事水文地质工作多年,勤恳艰辛。他从1978年发现癌症到逝世的两年多时间里,带病坚持工作,多次考察百里矿区、矿井,根据20多年来积累的矿区水文、气象资料,写出来近10万字的水文地质论文、报告和建议,绘制了一本有6000多个数据、93幅图表的《抚州铀矿水文地质综合图表》。1981年3月,二机部授予陈建华优秀共产党员和模范工程师的光荣称号。他的事迹载入中共中央书记处研究室编辑的《谱写共产主义凯歌的人们》一书。

陈建华

禄福延、邓佐卿、李志恒、夏德长、王承忠、王才源、田兆忠、董灵英(女)等

1960年7月14日,二机部把急需生产二氧化铀的特殊任务下达给北京六所(不久改为北京五所,现核工业北京化工冶金研究院)。该所以第七研究室(支部书记刘成全、室主任邓佐卿)为基础,从全所抽调技术人员李志恒、夏德长、胡诚、全顺培、田兆忠、黄礼政等,以及衡阳矿冶学院应届毕业大学生共148人,组成二号厂,负责建立二氧化铀生产线。他们以土代洋、简法上马,于当年11月18日,拿出了符合标准的二氧化铀。真正实现了"用最快的速度生产二氧化铀"的指标。该项目获1978年全国科学大会奖。

禄福延,1958年从苏联学习回国,曾任该所第四研究室主任,所生产科科长。他作为所党委委员和技术负责人,组织领导了二氧化铀和四氟化铀的研制工作。后来他又被调往414厂主管二氧化铀的大规模生产。

邓佐卿,1932年生,1953年毕业于四川大学。研究员级高级工程师。他是二号厂研制生产二氧化铀生产线技术负责人,全面负责工艺流程的制定、设计和生产,以及关键技术攻关的协调等。

李志恒,1931年生,1954年毕业于华南工学院。研究员级高级工程师。时任二号厂值班长,主要技术骨干,协助负责人工作。他和夏德长一起执笔写出生产二氧化铀的总结报告,并为以后提铀纯化厂积累了宝贵经验。

李志恒

夏德长,1931年生,1956年毕业于中南矿冶学院。研究院级高级工程师。时任二号厂值班长,主要技术骨干,协助负责人工作。他和李志恒是邓佐卿的两位助手。

王承忠,湘西苗寨历史上第一位大学生,毕业分配到北京创业,感到是一个金色的梦,他参加二号厂基建和安装工程的建设,成为一名尖兵。

王才源,他有过不凡的经历,25岁就成为青岛四方机车厂的车间副主任,1958年为制造我国第一台火车头有过功绩。1959年被选调到原子能工业战线。他时任该所机修厂负责人,在二号厂建设中,王才源率队把厂房的水、暖、电、气都按期安装好,还自力更生制造和检修了一些非标准设备。他还承担了制造一台袖珍不锈钢泵的任务,经过17次试验,终于制造成功。

田兆忠,山东人,1958年大学毕业后分配到该所。这次简法生产二氧化铀、邓佐卿交给他一个重要任务:迅速去南方搞原料——重铀酸铵(黄饼)。为了保密,他一人单独行动。到了株洲,他在那里收购全民办铀矿时土法生产的重铀酸铵,然后在铁路上租了一个车皮,包装好、封好,把它押运到所里,一个月之内完成了任务。

董灵英(女)等。铀矿石组成复杂,伴生元素多,而核原料要求纯度很高,因此,在科研和生产中,化学元素的分析对取得符合质量要求的核纯产品十分重要。20世纪50年代末,在进行二氧化铀简法生产时,化学分析工程师董灵英等10余人,在原子能所等单位的配合下,建立起二氧化铀中25个杂质元素的光谱分析和10多个元素的化学分析方法,大大加快了工艺流程的控制分析。

郑群英、邹茂森

北京第五研究所在进行二氧化铀攻关的同时,也在进行生产四氟化铀的筹划。由第四研究室筹建四号厂。四室的领导和技术负责人是郑群英。在他的组织运作下,将一个工棚式的仓库改建成了四号厂房,他们采取边设计、边安装、边生产的办法,仅两个多月,就建好厂并生产出80千克四氟化铀。半年之内就向部提供了相当数量的四氟化铀。技术人员邹茂森在解决厂房和生产过程中的污染问题作出贡献。

肖尚俊等

铀矿冶创建30年中涌现出的先进模范人物（部分）：

衡阳二七二厂机械厂副厂长兼总工程师肖尚俊；

抚州铀矿云际分矿天井班长陈开行；

广东铀矿采掘一队班长吴新波；

湖南铀矿子弟学校优秀教师章珍珠；

二机部劳动模范沙依提·托乎提；

新疆矿冶局副局长塔什乌甫尔；

二机部矿冶局总工程师、采矿专家张天保。

张天保于1962年调入二机部后，先后领导了近20项工程设计，组织解决了含铀褐煤开采中的火灾、水患问题，他在改革回采工艺、治理厂矿污水、采用喷射混凝土支护新技术等方面都有建树，为我国铀矿冶工业发展作出贡献，叹惜英年早逝。

核工业矿冶创建50周年时评选出10位劳动模范名单

王明健　七四一矿

周华　七一三矿

刘敬裘　湖南矿冶局

肖作学　七三七厂

唐泽民　北京化工冶金研究院

王志远　七五四矿

王海　第四研究设计院

谢柏华　七二一矿

万克松　二七二厂

李来法　七九四矿

朱培基等

原子能研究所分析研究室朱培基等与有关单位合作,建立起二氧化铀、四氟化铀、六氟化铀产品质量的分析监测方法。

郭挺章、冯锡璋、刘静宜等

从1953年起,近代物理所为了研制建造反应堆所需的材料,开始了铀矿提取,重水和石墨制备等的实验研究。之后,原子能所建立了放射化学、分析化学、核燃料后处理、放射性同位素的研制和应用、放射性三废处理、铀同位素分离等研究室,开展了核化学化工相关学科的科研工作。这一时期,副研究员以上的学术带头人有杨承宗、郭挺章、冯锡璋、肖伦、刘允斌、刘静宜等。

肖健

1954年,在王淦昌、肖健的指导下,物理所(1958年改为原子能所)在云南省落雪山建成高山宇宙线实验室,利用多板云室和磁云室开展了奇异粒子和高能核作用的研究。从1954—1957年,先后收集到700多个奇异事例,取得了一批很有价值的成果。

肖健

丁渝

1955年,丁渝开始的我国第一台原子束装置的建造和核磁共振研究,为计量科学建成铯原子标准钟和全国推广应用核磁共振谱仪提供了有价值的参考。

冯锡璋、张家骅

1956年,我国制定的科学技术十二年远量规划把原子能科学技术列为重要发展项目,并且将同位素等技术的应用作为原子能科学技术发展的一项主要内容。遂在中科院物理所(1958年改名为中科院原子能研究所)成立了同位素应用研究室,由冯锡璋、张家骅任副主任,开展同位素及其他核技术的应用研究。1962年,原子能所同位素应用研究室和放射化学研究室的一部分人,由张家骅带领搬到上海与原子核研究所合并。

贝时璋、王竹溪等

1958年6月,重水反应堆和回旋加速器建成,中科院物理所遂改名为中科院原子能所,成为我国第一个多学科综合性的原子能科学技术研究基地和培养干部基地。为了适应科研技术工作发展的需要,原子能所聘请了科学家贝时璋、王竹溪、胡济民、李林、刘静宜、何怡珍、吴乾章、洪朝生等来所任职或兼职。他们在开辟新的科学领域和培训技术干部方面作出贡献。

贝时璋　　　　　　王竹溪

吴有训、钱信忠、赵忠尧、严济慈、郑林、杨承宗、邓照明、李寿枬等

1958年9月,在中国科学院原子核委员会下设立了同位素应用委员会,负责同位素应用技术的规划与组织。吴有训任主任委员,钱信忠、赵忠尧、严济慈、郑林、杨承宗任副主任委员,邓照明任秘书长,办事机构设在原子能研究所,李寿枬任办公室主任。

严济慈

梅镇岳等

1958年,中国科学院兴办了专门为科研单位培养人才的科学技术大学,原子能所的赵忠尧、梅镇岳、杨承宗等人,在该校主办了核物理系和放射化学系。

潘秀苗

他自20世纪60年代初就开始在国家科委从事同位素与辐射技术的科研管理工作。他直接参与和组织了全国同位素与辐射技术的发展规划与计划的制订和实施、研究成果的推广与产业化工作。他在"六五""七五""八五"三个五年计划期间,参与组织了同位素辐射技术的科技公关工作。在他主持下,取得的许多重大科研成果,为我国辐射加工产业化奠定了技术基础。他大力部署并组织了中间试验研究和工程建设,有力地推动了全国辐射加工产业化的形成与发展。1992年初,辐射加工专业委员会成立,潘秀苗任理事长。

郑绍唐、徐鸿桂、吴当时、张仕发、李嘉梁、储连元、陈乐山、吴翔、冯勤、平纯清等

1959年和1960年前后,原子能所把一批技术骨干输送到北京第九研究所,参加第一颗原子弹的研制,除胡仁宇、林传骝、唐孝威、王乃彦、王世绩等人外,还有这10个人。

武连魁

二机部决定将为扩散厂培训技术人员的"615"实验室建在原子能所。该实验室于1959年3月建成,吴征铠任主任,王承书、钱皋韵任副主任,武连魁任党总支书记。"615"实验室为我国培训了第一代浓缩铀研究生产的技术人员,并协助扩散厂解决了很多技术问题。1956年底,原子能所(房山坨里二部)设党委,党委书记李毅,副书记梁超、武连魁。

桂业伟、蒋桂玉、陈文森、俞沛增

分离膜是扩散机的核心元件,它的成分和制造工艺,当时的苏联绝对保密。为了突破这一技术难关,原子能所于1960年7月组成了分离膜攻关小组,钱皋韵任组长,从有关研究室抽调近20人参加攻关。其中就有这4个人,他们还参加了在上海的联合攻关。仅用了两年多时间,便攻克了这项尖端技术。

黄昌庆、常友、王世盛、李仲芳、朱培基、丁树藩

简法生产六氟化铀。1960年6月起,原子能所把简法生产六氟化铀及其分析工作,列为当时原子弹研制任务中的"重中之重,急中之急"。由李毅参加成立了专门领导小组,分工由吴征铠、汪德熙(副所长)、曹本熹(部生产局总工)任技术指导,力一(副所长)负责安全防护。由"615"工程师黄昌庆、常友,部生产局处长王世盛和实验工厂工程师李仲芳等组成攻关小组;由朱培基为首的分析研究室承担六氟化铀的分析任务。他们建成"615乙"工号,于当年10月简法试生产,取得合格产品。接着又建立了"615丙"工号,为六氟化铀生产厂过技术关。这项任务由"615乙、丙"的全体人员和生产厂总工程师丁树藩等共同进行。1963年10月6日,"615乙、丙"共同超额和提前完成了XX吨六氟化铀的生产计划。

施贵勤

原子能所很早就开展了临界安全研究工作,成立了由副所长兼理论物理研究室主任彭桓武、研究员黄祖洽先后担任组长的临界安全小组,阮可强、施贵勤等和有关生产厂的人参加,预先进行临界安全的研究,提出若干确保安全的意见,协助生产厂确定有关安全操作规程,对保证安全生产作出贡献。

孟戈非、陈维敬、张永禄、许维钧、罗璋琳等

"08"生产堆于1960年破土动工,苏联撤走专家后,按照部领导指示,设计院、原子能所和生产厂联合攻关。原子能所(包括一九四所)奉命从1963年起,将用于潜艇核动力堆的研究力量和实验设施,转向主要为生产堆服务。将堆工程研究部主任孟戈非、十二室副主任兼第五大组("09"设计组)组长赵仁恺调到部的设计院,参加生产堆研究设计的领导工作,调所重水堆总工程师陈维敬任生产堆的总工程师;调一九四所副所长戴传曾任生产堆设计的顾问。将原子能所堆材料研究室(六室)主任李林领导的以张永禄为首的核燃料元件研制组七八十人调到核材料厂,为生产堆研制生产核燃料元件;以许维钧为首的腐蚀研究组参加生产堆包壳材料、中间层材料等选材的联合攻关以及工艺管的选材和各种腐蚀实验。在49-2元件堆中完成了生产堆元件的堆内考验,并在热室中进行了辐照后的性能检验研究。堆物理研究室完成了生产堆的物理计算和临界试验;罗璋琳担任副组长参加了生产堆的物理启动。这些人员为生产堆的建成并投入运行作出贡献。

林漳基、罗文宗等

他们参加联合攻关完成核燃料后处理工艺的重大技术革新。生产军用钚的第二个环节是"后处理"。生产堆烧过的燃料元件后处理工艺,用萃取法代替苏联提供的沉淀工艺流程,是当时我国核燃料工业中的一项重大技术革新。二机部领导决定,由原子能所、设计院、生产厂与清华大学协作联合攻关。第一阶段(1965年上半年)攻关突击队由清华大学朱永䝙任组长、原子能所林漳基任副组长、罗文宗任指导员;第二阶段

（1965年下半年），林漳基任组长。突击队在汪德熙副组长指导下，利用原子能所46—戊实验室苦战一年，在清华大学冷试验的基础上，共做了12次Ⅰ循环和10次Ⅱ循环的热试验，检验结果显示出萃取法的良好性能。他们为这项重大技术革新作出重要贡献。

杨桢、孙汉城、王豫生等

从1960年起，原子能所在钱三强、何泽慧的领导下，中子物理研究室（二室）的杨桢、孙汉城、黄胜年、张焕乔、王豫生等一批年轻科学家、业务骨干，与调到核武器所（九所）的几批人员一起，精确测定了与裂变反应有关的重核中子截面，裂变中子能谱，及次级中子多重性；建立了各种放射性测量方法及标准，包括中子通量标准、中子源强度标准、Q源强度测量标定等；还解决了核武器研制与现场试验中若干技术问题。

苏峙鑫、孙懋怡、陈俊美、李耀华、李仲芳、郭坤、李维安、沈义周、王树人、朱家瑄、姚历农等

原子能所所长钱三强于1959年就提出了研制中子源的任务。1961年初，决定把研制中子源的三种研制方案同时进行。其中化合物方案由王方定小组承担；钋一铍中子源的研究交给肖伦为主任的放射性同位素制备研究室（16室），由苏峙鑫小组承担，而氚的研制由该室孙懋怡小组承担；中子管的研制由谢家麟任主任的直线加速器研究室（十一室）的陈俊美小组承担。各小组齐头并进，都取得了良好的进展，1963年下半年，最终确定了了9501方案。这十几人参加了有关小组的工作。

王方定小组在简易工棚里，先后进行了978次试验，研究出符合要求的中子源原料。研究成功的中子源还需要高度均匀的球形薄壳，实验工厂李耀华、李仲芳负责的精密加工车间，老工人郭坤、李维安、沈义周等，加工出高精密度的包装外壳；球壳内装料和均匀度、密度的检测，是制成合格中子源的最后关键，由六室王树人小组、二室朱家瑄小组，负责完成了化合物的包装和检测工作，在1963年12月拿出了第一批合格产品。经核试验基地试验，取得完全成功。

在肖伦、谢家麟分别指导下的方案，也都取得了良好成果，当时虽未能直接用于点

火中子源,但为其他攻关任务作出贡献。

孙懋怡小组

1963年,原子能所组织了氚生产工艺试验研究,十六室孙懋怡小组,承担了这项任务,他们完成了生产氚的提取,纯化、浓缩等全部工艺流程及测试方法的研究任务,为大厂氚生产线的建设提供了成套的数据和经验,并为生产厂培训了一批人才。

席德明、王承博等

要完整地测得原子弹爆炸过程的全部数据,需要毫微秒级的示波器和与之相匹配的探头——高增长倍数的光电倍增管。二机部要求原子能所1964年上半年完成。该所把这项任务下达给副所长刘书林兼主任的电子学探测器研究室(十三室),由从事毫微秒技术研究的席德明小组承担快速示波器的研制,由王承博小组承担光电倍增管的研制。他们按期完成任务,将合格产品运送到核试验现场,几台B—12示波器在核试验基地长期服务,用于10多次核试验。

许廷宝等

为及时掌握核试验期间我国广大地区的环境安全状况,原子能所选派许廷宝等科技人员会同总参防化兵院一起,于核试验前专机飞往指定的机场待命;核爆成功后,负责执行核试验场外高空放射性烟云追踪测量与取样任务。他们从祖国西北一直追踪测量到东海岸。之后,他们为我国多次核试验的环境安全状况作了及时测报。

蔡少辉、萨本豪、刘宪辉、王德火育、卓益忠、李泽清、陶大坤、龙世达、莫俊永、陈克娜、李树仁等

早在1960年12月,刘杰部长对钱三强所长说:"考虑到核武器研究所正忙于原子弹攻关,氢弹的理论探索工作,可由原子能所先行一步。"原子能所即由钱三强所长领导成立了"中子物理领导小组";在理论物理研究室(四室),组成由黄祖洽、于敏、何祚庥、蔡少辉、萨本豪、刘宪辉、王德火育、卓益忠、李泽清等参加的"轻核反应装置理论探

索组"(简称"轻核理论组");在数学方面配合的有陶大坤、龙世达、莫俊永、陈克娜、李树仁等,他们经过四年探索工作,在氢弹各种物理过程、作用原理和可能结构方面,写出60多篇论文,认识了许多现象和规律,奠定了许多探索氢弹原理的理论基础。1964年10月原子弹爆炸成功后,按部领导指示,于1965年1月,原子能所将参加这项研究任务的黄祖洽、于敏等31人合并到核武器所,继续参加对氢弹研制的攻关。

蔡敦九、杨桢、吕广义等

1965年2月13日,刘西尧副部长把"35号"(氚和锂—6反应截面的测量)任务下达给原子能所。早在1960年冬,该所在成立"轻核理论组"时,就同时成立了丁大钊、蔡敦九等10多位科技骨干组成的"轻核实验组",他们为轻核反应截面测量任务,进行了有针对性的物理准备和技术储备。这次接到任务后,便抽调业务骨干50人,组成以副所长何泽慧为业务领导、吕广义为政委的突击队,不到半年时间就完成了两年半的工作量。杨桢等人又完成了几项后续工作,从而圆满完成了"35号"任务。这项工作为我国氢弹研制途径的选择起了重要作用。

严柏龄、杨应辉等

热核材料(亦称聚变核材料)是指能够产生热核反应的材料。热核材料主要包括氘、氚和在中子轰击下能够产生氚的锂-6。原子能所派出十室副主任刘允斌和九室(稳定同位素分离研究室)的稳定同位素分离组全体科技人员,支援核材料厂锂-6同位素分离与氘化锂-6生产线建设,帮助设备安装、调试和生产(1961年部下令将他们全部调给该厂)。1962年,原子能所又派四室(理论物理研究室)副主任金星南率理论、计算人员严柏龄、杨应辉等到该厂协作。他们为指导生产提供了大量有用数据,解决了生产上的关键问题。

刘永福、刘明章、朱善根等

氢弹试验除了原子弹需要的燃耗测定项目外,还要增加两种锂燃耗测定。原子能所组织九室刘永福小组(质谱分析)与十五室刘明章小组(化学分析),共同建立了锂燃耗高灵敏质谱法;七室朱善根小组(γ能谱测量)和十室郭景儒小组,共同完成了铍-7对核素测定法。他们完成了建立氢弹试验燃耗测定方法的任务,并为核试验基地培养了人才,提供了全套燃耗测定方法和设备。

杜增福

杜增福,原子能科学研究院电子仪器厂的高级技师。他一直从事仪用变压器绕制和设计工作。曾为研制核爆及其他核科学所需的具有特殊要求的变压器作出贡献。我国第一颗原子弹爆炸所需的核电子学仪器的变压器数量多、种类多,工作量和技术难度都很大,杜增福经过改进绕线工艺、绝缘方式及浸漆工艺等圆满地完成了任务。他获得过国家发明奖三等奖、国家科委重大科研成果奖三等奖、国防科委重大科技成果奖三等奖和新技术奖。

周培昌

周培昌,原子能科学研究院同位素所放射性同位素制备应用研究室的工人技师。他1959年从部队转业后,一直从事放射性同位素制备及应用工作。他参加了研制"两弹一艇"的工作。之后,他又与科技人员一道,成功试制出我国第一个钴-60丝状源。随着我国同位素应用技术的发展,他们研制了我国第一代钴-60强源。1975年,他负责为周恩来总理组装钴-60医用源的工作,做到了万无一失,受到各级领导的表扬。

姚士彬

1958年从吉林大学金属物理专业毕业后,分配到原子能研究所。他接受的第一个科研课题是核燃料二氧化铀芯体的研究。这项工作在国内属第一次,姚士彬自己动手自制钨丝高温炉,用千斤顶代替油压机,独立地研制出了我国初期的产品,为原子弹研制作出贡献。1970年,他从北京到核动力院,参加我国第一座高通量堆的建设。30多年以来,姚士彬主持设计和建造了我国最大的反应堆材料辐照后检验热室群,完成了重水实验堆燃料元件辐照检验研究和首座生产堆、动力堆的燃料元件辐照性能的试验研究。他和同事们经过科技攻关,创立了我国自己的一套反应堆元件辐照后检技术,

首次在国内完成了二氧化铀在堆内的热导测量,并且对高通量堆的开发论证和加深燃耗实测作出重要贡献。他11次获国家、国防科工委、中国核工业总公司的科技进步奖。他曾任中国核动力院反应堆运行所副总工程师,研究员级高级工程师,中国核材料学会理事,四川核材料学会专委。

卢浩林

原子能科学研究所堆工所研究员,博士生导师。他长期从事材料的研究工作,取得多项有重要价值的科研成果,曾为"两弹一艇"研制作出贡献,曾获1978年全国科学大会奖2项。

孙汉城等

1952年清华大学物理系毕业后即到中国科学院近代物理所(今中国原子能科学研究院)工作。先后从事核探测技术、中子物理、轻核反应、中微子物理与核技术应用研究。1955年,何泽慧和陆祖荫、孙汉城合作研制了对质子灵敏的核乳胶,因此获1956年度国家自然科学奖三等奖。孙汉城曾任中子物理研究室主任、物理研究部副主任、核技术应用研究所所长,并兼任过中国物理学会理事、中国高级物理学会与中国核物理学会常务理事、中国核学会核技术应用分会常务理事。著有《核世纪风云录——中国核科学史话》(王甘棠、孙汉城编著)。

孙汉城　　　　　　　　王甘棠

徐鸿桂

徐鸿桂,（1933年3月—2015年2月）,生于辽宁沈阳。1951年考入清华大学化学系,1952年随院系调整并入北京大学化学系。在校期间被选为北京大学学生会主席。1959年初受北京大学派遣赴苏联,先在苏联科学院地球化学与分析化学研究所研究实习,后进入杜布纳联合核子研究所,在著名物理学家王淦昌教授指导下从事放射性同位素研究,参与寻找新元素的工作。1962年回国,在北京大学技术物理系任教并兼任系党总支副书记。1963年奉调二机部在原子能科学研究所进行研究工作。之后,在青海二二一基地从事核科学技术研究。参与中国第二次核试验。1965年随二机部九院迁往四川,先后在安县、梓潼、绵阳三线基地从事核工艺设计等工作。曾参加九院设计院绵阳148新址基建工作,1972—1974年任工地材料组组长,负责采办、运输砖瓦砂石等建筑材料。1979年调回原子能科学研究院,开展核电站反应堆燃料后处理工艺研究。1983年底被任命为化学部副主任,1984年初任放射化学所首任所长。1984年起出任中国核学会常务副秘书长、代理秘书长,主持开展核科学技术交流,开拓核科技与核能国际合作,普及核科学知识,筹备并主办中国国际核工业展览会。出访足迹遍及亚、欧、美、澳20多个国家和地区,参与了中国核领域开放最初10年的历程。他是研究员级高级工程师,北京大学技术物理系兼职教授,《溶剂手册》主要编著者,《中国大百科全书》《中国军事百科全书》撰稿人之一。

徐鸿桂

王一

王一,(1909年5月—2001年11月),女,湖北荆门县人。1926年参加革命,1927年3月加入中国共产党。在中共汉口三区委员会机关任干事。1927年10月,由中共中央派往苏联莫斯科共产主义劳动大学学习。1930年在苏联伊尔库茨克边疆斯列金斯克城沙河大门金厂任工人指导员,组织培养了一批干部。1932年调苏共伊尔库茨克边疆党委的中文版《突击报》编辑部任责任书记,她撰写了大量文章在报上发表。1934年底在赤塔党校东方班任教员和主任。1935年4月被苏共中央派到我国新疆工作,在乌鲁木齐女子师范学校任教员兼小学部主任。1938年8月被调回苏联,并考入伊尔库茨克医科大学学习。1942年毕业后被分配到伊尔库茨克城斯维尔德洛夫斯克区医院工作,任耳鼻喉科主任医师、院长,还担任过工会主席、党支部委员、书记等职。在苏联卫国战争时期,鉴于王一的卓越工作,被苏联授予"1941年—1945年光荣劳动"银质奖章。1952年,王一奉调回国,在卫生部北京医院工作,任耳鼻喉科主任、医务主任,还担任过党支部委员、党总支委员、工会副主席等职,1953年参加抗美援朝医疗工作组。王一回国后曾翻译了许多医学方面的俄文著作,对耳鼻喉医学有很深造诣。1958年调入原子能研究所工作,任防护医疗所主任、职工医院院长。她努力钻研放射医学,积极组织放射损伤的研究工作,组织医师编写有关防护医学的工作资料,她曾任北京中华医学会理事,耳鼻喉分会委员、副主任委员等职。她是副部级离休干部。

蒋本沂、宋少章、米泰初、李树德、陈王善继、吴晋惠、谢淑珍、姚川汶等

1963—1965年,根据中央专委决定,从全国卫生系统抽调蒋本沂、宋少章、米泰初、李树德、陈王善继、吴晋惠、谢淑珍、姚川汶等一批安全防护和医疗卫生专家,以加强原子能工作安全防护卫生系统的技术指导力量。

陈王善继

胡遵素

20世纪60年代,他为核爆试验研制过多种剂量仪。1965年,我国第一次空投核弹试验时,飞机里装的直读式剂量仪就是他亲自研制的。70年代,他结合地震部门的需要,研制了高精度地下岩石应力仪。为此,他获得第14届日内瓦国际发明博览会银质奖章。1970年,他担任了中国辐射防护研究院院长。

胡遵素

杨纪春、胡遵素、阮可强、施贵勤等

在"两弹一艇"研制期间,兰州铀浓缩厂的杨纪春,辐射防护研究所的胡遵素,原子能研究所的阮可强、施贵勤等人,在辐射防护和核安全方面做出了优异的成绩。

张永兴、吴伟民、姚安平等

三线地区一些单位地处山区,气象条件复杂,对放射性废气排放不利。为了保证周围地区居民的健康和安全,二机部及时组织环保专家在主要厂址上做了大气扩散实验,确定了大气扩散参数、废气的排放浓度和排放总量的限值;在有的厂址上还做了河流稀释因子和沉积因子实验。原子能研究所的张永兴、辐射防护研究所的吴伟民,核工程研究设计院的姚安平等人积极参加了这方面的工作,在较困难的情况下取得了良好的试验研究结果,为原子能工业的环境保护作出贡献。

林伟贤

1946年毕业于上海圣约翰大学,是土建老专家,曾在华东建筑设计院工作。上世纪调入二机部第二研究设计院工作,主持和参加了大批工程设计。1973年调往上海核工程研究设计院,他参加了秦山核电站的建设。1980年任该院副总工程师后,负责厂址选择、规划设计和土建公用工程设计。1985年,他获核工业部颁发的长期从事核工业建设,为核工业作出贡献的荣誉证书。

毕克意

二机部湖南二七二厂物资供应科科长,他负责物资供应工作成绩突出。当时刘伟副部长分管物资供应,当时提出的口号是:一切为了原子弹,相关单位需要什么就供应什么;哪里需要就送到哪里;什么时候要就什么时候供到。他为了解决前方的急需,曾多次抽调部属机关的局处干部组成催交小组,分赴全国各地催要物资。毕克意也多次被点名来京参加催交小组,再赴外地。如对酸碱、氨水、煤炭等关键原材料的筹集和催交,等等。毕克意每次都能完成催交任务。

宿运北

从1961年7月起,原子能工业生产建设物资一律列为军运,各工程的建设物资实行中途转运。西北几个核工程的建设物资和部分生活物资,都在郑州车站中转。在这里中转发运货物的工作量相当大。优秀装卸工宿运北20多年,风雨无阻,哪里最艰苦,哪里最危险,他就出现在哪里,脏活累活抢着干,多次被转运站评为先进工作者和优秀共产党员。

张玉荣

1980年2月,国家物资总局命名二〇二厂为全国物资管理战线先进企业,多年从事该厂物资供应和管理工作的张玉荣被命名为全国物资战线劳动模范。早在1964年10月1日,张玉荣就以厂劳动模范身份出席了新中国成立15周年的国庆观礼。

朱志虹

在北京核仪器厂奋斗几十年,作为该厂许多重大科研课题的项目负责人,他取得了一系列科研成果,为我国原子能事业和核仪器的发展作出贡献。他的科研成果多次获国家级和部级奖励,1989年被评为核工业总公司"有突出贡献的中青年专家"。他曾任该厂总工程师兼科技委主任。

任雨吉、董弘琪、王仲富、薛凡民、谢仲然、周抚堂等

1958—1959年,六氟化铀厂、核燃料元件厂、铀浓缩厂、生产堆、后处理厂、钚加工厂、核武器研制基地等建设项目的工程设计迅速全面铺开。这些项目的设计总工程师分别是:任雨吉、董弘琪、王仲富、薛凡民、谢仲然、周抚堂等。

王仲富(1917年1月—
2007年3月)

王银川、李春才、李日余、魏增宏、刘文翰、刘志民、郭乃力、周振远、魏建华、李延林、曼丘等

1958年3月—8月,二机部从建工部兰州工程局先后选调了4000余人,分别组成了三支施工队伍,承担原子能工业西北三个工程的施工。其中,承担兰州铀浓缩厂施工的是二机部一〇一建筑工程公司,首任经理王银川,党委书记李春才,主任工程师李日余;承担酒泉原子能联合企业施工的是二机部一〇二建筑工程公司,公司经理为魏增宏,总工程师刘文翰;承担西北核武器研制基地施工的是二机部一〇四建筑工程公司,首任经理刘志民,党委书记郭乃力。期间,二机部又从建工部第九生产设计安装公司

选调700人，从一机部、冶金部、化工部等单位选调约500人，共约1200人，组成了二机部一〇三安装工程公司，经理周振远，党委书记魏建华，总工程师李延林。同时，建工部包头工程局长曼丘组织他们在包头的第一工程公司承担了包头核燃料元件厂的施工。

王中蕃、刘宝庆、王成孝、华戈旦、陶平等

铀浓缩厂在核燃料生产中占有特别重要的地位。1957年底，二机部派人到列宁格勒实习，由王中蕃和刘宝庆带队，王成孝搞理论计算，华戈旦搞主工艺，陶平搞仪表检修、彭士禄搞机修。他们在苏联实习几个月后回到国内，开始进行施工设计。当时，刘宝庆是铀浓缩厂的副总工程师、总工艺师。

王中蕃(1917年5月—2016年8月)

宋庆仁、常勇、徐德禄、段存华、华明达、孙毅等

为了给铀浓缩厂培训技术人员和培养干部，在原子能所建设了一个615工号，也称扩散实验室。宋庆仁是党支部书记，负责615的筹建；常勇搞基建；徐德禄、华明达、孙毅等，从1958年初筹建开始，就参加了其中的工作。1959年，他们跟苏联专家在现场安装调试启动。铀浓缩厂的副厂长秦承刚、总工程师郑流阳、副总工程师刘宝庆及各总工艺师、值班主任等都到615来培训过。徐德禄、段存华夫妻俩一块参加了气体扩散理论的学习。1962年，王承书率领这几个人搞级联计算时，徐德禄是工艺组组长，用615的几十台机器，模仿工厂的情况搞实验。回到兰州铀浓缩厂，徐德禄曾任支部书记和主工艺大厅主任，参与组织大厅的安装调试工作。

刘晓波、黄性章

他俩都参加了铀浓缩厂的初建和工厂投产的工作,都在厂主工艺车间;投产前,都调到主产品工艺装置岗位上,刘晓波任操作员、黄性章任监督员。1964年1月14日,是出浓缩铀产品的一天。他们连接了产品装置的工艺线路……刘晓波进行取产品操作。他轻轻打开产品容器上的进口阀门,高浓铀气体缓缓流入产品容器而被冷凝。于是,刘晓波被称为拿到第一瓶高浓铀产品的人。

王承书、王成孝、俞沛增、段存华等

兰州铀浓缩厂实现铀浓缩,必须懂得铀同位素分离的计算,懂得净化级联的计算,来启动几千台的机器。王承书带领王成孝、俞沛增和段存华等人一起研究,并由王承书辅导,消化吸收了苏联专家的讲课内容,并结合兰州铀浓缩厂的实际形成了我们自己的一套理论,真正掌握了气体扩散理论的问题。俞沛增、段存华等在掌握理论和对净化级联的运行工作,作出贡献。

王成孝

兰州铀浓缩厂建厂时,王成孝是厂计算科科长,负责制定启动方案,把几千台扩散机分成多少批启动效果最好? 要计算清楚。至1962年底,二机部提出"两年规划"并经中央批准。按新的进度要求,扩散厂要提前生产出高浓缩铀。但是,根据苏方设计的启动方案,不可能提前出产品。王成孝等理论计算人员重新启动了计算方案,提出把全部机组分9批启动、5批出产品的新方案,比原方案提前半年出产品。王成孝成为中国第一个能独立进行扩散理论计算的人。

王斌武

1958年加入核工业建设队伍,先后在兰州铀浓缩厂等国家重点工程建设中,无论是在变配电系统、工艺控制系统的安装调试中,还是在主控大型计算机的安装与调试中,他都一次性调试成功,并在现场电气调试、安装方面积累了丰富的经验。1988年,他参加大亚湾核电站建设,任动力队副队长。根据要求,王斌武考察了核岛上千个房

间,反复设计和论证,亲自绘制了67张电力配电图,最终完成了生活营地和核岛生活用电的配电设计,博得法国专家的好评。之后,他成为核工业第二三建设公司第二工程公司的一名电气高级技师。他多次被评为先进生产者。

陆银生

高级电焊技师。1959年3月,二机部到上海选调优秀的技术工人,到西北戈壁滩上参加建厂。上海冶金局试验厂6级焊工陆银生立刻报了名。当时他不满23岁。他先是到了大漠深处的酒泉原子能联合企业,同年8月,因抢建兰州铀浓缩主工艺厂房,陆银生又被借调到五〇四厂。他在主工艺厂房焊接铝合金高压风管,以其过硬的技术功底和精湛的焊接技艺,保质保量地完成了任务。"一切为了安装主机,一切为主机让路",这是当时大家的口号。1964年1月,高浓缩铀–235合格出产,为第一颗原子弹提供了核燃料。1968年,因建设的需要,陆银生携妻子又转战到地处西南"三线"的大山深处。电焊岗位30年,哪里需要去那里,从一名普通的电焊工成长为能够焊接特殊合金等有色金属的高级技师。

王新民、王子仪、任耐、陈正琛、吴梓培等

1964年9月,二机部成立了扩散机鉴定委员会。王新民任主任委员,吴征铠、王子仪任副主任委员,任耐、芦荣光、陈正琛、吴梓培等13人任委员。从1964年冬开始,试制的几种扩散机陆续通过鉴定后,投入批量生产,保证了铀浓缩厂建设的急需。

秦乘刚、华戈旦、吴梓培、张占发、金林、张卓勋、秦关湘、姚庆燮等

1964年1月14日,是兰州铀浓缩厂取得高浓铀合格产品的一天。这一天,厂领导张丕绪、王介福、王中蕃、刘喆、秦乘刚等都到了主控制室;总工程师郑流阳、副总工程师刘宝庆率领华戈旦、吴梓培、张占发、金林四位总师都来到了主工艺车间控制室。张卓勋是当天的值班主任,由他下达工艺运行方案转换的操作命令。秦关湘是主工艺车间主任,姚庆燮是中央分析室主任。他们都是那天取得高浓缩铀产品的见证者。

束子和

（1923年—2007年2月），江苏盐城市人。1942年参加抗日战争，他和战友们共同为抗日前线生产手榴弹10万枚，为新四军苏北地区的抗日战争和全国抗日取得胜利作出贡献。20世纪50年代，他调到二机部兰州铀浓缩厂任职，曾任兰州铀浓缩厂商业局局长等职务。1984年9月离休。离休后，他用15年时间撰写完成了历史回忆录《从手榴弹到原子弹》。这部回忆录以大量的史实记载、叙述和见证了我国抗日战争时期、原子能工业生产建设以及爆炸原子弹的光辉历史，成为重要的历史资料。该书被新四军盐城纪念馆、核工业系统等几十个部门和单位收藏与陈列。

董弘琪、蒋述善、洪景荣、李恺等

包头核燃料元件厂开始建厂时，首任厂长张诚，副厂长有王焕新、杨朴等。1957年10月17日，二机部批准了元件厂的初步设计任务书后，11月初，由杨朴、工程师董弘琪等12人赴苏联参加元件厂的初步设计工作，但施工图和技术设计要回到北京来做，董弘琪是项目设计总工程师，蒋述善、洪景荣、李恺等都是主要设计人员。元件厂的施工设计，从1958年8月底算起，只用48天就抢了下来，使得在中苏关系彻底破裂之前拿到了关键设备，赢得了时间，保证了生产线的正常上马。

洪景荣、杨道亭等

为了解决四氟化铀生产工艺中的技术问题，包头核燃料元件厂组成了由工厂副总工程师洪景荣、杨道亭等人参加的科研与生产相结合的攻关队伍。他们在北京铀矿选冶研究所曾研究出简法生产技术的基础上，经过多次试验，突破了生产工艺中各道工序的技术难关，积累了大量的试验数据，摸索出一套工艺程序。1962年12月12日，四氟化铀生产车间开始运行，生产出第一批合格产品。

白文治、徐基乾、乌恩、安纯祥、林福善、郭振阳等

原子弹上有一个重要部件XX部件。这个部件是在包头核燃料元件厂加工制作和生产的。二机部生产局长白文治具体下达任务，徐基乾是二机部九局冶金处处长，做

了很多组织和联络工作。1962年1月,包头核燃料元件厂决定在二室成立六分室,专门开展原子弹贫铀部件的研制工作,他们利用一个仓库和五机部在包头的坦克厂的一个厂房及有关设备开展秘密研制、加工。副厂长乌恩负总责,主要技术骨干安纯祥是从莫斯科钢铁学院冶金专业毕业的。林福善和郭振阳都是有经验的锻工,他们掌钳、开锤。1964年4月7日,生产出第一套贫铀部件,保证了第一颗原子弹爆炸试验的需要。

纪哲、张永禄、张世峰等

1961年1月,原子能研究所六室元件制备组张永禄等76人到包头核燃料元件厂筹建元件研究室。这些人视国家利益高于一切,为了创建原子能事业,他们服从一切安排。

原子能所六室元件制备组的人们与核燃料元件厂某车间的冶金部分合并成立冶金实验研究室,纪哲任主任(副厂长兼),张永禄任副主任,张世峰任书记。他们为元件厂的建设和原子弹重要部件的研制作出贡献。

乌恩、王世明等

1964年6月,核燃料元件厂氘化锂-6生产线会战指挥部成立。副厂长乌恩任总指挥,二机部总工程师曹本熹和核燃料元件厂王世明、刘允斌任副总指挥。他们为氘化锂-6生产线的创建和生产作出贡献。

王巨春

包头核燃料元件厂在氘化锂-6生产线的建设中,注重技术人员的培训。这是保证投产成功的重要环节。严格的培训造就了一支技术过硬的队伍,他们在之后的生产中不仅出色地完成了任务,而且不少人还成了技术革新能手。工人王巨春就是突出的一位,他提出了控制液面操作法,使生产初期液面控制不住、系统难以稳定的局面得以扭转,解决了生产中的一大难题。

安纯祥、刘锡霖、贾宝珍、苏步环等

1985年11月1日,核工业召开庆祝建部30周年和先进集体、先进个人表彰大会。会议命名包头核燃料元件厂为先进单位;二室、一车间为先进集体;安纯祥、刘锡霖、贾宝珍、苏步环被评为核工业部劳动模范。

苏步环(女)

1958年从重庆大学毕业后,和她的学友(之后的丈夫)一起分配到二机部包头核燃料元件厂工作。从此,他们再没有离开那个地方,直到60多岁在返聘岗位上退休,之后于2010年去世。在建厂初期,她和工人师傅们一起先后设计制作了10多种卷扳机、锯床等专用或通用设备,为核燃料元件厂生产建设的全面展开奠定了基础。后来,她曾主持设计了部分稀土改扩建生产线工程,完成了援外工程的设计、部分加工工艺编排及专用夹具量具的设计等多项任务。她11次被评为厂劳动模范,7次被评为包头市劳动模范,2次被评为全国三八红旗手,1次被评为核工业部劳动模范和国家能源部劳动模范。

李冠兴

(1940年1月—),上海人。核材料与工艺技术专家。他1966年从清华大学工程物理系研究生毕业,分配到二机部包头核燃料元件厂工作,一干就是40年。他的第一件工作就是从事生产堆元件中间层的研究。第一次写项目报告时,就遇到了核材料界的老前辈张沛霖院士(二机部生产局核材料总工程师),张沛霖对他的工作很满意,并把一些攻关课题交给他去做,他出色地完成了任务。1976年,李冠兴在一项研究工作中,否定了原苏联专家的论断,这为当时大幅度地提高元件包装成品率和降

李冠兴

低堆内事故概率作出重要贡献。他在包头核燃料元件厂历任专题组长、组长、分室主任、副所长、厂副总工程师、厂总工程师、厂长等职。1982年—1984年,公派美国俄亥俄州立大学冶金工程系访问学者。1999年,他当选为中国工程院院士。

张诚

四氟化铀是整个铀工艺过程中最重要的中间产品之一。1960年秋,苏联专家撤走后,根据二机部"集中力量抢建铀235生产线"的统一部署,在厂长张诚的带领下,包头核燃料元件厂及时地调整了生产计划,决定首先抢建四氟化铀生产车间,以尽快为气体扩散厂提供生产六氟化铀所必需的原料——四氟化铀。他们出色完成了任务。

王候山与钱志平

王候山原在辽宁省任省机械厅厅长。1963年4月的一天,他到省委开会,突然被告知,调他去北京,马上走,别多问,叫干什么就干什么。到了北京,他才知道要立即去西北一个厂子,完成基本建设,还要按时拿出产品。他到了酒泉联合企业,头一天就看到一个很熟悉的人——钱志平。王候山在辽宁当厅长,钱志平是副厅长。钱被调动时,他就问省委,调钱志平去哪里? 省委回答:你别问。谁也没有想到,两人在戈壁滩不期而遇。那时的人就是这样,你原来干什么,不管在何处,只要一下调令,卷起铺盖就走人。

钱志平

酒泉原子能联合企业创建初期

陈宏毅、杨庸、宋家树、徐基乾等

核武器研究所和酒泉原子能联合企业在陈宏毅、杨庸、宋家树、徐基乾等人组织领导下,通过反复试验研究,确定了浓缩铀部件的铸造成型工艺,并取得精炼、铸造、坩埚以及真空取卡和切削加工等工艺数据,建立了分析试验方法,明确了控制杂质含量的原则。这些成果为制造浓缩铀部件打下了基础。

王候山、徐基乾、祝麟芳、张同星、高庆昌、毕金花、王清辉、张文祥、朱琴生等

1964年1月,兰州浓缩厂分离出六氟化铀之后,再把六氟化铀气体变成白色晶体,装进钢罐,然后运到酒泉原子能联合企业,进行原子弹核心部件的加工。酒泉原子能联合企业从1963年11月起,做原子弹裂变部件1:1的铸造实验。实验是在一个真空感应电炉中进行。实验中发生的一个最大的难题是铸件中出现"气孔"。消除气泡成为一大技术难关。这个难题是集体的力量得以解决的。二机部副部长袁成隆分管生产和生产局(二局)局长白文治来组织领导。王候山是总厂党委书记、周秩是厂长,徐基乾是分厂总工程师,祝麟芳是车间主任,张同星、高庆昌、毕金花、王清辉、张文祥和朱琴生等人都是搞冶金的,是厂里的技术骨干。二机部九局派来了杜挺、徐纪忠和宾朋等人。还有陈宏毅、丁鹏、杨庸等人,也是学冶金的,是来厂支援这一工作的。集中了全国的一些冶金技术骨干、权威来干这件事。他们曾经提出七种方案。确定最佳方案后,在总工程师张沛霖的指导下,由祝麟芳、张同星等解决了问题。张沛霖说,原子弹是一个非常庞大的系统工程。千军万马,大力协同。每一个科学技术人员,只是在里边做了一点点工作。他以在部里工作的三个总工程师为例,说,曹本熹是铀化工总工程师,陈国珍是分析化学总工程师,我是冶金总工程师,都归生产局白文治管。三人在一个大办公室,协同工作,从浓缩的六氟化铀开始,接着还原成四氟化铀,再还原成很少的金属锭拿去精炼,精炼后铸造成型最后的核部件。全过程里都有化学分析。三个人的工作是紧密相连、环环相扣的,三个人配合得也很好。

周茂功、潘其富等

酒泉原子能联合企业在上世纪60年代末,曾涌现出一个"34-32英雄集体"。1969年1月7日1时25分,反应堆在运行中发出异常信号,测出34-32孔道元件有故障。总厂领导和姜圣阶总工程师亲自组织抢险。由大厅班长周茂功等70多名工人、干部组成抢险队。经过连续奋战,终于在1月8日6时排除了孔道故障⋯⋯。抢险队被二机部授予"34-32英雄集体"光荣称号。潘其富代表英雄集体参加了甘肃省、二机部和国防科工委召开的表彰大会。第二年,周茂功作为英雄集体的代表参加了国庆观礼,并参加了在怀仁堂举办的国宴,受到了周恩来总理的接见。

34-32英雄集体,周茂功(右四)、潘其富(右六)

原公浦、匡炳兴、何绍元、张淑芝等

原子弹裂变部件的铸造实验中的气泡问题解决后,接下来的工序就是精加工。通过切削加工,使部件达到使用单位(二二一厂)产品的几何形状、尺寸大小、重量多少等方面的精度要求和光洁度要求。产品最后的精加工是人们最为关心的。是在一个小室装置内操作,只允许三个人进入并共同完成。原公浦是操作手,匡炳兴是监护,就是监护着原公浦,何绍元负责计算和记录。原公浦车了一刀之后,尺寸到了什么地方了,就要马上计算出来,并告知原公浦,准备下一刀;加工一刀复核一次,加工三刀复核一次,然后再加工,还剩下最后三刀时最为关键,要总工程师签了字再加工。部和厂里的领导、技术专家及有关人员都在室外热切等待。产品加工下来后检验员要把它送到大型工具投影显微镜上检测,看是否合格。张淑芝就是那个检验员。结果是"加工得特别好,一点儿毛疵都没有。"

白文治、姜圣阶、张沛霖、张大本、徐基乾、朱琴生

原子弹裂变部件的铸造实验中新发生的气泡问题解决后,白文治迅速给部里发电报,报告核燃料中最后一个技术难关已攻克,可以正式加工制造中国第一枚原子弹用的核裂变部件了。只要铀浓缩厂安全、如期生产,爆炸就可以如期实现。这封电报是一个保证书、军令状。在电报上签字的就是这6位同志。图为铀核心部件厂总工程师张大本。

张大本

665

徐基乾、谢振羽

这两人是研制"两弹"时期奋斗在戈壁滩酒泉原子能联合企业的夫妻俩,徐基乾是四分厂(核部件制造厂)副总工程师,他与总工程师张大本带领同事们艰难攻关,掌握了铀的精练和铀部件的铸造加工及检验等技术,确定工艺参数,制定工艺规程和控制铀杂质含量的基本原则,为核部件制作奠定了基础,并生产出原子弹第一套合格的铀-235部件。谢振羽在三分厂任生产技术科科长。刘杰部长在回忆录中亲切地称呼谢振羽为小老师,并说:"那时候我非常佩服她,在化学上遇到问题就找她"。80年代初,夫妻俩调往上海金山石化总厂,徐基乾任副厂长,谢振羽任厂总工程师。

张廉

(1926年6月—2011年9月),他1950年8月毕业于南京大学电机工程系。1964年9月,由上海闸北发电厂选调到二机部从事反应堆工作;1966年2月调西北酒泉原子能联合企业,任我国首座生产反应堆值班主任。1974年7月,到上海核工程研究设计院,参加秦山核电站工程的研究设计。张廉参加完成的《秦山30万千瓦核电厂设计与建造》获国家科技进步奖特等奖。1989年,他被授予能源系统"全国劳动模范"荣誉称号。

张廉

任德曦

抗美援朝时参军,之后考入东北财经学院工业经济专业,毕业后分配到北京化工部工作。上世纪60年代初,二机部需要放射化工技术与管理人才,任德曦被选调到二机部酒泉原子能联合企业。他承担的第一项任务就是负责工程指挥部的计划工作,参加建设后处理中间试验厂和生产厂。他在西北戈壁滩一干就是20年。20世纪80年代初,任德曦调入当时二机部所属中南工学院(南华大学前身),负责筹建工业管理系。他邀请国内专家一起编制了60多万字的核工业经济讲义,又主编出版了《核电站项目管理》。在任德曦主持经济管理学院工作期间,学院荣获湖南省、衡阳市、工学院三级教育先进集体,他本人被评为省优秀教师、优秀共产党员等。2006年,中国管理科学研究院授予他"中国杰出管理研究者"荣誉称号。

陈锡寿

大学毕业后在上海第一制药厂工作。1959年秋,他因化工技术好而被推荐到二机部从事化工实验工作。在部机关工作四年后,就去了西北戈壁滩上的酒泉原子能联合企业工作。他曾参加设计建成六氟化铀的工艺过程。1967年,陈锡寿的妻子严学清也离开上海到达戈壁滩,夫妻俩一块为国家作贡献。1969年,他们又服从组织安排,从大西北转战到"三线"地区。陈锡寿在主车间工作,他和同事们一起成功地调试了主化工生产线,先后参加了多次大会战。直到退休后,夫妻才又回到上海老家。

李义才

生长在河北农村,1965年从北京钢铁学院毕业后,分配到二机部四○四厂工作,一干就是30多年。他数次被评为技术能手和先进工作者,在我国第二颗原子弹爆炸成功后,他荣立了二等功。后来,他由一个普通的技术员走上分厂领导岗位。

郭晶

(1936年—),原二机部大连五二三厂一位工程技术人员。他1962年大学毕业后被分到五二三厂工作,参加了许多重要产品的科研试制,其中承接了原子能研究所实验型重水反应堆内壳的制造任务,他提出了正确的工艺方案,并最终完成了任务。几十年来,他攻克了不少技术难关,为原子能工业、核电事业作出贡献。1995年创建核工业40周年之际,他被评为核工业劳动模范。

赵施格

他是中国共产党创始人之一、中国无产阶级革命先驱者赵世炎的儿子。赵施格1岁时被送往苏联,3岁被送进国际儿童院。长大在苏联接受了高等教育。1951年,他从莫斯科回到祖国。1958年,他担任北京钢铁研究总院四室主任,1965年奉调二机部,任二机部西南金属制品厂(八五七厂前身)首任生产技术厂长。他在西南金属制品厂工作了15年,完成了工厂的建设和生产任务,并带头进行了6次技术攻关,提高了主产品的技术参数,一次次降低了产品成本。1980年,西南金属制品厂更名为八五七厂。

二机部核武器研制所研究室(组)主要人员构成(约1960年10月—1963年初)

设6个科研室一个加工车间:

第一研究室:主任:邓稼先,副主任:周光召、何桂莲、秦元勋。

第二研究室:主任:陈能宽,副主任:苏耀光、吴永文、孙维昌、王义和、钱晋。

第三研究室:主任(缺),副主任:胡仁宇,赖祖武。

第四研究室:主任:陈宏毅,副主任:杨庸、何文钊。

第五研究室:主任(缺),副主任:疏松桂、张闳钧。

第六研究室:主任:龙文光、副主任:陈学增。

车间主任:孙振厚。

吴永文(1926年—),辽宁本溪人。1952年在齐齐哈尔123厂任总工艺师。1960年调入二机部北京九所,担任二室副主任。1963年到二二一厂任二生产部副主任。1973年任九院三所副所长,后任所长。研究员。1988年离休。

孙维昌(1931年—),辽宁新民人。1960年调入二机部北京九所任二室副主任,领导十七号工地爆轰试验。1962年到二二一厂任二生产部副主任。1969年任九院三所所长、书记。1978年任九院党委副书记,后任常务副书记。1992年离休。

吴永文　　　　　　　　孙维昌

二室承担爆轰试验任务,设9个组:

一组:组长陈作印

二组:组长刘振东

三组:组长裴兆麟

四组:组长陈常宜

五组:组长任益民

六组:组长黄世民

七组:组长林传骝

八组:组长夏志诚

九组:组长吴世法

二室试验场(十七号工地)管理负责人:王义和

刘振东(1930年—),辽宁沈阳人。1960年2月调入二机部北京九所,担任二室二组组长。1962年10月到二二一厂二生产部任车间主任。高级工程师。1988年离休。

任益民(1931年—)陕西三原人。1960年4月份从地质部物探局青海物探大队调入二机部北京九所,担任二室五组组长。1963年3月到二二一厂实验部,1972年到四川九院一所,曾担任一所副所长。1980年以后担任九院副院长、常务副院长,九院党委书记。研究员。2003年退休。

吴世法(1928—),浙江东阳人。1960年调入二机部北京九所,担任二室九组组长。1963年到二二一厂实验部。1969年到九院一所工作。研究员。1990年退休。

刘振东   任益民   吴世法

二室技术骨干介绍(部分):

陈涵德(1937年—),浙江余姚人。1959年到九所。先后在九所三室,原子能所二室、十一室,二二一厂实验部,九院二所工作。曾任二所所长。总工程师、研究员。2003年退休。

陈涵德

陈禄瑜(1935年—),湖南郴州人。1960年9月到九所,担任二室二组技术员。1963年3月到二二一厂二分厂工作。1974年11月到九院三所工作。副研究员。1995年退休。

陈禄瑜

董学纯(1936年—),北京人。1961年9月到九所,二室五组技术员。1963年3月到二二一厂实验部,1969年到九院一所。副研究员。1996年退休。

董学纯

董庆东(1937年—),河北唐山人。1959年9月到九所,二室物资技术员。1963年3月到二二一厂实验部,1970年11月到九院一所工作。曾任一所所长,研究员。2002年退休。

董庆东

花平寰(1936年—),河南孟州人。1960年9月到九所,二室二组技术员。1962年到二二一厂,1974年到九院三所工作,曾任三所室主任、科技委副主任,研究员。1996退休。

花平寰

黄福(1938年—),河北武清人。1960年9月到九所,担任二室四组、七组技术员,1963年3月到二二一厂实验部。1969年到九院一所工作,高级工程师。1996年退休。

黄福

黄有成(1937年—)，1959年初到九所二室一组，1965年9月到二二一厂。1969年到九院五所、三所工作，高级工程师。1997年退休。

黄有成

蒋宏耀(1928年—)，湖南衡阳人。1952年去苏联留学，1956年回国后分在地质部，1960年调入九所工作，担任二室五组副组长。1971年调到中国科学院物理所。1989年离休。

蒋宏耀

李承德(1932年—)，山东德州人。1960年4月到九所，担任二室九组副组长，1963年到二二一厂实验部，1970年到九院一所工作。研究员。1993年退休。

李承德

李德晃(1937年—),上海人。1960年9月到九所,担任二室二组技术员,1963年4月到二二一厂二分厂。1974年11月到九院三所工作。研究员。1997年退休。

李德晃

李国珍(1935年—),吉林长春人。1960年夏到九所,担任二室五组技术员,1963年3月到二二一厂实验部,1969年到九院一所工作。研究员。1996年退休。

李国珍

李良忠(1937年—),四川绵竹人。1959年9月到九所,担任二室四组技术员,1963年3月到二二一厂实验部,1972年到九院一所工作。研究员。1998年退休。

李良忠

梁兴祥(1937年—)，陕西紫阳人。1960年从部队转业，到九所，任二室行政秘书，1963年到二二一厂实验部，1969年到九院一所工作。1997年退休。

梁兴祥

刘金汉(1932年—)，山东青州人。1958年到九所，担任二室技术员，1963年到二二一厂二分厂，1965年到九院三所工作。高级工程师。1992年退休。

刘金汉

刘经绮(1933年—)，女，天津人。1958年到九所，担任二室二组技术员，1971年底到九院三所工作。高级工程师。1988年退休。

刘经绮

刘敏(1935年—),北京人。1960年到九所,二室五组技术员,1963年到二二一厂设计部,1970年到四川九院总体部工作。研究员。1997年退休。

刘敏

刘文翰(1934年—),北京人。1960年到九所,二室四组技术员,1963年到二二一厂实验部,1969年到九院一所工作。研究员。1995年退休。

刘文翰

宋大本,九所一室(理论物理)一位普通科研人员。

宋大本,(1937年—1988年10月),1962年从哈尔滨工业大学毕业后,分配到二机部北京九所工作。他在此奋斗了26年。"两弹"理论计算中,他为求得准确可靠的数据,总是反复推敲,多次演算;在实验中,他注重实际,奔走加工车间、实验室,掌握第一手资料。因此,他提出的理论数据、实验结果,都比较可靠。在国防科研的一个单项研究中,他作出较大贡献,作为主要完成者,获得国家科技进步奖三等奖一次,国防科工委重大技术成果奖二等奖两次。1988年10月,高级工程师宋大本因患癌症病逝。

九所、二二一厂参加第一颗原子弹爆炸试验人员介绍（部分）

高深，1935年生，山东济南人。1953年考入天津大学电力系发电厂配电网及联合输电系统专业。1955年留学苏联列宁格勒工业大学电机系改学自动控制和遥控专业，1960年毕业回国后分配到二机部北京九所。参加了第一颗原子爆炸试验，担任720主控制站操作员。1978年调入山东大学电子系任教授。

高深

贾保仁，1932年生，河北巨鹿县人。1957年考入北京工业学院（现北京理工大学）导弹专业，1962年毕业分配到二机部北京九所。1963年4月到二二一厂实验部。参加了第一颗原子弹爆炸试验，任第九作业队701队队员。后到九院一所工作，研究员。

贾保仁

耿春余,1936年生,辽宁辽中县人。1957年考入长春汽车拖拉机学院机械系,1960年由国家征召进哈尔滨军事工程学院二系,1963年7月毕业分配到二机部北京九所,1963年底到二二一厂实验部。参加了第一颗原子弹试验,任第九作业队701队队员。后到九院五所和三所工作,研究员。

耿春余

贾浩,1937年生,河北平冶人。1957年考入哈尔滨工业大学后由土木工程系转到工程物理系,1963年2月毕业分配到二机部北京九所,3月,就到了二二一厂实验部,参加第一颗原子弹爆炸试验,任第九作业队701队队员。后到九院一所、情报所工作,研究员。

贾浩

李火继,1937年生,广东龙川县人。1956年参军,1957年考入哈尔滨军事工程学院。1963年毕业后分配到二机部九所,同年11月到二二一厂实验部。参加了第一颗原子弹爆炸试验,任第九作业队701队队员,后到九院一所工作,研究员。

李火继

吕思保,1937年生,四川南充人。1956年考入四川财经学院机械系,1958年转入重庆大学机械系,1962年10月毕业分配到防化兵总部,之后调入二机部北京九所,1963年12月到二二一厂。参加了第一颗原子弹爆炸试验,任第九作业队702队队员。后到九院六所工作,副所长,研究员。

吕思保

　　吴文明,1930年生,1956年北京工业学院(现北京理工大学)坦克设计专业毕业后分配到六一七厂工作,1960年调入二机部北京九所,后到二二一厂,参加了第一颗原子弹试验,任第九作业队202队副队长。一直在二二一厂工作,高级工程师。

吴文明

　　卫玉章(1936年—),山西五台人。1961年毕业后分配到二机部北京九所,担任二室四组技术员。1962年到二二一厂实验部。1969年到四川九院一所。研究员。1996年退休。

卫玉章

陈英，1928年生，1945年2月参加八路军。1958年11月调入二机部九局，后到二二一厂担任警卫科副科长。参加第一颗原子弹爆炸时负责押运产品。1998年调到苏州五二零厂。

陈英

张珍，1929年生，山东泰安人。1953年考入北京工业学院（现北京理工大学），1958年毕业分配到二机部北京九所。1963年到二二一厂，任生产计划处计划科科长。参加了第一颗原子弹爆炸试验，任第九作业队办公室成员。之后曾任九院十一所所长、总体部主任，西南计算中心主任。

张珍

马瑜,生于1929年,江苏宿迁人。1955年上海俄语专科学校毕业,1958年8月从公安部调入北京九所保卫科,后到二二一厂负责保卫工作。参加了第一颗原子弹爆炸试验,任第九作业队保卫保密组成员。

马瑜

薛本澄,1936生,山西祁县人。1961年清华大学毕业分配到二机部九所。1964年3月到二二一厂设计部。参加了第一颗原子弹爆炸试验,任第九作业队队员。曾任九院总工程师。

薛本澄

徐邦安,1932年生,江苏镇江人。1957年北京航空学院毕业分配到国防部五院。1959年9月调入二机部北京九所。1964年初到二二一厂场外实验室,参加了第一颗原子弹爆炸试验,任第九作业队先遣队队长、办公室成员。后到九院场外试验处、综合计划处工作,曾任总体部主任,研究员。

徐邦安

杨岳欣,1937年生,江苏江阴人。1956年考入西安航空学院(后改名为西北工业大学)飞机系。1958年转入无线电系雷达专业。1961年毕业分配到二机部北京九所,1964年3月到二二一厂。参加了第一颗原子弹爆炸试验,第九作业队队员。他先后在二二一厂、九院场外试验处、科研生产处工作,研究员。

杨岳欣

赵维晋,1929年生,陕西蓝田人。1950年考入大连工学院电机专业,又调入俄语训练班学习一年。留学苏联列宁格勒电工学院后改学电力专业,获工程师学位。1959年6月回国后分配到二机部北京九所。1962年到二二一厂实验部。参加了第一颗原子弹爆炸试验,第九作业队631(控制)作业分队副队长。后到九院十所工作,曾任科技委主任,研究员。

赵维晋

徐吕东(1935—),浙江临海人。1959年毕业分配到二机部北京九所,担任二室七组技术员。1962年11月到二二一厂实验部工作。1969年到四川九院一所工作。后调入北京市国家安全局工作。研究员。1997年退休。

徐吕东

余松玉，1937年生，女，上海人。1958年南京工业学院毕业后分配到二机部北京九所，1961年到二二一厂，参加了第一颗原子弹爆炸试验，第九作业队办公室成员，是第九作业队唯一一位女同志。后到九院综合计划处、十一所工作，副研究员。

余松玉

王焕荣，一位技术工人，参加了第一颗原子弹爆炸试验，担任产品吊装，在薛本澄的指挥下，他很好地完成任务，立下功勋。后来，报纸上曾几次报道这位老技工的事迹。

王焕荣

祝国梁，1928年生，浙江省温州市人。1949年考入清华大学电机系，毕业后分配到成都宏明无线电元件厂工作，1960年调入二机部北京九所，1963年到二二一厂，参加了第一颗原子弹爆炸试验，任第九作业队631（控制）作业分队副队长。先后在二二一厂设计部、九院五所工作，研究员。

祝国梁

张振忠，1941年生，安徽界首人。1963年毕业于北京大学技术物理系，分配到二机部北京九所。1964年初到二二一厂，参加了第一颗原子弹爆炸试验，任第九作业队701队队员。先后在二二一厂实验部、九院一所工作，研究员。

张振忠

李仲春,二二一厂一位八级钳工,车、钳、铣、刨、磨,样样都行。他参加了第一颗原子弹爆炸试验,是701队吊装组的成员,不讲条件、不讲回报,忘我工作,出色地完成任务。他于2008年去世。

李仲春

张叔鹏(1935—2012年),北京人。1959年清华大学毕业后分配到二机部北京九所,1963年到二二一厂,参加了第一颗原子弹爆炸试验,是第九作业队9312分队成员。先后在二二一厂实验部、九院一所工作,高级工程师。

张叔鹏

潘馨,1927年生,河北迁西人。1947年参加革命工作。1963年沈阳航空学院毕业后分配到二机部北京九所,从事场外试验管理工作。参加了第一颗原子弹爆炸试验,任第九作业队701分队副队长。先后在二二一厂、九院场外试验处工作,高级工程师。

潘馨

贾纪,在原子弹的研制和试验期间,从1961—1965年,他四进新疆罗布泊核试验场。

第一次,1961年10月,核试验场建设刚起步。贾纪受命与工程兵设计院等单位10多人长途跋涉到马兰基地,与基地实验部的人组成一支勘察队。经过20多天的紧张工作,他们提出了一份初步的总体设计方案。

第二次,1964年4月,原子弹的研制已胜利在握。贾纪随九院领导从青海基地到试验场,了解试验场准备情况,以及有关的铁路专线和机场条件,以便为试验做好各项准备工作。参加实地考察的共5人(李觉、吴际霖、朱光亚、徐邦安、贾纪)。徐邦安是九院先遣队队长、第九作业队办公室成员,他也兼任郭永怀的秘书。贾纪是第九作业队办公室成员。

第三次,1964年8月—10月,九院先遣队,即第九作业队开进试验场,驻扎在试验塔下不远的一个地方。贾纪作为作业队办公室的成员参加了我国第一颗原子弹的爆炸成功试验。

第四次,1965年5月,贾纪参加第二次核试验,是以空投方式进行。贾纪所在的无线电遥测站设在距爆心只有14公里处的地方,是靶区内最近的一个有人工作站。5月14日,贾纪站在遥测站,目送携带原子弹的轰—6飞机飞过。试验过程中,遥测站的同

志们胜利完成了任务。

赖祖武、朱光亚、胡仁宇、吴当时、周陪青、李嘉良等

这是做原子弹裂变材料的临界实验的几个人。在平时,原子弹的裂变材料是处于次临界状态的,当需要爆炸时,它又要处于超临界状态,以引起剧烈的链式反应,释放出大量能量。在核武器研制中,临界实验是一个重要环节。也可以说是第一颗原子弹爆炸试验前的一项关键实验。1.早在1960年夏,临界实验的准备工作就开始了,由核武器研究所和原子能所中子物理研究室共同成立一个试验组,放在原子能所,在钱三强的领导和何泽慧等人的指导下进行。组长由核武器研究所三室副主任赖祖武担任,副组长由原子能所二室的吴当时担任。核武器研究所三室(中子物理室)副主任胡仁宇、赖祖武以及唐孝威、陈涵德等人那时就在原子能所二室八组工作,因为那里有必要的仪器设备。2.1964年8月起,进行原子弹爆炸前的临界实验,放在核武器研制基地进行,仍以赖祖武为主,还有朱光亚、胡仁宇以及从原子能所调来的吴当时、周培青、李嘉良。他们都曾在堆上长期工作,有丰富的运行经验。朱光亚、何泽慧、胡仁宇、赖祖武都是中子点火委员会的成员。

乔献捷、田子钦、胡仁宇、高仑、张世昌等

为了把原子弹安全完好地运输到新疆试验场,九院第九作业队专门设置了"596"产品包装、运输、管理工作分队,由副院长乔献捷负责。1964年9月28日,596—1和596—2(备用)两枚原子弹从青海二二一厂启运。一部分由火车运送,一部分由飞机运送。原子弹里两个重要部件:核裂变部件和中子源。先由二二一厂副厂长田子钦押运火车至西宁,胡仁宇负责技术安全。公安部四局副局长高仑和张世昌负责押运。从西宁开始,再由经过保温改装的伊尔—14运输机运送。高仑和胡仁宇随机运送。

李文星、杨春章、胡仁宇

在原子弹的装配过程中,用铀–235做成的两个半球的投放最为关键。要按设计要求,把核部件从弹体预留孔装进弹体中心部位,称为"投篮"。两个半球高浓铀部件

合拢时已处于次临界状态,有临界安全问题,在装配间只允许5名工作人员同时在场。1964年10月16日凌晨两点"投篮",八级工李文星是主操作手,杨春章配合,在两块铀–235中间,还要放进点火中子源(小球),是由胡仁宇放进去的。

徐邦安、蔡抱真、张寿齐、吴文明、黄克已、曹庆祥等

从1964年9月下旬开始进行原子弹的整体装配。第九作业队办公室成员徐邦安编写了装配程序。负责装配的主要是702(总装)作业队,队长蔡抱真,副队长张寿齐、吴文明,还有黄克已和高级吊装工人曹庆祥等共12人参加了装配。1964年10月12日晚10时30分,产品装配完毕,等待吊装上塔。

杨士明、曲从治、王传麟、苏比昌、王焕荣、王焕歧等

第一次核试验是塔爆,要建一个100多米高的铁塔,塔上要建一个房子。由工程兵国防工程设计院负责设计,具体组织者为杨士明,曲从治、王传麟,也是设计负责人,苏比昌是从地方上选调来的一位工程师,是主要设计人。为建铁塔专门成立了安装大队,王焕荣是搞安装的。王焕荣兄弟三人以前都在北京双桥广播器材厂工作。1963年,老大王焕荣和老三王焕歧被调到工程兵特种工程安装大队,参与铁塔的安装任务。爆心铁塔工程是无缝钢管结构的自立式塔架,有8467个构件,包括起吊、空调、电气三个设备系统及塔上的房子建构等。他们是在克服重重困难之后,才富有创造性地把铁塔建成并架了起来。当时还制作了另一副备用铁塔。在建塔中,王焕荣受过张爱萍的表扬。后来,在原子弹吊装上塔时,王焕荣作为技术总队的技术工人,与陈常宜、叶均道三人在吊篮中护送原子弹上塔。

朱占奎

这是用吊车将原子弹吊到铁塔上面的那位吊车司机。产品从工房由轻便铁路推出来,运到铁塔之下,由朱占奎起吊,吊到吊篮上就位,然后上塔起吊,在现场技术领导小组成员苏耀光的组织指导下,很好地完成吊运任务。

陈常宜、叶钧道、张寿齐、贾保仁、赵维晋

他们是最后到铁塔上插雷管的(1964年14日19时20分,已将原子弹吊装至塔上)。从1964年16日5时起,他们上塔在爆室为原子弹插上几十个雷管。陈、叶、张三人插雷管,贾保仁作记录,记录每个人插的哪个雷管,最后赵维晋负责导通,试验班主任陈能宽在后面督查。确认全部雷管插好,并导通无误后,由赵维晋在《安全任务书》上签字,并确认爆室温度正常后,锁好爆室,一起坐吊篮撤下铁塔。等候在铁塔下的李觉、朱光亚、张蕴钰,与他们一起最后撤离。此时距"零时"仅3小时左右了。

叶钧道

史君文(女)

她是第一颗原子弹爆炸试验的报时员,部队大尉军衔。主控站是试验区最大的工号,有3个工作室:主控室、通讯室和观察室。核试验时负责倒计时广播的报时员坐在通讯室。"零时"将临,张蕴钰把起爆钥匙交给主控站现场指挥张震寰少将,再由张震寰交给主控室操作手韩云梯。"零时",张震寰发出"K3"口令,韩云梯按下最后一个按钮,报时员史君文立即开始报时:"10、9、8、7、6、5、4、3、2、1——起爆!"

葛才夫、马子超、李秉太、周村

他们是防化兵指战员和战士,负责原子弹爆炸后爆区的防护工作,主要测量核反应后的阿尔法(α)和贝塔(β)射线,除用飞机空中取样外,还要有地面车队侦查测量组。从观察点四面八方开车向爆心普查,有几个车组,把沾染区与非沾染区标明,在沾染区内标明不同沾染程度(等级)的区域。防化兵是在原子弹爆炸后最早开进爆区的人们。葛才夫是指挥员、马子超、李秉太、周村,是在不同方向和区域带队的。马子超带第一梯队西南线组,3点零5分开始作业,直到晚上10点钟,取得200多个数据,并及时向指挥部报再由葛才夫报张爱萍总指挥。

郭洪礼、李传森等

在测量原子弹爆炸数据的各种项目中,用飞机直接穿云取样,是诊断、测量核爆炸的重要手段,但其难度较大。由航空兵13师担负这项工作。挑选出一架伊尔—12运输机和机组成员,机长是郭洪礼,副驾驶是李传森,共五人。这架运输机完成了运输原子弹和空中取样两项重要任务。

柴森、郑治国、席珍、杨采、冯谨、张贵友、孙瑞蕃等

他们是八一电影制片厂摄影队的摄影师,与核基地研究所二室孙瑞蕃等密切配合,共同完成了核试验的摄像任务,并制作了记录片。他们在爆炸刹那间离蘑菇烟云最早最近,也最易受放射性污染。他们把爆炸过程中的闪光、火球、烟团、蘑菇云等几个阶段过程全拍下来了。柴森是整个试验场最先暴露于原子弹蘑菇云下的人,离爆心特别近,蘑菇云就在头上顶着。他和郑治国是老搭档,都是电影《地雷战》的摄影师。张贵友著有《我拍核爆炸》一书。原子弹爆炸的声音是席珍录下来的;当天他就闯进爆心区取回录音机。当晚,人们挤进摄影队的帐篷里,围着录音机听原子弹的爆炸声。

韩云升

新疆核试验基地初建时,就开始组建气象部门。从空军选调了一位气象室主任,任基地气象处处长,他就是韩云升。负责原子弹爆炸试验的气象保障工作。搞好天气预报和保障非常重要。美国首次核试验原定在1945年7月15日,就是因为风暴原因而推迟到第二天早上5点30分。苏联首次核试验同样因为当天赶上了雨,风力又大,能见度低,爆炸只好比原计划提前一个小时。即使如此,他们这两次核试验都由于天气因素而影响了测试工作。核试验的其他准备工作确定后,试验场最大最重要的一项工作是掌握气象。我国首次核试验气象保障工作很好。

吴祖泽

辐射防护军医。第一颗原子弹爆炸的时候,他在发射基地的医院工作了6个月,当时不到30岁。为了预防核武器战争中核爆炸的强光导致作战人员眼底灼伤而失明,他研制出了核爆炸防护眼镜。1980年,一位年仅31岁的青年人因受大剂量发射物辐射而生命垂危,他用胚胎造血干细胞移植技术挽救了年轻的生命。之后,他推广胚胎造血干细胞移植技术并救治了很多白血病患者和放射病患者。他成为我国造血干细胞研究的奠基人。他就是军事医学科学院实验血液专家、院士吴祖泽。

程开甲、忻贤杰、吕敏、陆祖荫、孙瑞蕃、董寿莘、乔登江等

为编写核试验大纲,组成了一个研究核试验的班子。确定由科学家负责试验中的有关技术问题,把程开甲从二机部核武器研究所借调到国防科委核试验研究所(新疆核试验基地研究所),然后又抽调了忻贤杰、吕敏、陆祖荫、孙瑞蕃等人。他们首先研究制定了核试验技术的总体方案,同时他们把核试验研究所筹建起来。程开甲是所长兼五室主任,董寿莘是副所长兼一室主任,孙瑞蕃是二室主任,陆祖荫是三室主任,忻贤杰是四室主任,副主任中还有乔登江。

孙瑞蕃原是哈尔滨工业大学教授是搞光学的。核试验时,他受命拍摄原子弹爆炸时的火球,要拍下火球发生的全过程。

董殿举、王遂德、董志勇、任铁等

他们都是为"两弹"研制作出贡献的二二一厂老职工。董殿举1958年底从部队转业来到青海原子城,在"两弹"研制基地扎根34年。王遂德当年从部队选调到基地,从事核装配工作,董志勇从事运输核材料工作,任铁则从事核试验爆炸后的场地清理工作。20世纪80年代,国家撤销了一部分军工企业,其中就有二二一厂。90年代初,厂里的退休老人被安置分流在河北、山东、青海、安徽等地安度晚年。仅合肥就生活着500多名来自二二一厂的历史功臣们。

李源一、于福海等

1965年5月14日,由空军金质奖章四团的李源一、于福海等机组人员驾驶载有核航弹的轰炸机,按时起飞,把核航弹准确地投向靶标,在预定高度爆炸。我国第一颗核航弹爆炸试验取得了圆满成功,标志着我国有了可用于实战的核武器。

陈一民、张涛、文功元、徐步宽、孙瑞锦等

二机部于一九六五年设立了三线基本建设总指挥部。二机部副部长刘淇生、牛书申先后任总指挥,陈一民、张涛、文功元、徐步宽、孙瑞锦等任副总指挥。他们常驻三线地区,集中统一领导,协调科研、设计、施工、专用设备制造、物资供应和生产准备等各个方面的工作。

昝云龙、王汉亭等

昝云龙

在建造我国第一艘核潜艇陆上模式堆时,昝云龙在"909"基地工作,时任院科技处处长和陆上模式堆生产指挥组副组长。1970年7月16日模式堆将要开始升温、升压启动,为此,周恩来总理于15日、16日在人民大会堂连续两天主持召开中央专委会议,详细地听取现场准备情况汇报。昝云龙和"909"基地军管会主任王汉亭、核动力研究所副总工程师彭士禄等,到会作了汇报。

1991年8月,昝云龙被国务院任命为中国核工业总公司副总经理、党组成员。经总公司党组研究决定,昝云龙兼任广东核电合营有限公司总经理、广东核电党委书记。

钱积惠

毕业于哈尔滨工业大学。1968年到西南三线参加国防重点工程建设(核潜艇研制),因被戴上"修正主义苗子"的帽子,接受了4年劳动改造,1973年平反重返研究室。他先后参与多项重大实验研究和技术攻关,获两项国家发明三等奖;他所在的热工实验室也因成绩突出多次被评为先进集体。历任中国核动力研究设计院副院长、院长、

名誉院长。1992年，经我国政府推荐和通过国际竞争，钱积惠任国际原子能机构副总干事，至2002年卸任。

钱积惠

黄士鉴

我国第一艘核潜艇的主要研制者之一。当时，正值核潜艇陆上模式堆即将上马之际，他参加了方案设计、初步设计、扩初设计、技术设计，还负责热工水力方面的定型设计，并参加了一系列的堆外试验，经历了该堆设计、建造、开堆、运行、试验的全过程。他作为参加者、负责人之一，曾获国家科技进步奖特等奖1项，一等奖1项；1978年全国科学大会奖4项；部级科技进步奖多项。他担任过中国核动力研究设计院总工程师。

黄士鉴

闵元佑

他是一位反应堆动力装置专家。他于1963年7月哈尔滨工业大学毕业后，分配到二机部从事反应堆动力装置设计研究工作。1969年在建造我国首座核潜艇动力装置陆上模式堆时，他负责编写了主系统调试大纲并提出了多项堆外试验项目。他参加了主系统设计、建设、调试的全过程。在陆上模式堆建成后,他又将主系统的研究从核潜艇延伸到核电站,并取得了新的成就。作为科研课题的参加者和主持人,他先后获各类成果奖11项,1992年被聘为研究员。他是核动力院副总工程师、秦山核电二期工程反应堆及反应堆冷却剂系统的总设计师、核电二期工程的副总设计师。

李大图

反应堆数值分析和计算专家。他在1958年武汉大学数学系数学专业毕业走上工作岗位不久,就参加了我国第一颗原子弹的数值计算工作;参加完成了激波分析程序的编制和计算。1963—1965年,他去苏联从事过高能物理的数值分析计算。这进一步为他以后的研究工作打下坚实的基础。他在我国反应堆数值分析计算研究中,开发出应用软件20多万条;他负责编制的DD—2两维扩散程序和两维R—2燃耗程序,是我国反应堆物理两维计算的最早几个程序中的两个主要程序;他在把反应堆物理模型转变为数学模型时,找到了快速迭代方法,使计算在较简便的情况下得到比较精确的结果,把这种方法用在我国首座高通量堆计算,可提高效率两倍以上,用在我国核动力装置的计算,提高工效3倍多,并得以推广使用。

吴英华

反应堆工程技术专家。他长期从事核反应堆运行、试验和技术管理工作,先后在我国第一座重水研究实验堆、核动力模式堆担任运行值班长。他在模式堆的物理热工试验中首先发现了反应堆测量模拟机的空间效应问题,找出了对称位置热电偶指示偏差的原因,组织了超功率试验。他还在高通量堆的运行和试验中,负责组织核动力装置几项重要试验和排除故障的工作,都出色地完成了任务。他承担和参加的科研项目曾获国家发明奖、部科技进步奖等,1990年被核工业总公司授予"有突出贡献的中青年专家"称号。吴英华先后任核动力院一所所长、核动力院副院长等职务。

张立晨

生于1938年,他是核动力研究设计院的一位核材料无损检测专家。他于1962年东北工学院实验核物理专业毕业后,分配到二机部从事反应堆核动力研究设计工作。他于20世纪60年代初建立起一套完整的元件检漏技术,一直沿用至今;他和另两名同志一道,研制成功了一套对锂元素进行分析的专业设备——快速质谱分析仪,为某项军事工程解决了一项重大技术难题。他先后发表颇有价值的科研论文20多篇,多项成果获奖。他于20世纪80年代初获全国无损检测学会首批颁发的三级资格证书。1992年被核工业总公司授予"有突出贡献的中青年专家"称号。

周益年

核燃料与堆工设计专家。他曾参与我国第一座压水堆燃料方案的论证和设计,并在他主持下完成了初步设计、技术设计、施工设计和定型设计;他还参加和组织过零功率堆燃料元件、脉冲堆燃料元件、新型压水堆燃料元件的预研和设计工作。1969年为了支援三线建设,他和爱人离开首都北京来到三线,发挥技术特长,继续担负起核燃料与堆工设计的新任务。他和同事们攻克许多技术难关完成了燃料组件的设计与研制,并开发出许多新材料、新技术和新工艺,为我国核动力和国防事业作出贡献。他多次获国家、部、省级科技成果奖;1985年被评为部劳动模范,1988年被核工业总公司授予"有突出贡献的中青年专家"称号。他曾担任核动力研究设计院副总工程师、中国核学会核材料学会常务理事、核工业总公司科技委燃料专业组成员等职务。

钱尚介

1958年毕业于南京工学院,被分配到原子能所工作,从事微波等离子体诊断技术的研究。他和其他同志一道,经过刻苦攻关,终于设计并研制出了我国第一套8毫米微波系统,为核聚变研究的磁镜装置提供了可靠的诊断技术。1969年,钱尚介调到核工业西南物理研究所(院),继续钻研微波技术;从8毫米到4毫米再到2毫米微波系统。

中国环流器一号(简称HL—1)装置建成后,钱尚介担负该装置的物理调试任务。他的工作得到王淦昌等老一辈科学家的高度评价。

钱尚介

钱尚介历任西南物理院副院长、院科技委主任、中国核学会核聚变与等离子体学会副理事长、四川省核学会副理事长,受聘为国家高技术计划中混合堆专家组专家。他曾为全国人大代表。

杨歧、陈雄月、谢玉琪等

杨歧,反应堆仪表与控制专家。他主持过多种反应堆仪表与控制装置的研制,曾组织过核潜艇反应堆仪表与控制系统的设计,参加了我国第一座核动力堆的物理启动。1968年,我国急需研制一种利用反应堆逆动态技术测量的仪器,来度量反应堆离开临界的程度。这个物理参数对指导反应堆的运行、监督反应堆的安全至关重要。杨歧承担了这项攻关任务。经过他和陈雄月、谢玉琪等同志刻苦攻关,并与北京无线电一厂协作,终于研制出了样机。该机的研制成功,为我国核潜艇陆上模式堆的设计、理论计算、校核及堆芯的设计改造,提供了大量的工程数据。杨歧还参加了秦山二期60万千瓦核电站仪表与控制系统的攻关。他多次获部级以上科技成果奖,1988年被授予核工业总公司"有突出贡献的中青年专家"称号。

谭家秋等

工程师谭家秋在游泳池式研究试验堆元件的研制中发挥了重要作用。游泳池式研究试验堆用的元件,属弥散体元件,芯棒是用含低浓缩铀的二氧化铀粉末与镁粉混合、挤压而成。在制造工序中,如何使二氧化铀粉末和镁粉均匀混合,以及挤压温度的选择是主要的技术难题。谭家秋等人从两种粉末的内在联系中找不匹配、不均匀的因素,提出了多种工艺试验方案,终于得到了表面光滑、密度均匀、匹配良好的芯棒。这一关键技术解决后,1964年12月试制出考验元件。

周邦新

生于1935年12月,江苏苏州市人。1956年毕业于北京钢铁学院金属学专业。1970年起在中国核动力研究设计院,从事多年核材料研究工作,并深入核工业工程问题和建设实际,解决了不少实际问题,曾获1978年全国科学大会奖和先进科学工作者

奖。他先后任核动力院四所副所长、所长，院副总工程师，核燃料及材料国防科技重点实验室主任，博士生导师，研究员。1990年被授予核工业总公司"有突出贡献的中青年专家"称号。1995年5月，当选中国工程院院士。

夏祥贵

1954年毕业于大连海运学院船舶机械专业。他曾参与我国第一艘万吨巨轮的建造。调二机部工作后，已奋斗40余年。他在我国第一座高通量工程试验堆和我国第一座脉冲堆的研制、建造中都作出重要贡献。他曾多次获国家级、部级科技进步奖。1992年获全国"五一"劳动奖章以及核工业总公司优秀科技工作者的称号；1993年，时任中国核动力研究设计院副总设计师的夏祥贵与赵仁恺一起入选《中国人物年鉴》（1993版）。《中国人物年鉴》荟萃了全国各条战线的英雄模范、专家名人等。

应诗浩

1963年毕业于清华大学工程物理系。1970年，他奉调二机部一院，承担起用"激光脉冲法测量材料的热物理性能"的科研任务。这项工作在国内还无先例。他从头开始，调研并了解国外在这一领域的研究动态，在较短的时间内，拿出设计方案。在上海激光站的协助下，成功研制出我国第一台激光脉冲热导仪。它的测量样品小，而测量温度高达2200摄氏度。在以后的几年中，相继测量了四五十种材料，为我国反应堆设计提供了大量宝贵数据。该成果获1978年全国科学大会奖。他曾任核动力院四所组长、室主任、所总工程师。1990年被授予核工业总公司"有突出贡献的中青年专家"称号。

蒋炳玉

1961年毕业于北京钢铁学院，分配到中国科学院沈阳金属所工作。1971年调入二机部一院，为发展核燃料事业奋斗近30年。作为项目技术负责人，他先后进行了铝锂合金管坯熔铸、高通量堆铝锂靶件、铝锂合金试样增氢，以及多种堆用铀合金等的研制，同时还参与了一些重大项目的技术攻关，如脉冲堆燃料元件的技术攻关，他是主要参与者之一，并开发出"用感应炉熔炼、铸造锆铀合金棒"新工艺。他在实践中成为一名真空冶金专家、研究员级高级工程师。

陈善年等

福建人,1952年考入厦门大学机械系,1953年转入南京工学院(现东南大学)热能动力装置专业,1956年毕业后留校任教。1962年,他接下一项秘密任务,带队承担我国第一艘核潜艇研发中核反应堆传热与流体力学基础数据实验项目的重任。由该校的十几位老师和学生参与这个项目,陈善年任组长。在校园内用铁丝圈出一块地,就是他们的工作地点。1967年,陈善年小组完成了任务。期间,他们每人都签下保密协议,这是谁都不能泄露的任务。陈善年的妻子余颖禾也在该校任教,也不知丈夫搞什么实验。

李宜传

潜艇核动力研究设计工程师,时任动力科副科长。他曾在原子能所的核动力设计组蹲点调研和工作,摸清了反应堆和一回路的情况。之后,他一直参加核潜艇研制。为了搞好核动力与舰艇总体配合,他多次率队参加潜艇陆上模式堆的设计、施工、试验、运行;参加核潜艇的试验试航,解决了大量技术问题。他长期超负荷工作,积劳成疾。1972年4月,他在处理核潜艇试航中的故障时,累倒在现场,以身殉职,年仅40岁。

陈德阳

在建设核潜艇陆上模式堆时,一场大雨,山洪暴发,施工队伍有一位工人师傅陈德阳,他为抢救工地建桥脚手架木料,被洪水冲走,献出宝贵的生命。

李全兴

1965年3月,李全兴来到大戈壁,他一直奋战在生产、科研的第一线,从技术员、工程师、研究员线高级工程师、车间主任、分厂厂长。他以实干的精神,努力实现着自身价值,2000年被评为"全国劳动模范"。

李全兴

附录一：

我国"两弹一艇"研制及核试验历程年表

● 1955年1月15日，毛泽东主席主持召开中共中央书记处扩大会议，讨论并决定建设中国原子能工业，毛泽东就此作了重要讲话。李四光、刘杰、钱三强列席了会议，并就我国铀资源和原子能科学研究基本情况作了汇报。

● 1960年8月23日，在二机部工作的苏联专家全部撤走。12月，在毛主席、党中央的直接领导下，二机部确定了"自力更生，过技术关，质量第一，安全第一"的工作方针。

● 1962年9月11日，二机部向中央写出《关于自力更生建设原子能工业情况的报告》，提出争取在1964年或1965年上半年实现第一颗原子弹爆炸试验的奋斗目标。10月19日，中央政治局讨论并批准了二机部的报告。10月30日，国防工业办公室主任罗瑞卿向毛泽东主席、党中央写了关于加强原子能工业领导问题的报告。11月3日，毛主席批示："很好，照办。要大力协同做好这件工作。"11月17日，为了加强对核工业的领导，中共中央决定成立以周恩来为主任的中央15人专门委员会（简称中央专委），并召开了中央专委第一次会议。

● 1964年10月16日，中国成功进行了第一次核试验，第一颗原子弹爆炸成功。

● 1965年3月24日，由周恩来总理主持召开中央专委第11次会议，要求1970年二机部建成核潜艇陆上模式堆。

5月14日，中国进行了第二次核试验，成功实施了第一颗空投的原子弹试验，标志着中国有了可用于实战的核武器。

● 1966年5月9日,中国成功进行了第三次核试验。这是一次含有热核材料的核试验。

10月27日,中国成功进行了导弹核武器试验(第四次核试验)。这是一次用我国自制的中近程DF—Z导弹进行的"两弹结合"的实弹试验,标志着我国已经具有了可用于实战的核导弹,武器化进程取得了突破性进展。

10月28日,中国成功进行了第五次核试验。这是一次氢弹原理试验。

● 1967年6月17日,中国第一颗氢弹爆炸试验成功(第六次核试验)。

12月24日,中国成功进行了第七次核试验。

● 1968年12月27日,中国成功进行了第八次核试验。这是一次新的热核试验。

● 1969年9月23日,中国成功进行了首次地下核试验(第九次核试验)。

9月29日,中国成功进行了第十次核试验。这是一次氢弹试验。

● 1970年4月18日,核潜艇陆上模式堆土建安装提前完成。

7月25日,核潜艇陆上模式堆开始提升功率,次日,陆上模式堆高功率运行,两台发电机组发电并网,这在我国是首次实现核能发电。

8月30日,核潜艇陆上模式堆主机达到满功率运行,指标符合设计要求,标志着我国核潜艇陆上模式堆建造成功。

10月14日,中国成功进行了第十一次核试验。

12月26日,中国第一艘攻击型核潜艇下水。我国核燃料厂先后生产并提交了陆上模式堆和核潜艇反应堆使用的两炉燃料元件,保证了两堆的安装使用。

● 1971年8月23日,中国第一艘攻击型核潜艇开始航行试验。以海军为主组成试航领导小组。科研工作组组长为彭士禄。

11月18日,中国成功进行了第十二次核试验。

● 1972年1月7日,中国成功进行了第十三次核试验。

3月18日,中国成功进行了第十四次核试验。

● 1973年6月27日,中国成功进行了第十五次核试验。这是一次氢弹试验。

● 1974年6月17日,中国成功进行了第十六次核试验。

8月1日,中国第一艘攻击型核潜艇服役。中央军委发布命令,命名中国第一艘

核潜艇为"长征1号",正式编入海军序列。

● 1975年10月27日,中国成功进行了第十七次核试验(地下)。

● 1976年1月23日,中国成功进行了第十八次核试验。

8月26日,中国成功进行了第十九次核试验。

10月17日,中国成功进行了第二十次核试验。

11月17日,中国成功进行了第二十一次核试验。这是一次新的氢弹试验。

● 1977年9月17日,中国成功进行了第二十二次核试验。

● 1978年3月15日,中国成功进行了第二十三次核试验。

10月14日,中国成功进行了第二十四次核试验,这是我国进行的第一次地下竖井核试验,基本上完成了地下核试验技术的攻关任务,为我国核试验完全转入地下奠定了基础。

12月14日,中国成功进行了第二十五次核试验。

● 1979年9月13日,中国成功进行了第二十六次核试验。

12月,核潜艇陆上模式堆经历了9年多的全寿命运行试验,进行了530项(次)实验项目,取得了反应堆堆芯全寿命运行的完整数据,完成了历史使命。核反应堆最终被关闭。

● 1980年10月16日,中国成功进行了第二十七次核试验。

● 1982年10月5日,中国成功进行了第二十八次核试验。

● 1988年9月15日和27日,中国弹道导弹核潜艇成功进行水下发射两枚潜地导弹试验。至此,中国首制弹道导弹核潜艇导弹定型试验全部结束,第一代导弹核潜艇试验经历了全过程,标志着中国完全掌握了导弹核潜艇水下发射技术。

● 1988年10月24日,邓小平在视察北京正负电子对撞机工程时,说:"如果60年代以来中国没有原子弹、氢弹,没有发射卫星,中国就不能叫有重要影响的大国,就没有现在这样的国际地位。这些东西反映一个民族的能力,也是一个民族、一个国家兴旺发达的标志。"

● 1995年5月15日,新华社发布消息:"我国第一个核武器研制基地全面退役。"

● 1996年7月29日,中国成功进行了第四十五次核试验。中国政府声明,从1996

年7月30日起中国暂停核试验。这是为了响应广大无核国家的要求,也是为了推动核裁军而采取的一项实际行动。

● 1999年5月31日,国务院新闻办公室宣布,中国在掌握了原子弹、氢弹技术后,经过不太长时间的努力,已先后掌握了中子弹技术和核武器小型化技术。

● 1999年9月18日,于敏、王淦昌、邓稼先、朱光亚、吴自良、陈能宽、周光召、钱三强、郭永怀、程开甲、彭桓武等11位为原子弹、氢弹作出突出贡献的核科技专家荣获"两弹一星"功勋奖章。

● 2009年1月10日,在北京人民大会堂举行的首届管理科学奖颁奖大会上,原二机部部长刘杰因在任内成功爆炸我国第一颗原子弹和第一颗氢弹,奠定中国第一艘核潜艇的技术物质基础,基本建成我国核燃料工业体系,在组织管理方面发挥了重大作用,从而获得管理科学特殊贡献奖。

附录二：

中国核科学的先驱者

胡刚复(1892年3月—1966年2月)，江苏无锡人。1909年赴美国哈佛大学学习。1913年入哈佛研究院从事镭的研究，成为第一个与镭打交道的中国人。之后，胡刚复随导师转入X射线的研究，并取得了重要成果，他与导师以及合作者发表的一系列论文，阐明了X射线的发生机制，被认为是发现康普顿效应和建立物质波概念的前奏。胡刚复于1918年获博士学位后回国。他在南京建立了中国第一个物理实验室。(详见本书第一编)

李耀邦，生于1884年12月，广东番禺人。早年赴美国留学，毕业于芝加哥大学，是中国近代物理学史上最早出国学习物理学并获哲学博士学位者之一。1914年，他在美国以密立根方法测定了固体粒子带电电荷的绝对值。

谢家荣，生于1898年，上海人。赴美国留学，1920年美国威斯康星大学地质系硕士毕业。著名地质学家、矿床学家、地质教育家，是中国第一代地质学家之一，被称为中国近代矿床学的开拓者，推进矿产测勘的事业家。1915年他在《科学》杂志上发表了"放射性元素概论"，介绍放射性射线和原子模型。

叶企孙(1898年7月—1977年1月)，上海人。1918年清华学校毕业后，赴美国深造，考入芝加哥大学物理系，后转入哈佛大学，获博士学位。1921年他在美国精确测定

了普朗克常数值。1924年回国。他被认为是中国物理学界的一代宗师。(详见本书第一编)

夏元瑮(1884—1944年),生于杭州。1905年赴美国留学,1906年进耶鲁大学攻读物理学,1909年到德国柏林大学继续深造。1912年回国后,担任北京大学物理系教授,讲授理论物理等课程,他和何育杰在北京大学培养了第一届物理学本科毕业生(1913年入学,1916年毕业),开创了中国物理学大学教育史。1923年,他在《晨报》上发表了"新原子论大略"的论述。

任鸿隽(1886—1961年),生于重庆垫江县。赴美国先后在康奈尔大学、哥伦比亚大学学习。他是著名学者、科学家、教育家,是中国科学社和最早的综合性科学杂志——《科学》月刊的创建人之一。他一生撰写论文、专著和译著等身。1924年,翻译出版了N.玻尔的《原子的构造》。他被称为中国近代科学的奠基人之一。

吴有训(1897年4月—1977年11月),江西高安人。1923年在美国芝加哥大学物理系学习时成为康普顿的研究生和得力助手。1924—1926年,吴有训就康普顿效应问题共发表了9篇论文。因为他的工作涉及康普顿效应的实质性问题,为验证和确立康普顿效应作出卓越贡献。1926年,吴有训在美国完成了X射线的一系列研究获得博士学位后回国。他是有突出成就的核物理学家。(详见本书第一编)

饶毓泰,1929年赴德国莱比锡大学波茨坦天文物理实验室进修,从事原子光谱线的斯塔克效应的研究。他完成了论文《论铷和铯的基本线系的二次斯塔克效应》。1944年,饶毓泰自费赴美,与人合作进行了分子光谱的研究,测定了光谱的退偏速度,获得了同位素气体分子的转动光谱和分子内部运动的重要信息。(详见本书第一编)

赵忠尧(1902年6月—1998年5月),生于浙江诸暨。1930年在美国加州理工学院发现硬γ射线在重元素中的反常吸收和额外辐射现象。1931年回国,1933年他在清华

大学完成了γ射线与原子核相互作用以及中子共振等项研究。(详见本书第一编)

严济慈(1901—1996年),浙江东阳人。1925年严济慈赴法国留学,不久他到了居里实验室。1927年,他完成了压电效应的精确测量,获博士学位后回国。1928年他重返巴黎,并继续在居里实验室做研究工作。居里夫人向他建议中国应该开展镭学研究。1930年,居里夫人赠送一些放射性氯化铅给严济慈,支持他回国后开展研究。后来,严济慈果真成为中国的镭学研究所的创始人。镭学研究所下设放射学、X光和光谱学三个研究室,一个放射化学研究室。在严济慈带领下,陆学善、李立爱、钟盛标等利用γ射线在光学方面开展了一些研究。1934年,聘郑大章为研究员,并任放射学研究室主任,工作人员有曹友德、杨承宗、李洪、侯灏等,在郑大章的带领下,对放射化学方面开展了一些研究,如:"我国放射性矿物之探查""用α质点计数法测定钢系对于铀镭系之分支比例"。(详见本书第一编)

余瑞璜(1906—1997年),江西宜黄人。1931年初,他在清华大学任教时,制成国内第一个盖革计数器,并用来测量铅对镭的γ射线的吸收系数。1935—1997年在英国曼彻斯特大学学习,获博士学位,1939年回国。1942年,他从当时西南联大的清华金属研究所送往英国自然杂志发表了三篇论文。其中一篇题为《从X光衍射的相对强度计算绝对强度》。

王淦昌(1907—1998年),江苏常熟人。1931—1934年,在柏林大学提出用云室研究铍辐射之谜,但未获得导师批准。1940年,王淦昌在浙江大学提出《关于探测中微子的一个建议》,1947年获范旭东奖。(详见本书第一编)

施士元,生于1908年,上海崇明人。1929年毕业于清华大学,同年赴法国巴黎镭学研究所,随约里奥·居里夫人从事核谱学研究。1933年获博士学位后回国。在早期的研究中发现α射线精细结构与γ射线能量严格相等的现象,还曾发现液态钠中有晶态存在。

吴大猷（1907—2000年），广东番禺人。1929年毕业于南开大学物理系，1931年赴美国密歇根大学留学，1937年获博士学位。主要从事原子分子研究。他最早预言了铀后元素的存在。

郑大章（1904—1941年），安徽合肥人。1920年赴法国留学，先后就读于里昂大学和巴黎大学。1927年进入巴黎大学镭学研究所，在居里夫人的指导下从事放射化学研究。1931年获博士学位后回国，任北平研究院镭学研究所研究院和放射化学研究室主任。他对镁化学有深入的研究，被称为中国放射化学的先驱者。

杨承宗（1911年9月—2011年5月），江苏吴江人。1932年毕业于上海大同大学，1934年在北平研究院镭学研究所随郑大章从事放射化学研究。1946年赴法国巴黎镭学研究所随居里夫人从事放射化学研究。是我国放射化学奠基人。(详见本书第一编)

吴征铠（1913年8月—2007年6月），生于上海，祖籍安徽歙县。1934年毕业于金陵大学。1936年赴英国留学，在剑桥大学物理化学研究所从事红外光谱和拉曼光谱的研究。早年主要从事分子光谱学研究。(详见本书第一编)

陆学善（1905—1981年），浙江湖州人。1928年毕业于中央大学物理系，1933年清华大学研究生毕业，1934年赴英留学。1936年获曼彻斯特大学物理博士学位后回国，历任北平研究院镭学研究所研究员，中科院应用物理所副所长。

霍秉权（1903—1988年），湖北鄂城人。1930年赴英国剑桥大学深造。1934年获博士学位。他改进了威尔逊云室的结构并用来开展宇宙线研究，在云室中从气压超过1大气压一直减到7厘米汞柱高的范围内，都拍摄到径迹更清楚的照片。1935年回国，在清华大学物理系任教授、系主任，研制了国内第一个用于探测带电粒子的威尔逊云室，对镭E的β射线进行研究，测定了端点能量与平均能量。

钱三强(1913年10月—1992年6月),浙江湖州人。1939年与约里奥·居里夫人合作,用中子轰击铀和钍,得到了镧的同位素。1946年,钱三强、何泽慧在法国发现铀核三分裂和四分裂现象。(详见本书第一编)

卢嘉锡(1915—2002年),福建厦门人。1934年毕业于厦门大学化学系,1937年赴美留学,1939年获伦敦大学物理化学博士学位,他提出一种浓集卤素放射性核素的方法。1940年赴美国加州理工学院从事结构化学的研究。1945年回国。

王普(1902—1969年),山东沂水人。1928年毕业于北京大学物理系,1935年赴德国柏林大学,在威廉皇家化学研究所从事核裂变和中子物理研究。1938年获博士学位,1939年转赴美国,在华盛顿卡内基学院继续从事核物理研究,与罗伯茨等合作,发现铀和钍在裂变中发射缓发中子这一新现象。他是最早进入中子物理与核裂变研究领域的中国学者。

王福山(1907年11月—1993年12月),生于上海。先后在上海圣约翰大学和上海光华大学学习,1929年—1940年在德国哥廷根大学和德国莱比锡大学学习,获博士学位。1940年回国后,在上海光华大学执教,后任同济大学和复旦大学教授、物理系主任。1940年在德国计算了质子、中子与原子核碰撞发射介子的作用截面。

汪德昭(1905年12月—1998年12月),江苏灌云人。1929年毕业于北京师范大学,1940年在巴黎大学以《用放射性物质或X射线电离气体中悬浮离子的研究》论文获博士学位。第二次世界大战期间是法国国防研究机构中唯一的外籍科学家。1956年回国。(详见本书第一编)

卢鹤绂(1914年6月—1997年2月),原籍山东掖县,生于辽宁沈阳。1936年毕业于燕京大学,同年赴美留学,在明尼苏达大学从事质谱仪的研究,利用自制的质谱仪,精确测定了锂-6和锂-7的丰度比,并发明了测定轻同位素丰度比的时间积分法,后来又发现了热离子发射的同位素效应,1941年获得博士学位后回国。(详见本书第一编)

吴健雄,1942年在美国完成博士论文《铀核裂变是否产生稀有气体》。1944年,在美国参加有关曼哈顿计划的研究项目,对辐射测控的计数管进行了改进。

葛庭燧(1913—2000年),山东蓬莱人。在美国参加有关曼哈顿计划的研究项目,对铀及其他化合物进行光谱分析,并获得奖章和奖状。

张文裕(1910年1月—1992年11月),生于福建惠安。1943年在美国发明多丝火花计数器。1948年,在美国发现M原子辐射。(详见本书第一编)

彭桓武(1915年10月—2007年2月),生于吉林长春,原籍湖北麻城人。1943年在英国与哈密顿、海特勒合作共同提出介子理论,称HHP理论。(详见本书第一编)

江安才(1909—1981年),广西平桂人。1933年毕业于北京大学物理学光谱专业,1941年赴美留学,1943年获密歇根大学硕士学位,1944年受聘为副研究员,在该校光谱分析室工作。1947年回国,到北京大学物理系任教。1964年—1966年,任南开大学物理系主任。

胡宁(1916年2月—1997年12月),江苏宿迁人。1938年毕业于清华大学物理系,1941年赴美国留学,从事量子力学研究,1943年获博士学位。后在美国普林斯顿高等研究院时曾在泡利指导下进行了核力的介子理论研究。(详见本书第一编)

南延宗(1907—1951年),毕业于南京中央大学地质系,是中国杰出的地质学家。1943年,在前中央研究院地质研究所供职的南延宗与前资源委员会锡业管理处的田遇奇等在广西钟山黄羌坪发现铀矿。他的论文发表后,引起全国有关人士的极大关注。

南延宗任职于桂林前资源委员会锡业管理处期间,5月份赴广西花山区黄羌坪调查锡矿,在矿区石壁上发现有很多极其鲜艳的黄色粉末状矿物,当时怀疑为钒钾铀矿,其旁边的红色者可能是钒铅矿,当即用小刀刮取少许,继而他又看到有黑色者和黄色者附生一处,极似沥青铀矿,便刮少许带回桂林。后来他邀请吴磊伯先生与他一起应用显微化学分析、定性分析比较法、放射性试验之照片感光法以及显微镜光性鉴定等手段,最终确定为磷酸铀矿、脂状铅铀矿和沥青铀矿。这是中国人第一次发现铀矿,也是铀矿在中国第一次发现。由于当时世界上许多国家正奖励发现铀矿,因此这次发现在中国地质科学界引起轰动,《中央日报》也做了专题报道,但可惜并没有引起当局的足够重视。后来他根据铀矿与钨、锡共生在花岗伟晶岩脉中的规律,预测广西、江西、湖南都有发现具有经济价值铀矿的可能。1950年,南延宗等发现钼矿、铈钇矿等重要矿藏。

王琳(1909—1981年),吉林伊通人。1944年日本仙台东北帝国大学毕业。长期在东北师范大学物理系任教。他对β衰变、核集体运动有深入研究,并指导了使用寿命极长的混合氘—氚束流轰击自生靶的中子管的研制。

朱洪元(1917年2月—1992年11月),江苏宜兴人。1945年留学英国,师从布莱克特学习物理学。1947年,他计算了宇宙线中高能电子在地球磁场中放出的辐射的能谱、角分布和极化,得出光电簇射张角极小的结论。这种辐射,1948年才在同步加速器中发现而命名为"同步辐射"。(详见本书第一编)

何泽慧(1914年3月—2011年6月),女,生于江苏苏州,祖籍山西灵石县。1936年毕业于清华大学物理系,赴德国留学,1940年获得工程博士学位,随后在海德堡德国皇家物理研究所从事核物理研究,1945年发现正负电子对弹性碰撞现象。1946年,来到法国,与钱三强共同发现了铀核三分裂和四分裂现象。1948年回国。(详见本书第一编)

戴运轨(1897—1982年),浙江奉化人,1927年毕业于日本京都帝国大学物理系。抗战胜利后,从大陆赴台湾任台湾大学教务长兼理学院院长、物理系主任,并在新竹清华大学、台湾中央大学任教,并创建了台湾大学核物理教研室。他在国内首次进行了轰击锂的核反应实验,后又制造重水,制造氚与中子源。

虞福春(1914年12月—2003年),出生于上海。他是第一位涉足核磁共振研究领域并卓有成就的中国学者。1949年—1951年他在斯坦福大学作博士后研究期间,与人合作发现了不同的氮化物中氮的核磁共振频率明显不同的"化学位移"效应,还发现了在 Na—Sh—F_6 水溶液中锑-121与锑-123共振有异常结构,即六氟化锑负离子有"核自旋耦合劈裂"。这两项发现为核磁共振在物质结构中的应用作出奠基性的贡献。虞福春回国后到北京大学任教,1955年参加筹建核物理教研室,即后来的北京大学技术物理系。(详见本书第一编)

肖伦(1911年12月—2000年11月),四川郫县人。1939年毕业于清华大学,1947年赴美留学,1951年获伊利诺大学博士学位。主要从事放射化学和同位素研究,发现了钽-183、钽-185、钨-185等新核素。(详见本书第一编)

杨澄中(1913年4月—1987年12月),江苏常州人。1937年毕业于南京中央大学,1945年赴英国留学,1950年获利物浦大学博士学位。他是最早从事氘的削裂反应研究为核反应直接相互作用机制中得到第一批实验根据的中国学者。(详见本书第一编)

梅镇岳,1915年生于杭州,1939年毕业于清华大学物理系,1945年赴英留学,获伯明翰大学博士学位。1948年赴美国印第安纳大学研究核能谱。该校当时是研究β谱和γ谱的重要中心之一,所获得的大量核谱数据成为后来各种原子核模型理论的实验基础。梅镇岳完成了"^{72}As的蜕变"等6篇论文。

郭永怀(1909年4月—1968年12月),山东荣成人。1935毕业于北京大学,1940年赴加拿大多伦多大学应用数学系学习并获硕士学位,1941年赴美国加州理工学院研究

可压缩流体力学,1945年获博士学位后留任研究员。发现了上临界的马赫数,发展了奇异摄动论中的变形坐标法。(详见本书第一编)

金星南,生于1919年12月,上海青浦人。1941年毕业于上海大同大学数学系,1946年赴法国留学,在斯特拉斯堡大学从事核物质理论研究。新中国成立后即刻回国。(详见本书第一编)

朱光亚(1924年12月—2011年2月),籍贯湖北汉阳,生于湖北宜昌。1945年毕业于西南联合大学物理系,1946年赴美国密执安大学研究生院从事核物理研究。(详见本书第一编)

肖健(1920—1984年),湖南长沙人。1944毕业于西南联合大学物理系,1947年留学美国,在正电子发现者安德孙指导下从事宇宙线研究。

施汝为(1901年11月—1983年1月),物理学家。中国近代磁学的奠基者和开拓者之一。他在铁磁合金和磁铁矿的磁晶各向异性、磁畴观察研究和铝镍钴系永磁合金磁性改进等方面作出了重要贡献,并在中央研究院建立了我国第一个磁学研究实验室。1947年8月起任中央大学理学院物理系教授。当年他领导完成了一项核科技工作,用物理方法鉴定国产铀矿中所含铀元素成分,测定结果是7.1%。1955年6月,被聘为中国科学院数学物理学化学部委员(院士)。

戴传曾(1921年12月—1990年11月),浙江宁波人。1942年毕业于西南联大物理系。1947年赴英留学,在中子发现者查德威克指导下从事核物理研究,利用回旋加速器进行了多种反应角分布的研究,是国际研究削裂反应获得核自旋宇称值的首批成果之一。(详见本书第一编)

附录三：

20世纪20—50年代从海外留学回国并先后
奉调核工业系统(单位)工作过的科学技术专家
(以回国年限为序)

● 吴有训,1926年从美国回国。新中国成立后,1950年5月19日,中国科学院近代物理研究所(简称近代物理所,现中国原子能科学研究院前身)成立,吴有训任所长。

1953年10月近代物理所改名为中国科学院物理研究所,1958年7月改名为中国科学院原子能研究所,实行二机部、科学院双重领导,以部为主;1982年9月改名为核工业部原子能研究所,1984年12月改名为中国原子能科学研究院。

● 贝时璋,1929年秋从德国回国,1956年他兼任物理研究所七室主任,从事放射生物和卫生防护方面的研究工作。

● 王淦昌,1934年从德国回国,1950年5月,他到新成立的近代物理所任研究员,1951年被任命为副所长。

● 王竹溪,1938年夏从英国回国,1960—1966年,他兼任中国科学院原子能研究所六室主任。

● 吴征铠,1939年从英国回国,1960年奉调原子能研究所担任气体扩散法分离铀同位素研究的领导工作。

● 蒋本沂,1941年留学日本,1944年获金都帝国大学医学博士学位,同年回国。1963年后,曾任二机部辐射防护研究所研究员、副所长。

● 汪德熙，1946年从美国回国，1960年奉调二机部任原子能研究所副所长、研究员。

● 曹本熹，1946年10月从英国回国，1963年奉调二机部任二局(生产局)副局长，核化工总工程师。

● 彭桓武，1947年从英国回国，新中国成立之初，他和钱三强、何泽慧等共同筹建近代物理所，1951年被任命为副所长。

● 钱三强、何泽慧，1948年5月钱三强、何泽慧夫妻二人抱着刚满六个月的女儿从法国回国，钱三强1950年5月任近代物理所副所长，1951年2月任所长。

● 连培生，留学英国，1948年8月回国，1959年11月近代物理所派科研和工程技术人员等39人组成实习团赴苏联实习，连培生是其中之一。他在莫斯科物理研究所任重水堆实习副总工程师。回国后，在原子能研究所工作。

● 陈芳允，1948年8月从英国回国，1954年任中科院物理研究所电子研究室主任。

● 秦元勋，1948年从美国回国。1960年奉调二机部，任北京核武器研究所理论部副主任。

● 陈王善继，1947年留学美国，1948年回国。1963年后，长期在二机部苏州医学院工作，教授、放射诊断学专家。曾任医学院院长。

● 宋少章，2947年留学英国，1949年回国。1963年后，曾任核工业卫生研究所副所长。血液内科专家。

● 胡济民，1949年9月从英国回国，1956年兼任中科院物理研究所四室副主任。

● 李四光，1949年12月与夫人许淑彬秘密回国。任新中国地质部首任部长。根据中央的决定，为开发我国铀矿地质事业做筹备工作，1954年4月，成立了地质部普查委员会第二办公室(简称普委二办)。1955年1月，地质部三局成立，主管铀矿地质勘探工作。二机部成立后的三局(地质勘探局)即由此演变而来。

● 朱光亚，1950年春从美国回国，1957年奉调物理研究所任二室副主任，研究员，参与由苏联援建的研究反应堆的建设和启动工作。

● 邓稼先，1950年8月从美国回国，同年10月到近代物理所任研究员，任理论部主任。

● 朱洪元,1950年10月从英国回国,回国后即到近代物理所先后任研究员、理论物理研究室主任。

● 赵忠尧,1950年11月底从美国回国,回国后即到近代物理所工作,用从美国带回的器材和零件,主持建成了我国第一台70万电子伏的质子静电加速器。

● 姜圣阶,1950年从美国回国,1963年奉调二机部酒泉原子能联合企业,任第一副厂长兼总工程师。

● 程开甲,1950年从英国回国,1960年奉调二机部核武器研究所任副所长。

● 肖健,1950年从美国回国,即到近代物理研究所任宇宙线组副组长,开展宇宙线研究。

● 郭挺章,1950年底从美国回国,即到近代物理研究所工作。1957年3月11日,理论化学家郭挺章英年早逝。

● 金星南,1950年底从法国回国,即到近代物理研究所工作。

● 方正知,1950年从美国回国,1963年3月奉调二机部北京核武器研究所,参加核武器的研制。

● 吴乾章,1950年从英国回国,任物理研究所副研究员。

● 胡宁,1950年底从加拿大回国,从1952年起,陆续担任近代物理所和物理研究所的研究员,曾兼四室副主任。

● 李林,女,留学英国。1951年回国,1958-1964年奉调原子能研究所任六室副主任,1964—1972年又奉调194所,参加我国生产反应堆和核潜艇动力反应堆的建造、运行。

● 陈国珍,1951年从英国回国。1962年奉调二机部二局(生产局),任分析化学总工程师。

● 张沛霖,1951年春从英国回国,1963年奉调二机部任二局(生产局),任冶金总工程师,并兼任中国科学院金属研究所副所长。

● 杨澄中、陈奕爱,1951年上半年杨澄中、陈奕爱夫妇从英国回国,杨澄中到近代物理所任物理组副组长、研究员。

●虞福春,1951年2月从美国回国。1955年1月,中央教育部从浙江大学、北京大学和中国人民大学抽调胡济民、虞福春和朱光亚三位教授负责建立中国核教育第一个基地——核物理研究室(设在北京大学)。

●徐光宪、高小霞(科学家),1951年5月,徐光宪高小霞夫妇从美国回国。回国后在北京大学任教。1955年后,徐光宪任北京大学原子能系(后更名为技术物理系)副主任兼核燃料化学教研室主任。他曾到二机部湖南铀矿参加重铀酸铵的研制与生产。

●刘静宜(女),1951年从美国回国,1956年8月~1963年,在原子能研究所兼职,从事原子能化学和环境科学方面的研究。

●杨承宗,1951年10月从法国回国,即到近代物理所工作。

●戴传曾,1951年11月从英国回国,即到近代物理所工作。

●夏培肃,1951年从英国回国。1954年随中科院数学所电子计算机组转到物理研究所,从事计算机研究工作。

●洪朝生,1952年从美国回国,1953年担任物理研究所研究员,负责组建低温物理实验室。

●梅镇岳,1953年从加拿大回国,到物理研究所工作。

●范新弼,1954年8月从美国回国,到物理研究所工作。

●李恒德,1954年10月从美国回国,1963年~1966年兼任原子能研究所研究员。

●张家骅,1955年从美国回国。从1955年8月~1962年6月任物理研究所、原子能研究所副研究员,是放射性同位素开发应用领域创始人之一。

●张兴钤,1955年夏从美国回国,1963年3月奉调二机部北京核武器研究所,参加核武器的研制。

●谢家麟,1955年8月从美国回国,到物理研究所工作,开展电子直线加速器研究工作。

●李正武、孙湘,1955年9月,李正武、孙湘夫妇从美国回国,李正武到物理研究所工作。

●肖伦,1955年9月,肖伦与妻子萧蓉春从美国回国。1956年到物理研究所第五研究室指导我国堆照同位素的制备工作。

● 疏松桂，1955年9月从美国回国（归国华侨）。1960年奉调二机部核武器研究所，参加核武器的研制。

● 陈能宽，1955年11月从美国回国。1960年6月奉调二机部核武器研究所，任实验部主任。

● 郑林生，1956年上半年回国，到物理研究所任核物理研究员。

● 冯锡章，1956年上半年从美国回国，到物理研究所任放射化学研究员。

● 丁渝，1956年7月从美国回国，到物理研究所任研究员。

● 张文裕、王承书夫妇，1956年下半年从美国回国，到物理研究所工作。张文裕任宇宙线研究室副主任，研究员；王承书任四室副主任、研究员。

● 郭永怀，1956年10月与妻子李佩和女儿从美国回国。他从1960年起，兼任二机部核武器研究所副所长。

● 汪德昭，1956年12月偕夫人和孩子从法国回国，到物理研究所任研究员、九室主任。

● 刘允斌，1939年11月被送到苏联留学，后来成为莫斯科大学化学系研究生。之后改学核专业，1955年毕业获副博士学位，并随即参加了中国核技术赴苏实习团，在苏联地球化学与分析化学研究所实习钚化学分析。1957年回国，任中国科学院物理所（原子能所）副研究员、钚化学研究室副主任。

● 鲍耀东，早年赴日本，1945年8月获九州大学医学博士学位后回国。从1957年7月起，任苏州医学院附属南通医学院教授。之后，长期在苏州医学院及其附属医院工作和任职。外科专家。

参考文献

《"两弹一艇"人物谱》资料均属解密范围,公开出版的人物专辑、书报;中国核工业集团公司及权威部门授权由中央电视台、北京电视台播放的影像资料;网上查询等。

[1] 编辑委员会.当代中国的核工业.中国社会科学出版社,1987.

[2] 中国原子能科学研究院编著.钱三强与中国原子能事业.中国原子能出版社,2013.

[3] 李瑞芝等编著.核物理学家王淦昌.原子能出版社,1996.

[4] 核工业神剑文学艺术学会编.秘密历程.原子能出版社,1985.

[5] 核工业神剑文学艺术学会编.核科学家的足迹.原子能出版社,1989.

[6] 编审委员会.国防科工委(参考资料).解放军出版社,1993.

[7] 宋任穷著.宋任穷回忆录.解放军出版社,1994.

[8] 中国核工业集团公司新闻宣传中心编.走过五十年.2005.

[9] 李鹰翔著."两弹一艇"那些事.中国原子能出版社,2013.

[10] 郑庆云著.激情岁月讴歌.中国原子能出版社,2013.

[11] 王甘棠、孙汉城编著.核世纪风云录——中国核科学史话.科学出版社,2006.

[12] 梁东元著.原子弹调查.解放军出版社,2005.

[13] 孙勤主编.核铸强国梦——见证中国"两弹一艇"的研制.中国社会科学出版社,2013.

[14] 孙勤主编.核铸强国梦——60位核科技院士专家访谈录.中国社会科学出版社,2015.

[15] 核工业神剑文学艺术学会编.祖国为她们骄傲.原子能出版社,1995.

[16] 20世纪中国科学口述史丛书. 亲历者说"引爆原子弹". 湖南教育出版社, 2014.

[17] 20世纪中国科学口述史丛书. 亲历者说"原子弹摇篮". 湖南教育出版社, 2014.

[18] 编委会. 国防科技工业群英谱. 华艺出版社, 1989.

[19] 20世纪中国科学口述史丛书. 1950年代归国留美科学家访谈录. 湖南教育出版社, 2013.

[20] [美]约翰·W·刘易斯, 薛理泰编著. 中国原子弹的制造. 原子能出版社, 1990.

[21] 中国原子能科学研究院. 中国原子能科学研究院简史(1950—2010). 原子能出版社, 2010.

[22] 中国原子能科学研究院. 院士风采录——庆祝中国原子能科学研究院建院六十周年. 原子能出版社, 2010.

[23] 中国原子能科学研究院. 夕阳情——庆祝李毅同志九十华诞文集. 原子能出版社, 2003.

[24] 核工业二二一离退休人员管理局编. 难忘激情岁月. 原子能出版社, 2014.

[25] 王菁珩著. 金银滩往事——在我国第一个核武器研制基地的日子. 原子能出版社, 2009.

[26] 中国核工业集团公司五〇四厂编. 浓缩铀摇篮. 原子能出版社, 2008.

[27] 中核北方核燃料元件有限公司编. 走过五十年—二〇二志(1958—2008). 原子能出版社, 2008.

[28] 中国核工业集团公司四〇四厂编. 辉煌的足迹, 2004.

[29] 中国核工业集团公司编. 耿耿月心昭日月——曹本熹纪念文集. 中国原子能出版社传媒有限公司, 2011.

[30] 李子颖, 熊继祖主编. 核工业北京地质研究院发展史(1959—2014). 原子能出版社, 2014.

[31] 院史编辑部. 二院院史(1955—1987), 1992。

[32] 方诗经编著. 新中国核燃料科技开拓者. 两弹一星历史研究会, 2014.

[33] 清华大学工程物理系建系55周年纪念册(1956—2011),2011.

[34] 杨连新编著. 见证中国核潜艇. 海洋出版社,2013.

[35] 何梁何利基金评选委员会编. 何梁何利奖(年度合订本,1994—2013),中国科学技术出版社.

[36] 中国核工业集团公司主办. 中国核工业报(年度合订本,1985—2014).

后续：

本书提及人员总名单（以音序排列）

A 安 东　安纯祥　安继刚　安桐馥

B 白东齐　白国柱　白浩然　白文治　鲍立奎　鲍耀东　贝时璋　毕 成
毕 升　毕国华　毕金花　毕克意　毕庆堂　毕之先　边并文　边伯明
卞克强　宾 朋　薄一波

C 蔡抱真　蔡敦九　蔡仁荣　蔡少辉　蔡素屏　蔡元培　曹 珏　曹本熹
曹伯昂　曹德元　曹洪森　曹庆祥　曹述栋　曹雪芹　柴 森　常 韬
常 勇(原子能所)　　常 勇(核试验基地)　常 友　常明裕　晁锦文
车兆先　陈 达　陈 赓　陈 辉　陈 觉　陈 英　陈 云　陈 征
陈曝之　陈常宜　陈大年　陈德阳　陈恩衡　陈芳允　陈光南　陈国荣
陈国珍　陈涵德　陈汉民　陈汉英　陈和兴　陈宏毅　陈佳洱　陈嘉庚
陈建华　陈健伦　陈金陵　陈锦华　陈俊峰　陈俊美　陈开行　陈克娜
陈乐山　陈玲燕　陈禄瑜　陈明峻　陈能宽　陈念念　陈然志　陈善年
陈森玉　陈省身　陈式刚　陈维本　陈维敬　陈文光　陈文森　陈文授
陈锡寿　陈雄月　陈学曾　陈学增　陈耀祖　陈一民　陈亿全　陈义林
陈寅格　陈永明　陈勇岷　陈由豪　陈右铭　陈王善继　　陈肇博
陈正琛　陈作印　成 钧　程 诚　程洪涛　程开甲　程尚友　程天民
迟福龙　储连元　崔 平　崔凤吉　崔银茂　崔振清

D 戴传曾　戴受惠　戴元本　戴运轨　戴振铎　邓稼先　邓启修　邓石甫
邓小平　邓以蛰　邓易非　邓颖超　邓照明　邓佐卿　狄拉克　刁筠寿
刁仁文　丁 鹏　丁 渝　丁大钊　丁浩然　丁树藩　丁毅农　丁肇中

董　茵　董殿举　董海山　董弘琪　董立久　董灵英　董庆东　董寿萃
董顺秋　董铁宝　董学纯　董业建　董余莘　董韫美　董志勇　杜　枫
杜　甫　杜　挺　杜宝德　杜德昌　杜俊元　杜乐天　杜文敏　杜祥琬
杜增福　段存华　段君毅　段维忠　段学瑞

F　范　辉　范任水　范石坚　范新弼　范旭东　范玉庭　范志赤　方　柄
　　方　强　方　毅　方金栋　方守贤　方诗经　方正知　房士良　费本涛
　　冯　谨　冯　麟　冯　勤　冯国祥　冯庆来　冯锡璋　符德瑶　符德璜
　　傅承义　傅依备

G　高　潮　高　峰　高　炯　高　仑　高　深　高　玉　高　扬　高　中
　　高才生　高国山　高建民　高健民　高魁宽　高新华　高清岚　高庆昌
　　高庆狮　高之栿　戈克平　葛　明　葛才夫　葛昌纯　葛淑平　葛庭燧
　　耿　宏　耿春余　耿其瑞　龚云峰　龚祖同　巩志根　谷才伟　谷超豪
　　顾大明　顾鼎山　顾鹤云　顾润观　顾秀莲　顾玉明　顾震潮　关汉卿
　　管　仲　桂业伟　郭　晶　郭　坤　郭柏灵　郭传镜　郭洪礼　郭景儒
　　郭良斌　郭沫若　郭乃力　郭乃立　郭士民　郭挺章　郭向挺　郭一德
　　郭英会　郭永怀　郭宇明　郭振阳　郭之泉

H　韩　铎　韩　济　韩承德　韩础石　韩礼和　韩云升　韩云梯　韩增敏
　　郝　苏　郝柏林　郝建秀　郝郊芳　何　明　何　谦　何　添　何宝珍
　　何炳林　何东昌　何高明　何光乾　何桂莲　何汉拯　何克希　何芹生
　　何善衡　何绍元　何文钊　何怡珍　何育辽　何泽慧　何祚庥　贺　龙
　　贺　怡　贺守中　贺贤土　贺子珍　赫崇本　洪　杰　洪朝生　洪景荣
　　洪天成　侯　灏　侯　启　侯　洵　侯德榜　侯德义　侯国义　侯仁之
　　侯祥麟　侯仰民　侯艺兵　胡　诚　胡　宁　胡　绳　胡二邦　胡刚复
　　胡国春　胡鸿基　胡济民　胡厥文　胡乔木　胡勤芳　胡庆祥　胡仁宇

胡若暇　胡深伐　胡世华　胡思得　胡伟武　胡岩松　胡耀邦　胡遵素
花　浩　花平寰　华　光　华戈旦　华罗庚　华明达　怀国模　怀进鹏
环克军　黄　福　黄　昆　黄　琳　黄　涛　黄　照　黄　汛　黄昌庆
黄达人　黄道婆　黄更生　黄国光　黄汲清　黄克已　黄礼政　黄齐陶
黄清波　黄劭显　黄胜年　黄世明　黄士鉴　黄松龄　黄维垣　黄纬禄
黄性章　黄旭华　黄耀曾　黄业建　黄永康　黄有成　黄玉珩　黄兆德
黄祖洽　惠永正　惠毓明　惠仲锡　霍秉权　霍振泽

J　籍孝宏　计秉贤　纪　哲　季羡林　贾　浩　贾　纪　贾宝珍　贾保仁
　　贾憼修　贾国平　贾淮舟　贾基业　贾力平　贾思勰　江　彬　江　平
　　江　文　江安才　江国元　姜　涛　姜圣阶　姜玉福　蒋　涛　蒋本沂
　　蒋宾森　蒋炳森　蒋炳玉　蒋桂玉　蒋鸿第　蒋宏耀　蒋南翔　蒋述善
　　蒋心雄　蒋兴泉　蒋云清　矫全宪　金　林　金　湘　金大康　金继光
　　金家杰　金建中　金世友　金星南　金怡濂　金振玉　靳铁生　经福谦

K　康日新(地质系统)　柯　俊　柯友之　孔　子　孔德修　匡炳兴

L　赖　坚　赖祖武　郎尽美　老　子　雷荣天　雷素荣　黎昌桂　黎乐民
　　李　白　李　冰　李　昌　李　冬　李　富　李　耕　李　光　李　洪
　　李　景　李　觉　李　恺　李　力　李　丽　李　林(行政)
　　李　林(科技)　李　佩　李　鹏　李　清　李　涛　李　汀　李　信
　　李　薰　李　毅　李　由　李昌玉　李炳生　李秉太　李伯枭　李承德
　　李传森　李传祚　李春才　李大图　李德晃　李德平　李德逊　李德元
　　李范庆　李粉玉　李凤翔　李富春　李富学　李冠兴　李国杰　李国强
　　李国珍　李国柱　李海云　李汉玺　李杭苏　李恒德　李火继　李继昌
　　李家英　李嘉良　李嘉梁　李嘉尧　李建华　李近江　李九斤　李钧球
　　李克东　李魁年　李来法　李乐福　李力田　李良忠　李清照　李全兴

李日余　李瑞芝　李绍周　李时珍　李世魁　李守宇　李寿枬　李树德
李树仁　李四光　李宋宇　李太英　李同强　李万山　李维安　李维音
李伟民　李文超　李文星　李惕碚　李先念　李宪宾　李宪彬　李向光
李雄飞　李旭阁　李学良　李延林　李炎述　李耀邦　李耀华　李野光
李宜传　李义才　李英杰　李荫远　李鹰翔　李盈安　李右英　李幼平
李玉娥　李玉仑　李远洲　李跃辉　李泽清　李增贵　李振平　李振声
李正武　李政道　李志超　李志恒　李治平　李忠良　李仲春　李仲芳
李子颖　理　浔　力　一　励振华　利国伟　连环球　连培生　梁　超
梁步庭　梁从诫　梁东元　梁恩战　梁汉超　梁敬魁　梁启超　梁銶琚
梁树权　梁思成　梁思达　梁思丁　梁思礼　梁思顺　梁思懿　梁思永
梁思忠　梁思庄　梁兴祥　梁吟藻　林　风　林　琦　林　群　林传骝
林福善　林徽因　林家翘　林俊德　林兰英　林默之　林巧雅　林伟贤
林兴炎　林漳基　刘　昌　刘　杲　刘　华　刘　杰　刘　宽　刘　坤
刘　敏　刘　伟　刘　喆　刘宝庆　刘柏罗　刘成全　刘东生　刘范平
刘芳言　刘广钧　刘桂林　刘国明　刘鸿业　刘怀章　刘金汉　刘经绮
刘敬裘　刘静宜　刘聚奎　刘俊孚　刘明章　刘齐昭　刘启陆　刘淇生
刘少奇　刘书林　刘文翰　刘文瀚　刘西尧　刘锡刚　刘锡霖　刘宪辉
刘显秋　刘晓波　刘兴忠　刘耀华　刘野亮　刘亦琳　刘永福　刘玉华
刘玉柱　刘元方　刘允斌　刘振东　刘振国　刘振祥　刘志民　刘忠惠
刘宗尧　龙飞虎　龙世达　龙文光　卢　凌　卢成锹　卢浩林　卢鹤绂
卢嘉锡　卢作孚　芦荣光　陆定一　陆生财　陆婉珍　陆熙炎　陆学善
陆银生　陆祖荫　禄福延　鹿一夫　路肖韩　吕　敏　吕得贤　吕广义
吕思保　吕新华　吕应中　罗　干　罗光禄　罗鹏飞　罗豪才　罗启林
罗瑞卿　罗舜初　罗绍明　罗时钧　罗文宗　罗西芳　罗璋琳　罗中奎

M　马　俭　马　祥　马　一　马　瑜　马存让　马福邦　马敢英　马世昌
　　马夏克　马寅初　马运潮　马正一　马子超　马祖光　曼　丘　毛松林

	毛用泽	毛泽东	茅 盾	茅万斌	茅以升	梅兰芳	梅贻琦	梅镇岳
	孟繁素	孟戈非	孟广魁	孟执中	米泰初	苗捷夫	苗绍宗	苗树森
	闵恩泽	闵耀中	闵元佑	莫俊水	牟爱牧			

N	南延宗	倪福荣	倪惠云	倪源兴	聂国林	聂荣臻	牛书申

O	欧肇基	欧阳予

P	潘 馨	潘代清	潘恩霖	潘光旦	潘其富	潘秀苗	潘自强	裴丽生
	裴兆麟	彭 湃	彭 非	彭 真	彭德怀	彭桓武	彭瑞骢	彭士禄
	彭先觉	平纯清						

Q	柴载育	齐 进	齐白石	齐卉荃	齐俊德	齐俊法	齐献忠	钱 骥
	钱 晋	钱大可	钱皋韵	钱积惠	钱剑秋	钱锦辉	钱三强	钱尚介
	钱绍钧	钱伟长	钱信忠	钱学森	钱志平	乔登江	乔同太	乔献捷
	秦 川	秦承刚	秦关湘	秦俊法	秦元达	秦元勋	庆承瑞	邱爱慈
	邱石甫	裘永芳	屈 原	屈智潜	曲从治	曲佩兰	全顺培	

R	饶毓泰	任 耐	任 铁	任 湘	任 远	任德曦	任国胜	任鸿隽
	任明轩	任益民	任鱼波	任雨吉	任中咸	阮可强		

S	萨本豪	沙 克	沙亚琴	邵炳阁	申青鹤	申志贤	沈 超	沈 城
	沈 括	沈炳炎	沈光基	沈钧儒	沈俊雄	沈励身	沈善炯	沈杏初
	沈绪榜	沈亚城	沈义周	沈渔邨	沈志鸿	师昌绪	施 高	施贵勤
	施汝为	施士元	石志忠	史君文	疏松桂	束星北	束子和	司马光
	司马迁	宋 歧	宋炳寰	宋大本	宋怀强	宋家树	宋良甫	宋庆仁
	宋任穷	宋少章	宋希德	宋振光	宋振明	苏 华	苏 杰	苏 展

苏比昌　苏步环　苏东庄　苏峙鑫　苏耀光　苏义清　苏肇冰　苏振芳

宿　白　宿运北　粟元图　孙　超　孙　华　孙　佶　孙　勤　孙　湘

孙　毅　孙　子　孙东辉　孙承纬　孙汉城　孙焕学　孙家栋　孙锦山

孙俊人　孙懋怡　孙瑞蕃　孙瑞锦　孙世荃　孙维昌　孙亚今　孙艳清

孙以瑞　孙玉发　孙振厚　孙志远　孙宋介　孙祖训　索天桥

T　谭家秋　谭善和　汤序鹏　唐敖庆　唐孝威　唐泽民　唐占印　唐志敏

陶　平　陶大坤　陶诗言　陶祖聪　滕　藤　田　林　田树元　田学忠

田兆忠　田子钦　佟　城　童鼎昌　涂光炽　涂国林　屠守锷

塔什乌甫尔　　　沙依提·托乎提

W　万　毅　万克松　万茂勤　万志普　汪　华　汪　琼　汪　容　汪达基

汪德熙　汪德宣　汪德耀　汪德昭　汪家鼎　汪淑慧　汪祖辉　王　飚

王　鳌　王　杲　王　海　王　鉴(保卫局)　　王　鑑(矿冶局)　　王　介

王　琳　王　萍　王　普　王　选　王　一　王　毅　王　诤　王　正

王斌武　王才源　王昌发　王成孝　王承博　王承书　王承忠　王传麟

王传文　王传英　王传珍　王从周　王大珩　王大中　王道建　王德文

王德火育　　　王恩涌　王方定　王凤歧　王福山　王甘棠　王淦昌

王国强　王寒秋　王汉亭　王汉兴　王鹤滨　王鹤寿　王洪遂　王候山

王怀明　王焕歧　王焕荣　王焕新　王会亭　王介福　王金堂　王京江

王菁珩　王巨春　王力华　王茂德　王梦阳　王民主　王明池　王明贤

王明哲　王明贞　王乃彦　王鹏瑞　王清辉　王荣廷　王茹芝　王少山

王陞学　王圣祥　王世基　王世绩　王世奎　王世明　王世盛　王世真

王守敬　王守觉　王守融　王守武　王淑贞　王树芬　王树人　王遂德

王铁曼　王廷伦　王同亿　王维信　王文山　王文元　王戊辰　王西文

王羲之　王小谟　王新民　王新勤　王新吾　王学曾　王亚林　王亚琳

王亚志　王耀才　王耀程　王一兵　王宜贤　王义和　王义忠　王银川

王永志	王豫生	王占国	王振义	王志刚	王志甲	王志远	王中蕃
王忠诚	王仲富	王竹溪	王祝翔	王子仪	韦彬	韦钰	卫金昌
魏宝文	魏建华	魏履新	魏增宏	魏兆麟	温家宝	温金德	文功元
乌恩	邬恩九	吴凯	吴翔	吴翊	吴充实	吴大猷	吴当时
吴道子	吴迪镛	吴东周	吴慧山	吴几康	吴际霖	吴季兰	吴健雄
吴晋惠	吴磊伯	吴良镛	吴孟超	吴乾章	吴世法	吴世英	吴铁龙
吴铁民	吴伟民	吴文俊	吴文明	吴锡九	吴贤德	吴新波	吴英华
吴永顺	吴永文	吴有训	吴蕴初	吴征鉴	吴征铠	吴征镒	吴梓培
吴自良	吴祖泽	伍绍祖	伍锡祥	武胜	武连魁	武秀芝	

X

席珍	席德明	夏元	夏德长	夏培肃	夏松江	夏祥贵	夏元珤
夏毓亮	夏占春	夏志诚	冼鼎昌	冼星海	肖丰	肖光	肖健
肖伦	肖逢霖	肖尚俊	肖树勋	肖永定	肖永生	肖中华	肖作学
谢羲	谢本武	谢柏华	谢方苏	谢光选	谢家麟	谢家祺	谢家荣
谢淑珍	谢希德	谢序道	谢玉琪	谢振羽	谢仲然	谢庄应	解明道
忻贤杰	熊继祖	徐德	徐赋	徐建	徐进	徐林	徐銤
徐明	徐锐	徐行	徐源	徐忠	徐邦安	徐步宽	徐德禄
徐富堂	徐冠仁	徐光宪	徐海波	徐海珊	徐鸿桂	徐辉荣	徐基乾
徐纪忠	徐继彬	徐嘉楷	徐建平	徐庆宝	徐文华	徐霞客	徐晓白
徐占元	徐志磊	徐祖哲	许淦	许英	许淑彬	许廷宝	许维钧
许子敬	薛本澄	薛凡民	薛理泰				

Y

闫长林	严诚	严柏龄	严济慈	严学清	阎沛霖	阎幼甫	阎玉忠
杨采	杨林	杨禄	杨朴	杨歧	杨庸	杨桢	杨秉儒
杨承宗	杨澄中	杨春章	杨道亨	杨芙清	杨福家	杨福愉	杨光远
杨桂增	杨焕民	杨吉纯	杨纪春	杨嘉墀	杨金华	杨景森	杨立铭
杨连新	杨任民	杨荣新	杨时礼	杨士明	杨士文	杨尚昆	杨树权

杨万宏　杨唯青　杨文英　杨喜荣　杨新英　杨勋亭　杨衍彬　杨应辉
杨映璜　杨裕生　杨岳欣　杨振宁　杨志平　杨忠田　杨竹林　羊子林
阳名珠　姚安平　姚川汶　姚军山　姚君哲　姚历农　姚敏智　姚乃兴
姚庆燮　姚士彬　姚士章　姚锡山　叶德灿　叶笃正　叶剑英　叶钧道
叶龙飞　叶铭汉　叶奇蓁　叶企孙　叶再生　衣宝廉　易国初　殷俊显
尹中兴　尹衍木梁　　　　应纯同　应诗浩　尤占云　游世龙　于　敏
于福海　于光远　于俊崇　于清河　于荣光　于荣庭　于生龙　于永忠
于於江　于振铎　余根密　余国琮　余瑞璜　余松玉　余兴坤　余友文
俞　潜　俞大光　俞沛增　虞承宣　虞福春　虞浦帆　郁百杨　袁　权
袁成隆　袁承业　袁冠卿　袁光钰　袁隆平　原公甫

Z　昝云龙　臧明昌　曾涪江　曾纪直　曾宪森　曾卓荣　詹天佑　战毅军
张　超　张　忱　张　诚　张　盾　张　华　张　迹　张　军　张　礼
张廉(地质系统)　张　廉(堆工)　　　张　睿　张　涛　张　维　张　昕
张　英　张　珍　张爱萍　张本松　张昌明　张存浩　张大本　张道容
张定安　张恩厚　张光斗　张贵友　张桂芝　张汉周　张宏钧　张宏钱
张怀庆　张焕乔　张家骅　张金麟　张劲夫　张景华　张敬康　张开忾
张克俭　张礼和　张立晨　张连奎　张乃生　张沛霖　张丕绪　张普选
张其欣　张秦齐　张青莲　张庆文　张荣恩　张荣祥　张少华　张绍诚
张实民　张世昌　张世峰　张世龙　张仕发　张守贵　张守廉　张寿齐
张叔鹏　张淑芝　张双洪　张泰峰　张天宝　张天保　张同星　张万生
张为民　张维敬　张文青　张文祥　张文裕　张献金　张效祥　张信威
张兴铃　张续宗　张冶娜　张怡春　张贻惠　张永禄　张永兴　张有才
张玉荣　张蕴辉　张蕴钰　张占发　张兆祥　张肇西　张振忠　张震寰
张之洞　张至善　张志明　张志善　张志信　张志学　张卓勋　张子高
张宗烨　张作梅　张正华　章冠人　章乃器　章元琦　章珍珠　赵　沨
赵　宏　赵　琅　赵　平(部机关)　赵　平(第三所)　赵　群　赵　瑞

729

赵传晋	赵传玉	赵纯峰	赵尔陆	赵敬璞	赵九章	赵克俭	赵仁恺
赵施格	赵世诚	赵世炎	赵栓英	赵维晋	赵祥昌	赵星福	赵伊君
赵振卯	赵振清	赵志堂	赵忠尧	甄子舟	郑绂	郑林	郑仁
郑邦生	郑存祚	郑大章	郑汉涛	郑华炽	郑继斯	郑家璜	郑林生
郑流阳	郑庆云	郑群英	郑绍唐	郑哲敏	郑治国	钟健国	周村
周凤	周华	周佶	周林	周炜	周秩	周邦新	周府生
周恩来	周发勤	周抚堂	周光召	周茂功	周陪青	周培昌	周培源
周泉通	周圣洋	周四宝	周戊己	周西风	周锡令	周象乾	周新民
周学鹏	周耀辉	周益年	周永安	周永茂	周玉珩	周毓麟	周振远
朱德	朱恒	朱科	朱轩	朱伯芳	朱光亚	朱广田	朱洪元
朱继懋	朱家瑄	朱建男	朱建士	朱立汉	朱培基	朱琴生	朱卿云
朱壬葆	朱善根	朱泗亭	朱松春	朱顺波	朱向军	朱永赠	朱聿修
朱占奎	朱志虹	朱质彬	竺可桢	褚玉成	祝国梁	祝麟芳	祝明发
庄长恭	庄育智	卓益忠	訾绍芬	邹茂森	邹世昌	祖冲之	

后 记

　　《"两弹一艇"人物谱》行将付梓之际,我又想起1964年10月16日那个夜晚。那时,我还是北京大学技术物理系五年级的学生。突然间,校广播里传出一个惊天动地、震惊世界的消息:中国成功地进行了第一次核试验。新华社的新闻公报和中国政府的郑重声明,犹如一支利箭射向苍穹、划破夜空。顿时,全校师生从教室、图书馆、宿舍里涌出来。未名湖畔,美丽的燕园锣鼓喧天,载歌载舞,狂欢至深夜仍难入眠。那是一个庄严而永载史册的时刻。那个夜晚,使我对日后的择业充满了憧憬。毕业后,我如愿走向了向往的事业和岗位。然而从业岗位突发变故,服从组织安排,改做党务和工会工作。多年后,因荒废专业而未能在核科学领域有所作为,心有些许缺憾。如今,在我退休而颐养天年的岁月里,因笔耕不辍,终有机会编纂《"两弹一艇"人物谱》一书,遂我所愿,算作补缺而欣慰。

　　在此特别鸣谢:

　　原核工业部办公厅主任、"两弹一星"历史研究会资深顾问、《"两弹一艇"人物谱》特聘顾问李鹰翔,原中国核工业报总编辑、本书总策划杨志平,核工业共事多年至友张普选等人。

　　中核集团新闻宣传中心李桃主任、孙敏莉副主任,中核集团新闻宣传中心文化事业部王京江、李志超。

　　中国原子能出版社总经理李涛,副总经理谭俊,第二编辑部副主任刘岩。

　　特别感谢:

　　为本书提供资料和帮助的老领导、老专家:

　　原二机部办公厅主任郑存祚,原二机部组织干部部副主任、教育司副司长刁仁文

(正局级)、原核工业部政研室主任、中核集团公司科技委副主任郑庆云，原核工业部(中核集团)办公厅主任张伟星，原中核集团公司人力资源部主任杨映璜，原二二一厂厂长、核工业总公司计划与经营开发局副局长王菁珩(正局级)，原核工业部劳动工资司副司长符德璜，原核工业集团公司金原铀业公司总经理费本涛(矿冶部主任)，原中核清原环境工程公司总经理孙东辉。

原核工业第二研究设计院党委副书记董顺秋。科技专家李维音。

中国原子能科学研究院核物理专家、研究员级高工、承担第一颗原子弹中子源等"两弹一艇"相关任务的参与和亲历者姚历农。

中国核工程物理研究院北京研究所侯艺兵。

现任领导：

中国核工业集团公司董事长、党组书记孙勤，副总经理曹述栋、和自兴。

中国核工业集团公司党群工作部主任张昌明，副主任朱向军、李雄飞，群工处处长李丽、副处长夏占春。

中国核工业集团公司离退休干部局局长张续宗，副局长常春、张为民，综合处处长王立新、存续处处长杨才民、党委办公室主任王萍。

中国核工业集团公司办公厅主任王理珩及保密委员会的同志。

中国核工业集团公司科学技术委员会副主任李景。

中国核工业集团公司地矿部综合管理部赵群等。

中国原子能科学研究院宣传部部长侯德义。

中国核工业第二研究设计院党委书记肖丰、副书记胡勤芳，离退休干部处(教育中心)张荣恩、谢方苏。

中国核工业报社提供了创刊30年来的年度合订本，并有杨新英等编辑同志们的指导与支持。

何梁何利基金评选委员会提供了"何梁何利基金奖"20多年来获奖者的全部资料；评委会办公室的同志给予了热忱协助。

在此，我还要特别提到，老干局老年活动站为我提供了一个好的创作环境；得到所在党支部(30多人)的鼓励，尤其支部委员会曹珏(副书记)、金继光(宣传委员)、雷素荣(组织委员)、杨林(文体委员)、李汉玺(原委员)、赵纯峰(原委员)等热情而具体的帮助，如提供书籍、资料和信息，打印等。

由衷感激我的夫人沙亚琴分担网上查询、复印等全力支持和生活照顾；没有贤内助，此书也难成。

贾基业
2015年12月